인간 공자, 난세를 살다

인간 공자, 난세를 살다

실패했지만 위대한 정치가

리쉬李碩 지음

박희선 옮김

메디치

중국을 새롭게 다시 세운 주나라 문명에 삼가 경의를 표하며
이 책을 바친다.

들어가며

중국의 유구한 역사 속에서 춘추 시대 귀족들의 세습 정치는 독특한 풍격風格을 지니고 있다. 이는 서주 시대의 봉건제가 확장하면서 그 통제력을 잃어버렸기 때문으로, 전국 시대 초기의 군주 집권제나 관료제와는 전혀 다르다.

춘추 시대 중후반의 열국 시기에는 노나라의 삼환, 정나라의 칠목, 진나라의 육경 등과 같이 소위 세경 세대부世卿世大夫(대를 이어 세습하는 경대부 등의 귀족)에 속하는 과두寡頭들이 대대로 조정을 농단하는 정치 구도가 형성되어 있었다. 그래서 공자는 "작록의 권한이 공실을 떠난 지 다섯 세대나 되고, 정치가 대부의 손에 들어간 지 네 세대나 되었다祿之去公室, 五世矣; 政逮於大夫, 四世矣"라고 했다.

공자는 하급 귀족[사士 계급]의 사생아이자 유복자로서 가난한 어머니의 가족들 속에서 태어나 자라났다. 그는 어떻게 귀족 사회에 받아들여졌으며, 또한 어떻게 경대부의 세습 정치 속에서 두각을 나타낼 수 있었을까?

노나라 과두인 삼환 가문의 수하로서 공자는 국가의 정치 질서를 재구성해 군주와 과두, 그리고 귀족과 천민 사이를 중재하려 시도했다. 그의 노력은 어째서 실패했을까? 과두 세습 정치의 탈출구는 어디에 있었을까?

공자와 용모가 흡사한 양호陽虎, 그와 공자 사이에는 과연 혈연 관계가 있었을까? 귀족 사회 속에서 두 사람의 출발점은 비슷했

으나 그 결과는 서로 크게 달랐다. 그렇다면 양호야말로 역사적
추세의 선구자는 아니었을까?

공자는 죽은 후에 어떠한 방식으로 제자들에 의해 신격화되었
다가 다시 원래 모습으로 돌아왔으며, 마지막에는 어떻게 종교적
신성성을 띠지 않은 문화적 성인의 위치에 올랐을까?

이 책은 경서와 사서 문헌의 독해를 통해 과두 세습 정치의 규
율 속에서 부침을 거듭했던 공자의 생애 및 그가 생활했던 춘추
시대의 생활 환경과 일상적인 예의 풍속을 복원해 공자가 살아갔
던 세계를 인류학적 내지는 영화적 시각으로써 재현하고자 한다.

차례

머리말

늦가을의 어느 새벽녘 황하. 머리와 수염이 새하얗게 센 키가 큰 노인이 서리 내린 모래사장 위를 비틀비틀 걸어 황하 나루터로 향하고 있었다.

　나루터에서는 칼과 창 같은 무기와 식량 자루 등 각종 화물을 나룻배 위로 옮겨 싣고 있었다. 황하 저편 기슭에서는 한참 전쟁 중이라 매일같이 전쟁 물자를 날라야 했다. 창을 든 병사 몇 명이 강을 건너려는 사람들을 꼼꼼히 검문하며 혹시 간자間者(간첩)가 없는지 살피고 있었다. 그러나 그들은 나루터로 걸어오는 노인에게는 간섭하지 않았다. 의복을 까다롭게 갖추어 입은 노인은 정신이 나간 듯이 심하게 비틀거렸는데, 마치 전사한 아들 혹은 손자의 시신을 찾기 위해 강을 건너려는 듯 보였다. 이 당시 황하 나루터에서는 이런 노인을 아주 흔하게 볼 수 있었다.

　노인은 황하 기슭에 서서 하얀 입김을 내뱉으며 고개를 들어 먼 곳을 바라보았다. 입추 상강 무렵의 황하는 물살이 거세어 탁한 황토색의 흙탕물이 소용돌이치며 흘러갔다. 반대편 기슭의 갈대숲과 수풀, 그리고 지평선은 한데 뒤섞여 보였다.

　나룻배는 천천히 돛을 올리며 출발하려 했다. 노인은 망설이는 듯한 걸음걸이로 나룻배를 향해 다가갔다. 발판에 막 발을 올리려던 그는 뒤편을 돌아보았다. 저 멀리서 막 떠오른 태양 빛을 등지고 누군가 휘청거리며 노인을 쫓아오고 있었다. 그 사람을 알아본 노인은 멍하니 그 자리에 우뚝 섰다.

　돛을 올린 나룻배는 강 위로 나아갔다. 멀리서 뱃사공의 노랫

소리가 들려왔다. 황하 하류 지역에서 유행하던 노래 〈시경詩經·
패풍邶風·포유고엽匏有苦葉〉이었다.

匏有苦葉, 濟有深涉. 深則厲, 淺則揭…….
招招舟子, 人涉卬否. 人涉卬否, 卬須我友.
조롱박 잎은 누렇게 시들고, 제수濟水 나루터엔 강물이 불어났네.
물이 깊으면 옷을 벗어들고 건너고, 물이 얕으면 옷자락을 걷고 건
넌다네…….
뱃사공이 오라고 손짓하니, 다들 강을 건너도 나 혼자 그대로 남아
있네.
내가 남아 있는 것은 다만 벗을 기다리기 때문이라네.

때는 기원전 494년, 위衛나라 도성 밖의 옛 황하 유역[지금의
허난河南성 푸양濮陽시]에서 있었던 일이다. 이 노인은 바로 그 유명
한 공자인데, 이해에 그의 나이는 58세였다. 멀리서 그를 좇아 온
사람은 그의 젊은 제자 자공子貢, 즉 단목사端木賜였다.

공자는 황하를 건너려 했으나 건널 수 없었다. 이 일화와 시는
《논어論語》와 《사기史記》에 모두 등장하는데, 《논어》에 가장 상세
히 기록되어 있다. 그런데 그는 이때 무엇 때문에 강을 건너려 했
을까?

그는 강 저편에 있는 양호를 만나러 가려 했다. 어쩌면 두 사
람의 신원에 관한 수수께끼를 풀려고 했는지도 모른다. 공자와
양호 두 사람은 생김새가 서로 쏙 빼닮았고, 각자의 아버지 대에
는 같은 사교계에 속해 있었다.

두 사람 사이는 결코 후세 사람들이 생각하는 대로 서로 대립
하기만 하는 불공대천의 사이가 아니었다. 귀족 세습 정치의 규

율 속에서 공자와 양호가 선택한 길은 보기에는 서로 달라 보였지만, 두 사람 모두 이 규율의 힘을 빌리는 동시에 그 한계를 돌파하려 했다.

공자는 어째서 강을 건너기 위해 발을 내딛지 못했을까? 이 모든 것은 처음부터, 그러니까 공자의 일생부터 이야기를 시작해야 한다. 사생아로 태어나 농민으로 자라나서 귀족 가정과 귀족 사회에 받아들여진 그의 인생부터 말이다.

우선 공자가 살았던 시대의 기본적인 사회, 정치 개념부터 소개해 본다. 가령 '귀족', '과두' 등의 용어들은 모두 한참 후의 백화문白話文 시대에 널리 쓰게 된 개념이다. 춘추 시기의 문헌에는 이러한 현상을 정확하게 반영할 수 있는 어휘가 사용되지 않았다. 어쩌면 후세에 이르러서야 황권 전제 정치, 관료제, 민주제 등의 새로운 사회, 정치 개념이 탄생하고 도입되면서 이러한 개념들과 비교, 대조를 통해 춘추 시대 정치의 독특한 면이 더욱 뚜렷이 드러나게 되었고, 오늘날에야 우리가 새로운 어휘를 통해 그 특징을 묘사할 수 있게 되었는지도 모른다.

잠시 상고사를 돌아보자면, 상나라 때의 사회와 정치가 어떠했는지를 기록한 문헌은 아주 적다. 드물게 보이는 갑골문 자료들도 거의 상나라 중기나 후기 때의 것들이다. 극히 유한한 이 자료들로 추측해 보면, 상나라 시대는 비교적 작은 규모의 '핵심 왕국'에 수많은 '신하 나라[부족]'가 결합한 형태였을 가능성이 크다. 주변 부족들은 상나라의 무력을 두려워하며 상나라 조정에 복종하고 공물을 바쳤지만, 때때로 반란을 일으키기도 했다. 주나라 역시도 초기에는 이처럼 상나라에 복종하던 주위 나라 중 하나였다.

그러나 주나라 사람들은 상나라를 멸망시킨 후에 '봉방건국

封邦建國' 제도, 즉 봉건제를 대규모로 시행해 새로 정복한 지역에 자신들의 분봉 제후국을 광범위하게 배치했다. 제후국들은 본래부터 존재하고 있다가 지금은 주나라 왕조에 복종하기로 한 토착민의 나라들과 병립하게 되었고, 열국의 군주와 귀족 들은 봉건적으로 세습되는 통치 계층을 형성했다. 이 통치 계층은 범국가적인 성격을 띠고 있었는데, 주나라 왕실을 핵심으로 삼으면서 외부 제후국들의 상류 계층에는 개방적인 입장을 취해 그 경계가 비교적 모호한 편이었다. 어느 나라든 주나라 왕조의 권위를 인정하기만 하면 제후국으로 받아들여질 수 있었다.

상 왕조와 비교해 주나라 사람들이 우월했던 부분은 바로 이처럼 훨씬 더 개방적이었다는 점이다. 그들은 특히 상류 계층끼리 통혼하는 혼인 정책을 시행해 제후국과 부족 들 사이의 지연적인 장애를 뛰어넘어 보편적인 문화 정체성을 공유하는 중원 통치 계층을 형성하고 유지했다. 이것이 바로 고전적인 화하華夏 정치 문화의 기원이라 할 수 있다. 이때부터 중국 역사는 상나라 시대의 미개하고 폐쇄적인 성격을 벗어날 수 있었다.

물론 주나라 정치에는 명확한 한계성 또한 존재했다. 상류 계층의 정체성으로 지역적 차이를 극복했기 때문에 인구의 절대다수를 차지하는 하층 계급을 완전히 도외시했다는 점이다. 그들을 문화가 전혀 필요 없으며 자신의 운명을 바꿀 필요도 없는 이들로 간주했고, 대대로 상류 귀족을 위해 '노동'하기만 하면 충분하다고 여겼다. 사회적 이동이 거의 존재하지 않는 전형적인 신분 세습 제도라고 할 수 있다.

이는 어쩌면 규모가 비교적 큰 상고 사회가 반드시 겪어야 하는 단계인지도 모른다. 하지만 이러한 정태적인 사회 역시 점차 그 종말에 가까워지게 된다. 그 원인은 인구가 자연적으로 증가

하면서 소위 '생산력의 발전'을 통해 농업의 잉여 생산물이 증가하고 기술적 분업이 복잡해졌기 때문일 수도 있다. 혹은 통치 계층의 인구가 너무나 빨리 늘어나 세습적 특권과 신분 상승의 기회를 얻지 못하는 귀족의 서자 계층이 더욱 강한 유동성을 지닌 사회적 규율을 동경하게 되었기 때문일 수도 있다.

이와 동시에, 인구 증가와 농업 개발로 본래 벽지에 틀어박혀 있던 여러 제후국이 모두 팽창하면서 각국의 통치자들은 인구 및 국토 쟁탈의 중요성에 눈을 뜨게 되었다. 상류 계층 사이의 범국가적인 정체성은 지역 혹은 국가 의식으로 바뀌었다. 군주는 점차 귀족의 세습적 권력을 박탈하고 관료제를 수립했으며, 국가의 통치가 일반 농민에게까지 미치도록 평민들의 호구를 파악하는 편호제민編戶齊民 관리 방식을 실현함으로써 부국강병을 꾀하고 외부와의 전쟁에서 승리를 거두었다. 춘추 시대에서 전국 시대로 넘어가는 시기가 바로 이러한 역사의 전환 단계였으며, 이 전환의 성과가 바로 전국 시대 초기 열국의 '변법變法'이다.

공자가 생활했던 춘추 시대 말기에 주나라 왕[천자]은 이미 열국을 지휘할 권력을 잃고 중원 열국의 문화적 구심점을 상징하는 정치적 부호 정도로 축소되어 있었다. 열국 정치의 주인공은 귀족 경대부였다. '경卿'은 본래 왕조 혹은 제후국 내에서 최고 권력을 장악한 소수의 대신을 뜻하는데, 그 수는 보통 열 명을 넘지 않았다. 경의 자리는 원칙적으로는 세습되지 않았고, 천자 혹은 군주가 수많은 대부 중에서 가장 현명한 이를 선발해 '경'을 담당하게 할 수 있었다.

'대부大夫'라는 개념에는 엄격한 정의가 존재하지 않는다. 춘추 시대의 사료를 통해 그 특징을 귀납해 보자면, 대부는 '세습 귀족'이라고 할 수 있다. 대부들의 선조를 찾아보면 대부분 주나라

의 어느 왕 혹은 어느 제후국의 군주로 거슬러 올라간다. 대부의
신분은 적장자에게 세습되는데, 그 핵심은 봉읍封邑의 세습이다.
세습 귀족 중 가장 낮은 계급은 '사士'로 일부 사의 선조는 대부
혹은 제후국의 군주였으나 일부는 그렇지 않았다. 당시 사람들은
모두 대부나 사라는 신분이 세습된다는 사실을 알고 있었으나,
'귀족'이라는 고유명사는 존재하지 않았다.

춘추 시대 중엽부터 중원의 여러 나라에서는 '경'의 지위 역시
세습되기 시작했다. 몇몇 제후국에서는 소수의 대부 가문이 '경'
의 지위를 독차지했는데, 그들 내부에서 경쟁 혹은 타협을 통해
'경'의 직무를 분배했다. 또 다른 몇몇 제후국에서는 심지어 특
정한 대부 가문이 대대로 특정한 '경'의 직무를 독점하기도 했는
데, 공자가 생활했던 노나라 역시 이러했을 듯하다. 사료가 많지
않아 모든 가문의 역대 직위를 전부 재현해 볼 수는 없지만, 이를
반증하기도 힘들다.[1]

더 이후인 전국 시대에는 이러한 현상을 '세경世卿',[2] 즉 '세대
를 이어 경의 지위를 독점하는 가문'이라고 부르기 시작했다. 이
책에서는 더 명료하고 보편적인 용어인 '과두寡頭'를 사용하기

1 춘추 시대 세습 정치에 관해 기록한 경, 사 분야의 대표적인 문헌으로는 《춘추春秋》,
《좌전左傳》, 《국어國語》 및 정현鄭玄 등 후세의 학자가 펴낸 《주소註疏》 등이 있다. 선진
시대에는 이러한 세습 가문의 정보를 기록한 《세본世本》이라는 문헌도 있었으나, 중고
시대 이후로 실전되어 다른 서적에 인용된 몇몇 짧은 문장만 전해 내려오고 있다. 청
나라 때의 학자인 고동고顧棟高의 《춘추대사표春秋大事表》에 이 방면이 내용이 더 체계
적으로 분류 및 정리되어 있다. 현대 학자 천판陳槃은 저서 《춘추대사표의 열국 작위
와 성씨 및 존망표 찬이春秋大事表列國爵姓及存滅表撰異》에서 고동고의 연구 성과에 나름의
내용을 보충했다. 그러나 이 분야에 관한 현대 사학계의 연구는 대체로 드문 편이다.
2002년 전후로 '체비라오펑郫比老彭'이라는 닉네임을 가진 뜻있는 누리꾼이 노, 제, 진,
송, 정나라 등 제후국에서 권력을 장악했던 역대 경족에 관한 정보를 종합해서 인터넷
에 《춘추경족약고春秋卿族略考》를 발표해 현대인들이 춘추 시대의 세습 정치를 이해하
는 데 큰 도움을 주었다.
2 《춘추공양전春秋公羊傳》을 볼 것.

로 한다. '과두'는 백화문 시대에 플라톤의 《국가》에 등장하는 'oligarchy'라는 용어를 번역하면서 생겨난 어휘로, 본래의 뜻은 '소수에 의한 통치'이다. 이 어휘는 고대 그리스의 소수 도시국가에서 사용되었고, 세습의 의미를 꼭 포함하고 있지는 않았다. 하지만 이 책에서 묘사하는 춘추 시대 중후반의 역사 속에서 이 어휘는 '세습 통치를 유지하는 소수의 가문'이라는 의미에 더 가깝다. 이 몇몇 가문은 연합 통치의 관례와 암묵적인 계약을 유지해야 할 필요가 있었는데, 이것이 바로 춘추 시대의 '과두 공화제'이다. 이러한 어휘들은 모두 백화문 시대가 되어서야 등장하기는 했지만, 춘추 시대 정치를 표현하는 데 매우 적절하다. 이런 편리함을 공자 시대의 사람들은 누리지 못했다.

이 책의 주인공은 공자이다. 그러므로 춘추 시대 귀족 사회와 과두 정치의 맥락을 중점적으로 설명할 수는 없고, 공자와 관련한 정치적 배경만을 소개한다. 그러나 공자를 통해 춘추 시대를, 특히 춘추 말기 역사를 살펴보는 데는 크나큰 장점이 있다. 춘추 역사의 주인공은 대다수가 제후국의 군주였다. 제환공, 진문공, 초장왕 등 큰 변화와 찬란한 업적을 남긴 이들에 관해서는 역사서에 이미 많은 내용이 기록되어 있다. 하지만 그 당시의 가장 평범한 귀족, 즉 '사'의 생활을 상세하게 기록한 문헌은 매우 적다. 공자는 춘추 역사에서 아주 특수한 사례로 그의 일생에 관한 수많은 기록이 존재하는데, 주로 공자의 제자들 및 그 제자의 제자들이 편집한 《논어》와 《예기禮記》에 기록되어 있다. 따라서 공자는 춘추 시대의 일반적인 '사' 계층 사람들의 생활을 이해하는 데 가장 적절한 사례라 할 수 있다.

공자는 춘추 시대 말기 사람으로 이때는 '백가쟁명'의 전국 시대가 시작되기 직전이었다. 그러나 공자를 제외한 제자백가, 가령 장자, 묵자, 맹자, 순자, 한비자 등에 관해 우리가 이해할 수 있는 부분은 아주 적다. 그들이 어떠한 가정에서 태어나 자랐는지, 누구를 아내로 맞았고 자녀는 몇을 두었는지, 어떻게 학문을 하고 제자를 받아들였는지, 어떻게 생계를 꾸렸는지 등과 같은 내용은 거의 사각지대에 숨겨져 있다. 하지만 유일하게 공자의 인생만은 아주 자세히 알 수 있다.

그러므로 공자는 춘추 귀족 사회를 이해하는 데 가장 좋은 사례일 뿐만 아니라 제자백가 중에서 가장 풍부하고도 진실한 인물이다. 그가 생활했던 시대에는 귀족 세습 제도가 이미 활기와 역량을 잃은 상태였다. 공자의 일생을 통해 우리는 과두 정치가 더는 지속되기 힘들어지는 과정과 춘추 귀족의 역사가 막을 내리는 모습을 살펴볼 수 있다.

1 야합으로 태어나 아버지 가문에 입적되다(1~15세)

'야합'에 관한 논쟁

공자에 관해 이야기하자면 공자의 가정 이야기부터 해야 한다. 《사기》에서 공자의 가문에 관한 내용을 찾아보면, 공자의 집은 노魯나라의 '창평향 추읍昌平鄕陬邑'에 있었다고 기록되어 있다. 이곳은 노나라 도성인 곡부曲阜 근교이다. 아버지의 이름은 공흘孔紇이며 자는 숙양叔梁이고 어머니는 안顏씨 여자였는데, 두 사람이 "야합하여 공자를 낳았다." 이 말은 《사기》의 원문을 그대로 옮긴 것이다.[1]

'야합野合'이라는 말 자체가 매우 자극적이다. 일부 학자들은 이 말을 글자 그대로 이해해 '들판에서 사귀고 뽕나무 숲에서 밀회하여'[2] 인간과 자연이 완전히 하나가 되었다는 뜻으로 해석했는데, 이는 남녀 관계가 훨씬 개방적이었던 고대 당시의 풍속이다. 이러한 행위는 진, 한나라 이전의 민간에도 실제로 존재했고,

---

1 《사기·공자세가孔子世家》: "공자는 노나라 창평향 추읍에서 태어났다. 그의 선조는 송宋나라 사람 공방숙孔防叔이다. 방숙이 백하伯夏를 낳았으며 백하는 숙양흘叔梁紇을 낳았다. 흘은 안씨의 딸과 야합하여 공자를 낳았는데, 니구尼丘에서 기도를 올리고 공자를 얻었다. 노나라 양공襄公 22년에 공자가 태어났다. 태어났을 때 정수리 가운데가 움푹 꺼져 있었기 때문에 이름을 구丘라 했다. 자는 중니仲尼, 성은 공孔씨이다……."(孔子生魯昌平鄕陬邑. 其先宋人也, 曰孔防叔. 防叔生伯夏, 伯夏生叔梁紇. 紇與顏氏女野合而生孔子, 禱於尼丘得孔子. 魯襄公二十二年而孔子生. 生而首上圩頂, 故因名曰丘云. 字仲尼, 姓孔氏…….)

2 허신何新, 《공자 연보孔子年譜》, 시사출판사, 2007년, 제5쪽. 리링李零 선생 역시 이러한 관점을 가지고 있다. 《성화聖化를 걷어내야 진정한 공자를 얻는다去聖乃得眞孔子》, 싼롄서점, 2008년, 44~45쪽 참고.

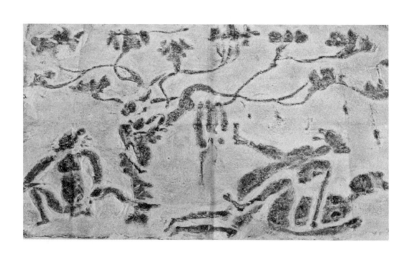

그림 1 상림야합도.

한나라 때 만들어진 그림 조각 벽돌에서도 볼 수 있다. 이 벽돌 그림은 보통 "상림야합도桑林野合圖"라고 부르는데, 그림의 크기는 상당히 크며 간혹 등장인물이 두 명뿐만 아니라 세 명, 네 명이 되기도 한다. 이와 같은 벽돌은 이미 여러 장 출토된 바 있다.

그러나 공자의 출생에서 '야합'은 현대 사람들이 이해하는 뜻 과는 다를 가능성이 있다. 왜냐하면 첫째로 '야합'이란 비밀로 해 야 하는 일이라 보통은 외부로 퍼뜨려 남들이 알게 할 리가 없으 며, 정식으로 기록될 가능성도 작기 때문이다. 둘째로 한나라 때 의 사람들은 공자의 생일이 하력夏曆[음력] 8월 말이라고 보았는 데,[3] 이때부터 역산해 보면 공자의 어머니가 그를 가진 때는 그전 해의 음력 섣달이 된다. 노나라는 북쪽에 있어서 겨울에 매우 추 웠고, 특히 섣달은 한 해 중에서 가장 추울 때라 야합하기에 적합 하지도 않다.

《사기》에 언급된 '야합'은 사실상 뜻을 좀 돌려 말한 어휘로, 혼인하지 않은 '정당하지 못한 남녀 관계'[4]를 의미한다. 《사기》에 는 이 말이 단 한 번 등장할 뿐이지만, 이를 방증할 만한 다른 증 거도 있다. 당나라 때의 사관인 사마정司馬貞이 《사기》에 주를 달 면서 진나라 때의 환관인 조고趙高의 출신에 관해 설명했는데, 관 노비[노역을 하는 여자 죄수]인 조고의 어머니가 타인과 '야합'하 여 조고를 낳았다고 되어 있다. 이 역시 혼인하지 않고 사통했다 는 의미이다. 죄수 신분의 여자가 야외에 나가 연애할 수 있었을

---

3 《춘추곡량전春秋穀梁傳》에는 공자가 시월 경자생十月庚子生이라고 기록되어 있으며 《춘추공양전》에는 십일월 경자생十一月庚子生이라고 기록되어 있는데, 여기서 사용한 역법은 주력周曆이므로 하력보다 두 달이 이르다.
4 《예기정의禮記正義·단궁상檀弓上》에서 공영달孔穎達은 '야합'에 대해 "들판에서 결합한 것이 아니며, 다만 징(徵, 공자의 어머니 이름)이 공자의 아버지와 정식으로 혼례를 올려 아내가 되지 않은 것을 부끄러워해, 공자가 염치를 아는 것을 보고 그에게 말하지 않았 다(非謂草野而合也, 但徵在恥其與夫不備禮爲妻, 見孔子知禮, 故不告)"라 풀이했다.

리도 없다.

공자의 아버지와 어머니가 혼인한 관계가 아니라는 직접적인 증거는 조금 후에 공자가 어머니의 장례를 지내는 부분을 이야기할 때 자세히 설명한다. 그 일화는 매우 확실하며, 이에 관한 사료에도 확고한 권위가 있다.

최근에는 '하룻밤의 정'이라는 말로 공자 부모의 '야합'을 설명하는 이들도 있는데, 이 역시 정확하지 못하다. 고대의 시골 마을은 전부 서로 잘 아는 사람들로 구성된 사회여서 누가 누구와 사통했다느니 하는 일을 이웃에게 비밀로 할 수가 없었기 때문이다.

공자의 부모는 확실히 중매를 통해 결혼한 적이 없다. 어째서일까? 그것은 두 사람의 신분 차가 너무나 컸기 때문이다. 그 시대에는 아직 계층을 뛰어넘은 혼인이 허락되지 않았다.

우선 공자의 아버지에 관해 살펴보자. 《사기》에서는 그를 '숙양흘'이라고 지칭했는데, 이것은 자[숙양]와 이름[흘]을 붙여 불러 존경을 표현하는 호칭이다. 정식으로 말하자면 그의 이름은 공흘이다.

공흘이 속한 공씨 가문은 송宋나라 초기에 어느 군주의 아들로부터 뻗어 나온 가문으로 몇 대를 이어 송나라의 대권을 장악했다. 그러다가 공자가 태어나기 160년 전에 송나라에서 내전이 일어나 공씨 가문의 가주가 살해당하고 자녀들은 도망쳤는데, 그중 한 명이 유랑 끝에 노나라에 와서 정착했다. 춘추 시대의 귀족 신분은 국제적인 성격을 띠고 있어 어느 나라에 가든 인정받을 수 있었기 때문에 공씨 가문은 노나라에서도 어느 정도 지위가 있는 소귀족으로 살았다. 다만, 가문의 구성원은 좀처럼 불어나지 않았으며 정치적으로도 큰 공로를 세우지 못했기에 공흘의

세대에 와서는 이미 상당히 몰락해서 그저 하급 귀족인 '사' 계급
에 머물러 있었다.

공흘은 상급 귀족인 봉주를 위해 추읍이라는 지역의 농장을
관리한 적이 있었는데, 공자의 어머니는 이 일대의 농민이었다.
두 사람이 어떻게 서로 알게 되어 신분 차를 뛰어넘은 사랑을 했
는지는 알 수 없다. 공자 어머니의 집안이 실제로 공흘의 관리하
에 있었는지도 우리는 정확히 알 수 없다.

공흘의 행적은 《좌전》에도 기록이 남아 있다. 공자가 태어나
기 12년 전에 중원에서 가장 큰 나라였던 진晉나라는 노나라를
비롯한 몇몇 소국과 함께 남쪽의 오랑캐 소국인 픱양偪陽[지금의
산둥山東성 짜오좡棗莊시 경내로 추정된다]을 공격했다. 노나라에서
군사를 이끌고 연합군에 참여한 이는 맹손씨 가문의 맹헌자孟獻子
였고, 공흘도 그와 함께 참전했다. 맹손씨 가문은 노나라의 유명
한 대귀족으로, 이 기록을 통해 공씨 가문이 맹손씨 가문을 위해
일했음을 알 수 있다. 춘추 시대는 귀족 봉건제 사회여서 국가에
상비군이 없었다. 전쟁할 때는 늘 대귀족이 자기 휘하의 소귀족
[봉신]들을 소집해야 했고, 소귀족은 자신의 가족들 및 하인들을
동원해 전쟁에 임해야 했다.

연합군이 공성할 때 적군은 함정을 하나 설치했다. 그들은 일
단 성문을 열어 두었는데, 이 성문은 수직으로 들어 올릴 수 있는
갑문이었다. 연합군의 선봉 부대가 문 안으로 돌진하자 적군이
성문을 갑자기 내려 달아서 성안에 갇힌 부대는 당장 전멸당할
위기에 처했다. 이때 공흘이 나서서[그가 성안에 갇혀 있었는지, 아
니면 성 밖에 있었는지는 알 수 없다] 성문을 맨손으로 들어 올려 어
깨로 떠받친 덕분에 성안에 들어갔던 부대는 그 틈을 타서 모두
밖으로 나갈 수 있었다.

공흘은 키가 크고 체격이 건장했다고 한다. 역사서의 기록에 따르면 키가 10척이나 되는 장신이었다고 하는데, 그래서 이렇게 비범한 행동을 할 수 있었던 듯하다. 그로부터 7년 후에 제나라가 노나라를 침공했을 때 공흘도 수성전에 참여했는데, 대귀족인 장藏씨 가문 사람을 엄호해 포위망을 돌파한 적도 있다고 한다.

이러한 영웅적인 행동 외에 공흘에 관해 우리가 알 수 있는 부분은 공자의 어머니와 있었던 신분 차를 뛰어넘은 연애담 정도밖에 없다. 공흘은 공자의 어머니가 임신한 지 얼마 되지 않아 세상을 떠나서 자신이 이 아들을 얻었는지 알지 못했다.

외할머니 집에서 자라다

이제 공자의 어머니에 관해 살펴보자. 《사기》에는 '안씨 여자'라고 기록되어 있다. 《예기》에는 '안징재顔徵在'라는 이름으로 기록되어 있는데 신빙성 있는 증거로 보인다. 《예기》는 공자의 제자들이 편찬한 책이기 때문이다.

엄밀히 말하면 춘추 시대에 평민은 씨氏를 가지지 못했고, 귀족만 씨를 가질 수 있었다. 그렇다면 이 '안씨'라는 말은 도대체 어떻게 나왔을까? 노나라에는 안씨라는 귀족 가문이 있었는데, 이 가문은 산둥 지역에 살던 작은 토착민 부족의 수장이었다가 주나라 사람들[노나라]에게 정복당한 후에 귀족으로 받아들여졌다. 이들의 봉주 역시 맹손씨이다. 아마도 공자의 어머니가 살던 마을은 안씨 귀족의 오랜 근거지에 있었던 듯하다. 따라서 그들의 농노에게 반드시 씨를 붙여야 한다면 주인인 안씨를 따라야 했다. 즉, 공자 어머니가 살던 마을 사람들은 말하자면 전부 안씨였던 셈이다. 그들은 모두 대대로 그 지역 토착민이었다. 이 마을을 '안씨 마을'이라 불러도 무방할 듯하다.

공자는 어려서부터 외할머니 집에서 자랐다. 외할머니의 가족들은 가난한 평민 계층 농민이었다. 공자의 어머니가 평생 혼인하지 않았는지, 아니면 일찍이 남편을 여읜 후로 쭉 수절했는지는 알 수 없다. 아무튼 공자는 아버지 없이 어머니와 함께 농가에서 살았다. 그는 어렸을 때 자기가 '공'씨라는 생각은 전혀 하지 못했다. 그저 안씨 집안사람일 뿐이었다.

현대인들은 좀 이상하다고 생각할 수도 있겠지만, 고대의 하층 계급 사회에서 이렇게 모친 혼자 자식을 데리고 사는 상황은 상당히 흔했다. 더욱 상세하게 잘 알려진 인물의 예로는 서한 시대의 위청衛靑과 곽거병霍去病의 가문이 있다.

나중에 공자가 귀족이 되어 지위가 점점 높아진 후에 그에게 의지해 생계를 이어 갔던 사람들은 대부분 그의 외가 사람들, 즉 안씨 집안의 친척들이었다. 그중 가장 유명한 이들로는 안회顔回 부자가 있는데, 그들의 특징은 단 하나, 가난하다는 점이었다. 그들은 언제나 최소한의 생활 수준을 위해 발버둥 쳤는데, 굶거나 추위에 떠는 일이 일상다반사였다. 공자는 곧잘 안회의 가난을 '안빈낙도'라 칭찬하곤 했다.

공자는 바로 이러한 작은 마을에서 나고 자랐다. 농민들은 온종일 밭에 나가 일해야 했으므로 아이들은 통제나 가르침을 전혀 받지 않았다. 좀 커서 예닐곱 살쯤 되면 어른들을 도와 농사일을 했다. 가난한 집의 아이는 일찍부터 집안일을 하는 법이다. 그래서 공자는 나중에 "나는 어렸을 때 지위가 비천했기 때문에 아랫사람의 일을 잘할 수 있다吾少也賤, 故多能鄙事"라고 말했다.[5]

공자가 나중에 대학자가 된 후에 번지樊遲라는 제자가 그에게 곡식과 채소 농사짓는 법을 가르쳐 달라고 청하기도 했다. 공자

5 《논어·자한子罕》

는 방법을 알려주지 않고, 자신은 그런 일에 노련한 농민만 못하다고 말했다.[6] 이 일화를 보면 어렸을 때의 공자의 경험에 관해 당시 사람은 다들 알고 있었고, 공자 본인도 이를 딱히 비밀로 하지 않았음을 알 수 있다. 《사기》의 기록에 따르면 공자는 키가 아주 커서 성년이 된 후에는 9척 6촌에 달했다고 한다. 당시 사람들은 그를 '장인長人', 즉 '꺽다리'라는 별명으로 불렀다. 그의 아버지가 10척 장신이니 이 점은 유전인 게 분명해 보인다.

이 9척 6촌이니 10척이니 하는 키를 지금의 단위로 계산하면 얼마나 될까? 고대에는 도량형이 통일되어 있지 않아서 몇 가지 서로 다른 계산법이 있다. 긴 단위로 계산하면 2m가 넘으니 좀 황당할 정도이다. 짧은 단위로 계산해도 190㎝ 정도가 된다. 고대 사람들은 영양 상태가 좋지 않았기 때문에 대부분 키가 작은 편이었다. 그러니 공자의 키 정도 되면 어디에 가든 군계일학으로 눈에 띄었을 것이다.

공자는 위로 한 명의 형과 최소한 한 명 이상의 누나가 있었다. 이 형과 누나는 공자와 어머니가 같아도 아버지는 다를 터였기에, 공자처럼 보는 사람이 놀랄 만큼 키가 큰 이는 없었다.

《사기》에 의하면 공자는 어렸을 때 조상에게 제사 지내는 모습을 흉내 내는 놀이를 좋아했다고 하는데, 마치 그가 나중에 예절과 의식을 연구하는 큰 학자가 되리라는 예지처럼 보인다. 이는 사실 공자가 어렸을 때 집안에 아버지 쪽의 친척도 없고 친가 조상에게 제사를 지내지도 않아서 남의 집에서 제사를 지내는 모습을 보고 부러워한 나머지 혼자서 대접이며 접시를 늘어놓고

---

6 《논어·자로子路》: "번지가 곡식 농사짓는 법을 가르쳐 달라고 청하자, 공자는 '나는 노련한 농부만 못하다'라 했다. 다시 채소 기르는 법을 가르쳐 달라고 청하자, '나는 노련한 채소 재배자만 못하다'라 했다."(樊遲請學稼, 子曰: '吾不如老農.' 請學爲圃, 曰: '吾不如老圃.')

절하는 놀이를 한 것이라고 보아야 한다. 말 그대로 아동 시기의
보상심리라고 할 수 있다.

아버지 가문에 입적되어 모두 크게 기뻐하다

공자가 열다섯 살이 되던 해쯤에 어머니가 세상을 떠났다. 농촌
의 기준으로 따지면 이때 그녀의 두 아들은 이미 장성했고 안씨
집안의 묘지도 갖추어져 있었으니, 농가의 기준에 맞게 장례를
치르는 데는 문제 될 일이 없었다. 하지만 만약 이 장례가 안씨
마을의 무수한 선조들 때와 마찬가지로 평온하고 평범하게 치러
졌다면 중국의 역사는 분명히 지금과는 달라졌을 것이다.

　사건은 바로 이때 일어났다. 역사서의 기록에는 빠진 부분이
아주 많으니 일단은 가장 확실한 부분부터 살펴보자.《예기》와
《사기》에 의하면, 어머니가 죽자 공자는 어머니를 아버지의 무덤
에 합장하고 싶어 했다. 하지만 아버지의 무덤이 어디에 있는지
알 수 없어서 어머니의 관을 '오보지구五父之衢' 대로변에 안치했
다.[7] 오보지구는 노나라 도성인 곡부의 동쪽 교외에 있는 아주 유
명한 대로였는데, 정치적인 단체 행사를 자주 벌여서 꽤 떠들썩
한 곳이었다. 공흘의 묘는 곡부성에서 동쪽으로 25리 떨어진 방
산防山에 있었는데, 오보지구는 바로 그쪽 방향으로 통하는 길이
었다. 공자가 살았던 추읍은 곡부의 동남쪽 근교로 곡부와 방산
사이에 있었다.

　관을 대로변에 안치해 놓은 일은 아무리 보아도 이상하다. 사
람들이 물으면 공자는 어머니께서 돌아가셔서 아버지와 합장해

---

7 《예기·단궁상》,《사기·공자세가》: "구가 태어난 뒤에 숙양흘이 죽어 방산에 묻혔다.
방산은 노나라 동쪽에 있었다. 공자는 아버지의 무덤이 어디인지 몰랐으나 어머니는 말
하려 하지 않았다. ……공자의 어머니가 죽자 오보구五父衢에 안치했다."(丘生而叔梁紇
死, 葬於防山. 防山在魯東, 由是孔子疑其父墓處, 母諱之也. ……孔子母死, 乃殯五父之衢.)

드리고 싶은데, 자기는 아버지의 묘가 어디에 있는지 모르니 누
구든 좀 알려주면 좋겠다고 대답했다. 말도 안 되는 소리였다. 아
버지의 묘가 어디에 있는지 모르는 사람이 세상에 어디 있단 말
인가? 게다가 공흘은 동네방네 제법 유명한 소귀족이었으니 아
무 상관없는 낯선 이라 해도 그의 묘가 있는 장소를 수소문해 알
아보기는 그리 어려운 일이 아니었다.

　이 일의 이면에는 이러한 문제가 존재했는지도 모른다. 공자
는 어려서부터 농가 아낙인 편모 밑에서 자라났다. 그의 가족은
소귀족인 공씨 가문과 아무런 관련이 없었다. 장례를 제대로 치
르지 않고 관을 일부러 대로변에 안치해 놓은 의도는 사회적인
관심을 불러일으켜 공씨 가문에서 그가 공씨의 핏줄임을 눈치채
게 하기 위해서였다. 그는 공씨 가문을 찾아가 울며불며 자기가
이 집안 핏줄이라고 말하지 않았다. 그 당시는 농민과 귀족 사이
의 신분 차가 너무나 커서 그렇게 한다면 위험했기 때문이다.

　그때 공자는 사회 경험이 거의 없는 열다섯 살짜리 소년에 불
과했다. 장례 절차를 중지하고 여론을 조성하는 일은 그가 스스
로 생각해 내지 않았고 마을 사람이 가르쳐 주었거나, 혹은 어머
니가 죽기 전에 당부했을 가능성이 있다. 하지만 이러한 사정은
외부인이 알 수 없는 사실이다.

　공자가 장례를 치르다 말았다는 소식에 더해 몇 가지 암시적
인 정보가 저절한 중개인을 통해 전해져 오자, 공씨 가문 사람들
도 가만히 앉아 있을 수 없었다. 사실 공씨 가문은 계속 인원수가
아주 적었고, 이때는 이미 한참 전부터 대가 끊기다 못해 살아 있
는 남자 구성원이 아예 없을 지경이었다[최소한 역사서에는 아무런
기록도 없다]. 안씨 마을의 이 '소란스러운 장례' 소식에 영향을 받
은 사람은 아마도 이미 출가한 공씨 집안 가주의 누이로 보인다.

이 농가 소년이 공씨 가문 후손임을 어떻게 증명했을까? 우선 용모상의 특징을 보면 공자는 공흘을 무척 닮았다. 이는 꾸며낼 수 있는 부분이 아니었다. 그리고 당시는 이웃이 다들 서로 잘 아는 사회였기 때문에 그 지역에서 일어난 일을 숨기기 힘들었다. 공씨 가문 사람들이 그 이전의 연애담을 몰랐다 해도, 사정을 아는 사람을 찾아 물어보기는 어렵지 않은 일이었다.

결국 공씨 가문에서는 십몇 년이나 뒤늦게 찾아온 이 아들을 인정해 주었다. 결말은 두 집안 모두에게 잘된 일이라 다들 크게 기뻐했다.

《사기》에 의하면 공자를 위해 중간 역할을 맡아 공씨 가문과 소통해 준 사람은 안씨 마을에 사는 '만부지모輓父之母'라는 노부인이었다고 한다. '만부'란 시신을 거두어 출관하고 무덤을 파 주는 '장의사'를 말한다. 공흘이 죽어 장례를 지냈을 때도 이 사람이 장례를 도왔는지도 모른다. 그런데 어째서 '만부' 본인이 아니라 그의 노모가 나섰을까? 아마도 그 당시 공씨 가문 쪽에는 부녀자들밖에 남아 있지 않아 노부인이 중간 역할에 가장 적합했기 때문이리라.

안씨 집안사람들의 지혜

공씨 가문에 입적된 후에 공자는 드디어 아버지가 있는 아들이 되었고[비록 이 아버지는 오래전에 죽었지만], 신분도 농민에서 귀족으로 바뀌었다. 그는 어머니의 관을 정식으로 공흘의 묘에 합장했다. 손위 어른을 합장하는 일은 사실 당시의 예절에는 그다지 부합하지 않았다. 이미 모신 묘를 다시 파내는 일은 땅속에 묻혀 안식을 얻은 망자를 놀라게 만드는 짓이었기 때문이다. 《예기》에는 계무자季武子라는 노귀족이 한 말이 적혀 있는데, 그는

"합장하는 것은 옛 예의가 아니다. 주공이 예악 제도를 제정한
이래 이렇게 한 예는 없다"[8]라고 말했다. 하지만 공자는 이 합장
을 통해 자신과 자신의 어머니가 공씨 가문과 관계가 있으며 본
인의 신분이 공씨 가문의 귀족이라고 널리 알려야 했기에 예의
문제는 뒤로 미루어 둘 수밖에 없었다.

지금껏 공자가 젊었을 때 이렇게 장례를 중지하고 '트집을 잡
아' 아버지 가문에 들어간 사건을 중시하는 이가 많지 않았는데,
사실 이는 상당히 주목할 만한 사건이다.

후세 사람들이 보기에 공자는 유가의 대학자이며, 이상적인
정치 이론을 제창해 대권을 장악한 정치가들로부터 환영받지 못
했던 사람이다. 그래서 그가 세상 물정을 모르는 책벌레라 늘 진
부하고 어리석은 말만 했다고 상상하기 쉽다. 이는 공자의 성격
에서 비교적 자주 발견할 수 있는 특성 중 하나일 뿐으로 그의
직업과도 관련이 있다. 하지만 공자는 관찰에 능하고 늘 기회를
찾으며 용감히 모험에 임하는 또 다른 특징도 지니고 있었다. 이
것은 안씨 마을의 하층 계급 사람들이 가지고 있던 생존의 지혜
이다. 중대한 선택을 마주했던 몇 차례의 결정적인 순간마다 공
자는 이러한 지혜를 발휘했다.

공자 이전까지는 묘에 봉분하지 않고 전부 평평하게 만들었
다. 젊은 시절의 공자도 옛 예절을 고수해야 한다며 부모를 합
장한 묘를 평평하게 했다. 그런데 만년에 그는 그 묘에 1m[고대
의 단위로는 4척] 높이의 작은 봉분을 쌓았다. 공자는 제자들에게
"이렇게 하는 것은 전통에 부합하지는 않지만, 나는 사방팔방 외
지로 돌아다니느라 집에 돌아와서 살펴볼 때가 적으니 언젠가

8 《예기·단궁상》: "합장하는 것은 옛 예의가 아니다. 주공 이래로 고친 적이 없다."(合
葬, 非古也. 自周公以來, 未之有改也.)

위치를 기억하지 못할까 봐 표시하기 위해 봉분을 쌓은 것이다"
라고 설명했다. 이렇게 여러 가지로 고민한 이유도 전부 그가 이
일을 너무나 중요시했기 때문이다.

봉분을 쌓은 날 하필 비가 와서 공자는 먼저 집으로 돌아갔다.
한 제자가 늦게 돌아오기에 공자가 무슨 일이냐고 물었다. 제자
는 비가 많이 오는 것을 보니 봉분이 무너질까 걱정되어 묘에 남
아서 지켜보다가 고쳐 쌓고 왔다고 대답했다. 공자는 이 이야기
를 듣고 눈물을 흘렸다.[9] 이 무덤은 소년 공자의 운명을 바꿔준
곳이고, 그의 수많은 감정과 추억이 깃들어 있는 곳이다. 그는 울
지 않을 수 없었으리라.

믿을 수 없는 《공자가어》

공자의 신세에 관해서는 대략적으로 알아보았으니 이제 그의 이
름과 자字에 관해 이야기해 보자. 그의 이름은 '구丘'로 어머니가
지어 주었다. 일설에 의하면 어머니가 그를 임신했을 때 집 근처
에 있는 니구尼丘라는 작은 토산에 올라가 무사히 아이를 낳게 해
달라고 천지신명에게 기도했기 때문에 이렇게 이름을 지었다고
한다. 또 다른 설에 의하면, 공자가 갓 태어났을 때 머리에 커다
란 혹이 있었는데 마치 작은 언덕처럼 생겨서 '구'라는 이름을 지

---

9 《예기·단궁상》: "공자가 이미 부모를 '방'이라는 곳에 합장한 뒤에 말하기를 '내가
듣기로 옛날에는 무덤을 만들어도 봉분을 쌓지 않았다고 한다. 나는 지금 사방으로 돌
아다니는 사람이니 표지를 하지 않을 수 없다'라 했다. 이에 봉분을 쌓으니 높이가 4척
이었다. 공자가 먼저 돌아온 후에 제자가 나중에 돌아오는데 비가 많이 내렸다. 공자
가 묻기를 '너는 왜 이리 늦었느냐?'라 하자, '봉분이 무너져 다시 쌓았기 때문입니다'
라 하니 공자는 대답이 없었다. 세 번을 거듭 말하자 공자가 눈물을 쏟으며 말하기를
'내가 듣기로 옛날에는 무덤을 고치는 일이 없었다 한다'라 했다."(孔子旣得合葬於防,
曰: '吾聞之, 古也墓而不墳. 今丘也, 東西南北人也, 不可以弗識也.' 於是封之, 崇四尺. 孔子
先反, 門人後, 雨甚, 至, 孔子問焉, 曰: '爾來何遲也?' 曰: '防墓崩.' 孔子不應. 三, 孔子泫然流
涕曰: '吾聞之, 古不修墓.')

었다고 한다. 두 가지 설 모두 근거가 있지만, 공자는 분명히 전
자를 더욱 선호했을 듯하다. 그러나 후자의 설이 농촌 사람들이
이름 짓는 습관에 더 부합한다. 그들은 생각나는 대로 아무 글자
나 따서 아명을 지었는데, 아이가 무탈하게 잘 크기 위해서는 이
름이 천할수록 좋다고 생각했다.

아버지 가문에 입적되어 공씨 가문의 후예가 되자 그의 이름
은 안구顔丘가 아닌 공구孔丘가 되었다. 그리고 귀족의 습관에 따
라 성년이 된 후에는 '자'를 지어 같은 항렬 혹은 아래 항렬 사람
들이 부를 수 있게 해야 했다. 그는 스스로 자신의 자를 '중니仲
尼'라고 지었다. '중'은 형제 중 둘째라는 뜻이고, '니'는 어머니가
기도하러 갔던 니산尼山에서 따온 글자로 이름인 '구'와 관계가
있다.

공자의 성씨는 아버지의 가문을 나타내지만, 그의 이름과 자
는 어머니 쪽에 중점을 두고 있다. 그는 사람을 대할 때 지위나
재산을 따지지 않았고, 안씨 마을의 가난한 친척들과의 사이에
'선을 그으려는' 생각을 결코 하지 않았다. 그는 평생 안씨 마을
친척들이 편안히 살아갈 수 있도록 있는 힘껏 도왔다.

공자의 출신에 관해서는 소개해야 할 고서가 한 권 더 있다.
바로 진한 시대에 공부孔府(공씨 가문 저택)의 가서였다고 전해지
는《공자가어孔子家語》이다.

공자가 성인으로 추앙받게 되자 사람들은 공흘이 '야합'한 일
을 부끄럽게 생각해 무슨 수를 써서든 숨기고 싶어 했다.《공자
가어》에는 공자의 어머니인 안씨가 공흘의 첩이었다고 기록되어
있다. 두 사람 사이에서 맹피孟皮라는 아들이 태어났는데, 다리에
장애가 있는 절름발이라는 사실을 알게 되었다. 맹피가 가업을
계승하기 힘들겠다고 생각한 공흘과 안씨는 니산에 가서 천지신

명께 기도를 드리고 공자를 낳았는데, 사지가 온전하여 아버지의
신분을 정식으로 계승할 수 있었다고 적혀 있다.

이 서술에 의하면 공자의 아버지와 어머니는 정식으로 매파를
통해 혼인한 합법적인 부부[첩] 사이이다. 하지만 이것이 사실이
라면 공자가 자기 아버지 묘가 어디 있는지조차 알지 못해서 어
머니의 관을 대로변에 안치해 놓고 사람들에게 수소문했을 리가
없다. 한 발 양보해서 공자가 어린 시절에 불효자여서 아버지의
묘에 성묘하러 간 적이 한 번도 없어 몰랐다고 하더라도, 공자의
형인 맹피가 있지 않은가?

청나라 때 학자들은 고증을 통해《공자가어》가 삼국 시대의
왕숙王肅에 의해 날조되었음을 밝혀냈다. 왕숙은 사마의司馬懿의
사돈이자 사마소司馬所의 장인인데, 왕씨 가문과 사마씨 가문 사
람은 다들 품성이 그다지 좋지 못했다. 사실《공자가어》를 외부
인이 위조했는지 안 했는지는 별로 중요한 일이 아니다. 상식적
으로 보아도 족보에 선조들의 혼외 연애사를 그대로 적는 가문
이 있을 리가 없지 않은가.[10]

공자에게는 원래 형이 한 명 있었다. 하지만 아버지의 묘를 찾
거나 아버지 가문에 입적되는 일에 형인 맹피가 도움을 줄 수는
없었다. 그는 공자와 어머니는 같아도 아버지가 다른 형제라서
공흘의 가문과는 아무 관련이 없는 사람이었기 때문이다. 후세
사람들은 공자가 집안의 둘째 아들임을 알고 있었으며, 심지어
속칭으로 그를 '공씨네 둘째 아들孔老二'이라고 부르기도 했지만,
'공씨네 큰아들'을 떠올리는 사람은 없었다. 이 큰아들은 확실히

---

10 당나라 때의 공영달은 "왕소는《공자가어》를 마구 인용해서 본래《예기》에 명확하
게 기록되어 있던 일들을 전부 엉망으로 만들었다(王肅據《家語》之文以爲《禮記》之妄.
《예기정의·단궁상》)"라 비판했다. 공영달의 시대에는 왕소가 직접《공자가어》를 날조
해 썼을 수도 있다는 점을 미처 의식하지 못했다.

공씨가 아니었기 때문이다.

《사기》외에도 동한의 왕충王充 역시 자신의 책에 "공자는 태어났을 때부터 자기 친아버지가 누군지 몰랐고, 어머니도 그에게 줄곧 알려주지 않았다"[11]라고 기록한 바 있다. 이를 보면 고대인들도 공자의 신세에 관해 어느 정도 알고 있었음을 알 수 있다. 하지만 왕충이 그다음에 쓴 내용은 엉터리이다. 그는 공자가 점치는 방법의 일종인 '취율吹律'을 통해 자기 아버지가 누군지 알아냈다고 했는데, 이는 후세 사람이 갖다 붙인 이야기이다.

공자의 제자들이 《예기》를 쓸 때 어째서 공자가 어릴 때 장례를 지내다 말고 '아버지를 찾은' 사건을 감추지 않고 정직하게 사실 그대로 적었는지에 관해서는 뒷부분에서 설명한다.

11 왕충, 《논형論衡·실지實知》: "공자가 태어난 후 아버지가 누군지 몰랐지만, 어머니는 말하기를 꺼려 알려주지 않았다."(孔子生, 不知其父, 若母匿之.)

현대 사람들은 '야합'으로 자식을 낳는 일을 대부분 잘 이해하지 못하고, 또한 너무 문란하다고 여겨 이를 성인인 공자와 연관 지을 수 없다고 생각한다. 이쯤에서 다른 사람들의 가정사를 한번 살펴보자. 이들의 출신도 공자와 아주 비슷했고, 후세에 크게 이름을 알리기도 했다. 바로 한무제漢武帝 때 명장인 위청과 그의 생질인 곽거병이다.

한나라 초기에 유방이 천하를 두고 전쟁을 벌였던 당시부터 그의 신하였던 개국 공신 조참曹參은 평양후平陽侯에 봉해졌고, 그의 집안이 몇 대를 이어 세습했다.

평양후의 집에는 하녀가 하나 있었다. 이 하녀는 혼인한 적이 한 번도 없었지만, 여러 남자와 연애해 평양후의 집에서 많은 아이를 낳으며 점차 나이가 들었다. 이 노부인은 '위온衛媼', 즉 '위 노부인'이라 불렸다.

위 노부인의 자식들도 자란 후에 다들 어머니의 일을 이어받았다. 아들인 위청은 평양후의 집에서 계속 하인으로 일했고, 딸인 위소아衛少兒와 위자부衛子夫 자매도 하녀가 되었다. 이들은 모두 노부인의 성인 위씨를 따랐다.

제4대 평양후인 조시曹時는 한무제의 누이를 아내로 맞은 부마였다. 어느 날 젊은 한무제가 누나와 자형이 사는 집을 찾아왔다가 위자부라는 어여쁜 하녀를 보았다. 한무제는 측간에 간다는 핑계로 그녀에게 시중을 들게 했는데, 그녀가 마음에 든 한무제는 '은총'을 내리고 황궁으로 데려가서 총비로 삼았다. 결국 자부는 나중에 황자까지 낳았다. 중간에 우여곡절이 다소 있었지만,

아무튼 위씨 집안은 이때부터 발전하기 시작했다.

위자부의 언니인 위소아는 나이가 좀 많았는데, 그녀는 어머니와 마찬가지로 정식으로 혼인하지 않고 지내면서 곽거병을 낳았다. 곽거병이 성장할 당시에는 이모인 위자부와 외숙부인 위청 모두 아주 높은 지위에 올라 있어서 어머니의 성을 계속 따르기가 다소 곤란했다. 그래서 어머니의 정인 중 한 사람의 성을 따 곽씨로 바꿨다. 이렇게 보면 이 집안의 두 세대는 확실한 모계 가족이다.

한무제는 자신의 사촌 형제들을 좋아하지 않았다. 자칫하면 왕위를 찬탈당할 위험이 있었기 때문이다. 그는 안심하고 일을 시킬 수 있는 외가 쪽 친척들을 선호했다. 게다가 위씨 집안사람들은 능력이 뛰어나 위청과 곽거병은 모두 이름난 장수가 되었다. 평양후 조시가 죽자 그의 아내인 한무제의 누이는 과부로 수절하기를 원하지 않아, 예전에는 하인이었다가 지금은 대장군이 된 위청에게 개가했다. 이 역시 아주 기묘한 이야기이다.[12]

초기의 인류 사회는 대부분 모계 씨족으로 이루어져 있었으며 어머니를 기준으로 가계를 판단했다. 따라서 고대인들의 시조를 찾아보면 결국 전부 어머니에 도달하게 되어 있다. 그들의 배우자가 누구였는지 정확히 알 수 없었기 때문에 신선이 강림해 잉태시켰다고 말하는 수밖에 없었다. 가령 주나라의 시조는 강원姜嫄이라는 여성인데, 전설에 의하면 그녀는 들판에서 거인의 발자국을 발견하고 그것을 밟았다가 임신하여 아들을 낳았다고 한다. 상나라의 시조 간적簡狄은 현조玄鳥[제비]의 알을 삼키고 아들을 낳았다고 한다. 바로 그 아들들이 주나라 부족과 상나라 부족을 번성하게 했다. 이러한 전설은 모두 초기의 모계 씨족들이 가지

12 《사기·위장군표기열전衛將軍驃騎列傳》을 볼 것.

고 있는 오래된 기억이다. 모계 가정에서는 대부분의 사람이 자신의 어머니만 알 뿐, 아버지가 누군지는 모르기 때문이다.

그러므로 우리는 현대의 관점으로 공자의 출신을 판단해서는 안 된다. 이는 옛날과 지금의 도덕적 기준이 다르기 때문만이 아니라, 공자가 살던 시대에는 여전히 상고 시대의 여러 풍습이 남아 있었기 때문이기도 하다.

춘추 시대에는 공자의 경우처럼 귀족 남성이 민간의 여성과 짧은 인연을 맺어 자식을 낳는 일이 특이한 사례가 아니었다. 공자보다 두 세대 이전 사람인 노나라의 숙손표叔孫豹라는 귀족에 관해서도 유사한 이야기가 남아 있다. 그는 젊었을 때 집을 떠나 어느 농가에서 묵었는데, 이때 그 집의 여주인과 하룻밤의 정을 쌓았다. 몇 년 후에 숙손표가 가주의 신분과 관직을 계승하자 그 여인은 아이를 한 명 데리고 숙손표를 찾아왔다. 하룻밤 인연의 산물인 그 아이는 이 이후로 숙손표의 집에 살았지만, 귀족 신분을 얻지는 못했다. 숙손표의 본부인이 허락하지 않았고, 숙손표와 부인 사이에는 이미 정당한 후계자가 있었기 때문이다. 중간에 들어온 그 아이의 이름은 '수우豎牛'라고 했는데, '수'는 하인 혹은 천한 사람이라는 뜻이다.

춘추 시대에는 이보다 더 미개한 풍습도 남아 있었다. 《예기》의 기록에 의하면 매년 납월臘月, 즉 섣달에 천자와 제후들은 모두 별의별 기묘한 귀신들에게 제사를 지내야 했는데, 이 제사를 '납팔臘八'이라 불렀다. 호랑이와 고양이에게 제사를 지냈는데, 고양이는 쥐를 잡고 호랑이는 멧돼지를 잡아 농작물을 보호해 주기 때문이었다. 이 풍습은 원시적 샤머니즘의 '물신 숭배' 사상에 가깝다.

납팔 제사 기간에 산림을 관리하는 관원인 '대나씨大羅氏'는 천

자와 제후에게 공물을 진상했는데, 산노루를 잡아 바칠 뿐만 아
니라 시골 민가의 여자도 바쳐야 했다.[13] 이 여자들은 후궁으로
들이지 않았고, '야합'한 후에 다시 집으로 돌려보냈다. 이는 남
녀 관계가 느슨했던 원시 시대가 남긴 풍습이다. 서주와 춘추 시
대에 와서는 천자와 제후들이 모두 바빠져 직접 산림에 가서 여
자를 찾아 야합할 시간이 없어지자 이 풍습을 정식 풍속에 포함
했다. 천자와 제후 아래의 각급 귀족 중에도 분명히 이러한 일에
열중한 이들이 있었으리라고 충분히 상상할 수 있다.

공자는 남녀 관계를 아주 중시해서 특별히 "제후는 스스로 자
신을 낮추어 민간에 가서 여색을 탐해서는 안 된다"[14]라고 말하
기도 했다. 이렇게 말했던 이유는 그가 살던 시대에도 여전히 이
풍습이 남아 있었기 때문이다. 또한 공자는 "남녀 관계는 '예'로
써 절제해야 하며, 서로 비슷한 집안끼리 매파를 통해야만 정식
으로 혼례를 맺을 수 있다. 설령 이렇게 한다 해도 민간의 아녀자
가 귀족 나리에게 스스로 몸을 내주는 일이 빈번히 발생해 막으
려 해도 막을 수 없는데, 이러한 일을 '스스로 몸을 바치다自獻其
身'라 한다"[15]라고도 했다.

고대 귀족이 이러한 야합으로 남긴 후손들은 대부분 어머니의
집에서 자랐으며, 아버지 가문에 받아들여지지 못했다. 공자처럼
아버지 집안에서 정식으로 인정해 주어 귀족 신분을 계승하게
된 경우는 비교적 드문 특수한 사례인데, 이는 그 집안의 대를 이
을 남성이 아예 없었기 때문이다. 공자는 성년이 된 후에 대귀족

---

13 《예기·교특생校特牲》: "대나씨는 천자를 위해 짐승들을 관리하는 직책으로…… 대
나씨는 노루와 여자를 바쳤다."(大羅氏, 天子之掌鳥獸者也…… 羅氏致鹿與女.)
14 《예기·방기坊記》: "공자가 말했다. '덕을 좋아함을 색을 좋아함과 같이해, 제후는
여색을 탐하지 않고……'"(子雲: '好德如好色. 諸侯不下漁色……')
15 《예기·방기》를 볼 것.

가문의 가정교사로 일한 적이 있었는데, 이 가문의 형제들도 귀족인 아버지와 민가 여성인 어머니가 '야합'해 태어난 자식들이었다. 이들 역시 아버지 가문에 대를 이을 남성이 없었기에 아버지의 신분을 계승하도록 허락받을 수 있었다. 이에 관해서는 책의 뒷부분에서 자세히 소개한다.

　부계 가정이 나타나 모계 씨족을 대체하는 변화는 단시간에 이루어지지 않았다. 상층 사회는 비교적 빨리 바뀌었지만, 평범한 농민들로 구성된 하층 사회에서는 모계 가정의 풍습이 아주 오랫동안 남아 있었다. 공자와 곽거병 가족의 상황도 이와 같은 식이었다. 학자들의 연구에 따르면 중국에서 부계 가정 관념이 전면적으로 강화된 때는 위·진·남북조 시기에 이르러서라고 한다.[16]

---

16 허우쉬둥侯旭東, 《북조 촌민村民의 생활 세계 ─ 조정, 주와 현, 그리고 시골北朝村民的 生活世界─朝廷, 州縣與村裏》, 상무인서관, 2005년, "한위육조漢魏六朝 부계 의식의 성장 및 '가족'(漢魏六朝父系意識的成長與 '宗族')" 장 참조.

2 귀족이 되는 법을 배우다(15~20세)

안씨 마을의 가난한 소년이었던 공자는 소귀족 공흘의 후예가
되었다. 이는 운명의 거대한 전환이었고, 3백 년간의 춘추 역사
속에서도 드문 예였다.

물질적인 이익이라는 현실의 측면에서 보면 그의 생활은 크
게 달라지지 않았을지도 모른다. 공흘이 죽은 지는 이미 십 년이
넘게 지났고, 얼마 되지 않는 가산은 벌써 한참 전에 먼 친척들이
전부 나누어 가졌다. 귀족이 마음 편히 생활할 수 있는 바탕인 봉
읍 역시 오래전에 사라졌다[아마도 봉주인 맹손씨 가문에서 회수해
갔는지도 모르지만, 역사서에는 기록되어 있지 않다]. 공자가 계승할
수 있었던 것은 그저 소귀족이라는 신분뿐이었다. 이 신분은 외
국[송나라]에서 전해져 왔고, 공씨 가문은 유구한 역사를 가진 소
귀족 가문이었다.

공자는 하층 계급인 농민 가정에서 10년 넘게 생활하다 갑자
기 귀족 사회로 진입했다. 그랬으니 높은 곳에서 내려다보는 듯
한 호기심에 찬 시선들 혹은 곱지 않은 말들을 피하기 어려웠으
리라는 점은 충분히 상상할 수 있다. 특히 동년배의 소귀족인 양
호의 괴롭힘 때문에 그는 거의 평생을 괴로워했다.

양호와 충돌하다

어머니가 사망한 지 1년쯤 후에 공자는 세상을 경험할 좋은 기회
를 얻었다. 이해에 노나라의 가장 큰 귀족인 계손씨李孫氏 집안에
서 연회를 열어 전국의 크고 작은 귀족들을 모두 초청했다.

당시 계손씨의 가주는 계무자[이름은 계손숙季孫宿]였다. 그는 이
미 나이가 꽤 많고 높은 지위와 권력을 가진 사람으로 사실상 노
나라의 최고 권력자였다. 또한 이 일화를 통해 노나라의 전체 귀
족 수가 연회장 안에 모두 모일 수 있을 정도로 적었다는 사실도
알 수 있다. 이제 막 귀족 신분을 얻은 공자도 초청을 받았다는
것은 계손씨 가문에서 공자의 신분을 인정했다는 의미이다. 그리
고 이 연회는 공자가 처음으로 귀족 사교계에 참가할 아주 귀중
한 기회이기도 했다.

그런데 공자가 계손씨 저택의 문 앞에 도착하자 양호가 그를
막아서며 말했다. "계손씨께서 이번에 초대한 사람들은 '사' 계
급이지 네가 아니다!" 공자는 도저히 어찌할 방법이 없어 그저
이번 연회는 자신과 인연이 없는 일이라고 여기며 울분을 참고
말없이 돌아서는 수밖에 없었다.[1]

양호는 어째서 공자가 '사', 즉 귀족이 아니라서 연회에 참가
할 자격이 없다고 말했을까? 첫 번째 가능성은 공자의 나이가 너
무 어렸기 때문이라는 점이다. 후대의 학자가 주석을 단 문헌 중
《사기정의史記正義》에서 이렇게 설명하고 있다.

주나라 예절에 따르면 귀족 남자는 20세에 사관례士冠禮를 올
린 후에야 성년인 '사'가 되어 정식으로 사교 모임에 참가할 수
있었다. 하지만 이 규칙은 절대적이지 않았고 융통성이 있었다.
예를 들어 아버지가 사망해 장자가 작위를 계승했을 때는 나이
가 차지 않았다고 그 작위를 비워 두지는 않았다. 다만, 사교적인
상황에서만 순위를 좀 뒤로 배치하면 되었다. 공자가 바로 이렇

1 《사기·공자세가》: "공자는 허리에 흰 띠를 두르고 있었다. 계씨가 사 계급을 초청해
공자도 함께 갔다. 양호가 막아서며 말하기를 '계씨께서 초청한 이들은 사 계급이지
너를 대접하려는 것이 아니다!'라 했다. 이에 공자는 물러났다."(孔子要(腰)絰, 季氏饗
士, 孔子與往. 陽虎絀曰: '季氏饗士, 非敢饗子也!' 孔子由是退.)

게 아버지가 죽어서 어린 아들이 집안의 후계자가 된 경우였다. 게다가 양호도 공자와 비슷한 나이였으니, 공자가 참가할 자격이 없었다면 양호도 마찬가지였다. 그러니 나이 때문에 차별했을 가능성은 작은 편이다.

이 기록을 통해 양호도 마찬가지로 아버지가 일찍 사망해 십대 때부터 성년으로 대접받아 사교 활동에 참여했음을 알 수 있다. 당시에는 예절을 비교적 엄격하게 지켰기 때문에 어른이 아직 성년이 되지 않은 자식을 데리고 정식 사교 활동에 참여할 수는 없었다[그리고 양호의 아버지가 살아 있었다면 아들이 그렇게 소란을 피우도록 두지 않았을 것이다].

또 다른 가능성은 공자가 출신이 정당하지 못한 데다 아버지 가문에 입적된 지 얼마 되지도 않아 신분의 진위를 의심받았기 때문이라는 점이다. 게다가 공자는 어머니의 지위도 낮았다. 그 당시에는 모계 혈통도 매우 중시해서 귀족들은 모두 지위가 비슷한 집안과 혼례를 맺었다. 지위가 낮은 첩이 낳은 아들은 본부인의 아들보다 훨씬 못한 위치에 있었는데, 공자는 이러한 면에서 떳떳하지 못했다. 이 이유로 차별했을 가능성이 비교적 크다.

그리고 《사기》의 기록에 의하면 공자는 이때 상복을 입고 이 연회 자리에 참석하려 했다. 물론 막 장례를 지냈을 당시에 입었던 상복이 아니라 그저 허리에 흰 띠를 하나 둘렀을 뿐이었다. 이는 어머니의 장례를 치른 지 1년 이상 지났다는 뜻이었다. 예절대로라면 상중에는 연회와 같은 경사 자리에 가서는 안 된다. 하지만 일상생활에서는 그렇게 엄격히 따지지 않았기 때문에 그때만 잠시 평상복으로 갈아입었다 해도 뭐라 하는 이는 없었을 것이다.

이때부터 공자는 양호에게 앙심을 품기 시작했다. 기록에 따르면 공자는 이 일 이후로 양호를 보기만 해도 긴장해서 진땀을 흘리며 어떻게든 피했다고 한다.[2] 사실 이러한 행동 속에는 결코 인정하지 않으려는 심리가 숨어 있다. 사람들은 종종 마음속에 가상의 적을 하나 정해 놓고 늘 그 사람의 일거수일투족을 몰래 주시하며 그의 처지와 심리, 그가 쓰는 수단을 살펴보곤 한다. 공자에게 가상의 적은 바로 양호였다. 그는 이 이후로 거의 반평생 동안 남몰래 양호와 경쟁했다.

　소년 공자는 이때 양호와 소소하게 충돌한 일을 계기로 자신의 신분이 어정쩡한 위치임을 깨닫게 되었다. 계급이 엄격히 구분된 귀족 사회 속에서 교류하기 위해 그는 매사에 신중하고 조심해야 했으며, 많이 보고 듣되 말과 행동은 아껴야 했다.

죽은 아버지가 남긴 사교계

양호는 도대체 어떠한 내력이 있는 사람이기에 이렇게 공자와 대립하려 했을까? 그는 대귀족인 맹손씨 가문의 방계 가문 사람이었다. 맹손씨 가문은 대를 이어 내려온 호족으로 노나라 정계 서열 3위였지만, 가문 내에서 양호의 신분은 그리 높지 않았다. 예를 들면, 《홍루몽紅樓夢》에 나오는 가씨 가문에 속한 가운賈芸이나 가서賈瑞 등의 인물이 상류 계급의 귀공자인 주인공 가보옥賈寶玉과 선조가 같기는 하지만, 촌수가 너무 멀어 가보옥과 같은 신분을 얻거나 대우를 받지 못하는 상황과 비슷한 처지였다. 그 당시 양호의 신분은 공자와 마찬가지로 귀족 중에서 가장 낮은 계급인 '사'였다.

---

2 《논형·물세物勢》: "공자는 양호를 두려워해 그를 보면 뒷걸음질 치며 땀을 흘렸다."(孔子畏陽虎, 卻行流汗.) 《논형·언독言毒》: "공자는 양호를 보면 뒷걸음질 치며 온통 땀을 흘렸다."(孔子見陽虎, 卻行, 白汗交流.)

앞에서 공자가 태어나기 전에 아버지인 공흘이 맹헌자와 함께
전쟁에 나갔다고 이야기한 바 있다. 즉, 공씨 가문은 맹손씨 가문
수하의 봉신이라는 뜻이다. 그리고 양호는 바로 이 맹손씨 가문
의 방계에 속해 있었다. 따라서 양씨와 공씨 가문은 사실상 아주
가까운 관계로, 양호와 공자 두 사람의 아버지들은 옛 동료이자
전우 사이였다[물론 이 두 아버지는 모두 일찍 세상을 떠났다]. 그랬
기 때문에 양호는 공자의 내력을 알 수 있었고, 공자의 귀족 신분
에 빈틈이 있다는 점도 알 수 있었다.

두 사람은 나이가 엇비슷해 친구가 될 수도 있었으나, 소년 시
절부터 서로 인정하지 않고 승부욕을 불태워 결국은 원수지간이
되었다. 후세 사람들이 보기에 양호는 어려서부터 성인聖人인 공
자와 대립한 전형적인 악역이다. 이 두 사람의 은원과 갈등은 아
주 오랫동안 이어져 그들의 노년까지 지속했다. 그러나 후세의
학자들은 이 두 사람의 아버지들 사이의 관계가 어떠했는지는
결국 알아내지 못했다. 이 점을 처음부터 확실히 살펴보지 않는
다면 공자의 일생을 진정으로 이해할 수 없다.

한편, 공자의 아버지는 대귀족 맹손씨의 수하에 있었던 덕분
에 공자에게 어느 정도의 인맥을 남겨 줄 수 있었다. 공흘이 맹헌
자와 함께 전쟁에 나갔을 당시에 진근부秦菫父라는 전우가 있었는
데, 이 사람 역시 전장에서 용맹한 모습을 보여《좌전》에도 기록
이 남아 있다. 진근부는 나중에 아들을 하나 낳았는데 이 아들과
공자는 사이가 아주 좋았다. 이것이 바로 공흘이 남겨 준 인맥의
연장선이다.

공자가 막 아버지 가문에 입적되어 귀족 신분을 얻었을 당시,
그는 귀족 사회의 각종 예의범절을 익혀야 했으며 여러 새로운
변화에 적응해야 했다. 어머니 쪽 가족들은 모두 천민이었고, 아

버지 쪽인 공씨 가문에는 성년 남성이 없어진 지 오래되어 그를
도와줄 만한 사람이 없었다. 그래서 공흘의 옛 친구들과 동료들
만이 힘닿는 대로 공자의 생활을 돌보아 주고, 그가 가능한 한 빨
리 자격을 갖춘 귀족이 되도록 도와줄 수 있었다. 공자는 이렇게
서서히 귀족 사회에 섞여 들어갔다.

그 시대에는 아직 계층 간의 이동이 전혀 없었다. 완전히 정지
한 상태의 세습 사회 속에서 하층 백성이 운명을 바꿀 가능성은
아주 희박했다. 귀족 계층은 모든 문화를 독차지하고 있었고, 또
한 사회 전체를 관리하는 입장이었기에 관리 업무에 필요한 지
적 능력과 각종 사교 지식 및 예절이 필요했다. 이 모두는 공자가
태어났던 농촌 환경에서는 전혀 상상할 수 없는 것들이었다.

15세가 되어서야 공부를 시작한 이유

후세 사람들에게 공자는 학식이 뛰어나고 지식이 풍부한 인상으
로 남아 있다. 하지만 공자는 만년에 "나는 열다섯 살 때부터 학
문에 뜻을 두었다吾十有五而志于學"[3]라고 말했다. 이 나이는 좀 늦은
편이다. 어째서 이렇게 나이가 든 후에야 공부할 생각을 했을까?
공자 본인은 이에 관해 설명한 적이 없지만, 그 이유는 이해에 어
머니가 세상을 떠나고 아버지 가문에 입적되어 귀족이 되면서
열심히 공부할 필요가 생겼기 때문이다. 그전까지 그는 농가에서
자라 공부와는 상관없는 삶을 살아왔으므로 모든 지식을 처음부
터 배워야만 했다.

후세 사람들만 이 문제에 관심을 가진 것이 아니라, 공자가 만
년에 이르렀을 때도 그에게 이러한 사정에 관해 물어보고 싶어
하는 사람이 많았다. 당시 이미 그의 학문적인 명성이 드높았기

3 《논어·위정爲政》

때문이다. 《논어》에 따르면, 누군가 공자의 제자인 자공에게 "공
자는 그 지식을 모두 누구에게 배웠습니까?" 하고 물었다. 그러
자 자공은 "지금 어느 정도 지식을 갖춘 현인이 이렇게나 많은
데, 스승님께서 누구에게인들 배우지 않으셨겠습니까? 반드시
단 한 사람의 스승이 있어야 한다는 말입니까?"라고 답했다. 자
공의 대답을 한마디로 정리하면 바로 "성인은 일정한 스승이 없
다聖人無常師"⁴라고 할 수 있다.

공자는 또 "세 사람이 길을 가면 그 가운데 반드시 내 스승이
있다. 좋은 점은 본받고, 나쁜 점은 살펴서 고쳐야 한다三人行, 必有
我師焉. 擇其善者而從之, 其不善者而改之"라는 명언을 남기기도 했다. 이 말
은 자공이 대답한 말과 맥락을 같이한다. 공자는 언제나 자기가
아는 여러 사람을 보고 배웠다.

《논어》에 의하면 공자는 노나라의 태묘에 들어갔을 때 그 안
의 진열품들이 전부 신기한 나머지, 사람들에게 진열품이 무엇이
며 내력은 어떠한지 하나하나 질문했다고 한다. 원문에는 '자입
태묘, 매사문子入太廟, 每事問'⁵이라고 되어 있다. 태묘는 노나라 군주
의 조상들을 모신 묘이자 군주 가문의 기념품을 진열해 둔 곳이
기도 하다. 춘추 시대에는 귀족만 태묘에 들어갈 수 있었고 하층
민은 들어갈 기회가 전혀 없었기 때문에 태묘에 처음 들어가 본
공자는 아주 신기해했다.

귀족 중 몇몇은 공자의 행동을 이해하지 못하고 "누가 저 추
읍 사람의 자식이 예를 안다고 했는가? 보는 것마다 전부 질문하
지 않는가!"라고 말했다. '추읍 사람'이란 일찍이 세상을 떠난 공
흘을 가리킨다. 공흘이 추읍이라는 지역을 관리했기 때문에 공

---

4 《논어·자장子張》
5 《논어·팔일八佾》, 《논어·향당鄕黨》

자는 추읍 사람의 자식, 즉 '추인지자鄹人之子'라고 불렸다. 당시에 공자의 어머니와 같은 농민은 '추읍 사람'이라고 부르지 않고 그저 '야인野人', 즉 시골 들판에 사는 사람이라고 불렸다.

공자는 누군가 자기에게 예를 모른다고 말하자, "내가 이렇게 하는 것이 바로 예에 맞는 것이다!"라며 급히 자신을 변호했다. 이 말은 공자 본인이 본래 귀족 사회에 속한 사람이 아니었기 때문에 이러한 지식을 공부할 기회가 없었으므로, 지금은 보는 것마다 열심히 배워 제대로 자격을 갖춘 귀족이 되려고 노력하고 있으니 이야말로 '주례周禮'에 맞는 행동이라는 의미이다. 아무튼 누군가 그를 이렇게 나무랐다는 것은 그가 '추읍 사람', 즉 공흘의 아들이라는 사실을 결국 인정했다는 뜻이다.

《논어》의 이 대목은 아주 생생하기는 하지만, 이 당시 공자의 나이가 얼마나 되었는지는 명시되어 있지 않다. 그래서 후세의 일부 사람들은 공자가 50세가 넘은 후에야 높은 관직에 올라서 마침내 태묘에 들어갈 기회를 얻은 때의 일이라고 추측했다. 그러나 이러한 해석은 태묘가 대단히 엄숙하고 경계가 삼엄해 고급 관원만 들어갈 수 있는 곳이라고 오해했기 때문에 얻은 결론이다. 사실 춘추 시대에 각국 군주들의 종묘는 일반적인 사 계급 귀족도 참관하거나 혹은 의식에 참여할 수 있는 곳이었다.

게다가 만약 이때 공자가 50세가 넘었다면 누군가 그를 지칭할 때 그냥 이름을 부르면 될 일이지, 그의 아버지까지 언급할 필요가 없다. 이 대목에서 공자를 '추읍 사람의 자식'이라 칭했다면 이는 공자가 아직 이름이 알려지지 않은 소년이었기 때문으로 보인다.

공자가 이렇게 여러 사람에게 배움을 청하며 단속적斷續的으로 공부한 이유는 당시에 아직 귀족 사회에 정규 교육 체계가 형

성되어 있지 않아서이다. 공자보다 2백~3백 년 전의 서주 시대에
주나라 조정에는 이미 귀족 학교가 설립되어 있었다. 이 학교는
'대학大學'이라 불렸지만, 규모는 그리 크지 않았다. 게다가 서주
가 붕괴하고 왕실이 힘을 잃자 대학도 사라져 버렸다.

그 외에도 두 가지 형태의 교육 방식이 여전히 존재했는데, 바
로 가문 내부의 전승과 사가私家 교육이었다. 서주 시대 혹은 그
보다도 이전의 상나라 때는 조정에서 문서를 관리하는 '사史'라
는 관원이 있었는데, 이는 문자적 의미로 서기관이나 문서관을
뜻했다. 또한 점복占卜과 제사를 관리하는 관원인 '축祝'도 있었
다. 이렇게 문화적인 전문 지식이 필요한 직책에는 종종 특정 가
문이 몇 대에 걸쳐 종사하곤 했다. 이들 가문에는 내부적으로 전
승되는 학문이 있었는데, 글을 읽고 쓰는 능력뿐만 아니라 천문
을 관측하거나 역법을 계산하는 능력 등도 있었다. 공자가 생활
했던 춘추 시대에도 이렇게 비교적 복잡한 지식은 주로 가문 내
부에서 전승되곤 했다.

가문 내부의 전승 외에도 귀족의 사가 교육이 있었다. 그 당시
고위 귀족은 자식을 교육하기 위해 문화 수준이 높은 하급 귀족
을 초빙해 가정교사로 삼기도 했다.

이러한 교육 방식은 모두 귀족 계층의 전유물이었다. 하지만
가문 내부의 전승 학문은 공자와 인연이 없었고, 그렇다고 가정
교사를 초빙할 여건도 되지 않았다. 따라서 공자는 남이 배울 때
얻어 배우거나, 혹은 최대한 기회를 붙잡아 사람들에게 배움을
청하는 수밖에는 없었는데, 주로 문화 수준이 높으면서 그를 기
꺼이 도와줄 만한 귀족 인사들에게 배움을 청했다.

춘추 시대 귀족의 필수 과목

전쟁은 귀족의 기본기였다. 이는 역사적으로 중국이든 서양이든 마찬가지였다. 무릇 귀족이란 선조先祖가 전쟁에 나가 공을 세워서 상급 귀족에게 봉읍과 농노 등의 세습 사업을 물려받아 귀족 신분을 얻은 이들이기 때문이다. 그들을 계승한 후예들 역시 봉주의 가문을 위해 전쟁에 힘을 다해야 했다. 이는 봉신된 자들의 의무였다.

동서양의 고대 귀족이 모두 전쟁에 능해야 했다면, 춘추 시대 귀족의 특징은 무엇이었을까? 그것은 바로 마차를 몰면서 치르는 차전車戰이었다. 춘추 시대의 마차는 후세의 마차와는 매우 달랐다. 당시에는 마차 한 대를 끄는 데 네 필의 말을 썼는데, 마차 바퀴는 아주 크고 높았으며 몸체는 아주 작고 천장이 없이 트여 있었다. 이러한 특징은 모두 빨리 달릴 수 있게 하기 위해서였다. 마차는 전쟁하지 않을 때는 일반적인 승용차로 쓰다가 전쟁이 일어나면 전차로 썼다.

춘추 시대에 귀족이 되기 위한 첫 번째 조건은 바로 마차를 몰아 전쟁할 수 있어야 한다는 점이었다. 이 당시에는 두 나라가 전쟁하게 되면 몇백 대 내지 거의 천 대 가까이 되는 마차를 투입하곤 했다. 이렇게 많은 마차가 줄지어 달리면 그 위풍당당함이 아주 장관이었다. 춘추 시대 이후로는 이러한 대규모 마차 전투를 더는 볼 수 없었다.

농민은 전차를 끌 자격이 없었다. 그들은 주인을 따라 출정하면 가장 힘든 육체노동을 하며 주인의 시중을 들고 말을 보살폈다. 전쟁은 귀족의 특권이었을 뿐, 그들이 나설 자리는 없었다. 전차는 평평한 땅에서만 달릴 수 있어서 두 나라가 전쟁하려면 우선 지세가 넓게 트인 곳을 골라 전투해야 했다. 전차들이 줄지어 달려 나가고 나면, 걸어서 군대를 따라온 백성들의 역할은 그 저 뒤에 남아 이리저리 치이는 일뿐이었다.

어째서 지세가 험한 곳을 선택해 참호를 파고 백성들에게 진 지전을 시키지 않았는지 후세 사람들은 이해하지 못할지도 모른 다. 그 이유는 당시 귀족들이 이러한 전투 방식을 무시했기 때문 이다. 만약 그런 식으로 전쟁했다가는 아무도 그 귀족을 상대해 주지 않게 된다. 적군을 비롯한 다른 나라 사람들이 그를 비웃을 뿐만 아니라, 자기 나라의 다른 귀족들도 그를 전혀 상대해 주지 않게 되었을 것이다.

귀족들은 차전을 벌일 때 용기를 가장 높이 평가했다. 권모술 수를 쓴다면 설령 이긴다 해도 명예롭지 못했다. 물론 공자의 시 대로부터 백 년 이상 전에 '조귀논전曹劌論戰'이라는 일화가 있기 는 했다. 조귀는 대귀족은 아니었지만[그렇다고 농노도 아니었다], 책략에 능한 사람이었다. 그는 제나라 환공과의 전쟁 때 노나라 군주의 참모로 전쟁에 참여했다. 제나라 군대는 [중세 유럽식의] 기사도를 발휘했다. 그들은 전차를 줄지어 세워 두고는 북을 울 리며 노나라 군대가 먼저 움직이기를 기다릴 뿐 선제공격을 하 지 않았다. 이는 아주 고상한 태도였다. 하지만 조귀는 노나라 군 대가 움직이게 허락하지 않았다. 제나라 군대가 세 번째로 북을 울려 장병들이 모두 해이해질 때까지 기다린 조귀는 그제야 출 격 명령을 내려 제나라 군대를 무찔렀다. 당시에 이 일화는 아주 특수한 예외 사례였다. 사람들은 모두 조귀의 총명함을 칭찬할 줄은 알았지만, 불시에 돌격하지 않은 제나라 군대의 고상한 풍 격을 칭송하는 이는 없었다.

춘추 시대 국가들 사이의 전쟁이란 군주[혹은 대귀족]들이 분 노를 드러내고 위세를 과시하려고 하는 경우가 대부분으로, 반드시 어느 한쪽을 멸망시키려는 전쟁은 아니었다. 제나라는 노나라보다 세력이 훨씬 더 큰 대국이었지만, 조귀가 전쟁에서 승리를 거둔 다음 해에 제환공은 노나라의 공주를 아내로 맞아 두 나라의 사이는 다시 화목해졌다.

또 다른 유명한 군주인 송양공宋襄公 역시 초나라와 전쟁할 때 제나라보다도 더욱 고상한 인품을 보였지만, 그는 결국 이 전쟁에서 패배하고 상처를 입어 사망해 후세의 웃음거리가 되었다. 사실 송양공의 생각은 당시 사람이라면 모두 이해하는 것이었다(초나라의 대군이 강을 건너는 동안 기습하자는 참모들의 말을 듣지 않고, 강을 다 건너서 대오를 갖출 때까지 기다려 주었다가 정면 돌격했다). 전쟁에서 이긴 초나라도 그저 개선해 돌아갔을 뿐, 그대로 계속 진군해 송나라를 멸망시키지는 않았다. 초나라 군대 역시 송양공의 태도를 존중했기 때문이다. 이는 양측이 공통으로 지닌 기본적인 생각이었다. 그러므로 후세의 관점으로 춘추 시대의 전쟁을 판단해서는 안 된다.

춘추 시대 귀족들은 전쟁에 참여하면 간혹 일대일 전투를 벌이기도 했다. 유럽 기사들의 결투와 약간 비슷한데, 두 대의 마차가 마주 보고 서서 어느 한쪽이 상대방의 화살에 맞아 죽을 때까지 번갈아 활을 쏘는 식이었다. 특별히 인품이 뛰어나고 실력에 자신 있는 이는 상대에게 세 발을 먼저 쏠 기회를 주고, 그 세 발이 모두 명중하지 못하면 그제야 자신이 한 발을 쏘아 상대를 죽이기도 했다.

전쟁 중에 상대 나라 군주의 전차를 마주치면 예의를 갖추어 인사하고 안부를 물어야 했다. 적군의 군주를 붙잡아 포로로 삼으려 할 때도 우선 인사말부터 건네었다. 이렇게 해야만 귀족 사회에서 '군자'로 인정받을 수 있었다.

즉, 춘추 시대의 전쟁이란 귀족들끼리의 유희 같은 것으로 규모도 작고 백성들과는 상관이 없어 전쟁 때문에 백성들이 다치는 일은 별로 없었다. 당시의 전쟁은 전 국민을 병사로 동원해 장기전을 벌이며 죽도록 싸우는 전국 시대의 전쟁과는 달랐다.《춘추》를 보면 당시의 나라들은 거의 해마다 전쟁을 벌였지만, 이 전쟁이 백성들의 생활에 큰 영향을 끼치지는 않았다.

둘째로 귀족은 전쟁에 능해야 할 뿐만 아니라 교양이 있어야 했다. 최소한 글을 알아야 했다. 공자의 시대로부터 5백 년 전에 주무왕은 주나라 민족을 이끌고 상나라를 멸망시키고 중원을 정복한 후, 자신의 가깝고 먼 친척을 모두 중원으로 보내어 제후로 봉했다. 당시 그들은 정복자들이었을 뿐 무식하고 교양 없는 사람들이었다. 그러나 조정을 세운 후로는 어쨌든 문서 작업이 필요하게 되었는데, 자신들은 그런 일을 할 수 없었기 때문에 항복한 상나라의 귀족들에게 시켰다. 이들은 상대적으로 교양이 있는 사람들이었다.

백여 년이 지나면서 주나라의 제후와 귀족들도 점차 교양을 쌓기 시작했다. 귀족들은 모두 벼슬에 올라 행정 관리 업무를 담당해야 했는데, 그러자면 각종 공문서와 보고서를 읽고 쓰는 능력을 기본적으로 갖추어야 했다. 그리고 귀족은 가정교사를 둘 수 있어 교양을 쌓는 데 유리했다.

공자의 바로 앞세대, 즉 그의 아버지인 공흘의 세대에는 중원 귀족들의 무력 수준이 저하하면서 교양을 더욱 중시하게 되었다. 당시에는 각 제후국 사이에서 외교 활동을 할 때, 그리고 귀족들이 연회를 벌일 때 모두 '부시賦詩'를 중시했다. 즉, 무슨 말이든 직설적으로 해서는 안 되고, 먼저《시경》에 나오는 시구를 몇 마디 읊으며 말하고자 하는 뜻을 암시해야 했다. 이는 수수께끼를 내어 벌주를 마시게 하는 것과 비슷했는데, 공흘 세대의 크고 작은 귀족들은 이러한 놀이에 아주 열중했다. 만약 다른 사람이 암시한 뜻을 이해하지 못했거나, 혹은 자기가 하려는 말을 암시할 적당한 시구를 찾지 못하면 웃음거리가 되곤 했다. 공자가 공씨 가문에 입적된 후로 교양을 즐겨 쌓게 된 이유는 이러한 시대적인 배경과도 관련이 있다.

셋째로 귀족은 '인사人事'를 잘 알아야 했다. 이 '인사'란 자기 가문 및 다른 대귀족 가문의 역사를 말한다. 과거제 시대의 중국에는 관원들에게 사교에 관한 정보를 제공해 주는 《진신록搢紳錄》과 같은 관료 명부가 있었으나, 춘추 시대에는 이러한 명부가 없었다. 자기 나라 혹은 외국 대귀족 가문의 일은 주로 사교 모임에서 귀족들이 나누는 한담을 통해 입에서 입으로 전해지곤 했다. 이러한 상황은 《홍루몽》에서 냉자흥冷子興이 영국부榮國府에 관해 이야기하는 대목과 약간 비슷하다. 어느 대귀족 가문을 일으킨 시조는 누구이고, 대대로 어떻게 내려왔으며, 그 선조들의 이름과 자는 무엇이고, 어떤 좋은 일 혹은 나쁜 일을 했으며, 부인은 어느 집안 사람이고, 자식들은 어느 가문 사람과 혼례를 올렸으며, 지금 그 집안사람들은 이 나라에서 어떠한 벼슬을 하고 있고, 실권이 있는지 없는지 등을 이야기하는 식이다.

귀족 사회에서 활동하며 가세를 키우려면 대귀족의 도움과 소귀족들의 지지가 필요했기 때문에, 이러한 지식은 반드시 숙지하고 있어야 했다. 가령 어느 귀족 가문의 저택을 방문하거나, 혹은 어느 귀족이 자신의 저택을 방문할 때는 반드시 그 집안 선조들의 이름과 자를 미리 파악해 대화할 때 그 글자를 피해서 말해야 했다. 이는 '피휘避諱'라는 가장 기본적인 사교 기술로 상대 가문에 대한 존경을 나타낸다.

도저히 모를 때는 임기응변을 할 수도 있었다. 상대방의 저택을 방문해 자리에 앉은 후에 먼저 선조의 이름자를 묻는 방법이다. "다른 나라에 들어가면 그곳의 풍속을 묻고, 다른 가문에 들어서면 가문에서 피하는 글자를 묻는다入國而問俗, 入門而問諱"[6]라는 이치이다. 하지만 이러면 아무래도 좀 서툴러 보일 수밖에 없다. 방문하기 전에 제대로 공부하지 않았다는 뜻이 아닌가?

대귀족에게 아부하려면 그 귀족의 조상이 쌓은 업적에도 아부해야 했는데, 그러자면 그의 가족사를 알아야 했다. 만약 그 귀족의 조상이 좋지 못한 일을 했다면 대화를 나눌 때 자칫 그 일을 언급해 상대를 불쾌하게 만들지 말아야 했다.

이것은 사교일 뿐만 아니라 국가 간의 일이기도 했다. 가령 작은 나라가 전쟁하기 위해 큰 나라에 원군을 요청할 때, 즉 노나라가 진晉나라나 제나라에 원군을 요청할 때는 이러한 일을 맡을 사람이 필요했다. 당시의 제후국은 전부 몇몇 대귀족 가문이 권력을 장악하고 있었으므로 사자로 가는 이는 대국 내부의 이들 귀족 가문이 각자 어느 부분의 권력을 가졌는지, 그들 사이의 관계는 어떠한지, 누가 누구와 동맹 관계이고 누가 누구와 대립하는지, 어느 가문에 줄을 대기가 그나마 쉬운지 등을 알고 있어야 했다. 이를테면 이 귀족의 부인이 우리나라 어느 귀족의 딸이니 그 귀족에게 도움을 청하려면 부인을 통해서 말을 넣는 것이 믿을 만하다든가, 다른 귀족 집안은 딸을 우리나라의 적국 공자에게 시집보낸 지 얼마 안 되었다든가, 혹은 지난번에 우리나라 군주와 술을 마시다 싸움이 벌어진 적이 있으니 피하는 편이 좋다든가 하는 식이다. 가정 내의 이러한 사소한 일까지 모두 국제 관계와 결부할 수 있었다.

6 《예기·곡례상曲禮上》

공자보다 한 세대 전에 정나라에 아주 유명한 집정대신인 자산子産이라는 사람이 있었다. 그의 수하에는 능력이 뛰어난 부하가 네 사람 있었는데 각자 다른 특기를 보유했다. 그중 한 사람의 특기가 바로《홍루몽》의 냉자흥처럼 주위 열국의 귀족 가문에 관한 일을 아주 잘 안다는 점이었다. 그는 각 가문의 유래와 내력, 당대에 그 가문 사람이 조정에서 장악한 지위와 권력, 그리고 그들의 능력과 성격 및 개인적인 취향까지도 알고 있었다. 즉, "그 나라 대부의 가문과 성씨, 관직, 신분 고하와 능력까지 잘 알았다辨于其大夫之族姓, 班位, 貴賤, 能否."[7]

귀족 가문의 인사를 이해하는 것은 아주 큰 학문이었다. 중세 유럽의 귀족들에게도 이와 비슷하게 전문적인 '보첩학譜牒學'이라는 학문이 있었는데, 이 역시 대귀족 가문의 가계에 관한 지식을 익히는 학문이었다.

앞에서 언급한 바와 같이 문무를 겸비하고 인사를 이해하는 것이 바로 춘추 시대 귀족에게 요구되는 기본적인 소양이었다. 젊었을 때 이러한 교양을 열심히 공부한 공자는 나중에 스승이 되어 제자들에게 이 지식을 가르쳤다.

귀족이 되어 말하는 법을 고치다

상류 사회에 진입한 공자는 말투도 고쳐야 했다.《논어》에 따르면 공자는 나중에 제자를 두게 된 후에 그들과 함께《시경》,《상서》등의 고대 경서를 읽을 때, 그리고 제사 등의 중요한 의식을 주관할 때 늘 '아언雅言'을 써서 말했다고 한다.[8]

7《좌전·양공襄公 31년》
8《논어·술이述而》: "공자는 아언을 써서 말했다.《시경》,《상서》를 읽거나 의식을 주관할 때 늘 아언을 썼다."(子所雅言,《詩》,《書》, 執禮, 皆雅言也.)

'아언'은 주나라의 표준 억양을 말한다. 이 말의 본래 뜻은 '고 상한 말'이 아니라 '서부 억양'이다. 주나라를 건국한 주 민족은 처음에 섬서陝西 관중關中 지역에서 세력을 일으켜 상나라를 멸망시키고 중원을 점령했다. 중원은 바로 지금의 허난河南성을 중심으로 하는 지역이다. 주나라 사람들이 쓰는 서부 방언은 '하언夏言'이라 했는데, 당시 '하夏'라는 글자에는 '서쪽'이라는 뜻이 있었으며 '아雅' 자와도 통용되었기 때문에 '아언雅言'이라고도 했다.

주나라 민족은 왕조의 통치자가 된 후에 수많은 제후국을 분봉했다. 이에 따라 주나라 사람들이 쓰는 서부 방언인 '아언'은 제후국 귀족들이 사용하는 표준어가 되었다. 서주가 멸망하고 주나라 왕실이 중원의 낙양으로 옮겨 온 후로 더는 서쪽에 있지 않게 되었지만, 여전히 '아언'이라고 불렀다.

《논어》에 공자가 제자들을 가르칠 때와 공식적인 상황에서 주나라의 표준어인 '아언'을 썼다고 특별히 기록했다는 것은 그가 일상생활 중에는 여전히 곧잘 고향의 방언을 썼다는 의미이다. 공자의 어머니와 가족들은 그 지역의 토착민이라 그들이 쓰는 말은 서쪽에서 온 정복자인 주나라 사람, 즉 노나라 귀족들이 쓰는 말과 매우 달랐다. 공자가 어렸을 때는 분명히 어머니와 가족들이 사는 지방의 사투리를 썼을 것이다. 또한 주위에는 늘 가난한 친척과 가난한 제자가 많이 있었기 때문에 사생활에서도 고향 사투리를 자주 썼을 것이다.

당시에는 세습되는 계급 사이의 경계가 아주 명확했는데, 언어가 바로 계급을 구분하는 중요한 요소였다. 귀족 나리들과 부인들이 쓰는 말은 열국의 상류층에서 통용되는 언어였지만, 농노들이 쓰는 방언은 그 근방의 농촌 사람들만 알아듣는 말이라서 가난한 이들은 계급적 정체성을 형성하기 어려웠다.

　이처럼 다면적인 공자의 인생 속에는 각지의 토착 문화에 대한 주나라 귀족 문화의 정복과 개조 과정이 함께 녹아들어 있다. 상고 시대에는 사회가 변천하는 속도가 매우 느렸기 때문에 공자의 인생을 통해 이러한 두 가지 요소를 모두 살펴볼 수 있다.

　춘추 시대에 귀족으로 살아가기 위해서는 귀족의 기본적 소양을 갖추어야 했을 뿐만 아니라 주나라 귀족 사회 전체의 규율 또한 이해해야 했다. 주나라 천자부터 제후국 군주, 대부, 사에 이르는 귀족 계급 피라미드의 이면에 감춰진 규율은 더 많았으며, 각 규율에는 모두 역사적 유래가 있다. 이에 관해서는 이 장의 부록에서 소개한다.

군사분봉제

서주와 춘추 시대는 귀족 사회였지만, 현대 사람들은 이 시기의 역사가 생소하다고 느낄지도 모른다. 전국 시대 때부터 사회가 너무나 급격히 변화한 나머지, '지나간' 일은 다들 아주 빨리 잊어버리게 되었기 때문이다. 현대인이 생각하는 중국의 고대 역사는 주로 전국 시대 이후의 군주 집권제와 관료제 시대의 역사이다. 그러면 지금부터 귀족 제도의 특징과 유래를 소개한다.

귀족 제도란 필연적으로 '세습'과 연결될 수밖에 없다. 귀족의 신분과 특권은 대대손손 이어져야 하기 때문이다. 마찬가지로 하층 계급인 천민의 신분도 세습되었다.

귀족 제도가 생겨난 근본적인 원인은 '군사분봉제軍事分封制'라고 할 수 있다. 주나라 민족은 상나라를 멸망시킨 직후에 새로 점령한 중원 지역의 통치를 공고히 하기 위해 수많은 제후국을 분봉했다. 이것이 1단계의 분봉으로 각 제후국 군주는 분봉제에서 탄생한 제1대 귀족이었다. 그들은 천자에게 세금을 낼 필요는 없었지만, 군사적 의무를 다해야 했다. 가령 주나라 천자가 오랑캐 민족과 전쟁하거나 반역을 일으킨 제후를 징벌하려 할 때면 여타 제후국들은 군사를 이끌고 참전해야 했다. 그 외에도 예절에 따라 정기적으로 조정을 방문해 주나라 천자를 알현해야 했다.

각 제후국 군주의 후예들이 번성해 뻗어 나가면서 2단계의 분봉을 시행해야 했다. 군주들은 자기 나라의 영토 및 그 땅에 사는 농민을 자신의 형제들과 자식들과 조카들에게 나누어 주어 그들 역시 신분이 세습되는 귀족 대부가 되게 했다.

보유한 토지가 넓어 전부 직접 관리할 수 없는 대귀족은 자신의 친척 혹은 자신을 따르는 성이 다른 소귀족에게 토지를 분봉해 주고 그들을 자기 가문의 가신으로 삼았다. 대부를 위해 일하는 이 하급 귀족들이 바로 사 계급이며, 이것이 3단계의 분봉이다.

이렇게 해서 귀족 사회에는 최소한 세 단계의 계급 관계, 즉 첫째로는 소귀족과 대귀족의 관계, 둘째로 대귀족과 군주의 관계, 셋째로 군주와 주나라 천자의 관계가 발생하게 되었다. 이는 모두 봉신과 봉주의 관계로 봉신은 상급 계층으로부터 일정한 봉지[토지]를 얻어 자신의 수입원으로 삼고, 여기서 발생한 수입으로 무장을 갖추고, 봉주가 필요할 때 그를 위해 전쟁에 참여하는 관계였다. 상급 계층의 봉주를 위해 군사력을 제공하는 것이 바로 귀족 제도의 본질이다.

저低역량 국가 운영

군사분봉제의 특징이 무엇인지는 이후 시대와 비교해야만 알아낼 수 있다. 전국 시대 이후로 중국에는 관료제 집권 국가가 출현했다. 제왕은 중앙 정부를 통해 세금을 징수하고, 이 세금 중 상당 부분을 군비에 할애해 전문화된 상비군을 편성했다. 이러한 제도 하에서는 국가 재정의 수입과 지출을 별도로 운용했다.

관료제 시대의 상비군과 비교하면 서주와 춘추 시대의 군사분봉제는 군대 편성에 필요한 수입과 지출을 모두 소규모의 분봉 단위 예산에 포함시켰다. 이 방법의 장점은 간단하다는 점이다. 이렇게 하면 세금을 징수할 국가 기구를 설립할 필요도, 전문화한 군대를 편성할 필요도 없었다. 그리고 분봉제는 무한히 확장할 수 있는 피라미드 구조였기 때문에 분봉할 토지만 충분하다면 봉지를 계속해서 늘려 더 낮은 계층의 봉신들을 거느릴 수 있었다.

따라서 군사분봉제는 운영에 필요한 자본이 매우 적게 든다는 특징도 지닌다. 이 제도는 인류가 아직 크게 발전하지 않은 사회, 즉 인구밀도가 낮고 교통과 통신이 낙후한 초기 인류 사회에 적합하다. 이러한 기술 조건의 사회에는 완전하고 전체적이며 효율이 높은 국가 기구를 설립해 유지할 만한 능력이 없어서 단계별 분봉 체계에 의지해 봉신들이 알아서 봉지를 관리하며 세습하게 할 수밖에 없었다.

조금 더 멀리 내다보면 유럽의 역사도 이와 유사하다. 고대 로마는 사회 발전 수준이 비교적 높았기 때문에 정부와 군대가 모두 전문화되어 있었다. 그러나 이민족의 침략으로 로마 사회는 쇠퇴했고, 로마 제국의 영토를 점령한 새로운 이민족 정복자들은 문화 수준이 낮아서 제국의 국가 기구를 계승할 능력이 없어 군사분봉제를 시행하는 수밖에 없었다. 이에 따라 중세 유럽 사회는 귀족 제도 사회로 변화하게 되었다. 로마 제국 시대와 비교하면 유럽의 중세 시대는 사회적으로 퇴화하고 간략화된 시대라 할 수 있다.

서주와 춘추 시대는 기원전 10~5세기경이며, 유럽의 중세 시대는 기원후 5~17세기경에 속한다. 존재했던 시기는 다르지만, 이 두 사회의 구조는 기본적으로 동일하다.

대부와 사의 등급 서열

춘추 시대와 중세 유럽의 귀족에게는 모두 등급이 있었다. 춘추 시대 귀족들은 대화를 나눌 때 종종 당시의 등급 서열에 관해 이야기하곤 했다. 《좌전》에도 이러한 대화가 두 차례나 등장한다. 가령 초나라의 어느 귀족은 "왕은 공을 신하로 삼고, 공은 대부

를 신하로 삼고, 대부는 사를 신하로 삼는다王臣公, 公臣大夫, 大夫臣
士"⁹라고 말했다. '공'은 제후국의 군주를 말하며, '신'은 봉신으로
임명한다는 뜻이다. 이 말에는 네 가지의 등급이 열거되어 있는
데, 첫째 등급은 왕이고 둘째 등급은 공, 즉 군주이며, 셋째 등급
은 대부, 넷째 등급은 사이다.

　어째서 황제가 없고, 가장 높은 등급이 고작 왕이었을까? '황
제'라는 호칭은 진시황이 처음으로 만들어냈기 때문이다. 진시황
이전에는 왕이 가장 높은 권력을 가진 사람이었다. 왕과 제후국
군주는 그 수가 적어 비교적 명확한 편이니, 군주 이하의 두 귀족
등급, 즉 대부와 사를 중점적으로 살펴본다.

　군주의 태자가 군주의 자리를 계승하고 나면 나머지 공자들은
봉읍을 받아 대부가 되었다. 대부의 신분은 대를 이어 세습되었
는데, 원칙적으로는 적장자가 그 작위를 계승하게 되어 있었다.
대부는 비교적 큰 봉읍을 소유할 뿐만 아니라 조정에서 높은 직
책을 담당할 수도 있었다.

　대부의 다른 아들들은 특별히 운이 좋은 경우가 아니라면 대
부 신분을 얻을 수 없었다. 그들에게 모두 나누어 줄 만큼 봉읍과
관직이 충분하지 않았기 때문이다. 그들은 아버지에게 작은 봉읍
을 얻어 '사', 즉 하급 귀족이 되는 수밖에 없었다.

　춘추 시대의 '사'는 가장 보편적인 귀족 신분이었다. 위로는
천자와 군주부터 아래로는 대부와 사까지 모든 귀족 구성원의
자식들은 태어날 때부터 '사'의 자격을 얻었다. 따라서 주나라
의 의식에는 '사혼례士婚禮', '사관례士冠禮'라 하여 사 계급의 혼례
와 성년 예식을 정해 두었지만, 경대부나 군주 혹은 천자의 혼례
나 관례를 지칭하는 말은 없었다. 당시에는 아무리 고귀한 태자

9 《좌전·소공昭公 7년》

라 하더라도 성년이 되어 혼례를 올리기 전에는 모두 사 계급이었기 때문에 그 기준에 따라 이러한 의식들을 치르는 것이 주나라 사람들 사이에서 묵인되는 규칙이었다.

이 역시 중세 유럽의 귀족 제도와 아주 유사하다. 그들의 가장 기본적인 귀족 계급은 기사였다. 공작이나 후작 혹은 국왕이라 할지라도 그 아들들은 정식으로 작위를 계승하기 전까지 모두 기사 계급에 속했다.

춘추 시대의 사 계급은 대체로 대부 계급을 상사 혹은 봉주로 모셨다. 만약 사 계급이 직접 군주를 위해 일할 기회를 얻으면 그 사람은 보통 대부로 등용되곤 했다. 공자의 경우에는 소년 시절에 운이 좋아 사가 되었고, 만년에 큰 벼슬에 오른 후에는 대부가 되었다.

사는 꼭 본인 가문 내에서만 생활하지는 않았고, 다른 대부 가문에서 일자리를 구할 수도 있었다. 자신과 친척 관계가 아닌 대부에게 의탁하려면 '책명위질策名委質'이라는 의식을 거쳐야 했다. '책명'이란 사가 자신의 이름과 가세, 공적 등을 목판 혹은 옥편玉片에 적어 대귀족 가문에 문서로 보관하는 일을 말한다. '위질'이란 예물을 바친다는 뜻으로 자신이 정식으로 이 대귀족의 가신이 되어 앞으로 대대로 충성을 다하겠다는 맹세를 상징한다. 이렇게 하면 어떠한 직책 혹은 어느 정도의 봉지를 얻을 수 있었다.

단독으로 언급되는 '경'
춘추 시대의 가장 높은 관직은 '경卿'이었다. 경은 왕조 혹은 제후국 권력의 핵심으로 보통 5~6인 정도로 구성했는데, 이후의 재상혹은 내각과 유사했다.

원칙적으로 경은 대부 중에서 선발하며, 천자나 군주만이 이들을 임명할 수 있었다. 이 지위는 반드시 세습되지는 않았으며, 사직하거나 은퇴한 후에는 다시 대부 신분으로 돌아갔다. 노나라를 비롯한 몇몇 나라에서는 '경'이라는 호칭이 없이 습관적으로 '상대부上大夫'라고 지칭했는데, 대부 중에서 가장 높은 사람이라는 의미이다.

공자의 시대에 이르러서는 많은 나라에서 소수의 귀족 가문이 대를 이어 경의 지위를 독점했기 때문에 경 역시도 세습되는 신분처럼 변해 있었다. 후세 사람들은 이렇게 세습된 경의 가문을 '경족卿族'이라고 불렀다.

'공후백자남'이란 무엇인가

서주와 춘추 시대 제후국의 군주들은 '공후백자남公侯伯子男'이라는 각기 다른 호칭을 가지고 있었다. 먼저 '공'에 관해 살펴보자면, '공'은 제후국 군주에 대한 존칭이었다. 특히 이미 서거한 군주는 거의 모두 '공'이라는 존칭으로 불렀다. 살아 있는 군주 중에는 유일하게 송나라의 군주만을 공이라고 불렀다. 아마도 송나라가 상나라의 후대이고 송나라 군주 가문이 상나라 왕족의 후예여서 격이 좀 더 높다고 평가했던 듯하다.

또한 주나라 조정에서는 지위가 가장 높은 소수의 관직 역시 '공'이라고 불렀다. 그들은 지위가 가장 높은 제후국의 군주들과 동급인 셈이었다.

다음으로 '후'를 살펴보자. 주나라 민족의 봉국이든 성이 다른 봉국이든 상관없이 제후국 군주 절대다수의 정식 호칭은 모두 '후'로, 노후魯侯, 제후齊侯, 위후衛侯 등으로 불렀다. '후'라는 글자가 지닌 최초의 상형적 의미는 감시대 안에 놓인 한 자루의 화살, 즉 파수꾼이었다. 이처럼 소국들을 주나라 왕실을 둘러싼 호위병으로 삼는 것이 제후들을 봉한 본래의 의도이기도 했다.

'백'이라는 호칭은 쓰임새가 비교적 드물어 정백鄭伯이나 북연백北燕伯[베이징 부근을 분봉 받은 연나라] 정도밖에는 없었다. 주나라의 국성國姓인 희姬 성을 가진 극소수의 봉국 군주만 '백'이라고 불렀던 듯하다.

'자'라는 호칭에는 두 가지 쓰임새가 있다. 하나는 문화적 체계가 주나라와 달라 오랑캐로 간주한 소국의 군주를 지칭할 때로, 가령 초나라의 군주는 자신을 왕이라 칭했지만, 중원에서 편찬한 공식 역사서에서는 그를 '초자楚子'라 칭하고 있다. 다른 하나는 중원 제후국의 미성년 군주를 지칭할 때로, 특히 아직 선대 군주의 상을 치르고 있는 미성년 군주를 '자'라고 불렀다.

'남'은 일반적으로 주나라 사람이 아닌[희 성이 아닌] 소국의 군주에 대한 호칭으로, 가령 허許나라의 군주는 '허남許男'이라 불렀다. 그러나 '남'과 '자' 사이에 명확한 차이가 무엇이었는지는 확실하게 말할 수 없다.

이렇게 '공후백자남'의 특징을 간단히 살펴보았다. 이 호칭들 사이에는 다소 차이가 있기는 하지만, 경계가 아주 분명하게 나누어진 다섯 계급은 아니며, 한 가지 호칭이 서로 다른 의미를 지닌 경우도 있었다.

중세 유럽의 작위 역시 다섯 등급이어서 이것을 번역할 때 '공후백자남'이라는 다섯 글자를 사용했다. 그러나 이렇게 대응한다면 그리 정확하지는 못하다. 유럽의 소위 '공후백자남'은 춘추 시대의 경과 대부에 더 가까운 개념으로, 그들은 제후국 군주 정도의 격이 되지는 못했기 때문이다.

마지막으로 '왕'이라는 호칭에 관해 살펴보자. 상나라 때부터 서주와 춘추 시대까지는 왕이 최고 권력의 대표자로, 온 천하에

왕은 단 한 명만 존재할 수 있었다. 초왕楚王, 오왕吳王, 월왕越王 등 몇몇 오랑캐 나라의 수장 역시 자신을 왕이라 칭했는데, 이는 그들이 주나라 왕의 권위에 복종하지 않고 중원의 모든 제후국과 대립했음을 나타낸다. 오랑캐 나라들의 세력이 강대했을 당시에는 중원의 제후국들도 그들의 권위를 존중해야 했고, 심지어 그들의 도성을 찾아가 배알하기도 했다. 그러나 중원 나라들의 공식 역사서에는 그들을 결코 '왕'이라 기록하지 않았다. 이는 주나라 왕조인 중원 국가들이 고수한 정치적 입장이었다.

전국 시대 중반에 이르러 사회가 크게 변화하면서 몇몇 주요 제후국 군주는 모두 자신을 왕이라 칭했다. 이러한 현상은 주나라가 세운 정치적 질서가 완전히 과거의 유물이 되었다는 의미이다.

분봉되지 않은 자류지

앞에서 소개한 분봉제란 그저 개괄적인 원칙일 뿐, 실제 시행에서는 각종 특수한 상황이 발생했다. 예를 들면, 주나라 왕과 제후와 대귀족들은 자신의 토지를 하급 귀족에게 분봉해 주었지만, 그 외에 개인 소유 영지, 즉 '자류지自留地'를 어느 정도 남겨두곤 했다. 그들은 자기 수하의 봉신들이 바치는 재산에만 의지하지 않고, 본인 소유의 영지에 관리인을 파견해서 세금을 거두어 수입원으로 삼았다.

천자의 자류지는 주로 관중 및 낙양 주변 지역에 분포되어 있었다. 주나라의 규칙에 따르면 이 자류지는 1천 리 넓이의 정방형 토지였으나 물론 실제로는 완전한 정방형은 아니었다. 제후국 군주의 자류지는 그 넓이가 50~100리 정도였다. 즉, 주나라 천자의 직할 영지는 어떤 제후국보다도 넓었으며, 천자의 권위는 이러한 세력을 기반으로 했다.

그러나 이는 서주 시대의 규칙이었다. 주나라 천자가 관중을 잃고 낙양으로 천도해 서주가 동주로 변한 후로 천자의 직할 영지는 그 넓이가 크게 줄어들어 본래의 세력을 잃었고, 제후들도 그 후로는 천자의 명령을 잘 따르지 않았다.

천자와 제후의 직할 영지는 '현縣'이라 불렀는데, 이는 직접 관할한다懸는 의미이다. 이것이 바로 군현郡縣이라는 단어 속의 '현'이라는 글자의 유래이다. 이 글자는 처음부터 행정구역을 뜻하기는 했지만, 그 본래의 뜻은 후세에 쓰이는 뜻과는 매우 다르다. 천자나 군주를 대신해 자류지를 관리하는 관원은 '현관縣官'이라 했다. 이론적으로 이 '현관'은 세습되는 직책이 아니었다. 그러나 그들이 이 일에 종사하는 시간이 길어지면서 세습 봉주와 유사하게 변화했고, 천자와 군주들도 이러한 경향을 어찌하지 못했다.

귀족과 농노 사이의 '국야지별'

주무왕은 상나라를 멸망시킨 후에 대대적인 분봉을 시행해 제후국들을 세웠다. 당시에는 제후국을 분봉 받은 주나라 왕의 친척이 1천~2천 명 혹은 몇백 명쯤 되는 주나라 민족을 이끌고 길고 고된 여행을 한 끝에 새로 정복한 영토에 도착해 나라를 세우고, 그곳에 작은 도시와 성을 만들어 그 안에서 살아가는 상황을 아주 흔하게 볼 수 있었다. 이러한 도시들은 새로운 제후국의 도성이 되었고, 당시에는 이를 '국國'이라 불렀다.

도성 안에 사는 주나라 남자들은 모두 귀족이었는데 그중 대부분은 사 계급이었다. 이들은 소위 '국인國人'이라 불렀다. '국'이라는 글자가 지닌 최초의 상형적 의미는 바로 네모진 성벽 안에 무기를 든 전사 한 명이 서 있는 모습이다.

도성 바깥은 농촌 지역으로 피정복자인 토착민이 살았다. 이 지역은 구역에 따라 '국' 안에 사는 귀족들에게 분봉했고, 이곳에 사는 토착민들은 귀족들의 농노가 되었다. 이들을 '야인野人'이라 불렀는데, 초야에 사는 하층 농노라는 뜻이었다. 이것이 바로 귀족과 농노 사이의 차이로, 역사학자들은 이 차이를 '국야지별國野之別'이라고 표현했다.

대귀족은 관리인을 고용해 자신의 봉읍과 농노를 관리하게 하곤 했다. 공자는 젊었을 때 계손씨 가문에서 하급 관리로 일한 적이 있는데, 그가 맡은 직책이 바로 이러한 말단 관리자 일이었다. 농노들은 해마다 수확의 반 이상을 귀족에게 바쳐야 했을 뿐만 아니라, 귀족을 위해 집을 짓는 일 등의 각종 허드렛일을 해야 했다. 만약 농노들이 장사해서 돈을 버는 등 생활 수준을 발전시킬 만한 좋은 기회를 얻으면 금전 혹은 물건으로 귀족에 대한 노역 의무를 대신할 수 있었다. 농노들은 마음대로 이주하지 못하고 기본적으로 정해진 지역에 거주해야 했다. 만약 농노들 사이에서 분쟁이 발생하면 관리인이 처리했다.

서주와 춘추 시대의 농노들은 이처럼 정지된 상태의 농업 사회에서 조그마한 땅과 생활 공간을 보유하고 살았다. 역사서에는 농노의 생활에 관한 기록이 거의 없지만, 《시경》에는 농업 생활을 묘사한 시가 몇 편 있어 어느 정도 자료로 삼을 수 있다. 농노들은 근근이 먹고살아갈 만한 자기 땅을 가꾸는 동시에 귀족의 '공전公田'을 경작해야 했다. 산에서 사냥하기도 했는데, 큰 동물은 귀족에게 바치고 작은 동물은 자신들이 가졌다. 농촌 사람들의 연애나 혼인, 가정생활은 모두 그들 나름의 영역이 있어서 귀족들이 관여할 수 있는 범위는 매우 한정되었다.

전반적으로 보면 춘추 시대 귀족과 농노 사이의 관계에 관해서는 명확한 법률 규정이 없었다. 당시에는 성문화된 법전도 존

재하지 않아 농노들은 모두 귀족들의 '인치人治'에 의해 관리되었
다. 또한 공자가 아버지 가문에 입적되는 이러한 일들에 대해서
도 귀족이나 그들의 집사들은 반대하지 않았다. 이렇게 해서 귀
족이 한 사람 더 늘어나면 이 역시 쓸만한 사회적 자원이 되어,
평범한 농노의 노역보다는 훨씬 실질적인 이익이 되기 때문이다.

춘추 시대와 같은 시기였던 유럽의 고대 그리스·로마 시대에
는 상품경제가 비교적 발달해 있었다. 당시 유럽에는 수많은 노
예가 있었으며 시장 가격도 결정되어 있었고, 노예의 신분을 어
떻게 규정하며 어떻게 되팔 수 있는지, 그리고 어떻게 하면 석방
해서 평민이 되게 할 수 있는지 등을 전부 성문법으로 규정해 두
었다. 서주와 춘추 시대의 사회 발전 정도는 그리스와 로마보다
상대적으로 느렸고 상업도 발달하지 못해서 기본적으로 노예 매
매가 존재하지 않았으며, 성문법이나 사법 체계도 형성되어 있
지 않았다. 사람의 신분 계층은 전부 친숙한 사람들로 구성된 사
회 내부에서 통용되는 '예속禮俗'으로 정해져 있었는데 이것이 소
위 '불성문법'이다. 따라서 서주와 춘추 시대의 농노는 고대 그리
스·로마의 노예와는 매우 다르고, 그보다는 중세 유럽의 농노에
더 가깝다.

3 호족 가문에서 일하다(20~35세)

처음 얻은 일자리

십대에 아버지 가문에 입적된 후로도 공자는 그리 부유한 생활을 하지 못했기 때문에 일자리를 얻어 생계를 꾸려 나가야 했다. 《사기》에 의하면 공자가 처음으로 얻은 일자리는 계손씨 가문의 하급 관리직이었다. 이 계손씨는 공자가 연회에 참가하려 했으나 그러지 못했던 그 계무자의 가문이다.

공자가 어째서 계손씨 가문에서 일했는지 그 구체적인 이유는 알 수 없다. 공자의 아버지는 맹손씨 가문의 오랜 수하였으니 공자 역시 맹손씨 가문에서 일자리를 구했어야 더 자연스럽다. 당시 계손씨는 노나라에서 가장 큰 권력과 가장 넓은 봉지를 소유한 가문이어서 일자리를 얻기가 좀 더 쉬웠는지도 모른다. 양호 역시도 공자와 마찬가지로 계손씨 가문의 하급 관리 일부터 시작했다.

이 일을 시작한 후로 공자는 귀족 사회에 점점 더 익숙해졌다. 그는 그제야 세상 사람들은 농민과 귀족으로만 구분되는 것이 아니라, 귀족 계급 내부에도 엄격한 등급이 존재한다는 사실을 알게 되었다. 그가 속한 공씨 가문은 귀족 중에서 가장 낮은 사 계급이었고, 그 위로도 여러 등급이 더 있었다.

당시 노나라의 정권은 세 개의 대귀족 가문이 장악했는데, 이들은 백여 년 전 노환공魯桓公의 세 아들로부터 각각 이어져 내려온 가문이었다. 제1대인 공자들의 나이순으로 따지면 차례대로 맹손씨[맹씨孟氏, 중손씨仲孫氏라고도 함], 숙손씨叔孫氏, 그리고 계손

씨[계씨季氏라고도 함]이다. 모두 노환공의 아들 가문이어서 '삼환
三桓' 가문이라고 병칭하기도 했다.

　이 세 가문의 권력 서열은 완전히 거꾸로였다. 계손씨의 지위
가 가장 높아 대대로 노나라 정권을 장악했고, 숙손씨가 그다음
이며 맹손씨의 권력이 가장 약했다. 노나라의 정치는 사실상 이
세 가문의 '귀족 공화제' 혹은 '과두 공화제' 국면이었다. 이들이
서로 의논해 결정하는 일이 곧 노나라의 국가정책이 되었다.

　공자가 열다섯 살에 공씨 가문에 입적된 바로 그해[노소공魯昭
公 5년, 기원전 537년]에 삼환 가문은 노나라 군주가 완전히 실권을
잃게 만들었다. 그들은 전국의 영토를 넷으로 나누어 계손씨 가
문이 그중 두 부분을, 맹손씨와 숙손씨 가문이 각각 한 부분씩을
차지했다. 이 영토 안에는 몇몇 중소 귀족의 세습 봉지도 포함되
어 있어 법도대로라면 삼환 가문이 손댈 수 없었지만, 그들은 갖
가지 방법을 강구해 이 땅을 점유했다.

　당시 노나라에는 아직 각급의 지방정부가 존재하지 않았다.
이 세 가문의 가주들은 각 봉읍에 크고 작은 가신들을 파견해 세
금을 거두고, 백성들 사이의 송사를 처리하는 등의 업무를 담당
하게 했다. 이러한 형태는 사실상 이후의 지방정부와 기능이 유
사했다.

　계손씨 가문의 가주는 계평자季平子였다. 그는 계무자의 손자
로 이름은 계손의여季孫意如라 했는데, 그의 아버지는 일찍 세상을
떠났다. 공자가 17세 되던 해에 계무자가 세상을 떠나자 계평자
는 젊은 나이에 조부의 작위와 직무를 계승했다.

　공자가 젊었을 때 맡은 일은 아주 평범한 일이었다. 계손씨의
어느 봉읍에 파견되어 백성들로부터 양곡을 징수해 장부에 기입
하는 일을 했는데, 아주 성실하게 일해서 창고에 저장된 수량과

장부의 항목이 정확하게 일치했다. 가축을 사육하는 일도 했는데, 가축이 아주 빨리 번식하게 했다.[1] 이러한 일들은 모두 귀족 가문의 가장 기본적인 관리 업무이다.

하지만 이는 공자와 양호 모두에게 이상과는 너무나 동떨어진 생활이라 그들은 좌절감을 느꼈다. 귀족 출신 아이들은 요람 속에서부터 자신의 선조가 전쟁에서 공을 세운 영웅담을 듣고 자란다. 교육을 받고 교양을 익힐 소년기가 되면 주나라가 상나라를 멸하고 중원을 점령한 거대한 역사와 피 끓는 대서사시를 배운다. 그들에게 '미래'란 말 울음소리 요란하고 깃발이 어지러이 날리는 모래벌판이거나, 혹은 점잖고 우아한 외교 무대이다. 공자는 어렸을 때 이러한 경험을 하지 못했지만, 그래도 농가에서 자라면서 마차를 타고 준마를 몰아 들판을 나는 듯이 달려가는 귀족들의 모습을 보았고, 그들의 저택을 지날 때면 안에서 들려오는 음악 소리와 풍겨오는 술과 고기 냄새를 맡곤 했다. 지금의 현실은 그 당시에 받았던 인상과는 너무나 요원했다.

공 부인의 신분

공자는 어머니의 상을 치른 직후인 대략 18~19세 무렵에 혼례를 올렸다. 그런데 이상하게도 부인에 관해서는 《논어》에도 《사기》에도 아무런 기록이 없다. 공자는 후세에 성인으로 추앙받았으니 이치대로라면 부인은 성부인聖夫人일 터인데, 이렇게 세상에 전혀 알려지지 않았을 리가 없다.

《공자가어》에는 "공자는 열아홉 살 때 송나라의 기관ㅠ官씨 여

---

1 《사기·공자세가》: "공자는 가난하고 미천했다. 장성한 후에 계씨 가문에서 창고를 관리하는 일을 했는데 장부가 정확했다. 가축을 관리하는 일을 했을 때는 가축이 번성했다. 그러므로 사공司空이 되었다."(孔子貧且賤, 及長, 嘗爲季氏史, 料量平. 嘗爲司職吏, 而畜蕃息. 由是爲司空.) 《사기》 이전의 문헌인 《맹자孟子》에도 이와 유사한 기록이 있다.

인과 혼인했다孔子年十九, 娶於宋之丌官氏"라고 되어 있는데, 이 말은
공자가 송나라 사람과 국제결혼을 했다는 뜻이다. 《공자가어》를
쓴 이는 공자의 조상이 송나라 공족公族이니 송나라 여인을 아내
로 맞으면 친척끼리 겹사돈을 맺는 셈이라 좋은 일이라고 생각
한 듯하다. 그러나 이 기록이 반드시 사실이라 할 수는 없다.

당시에는 '동성불혼', 즉 부계 조상이 같은 사이는 결코 통혼
할 수 없다는 풍속이 있었다. 여러 세대가 지난 후에도 불가능했
다. 송나라 공실 구성원의 족성族姓은 전부 '자子'였는데, 공자 가
문의 선조는 송나라의 공자公子였으므로 그의 족성 역시 '자'였
다. 그러므로 같은 족성을 가진 부인을 맞았을 리가 없다['공'과
'기관'은 모두 씨氏이지 성姓이 아니다. 이에 관해서는 이 장 말미의 부록
에서 자세히 설명한다].

게다가 공자가 생활할 당시에는 아직 사회가 발달하지 못해
나라 밖으로 나갈 기회가 별로 없었고, 따라서 국제결혼을 할 수
도 없었다. 공자는 만년에 높은 지위에 오른 후에 열국을 주유하
다가 송나라에 간 적이 있었는데, 그곳에는 그를 환영해 주는 사
람이 없어 아주 쓸쓸하게 지냈다. 만약 송나라에 처가가 있었다
면 그런 상황이 발생하지는 않았을 것이다.

공자의 부인은 아마도 외가 친척들이 안씨 마을의 범위 내에
서 물색해 준 여인일 가능성이 크다. 즉, 귀족 출신이 아니었기
때문에 평생 세상에 알려지지 않은 듯하다. 공 부인이 귀족이었
다면 공자에게도 귀족 신분의 인척이 많이 생겼을 텐데, 만약 그
랬다면 역사서에 분명히 기록이 남았을 것이다. 그러나 실제로는
기록이 전혀 없다.

결혼한 이듬해에 공 부인은 아들을 낳았다. 아들의 이름은 공
리孔鯉이며 자는 백어伯魚이다. 이 이름의 유래에 관해서는 당시

노나라 군주인 소공이 공자에게 축하 선물로 잉어鯉魚 한 마리
를 보내 주었기 때문이라는 설이 있다. 그러나 이 이야기는 공자
를 너무 치켜세우고 있다. 소귀족인 양호조차 공공연히 공자에게
'사' 계급의 자격이 부족하다고 말했을 정도인데, 군주가 일부러
공자에게 축하 선물을 보낼 리가 없지 않은가?

노소공이 계손씨 가문에 보낸 잉어를 계손씨가 다시 공자에게
주었다는 설도 있다. 이 이야기는 다소 그럴 법하다. 당시 공자는
계손씨 가문에서 하급 관리로 일했으므로 고용주가 선물을 주는
일은 사리에 맞기 때문이다. 어쩌면 계손씨 가문의 대집사가 사
람을 시켜 선물을 가져오게 하면서 "이 잉어는 보통 잉어가 아니
라 어제 가주께서 임금님과 함께 낚시해 잡으신 것이라오!"라고
한마디 보탰을지도 모른다.

공자는 고용주로부터 받은 이 선물을 아주 중히 여겼다. 이것
은 그가 소귀족이 된 후 처음으로 얻은 일자리에 대한 자부심이
기도 했다. 그래서 그는 이 선물의 이름을 따서 아들의 이름을 지
어 주었다.

젊은 시절의 기적은 없었다

《사기》에는 공자가 하급 관리 일을 잘해내어 '사공'이 되었다고
기록되어 있다. '사공'은 어떠한 관직일까? 한나라 때의 해석에
의하면 사공은 아주 큰 벼슬이다. 그 당시 노나라에서 가장 높은
관직은 사도司徒로 재정과 인사를 주관하는 오늘날의 국무총리에
해당하는 직책이었다. 그다음으로는 국방부 장관에 해당하는 사
마司馬, 공업 및 건설부 장관에 해당하는 사공, 그리고 치안과 사
법을 주관하는 사구司寇가 있었다. 이들이 바로 '경'으로 노나라
권력의 핵심이었다.

노나라의 과두 공화제 규율 속에서 이 소수의 직책은 모두 삼환 가문이 세습하고 있었다. 계손씨 가문은 대대로 사도를 맡았고, 숙손씨 가문은 사마를, 맹손씨 가문은 사공을 맡았다. 그 외에 삼환 가문에 속하지 않은 장손臧孫씨라는 가문에서 대대로 사구의 지위를 독점했다. 이 해석대로라면 공자는 갑자기 엄청난 고속 승진을 해서 자신의 옛 봉주인 맹손씨 가문을 대신했다는 말이 되는데, 아무래도 믿기 어려운 일이다.

1970년대에 후베이湖北성의 수호지睡虎地라는 곳에서 진나라 시대의 죽간이 출토된 후에야 이 해석이 틀렸음을 알게 되었다. 사마, 사공, 사구라는 관직은 중앙정부에만 있는 것이 아니라 그 아래의 각급 귀족의 영지에도 모두 존재했다. 업무 성격이 서로 비슷해서 관직의 이름도 같았다. 죽간의 내용에 의하면, 죄수들을 감독해 일을 시키는 하급 감독관을 사공이라 했고, 마을의 치안을 담당하는 관리를 사구라 했다. 중앙정부의 관직과 구분해서 표기해야 할 때는 앞에 '대大' 자를 붙여 대사마, 대사공, 대사구라 지칭했다.

즉, 공자가 맡은 사공이라는 직책은 사실 계손씨 가문 봉지에서 시공과 건설을 담당하는 하급 관리일 뿐이었다. 이 차이를 몰랐던 사마천은 공자가 만년에 얻었던 대사구라는 직책과 혼동해서 그가 곧바로 큰 벼슬에 올랐다고 생각했다. 그래서 공자가 사공이 된 후에 곧바로 열국을 주유하며 "이에 노나라를 떠났으나 제나라에서는 배척당하고, 송나라와 위나라에서 쫓겨났으며, 진陳나라와 채蔡나라에서 곤욕을 치른 끝에 다시 노나라로 돌아왔다已而去魯, 斥乎齊, 逐乎宋, 衛, 困於陳蔡之間, 於是反魯"라고 기록했다. 이는 사실 30년이나 지난 후에 있었던 일들로 연대를 완전히 틀리게 쓴 것이다.

아무튼 공자는 30세쯤까지 외국에 나간 적도 없었으며 그럴
듯한 활동을 하지도 못했다. 그가 "삼십에 이립했다三十而立"²라고
말한 것은 서른 살에 이르러서야 가족을 부양할 기본적인 능력
을 갖추어 그럭저럭 살 만해졌다는 뜻이다. 아마도 그때쯤에 곡
부성曲阜城 안에 새집을 얻고 가정을 꾸려서 안씨 마을에 살지 않
게 된 듯하다. 군주나 계손씨, 맹손씨 정도 되는 계급의 사람들을
마주치는 일은 있었지만, 그들과 깊이 사귈 만한 자격은 아직 없
었다.

계손씨 가문에서 일하며 얻은 수입으로 그 한 몸은 보살필 수
있었지만 처자식을 부양하기에는 좀 빠듯했다. 공자는 이즈음부
터 겸직을 시작했는데, 귀족 가문을 도와 '상례相禮'를 치러 주는
일, 즉 귀족 가문에서 관혼상제를 치를 때 의식을 주관하는 일을
했다. 당시에는 의식을 주관하는 이를 '축祝'이라 했는데, 상례喪
禮를 주관하는 사람을 상축喪祝이라 불렀고, 천자나 제후의 의식
을 전문으로 맡아 하는 관리를 태축太祝이라 했다. 공자는 의식에
관한 지식을 배우는 일을 좋아했기 때문에 이에 아주 뛰어났다.
그가 어릴 때부터 제사 놀이를 좋아했다는 소문도 어쩌면 성년
이 된 후의 이러한 특기와 관련이 있는지도 모른다.

주례, 그중에서도 특히 상례와 제례祭禮는 절차가 복잡하고 신
경 써야 할 것이 많아서 일반인은 잘 알지 못해 예절을 잘 아는
전문가에게 주관해 달라고 부탁해야 했다. 당시의 혼례는 오히려
비교적 간소해서 후세의 혼례처럼 떠들썩하지 않았다. 하지만 장
례의 경우에는 사람이 죽은 후에 옷을 갈아입히고 입관하는 방
법과 빈소를 꾸미는 방법, 연락해야 할 친척과 친구의 범위, 가족
이 각자 입어야 할 상복의 등급, 입관한 다음부터 매장할 때까지

2 《논어·위정》

의 과정, 가족들이 곡하는 방법, 매장한 후에 제사를 지내는 방법 등을 모두 상축이 결정해야 했다. 장례와 제사를 돕는 이 일이 바로 유가儒家의 본업이다. 이 일은 전문성이 대단히 높아 배우기 좋아하는 사람만 정확히 알고 있었고, 게다가 보수도 높지 않아 일반적인 귀족은 잘 하려 하지 않았다.

이는 영화감독이 하는 일과 약간 비슷하다. 각양각색의 수많은 사람을 지휘해 절차에 맞게 순서대로 의식을 진행해서 의식이 처음부터 끝까지 질서정연하게 이루어지도록 해야 하기 때문이다. 나중에 공자가 질서를 세워 사회를 정비하겠다는 굳은 결심을 하게 된 이유도 어쩌면 그가 상축을 맡아 의식을 주관하는 일을 했던 것과 관련이 있는지도 모른다.

교육 활동: 초기의 제자들

학문을 어느 정도 쌓은 후에 공자는 사숙을 열어 제자를 받기 시작했다. 이 당시에는 공자가 그리 유명하지 않았기 때문에 그의 사숙에서 공부한 제자들은 대부분 안씨 마을의 친척이었다.

현재까지 이름이 알려진 공자의 제자 중 최소한 8~9명은 안씨 집안사람이다. 가령 안회顏回의 아버지인 안로顏路는 나이가 공자보다 일곱 살 아래였는데, 공자가 받은 최초의 제자 중 한 사람이다. 공자와 안로는 스승과 제자 사이일 뿐만 아니라 친척지간이기도 했다. 그랬기에 공자의 만년에 안회가 요절하자, 너무 가난해서 아들의 관을 살 수 없었던 안로는 공자에게 그의 마차를 팔아 관을 사 달라고 부탁했다. 공자는 내키지 않아 하며 "아무리 그래도 나는 퇴직한 대부의 신분인데, 외출할 때 마차가 없으면 어떻게 하겠는가?"라고 말했다. 만약 단순한 사제지간이었다면 이렇게 무리한 요구를 하지 못했을 것이다. 스승이 무슨 이유로 제자의 장례를 지낼 돈을 대신 내주어야 한다는 말인가? 안로는 안씨 집안 친척으로서 공자에게 부탁한 것이었다. 물론 공자도 친척 사이라 허물없이 터놓고 대답할 수 있었다.

공자가 사숙을 연 애초의 목적은 제자들로부터 학비를 받아 수입을 좀 늘려 보려는 것이었다. 학비는 '속수束脩'라고 불렀는데, 본래 '속'은 묶음, '수'는 말린 고기라는 뜻으로 말린 고기 한 묶음을 뜻하는 단어였다. 사실상 이는 일종의 물물교환 방식으로, 양식이나 포목 등도 학비 삼아 낼 수 있었다. 당시에는 아직 구리를 주조한 화폐가 통용되지 않았고, 간혹 희귀한 종류의 조개껍질을 화폐로 쓰기도 했다. 그러나 민간에서는 여전히 물물교환이 가장 흔했다.

공자는 "나는 신분을 가려 제자를 받지 않는다. 속수를 내기만 한다면 모두 힘써 가르칠 것이다"[3]라고 말했다. 이 말은 첫째로 공자가 학비를 통한 경제적 수입을 매우 중시했다는 뜻이고, 둘째로는 그가 초기에는 지위가 그리 높은 제자를 받지 못했고, 가난한 제자들이 약간의 물건을 가져와서 배움을 청하면 무엇이든 받았다는 의미이다.

공자가 살던 시대에는 신분 계급의 차이가 아주 커서 일반 백성[농노]들은 교양이 없었으며 문화를 숭상하는 경향도 없었다. 이 점은 후세와 매우 다르다. 그렇다면 공자는 어떻게 고향 친척들이 학비까지 내 가며 공부할 생각을 하게 만들었을까? 사실상 이러한 결정은 생활 수준을 향상하고 싶다는 대단히 현실적인 고려에서 비롯했다.

공자가 계손씨 집안에서 했던 농노들을 감독하거나 장부 관리

3 《논어·술이》: "속수의 예를 행한 이라면 나는 지금껏 가르치지 않은 적이 없다."(自行束脩以上, 吾未嘗無誨焉.)

를 하는 일은 눈만 높고 능력은 없는 귀족 자제는 다들 하고 싶
어 하지 않았고, 글을 모르고 교양이 없는 시골 사람들은 할 능력
이 없었다. 공자는 그런 친척들에게 가장 기초적인 교양인 글 읽
는 법과 수를 셈하는 법을 가르쳤다. 이 정도의 교양을 갖추고 거
기에다 공자가 계손씨 집안에서 쌓은 인맥을 더한다면 고향 친
척들에게 임시 일자리라도 구해 줄 수 있었다. 이런 일자리는 농
노가 되어 농사짓는 일보다 덜 고된 데다 돈도 더 벌 수 있었다.
그의 친척들 역시 이러한 현실적인 장점을 인지했기 때문에 공
자의 제자가 되어 글을 배웠다.

이는 공자 본인에게도 유리한 일이었다. 학비를 받아 돈을 버
는 한편, 친척 집안의 젊은이들을 보살펴 그들에게 생활 수준을
향상할 기회를 줄 수 있었다. 게다가 젊은이들을 가르쳐 자신의
조수로 키워내서 계손씨 가문의 일을 잘해내게 된다면 고용주도
만족할 터이고, 그러면 공자 본인도 체면이 더욱 설 수 있었다.

공자는 제자들에게 일자리를 찾아 주는 일에 아주 자신만만했
다. 그는 "나에게서 3년을 배우고도 양식을 버는 일자리 하나 찾
지 못한다면 그것이 오히려 이상한 일이다[당시에는 월급으로 양식
을 지급했다]"[4]라고 말했다. 이 말은 그가 자신의 가난한 제자들을
위해 온 힘을 다해 일자리를 구해 주었음을 의미한다.

공자의 교육 사업 및 그의 제자 집단은 '사회적 요구'의 틈새
에서 시작되었다. 초기 제자들에게 그가 가르친 것은 '육경六經'
등의 수준 높은 학문이 아니라 주로 '취업교육', 즉 가장 실용적
인 지식이었다.

물론 그가 만년에 이르러 높은 관직에 오르고 학문이 깊어져

---

4 《논어·태백泰伯》: "공자는 '3년 동안 공부하고도 녹을 받지 못하는 일은 쉬이 생기지
않는다'라 했다."(子曰: '三年學, 不至於穀, 不易得也.')

명성이 높아진 후로는 비교적 높은 신분의 귀족 자제들을 제자로 받게 되어 더 수준 높은 학문을 연구하고 가르쳤다. 공자는 만년에 "예악을 먼저 배운 이들은 야인이고, 예악을 나중에 배운 이들은 군자이다先進於禮樂, 野人也; 後進於禮樂, 君子也"[5]라고 말했다. '선진先進'은 그가 초기에 받았던 제자들을 가리키는데, 그들은 모두 예악을 모르는 하층민인 '야인'들이었다. '후진後進'은 그가 만년에 받은 제자들로 기본적인 교양과 사회적 지위가 모두 훨씬 높은 '군자'들이었다.

그러나 공자는 이 말에 이어 "만약 이들을 등용한다면 나는 예악을 먼저 배운 이들을 택하겠다如用之, 則吾從先進"라고 말했다. 같이 일할 사람을 고른다면 그래도 역시 초기에 가르친 제자들을 신임한다는 뜻이다. 선진들은 모두 공자의 고향 친척이나 자손이므로 내력을 자세히 알고 있어 가장 믿을 만한 이들이었기 때문이다.

공자는 초기에 아주 유명한 제자인 자로子路를 받아들이기도 했다. 자로는 공자보다 나이가 아홉 살 아래였는데, 공자를 처음 만났을 때는 마을의 아주 별난 소년이었다. 그는 수탉의 깃털을 잔뜩 꽂은 모자를 쓰고 가슴팍에는 멧돼지 가죽으로 만든 보호구를 걸치고는 칼을 들고서 공자의 집에 시비를 걸러 왔다. 아마도 누가 사숙을 열었다는 이야기를 듣고 자릿세를 받으러 찾아갔던 듯하다. 그런데 막상 공자는 덩치가 아주 커서 상대하기 힘들어 보였다.

공자와 점점 교류가 늘어나면서 자로는 글을 배우는 길이 좀더 장래가 유망해 보여 공자의 문하에 들어가서 그를 스승으로 모셨다. 자로는 나중에 안씨 집안 여인을 아내로 맞아 공자의 인

5 《논어·선진》

척이 되기도 했다. 자로와 그의 손위 처남인 안탁추顔濁鄒는 모두 공자가 맨처음으로 받아들인 제자에 속했다.[6]

맹손씨 가문의 가정교사

공자가 34세 되던 해[노소공 24년, 기원전 518년]에 맹손씨 가문의 가주인 맹희자孟僖子의 병세가 위독해졌다. 공자의 아버지인 공흘과 함께 전쟁에 참여했던 맹헌자가 바로 이 맹희자의 증조부이다. 맹희자는 공자가 젊은 나이에 학식이 깊다는 이야기를 전해 들은 바 있었다. 게다가 공씨 가문은 대대로 맹손씨 가문의 가신이기도 했다. 그래서 맹희자는 죽기 전에 두 아들과 집사에게 앞으로 공자를 스승으로 모시고 그에게 교양을 배우라고 당부했다.

맹희자의 두 아들은 맹의자孟懿子[이름은 중손하기仲孫何忌]와 남궁경숙南宮敬叔[이름은 중손열仲孫閱]이다. 이들은 쌍둥이 형제로 이 해에 불과 열세 살이었으나 지위가 아주 높아 공자의 다른 제자들과는 차원이 완전히 달랐다. 이는 공자가 학자로서 명성이 서서히 높아져 대귀족들에게도 인정받기 시작했다는 의미이다. 공자에게는 그 후로 점점 더 많은 기회가 주어질 터였다.

맹손씨 가문이 어째서 공자를 가정교사로 받아들였는가 하는데는 또 다른 내막이 있다. 맹의자와 남궁경숙 형제 역시도 '야합'으로 태어난 자식이었기 때문이다. 그들의 어머니는 맹손씨 가문과 격이 맞는 귀족이 아니라 공자의 어머니와 마찬가지로 평민 신분 여성이었다.

---

6 《사기·중니제자열전仲尼弟子列傳》: "자로는 성격이 거칠고 힘쓰기를 좋아하며 의지가 강했다. 그는 수탉의 깃털을 단 모자를 쓰고 수퇘지 가죽으로 만든 갑옷을 입고 다녔으며 공자를 업신여겼다. 공자가 예로써 그를 대하며 천천히 이끌자 자로는 후에 유가의 예복을 입고 예물을 올리며 제자가 되기를 청했다."(子路性鄙, 好勇力, 志伉直, 冠雄雞, 佩豭豚, 陵暴孔子. 孔子設禮稍誘子路, 子路後儒服委質, 因門人請爲弟子.)

공자가 21세 되던 해[노소공 11년, 기원전 531년]에 맹희자는 근처에 있는 작은 나라를 방문하는 길에 천구郰丘라는 마을을 지나다가 그곳의 평민 여인과 하룻밤의 인연을 맺었다. 당시에 그는 그 일을 신경 쓰지 않았지만, 얼마 지나지 않아 이 여인은 소꿉친구[역사서에는 '료僚'라고 적혀 있는데, 매우 친한 친구라는 뜻이다]까지 한 명 데리고 집을 나와 맹손씨 저택으로 도망쳐 왔다. 전해지는 바에 의하면 이 여인은 맹희자와 처음으로 밀회한 후에 자기가 아주 커다란 휘장으로 맹손씨 가문의 사당을 완전히 뒤덮는 꿈을 꾸었다고 한다. 그녀는 이 꿈이 맹손씨 가문에서 자신을 반드시 받아 주어야 한다는 계시라고 여겼다.

당시 맹희자는 일찍부터 정실부인이 있었고 집 밖에 첩도 두었지만, 줄곧 아들을 얻지 못하고 있었다. 그는 부르지도 않았는데 제 발로 찾아온 이 두 여인을 첩의 집으로 보내어 거기 살면서 하녀로 일하게 했다. 결국 그 천구 마을의 여인은 곧 임신해서 쌍둥이 아들인 맹의자와 남궁경숙을 낳았고, 이 두 아들은 맹손씨 가문의 정식 후계자가 되었다. 맹의자와 남궁경숙 두 사람의 출신을 알았으니 그들이 어째서 스스로 나서서 공자를 찾았는지 이해할 수 있을 것이다.

맹의자와 남궁경숙이라는 호칭에 관해 설명하자면, '맹'과 '남궁'은 모두 씨이다. 경숙이 받은 봉읍이 남궁이라는 지역에 있어 형과 다른 씨를 하나 더 얻었다. '의'와 '경'은 모두 죽은 후에 받은 시호諡號이다. 맹의자를 '자'라고 부른 것은 그 당시 귀족 남자에 대한 존칭이니 이해하기 쉽다. 그렇다면 남궁경숙은 어째서 '숙'이라고 했을까? 당시에는 형제 중 동생을 '숙'이라고 부르는 습관이 있었기 때문이다. 이 호칭은 현재까지도 사용하는 '숙부叔父'라는 호칭과는 의미가 전혀 다르다.

왕도 낙양에 가다

맹손씨 가문의 일자리는 공자에게 많은 기회를 가져다주었다. 그중 가장 직접적인 사건은 나라 밖으로 나가 세상을 구경할 기회를 얻은 일이었다. 남궁경숙이 왕도 낙양을 방문하게 되어 공자는 가정교사 자격으로 그를 수행했다. 당연히 모든 비용은 맹손씨 가문에서 부담했다.

춘추 시대는 정치적인 면에서는 소위 '제후 열국'으로 분열되어 있었다. 그러나 다른 한편으로 열국의 귀족들은 상당히 일체화되어 각종 문화와 풍습, 생활방식 등이 다들 비슷했다. 특히 허난河南 지역을 중심으로 하는 '중원' 일대는 정치적인 관계로만 형성된 곳이 아니라, 그보다는 젊은 귀족들의 교육 측면에서 발전이 시작된 지역이었다. 당시의 귀족 청년들은 대부분 가업을 이어받기 전에 외국을 두루 돌아보아야 했고, 심지어 한동안 다른 나라에서 살기도 했다. 몇몇 귀족은 자신의 외가에서 지내기도 했다. 당시 귀족 사회에서는 국제결혼을 하는 경우가 꽤 많아서 외가가 곧 외국이었다.[7]

르네상스 때부터 19세기까지 유럽의 귀족 자제들에게도 이러한 식으로 '유력遊歷'하는 풍습이 있었다. 특히 영국 귀족들이 그러했는데, 영국은 폐쇄적인 환경을 가진 섬나라여서 더욱더 나라 밖으로 나가 돌아볼 필요가 있었기 때문이다. 귀족 자제들은 스무 살쯤 되면 보통 하인을 데리고 유럽 대륙을 여행하곤 했다. 대륙을 돌아보는 데는 1~2년 혹은 그 이상으로 긴 시간이 걸리기도 했는데, 가정교사와 함께 여행하는 경우도 꽤 많았다. 그들은

7　춘추 시대 귀족들의 이러한 풍조는 아주 중요하다.《좌전》에 기록된 몇몇 귀족의 젊은 시절 경험을 보면 이와 관련한 단편적인 정보가 눈에 띄지만, 개괄적인 정리는 부족하다. 그 외의 다른 유가 경전에는 이러한 풍습에 관한 언급이 거의 없다. 청나라 이후의 학술계에서도 이러한 현상에 관해 집중적으로 연구하지 않았던 듯하다.

새로운 나라에 도착할 때마다 그곳의 말을 배우고, 그 나라 귀족과 교류하고, 저명한 학자를 방문했다. 이는 모두 지식을 쌓고 시야를 넓히기 위해서로 "만 권의 책을 읽고, 만 리 길을 간다"라는 중국 속담과 비슷하다고 할 수 있다. 유럽을 여행하는 귀족 자제는 다들 보통 교황이 기거하는 곳인 바티칸 궁전에 들르곤 했는데, 공자가 살던 시대로 치면 바로 왕도 낙양인 셈이었다.

주나라 민족은 처음에 관중에서 세력을 일으켰는데, 당시의 도성은 호경鎬京[지금의 산시陝西성 시안西安시]에 있었다. 상나라를 멸망시킨 그들은 호경이 중원에서 좀 멀리 떨어져 있다고 생각해 허난 지역에 낙양성을 세워 동쪽 지역을 통치하는 요충지로 삼고 왕실에서 직접 관할했다. 내전으로 서주가 멸망하고 호경이 오랑캐인 견융犬戎족의 위협을 받자 주평왕周平王은 호경과 관중을 포기하고 낙양으로 천도했다. 이것이 '동주東周'의 공식적인 시작이다. 공자의 시대에 관중은 일찍부터 신흥 국가인 진秦나라의 근거지가 되어 있었다.

공자는 낙양에 가서 유명한 인물인 노담老聃, 혹은 노자老子라고도 하는 사람을 만났다. 이 사람은 《도덕경》으로 유명한 그 노자가 아니라 주나라 왕실에서 서적과 문서를 관리하는 노인이었다. 《도덕경》은 이보다 한참 후에 나온 책이다. 공자가 생활하던 당시에 이미 《도덕경》이 있었다면 공자는 분명히 이 책에 대해 몇 마디 평했을 것이다.

공자는 노담에게 여러 학술적인 문제를 질문했다. 그는 만년에 제자들에게 그 당시 노담의 한 이웃이 세상을 떠나 노담이 장례를 도와주러 가는데 자신도 견학하러 같이 갔던 일화를 이야기해 주기도 했다. 장례 행렬이 장지로 가는 도중에 갑자기 일식이 일어나 하늘이 거의 새까맣게 변하고 별까지 보였다. 노담은 행렬을 멈추게 하고 관을 실은 수레를 길 오른편 가에 세워 둔 후, 고인의 가족들에게도 잠시 곡을 멈추라고 했다. 해가 다시 드러나고서야 노담은 가던 길을 계속 가라고 지시했다.

공자는 이러한 결정에 대해 이해하지 못하고, 그대로 계속 가는 것이 그 자리에서 기다리는 것보다 낫지 않느냐, 도대체 일식이 얼마나 오랫동안 지속할지 아무도 모르지 않느냐고 노담에게 물었다. 당시에는 일식에 관한 천문학적 지식이 부족한 상태였다. 이 질문에 대해 노담은 사람의 정상적인 외출은 모두 해가 있는 낮에 이루어진다고 설명했다. 가령 주례에 의하면 제후들이 천자를 배알하러 갈 때, 혹은 대부들이 공무가 있어 길을 떠날 때는 모두 해가 뜰 때 길을 나서고, 해가 질 때가 되면 묵을 곳을 찾아야 하며, 별이 뜬 밤에 길을 재촉해서는 안 되었다. 고인 역시도 신분이 높은 사람이었으므로 생전의 규칙에 따라 이처럼 해야 한다는 것이었다. 이 일화는 유가의 경서인 《예기·증자문曾子問》에 기록되어 있으므로 근거가 비교적 확실하다.

또한 일식은 모두 사관들이 기록해 두므로 지금의 천문학적인 지식을 이용해서 계산해 볼 수 있다. 역사서의 기록을 참고해 계산하면 이 일식은 노소공 24년 주력周曆 5월 1일, 양력으로는 기원전 518년 4월 9일에 발생했다. 이때가 바로 공자가 낙양에 있었던 정확한 시기이다. 맹희자가 병으로 죽고 얼마 지나지 않았던 때이므로 남궁경숙이 낙양에 간 데는 아마도 왕실에 조부의 부고訃告를 하고, 죽은 아버지를 대신해 조부의 사후 영예를 청하려는 목적도 있었을 듯하다.

전국 시대 제자백가들은 공자에 관한 이야기를 지어내기를 좋아했다. 공자가 노자를 만났던 이 일화 역시 여러 버전으로 기록되어 있는데, 장자나 한비자는 모두 노자를 아주 고명한 인물로 묘사했다. 그러나 《예기》의 기록을 보면 이 노자는 사실 그저 학식이 있는 노인일 뿐이었다.

노자 외에도 공자는 왕실에서 직책을 맡고 있는 몇몇 인물, 가령 별을 보고 점치는 일을 하며 음악에 능한 장홍萇弘 등과 알게 되었다. 기록에 의하면 공자는 주나라 왕실의 종묘를 참관한 적도 있었는데, 그때 '삼함기구三緘其口', 즉 입을 세 번 봉한 커다란 동상을 보았다고 한다. 동상의 입은 종이 세 겹으로 봉해져 있었고, 등에는 사람들에게 '모든 화는 입으로부터 나온다'라는 교훈을 알리는 글이 길게 적혀 있었다. 노나라의 태묘에 갔을 때는 '매사문'했던 공자도 왕실의 종묘에서 이 동상을 보고는 입을 다무는 법을 배웠을 것이다.

공자의 낙양 여행은 아주 평온해 보이지만 사실 이 당시 낙양은 정치적으로 어지러운 상태에 처해 있었다. 장수를 누렸던 주경왕周景王이 2년 전에 사망하자 왕자들이 비어 있는 왕세자 자리를 놓고 쟁탈전을 벌였고, 왕자 조朝가 자기보다 서열이 높은 왕자 맹猛을 죽이고 스스로 주왕의 자리에 올랐다. 많은 제후가 형을 죽이고 왕위를 찬탈한 이 주왕을 지지하지 않았다. 또 다른 왕자인 개匄는 진晉나라로 피신해 그들의 지지를 등에 업고 왕위를 빼앗으려 하고 있었다.

남궁경숙과 함께 낙양으로 간 공자는 이러한 왕자들의 대치 국면과 마주했다. 낙양을 여행하면서 넓은 세상을 경험하고 여러 사람도 알게 되었지만 동시에 주나라 왕실이 쇠퇴한 모습 역시 목도했다. 공자는 그 후로 다시 낙양에 가지 않았고 주나라 왕실의 권위 회복을 돕겠다는 이상을 품지도 않았다. 춘추 시대 말기라는 거대한 시대적 배경 속에서는 제후국 하나만 잘 경영할 수 있어도 대단한 일이었다. 공자는 이상주의자이기는 했지만, 그렇다고 너무 허무맹랑한 이상만 추구하는 사람은 아니었다.

마차를 얻다

공자는 남궁경숙을 수행해 낙양에 다녀오면서 오랜 봉주인 맹손씨 가문을 위해 중요한 임무를 성공적으로 완수했다. 이 일로 현실적인 보상도 얻었는데, 가장 중요한 것은 생애 첫 마차를 가지게 되었다는 점이다.

낙양으로 출발하기 전에 남궁경숙은 공자에게 마차 한 대와 말 두 필, 그리고 마차를 끌 하인까지 준비해 주었다. 대귀족의 가정교사가 길을 떠난다면 이 정도는 갖추어야 했다. 게다가 맹손씨 가문에서는 이 여행 준비에 쓰인 지출을 노소공에게 보고하기까지 했다. 물론 노소공에게 경비를 지원해 달라는 의도가 아니라[맹손씨 가문이 분명히 노나라 조정보다 더 부유했을 것이다], 노나라 정계에서 공자를 더욱 중요한 인물로 인식하게 하기 위해서였다.

낙양에서 돌아온 이후로 이 말과 마차는 공자가 계속 사용했다. 말 두 필이 끄는 마차라 급이 그렇게 높지는 않았다. 당시의 그럴듯한 마차는 네 필의 말이 끄는 마차, 즉 '사마駟馬'였기 때문이다. 하지만 공자에게는 말 두 필짜리 마차만 해도 기대 이상의 대우였다.

마차를 가진 인물이 되었다는 점은 공자의 인생에서 또 하나의 이정표라 할 수 있다. 춘추 시대 귀족이 받을 수 있는 가장 떳떳한 대우는 봉읍이었다. 이는 가장 합법적이고도 실속 있는 수입원이었지만, 수많은 소귀족이 봉읍을 받지 못했다. 그래서 신분 등급이 비교적 낮은 귀족의 표지는 개인 소유의 마차와 하인이었다. 귀족은 자기 소유의 마차가 있어야 전쟁이 일어나면 끌고 나가서 지위가 높은 대귀족에게 군사력을 제공할 수 있었다.
또 그래야만 제대로 된 신분을 가진 '사'라고 할 수 있었다. 당시
에는 전쟁할 때 모두 마차를 타고 싸웠기 때문이다.

전쟁에 참여하거나 외출할 때 사용한다는 실용적인 목적 외에
마차는 신분의 상징이기도 했다. 당시에는 귀족의 재산을 판단할
때 가장 간단한 방법이 바로 그 사람이 마차를 몇 대나 가졌는지
보는 것이었다. 귀족의 저택에 초대받아 갈 때, 만약 손님이 마차
를 타고 가면 주인은 그 사람을 더욱 존중해 주었다. 당시의 귀족
들은 일이 있을 때만 마차를 타지 않았고, 별일 없이 산책할 때
도 마차를 몰고 나가 너른 들판을 달리며 기분 전환을 하곤 했다.
《시경》에서는 이러한 모습을 '내가 사방을 둘러보았으나, 너무나
좁아 내가 마음껏 달릴 곳이 없구나我瞻四方, 蹙蹙靡所騁'[8]라고 묘사하
고 있다.

맹손씨 가문에서 가정교사로 일하게 된 후로 공자는 계손씨
가문 쪽 일은 그만둔 듯하다. 그러나 사숙을 열어 제자들을 가르
치는 일은 계속했다. 공자에게 계손씨 가문은 그의 첫 고용주였
지만, 그들에게 공자는 그저 일개 임시 직원일 뿐이었다. 일을 잘
한다면 봉급을 좀 더 많이 받을 수는 있겠지만, 어차피 줄곧 삯일
하는 신분이었다. 맹손씨 가문은 그를 더 잘 대우해 주었다.

공자는 나중에 이에 관해 "계손씨 가문은 내게 많은 양식을
주어 나는 부유해지고 벗들과의 관계도 돈독해졌다. 맹손씨 가문
의 남궁경숙은 수레를 빌려주어 내가 외출하기 편하게 해 주었
을 뿐만 아니라 일도 더욱 순조롭게 풀릴 수 있도록 해 주었다"[9]

8 《시경·소아小雅·절남산節南山》
9 유향劉向, 《설원說苑·잡언雜言》: "계손씨가 내게 많은 곡식을 내려 준 후로 벗들과 더
욱 친해졌고, 남궁경숙이 내게 마차를 타게 해 준 후로 나의 도가 더욱 잘 행해지게 되
었다."(自季孫之賜我千鍾而友益親, 自南宮敬叔之乘我車也而道加行.)

라고 말했다.

그러나 이로부터 1년 후, 노나라 상층부에서 내분이 발생해 큰 파란이 일면서 공자 역시 이 내란에 휘말리게 되어 평온한 생활을 지속하기 힘들어졌다.

춘추 시대의 '성'과 '씨'의 구분

성姓과 씨氏는 지금 보기에는 같은 것처럼 보이지만, 공자의 시대에는 그렇지 않았다. 서주와 춘추 시대에는 귀족만이 성과 씨를 가질 수 있었다. 성은 그 귀족이 속한 넓은 범위의 족군族群, 즉 현대의 '민족'과 비슷한 개념의 집단을 나타냈고, 씨는 그 사람의 가문을 나타냈다.

족군을 구분하는 성

상나라 시대에 '성'의 개념이 있었는지 없었는지 현재로서는 정확히 알 수 없다. 그러나 주나라 때는 '성'이 존재했으며 아주 중요했는데, 주나라 사람들이 같은 민족 내에서 통혼을 엄격히 금지했기 때문이다. 그들은 성을 통해 족군을 구분했으며 성이 같은 사람과는 혼인할 수 없었다. 주나라 민족은 모두 성이 희姬였다. 그들이 관중에서 막 세력을 일으켰을 당시, 즉 아직 상나라를 멸하지 않았을 당시에는 주로 강姜이라는 성을 가진 이웃 민족과 통혼했다.

주무왕은 상나라를 멸하고 중원을 점령한 후에 자신과 같은 성을 가진 친족들과 그 후손들에게 각각 영토를 분봉해 노나라, 위衞나라, 연燕나라, 채蔡나라, 괵虢나라 등 십여 개의 제후국을 세웠다. 이들 제후국의 통치자는 모두 성이 희였다. 주나라 민족과 줄곧 우호적인 사이였던 강 민족 역시 중원의 영토를 분봉 받아 제나라, 신申나라, 허나라 등의 제후국을 세워 주나라 민족의 중원 통치를 도왔다.

본래 중원에 살았던 민족 중 일부에는 이미 성의 개념이 있었던 듯하다. 성이 없었던 민족에게는 통혼 가능 여부를 판단하기 위해 주나라에서 각기 다른 성을 부여했다. 가령 피정복민인 상나라 사람은 모두 '자子'라는 성을 받았고, 상나라의 후예인 송나라 사람들도 성이 '자'였다. 공자는 송나라의 후예이므로 그의 성 역시 '자'이다. 진秦나라, 양梁나라, 거莒나라 사람의 성은 '영嬴'이었으며 설薛나라의 성은 '임任', 주邾나라의 성은 '조曹'였다. 이들 족군[소국]에도 점차 동성불혼하는 풍습이 생겨났다.

가문을 나타내는 씨

'씨'는 귀족의 가문이나 가계를 구분하는 데 썼다. 씨에는 여러 가지 유래가 있다. 우선 관직명을 씨로 사용한 경우가 있다. 가령 '사마司馬'는 본래 군사를 관장하는 관직명인데, 대대로 이 관직을 맡은 가문을 사마씨라고 부르게 되었다. 사도司徒와 사공司空 역시 관직명이 씨로 변한 사례이다.

지명을 씨로 사용할 수도 있었는데, 일반적으로 그 귀족이 보유한 봉읍의 지명을 따서 썼다. 예를 들어 진晉나라의 원原씨, 한韓씨, 위魏씨 등이 있다. 공자의 아버지 공흘은 추읍이라는 지방을 관리한 적이 있지만, 이곳이 가문의 봉읍은 아니었다. 만약 그랬다면 그는 이곳의 지명을 씨로 사용해 '추흘陬紇'이라 불렸을 것이다.

자기 가문 선조의 자字를 씨로 쓴 경우노 있었다. 당시에는 존경하는 사람을 이름이 아닌 자로 불렀는데, 태자가 아니어서 군주의 자리를 계승할 수 없었던 공자들의 자는 종종 그 후예 가문의 씨로 사용되었다. 노나라의 삼환 가문을 보면 맹손[혹은 중손]과 숙손, 계손 모두 그들의 선조인 공자 세대의 자를 따서 만든 씨이다. 계손씨의 제1대 선조인 공자의 자는 계우季友였는데 그의 후손은 여기서 '계' 자만 따서 씨로 삼고, 그 뒤에 '손' 자를 붙여 자신들이 계우의 후손後孫임을 나타냈다.

　씨의 유래는 여러 가지여서 중복되는 경우도 있었다. 예를 들면 춘추 시대에는 '공孔'씨를 쓰는 가문이 하나가 아니었다. '공'이라는 글자는 자字로도 썼기 때문이다. 춘추 시대에는 이름이 가嘉이고 자가 자공子孔인 사람이 많았는데, 이름과 자가 의미상 어느 정도 연관성이 있어야 했기 때문이다. 《시경》에 '공가孔嘉'라는 표현이 나오는데, '공'은 '매우'라는 뜻이고 '가'는 '좋다'라는 뜻이다. '자공'이라는 자를 쓰는 공자가 늘어나면서 서로 다른 공씨 가문이 많아졌다.

　공자의 공씨는 송나라의 공자公子로부터 왔다. 위나라에도 공씨가 있었는데, 이 가문의 공문자孔文子라는 사람은 노년의 공자와 사이가 꽤 좋았다. 그러나 위나라 공씨 가문의 성은 길姞로 공자의 집안과는 혈연관계가 전혀 없었다. 씨가 우연히 같았을 뿐, 성이 다르기 때문에 통혼할 수 있었다.

　같은 가문 내에도, 심지어 한 사람에게도 서로 다른 두 개 이상의 씨가 있을 수 있었다. 관직명을 딴 씨도 있었고, 봉읍의 지명을 딴 씨도 있었다. 만약 봉읍이 다른 지역으로 바뀌거나, 혹은 새로운 봉읍을 받으면 새로운 씨가 하나 더해졌다.

남자의 호칭은 씨

성과 씨의 유래를 살펴보았으니 이제 호칭에 관해 살펴보도록 하자. 당시에는 귀족 남성과 여성을 지칭하는 방식이 각각 달랐다. 귀족 남성을 부를 때는 '씨'에 '이름'을 더해서 '공구孔丘'라는 식으로 불렀다. 남성의 성은 호칭에 쓰지 않고 배우자를 택할 때만 쓰기 때문에 '자구子丘'라고 부르지는 않았다.

몇몇 귀족 남성의 경우에는 씨가 없는 것처럼 보이기도 했다. 가령 각 제후국 군주의 가문에서는 군주의 아들을 '공자公子+이름'으로 불렀고, 그 공자의 아들, 즉 군주의 손자는 '공손公孫+이름'으로 불렀다. 공손의 아들 대에 이르러야만 자기 가문 고유의 씨를 가질 수 있었는데, 이때는 보통 조부의 자를 따서 썼다. 그러나 엄밀히 말하면 군주와 그의 자손들 역시 모두 씨를 가지고 있었는데, 바로 그들이 다스리는 나라 이름이었다. 이 역시 봉지의 지명을 따서 씨로 삼는다는 원칙을 따랐다.

여자의 호칭은 성

귀족 여성의 정식 호칭은 '씨+성'이었다. 여성도 본래 아명이 있었지만, 공식적인 상황에서 사용할 수는 없었다. 여성의 성을 강조하는 이유는 혼인할 때 남편 될 사람의 성과 구별하기 위해서이다. 여성의 호칭에 들어가는 씨는 친정 가문의 씨일 수도 있었고 남편 가문의 씨일 수도 있었다. 어느 쪽으로 할지는 당시 사람들의 풍습에 따라 정해졌다.

춘추 시대에는 '제강齊姜'이라는 여성이 아주 많았는데, 이들은 모두 외국으로 시집을 간 제나라의 공주를 부르는 호칭이었다. 그 외에 왕희王姬나 노희魯姬라는 여성도 아주 많았다. 후세 사람들은 이들을 구분하기 위해 호칭에 남편의 시호를 붙이기도 했다. 가령 '노공희魯共姬'라는 호칭은 희라는 성을 가진 노나라의 공주가 송나라의 공공共公과 혼인했다는 뜻이다. 진목공秦穆公의 부인 목희穆姬 역시 남편의 시호를 붙인 사례이다.

공자 어머니의 이름은 '안징재顔徵在'였는데, 이 '징재'가 바로 소위 아명이다. 귀족 여성을 부르는 식으로 하면 '안'씨에 성을 더해 안희顔姬, 안강顔姜, 안자顔子, 안길顔姞 등으로 불렀을 것이다.

평민의 씨는 직업 혹은 주인의 씨를 따른다

앞에서 살펴본 복잡한 규칙은 모두 귀족에게만 해당한다. 당시의 평민에게는 성도 씨도 없이 이름 하나밖에 없었다. 물론 억지로 씨를 붙이자면 붙일 수는 있었다. 귀족들이 관직명이나 봉읍의 지명을 씨로 쓰듯이 평민들도 그들의 직업이나 마을 이름, 혹은 주인의 씨 등을 이름 앞에 붙일 수 있었다. 《장자》에는 소를 아주 잘 잡는 포정庖丁이라는 백정이 나오는데, '정'은 그의 이름이고 '포'는 요리사라는 뜻으로 그의 직업을 가리킨다. 이런 식으로 직업을 씨로 쓸 수도 있었다.

1장에서 살펴보았듯이 공자 어머니의 집안은 평민[천민]이었지만, 문헌에는 안회顔回를 비롯해 이 집안사람이 모두 안씨라고 기록되어 있다. 이처럼 본래 귀족이 다스리던 토착민에게 반드시 씨를 붙여야 한다면 주인의 씨를 따랐다.

이러한 현상은 현대에도 존재한다. 청나라 당시에 세습 족장의 가문이 다스리던 산간 지대에서는 족장이 모두 한족漢族의 성을 가지고 있었지만, 그들이 통치하는 민중에게는 본래 성이 없었다. 지금까지도 이 지역에 사는 사람들은 대부분 족장의 성을 따라 사용하고 있다. 가령 간쑤甘肅성의 쥐니卓尼현은 예전에 양楊이라는 성을 가진 족장이 다스리던 곳이었기 때문에 지금 이곳에 사는 사람들은 거의 대부분 성을 양으로 쓴다.

사마천이 잘못 알았던 것

전국 시대에 이르러 귀족 사회가 와해하고 예악이 무너지면서 서주와 춘추 시대의 성과 씨에 관한 규칙도 점차 사라졌다. 첫째로는 성과 씨의 구별이 없어졌고, 다음으로는 백성들도 제대로 된 성[혹은 씨라고 하기도 했다. 아무튼 이 시대에는 이미 구분이 사라졌다]을 얻게 되었다. 역사서를 보면 전국 시대 사람들은 모두 성이 있지만, 근래에 출토된 운몽 수호지雲夢睡虎地의 진나라 죽간이나 강릉 장가산江陵張家山의 한나라 죽간을 보면 진나라에서 한나라 초기까지도 많은 백성이 성이나 씨가 없이 이름 하나만 있었음을 알 수 있다. 이 당시 조정에는 직위가 대단히 높은 관원이라면 공문서에 성씨 없이 이름만 기록해도 되지만, 일반 관원은 반드시 성명을 모두 적어야 한다는 규칙도 있었다.

사마천이 《사기》를 쓸 당시에는 춘추 시대의 성과 씨에 관한 이러한 규칙을 이해하지 못했다. 그가 공자의 '성이 공씨姓孔氏'라고 한 것만 보아도 성과 씨를 구별하지 못했음을 알 수 있다. 《사기》에는 주문왕의 이름이 희창姬昌, 무왕의 이름은 희발姬發, 주공의 이름은 희단姬旦이라고 되어 있다. 사실 주나라 때는 희가 성이어서 귀족 남자를 부르는 호칭에 쓸 수 없었다. 그러나 2천여 년이 지나면서 다들 습관적으로 이렇게 부르게 되었다. 주문왕과 주무왕, 주공을 당시의 규칙에 맞게 부르자면 각각 '주창周昌', '주발周發', '주단周旦'이 되어야 한다. 그들은 주라는 이름을 가진 작은 부족의 수장이었으므로 그들의 씨는 주가 된다.

더욱 잡다한 몇 가지 지식

주나라 민족 외에도 '희'라는 성을 가진 사람들이 있었을까? 있었다. 주나라 민족의 고향인 서부에는 융戎족이라는 이웃 부족이 있었는데, 희 성을 가지고 있었다. 융족은 주나라 민족과 성이 같아 줄곧 서로 통혼하지 않았다. 그러나 희 성을 가진 융족은 교양을 쌓지도, 정권을 세우지도 않았으며 같은 성을 가진 주나라 민족의 통치를 원하지도 않았다. 따라서 주나라 사람들은 그들을 같은 성을 가져 통혼할 수 없는 이민족으로 취급했다.

　공자의 '자'는 그의 성일까? 그렇지 않다. 계무자나 맹헌자처럼 귀족 남자에 대한 존칭이다. '자'를 존칭으로 쓰는 습관은 상나라 때부터 시작된 듯하다. 갑골문이나 금문을 보면 상나라 귀족 남성을 습관적으로 '자'라고 불렀음을 알 수 있다. 이 습관은 주나라 시대에 변화해 두 가지 풍습을 형성했다. 하나는 주나라 민족의 족성族姓 체계 내부에서 상나라 사람들의 성은 모두 '자'라고 인식했다는 것이며, 다른 하나는 주나라 사람들이 모든 귀족의 이름 뒤에 습관적으로 '자'라는 존칭을 붙여 공자나 부자夫子, 계평자와 같이 부르게 되었다는 것이다. 이 두 가지 습관은 각자 별개로 형성되었고, 서로 관련성이 없다. 공자의 족성은 또 '자'가 되므로 아주 복잡하고 까다롭다.

　여기에 한 가지 덧붙여 둔다. 이 책에서는 현대의 습관에 따라 일반적으로 공자의 성이 '공'씨라고 말하는 것처럼 당시의 '씨'를 '성'이라고 표기한다. 단, 그 당시의 본래 의미를 가진 '성'을 언급할 때는 '족성'이라고 표기해 구분한다.

이름과 자의 호칭

춘추 시대 사람들의 성과 씨에 관해 살펴보았으니 이제 당시 사람들의 이름名과 자[표자表字]에 관해 살펴보자. 현대의 우리는 이름과 자를 비슷한 것으로 생각하지만 고대에는 그렇지 않았다. 고대에는 사람이 태어났을 때 지은 이름은 그의 손윗사람이나 상급 귀족만 부를 수 있었다.

　남자가 십여 세 혹은 20세가 되면 성인식을 치르는데, 이때 '자'를 지어야 했다. 이 '자'는 동년배 혹은 손아랫사람이 그를 부를 때 쓰는 호칭이었다. 앞에서 말했듯이 이름과 자는 의미상 어느 정도 관련성이 있었다.

고대 사람들은 자를 지을 때 종종 형제자매의 서열을 표시하
곤 했다. 형제자매 중 첫째라면 자에 보통 '백伯' 혹은 '맹孟'이라
는 글자를 넣었다. '백'은 그 사람이 정실부인이 낳은 적장자 혹
은 적장녀라는 뜻이며, '맹'은 첩이 낳은 장자 혹은 장녀라는 뜻
이다. 또한 자에 '중仲'이라는 글자가 들어가면 형제자매 중 둘째
라는 뜻이다. 자에 '숙叔'이 들어가면 서열이 셋째 혹은 그 이하라
는 뜻인데, 가장 아래 서열은 아니었다. 가장 아래 서열을 나타내
는 자는 '계季'이다.

자를 지을 때 고민하기 귀찮아서 한 글자로 된 이름 앞에 서열
을 나타내는 백중숙계 중 한 글자를 붙여 자를 짓는 이도 있었다.
가령 삼환 가문 중 계손씨의 시조는 공자 우友였는데, 그의 이름
은 우이며 자는 계우季友였다. 족성은 희, 씨는 노이다. 계우 본인
은 공자이고 그의 아들은 공손이므로, 계우의 손자 대에 와서야
정식으로 '계손'이라는 씨를 가진 귀족 가문을 형성해 군주로부
터 갈라져 나온 가문임을 표시할 수 있었다. 다른 공자들의 후예
도 모두 이러한 식으로 가문을 형성했다.

자를 지을 때 부모는 이 아들 혹은 딸이 막내가 될지 아닐지
어떻게 알 수 있는가? 그 아래로 자식을 더 낳을 자신이 없어졌
나 하고 생각할 사람도 있을지 모른다. 자는 태어나자마자 짓지
않고 성인식을 치를 때가 되어야 짓기 때문에 이때쯤 되면 부모
가 자식을 더 낳을 수 있을지 없을지 대충 알 수 있게 된다[사실
자식을 더 낳더라도 '계'를 '숙'으로 바꾸기만 하면 된다].

춘추 시대 귀족의 호칭은 성, 씨, 이름, 자, 시호 등 여러 가지
가 있어 아주 복잡하다. 그렇다 보니 같은 인물이 다른 호칭으로
기록되어 현대인들이 고서를 읽을 때 곤란을 겪는다. 서로 다른
이런 호칭들은 사실 서로 다른 각도에서 본 신분을 나타낸다. 손

윗사람이나 상급 귀족의 입장에서 부를 때의 호칭과 손아랫사람이나 하급 귀족 혹은 후세 사람의 입장에서 부르는 호칭이 다른데, 이는 귀족 사회의 특징이기도 하다. 서로 다들 잘 아는 작은 사회 속에서는 모두 서로의 내력을 잘 알며 인맥 관계가 아주 복잡하게 뒤얽혀 있다. 이 당시 사회는 현대사회처럼 '법 앞에 모든 사람이 평등한' 단순하고도 직관적인 사회가 아니었다.

4 내전을 직접 경험하다(35세)

34세 되던 해에 공자는 대귀족 맹손씨 가문의 가정교사가 되어 사업에서 크게 성장했고 상류 귀족 사회와도 접촉했다. 이때 그의 아들인 공리는 이미 열 살이 넘었으며, 딸은 막 태어난 참이었다. 이 시기의 공자는 일과 가정 양쪽이 모두 순조로워 상승 가도를 달리고 있었다고 할 수 있다.

그러나 공자가 행운을 손에 넣은 바로 다음 해, 즉 그가 35세 되던 해의 가을에 노나라에서 내전이 일어났다. 이는 공자가 생전 처음 본 진짜 칼과 창이 오가는 전쟁으로 그가 살던 곡부성 안에서 일어났다. 이 내전은 군주인 노소공과 과두인 삼환 가문 사이의 갈등이 마침내 폭발해 일어났으며, 소귀족인 공자에게도 커다란 영향을 미쳤다.

삼환 가문의 적들

노나라의 권력은 줄곧 계손씨, 숙손씨, 맹손씨의 3대 귀족 가문이 몇 대를 이어 독차지하고 있었다. 노나라 군주로서는 대권을 잃어버리고 세 가문에게 조종당하는 꼭두각시가 된 이 상황이 달갑지 않을 수밖에 없었다.

이 당시 노소공은 이미 군주의 자리에 오른 지 25년이 지나 40세가 넘었다. 그는 삼환 가문이 갈수록 자신을 존중하지 않는다고 느꼈다. 특히 가장 큰 권세를 가진 계평자는 종종 고의로 군주의 체면을 깎는 것이 한나라 때 헌제獻帝를 좌지우지하던 조조曹操보다 더할 정도였다.

노나라에는 다른 귀족 가문도 많았는데 그들 역시 삼환 가문을 좋아하지 않았다. 삼환 가문이 나라의 권력과 토지를 전부 독차지하고 나누어 가져서 다른 귀족들은 먹고살기도 힘든 지경이었기 때문에 원성이 자자했다. 그들은 점차 군주를 중심으로 모여들어 노소공에게 권신들을 없애 버리라고 부추겼다.

계손씨를 반대하는 귀족 무리 중에는 삼환 가문보다 역사가 오래된 가문이 둘 있었다. 하나는 장臧씨로 당시의 가주는 장소백臧昭伯이었다. 장소백에게는 인품이 썩 좋지 못한 장회臧會라는 사촌 동생이 있었는데, 그는 늘 장소백의 지위를 차지하고 싶어 했다. 나중에 장회는 음모를 꾸몄다가 발각되자 계평자에게 몸을 의탁했고, 이때부터 장씨 가문과 계손씨 가문은 사이가 나빠졌다.

다른 하나는 후郈씨 가문의 후소백郈昭伯이었는데, 그가 계평자와 사이가 나빠진 이유는 좀 우스꽝스럽다. 이들은 돈을 걸고 하는 닭싸움 놀이를 좋아했는데, 두 사람 다 교활한 수를 쓰곤 했다. 계평자가 닭에게 구리로 된 투구를 씌우자 후소백은 닭의 발에 구리로 된 바늘을 달았다. 결국 후씨 가문의 닭이 싸움에서 이기자 계평자는 후소백이 부정행위를 했다고 생각했다. 곱씹을수록 화가 난 계평자는 후씨 가문의 땅을 강제로 빼앗았고, 이때부터 두 가문은 반목하기 시작했다.

계손씨 가문이 이렇게 여기저기 적을 만드는 모습을 보고 가장 동요한 이들은 노소공의 아들들이었다. 스무 살 남짓의 혈기 왕성한 나이였던 이 공자들은 계평자의 여러 반대파와 연합해 단번에 그를 없애 버리고 자신들이 살아날 길을 모색하려 했다. 공자들은 기회만 있으면 노소공을 부추겼지만, 노소공은 계손씨 가문의 권세가 너무 커서 괜히 자기에게 문제가 생길까 걱정해 곧바로 행동하지는 못했다. 그러나 결국 아들들이 시도 때도 없

이 하는 충동질을 견디다 못해 노소공도 입장을 바꿔, 장씨 가문
과 후씨 가문, 그리고 신흥 귀족인 동문東門씨 가문과 몰래 연합
해 기회를 보아 손을 쓰기로 했다.

동문씨 가문은 노장공魯莊公의 후손으로 삼환 가문보다 한 세
대 뒤에 시작된 가문이다. 이 가문은 몇 대 전에도 계손씨 가문에
반발했다가 실패해서 오랫동안 외국 망명 생활을 하고 있었다.
노소공은 동문씨 가문과도 연합할 만하다고 생각해 그들을 끌어
들였다.

결정적으로 노소공의 분노가 폭발한 사건은 노소공 25년 초
가을 즈음에 일어났다. 노소공은 풍습에 따라 아버지인 양공襄公
에게 제사를 지내야 했다. 그런데 막상 제사 의식을 거행하려고
보니 궁정 의장대가 단 2명밖에 남아 있지 않았다. 나머지 인원
은 모두 계평자의 저택에 불려 가 있었다. 계평자가 제후와 같은
규모로 자신의 조상에게 제사를 지내기 위해 제후의 의장대까지
빼앗아 간 것이었다.

제후급의 제사 의식 때는 군무를 추어 주나라 민족이 상나라
를 멸할 당시의 웅대한 전쟁 장면을 표현해야 했다. 이 춤은 '팔
일八佾'이라고 불렀는데, 보통 8명씩 8줄을 지어 64명이 추는 아
주 웅장한 춤이었다. 계평자가 군주의 의장대를 단 두 명만 남겨
둔 것은 군주에 대한 우롱이나 마찬가지로 아무리 나약한 군주
라 해도 견딜 수 없는 모욕이었다.

《논어》를 보면 공자는 계평자에 대해 "계씨 가문에서 분수를
넘어선 팔일무까지 공연했으니, 만약 군주가 이러한 일까지 용인
한다면 그 외에 무엇인들 용인하지 못하겠는가八佾舞於庭, 是可忍也, 孰
不可忍也?"라고 평하고 있다. 공자가 정확히 언제 이 말을 했는지
는 알 수 없다. 공자가 소년이었을 때부터 중년, 노년을 거쳐 사

망한 후까지도 계손씨 가문은 줄곧 군주의 권세를 능가했기 때
문이다. 그러나 어투로 판단해 보건대 아마도 공자가 만년에 이
르렀을 때 예전의 노소공의 분노를 회상하며 평한 말인 듯하다.
방관자인 공자가 보기에도 노소공은 참으려야 참을 수 없는 상
황에 빠져 있었다.

노나라 군주와 여러 귀족은 모두 삼환 과두에 큰 불만을 품고
있었지만, 문제는 결국 삼환 가문, 특히 가장 큰 권세를 가진 계
손씨 가문 내부에서 일어났다. 원인은 계평자의 권력 독점에 대
한 방계 가문들의 불만이었다.

춘추 시대 열국의 귀족 가문 내부에서 발생하는 분쟁은 다들
비슷했다. 분쟁의 근원은 이익이었고, 그 도화선은 여인이었다.
이러한 현상의 원인은 간단하다. 후세의 관료제는 사무실[조정]
정치로 범위가 기껏해야 회의실 탁자나 회식 자리의 술상 정도
로밖에 커지지 않았다. 하지만 귀족 사회는 가문 내부의 정치로
이부자리 속에서 정치적인 문제가 결정될 때도 많았다.

계손씨 가문에는 계공季公씨라는 방계 가문이 있었다. 이 가문
의 가장은 일찍 세상을 떠났고 과부와 어린 아들만 남아 있었다.
계공씨 가문에는 적지 않은 가산이 있었는데, 몇몇 친척이 재산
을 관리해 아들이 장성하면 가업과 가산을 넘겨줄 준비를 하고
있었다.

이 과부의 친정은 제나라의 포鮑씨였는데, '관포지교管鮑之交'라
는 고사성어에 나오는 바로 그 포씨 가문이다. 자유분방한 이 여
인은 수절하지 못하고 집에서 일하는 요리사와 사통했고, 가문의
재산을 몰래 이 요리사의 집으로 빼돌렸다. 가산을 관리하는 친
척들은 상황이 심상치 않은 것을 보고 상의한 끝에 이 과부를 친
정으로 돌려보내기로 했다. 재산과 정인을 잃기 싫었던 과부는

선수를 쳐서 대가주인 계평자를 찾아가 가산을 관리하는 친척들이 나쁜 마음을 품고 자신과 아들의 재산을 부당하게 빼앗으려 한다고 일러바쳤다. 이 일의 자초지종은 이미 사실상 모든 이가 알고 있었지만, 계평자는 과부의 말을 받아들여 당장 계공씨 저택으로 사람을 보내 공정하게 집안을 관리하던 이들을 죽여 버렸다. 당시 사람들은 계평자가 이 과부로부터 성적인 접대를 받고 편파적인 판결을 내리지 않았나 의심했다. 아무튼 이 일 이후로 계손씨 가문의 모든 방계 가문은 계평자가 공정하지 못하다고 여기며 큰 불만을 품게 되었다.

삼환 가문과 관련한 모든 대립각이 불거진 상황이 오자 반대파의 수장인 노소공의 단점도 드러났다. 역사서의 기록에 따르면 노소공은 감정 기복이 심하고 지력이 좀 낮은 편으로 일을 처리하는 데 사려 깊지 못한 성격이었다고 한다. 노소공은 백 년 넘게 단단한 기반을 가진 삼환 가문을 너무 얕보았다. 그는 계손씨 가문만 제압한다면 나머지 두 가문은 감히 개입하지 못하리라고 너무 낙관적으로 생각했다.

노소공이 망명하다

내전이 일어난 해에 계손씨 가문의 계평자는 가주가 된 지 18년째였으며, 숙손씨 가문의 숙손소자叔孫昭子는 가주가 된 지 21년째였다. 이 두 사람은 모두 나이가 젊고 기력이 왕성하며 토대가 깊고 단단했다. 맹손씨 가문의 가주이자 공자의 제자인 맹의자만 14세의 어린 나이였다.

이해 9월에 숙손소자는 일을 처리하기 위해 도성을 떠나 지방에 가 있었다. 맹의자는 아직 나이가 어려 걱정할 필요가 없어 보였기 때문에 노소공 일파는 이 기회를 틈타 군사를 일으켜 계손씨를 공격했다. 계평자는 급히 가문의 세력을 모아 무장하게 하고는 문을 굳게 닫아걸고 지켰다.

내전 초기에는 노소공 군대의 기세가 드높았다. 승산이 없다고 생각한 계평자는 높은 곳으로 피신한 후 잘못을 뉘우치고 도성을 떠날 터이니 공격을 멈춰 달라고 노소공에게 사정했지만, 노소공은 응답하지 않았다. 계평자는 한 발 더 물러나 모든 직책에서 사퇴하고 봉지로 내려가 조용히 살겠다고 했지만, 노소공은 이 역시 받아들이지 않았다.

계평자는 마지막으로 목숨만 살려준다면 마차 다섯 대만 가지고 노나라를 떠나 다시는 돌아오지 않겠다는 조건을 걸었다. 이렇게 철저히 나라 밖으로 쫓아내는 것도 춘추 시대에 귀족 간의 정쟁을 해결하는 방법 중 하나라 할 수 있었다. 공자의 선조도 이런 식으로 송나라에서 도망쳐 와서 노나라 사람이 되었다.

계손씨 가문을 완전히 제거하기로 굳게 결심한 노소공은 이조차도 받아들이지 않았다. 하지만 노소공의 권위는 크지 않았고, 수하의 귀족들도 의견을 통일하지 못했다. 혹자는 계손씨 가문을 몰살하자고 주장했고, 혹자는 계손씨 가문을 멸하면 다른 가문들이 이득을 더 많이 보리라는 생각에 관망하는 태도를 취하며 전쟁에 진지하게 임하지 않았다. 시가전은 이런 식으로 온종일 띄엄띄엄 이어졌다.

계손씨 가문이 포위당해 공격받는 모습을 보며 숙손씨와 맹손씨 가문도 덩달아 긴장했다. 숙손씨 가문의 가주는 지방에 내려가서 아직 돌아오지 않았으므로 집안의 집사들끼리 모여 의논했다. 결국 그들은 나라의 큰일은 가신들이 관여할 수 없는 일이기는 하지만, 만약 계손씨 가문이 무너지면 숙손씨 가문 역시 살기 힘들어질 터이고, 자신들의 밥그릇도 보전하기 어려워진다는 결론을 내렸다.

그렇다면 어떻게 해야 할까? 움직여야 하지 않겠는가! 숙손씨 가문의 가신들은 즉시 무장하고 포위된 계손씨 저택으로 달려갔다. 애초부터 서로 다른 마음을 품은 채로 담판 결과만 기다리고 있던 노소공 일파는 뜻밖의 공격에 분분히 도망쳤다.

이때 닭싸움을 좋아하는 그 후소백은 맹의자가 함부로 움직이지 못하도록 감시하기 위해 맹손씨 가문에 와 있었다. 맹손씨 가문 사람들은 지붕에 올라가 저 멀리서 숙손씨 가문 사람들이 깃발을 휘날리며 전쟁에 뛰어들고, 노소공 일파가 공격받아 사방으로 흩어져 도망치는 모습을 보고는 몰래 맹의자에게 달려가 고했다. 14세의 나이에도 뚜렷한 주관이 있었던 맹의자는 그 즉시 사람들을 불러모아 후소백을 죽이고, 자기도 군사를 이끌고 계손씨를 도우러 달려가 노소공 일당을 공격했다.

삼환 가문의 군사들이 연합하자 압도적인 우세를 점하게 되었다. 대세가 이미 기울었다고 판단한 노소공은 급히 가속들과 자신을 지지하는 귀족들을 이끌고 밤을 새워 성을 빠져나가 제나라로 도망쳤다. 노나라는 작은 나라였기 때문에 밤새 마차를 달려 다음 날에는 제나라 경내에 도착할 수 있었다. 이렇게 해서 노소공은 망명 군주가 되었고, 노나라는 완전히 삼환 가문의 통치 하에 들어갔다.

두 사람의 전쟁

노소공이 일으킨 내전 당시에 공자는 어떠한 역할을 했을까? 공자가 곡부성 안에 있는 아버지의 집을 물려받았다면 맹의자의 저택에서 멀지 않은 곳에 살고 있었을 것이다. 그의 아버지는 맹손씨의 오랜 봉신이었기 때문이다. 춘추 시대 귀족은 일반적으로

'취족이거聚族而居', 즉 같은 가문의 세력들이 모여 사는 거주 형태를 하고 있었다. 만약 그랬다면 공자는 아주 처참한 전쟁 장면을 보지 않았을까 싶다.

물론 이 내전은 공자와 직접적인 관련은 없다. 당시 그는 관직에 오르지도 못했고, 사적인 무장은 전혀 갖추지 못했으므로 내전을 벌이는 데 아무런 쓸모가 없었다. 따라서 두 세력 중 어느쪽도 그를 끌어들이거나, 혹은 그에게 보복할 생각을 하지 않았을 것이다. 공자는 그냥 전쟁 때문에 깜짝 놀랐을 뿐이었다.

내전이 끝난 후에 공자는 현실적인 이익이라는 측면에서 보았을 때 아주 유리한 국면을 마주하게 된다. 군주가 쫓겨나면서 삼환 가문에 반대하던 귀족들도 모두 도망치는 바람에, 대립하는 세력이 전부 사라진 삼환 가문은 노나라에서 하고 싶은 대로 할수 있게 되었다. 게다가 내전이 일어난 날 맹의자가 뛰어난 모습을 보여 삼환 가문 내부에서 그의 위신이 급격히 상승했다. 공자는 맹손씨의 가정교사이니 당연히 이 일로 신분도 상승하고 전망도 밝아졌을 터였다. 지금 노나라 조정에는 수많은 관직이 비어 있고, 삼환 가문은 외국으로 망명한 노소공에게 맞서야 해서 일손이 필요한 때였으므로, 공자도 당연히 중요한 자리에 등용될 기회를 얻을 수 있었다.

그러나 내전이 진정된 후에 공자는 가만히 있지 못하고, 자신의 제자들과 맹손씨 가문의 가정교사 자리를 내팽개치고 제나라로 갔다. 당시 공자의 행동에 대해 《사기·공자세가》에는 '노난, 공자적제魯亂, 孔子適齊'라는 여섯 글자만 기록되어 있다. 노나라에 동란이 일어나 공자가 제나라로 갔다는 뜻이다. 《사기》에서는 그가 제나라로 간 이유를 설명하고 있지 않다.

《좌전》의 내용을 잘 알고 노나라의 이 시기 역사를 이해해야만 공자가 노나라의 정세가 어지러워 안전하지 못하다고 생각해서 제나라로 피난한 것이 아님을 알 수 있다. 노소공과 삼환 가문 사이의 내전은 사실 곡부성 내부에서 벌어진 시가전에 불과했으며, 싸운 시간은 고작 하루 중 낮 시간 정도였다. 게다가 바로 그날 밤에 노소공 일파는 외국으로 도망쳤고, 그 후로 노나라의 상황은 사실상 군주가 있을 때보다 더욱 안정되었다.

노소공 일파가 이미 망명해 제나라의 비호를 받게 되었고, 내전도 막 안정된 참인데 공자는 왜 곧바로 제나라로 갔을까? 그는 망명한 군주를 뒤따라 제나라로 간 것이었다. 이러한 행동은 확실히 지나치게 대담하고, 심지어 무모하기까지 하다. 그러나 여기에는 그 나름의 논리적인 인과 관계가 있다.

이상주의적인 관점에서 해석하자면 공자는 정치 질서, 그중에서도 특히 군신 관계를 가장 중요시했다. 군주가 망명한 이 사태는 삼환 가문이 군주를 너무 심하게 괴롭힌 탓에 일어난 일인 동시에, 군주에게 충성하고자 하는 공자의 이상을 실현할 좋은 기회이기도 했다. 이러한 의미에서 보면 '노난魯亂'은 노나라의 동란이 아니라 군주가 사라져 합리적인 정치 질서가 소실되었음을 뜻한다. 공자는 이 상황을 견딜 수 없었다.

현실적인 관점에서 보자면 군주를 따라 망명한다는 결정은 고위험 고수익의 정치적 투자이기도 하다. 노소공이 역전을 일으켜 노나라로 돌아와 정권을 장악하기만 한다면 그를 따르던 사람들은 분명히 다들 충분한 보상을 받게 되기 때문이다. 춘추 시대에는 군주가 귀족들에게 쫓겨났다가 다시 나라로 돌아와 정권을 되찾는 사례가 종종 있었는데, 그러면 군주를 따르던 이들은 자연히 논공행상의 대상이 되었다.

이전의 학자들은 공자가 제나라로 간 목적이 삼환 가문의 대척점에 서서 군주를 쫓아 망명한 것임을 알아내지 못했다. 공자는 열국을 주유한 인물이니 외국에 간 일은 전혀 이상하지 않다고 생각했기 때문이다. 그런데 사실 공자가 열국을 주유한 때는 그의 만년, 구체적으로는 56세 이후의 일로, 35세 때 제나라로 간 이 일과는 완전히 다르다.

역사서에는 공자가 이때 제나라로 간 동기와 과정에 관해 정확하게 기록되어 있지 않다. 《논어》와 《예기》에는 명확한 설명이 없고, 《사기》에도 단 여섯 자로만 표현했을 뿐이라 상세하지 않다. 게다가 춘추 시대의 역사는 워낙 혼란하고 복잡하기 때문에 공자가 제나라로 갔을 당시의 역사적 배경을 알지 못한다면 그 목적을 추측하기 어려울 수밖에 없다.

물론 공자가 군주를 따라갔다 해서 그가 노소공이 한 일이 모두 옳고, 삼환 가문은 사라져야 한다고 생각했다는 뜻은 아니다. 춘추 시대의 도리에 따르면 제후국은 사라질 수 없었고, 귀족 역시 사라질 수 없었다. 만약 어떤 귀족이 천인공노할 나쁜 짓을 저질렀다면, 가장 적절한 벌은 법에 따라 그를 추방하거나 목을 베는 것이었는데 진짜로 목을 베어 버리면 너무 체면이 깎이는 일이 되므로 보통은 자진하라고 명하곤 했다. 그러나 이렇게 한다고 해서 그 귀족 가문이 사라지지는 않았다. 가주가 죽으면 그의 형제나 사촌 형제가 가주 자리를 계승해서 가문이 계속 이어지게 두었다. 그러므로 공자는 계손씨를 비롯한 삼환 가문을 전부 죽여 없애는 일에도 찬성하지 않았다.

그러나 군주와 삼환 가문의 사이가 이렇게 완전히 갈라져 버리자 공자는 계평자와 맹의자의 무리 아래에서 밥벌이하며 살고 싶지 않았다. 그는 교양이 있고 도리를 아는 사람이므로 반드시 자기 입장을 밝혀야 했고, 그런 자각을 잃을 수는 없었다. 마침 마차도 한 대 생겨 나라 밖으로 떠나기도 쉬웠으므로, 결국 그는 군주에게 충성하고자 하는 뜻을 이룰 수 있었다.

　이는 공자가 평생 처음으로 결심하자마자 바로 떠났던 여행이다. 이 대담한 결심은 그가 15세 때 어머니의 장례를 중단해 결국 아버지 가문에 입적되었던 극적인 사건과 상당히 비슷한 면이 있다. 사실 공자는 사람들의 생각처럼 고지식한 샌님이 아니었다. 사업 발전 단계에 있는 젊은이로서 그는 대담하게도 자신의 미래를 걸고 큰 도박을 해서 도의와 관직이라는 두 마리 토끼를 모두 잡고자 했다.

　공자가 군주를 좇아 제나라로 가겠다고 결심했을 때, 마음속 깊은 곳에서 그가 가장 신경 썼던 인물은 바로 양호였다. 소년 시절부터 공자에게 양호는 줄곧 가상의 적수이자 모든 행동의 참고 대상이었다. 노나라에서 일어난 동란은 두 사람이 각자 입장을 정해 표명할 기회였다. 양호가 동쪽으로 간다면 공자는 서쪽으로 갈 요량이었다.

　내전이 일어났을 당시에 맹손씨의 방계인 양호는 계손씨 가문의 가신으로 일하고 있었다. 그에게 내전은 아주 좋은 기회였다. 나가 싸울 전쟁이 있어야 위를 향해 올라갈 수 있기 때문이다. 누구를 위해 싸우는가는 오히려 둘째 문제였다. 곡부성이 두 패로 나뉜 상황에서 계평자가 싸움에 능한 사람을 구하자 양호는 용맹하게 앞장섰다. 그는 계속 하급 관리나 하고 있을 수는 없었다. 두각을 드러내고 큰일을 해내야 했다.

　양호는 평생 전쟁과 모험을 즐겼다. 이 점은 점잖고 고상한 공자의 성격과는 딴판으로, 오히려 공자의 아버지인 공흘과 꽤 비슷했다. 제나라로 망명한 노소공은 그들에게 군사적인 지원을 받아 다시 노나라로 돌아오려 했기 때문에, 노나라와 제나라는 계속해서 전쟁을 벌였다. 이 전쟁 역시 공을 세울 좋은 기회가 되었다. 양호는 전쟁에 능했기에 지위가 급격히 상승했고, 삼환 가문은 다들 그에게 의지했다.

공자의 마음속에서 노소공과 삼환 가문 사이의 전쟁은 곧 그와 양호 두 사람의 전쟁이었다. 그러니 공자가 할 선택은 말하지 않아도 알 수 있었다. 노소공을 쫓아가서 몸을 의탁한다는 선택에 대해 공자는 자신감이 충만했다. 도의의 편에 섰으니, 분명히 양호의 실패를 지켜보며 소년 시절에 받은 모욕을 씻어 버릴 수 있으리라고 생각했기 때문이다.

노소공의 망명 생활

공자가 제나라로 간 이후로 그의 앞날은 노소공의 망명 조정과 밀접한 관련이 있게 되었다. 춘추 시대의 국제 관례에 따르면 중원의 제후국은 모두 동일한 정치 및 문화 공동체에 속해 있었고, 명목상으로는 다들 주나라 천자의 권위에 복종해야 했기 때문에 서로 도와야 할 의무가 있었다. 이 당시 제나라의 군주는 제경공齊景公이었는데, 그는 노나라에서 내전이 일어났다는 소식을 듣자 곧바로 노나라의 국경에 사람을 보내 노소공을 맞이했다. 제경공은 노소공과 그 일행에게 숙식을 제공했을 뿐만 아니라, 자신의 군사를 보내 삼환 가문의 추격 부대를 막게 해서 망명한 이들을 안전하게 보호했다. 이와 동시에 열국에 이 소식을 알리고 그들의 지원을 요청했다.

제경공의 이러한 대응은 춘추 시대의 국제 관례를 준수한 아주 의리 있는 행동이었다. 그러나 안타깝게도 다른 제후국의 원조는 없었다. 공교롭게도 노소공이 망명한 시기가 아주 좋지 못했다. 그 이유는 낙양의 주나라 조정에도 전쟁이 일어났기 때문

이었다. 왕자 조와 왕자 개가 천자의 보위를 두고 노나라의 내전
보다 훨씬 더 흉포하게 싸웠다. 제후국들은 모두 정신없이 이 싸
움을 중재하느라 노소공에게 신경 쓸 겨를이 없었다.

　다른 이유가 하나 더 있었다. 이 당시 중원의 맹주는 진晉나라
였다. 가장 강대했던 진나라는 국제 질서를 유지하고 각 제후국
의 내란을 평정하도록 도울 의무를 진 명실상부한 '국제경찰' 국
가였다. 노소공의 망명 사건도 당연히 진나라에서 관여할 일이었
다. 그런데 하필 이 시기에 진나라의 상황도 아주 어지러웠다. 진
나라에도 귀족 과두 가문이 여럿 있었는데, 이들 내부의 충돌이
점점 심해져 당장이라도 내전이 일어날 지경이라 노나라의 내전
에 관여할 여력이 없을 수밖에 없었다.

　열국에서 지원군이 오지 않자 제경공은 노소공이 제나라에 계
속 얹혀사는 것도 방법이 아니라는 생각에 군사를 보내 노나라
변경의 운성鄆城이라는 도시를 점령하고, 노소공을 그곳에 머무
르게 했다. 나중에 노소공과 함께 연회를 벌이다 술을 마시고 기
분이 좋아진 제경공은 운성 바로 옆에 있는 제나라의 도시인 양
곡陽谷이라는 곳을 노소공에게 주기도 했다. 《수호전》에 나오는
양산박梁山泊의 호걸 중에서 송강宋江은 운성 사람이고, 무송武松은
양곡 사람이다. 이처럼 노나라와 제나라 사이에 얽힌 역사는 아
주 많다.

　이제 노나라 내부의 상황을 살펴보자. 춘추 시대에는 이렇게
귀족이 반란을 일으켜 군주를 쫓아내는 일이 아주 흔했다. 특히
정나라와 위나라에서 일어났던 반란은 역사서에 수도 없이 기록
되어 있다. 그러나 노나라에서의 반란은 이번이 처음이었다. 귀
족들끼리 싸운 일 역시 노나라가 가장 적었는데, 2백~3백 년 동
안 손에 꼽을 정도밖에는 없었다. 이에 대해서는 노나라가 주공

의 후예라 가장 도리에 밝기 때문이라는 설이 있다. 그런 노나라에서 이 정도로 큰 난리가 벌어지자 양쪽 모두 어떻게 수습해야 할지 알지 못했다.

　곡부로 돌아온 숙손소자는 그제야 군주가 쫓겨난 사실을 알게 되었다. 계평자가 그에게 나서서 중재해 달라고 부탁해, 숙손소자는 노소공을 찾아가 노나라로 돌아가자고 청했다. 노소공 본인은 확고한 주견이 없었고, 주위 사람들은 다들 의견이 분분했다. 그중에는 숙손소자를 암살하려고 계획했던 강경파도 있어서 그는 두려운 나머지 재빨리 곡부로 돌아갔다.

　얼마 지나지 않아 숙손소자는 병으로 세상을 떠났다.《좌전》에는 그가 노소공을 볼 면목이 없어 부끄러워한 나머지 죽었다고 되어 있는데, 이는 그를 너무 과하게 칭찬한 말이다. 노소공이 쫓겨나면서 삼환 가문은 전부 이득을 보았기 때문이다. 노소공파였던 후소백이 살해당한 후에 그의 봉지인 후성郈城은 전리품으로 숙손씨 가문에 넘어가 그들의 근거지가 되었다. 이는 계평자가 숙손씨 가문을 끌어들이기 위해 취한 조치였다. 노소공 일파가 쫓겨난 후에 삼환 가문이 기회를 틈타 반대 세력을 공격하고 다시금 노나라 영토를 나눠 가졌다는 사실 역시 그 방증이다.

　계평자는 노소공이 외국에서 망명하고 있는 이상 자신은 수많은 이에게 손가락질을 받는 역신이며, 열국의 연합군이 언제고 반란을 평정하러 온다면 자신은 목숨을 잃게 되리라는 사실을 알고 있었다. 그래서 그는 노소공과 계속 전쟁을 벌이는 한편, 끊임없이 사람을 보내 죄를 빌며 돌아오라고 청했을 뿐만 아니라, 타지 생활을 하는 노소공에게 부족한 물건이 생기면 마련해서 보내 주곤 했다.

　그러나 노소공은 강경한 태도를 취하며 계평자가 보낸 사람을 전부 붙잡아 두고 돌려보내지 않았다. 그가 보낸 물건도 결코 받지 않았지만, 그렇다고 버리자니 아까워 노소공은 결국 그 물건들을 제나라 사람들에게 팔았다. 이러한 어처구니없는 행동 때문에 노소공은 국제사회에서 종종 웃음거리가 되었다.

만약 이러한 때에 공구라는 이름의 전혀 알려지지 않은 소귀족이 망명 조정을 좇아와 몸을 의탁하며 작은 벼슬이라도 얻어 군주를 위해 전력을 다하고자 했다면, 과연 그의 바람은 이루어질 수 있었을까? 겉보기에는 별문제가 없어 보이지만, 실상은 상당히 복잡했다.

망명 조정의 최상층은 노소공의 아들들과 대귀족들이었다. 노나라에서 쫓겨나기는 했지만 노소공의 아들들은 여전히 태자의 자리를 두고 치열하게 싸우고 있었다. 나머지 귀족들은 각자 좋지 못한 속셈을 품고 서로 속고 속이고 있어 마음을 모아 무슨 일을 하기가 아주 힘들었다. 새로운 인물이 몸을 의탁하러 오거나, 혹은 삼환 가문에서 화의를 청하기 위해 사람을 보내거나, 아니면 양호가 군사를 이끌고 공격해 오는 등 무슨 일이 생길 때마다 망명한 귀족들은 혹자는 돌아가자, 혹자는 제나라에 남자, 혹자는 외국에 지원군을 청하자 하며 어지러이 말다툼을 벌였다. 귀족들은 다들 자기 잇속을 차리며 본인의 주장을 고수하려 했고, 노소공은 그저 이들이 손에 넣으려는 꼭두각시일 뿐이었다.

노소공의 현재 상황은 사실상 예전보다 나아진 바가 별로 없었다. 예전에는 삼환 가문에게 조종당했다면, 지금은 귀족들과 공자들의 쟁탈전 속에서 살고 있었다. 이러한 상황에서는 아무리 공자가 망명 조정을 찾아가서 군주를 위해 일할 기회를 얻고자 해도 그리 믿을 만해 보이지 않았을 것이다. 공구라는 인물은 본래 변변한 관직 하나 얻지 못했던 자인데, 어떻게 그런 큰 깨달음

을 얻었는가? 게다가 공구는 본래 맹손씨 가문에서 꽤 대접받았
는데 군이 여기까지 와서 고된 생활을 하려 하다니, 첩자 짓이라
도 하려는 속셈이 아닌가? 망명 조정이 작기는 해도 그 안에 있
는 사람은 전부 자기가 최고 공신이 되고 싶어 했다. 그들에게 내
부의 경쟁자는 삼환 가문보다 더 위험한 자들이었다.

　사실 상층부의 이러한 정쟁과 서로 배척하는 경향은 노나라
조정에 줄곧 존재해 왔다. 그러나 예전에는 공자의 신분이 낮아
정쟁을 경험할 기회가 없었다. 지금 이 고위 귀족들이 작은 곳에
바글바글 모여 있는 상황은 '문턱이 낮으면 잡손님이 많다'라는
속담처럼 소수의 유한한 자원을 얻기 위해 경쟁이 더욱 심화하
는 문제를 낳고 있었다. 아직 정치에 입문하지 못한 신인이었던
공자는 이 제나라 여행을 통해 한 수 배운 셈이었다.

　이 시기에 공자가 노소공을 따랐던 과정을 명확하게 기록한
역사서는 거의 없다. 사료에 산재해 있는 몇몇 단서를 근거로 추
측해 보면, 공자는 망명 조정에서 의례적으로 노소공을 알현하기
는 했으나 구체적인 직책을 받지는 못했던 듯하다. 그러나 공자
는 군신 간의 예절을 매우 중시했기에 나중에 노소공과 그의 부
인이 세상을 떠나자 두 사람 모두에게 개인적으로 조의를 표했
다. 만약 노소공과 전혀 교류가 없었다면 이렇게 예의를 차릴 필
요도 없었다.

　망명 조정에서 관직을 얻지 못해 봉급도 받을 수 없는 상태로
아는 사람도 없는 낯선 외국 땅에서 생활하게 되자, 공자는 서둘
러 다른 살길을 찾는 수밖에 없었다. 그는 고소자高昭子라는 제나
라 대귀족의 가문에서 일자리를 구했다. 이 고씨 가문은 제나라
에서 아주 유명하고 역사가 깊은 귀족 가문이었다. 당시 공자의
능력으로는 문서 관리 일이나 가정교사 일 정도는 충분히 할 수

있었다.

고씨 가문에서 일하게 된 후로 공자는 제나라의 도성인 임치臨淄에 살게 되었다. 노소공의 망명 조정과는 아주 멀리 떨어진 곳이었다. 이후로 공자는 노소공의 조정과 거의 왕래하지 않았다.

춘추 시대 귀족들의 난제

공자는 인생의 전반부를 평화롭게 보내다가 35세 때에야 처음으로 전란을 목도했다. 사실 귀족 내부의 불균등한 이익 분배 때문에 일어나는 내전은 춘추 시대 중후반에 거의 모든 제후국에서 자주 발생했다.

춘추 열국의 정치 상황은 모두 불안정했다. 내란이 아주 많이 일어났고, 귀족과 군주의 관계를 조정하기가 매우 어려웠다. 고대 사람들이 춘추 시대를 '예붕악괴禮崩樂壞'라고 표현한 이유는 주로 이러한 귀족 내부의 동란을 염두에 둔 것이다. 춘추 시대의 귀족 계층은 이 예붕악괴의 내부적 갈등 속에서 점점 최후를 향해 가다가, 결국 전국 시대에 이르러 정치 제도가 군주 집권제로 바뀌면서 사라지게 된다.

중세 유럽의 귀족 제도는 아주 안정적으로 천여 년이나 지속해 근대까지 영향을 미쳤는데, 춘추 시대의 귀족 제도는 어째서 2백~3백 년밖에 유지하지 못했을까? 이 이면에는 혼인 제도의 차이라는 아주 중요한 원인이 있다. 중세 유럽의 귀족은 보편적으로 일부일처제였기 때문에 자녀를 그리 많이 낳지 않았다. 그리고 그들의 주된 풍습은 '장자계승제'로 장자만이 아버지의 작위와 봉지를 계승할 수 있었다. 나머지 아들들은 아무것도 물려받지 못하고 밖으로 나가 세상과 부딪치며 스스로 기회를 찾아야만 했다. 따라서 귀족의 봉지와 혈통은 비교적 안정적으로 전승될 수 있었다.

중세 유럽에는 여성 공작이나 백작이 아주 많았고, 심지어 마리 여왕이나 엘리자베스 여왕 등과 같은 여성 국왕도 있었다. 춘추 시대였다면 상상할 수 없는 일이다. 이는 유럽 귀족들이 여성을 존중했기 때문만이 아니라, 그들이 자녀를 많이 낳지 않다 보니 아들이 없어 딸에게 작위를 계승할 수밖에 없는 상황이 종종 발생했기 때문이기도 하다. 간혹 딸조차 없어 더 먼 방계의 사람을 찾아 작위를 물려주어야 할 때도 있었다.

유럽 사회의 이러한 특징은 춘추 시대의 역사 속에서 거의 찾아볼 수 없다. 춘추 시대 귀족은 다들 계승할 사람이 너무 많아서 걱정이었지, 적어서 걱정이었던 경우는 없었다. 그렇지 않은 거의 유일한 사례는 아마도 공자일 듯하다. 만약 그가 아버지 가문에 입적되지 않았다면 공씨 가문의 혈통은 끊어졌을지도 모를 일이다.

춘추 시대 귀족은 보편적으로 일부다처제를 시행했기 때문에 귀족 인구의 증가 속도가 총인구의 평균 증가 속도를 훨씬 초과했다. 이는 귀족 제도 자체가 지속적인 발전을 이루지 못하는 결과를 초래했다. 춘추 시대 전반에 걸쳐 각 제후국 상층부에서 혼란과 내전이 빈번했으며, 과두 가문들이 연합해 대를 이어 정권을 장악하는 현상이 발생하기도 했던 근본적인 원인은 모두 여기에 있다.

제후국 군주부터 살펴보자. 군주라면 다들 아내와 첩이 아주 많았기 때문에 자연히 자녀도 많았다. 적장자는 태자로서 군주의 자리를 계승했고, 다른 공자들은 봉읍을 받아 세습 대부가 되었다. 이렇게 해서 하나의 제후국 안에 군주의 후손 가문이 여러 개로 나뉘어 생겨났다. 당시에는 이러한 가문들을 '공족公族', 즉

'공'의 가족이라고 불렀다. '공'은 제후국 군주의 존칭이다.

이 공자나 공손이 혼인해서 자립하면 또 여러 명의 아내를 맞이해 아들을 잔뜩 낳았다. 아버지인 대부의 작위와 봉지는 당연히 적장자가 계승했고, 나머지 아들들도 굶어 죽게 둘 수는 없으니 아버지의 가산을 조금씩 나누어 주어 최소한 체면이 서는 '사'가 되게 했다.

주나라의 분봉 원칙에 따르면 군주와 대부의 가문만이 계속 이어질 수 있었다. 만약 제한 없이 분봉했다면 나라의 영토가 무수히 많은 작은 조각으로 나누어졌을 것이다. 그러나 이러한 원칙이 계속 관철될 수는 없었다. 각 제후국의 중앙 조정은 권력의 중심이자 국가 내부의 권력을 배치하는 중추 기관이었고, 이 조정을 장악한 소수는 귀족들의 이익 분배 원칙을 마음대로 결정할 수 있었다. 이 소수의 핵심 인물은 전체 귀족 계층 내부에서 매번 새롭게 봉지를 분배하려 하지 않고, 자신들의 이익을 극대화하려 할 것이 뻔했다.

따라서 춘추 시대 중반에 이르러서는 주요 제후국의 정권이 모두 극소수의 대귀족이 대를 이어 독차지하는 '과두' 정치의 형태로 변화했다. 노나라의 '삼환'뿐만 아니라 다른 제후국에서도 이러한 현상이 발생했다. 춘추 시대 후기에 정나라에서는 정목공 鄭穆公의 일곱 아들이 각자 형성한 소위 '칠목七穆' 가문이 대대로 권력을 독점했다. '삼환'과 '칠목'은 이들 과두 가문의 시조인 군주, 즉 노환공과 정목공의 시호를 따서 붙인 명칭이다.

중원의 다른 제후국들에서는 노나라나 정나라처럼 어느 한 군주의 공자들 가문만 나란히 권력을 장악하지는 않았지만, 손에 꼽을 정도로 소수의 과두 가문이 정치를 독차지하기는 마찬가지였다. 이 과두 가문 중에는 역사가 비교적 짧은 공족도, 역사가 오래된 공족도 있었다.

비교적 특수한 유일한 사례는 바로 북방의 가장 큰 제후국인 진晉나라였다. 진나라에는 공족을 중용해서는 안 된다는 독특한 정책이 있었다. 따라서 춘추 시대 후기에는 군주와 성이 다른 몇몇 대귀족 가문이 과두로 변했다.

과두가 모든 권력을 독점하는 국면이 형성되면 귀족 사회는 안정적으로 정지한 상태를 이룰 수 있을까? 공자가 직접 경험한 노소공의 내전을 보면 불가능하다는 사실을 알 수 있다. 과두 가문이라 해도 크고 작은 나머지 귀족들을 철저히 제거해 버릴 수는 없기 때문이다. 사람은 많고 자원은 적다는 문제는 잠시 억눌려 있을 뿐, 조만간 다시 터져 나올 일이었다.

과두의 권력 독점 국면이 어느 방향으로 나아갈지, 그리고 그에 따라 공자의 인생이 어떻게 변화할지에 대해서는 앞으로도 예상치 못한 수많은 전환점이 남아 있다.

부록 노나라와 제나라의 차이

공자는 노소공을 따라 제나라로 갔다가 그곳에서 일자리를 찾아 정착했다. 난생처음으로 외국에 장기간 거주하게 된 공자는 제나라에 대한 감상을 본인이 익숙한 노나라와 비교해 "제나라가 변하면 노나라와 같은 나라가 되고, 노나라가 변하면 도를 이룬 나라가 된다齊一變, 至於魯. 魯一變, 至於道"[1]라고 표현했다. 마치 제나라가 노나라만 못하다는 의미인 듯 보인다.

그러나 이 말의 대전제는 노나라와 제나라 모두 적어도 명목상으로는 주나라의 정치와 문화를 받들며 낙양에 있는 천자를 정치상의 최고 권위자로 인정하고 있으므로, 두 나라 사이에 사실상 큰 차이가 없다는 의미이다. 이는 바로 초기 화하華夏 세계 혹은 중원 문화권의 정치적 정체성이다. 공자의 이 말에는 본인의 문화적 기준이 반영되어 있다.

그러면 노나라와 제나라가 각자 어떠한 내력과 특징을 보유했는지 살펴보자. 제나라의 시조는 《봉신연의封神演義》에 나오는 주무왕을 보좌했던 바로 그 '강태공姜太公'이다. 강태공은 후세 사람들이 붙인 칭호이고, 본명은 여상呂尙으로 강인姜人 가운데 여씨 부족의 수장이었다. 그는 전통적으로 주나라 민족과 동맹 관계였으며 혼인으로 맺어진 인척이기도 해서 주무왕이 상나라를 멸하는 데 큰 도움을 주었다.

주무왕은 상나라를 멸한 후 여상에게 산둥반도 북부의 '제'라는 지역을 분봉해 주었다. 산둥반도는 주나라의 핵심 지역은 아니었다. 이곳에는 토착 부족이 세운 소국이 여럿 존재해 '동이東夷',

1 《논어·옹야雍也》

즉 동쪽의 오랑캐라고 불렀는데, 상나라 왕에게 복종하지 않았던 그들은 주나라에도 복종하기를 원하지 않았다.

강태공은 새로운 봉지로 가서 수많은 토착 부족의 저항을 진압하고 서서히 자리를 잡았다. 《사기》에는 강태공이 제나라 군주로 봉해진 직후에 그 근처[지금의 라이우萊蕪시]에 있는 '래萊'라는 오랑캐 소국이 군사를 일으켜 그의 새로운 근거지를 점령하려 했지만, 다행히 강태공이 일찍 도착해 래 민족을 쫓아냈다고 기록되어 있다. 《사기》에 기록된 이 일화는 다소 극적인 면이 있지만, 제나라가 여러 동이 소국 및 부락에 둘러싸여 자주 위협을 받았기 때문에 전쟁으로써 자신의 생존을 보장해야 했다는 사실을 반영하고 있다. 이는 새로이 일어난 주나라 왕실의 권위를 세우는 일이기도 했다.

주나라가 세운 제후국 중에서 제나라는 비교적 우수한 환경 조건을 보유한 편이었다. 제나라에는 농지로 사용할 수 있는 넓은 평원이 있었으며, 북쪽과 동쪽에는 바다가, 남쪽에는 산지가 있어 각종 자원이 풍부했다. 토착 부족이 적지는 않았으나 특별히 강대한 세력은 없었고, 그들이 제나라에 정복되어 점차 동화하면서 제나라는 더욱 강성해졌다.

주나라 왕실에서 강태공이 아주 높은 권위를 누렸던 데는 또 다른 이유가 있는데, 바로 그가 주무왕의 장인이었기 때문이다. 따라서 조정에서는 강태공에게 제나라에 반발하는 주변 소국을 토벌해 주나라 천자를 도와 동방의 국제 질서를 유지할 수 있는 특수한 권한을 주었다. 당시에는 교통 및 통신이 발달하지 않았고, 제나라가 있는 산둥에서 주나라 왕실이 있는 산시陝西는 너무 멀리 떨어져 있었다. 따라서 당시의 지방 제후들에게는 지역의 일을 스스로 결정할 수 있는 권한이 필요했다.

제나라를 막 세웠을 당시에 강태공 가문 사람들은 자신들이 '제나라 사람'이라고 생각하지 않았다. 그들은 심지어 죽은 후에 자신들의 관을 고향인 산시성 관중으로 보내어 묻어 달라고 요구하기도 했다. 결국 제6대 군주에 와서야 그들은 제나라에 매장되기 시작했다.

공자보다 백여 년 전의 군주인 제환공齊桓公은 유명한 관중管仲이라는 인물을 승상으로 임명해 제나라를 더 강대해지게 했다. 제환공은 주나라 천자의 권위를 수호한다는 명목 아래 중원의 열국을 소집해 연맹을 맺고 적인狄人과 초나라의 침략을 막아내며 '춘추오패春秋五覇'에 처음으로 이름을 올렸다.

현대인들은 '패'라는 글자에 남을 괴롭힌다는 의미가 있다고 생각하지만, 춘추 시대에는 그렇지 않았다. 당시에 '패'라는 글자는 실력이 있다는 의미뿐만 아니라 국제사회에서 질서를 유지할 수 있다는 의미도 포함했다. 제후 열국은 패자에게 복종해야 했으며, 또한 존중해야 했다.

제나라가 패자의 자리에 있었던 시간은 길지 않다. 제환공이 사망한 직후부터 진晉나라가 강대해지기 시작했고, 진문공晉文公이 춘추 시대의 두 번째 패주覇主가 되었다. 게다가 진나라의 패주 자리는 몇 대나 이어져 공자의 시대까지 계속되었다. 제나라는 2순위의 강자로 하락해 2대 대국인 진나라와 초나라보다는 세력이 약해졌지만, 그래도 다른 제후국들보다는 강한 세력을 보유하고 있었다.

제나라는 경제가 발달한 나라였다. 국민 중에는 장사하는 사람이 많아 두뇌 회전도 빨랐다. 따라서 각종 신선방술神仙方術과 정치적 권모술수를 전파하는 학설이 유행했고, 그러다 보니 인의와 도덕이라는 고루한 원칙을 그다지 믿지 않았다. 전국 시대에 이르러서는 강태공 혹은 관중의 이름을 사칭해 쓴 책들이 출현했는데, 대부분 부국강병을 논하는 아주 실용주의적인 책이었다. 이 책들을 실제로 강태공이나 관중이 썼다고 할 수는 없지만, 제나라 문화의 산물임은 확실하다.

나중에 진시황과 한무제가 모두 장생불로하기를 원하자, 자칭 신선의 제자라는 수많은 사기꾼 방사方士가 나타나 법술로 황제를 신선으로 만들어 득도하게 해 줄 수 있다고 나섰다. 그중 대부분은 제나라가 있던 지역에서 온 사람들로 이 역시 제나라 문화의 유산이다.

제나라의 실리주의와 권모술수는 모두 공자가 좋아하지 않는 것들이었다. 이 때문에 공자는 제나라가 노나라보다 못하다고 여겼다. 그래도 그는 제나라가 나아질 수 있다고 생각했다. 제나라도 본질적으로는 주나라 문화에 속해 있어 모두 같은 공동체에 속한 셈이기 때문이었다.

공자가 제나라에서 오랫동안 생활하면서 받은 인상은 이곳의 군주와 귀족들의 생활이 사치스럽다는 것이었다. 이는 한편으로 제나라가 노나라보다 부유해서 그랬고, 다른 한편으로는 제나라의 군주와 귀족들이 일반적으로 '주례周禮'라는 고지식한 원칙을 지키지 않고, 그보다는 생활의 풍요로움을 더욱 중시해서 그랬다.

공자는 천자를 숭상하고 오랑캐를 물리쳤던 제환공과 관중을 매우 존중했다. 그는 "만약 패주가 나타나 오랑캐의 침입을 막아내지 않았다면 중원은 벌써 한참 전에 함락되어 나 역시 소위 '머리를 풀어 헤치고 옷깃을 왼쪽으로 여미는被髮左衽' 오랑캐가 되어 있었을 것이다"라고 말했다. 한때 중원의 패주였던 제나라에 대한 공자의 평가는 꽤 높은 편이다. 그는 훨씬 더 오랫동안 패주의 자리에 있었던 진나라에 대해서는 한 마디도 평하지 않

왔다. 그 원인이 무엇인지는 공자 인생의 후반부를 살펴보면 확
실히 알 수 있다.

한편, 노나라를 세운 제1대 군주는 주무왕의 동생인 주공, 즉
주공단周公旦이다. 주공은 주무왕이 상나라를 멸망시킬 준비를 할
때 큰 역할을 했다. 그리고 주무왕은 상나라를 멸망시킨 지 고작
1년이 지나 병으로 세상을 떠났다. 천자의 자리를 물려받은 성왕
成王 주송周誦은 나이가 아주 어렸기 때문에 모든 부분에서 주공이
성왕을 보좌했다.

주공은 우선 상나라의 잔존 세력을 소탕한 후, 강태공에게 분
봉한 제나라를 포함해 제후국의 '대분봉大分封'을 계획했다. 주나
라에서 중원을 관리하기 위해 시행한 각종 정책은 모두 주공이
기초를 잡았다. 그래서 후세의 학자들은 주공을 사실상 주나라
왕조를 창립한 인물이자 '주례'의 창시자로 아주 높이 평가한다.
공자 역시 주공을 대단히 숭상했다. 그가 평생 추구했던 바도 주
공이 정립한 정치 질서의 회복이었다.

그런데 주공단을 어째서 '주공周公'이라고 부를까? 이 역시 봉
지의 지명을 딴 호칭이다. '주周'는 왕조의 이름일 뿐만 아니라 본
래 작은 지역의 지명이기도 했는데, 바로 주나라 민족이 최초로
세력을 일으킨 관중 서부의 주원周原 일대를 가리켰다. 문왕文王이
아들인 단에게 이곳을 봉읍으로 하사하면서 단은 주원 일대를 통
치하는 공公이 되었다. 오늘날 주원 지역에서는 고고학적 발굴 사
업이 이미 수차례나 진행되었다. 그곳에는 오늘날까지도 '주공묘
촌周公廟村'이라는 이름으로 불리는 아주 중요한 유적지가 있는데,
이 이름이 도대체 얼마나 오래전부터 전해졌는지 알 수 없어 고
고학자들은 모두 기이하게 여기고 있다.

상나라를 멸하고 분봉을 시행할 때 주공은 자신의 제후국으로

노나라를 선택했다. 이곳은 지금의 산둥성 남부 지역으로 강태공
의 제나라와 인접한 곳이었다. 이 때문에 현재도 산둥성은 '제노
대지齊魯大地'라 불린다. 그러나 주공은 조정에서 정무를 관리하느
라 제후국을 세우러 외지로 갈 겨를이 없었기에 그의 큰아들인
백금伯禽이 노나라를 세우는 일을 대신 맡았다.

　새로운 봉지로 노나라를 받았다면 주공의 다른 봉지인 주원은
누가 관리했을까? 주공에게는 아들이 한 명 더 있어서 그의 가문
이 대를 이어 옛 봉지인 주원 지역을 다스렸고, 이와 동시에 주나
라 조정에서 경의 직책을 맡아 대대로 주왕을 보좌했다. 이 가문
사람들도 줄곧 '주공'이라 불렀는데, 노나라와는 다른 가문이었
다. 서주가 해체되고 주나라 왕실이 동쪽으로 천도하면서 이 주
공의 가문도 왕실을 따라 낙양으로 이주했다. 그러면서 주원 지
역의 봉지를 잃었지만, '주공'이라는 이름은 바뀌지 않았다. 《좌
전》 등의 역사서에 '주공 모씨'라고 기록된 인물은 모두 주공단
의 둘째 아들 가문에서 나온 후예이다.

　주나라 왕조에서 주공단이 차지했던 중요한 위치 때문에 노나
라는 여타 제후국과 다른 특별한 대우를 받았다. 본래 주나라 왕
실만이 보유할 수 있는 문헌이나 가무의례歌舞儀禮 등을 노나라 군
주도 일부 소유할 수 있었는데, 다른 제후국들에는 허락하지 않
은 대우였다. 노나라는 군주부터 귀족에 이르기까지 일반적으로
보수적이고 고지식한 경향이 있었으며 모든 일을 주례에 따라
처리했는데, 이는 노나라의 문화적 전통이라 할 수 있다.

　공자가 8세 때에 오나라의 귀족인 계찰季札이 처음으로 중원을
여행하러 와서 노나라에서 국빈 대접을 받으며 노나라 조정의
전통음악과 무용을 감상한 일이 있었다. 이 음악과 무용은 모두
주나라가 탄생한 역사를 기념하는 것으로 문왕과 무왕, 주공에게

제사를 지낼 때 행하는 공연이었는데, 계찰은 이를 보고 대단히 감탄했다. '탄위관지嘆爲觀之'라는 고사성어가 바로 이 일화로부터 탄생했다.

공자가 젊었을 때부터 책 읽고 공부하기를 좋아했던 것 역시 노나라의 환경적 영향이 컸다. 춘추 시대에 국제사회에서 노나라 사람의 이미지는 '고루한 책벌레'라서 종종 웃음거리가 되었는데, 특히 제나라 사람들이 이 점을 꼬집어 지역 차별을 하곤 했다. 공자는 제나라가 발전하면 노나라처럼 될 수 있다고 여겼지만, 제나라 사람들 눈에는 공자 같은 학자가 케케묵고 우스꽝스러워 보였던 듯하다.

5 제나라에서 중요한 교훈을 얻다(35~40세)

본인의 판단에 따라 제나라로 간 공자는 노소공의 망명 조정에서 관직을 얻지 못하고 임치에서 임시 일자리를 얻을 수밖에 없었다. 이 상황은 그가 결심을 다지고 나라를 떠났을 때의 예상과는 차이가 너무나 컸다.

그러나 공자는 계속해서 발전할 기회를 노리며 노소공과 망명 조정의 동향을 살폈다. 국제 간섭이 일어나 삼환을 굴복하게 하고 노소공이 다시 정권을 잡는다면 공자도 삼환 가문의 추궁을 피해 다시 노나라로 돌아가서 살 수 있게 될 터였다.

제경공과 '군군신신'을 논하다

노소공이 망명한 해는 제경공이 군주의 자리에 오른 지 31년째 되던 해였다. 제나라 군주는 점잔을 빼지 않고 종종 대신의 저택을 방문하곤 했다. 공자는 고소자의 가문에서 일하던 당시에 간혹 주인인 고소자와 함께 제경공을 접대하며 몇 마디 대화를 나누기도 했다.

제경공은 공자의 학식이 깊다는 이야기를 듣고 그에게 "정치를 어떻게 해야 성공했다고 할 수 있는가?"라고 물었다. 그러자 공자는 "군주는 군주다워야 하고, 신하는 신하다워야 하며, 아버지와 아들도 모두 이와 같은 원칙을 지켜야 합니다"라고 대답했다. 이것이 바로 '군군신신부부자자君君臣臣父父子子'라는 공자의 명언이다. 이 대화는 제경공이 여전히 타지에서 망명 생활을 하는 노소공의 전철을 밟지 않도록 교훈을 얻어 보려는 취지로 이루어졌다.

공자는 삼환 가문과 노소공, 그리고 그 주위의 귀족들을 보아 왔
으므로 이 대답은 그들을 관찰하면서 얻은 통찰이기도 했다. 제
경공은 이 대답에 동의하며 "맞는 말이다. 만약 신하가 신하답지
않다면 백성들이 수확한 곡식이 내게까지 돌아오겠는가?"라고
말했다.[1] 이때는 모두 머릿속에 노소공이라는 반면교사를 떠올리
고 있었다.

제경공 역시 적지 않은 내란을 겪었다. 제경공 직전의 군주는
그의 형인 제장공齊莊公이었는데, 그는 사생활이 난잡해 최崔씨라
는 대귀족의 저택에 자주 방문해서 가주의 부인과 사통했다. 나
중에 이 일을 알게 된 최씨 가문의 가주는 그 자리에서 제장공을
죽이고 제경공을 군주로 옹립했다. 이 과정은 아주 혼란스러워서
군주는 군주답지 않았고, 신하도 신하답지 않았다.

제경공 즉위 초기에는 제나라 내부에 대귀족의 권력 독점 현
상이 아주 심각했는데, 내전까지 일어난 끝에 강력했던 최씨 가
문과 경慶씨 가문이 모두 실패해 몰락했다. 제경공은 대귀족들이
서로 죽고 죽이는 틈을 타서 서서히 권력을 장악하고, 세력이 그
리 강대하지 않은 귀족들, 가령 오랜 종친인 국國씨와 고씨 가문,
자신과 성이 다른 포鮑씨, 안晏씨, 진陳씨 등의 가문을 등용해 정
치 상황을 점차 안정시켜 갔다.

《사기》의 기록에 따르면 제경공은 이 대화로 공자를 좋게 보
아 그에게 봉읍을 하사하려 했으나, 제나라의 승상 안영晏嬰이 이

---

1 《논어·안연顔淵》: "제경공이 공자에게 정치에 관해 물었다. 공자는 '군주는 군주답
고, 신하는 신하답고, 아버지는 아버지답고, 아들은 아들다워야 합니다'라 답했다. 이
에 제경공은 '좋은 말이로다! 진실로 군주가 군주답지 않고, 신하가 신하답지 않고, 아
버지가 아버지답지 않고, 아들이 아들답지 않다면 비록 곡식이 있다 한들 내가 그것을
먹을 수 있겠는가?'라 했다."(齊景公問政於孔子. 孔子對曰: '君君, 臣臣, 父父, 子子.' 公
曰: '善哉! 信如君不君, 臣不臣, 父不父, 子不子, 雖有粟, 吾得而食諸?')

를 시기하고 공자에 대해 험담해서 결국 일이 성사되지 않았다고 한다.[2] 하지만 이 기록은 공자의 영향력을 과장했을 가능성이 크다. 군주로부터 봉읍을 하사받는다면 고급 귀족인 대부의 신분이 된다는 의미이다. 그러기에 공자는 출신도 부족했고, 명망을 보아도 그는 일개 학자였을 뿐이므로 자격이 되지 않았다. 대부의 지위는 노자처럼 수염이 하얗게 셀 정도로 나이가 들어야 얻을 수 있었으니, 아직 젊었던 이 시기의 공자는 경력이 한참 모자랐다.

게다가 당시 제경공은 제위에 오른 지 30년이 넘은 노련한 군주였으므로 군군신신 운운하는 몇 마디 말로 그를 속여 넘길 수는 없었다. 제경공이 정말로 듣고 싶었던 이야기는 노소공의 망명 조정 내부의 구체적인 동향이었다. 하지만 공자는 신분이 그리 높지 않아 정치적인 내막을 경험할 기회가 없었기 때문에 이러한 면에서 제경공을 만족하게 하기는 어려웠다.

그러나 공자와 승상 안영이 서로를 거슬려 한 것은 사실이었다. 안영은 제경공과 마찬가지로 제나라의 정치 무대에서 몇십 년 동안이나 활약하며 장수한 인물이다. 그의 성격은 공자와 정반대였다. 키가 아주 작은 그는 낙천적이고 익살스러워서 군주를 즐겁게 하는 데도 능했다. 그러면서도 아주 계략적이라 자기에게 유용해 보이는 사람은 어떻게든 등용했고, 쓸모없어 보이는 사람은 수를 써서 멀리 보내어 군주가 중용하지 못하게 했다. 역사서에는 안영이 '복숭아 두 개로 세 명의 무사를 죽인二桃殺三士' 일화가 기록되어 있는데, 신빙성이 그리 높지는 않으나 그의 성격에 근거해 만든 이야기임은 확실하다. 따라서 공자처럼 세상 물정 모르는 서생을 안영이 좋게 보았을 리가 없다.

2 《사기·공자세가》를 볼 것.

공자는 제나라에 있는 동안 기회를 틈타 여러 가지 지식을 쌓았는데, 제나라의 궁정악단이 연주하는 '소악韶樂'을 감상하기도 했다. 전해지는 바에 의하면 소악은 상고 시대의 순舜임금 때 창시되어 화하 문명 중에서 가장 역사가 깊은 예술이라 할 만했다. 공자는 처음으로 소악을 듣고 완전히 빠져들어 '석 달 동안 고기 맛을 모른 채 식사'하고는 "음악이 이렇게 사람을 기쁘게 할 수 있으리라고는 생각하지 못했도다!"라고 감탄했다.[3] 당시에는 아직 녹음 기술이 없었기 때문에 음악을 즐기는 이는 모두 직접 악기를 배워 연주해야 했다. 노나라에 있을 당시 금琴을 타는 법을 배웠던 공자는 제나라에 와서는 소악을 배웠다.

공자와 태산

공자가 고씨 가문에서 일했던 당시의 일은 《사기》에 아주 자세히 기록되어 의문점이 남아 있지 않지만, 공자가 어떤 일을 정확히 어느 시기에 했는지는 기록되어 있지 않다.

그런데 《예기·단궁》편에는 공자가 제나라에서 겪은 일이 기록되어 있다. 당시 오왕의 숙부인 오나라 귀족 계찰이 중원 열국을 방문했다. 그가 중원을 방문한 것은 이번이 두 번째였다[첫 번째는 27년 전이었다]. 중원 사람들은 오나라 사람이 야만적이고 뒤떨어져 있다고 생각했지만, 계찰은 인품이 훌륭하고 교양도 있어 중원에서도 아주 유명한 인물이었다. 그가 교류하는 사람은 모두 열국의 군주 및 고위 귀족이었다. 이번에 계찰이 중원을 방문한 시기는 마침 노나라에 내전이 일어나 노소공이 외국으로 망명한

---

3 《논어·술이》: "공자는 제나라에서 〈소악〉을 들은 후에 석 달 동안이나 고기 맛을 모른 채 식사를 하고는 '음악의 창작이 이러한 경지에 이를 수 있다고는 생각하지 못했다'라 했다."(子在齊聞〈韶〉, 三月不知肉味, 曰: '不圖爲樂之至於斯也.')

때라서 그는 노나라를 방문하지 않았다.

중원 열국을 전부 돌아본 후에 계찰은 제나라를 거쳐서 돌아 갔는데, 동행했던 그의 큰아들이 여행 중에 병으로 죽고 말았다. 현지에서 장례를 치를 수밖에 없었던 그는 아들을 태산泰山 근처 에 묻었다. 공자는 그곳에 가서 이 장례를 직접 지켜보았다.

당시에 계찰은 국제적으로 유명한 인물이어서 그의 외교 활동 은 《좌전》에 상세히 기록되어 있다. 그러므로 우리는 기록을 통 해 이 일이 공자가 37세 되던 해이자 노소공이 제나라로 망명한 지 3년째 되던 해[노소공 27년, 기원전 515년]에 일어났음을 알 수 있다. 공자는 이때 고소자의 가문에서 일하고 있었고, 사실 그는 고씨 가문의 가주를 대신해 계찰에게 조의를 표하기 위해 갔다. 공자는 고위 귀족도 정식 관원도 아닐 때여서 개인적으로 조문할 자격이 없었으므로, 이러한 일이 아니라면 일부러 먼 태산까지 조문하러 갈 필요도 없었다.

《예기》에는 공자가 지켜본 이 장례의 절차가 기록되어 있다. 계찰은 아들을 묻을 무덤을 지하수에 닿지 않을 정도까지 팠다 [고대에는 지하수의 수위가 높았다]. 죽은 이는 '시복時服', 즉 사망 했을 때 입고 있었던 옷을 그대로 입었다. 매장한 후에는 봉분을 쌓았는데, 크기는 마차 바퀴만 하고 높이는 1m가 채 안 되는 찻 상 정도 높이에 꼭대기를 평평하게 쌓았다. 이 작업이 끝나자 계 찰은 왼쪽 날갯죽지左袒를 드러내고 무덤을 시계방향으로 세 바 퀴 돌면서 "사람의 육신은 결국 땅으로 돌아가는 것이 정해진 명 이니라. 혼은 어디로든 갈 수 있도다!"[4]라고 말했다. 공자는 조문 하러 가서 이 장례를 지켜본 후에 계찰에 대해 아주 좋은 인상을

---

4 《예기·단궁하》: "뼈와 살이 흙으로 돌아가는 것은 명이거니와, 넋은 못 갈 데가 없 느니라, 못 갈 데가 없느니라!"(骨肉歸複於土, 命也. 若魂氣則無不之也, 無不之也!)

받았다. 물론 그와 계찰은 신분 차가 아주 컸기 때문에 실제적인
교류로 이어지지는 못했다.

이때 계찰을 조문하기 위해 일부러 찾아갔던 일 외에도 공자
와 태산 사이에는 또 다른 인연이 있다. 《예기·단궁》편에 따르
면 공자는 태산을 지나면서 백성들의 고된 생활을 보고 '가정맹
어호苛政猛於虎', 즉 '가혹한 세금과 노역이 하층 백성에게 주는 피
해는 호랑이보다 더 두렵다'라고 탄식했다고 한다. 이 기록에는
자로도 등장하는데, 이를 통해 공자가 제나라에서 지냈던 몇 년
동안 자로도 그의 곁에 있었음을 알 수 있다.

태산은 지금의 산둥성 중앙부에 있고, 노나라와 제나라 역시
산둥성 지역에 있었다. 그렇다면 춘추 시대에 태산은 노나라와
제나라 중 어느 쪽에 속해 있었을까? 지리적으로 태산은 확실히
두 나라의 접경지대에 있었지만, 역사서의 기록에 따르면 태산
은 어느 한 제후국에 속해 있지 않았다. 천하의 명산인 태산은 천
자에게 속한 곳, 즉 주나라 왕실의 직할 영지에 해당했다. 그러나
춘추 시대에는 주나라 천자가 멀고 먼 태산까지 관리할 수 없어,
태산은 노나라와 제나라 사이의 완충지대처럼 되어 있었다. 누구
든 태산을 관장하는 신에게 제사를 지낼 수는 있었지만, 아무도
그곳을 점유할 수는 없었다.

또한 《맹자》에는 공자가 '등태산이소천하登泰山而小天下'⁵, 즉 태
산에 오른 후에 천하가 작다고 여겼다고 기록되어 있다. 이 말을
통해 공자의 시대에는 태산이 어느 특정한 제후국에 속하지 않
고, 법적으로는 여전히 주나라 천자의 천하에 속해 있었음을 알
수 있다.

---

5 《맹자·진심상盡心上》: "공자께서 동산에 올라서는 노나라가 작다고 여기셨고, 태산
에 올라서는 천하가 작다고 여기셨다."(孔子登東山而小魯, 登泰山而小天下.)

국제 간섭이 시작되다

공자가 임치에 있는 고씨 가문 저택에서 일하는 동안에도 노소 공의 망명 조정은 노나라와 제나라의 접경지역에서 처량한 나날 을 보내고 있었다. 마침내 국제 간섭이 시작되었을 때는 이미 노 소공은 망명한 지 6년째였고, 공자는 41세가 되어 있었다.

이렇게나 오래 걸린 이유는 첫째로 진나라 상층부의 과두들 사이에서 벌어진 내전 때문이었다. 내전이 끝나고 패배자들이 실 각한 후에야 승자들이 일을 제대로 할 수 있었기 때문이다. 둘째 로 진나라는 내전이 끝난 후에 더 큰 난리, 즉 주나라 왕실의 내 란을 처리해야 했다. 그들은 왕실 내의 분쟁을 가라앉힌 후에야 노나라의 일에 신경 쓸 수 있었다.

진나라에서는 경의 지위를 가진 집권자인 범헌자范獻子[범앙范 鞅]에게 군사를 이끌고 가서 노나라의 난리를 처리하게 했다. 만 약 계평자를 위시한 삼환 가문이 진나라 군대의 압력을 받아 권 력을 다시 노소공에게 반환한다면 이로써 노나라의 군신 질서는 회복될 터였다.

범헌자의 군대가 노나라와 제나라의 국경에 도착하자 계평자 는 급히 이들을 맞이하러 나갔다. 그는 우선 개인적으로 범헌자 에게 후한 선물을 보낸 후에 참회의 뜻을 표하기 위해 상복에 맨 발 차림[이것은 자신이 큰 죄를 지었으니 사형을 받아들이겠다는 의미 이다]으로 범헌자 앞에 무릎을 꿇고 죄를 인정하며, 반드시 잘못 을 바로잡고 노소공을 영접하겠다고 했다.

그러나 범헌자는 마음속에 다른 생각을 품고 있었다. 당시 진 나라는 기본적으로 순荀[중행中行], 범[사士], 지智, 한韓, 조趙, 위魏의 여섯 귀족 가문이 대대로 정권을 독차지했다. 진나라에서 계평자 와 유사한 지위에 올라 있었던 범헌자는 내심 그를 동정했기에 노소공을 적당히 구슬리는 식으로 분쟁을 조정하려 했다. 처음에 범헌자는 계평자를 데리고 노소공의 망명 조정으로 가서 두 사람을 화해시키려 했다. 그러나 범헌자가 삼환 가문이 차지한 권력을 내려놓으라고 요구하지 않을 것을 눈치챈 노소공은 중재에 응하지 않고, '계손씨 가문 사람이 남아 있는 한 나는 절대로 노나라에 돌아가지 않겠다'라고 독하게 맹세했다.

일이 잘 풀리지 않자 범헌자는 계평자에게 '당신네 군주가 아직 화가 덜 풀려 이른 시일 안에 돌아갈 것 같지는 않으니, 일단 당신이 군주 대리로 일을 하시오'라고 말한 다음, 군사를 이끌고 진나라로 돌아갔다. 어쨌든 화해시키려는 노력은 했으니, 그도 제후 열국과 진나라 군주에게 보고할 말은 있었다. 기세등등하게 시작했던 국제 간섭이 이렇게 흐지부지 마무리되자 이 사태를 지켜보고 있던 열국의 군주들은 모두 실망했다.

진나라가 이렇게 책임감 없이 건성으로 일을 처리하는데, 다른 제후국들은 어째서 진나라에 복종했을까? 진나라는 어떻게 제후국들의 맹주가 될 수 있었을까? 그 이유는 사실 아주 간단하다. 과두들이 권력을 독점해 군주가 실권을 잃은 이러한 현상은 진나라에서는 최근에 와서야 시작된 일로, 그 이전까지 진나라는 백여 년 동안 군주의 권위가 매우 강했으며 통일된 국가적 의지가 있었다. 그래서 제후국들도 기꺼이 진나라에 복종했다. 그러나 현재 진나라는 막 과두 시대에 돌입하며 국제적 책임을 등한시했고, 여타 제후국들도 진나라와 반목하기 시작했다.

공자는 진나라에 일어난 이 변화의 시작을 마주했다. 만년에 노나라의 권력을 장악하게 되었을 때, 공자는 노나라를 이끌고 진나라의 반대편에 섰다. 흥미롭게도 그 당시 진나라에는 또다시 내전이 일어나 한때 국제 간섭을 맡았던 범헌자는 진나라의 반란 세력으로 변해 공자와 같은 편에 섰다는 뒷이야기가 있다.

진나라에서 국제 간섭을 한 다음 해에 노소공은 병으로 세상을 떠났다. 향년 51세로 그가 제나라로 망명한 지 7년이 지났을 때였다. 노소공이라는 기둥이 사라지자 망명 조정은 뿔뿔이 흩어졌고, 노소공의 시신은 노나라로 돌려보내어 매장되었다. 노소공은 망명 당시에 이미 태자를 책봉했지만, 계평자는 이 태자가 즉위하게 하지 않고 자기가 조종하기 더 쉽도록 노소공의 동생 중 하나를 즉위하게 하니, 이가 바로 노정공魯定公이다.

노나라 군주와 과두들 사이의 전쟁은 군주 쪽의 완패로 끝났다. 과두가 정권을 장악한 제후국은 점점 더 많아지고 있었고, 이는 당시 중원 지역의 거대한 정치적 추세였다.

사십불혹과 군자부당

《사기》의 기록에 의하면, 노소공이 타향에서 객사했을 당시에 공자는 이미 노나라로 돌아와 살고 있었다고 한다. 이해에 공자의 나이 42세였다. 공자가 어째서 망명 생활을 포기했고 언제 스스로 노나라로 돌아왔는가는 역사서에 공백으로 남아 있다.

공자는 만년에 자신의 일생을 돌아보며 '사십이불혹四十而不惑'이라는 명언을 남겼다. '마흔 살이 되어서야 모든 것을 이해하게 되어 더는 곤혹을 겪지 않았다'라는 뜻이다. 이 말은 언뜻 듣기에는 상당히 공허해 보이지만, 그가 40세 전후에 겪었던 경험과 결부해 보면 귀국한 이유를 알아낼 열쇠가 될 수도 있다.

공자가 35세 되던 해에 노소공과 삼환 가문 사이에 내전이 일어났다. 뒤이어 공자는 노소공을 쫓아 제나라로 가서 그 후로 몇 년간 계속 그곳에서 지냈다. 그가 41세 때 진나라의 국제 간섭이 시작되었다가 도중에 흐지부지되어 노소공의 망명 사건은 결코

해결할 수 없게 되었다. 그렇다면 이 '사십불혹'은 공자가 국제
간섭이 시작되기 전 해에 했던 말이 되므로, 공자는 이 사태가 어
떻게 될지를 이미 스스로 판단하고 망명 생활의 앞길이 완전히
막혀 있음을 깨달아 노나라로 돌아갔다는 뜻이 된다.

그러나 다른 가능성도 하나 있다. 진나라의 국제 간섭을 지켜
본 후에 공자가 노나라로 돌아갈 결심을 굳혔을 가능성이다. 고
대인들은 숫자를 정확하게 쓰지 않는 경향이 있었으니 공자가
말한 '사십'이 반드시 정확히 40세가 아니라 41세였을 수도 있
다. 아무튼 공자는 40세 전후에 갑자기 제나라 망명 생활에 싫증
을 내고 지금까지 했던 자신의 행동이 아무 의미 없음을 깨달아
고향인 노나라로 돌아가기로 결심했다.

노소공을 쫓아갔던 일은 사실상 공자가 난생처음으로 '당', 즉
특정한 정치 파벌에 가담하려 한 행동이었다. 그러나 그는 결국
성공하지 못했다. 그의 지위가 높지 않아 사람들이 아예 끼워 주
려 하지 않았기 때문이다. 이 일에 대단히 실망한 그는 깊은 교훈
을 얻었다.

공자는 도대체 무슨 교훈을 얻었을까? 망명 생활을 통해 그는
글을 가르치고 학문을 닦는 일을 가장 중요하게 여기고, 이익을
도모하기 위해 정치하거나 사사로운 무리에 말려들지 말아야 한
다는 점을 깨닫게 되었다. 공자 본인의 말을 인용하자면 "군자긍
이부쟁, 군이부당君子矜而不爭, 群而不黨"[6]이다. 마땅히 긍지를 가지되
다투지 않고, 널리 벗을 사귀되 이익을 위해 작당하지 않아야 한
다는 뜻이다. 정치 권력과 물질적 이익을 막론하고 공자는 그것
을 얻기 위해 남과 다투고 싶지 않았고, 다투기 위해 무리를 이루
고 싶은 생각은 더더욱 없었다.

6 《논어·위령공衛靈公》

공자가 어떤 무리에 들어가려 한 적이 노소공에게 의탁하려던 일 외에는 없었다는 증거는 《논어》에서 찾을 수 있다. 기록에 의하면 공자가 만년에 진陳나라에 갔을 때 그곳의 어느 고위 귀족이 "노소공은 예를 아는 사람이었다고 할 수 있습니까?"라고 물었다고 한다. 공자는 이 귀족이 묻는 의도를 알지 못해 일단 "노소공은 당연히 예를 아는 사람이었습니다"라고 대충 대답했다. 이 귀족은 그 자리에서는 의견을 표하지 않고 나중에야 다른 이를 통해 공자에게 "당신네 노소공은 오나라의 공주를 부인으로 맞았으니 주나라의 '동성불혼'하는 규칙을 위배한 것인데, 그런 이가 예를 안다고 할 수 있습니까? 당신은 예전에 '군자부당'해야 한다고 말했으면서도 예도 모르는 노소공을 이렇게 공개적으로 두둔하다니, 이것이 '당'을 맺는 일이 아니면 무엇이오!"라는 말을 전해 왔다.

주목해야 할 부분은 진나라의 이 귀족이 일부러 '군자부당'이라는 공자 본인의 말로써 그를 질책했다는 점이다. 이는 당시 사람들이 공자와 노소공의 관계를 '당'이라고 여겼으며, 그가 일찍이 노소공을 쫓아 망명했던 일을 가장 눈에 띄는 '당'을 맺는 행동으로 보았다고 해석할 수 있다.

결론적으로 공자는 망명 생활을 통해 '군자는 군이부당해야 한다'라는 도리를 깨우쳤으며, 이는 '사십불혹'이라는 깨달음의 일부가 되었다. '사십불혹'과 '군자부당'이라는 명언은 후세에 널리 알려졌지만, 이 명언이 탄생한 배경에 관해 후세 사람들은 줄곧 명확히 알지 못했다. 노소공을 따르려다가 실패했던 경험에서 공자는 두 번 다시 당을 맺는 방식으로 정치에 끼어들려 하지 않고, 모든 정치 파벌 및 정치 지도자와 거리를 유지해야 한다는 일생의 중요한 교훈을 얻었다고 할 수 있다.

142   인간 공자, 난세를 살다

그렇다고 공자가 은사隱士가 되려 했다는 뜻은 아니다. 그는 늘
정치에 큰 관심을 두었고, 관직에 올라 본인의 정치적 주장을 시
행하고자 했다. 이러한 점은 평생 변하지 않았다. 그는 정치적인
부침 속에서도 가장 기본적인 인간성을 잃지는 말아야 한다는
아주 명확한 원칙을 세우고 유지했다. 이는 그의 인생에서 최소
한의 한계라고 할 수 있다.

가령 공자는 "천하유도즉견, 무도즉은天下有道則見, 無道則隱"이라
고 말한 바 있다. 만약 나라에 도가 바로 서고 정치가 깨끗한데도
가난하고 지위가 낮은 생활을 한다면 그것은 본인이 능력이 없
어 그런 것이니 부끄러워해야 할 일이며, 이와 반대로 나라의 도
가 무너져 정치가 부패한 상황에도 지위가 높고 부유하게 산다
면 그것은 본인이 수단 방법을 가리지 않고 욕심을 채운 것이니
마찬가지로 부끄러워해야 할 일이라는 뜻이다.[7] 한마디로 정리하
자면, 평범하고 용속庸俗하게 살지언정 결코 좋지 못한 이들과 한
패가 되지는 않겠다는 의미이다.

공자의 이러한 한계선은 '악해지지 않는다Do not be evil'라는 원
칙과 유사하며, 역사 속의 수많은 정치가와는 완전히 다르다. 정
치가들은 일반적으로 대단히 숭고한 이상을 품고 있으면서도 최
소한의 한계선이 없어 종종 인륜 질서와 도덕의 한계를 짓밟으
며 온갖 나쁜 짓을 다 하기 때문이다.

공자 사상의 특징은 극단으로 치우치지 않는다는 점에 있다.

7 《논어·태백》: 공자가 말했다. "굳게 믿고 배우기를 즐기며 훌륭한 도를 사수한다.
위험한 나라에는 들어가지 않고 어지러운 나라에는 머물지 않는다. 천하에 도가 있으
면 나타나며, 도가 없으면 숨는다. 나라에 도가 있는데도 빈곤하고 천한 것은 수치이
며, 나라에 도가 없는데도 부유하고 고귀한 것 또한 수치이다."(子曰: '篤信好學, 守死
善道. 危邦不入, 亂邦不居. 天下有道則見, 無道則隱. 邦有道, 貧且賤焉, 恥也; 邦無道, 富且
貴焉, 恥也.')

그는 여러 단계의 목표 혹은 기준을 세우고서 가장 낮은 기준을 지키는 것을 최우선으로 했다. 가장 높은 목표를 실현할 수 있다면 물론 좋겠지만, 그 목표를 위해 가장 낮은 기준을 버려서는 안 되었다.

후세 사람들은 유가 사상 및 유학자들의 주장이 정의를 위해 살신성인殺身成仁하는 것이었다고 생각하는데, 이는 동한 이후의 일이다. 공자 때부터 서한 시대까지 유학자 중에 집권자를 위해 목숨을 바친 이는 거의 없다. 공자는 열국을 주유할 때 "위험한 나라에는 들어가지 않았고, 어지러운 나라에는 머무르지 않았다."[8] 그는 여러 귀족과 군주를 위해 일했는데, 일하다가 거슬리는 부분이 있으면 바로 다른 곳으로 떠났다. 그가 판단하는 기준은 "군주는 예로써 신하를 부리고, 신하는 충성으로써 군주를 섬긴다君使臣以禮, 臣事君以忠"[9]라는 것으로, 양쪽이 가진 권리와 의무가 동등하다고 보았다. 윗사람에게 능력이 없으면 공자는 곧바로 주인을 바꿔 옮겨 갈 뿐, 결코 그를 위해 충성을 다하지 않았다. 선진先秦 시대의 3대 유학자를 보면 공자는 73세까지 살았으며 맹자는 80세, 순자는 70세까지 살았는데, 그들은 모두 한 명의 주인에게만 충성을 바치지는 않았다.

노소공 부부의 뒷이야기

공자는 인생의 후반부 내내 노소공에 대해 아주 복잡한 감정을 품고 있었다. 노소공이 제나라에서 사망한 후에 그의 시신은 노나라로 돌려보냈는데, 줄곧 노소공에게 원한을 품었던 계평자는 노소공의 시신을 군주들의 능역陵域 바깥쪽에 매장하라고 명령했

8 《논어·태백》
9 《논어·팔일》

다. 이는 죽은 사람을 폄훼하려는 의도로 그가 자격을 제대로 갖춘 군주가 아님을 나타냈다.

공자가 50세가 넘어 노나라에서 정권을 잡았을 당시에 계평자는 이미 오래전에 사망한 후였다. 조정에서 어느 정도 발언권을 얻은 공자는 사람을 시켜 노소공의 능묘 바깥쪽에 도랑을 파서 노소공의 묘가 군주들의 능역 범위 안으로 들어가게 만들었다. 공자는 일찍이 노소공을 따랐던 적이 있었기에 그럴 만한 능력을 갖춘 상황이 되자 그에게 신하의 책임을 다하려 했다.

노소공이 아내로 맞이했던 오나라 출신 부인에 관해서도 몇 마디 소개한다. 춘추 시대에 중원 제후국들이 보기에 오나라는 벽지의 오랑캐였다. 게다가 그들은 자신들의 시조가 주문왕의 첫째와 둘째 백부라고 공언했는데, 그렇다면 그들은 노나라 군주와 같은 성을 쓰는 민족이므로 주나라의 규칙에 따라 서로 통혼할 수 없었다.

본래 노나라 군주는 주나라 천자로부터 책명冊命을 받아야만 정식으로 부인과의 혼인 관계를 인정받을 수 있었다. 중세 유럽의 국왕이 결혼할 때 반드시 로마 교황에게 서면상의 동의를 받아야 했던 것과 비슷하다. 그러나 노소공은 이 오나라의 공주를 부인으로 맞이한 후에 줄곧 주나라 천자의 책명을 받지 못했다. 노소공 본인이 규칙에 어긋났음을 알아서 감히 책명을 신청하지 못했는지, 아니면 신청했는데 인정받지 못했는지는 알 수 없다. 아무튼 법적인 의미에서 보면, 그와 그의 부인은 합법적인 관계가 아니었다. 이렇게 난처한 일이 발생하자 노소공 이후 노나라 군주들은 부인을 맞이할 때 책명을 신청하기 어려워졌다.[10] 이 일

---

10 《예기·잡기하雜記下》: "부인을 맞았으나 천자에게 고하지 않는 것은 노소공 때부터 시작되었다."(夫人之不命於天子, 自魯昭公始也.)

역시 당시 사람들이 노소공을 지력이 낮고 언행에 변덕이 심한 사람으로 여기게 된 사례 중 하나였다.

　노소공 부인의 장례 때 공자가 보인 행동은 더더욱 예사롭지 않았다. 이 부인이 노소공과 함께 제나라로 망명을 갔는지 아닌지는 역사서에 기록된 바가 없다. 부인은 노소공이 사망한 후로 27년 더 살다가 세상을 떠났다. 그 당시 공자는 이미 69세로, 큰 벼슬을 하고 열국을 주유한 끝에 노나라로 돌아와 평안한 만년을 보내고 있었다.

　《좌전》에 의하면, 노소공 부인의 부고를 접한 공자는 상복을 입고 특별히 조문하러 갔다고 한다. 아주 정상적인 일처럼 보이지만, 그것은 이 기록 이면에 있는 배경을 이해하지 못하기 때문이다. 정상적인 예절에 따르자면 공자는 사실 조문할 필요가 없거나 혹은 자격이 없었다.

　그 이유는 첫째로 노소공 부인은 사망한 후에 장례를 치를 때 군주 부인의 신분에 맞는 대우를 받지 못했다. 노소공은 일찍이 삼환 가문과 대립해서 삼환 가문은 줄곧 그에게 원한을 품고 있었다. 또한 노소공 부인은 노나라와 성이 같은 민족으로 소위 법도에 맞지 않은 혼인을 했기 때문에, 부인의 장례를 격식을 낮추어 치른 것도 일리 있는 일이었다.

　둘째로 당시 노나라 군주는 노소공의 조카인 노애공魯哀公으로, 노소공은 그의 백부이고 노소공 부인은 백모일 뿐 직계 어른인 어머니 혹은 조모가 아니었다. 대신들에게는 군주 백모의 장례에 참석할 의무가 없었다.

　셋째로 현재까지 전해지고 있는 역사서에 의하면, 공자는 노소공 당시에 벼슬을 한 적이 없어 신하의 의무가 있지 않았으므로 조문하러 갈 자격이 없었다.

　그렇다면 공자는 어째서 굳이 조문하러 갔을까? 공자는 일찍이 노소공을 쫓아 망명했을 때 부인을 알현한 적이 있었을 가능성이 크다. 군신 간의 도의를 중시하는 공자에게 이는 정식으로 군신 관계를 맺은 것이나 마찬가지였으므로, 노소공의 부인이 세상을 떠나자 공자는 당연히 장례에 참석해 조문할 의무가 있다고 생각했을 것이다. 이 역시 공자가 소위 '당'을 맺었던 일의 여파로, 평생 그가 떨쳐 버릴 수 없는 꼬리였다.

　공자가 노소공 부인의 장례에 참석한 일이 《좌전》에 특별히 기록되어 있다는 사실은 그 자체만으로도 여러 가지를 설명해 준다. 공자가 조문하러 갔던 군주 혹은 군주 부인의 장례는 수도 없이 많았지만, 이 장례 외의 다른 일은 전혀 기록되어 있지 않다. 《좌전》의 이 대목을 쓴 이 역시도 이 이면에 숨은 이야기를 알고 있었던 것이 분명하다.

　《좌전》에는 공자가 노소공 부인의 장례에 참석하고 돌아오는 길에 계손씨 가문의 저택을 방문한 일도 기록되어 있다. 이 당시 계손씨 가문의 가주는 계강자季康子로 계평자의 손자였다. 공자가 서둘러 계강자를 방문했던 이유는 계손씨 가문이 아직도 노소공 부부에게 원한을 품고 있어 공자가 장례에 참석한 일을 불만스럽게 여길까 염려해, 계강자에게 자신의 입장을 설명하고 그를 안심하게 하기 위해서였다.

　《좌전》에 의하면, 마차가 계손씨 가문 저택 앞에 도착했을 때 공자는 저택의 대문에 노소공 부인을 애도하는 대련對聯(글귀를 써 넣은 천) 같은 것이 걸려 있는 모습을 보지 못했다고 한다. 만약 정상적인 군주 혹은 그 부인이 별세했다면 대신은 저택의 대문에 흰 천으로 된 대련이나 만장挽章(죽은 사람을 추모하는 글을 적은 깃발)을 걸어 애도하는 뜻을 표해야 했다. 계강자가 대련을 걸지 않은 것은 그의 조부가 노소공과 대립하면서 이미 군신 관계를 정식으로 파기해 버렸으므로, 노소공 부인이 사망한 소식 역시 신경 쓸 필요가 없었기 때문이다.

이때 공자는 장례에 막 참석하고 오는 길이라 여전히 상복을 입고 있었다. 계손씨 저택에 도착해 대련이 없는 것을 본 공자는 상복을 입은 채로 들어가면 계손씨 가문 사람들의 기분을 상하게 해 괜히 욕을 먹겠다고 생각하고, 문밖에서 상복을 벗은 후에 저택으로 들어가 계강자를 만났다. 공자의 이러한 행동을 보면 계손씨가 아무리 언짢아한다 하더라도 유연성을 가지고 자신의 원칙을 지키려 했음을 알 수 있다. 공자는 지조가 있는 인물이었으며, 이를 위해 많은 것을 희생했고, 여러 가지 부담을 지기도 했다. 역사란 이렇게나 어찌할 수 없으며, 또한 무겁기도 하다.

6   양호로부터 권유를 받다(40~50세)

'공문제자' 중에는 어째서 과두가 없는가

공자에게는 유명한 제자가 여럿 있었는데, 이들을 '공문칠십이제자孔門七十二弟子'라 칭하곤 한다. 그런데《사기·중니제자열전》등의 역사서를 살펴보면, 공자가 가정교사로서 가르쳤던 두 명의 대귀족, 즉 맹의자와 남궁경숙 쌍둥이 형제는 이 72제자에 포함하지 않았음을 알 수 있다. 가장 눈에 띄는 두 제자는 어째서 72제자의 대열에 오르지 못했을까? 공자가 제나라에서 망명 생활을 하던 당시의 역사를 복원해 보면 그 원인도 드러난다.

공자가 노소공을 쫓아 제나라로 망명한 후로 그는 삼환 가문과 관계가 완전히 끊어졌고, 삼환 과두들은 그를 '정치적으로 믿을 수 없는 인물'로 보게 되었다. 이로써 그와 맹손씨 가문 두 형제 사이의 친분도 끝나 버려서 공자는 자연히 이 두 사람을 자기 제자 명단에 넣기 애매해졌고, 공문제자들도 감히 이들을 사형이라 칭하지 못했다.

더욱 중요한 문제가 있다. 노소공이 일으킨 내전이 혼란 끝에 정리된 후로 대립하는 세력이 완전히 사라진 삼환 가문은 무엇이든 마음대로 할 수 있게 되었다. 그렇다면 공자는 노나라로 돌아간 후에 혹시 삼환 가문으로부터 보복을 받지는 않았을까?

당시의 형세를 보면 공자는 보복 대상 명단에 있지도 않았다. 노소공을 따라 망명한 대귀족이 아주 많았기 때문이다. 노소공이 사망한 후에 일부 강경파는 노나라로 돌아가지 않고 계속 외국에서 생활했지만, 많은 이가 생존을 위해 노나라로 돌아와 삼환 가문에 사죄하고 복종하며 살았다. 이 귀족들에 비하면 공자는 정치적으로 위험한 인물이 아니었다. 그리고 삼환 가문은 노소공의 내전이 남긴 각종 문제의 사후 처리를 하고 화해의 분위기를 조성하느라 바빠서 공자에게까지 손댈 겨를도 없었다.

그렇다고 해서 공자가 망명 이전의 생활로 돌아갈 수 있었다는 뜻은 아니다. 그와 삼환 가문의 개인적인 인연은 완전히 끝나서, 삼환 가문은 그가 노나라에서 벼슬을 얻도록 허락하지 않았고, 가문의 가정교사 일을 다시 시키지도 않았다.

벼슬을 할 수 없다는 점은 그나마 괜찮았다. 공자는 스스로 제자를 모집해 살길을 찾을 수 있었기 때문이다. 그러나 삼환 가문이 그에 대해 내린, 반골 기질이 있는 보잘것없는 사람이며 믿을 수 없는 이분자異分子라는 판단을 바꾸기는 쉽지 않다. 노나라는 본래 큰 나라가 아니었고 귀족 사회는 더더욱 작은 사회여서 그들과 시시때때로 마주칠 수밖에 없었기에, 공자는 삼환 가문과 생긴 불화 및 이로 인해 발생한 여러 어색한 상황을 피하기 힘들었다.

공자는 어쨌든 체면을 중시하는 학자였기에 삼환 가문의 저택에 찾아가 굽실거리며 잘못을 빌고 용서를 바랄 수는 없었다. 그러면 그는 어떠한 방법으로 삼환 가문과 사이를 호전하고 내란으로 인한 충돌이 불러온 어색한 상황을 해소할 수 있었을까?

《논어》에 기록된 공자의 말 중에 바로 이 시기의 상황과 관련한 내용이 있다. 구체적으로 이야기하자면 공자는 제자들을 가르칠 때 복수를 포기하고 화해하자고 주장한 역사상의 인물들에 관해 언급했다. 이는 지금의 일을 옛일에 빗대어 말한 것으로, 공자 본인 역시 패배를 시인하겠다는 태도를 드러냈다고 할 수 있다. 제자들을 가르칠 때 한 말은 공개적인 발언이므로 이를 통해

귀족 사회에 그의 입장을 알려 삼환 가문의 귀까지 전해질 수 있
게 한 셈이다.

백이와 숙제를 칭송한 이유

공자는 주나라가 상나라를 멸망시키고 새로운 왕조를 세웠을 당
시의 두 현인인 백이伯夷와 숙제叔齊 형제를 유달리 추앙했다. 유
가에서 말하는 바에 의하면, 이 두 사람은 상나라 왕조의 종친 귀
족으로 상나라 주왕紂王의 폭정에 반대하기는 했지만, 주무왕이
상나라를 멸한 일은 하극상이라 여겨 그의 행동에 찬성하지도
않았다. 그래서 이 형제는 상나라가 멸망하고 주나라가 건립되자
주나라의 백성이 되기를 원하지 않았고, 결국 '주나라의 곡식을
먹지 않아不食周粟' 굶어 죽었다.

《논어》에는 공자가 백이와 숙제를 칭송하며 했던 말이 다수
기록되어 있다. 가령 그는 "백이와 숙제는 원망을 품지 않았기
때문에 남에게 미움을 사지도 않았다伯夷叔齊不念舊惡, 怨是用希"[1]라고
말했다. 이 말은 좀 이상하게 들린다. 백이와 숙제 형제가 정말로
원망을 품지 않는 초연한 성격이었다면 눈을 뻔히 뜨고 굶어 죽
을 지경에 이르지는 않았을 터이기 때문이다.

노소공 사건 이후에 공자가 처해 있던 어색한 처지와 연관 지
어 생각해야만 백이와 숙제 형제에 관한 공자의 해석을 이해할
수 있다. 공자는 자신을 이 두 형제에 비유했다. 정치적으로 정통
성은 있었으나 능력과 도덕성이 부족했던 노소공은 바로 상나라
주왕이며, 노소공과 대립한 삼환 가문은 바로 주무왕으로 하극상
을 일으킨 역신逆臣이기는 해도 득세에 성공했으니 누구도 그들
에게 어찌할 수 없다는 의미이다.

1 《논어·공야장》

그러므로 공자가 백이와 숙제 형제에 대해 '불념구악不念舊惡', 즉 과거의 원한을 씻어 버렸다고 말했던 의도는 사실상 공자 본인의 옛일에 대한 태도의 표현으로, 본인은 이미 예전의 다툼과 은원에서 벗어났으며 그저 현재를 평온히 살아가고 싶다는 의미였다. 이는 그가 삼환 가문에 용서와 화해를 구하며 보낸 신호였다. 물론 백이와 숙제에 대한 공자의 해석이 과연 역사적 사실과 부합하는가는 별개의 문제이다.

《논어·술이》편에 나오는 다른 기록을 살펴보자. 한 제자가 공자에게 백이와 숙제를 어떻게 생각하느냐고 묻자 공자는 그들이 "옛날의 현인들이었다古之賢人也"라고 대답했다. 이 제자는 다시 "원호怨乎?"라고 물었는데, 그들은 주나라의 곡식을 먹지 않고 굶어 죽는 최후를 맞았으니 이 때문에 주무왕을 "원망하지는 않았겠습니까?"라는 의미이다. 공자는 "그들이 그렇게 한 것은 다만 자신들의 도덕적인 기준인 '인仁'을 추구했을 따름이니, 남을 원망할 까닭이 있겠는가求仁而得仁, 又何怨?"라고 대답했다.

공자가 백이나 숙제 본인들도 아닌데 그들이 원망하지 않았다고 어떻게 단언할 수 있었을까? 이 말 역시 두 사람에 빗대어 공자 본인의 마음을 표현한 것으로, 자신이 합법성을 가진 군주를 따랐던 이유는 자신의 도덕적 이상을 실현하려던 의도뿐이니, 그 일이 실패로 돌아갔다 해서 승리자를 원망하지는 않는다는 의미이다. 공자는 감히 삼환 가문의 미움을 살 수 없었기에 역사에 대한 이러한 해석으로 자신을 위로했다.

《논어》를 보면 공자가 백이와 숙제 외에 상나라에 충성을 고집했던 다른 유민들도 여러 차례 칭송했음을 알 수 있다. 이들은 모두 주나라가 상나라를 멸망시킨 이후에 출현한 은사들로, 주나라를 따르기를 원치 않았으나 그렇다고 감히 주나라에 대립하지는 못했던 사람들이다. 이러한 마음은 40세 이후의 공자가 삼환 가문의 세력 아래에서 생활하던 당시의 처량한 심정과 같다. 그는 삼환 가문이 권력을 독차지하는 것이 불합리한 일이고 자신이 일찍이 노소공을 따랐던 것이 정의로운 행동임을 알았지만, 그렇다고 감히 공개적으로 그들과 대립할 수는 없었다. 그래서 공자는 결과에 승복하는 태도를 보임으로써 삼환 가문이 아량을 베풀어 그를 너그럽게 보아주고, 비굴하기는 해도 꾹 참고 견디며 살아갈 수 있도록 놓아두기를 바랐다.

역사 속의 잃어버린 연결고리

노소공을 뒤따라 제나라로 갔다가 몇 년이 지난 후에 노나라로 돌아온 일은 공자의 인생에서 대단히 중요한 변화이다. 그러나 역사서에는 그가 제나라로 가게 된 전후 사정이 기록되어 있지 않아 이 기간에 공자의 행적은 거의 공백으로 남아 있다. 《논어》와 《예기》에는 공자가 제나라에서 경험했던 일들, 가령 제경공에게 '군군신신'을 논한 일이나 오나라의 사신인 계찰에게 조문하러 갔던 일 등이 기록되어 있기는 하나, 이 역시 정확히 언제 벌어진 일인지는 적혀 있지 않다. 사료史料들을 대조해 보아야만 이 일들이 공자가 35세 때 제나라로 간 후에 벌어졌음을 알아낼 수 있다.

공자의 이 당시 행적은 어째서 역사서에 공백으로 남아 있을까? 그의 제자 중 누구도 공자가 망명했을 당시의 경험에 관해 몰랐을까? 물론 그렇지 않다. 이런 공백이 생겨난 진정한 원인은 공자의 제자들이 '존귀한 이의 잘못이나 수치는 감추기爲尊者諱' 위해 스승이 실패해서 체면을 잃은 경험을 기록으로 남기고 싶지 않아 했기 때문이다.

　또한 삼환 가문은 노나라에서 아주 오랫동안 정권을 장악해서 공자가 사망하고 그의 제자들이 《논어》와 《예기》를 편찬할 당시까지도 세력을 떨치고 있었다. 그래서 제자들은 공자가 일찍이 삼환 가문과 대립한 적이 있다는 내용을 명확히 기록하기가 어려웠다. 만약 그랬다가 과두들의 노여움이라도 산다면 심각한 결과를 초래하기 때문이다.

　공자의 시대에는 본래부터 역사서나 문헌이 아주 드물었다. 그나마 존재하는 문헌도 대부분 공자의 제자들이 기록했거나 고쳐 쓴 것이었다. 그래서 그들은 자연스럽게 스승이 실패했던 경험을 숨길 수 있었다.

　물론 공자의 제자들은 매우 성실해서 역사를 마음대로 뜯어고치고 공자를 치켜세워 위대하고 영광스러우며 모든 면에서 올바른 거짓 형상으로 꾸며내지는 않았다. 따라서 《논어》와 《예기》에 나오는 공자에 관한 기록 속에는 빠진 부분이나 공백은 있을지언정, 악질적인 거짓은 없다. 이처럼 고의로 만들어낸 공백은 사실 공자가 제나라에 갔던 이 대목에만 존재하는 것이 아니라, 이후에 기록된 공자와 양호와의 관계 등 다른 부분에도 있다.

양호의 기적

공자는 삼환 가문과 화해를 원했지만, 그의 표현 방식은 지나치게 학자답고 완곡해서 실제로 효과를 얻었다고는 보기 힘들다. 삼환 가문이 공자가 보잘것없는 인물이라 생각해 그와 시비를 가릴 생각이 없었다 하더라도 당시에 삼환 가문의 환심을 사려는 이는 아주 많았고, 이들은 언제든 공자를 괴롭힐 수 있었다. 하지만 그런 일은 전혀 일어나지 않았다. 노나라로 돌아온 후로 공자는 삼환 가문에게 완전히 용서받지는 못했지만, 아주 조용히 평온하게 살아갈 수는 있었다.

그리고 이 당시 노나라에는 더 큰 변수가 생겼다. 양호가 세력을 일으켰기 때문이다. 양호의 권력은 급속히 커져 심지어 삼환 가문마저 그의 꼭두각시가 되었을 정도였다. 이 역시 공자가 노나라에서 평안한 생활을 할 수 있었던 이유 중 하나이다.

공자는 제나라에서 돌아온 후로 10년 동안, 즉 40세부터 50세 때까지 벼슬길에 오르지 않고 주로 제자들을 모집해 학문을 가르쳤다. 이 10년이 바로 양호가 노나라에서 가장 큰 세력을 가지고 있었던 시기이다. 특히 후반부 몇 년 동안은 사실상 노나라의 정권을 장악하다시피 했다.

공자는 내색하지는 않았으나 놀라움을 품고서 양호가 나날이 발전하는 모습을 지켜보았다. 그와 마찬가지로 소귀족이었던 양호는 놀랍게도 단 몇 년 사이에 층층이 쌓인 신분의 벽을 뛰어넘어 날마다 권력의 정점에 가까워지더니 마침내 노나라 전체에 영향력을 행사하게 되었다.

양호는 어째서 성공할 수 있었을까? 공자는 줄곧 이 수수께끼를 풀고 싶어 했다. 몇 안 되는 사료의 기록에 따르면 양호는 솔직하고 시원스러운 성격의 씩씩한 장부였다고 한다. 죽음을 두려워하지 않으며 전쟁에 능한 그의 성격은 구식 귀족 내지 초기 귀족의 모범이라 할 만했다.

그가 두각을 나타내 계평자에게 등용된 계기는 바로 노소공이 일으킨 그 내전이었다. 삼환 가문의 군대가 제나라와의 접경지대에 있는 망명 조정을 수차례 공격했을 때, 명목상으로는 공자의 옛 제자인 맹의자 등 삼환 가문의 인물들이 군사를 이끌고 출정했다고 되어 있다. 하지만 사실상 이들 대귀족은 전쟁할 용기도 능력도 없었고, 실제로는 양호가 매번 총지휘관을 맡아 군사를 통솔했다.

노소공이 사망하고 망명 조정이 해산한 후로도 전쟁은 계속됐다. 노나라와 제나라의 관계가 완전히 악화했기 때문이다. 제나라는 삼환 가문이 옹립한 노정공을 인정하려 하지 않았으며, 접경지대에 있는 노나라의 영토 일부를 점령하고 돌려주지 않았다. 따라서 두 나라는 계속해서 전쟁을 벌였는데, 양호는 그동안 줄곧 전장에서 삼환 가문을 위해 힘을 다해 싸웠다. 이때는 노정공이 직접 군사를 이끌고 전쟁에 참여한 적도 있었지만, 실제 지휘관은 역시나 양호였다.

양호는 불과 몇 년 사이에 노나라에서 가장 중요한 군대 사령관이 되어 국가의 모든 중대사에 발언권을 얻었지만, 그의 정식 신분은 여전히 계평자 가문의 고위 집사 중 하나일 뿐이었다. 물론 계손씨 가문은 노나라의 가장 큰 과두였으므로 그 가문에서 집사를 맡은 이들 역시 모두 실권을 가진 인물이었다. 그러나 다른 고위 집사들은 양호를 무시하며 그가 이렇게 높은 지위에 오를 만한 인물이 아니라고 생각했다. 이것이 양호가 권력의 최상층에 오르기 위해 넘어야 하는 마지막 관문이었던 셈이다.

공자가 47세 되던 해에 계손씨 가문과 숙손씨 가문의 가주, 즉 계평자와 숙손성자叔孫成子가 잇따라 사망했다. 두 가문의 후계자는 모두 나이가 어렸다. 이 시점에서 삼환 가문의 가주 중 경력이 가장 긴 사람은 바로 26세의 맹의자였다. 이러한 상황은 양호에게 권력을 차지할 기회를 가져다주었다.

그로부터 얼마 지나지 않아 이제 막 계씨 가문을 계승한 계환자季桓子(계평자의 아들)는 자신의 봉읍을 순시하던 도중에 비성費城[지금의 산둥성 페이費현]에 들르게 되었다. 이곳은 계씨 가문 봉지의 중심지로 일찍부터 양호가 중점적으로 관리했던 지역이었

다. 당시 비성의 집사는 공산불뉴公山不狃라는 사람으로 양호의 절
친한 친구였다. 그런데 계환자를 수행하던 대집사 몇 명[양호의
적들]이 그에게 잘못을 저질렀고, 공산불뉴는 양호와 함께 행동
에 나서 우선 계환자부터 붙잡았다. 양호를 반대했던 집사 중 일
부는 붙잡혀 죽임을 당했고, 일부는 국외로 도망쳤다.

　이 일이 일어난 다음 달에 양호는 계환자를 압박해 양호에게
수석 가신의 지위를 내리고, 양호 자신은 계씨 가문에 충성한다
는 맹세를 하도록 강요했다. 당시 사람들은 신의 존재를 믿었고,
맹세할 때도 신에게 제사를 올렸다. 신이 내려와 제사 음식을 맛
보고 쌍방이 맹세하는 말을 들으면 이것이 효력을 얻게 되고, 맹
세를 어기는 이는 신의 징벌을 받는다고 믿었다. 이렇게 해서 양
호는 계씨 가문의 '재宰', 즉 수석 대집사가 되어 사실상 노나라의
정권을 장악했다. 맹세한 내용을 실천하기 위해 그는 자신을 반
대했던 계씨 가문 사람 몇 명을 쫓아냈다.

　다음 해에 양호는 노정공과 삼환 가문의 가주들 및 곡부의 모
든 귀족을 불러모아 다들 옛 원한을 버리고 한마음으로 군주인
노정공을 지지하겠다고 맹세하게 했다. 사실상 이 맹세는 그가
노나라를 완전히 장악했다는 상징이나 다름없었다. 당시 공자는
노나라에 살고 있었으니 분명히 이 맹세의 의식에도 참석했을
것이다. 그는 양호가 이렇게 성공한 데 대해 호기심을 가지고 이
현상을 분석해 보려 했다.

'배신집국명'이라는 대명제
공자는 원래부터 삼환 가문의 권력 독점에 불만을 품고 있었다.
노소공을 따랐던 것도 과두 정치에 반대했기 때문이었다. 하지만
양호가 권력을 장악하는 모습을 보며 공자는 만약 그와 같은 하

급 귀족이 국가 정권을 독점한다면 과두 정치제보다 더 불안정해진다고 생각했다.

이 상황에 대해 공자가 한 말은 《논어·계씨》 편에 기록되어 있다. 원문은 "공자왈, 천하유도 즉예악정벌자천자출, 천하무도 즉예악정벌자제후출. 자제후출 개십세희불실의, 자대부출 오세희불실의, 배신집국명 삼세희불실의孔子曰: 天下有道, 則禮樂征伐自天子出; 天下無道, 則禮樂征伐自諸侯出. 自諸侯出, 蓋十世希不失矣; 自大夫出, 五世希不失矣; 陪臣執國命, 三世希不失矣"라고 되어 있다.

이 말의 의미는 이러하다. 천하에 질서가 가장 바로 선 상황은 천자가 실권을 쥐고 문화와 교육과 군사를 관장해 '예악과 정벌에 관한 뜻이 천자에 의해 결정禮樂征伐自天子出'되는 상황으로 이것이 가장 안정적인 형세이다. 그러나 안타깝게도 서주가 무너지고 춘추 시대가 시작된 후로 천자가 유지하던 질서가 사라지고, 제후 열국이 스스로 문화, 교육, 군사권을 행사하게 되어 '예악과 정벌에 관한 뜻이 제후에 의해 결정禮樂征伐自諸侯出'되었다. 하지만 이 역시 질서를 완전히 잃어버린 상황은 아니다. 군주가 권위를 유지하고 있기만 하다면 안정적인 상황이 열 세대는 가기 때문이다. 한 세대의 군주가 집권하는 기간이 대략 20여 년쯤 되므로 열 세대면 곧 2백여 년이다. 춘추 시대가 시작된 때부터 공자의 시대까지는 마침 2백여 년이 지난 참이었다.

그러나 제후국 군주가 권력을 장악하는 상황도 잘 유지하지 못하고, 결국 '삼환' 가문과 같은 극소수의 과두 가문이 연합해서 국가 권력을 독차지하고 대대로 세습하며 과두 공화 체제를 형성했다. 이것이 바로 공자가 말한 예악과 정벌에 관한 의사가 '대부에 의해 결정되는自大夫出' 국면이다. 공자는 이러한 정치 상황은 다섯 세대 동안 유지된다고 보았는데, 계산해 보면 계평자는 계씨 가문의 6대째이고, 과두 공화제 정치 역시 더는 지속하기 어려운 시점에 와 있었다.

계평자가 사망한 후에는 과두 공화제보다 더 엉망인 국면으로 접어들었다. 양호와 같은 가신이 과두의 권력을 탈취해 국가 정권을 장악한 이 상황은 공자가 말한 '배신이 나라의 운명을 쥐고 있는' 배신집국명陪臣執國命 국면이다. '배신'은 대귀족 아래에서 일하는 소귀족을 가리키는데, 대부조차 아닌 사 계급이니 군주를 위해 직접 나서서 일할 자격이 없는 신분이었다. 그래서 공자는 배신이 권력을 장악하면 세 세대만 유지될 수 있다고 보았다.

공자는 배신이 정권을 장악한 상황만 불합리하다고 여기지 않았고, 과두나 제후국 군주가 권력을 독점한 상황 역시 불합리하다고 생각했다. 이 상황들은 양의 차이만 있을 뿐 질의 차이는 없었다. 하지만 그가 어떻게 이런 수치를 도출했는지는 정확히 알 수 없다.

역사상의 선례를 살펴보면, 공자가 22세 때부터 24세 때까지 계씨 가문에서 하급 관리직으로 일하는 동안 노나라에서는 이미 배신이 과두에게 도전하는 사건이 발생한 적이 있었다.

계씨 가문의 가주가 계평자였던 당시에 남괴南蒯라는 가신이 있었는데, 그의 집안은 몇 대를 이어 계씨 가문에서 집사를 맡고 있었다. 남괴의 직책 역시 비성을 관리하는 '재'였다. 이곳은 계씨 가문의 근거지로 가장 안심하고 맡길 수 있는 인물에게 관리하게 했을 뿐만 아니라 높은 성벽까지 쌓아 두었다. 만약 언젠가 계씨 가문이 군주와 반목해 내전이 일어나게 된다면 가장 든든한 기지가 될 곳이었다.

가주가 되기 전부터 그와 사이가 좋지 않았던 계평자는 가주 자리를 계승하고 나자 기회를 노려 남괴의 지위를 다른 이에게 주려고 했다. 하지만 남괴 역시도 계평자의 행동에 방비하고 있었다. 그는 노소공의 형제 중 한 명인 공자 은憖과 결탁해 정변을 일으킬 음모를 계획했다. 그들은 계평자를 몰아낸 후 계씨 가문의 모든 봉지와 가업을 군주에게 바치고, 공자 은은 계씨 가문이 정계에서 맡고 있던 역할을 대신하며, 남괴는 군주를 위해 일하는 대부의 신분에 올라 계속해서 비성을 관리할 생각이었다. 이 계획은 도중에 누설되었고, 상황이 심상치 않음을 느낀 공자 은은 제나라로 도망쳤다.

한편, 남괴는 비성의 백성들을 위협해 반란을 일으키고, 더는 계씨의 명령에 따르지 않으려 했다. 계평자는 조정의 이름으로 군사를 동원해 남괴를 토벌하려 했지만, 비성의 방어가 너무나 견고해서 2년 동안이나 전쟁을 계속했는데도 함락하지 못했다. 이때 어떤 이가 계평자에게 비성을 관리하는 다른 집사들에게 연락해 남괴에게 대항하도록 부추기라는 꾀를 알려주었다. 이 계획은 성공했고, 남괴 역시 제나라로 도망쳐 제경공에게 몸을 의탁했다. 그의 태도에 흥미를 느낀 제경공은 국제 관례에 따라 남괴를 보호했다.

제경공은 남괴를 상당히 중시해 간혹 자신의 연회에 초대하기도 했다. 한번은 술에 취해 남괴를 가리키며 "이런 반역자를 보았나!"라고 농담을 했다. 남괴는 "제가 계씨를 배반한 것은 노나라 군주께 충성을 다하기 위함입니다!"라며 자신을 변호했다. 그러자 연회에 참석했던 제나라의 대부 한 명이 보다 못해 남괴에게 "가신의 신분으로 마땅히 봉주를 위해 한마음으로 힘을 다해야 할 것인즉, 네가 신분을 뛰어넘어 군주의 환심을 사려 한 것이야말로 큰 죄이다家臣而欲張公室, 罪莫大焉!"[2]라고 호통을 쳤다.

2 《좌전·소공 14년》

이 일화를 통해 제경공의 미묘한 태도 또한 엿볼 수 있다. 그는 노나라 군주에 대한 남괴의 충성심은 물론 좋게 보았지만, 그렇다고 국내의 대귀족들과 공공연한 대립을 원하지는 않았다. 따라서 그는 남괴를 받아들여 주기는 했지만, 대화할 때는 선을 분명하게 그었다.

공자 은이 제나라로 망명한 일 또한 약간의 여파를 남겼다. 그의 딸 중 한 명이 나이 든 제경공에게 시집을 가서 젊은 부인이 되었다. 이후에 노소공이 제나라로 망명했을 때, 제경공은 노소공이 부인의 숙부이기도 했으므로 잘 대접했다.

그 후로 20여 년이 지나서 양호는 남괴보다 더 큰 성공을 거두었다. 하지만 어째서 이렇게 소귀족이 권력을 장악해 '배신집국명'하는 현상이 나타났는지에 관해 공자는 명확히 정리한 바가 없다. 현대인의 눈으로 보자면 이는 노나라의 '과두 공화제'에 빈틈이 있었기 때문에 발생한 현상이다. 첫 번째 원인은 경쟁이랄 것이 없었다는 점이다. 세 가문이 대대로 권력을 독점하며 심지어 내부의 위계질서조차 변하지 않았으니 이들 가문의 가주들은 수준이 점점 더 떨어질 수밖에 없었다. 계평자만 보아도 능력과 교양이 매우 부족했다. 그들은 태어나서부터 줄곧 사치스럽고 안일하게 생활하면서 관직에 오른 후에도 공식적인 상황에서의 예의나 외교 같은 일에만 관여할 뿐, 지방을 관리하는 일은 전부 가신들에게 맡겨 지방의 기본적인 상황조차 알지 못했다. 이 때문에 가신들에게 여러 기회를 가져다주는 결과를 낳았다.

두 번째 원인은 세 가문의 권세가 대대로 이어지는 상황에서 새로운 계승자는 대부분 나이가 어려 가문을 제대로 장악하지 못해 권력의 공백기가 발생하곤 했다는 점이다. 이 두 가지 원인이 결합한 덕분에 양호와 같은 가신이 권력을 손에 쥐는 상황이 발생할 수 있었다. 계씨 가문은 이미 노나라를 장악하고 있었으니, 계씨 가문의 권력을 손에 넣는 자가 노나라를 손에 넣는 것은 당연한 일이었다.

공자는 '배신집국명'하는 형세가 세 세대 동안 이어진다고 보았는데, 이는 백 년 가까이 되는 기간이다. 공자가 이 말을 한 지 백 년이 지났을 때는 전국 시대 초기인 기원전 400년경이다. 이때에 이르러서는 배신 집권과 과두 공화제만 붕괴한 정도가 아니라 귀족 세습 제도까지도 그 최후를 눈앞에 두고 있었다.

과두 공화제가 역사의 뒤안길로 사라진 방식은 두 가지였다. 한 가지는 과두 공화제가 매우 견고했던 노나라나 정나라 등의 경우이다. 이들 나라에서는 몇몇 과두 가문이 세력의 균형을 이뤄 매우 안정적인 '공화제'를 형성하고 있었다. 그들은 내전을 일으켜 서로 싸우지 않고 일치단결해 외부의 적에 대항했다. 정치적으로 개선을 실행할 수 없었던 이런 나라들은 시간이 흐를수록 약소국으로 변해 결국 강대국에 합병되고 말았다.

다른 한 가지는 과두 공화제가 집권 군주제로 변화한 방식이다. 가령 진晉나라에는 본래 십여 개의 대귀족 가문이 있었는데, 여러 차례 내전을 벌인 끝에 그들 중 한韓, 조趙, 위魏 세 가문만 남게 되었다. 이들 세 가문은 진나라를 셋으로 나누어 각자 독립된 나라를 세웠다. 제나라에서는 과두 중 하나인 전田씨 가문이 다른 과두 가문을 전부 없애 버린 다음 군주의 권력까지 찬탈해서 당당하게 군주의 자리에 올랐다. 이 사건을 '전씨대제田氏代齊'라 일컫는다. 한, 조, 위 삼국과 전씨가 차지한 제나라는 모두 전국 시대의 중요 국가였다.

어느 한 과두 가문이 국가 권력을 찬탈해 스스로 군주가 된 경우에는 과두 제도가 다시 출현하는 상황을 용인하지 않게 마련

이다. 이러한 군주는 귀족 제도조차도 존속을 원하지 않는다. 이
것이 바로 전국 시대 초기의 소위 '변법' 운동으로, 대내적으로는
귀족 계급을 없애 군주 집권제를 수립하고, 대외적으로는 부국강
병을 추구하며 정복 전쟁을 진행하자는 취지로 출발했다.

진秦나라와 초나라 등 몇몇 춘추 제후국에서는 군주가 줄곧
권위를 유지해 귀족들이 세습 과두로 변할 기회를 주지 않았다.
이 나라들 역시 전국 시대에 들어선 후에 변법을 시행해 귀족 계
급을 없애 버렸다. 진나라는 변법을 가장 철저히 시행한 덕분에
결국 나머지 여섯 나라를 멸하고 통일을 이룰 수 있었다.

전국 시대에 변법을 시행할 때도 역시 인재가 필요했다. 군주
혼자서 할 수 있는 일이 거의 없었기 때문에 군주를 위해 일할
사람이 있어야 했다. 그렇다면 누가 군주를 도와 변법을 시행할
수 있었을까? 대귀족은 자신들에게 골칫거리가 될 일을 하지 않
으려 했을 터이고, 일반 백성들은 지식이 없어 이러한 일을 할 능
력이 모자랐다. 따라서 변법을 시행하는 일은 신분이 비교적 낮
은 소귀족들만이 할 수 있었다. 그들은 대귀족 아래에서만 일한
다면 평생 가도 좋은 날이 오지 않겠지만, 만약 군주에게 제의해
변법을 시행한다면 분명히 큰 공을 세워 순식간에 출세할 수 있
음을 깨달았다.

전국 시대에 변법을 추진했던 가장 대표적인 인물인 상앙商
鞅, 오기吳起, 이회李悝 등은 모두 뜻을 펴지 못하고 살아왔던 소귀
족들이었다. 이들 역시 처음에는 '배신'의 역할을 맡았다고 할 수
있지만, 군주와 협력적인 고용 관계를 맺은 후에는 군주와 함께
변법을 시행해 귀족 제도를 없애고 관료제를 수립했다. 제경공
수하의 대신이 남괴를 꾸짖으며 했던 말인 "가신이욕장공실家臣而
欲張公室", 즉 배신의 신분으로 군주를 위해 일하려는 상황이 전국

시대에는 현실이 되었다.

춘추 시대의 귀족 세습 제도가 전국 시대에 와서 군주 집권제 및 관료제로 변화한 것은 중국 역사상 대단히 큰 전환점이다. 공자의 시대에는 이미 귀족 세습제와 과두 공화제가 빈틈투성이가 되어 무너지기 직전이었다. 공자의 이상은 귀족 세습제의 최초 단계, 즉 규율이 가장 바로 서 있었던 상태의 회복이었지만, 이러한 이상은 현실성이 없었다. 귀족의 숫자가 너무 많이 늘어나 주나라가 막 세워졌을 당시와 비교하면 백 배, 천 배를 넘어섰기 때문에 그들에게 다 골고루 분배해 주기에는 자원이 모자랐다. 즉, 공자 역시도 백 년 후의 역사가 어떻게 변할지는 전혀 예측하지 못했다.

그러나 다른 한편으로 공자가 평생 가장 힘썼던 사업은 공교롭게도 귀족 세습제를 바닥부터 무너뜨리는 계기가 되었다. 누구에게나 차별 없이 교육을 베풀고 제자를 양성하며 계급의 한계를 뛰어넘어 지식을 보급했던 일이 바로 관료제를 향해 나아갈 준비 작업이 되었기 때문이다. 물론 이것은 아주 나중에 발생한 결과이다.

길에서 마주치다

권력의 정점에 서게 된 양호 역시 공자를 주목하고 있었다. 양호는 노나라를 완전히 장악한 후에 직접 공자를 찾아와서 관직을 맡아 자신과 함께 일하자고 권한 적도 있었다. 이 일은 《논어》에 상세히 기록되어 있다. 양호는 공자를 만나고 싶어 했지만, 공자는 사람을 시켜 자신이 집에 없다고 전하게 하여 그를 피했다. 그러자 양호는 공자가 자신을 찾아오기를 바라며 선물을 남겼다.

그러나 한편으로 공자는 공공연히 그와 대립하고 싶지 않았다. 귀족의 사교 예절에서는 누군가 자신을 찾아왔다면 그때 자신이 부재중이었다 해도 추후에 반드시 답방해야 했기에 공자는 일부러 양호가 외출한 날을 노려 찾아가기로 했다. 갔는데 마침 주인이 집에 없어 선물만 전해 주고 돌아온다면 직접 대면하는 어색함을 피할 수 있으면서 예절에도 맞는 일이었다.

그런데 공교롭게도 공자는 집으로 돌아가는 길에 양호와 정면으로 마주쳤다. 두 대의 마차가 마주 보며 앞으로 나아갔는데, 당시에는 길이 좁은 데다가 마차에는 지붕도 없어 못 본 척을 할 수가 없었다. 양호도 공자를 알아보고서 마차를 세우고 인사하며 "아, 너구나. 이리 좀 와 보거라. 내가 할 말이 있다來! 予與爾言"라고 말했다. 이 말은 가장 소박한 구어체로, '여予'와 '이爾'는 바로 '나'와 '너'일 뿐 당신이니 각하니 저니 하는 존칭이나 겸양어가 아니었다.

두 대의 마차를 길가에 마주 세워 두고 사람은 마차에서 내리지 않은 채로 대화를 나누는 일을 고대에는 '양산을 기울이고 대화하다傾蓋而談'라고 했다. 가정에서 사용하는 마차에는 햇빛을 가리거나 비를 피하려고 우산과 비슷한 덮개를 달아 두었기 때문이다[이 덮개를 떼어내면 전차가 된다]. 두 대의 마차를 가까이 세운 후 마차 덮개를 기울여야만 대화에 방해가 되지 않았다.

양호는 공자가 제자들을 가르칠 때 가장 강조하는 덕목이 '인', 즉 인애仁愛이며 그다음으로 강조하는 바가 '지', 즉 지혜智慧임을 알고 있었다. 가령 '지혜로운 이는 물을 좋아하고, 어진 이는 산을 좋아한다知者樂水, 仁者樂山'라는 말 역시 《논어》에 나오는 구절이다. 공자가 적극적으로 나서도록 자극하기 위해 양호는 공자의 마음을 가장 잘 움직일 만한 말로 대화를 시작했다.

양호는 "공구 자네는 학식이 깊고 능력이 뛰어난데도 벼슬을 하러 나서지 않고 나라가 혼란한데 손 놓고 보고만 있으니, 이를 어진 행동이라 할 수 있는가? 할 수 없다! 자네는 줄곧 벼슬을 하고 싶어 하면서도 매번 기회를 놓치기만 하니, 이를 지혜롭다 할 수 있는가? 마찬가지로 그럴 수 없다! 시간은 쏜살같이 흐르니 세월은 우리를 기다려 주지 않는다!"라고 말했다. 공자는 그 자리에서 "좋다. 나는 당장 벼슬자리에 나서겠다"라고 대답했다.[3]

　이것이 바로 《논어》에 기록되어 있는 공자와 양호가 길에서 마주친 일화이다. 양호는 사실을 전부 솔직하게 이야기했다. 공자는 실제로 항상 벼슬을 하고 싶어 했지만, 운이 좋지 않아 35세 때 노소공을 따랐던 후로 50세가 다 된 이 시점까지 계속 시기를 놓치고 기회를 얻지 못했다. 이러던 때에 양호가 삼고초려에 비견할 만한 성의를 보이며 공자에게 같이 일하자고 권유한 것은 상당히 극적인 면이 있다.

　이렇게 좋은 기회가 왔으니 공자는 이 권유를 받아들였을까? 공자는 사실상 권유를 받아들이지 않았고, 그 후로도 두 사람은 각자의 길을 걸어갔다. 양호는 계속 정권을 잡고서 병사를 이끌고 전쟁했고, 공자는 계속 제자들을 가르쳤다. 이러한 결과를 후세 사람들은 이상하게 여기지 않았다. 어쨌든 두 사람은 뜻하는

3 《논어·양화》: "양화가 공자를 만나고자 했으나 공자가 만나 주지 않아 공자에게 돼지를 보냈다. 공자는 그가 집에 없는 때를 틈타 감사를 전하고 돌아오는 도중에 그를 만났다. 양화는 공자에게 '이리 오게, 내가 너에게 할 말이 있다'라 하더니 말했다. '마음에 보물을 품고 있으면서도 나라를 혼미하게 놓아둔다면 어질다고 할 수 있는가?' '할 수 없다.' '일하기를 즐기면서 자주 때를 놓친다면 지혜롭다 할 수 있는가?' '할 수 없다.' '날이 가고 달이 흘러 세월은 우리를 기다려 주지 않는다.' 공자는 '알겠다. 나는 장차 벼슬을 할 것이다'라 답했다."(陽貨欲見孔子, 孔子不見, 歸孔子豚. 孔子時其亡也, 而往拜之, 遇諸塗. 謂孔子曰: '來! 予與爾言.' 曰: '懷其寶而迷其邦, 可謂仁乎?' 曰: '不可.' '好從事而亟失時, 可謂知乎?' 曰: '不可.' '日月逝矣, 歲不我與.' 孔子曰: '諾. 吾將仕矣.')《주희집주朱熹集注》: "양화는 계씨의 가신으로 이름은 호이다."(陽貨, 季氏家臣, 名虎.) 화貨는 고대에 호虎와 음이 같은 글자였다. 혹자는 양호의 자가 화라고 보기도 한다.

바가 달라 함께 일을 도모할 수 없는 사이였으니, 공자는 아마도 그 자리만 모면하기 위해 대충 대답했을 뿐이고, 마음속으로는 여전히 양호를 적으로 여겼다고 생각했기 때문이다.

그러나 진상은 이렇게 간단하지 않다. 공자와 양호 두 사람의 관계는 후세 사람들이 생각하는 것보다 훨씬 더 복잡했다.

신상에 대한 의혹

《논어》의 내용은 아주 간략하다. 대부분의 편은 공자의 말 한두 마디 정도로만 이루어져 있다. 그런데 양호와 공자가 마주친 이 편만 길이가 아주 긴 데다 공자는 거의 말이 없고 양호 혼자 일장 연설을 한다. 이러한 편은 《논어》 중에서 거의 유일하다 할 수 있다. 이는 분명히 이때 공자를 수행했던 제자가 직접 목격하고 깊은 인상을 받아 아주 길고 자세하게 기록했기 때문이다.

그렇다면 그 제자는 어째서 이 일에 깊은 인상을 받았을까? 이 이면에는 후세 사람들이 눈치채지 못한 문제가 하나 숨어 있다. 공자의 생김새가 양호와 대단히 닮아 서로 헷갈릴 정도였기 때문이다. 서로 쏙 빼닮은 데다 키가 아주 큰 50세 가까이 되는 두 남자가 길가에 마차를 마주 세워 두고 마차 난간에 기대어 대화하는 모습은 분명히 사람들의 이목을 끌었을 것이다.

공자의 제자들이 《논어》를 편찬한 시기는 공자가 사망한 지 적어도 20년이 지난 후라는 사실을 기억해야 한다. 양호와 대화를 나눈 이때부터는 40년이 넘게 지난 시점이다. 이렇게 오랜 시간이 지난 후까지 당시의 광경과 대화 내용을 이 정도로 확실히 기억하기는 아주 어려운 일이다. 공자의 제자들도 이 두 사람이 같은 자리에 있는 광경을 거의 보지 못했기 때문에 깊은 인상을 받은 듯하다.

공자와 양호의 생김새가 닮았다는 기록은 《사기·공자세가》
에도 존재한다. 원문은 '공자상류양호孔子狀類陽虎'로 공자의 모습
이 양호와 닮았다는 뜻이다. 이로부터 몇 년 후, 공자는 이 때문
에 살해당할 뻔하기도 했다. 양호의 적들이 공자를 양호인 줄 알
고 붙잡아서 며칠 동안이나 가둬 두었기 때문이다. 나중에 다른
사람이 양호가 아니라고 증명해 주어 사람을 잘못 보았음이 확
실해진 후에야 공자는 풀려날 수 있었다. 이 일은 두 사람이 얼굴
생김새뿐만 아니라 키와 체격까지 비슷해 남들이 오인할 정도였
다는 사실을 말해주는 증거이다.

세상에는 서로 닮은 사람들이 존재하기 마련이지만, 대부분은
그저 단순한 우연일 뿐이다. 그러나 공자의 생김새를 닮기는 그
리 쉬운 일이 아니었다. 《사기》의 기록에 의하면 공자는 좀 이상
하게 생겨서 이목구비가 전부 정상적인 사람들과 달랐다고 한다.
간단히 말하자면 좀 못생긴 편이었다는 뜻이다. 가장 눈에 띄는
특징은 머리 위쪽이 불쑥 솟아 있어 남극노인성南極老人星 그림과
좀 비슷해 보인다는 점이었는데, 이러한 용모상의 특징까지 동일
한 사람을 찾기는 쉽지 않다.

또한 공자는 키가 아주 커서 당시에 '꺽다리'라는 별명까지 있
었는데, 춘추 시대에는 군계일학이라 할 만했다. 이것은 아버지
공흘에게 물려받은 독특한 유전자 때문이다. 이렇게 공자와 용모
뿐만 아니라 체형까지 비슷한 동년배 인물이 있다는 사실은 우
연이라는 말로만 설명할 수 있는 일이 아니다. 이에 대해서는 공
자의 아버지인 공흘의 세대에서 원인을 찾아야 할지도 모른다.

공흘은 대귀족인 맹손씨의 봉신이었고, 양호의 가문은 맹손씨
의 방계였다. 따라서 공자의 아버지와 양호의 가문은 모두 같은
사교계에 속한 동료로 두 가문은 분명히 왕래가 있었을 것이다.

공흘은 규율에 얽매이지 않는 난봉꾼으로 자신이 관리를 맡은 지역의 농가 여인과 몰래 정을 통해 공자를 낳았다. 그런데 그의 오랜 동료 집안에서 양호라는 아들이 태어났고 생김새가 공자 혹은 공흘을 빼닮았다. 이 점을 보면 공흘의 혐의는 매우 크다.

그러나 이는 모두 추측에 불과하다. 양호의 가문에 관한 직접적인 정보는 역사서에 거의 없고, 그저 양호에게 사촌 형제가 하나 있었던 듯하다는 기록밖에 없기 때문이다. 그렇다면 더 직접적인 증거가 남아 있는 문헌은 없을까?

실제로 현재까지 그 어느 학자도 발견하지 못했던 증거가 하나 있다. 다들 양호의 이름은 양호일 뿐, 그 또한 맹손씨 가문의 구성원이므로 원래 이름이 맹손호 혹은 맹호라는 사실을 잊고 있었기 때문이다.

이렇게 해서 놀라운 증거가 발견되었다. 《예기》에 실제로 이 맹호라는 인물에 관한 기록이 존재한다. 기록에 의하면 등백문이라는 사람이 맹호孟虎와 맹피孟皮를 모두 자신의 숙부로 모셨는데, 이 두 숙부가 사망하자 등백문은 이들을 위해 각각 상복을 입고 상을 치렀다고 한다.[4] 이 기록은 공자의 친척에 관한 정보가 가장 많이 기록되어 있으며 가장 권위 있는 역사적 문헌인 《예기·단궁》편에 등장하는데, 공자가 15세 때 어머니의 장례를 중지하고 아버지 가문에 입적된 일화 역시 이 편에 기록되어 있다.

앞에서 소개한 바와 같이 맹피는 공자와 아버지는 다르고 어

---

4 《예기·단궁상》: "등백문은 그의 숙부인 맹호를 위해 상복을 입었으며, 그의 숙부인 맹피를 위해서도 상복을 입었다."(滕伯文爲孟虎齊衰, 其叔父也; 爲孟皮齊衰, 其叔父也.) 주의할 점은 '맹피'라는 인물은 《예기》의 이 구절에 단 한 번 등장할 뿐이며 그와 공자의 혈연관계에 관해서는 설명이 되어 있지 않다는 것이다. 그러나 왕숙의 《공자가어》에는 맹피가 공자의 형이라고 기록되어 있다. 이 이면의 전승 관계는 매우 복잡해 어느 것이 정설이라 확정하기 힘들다.

머니는 같은 형이다. 양호는 꽤 늦게, 아마도 공자가 죽은 이후에 사망했다. 그들이 모두 죽어 예전의 갈등이 전부 해소된 뒤에야 후손들은 두 사람 사이의 혈연관계를 폭로하는 데 개의치 않게 되어《예기·단궁》편에 기록했다. 다만 안타까운 부분은 지금껏 누구도 맹호가 바로 양호라고 생각하지 못해 후세의 학자들이 《예기》의 이 대목에 주해를 달 때 다들 잘못 해석했으며, 두 사람의 혈연관계에 대한 오랜 수수께끼는 더더욱 찾아내지 못했다는 점이다.

그렇다면 맹호는 어째서 양호라고도 불렸을까? 공자가 49세 되던 해에 양호[맹호]는 제나라와의 전쟁에서 제나라에 점령당했던 노나라 영토의 일부를 돌려받았는데, 그중에 양관陽關이라는 지역이 있었다. 이곳은 "서쪽으로 양관을 나가면 오랜 벗이 없느니西出陽關無故人(왕유王維의 시 〈송원이사안서送元二使安西〉의 마지막 구절)"의 양관이 아니라 지금의 산둥성 서부 지역이다. 맹호는 이 양관을 자신의 봉읍으로 삼아 '양'이라는 씨를 얻게 되었는데, 이것이 그를 양호라고 부르게 된 내력이다. 이 일이 없었다면 계속 맹호라는 이름을 썼을 것이다.

대부분의 역사서에 맹호가 아니라 양호라고 기록되어 있는 이유는 양호가 나중에 삼환 가문의 노여움을 사 결국 그중 하나인 맹손씨 가문에서 '제명'을 당한 셈이었으므로, 당시 사람들이 책을 쓸 때 피휘避諱하기 위해 감히 맹호라는 이름을 쓰지 못했기 때문이다.《예기》는 정치에 관한 내용은 없이 친척 관계만 다룬 책이어서 오히려 '맹호'라는 옛 이름을 쓸 수 있었다.

일부러 같은 길을 가지 않다

이로써 양호와 공자의 관계에 관한 수수께끼는 완전히 풀렸다.

물론 후세 사람의 입장에서 우리는 공자의 시대 사람들을 바보로 여겨서는 안 된다. 후세 사람이 문헌을 통해 추측할 수 있는 사실을 당사자들이 몰랐을 리가 있겠는가? 노나라는 그리 큰 나라가 아니었고 귀족 사회는 더더욱 작았다. 많지 않은 사람이 매일같이 교류하는 사회인 만큼 그 안에서는 무슨 소식이든 아주 빨리 퍼져나가기 마련이었다. 게다가 양호는 노나라의 권력자 중 일인자였으니, 그와 관련이 있는 소식이라면 아무리 작은 것이라도 숨길 수 없었다.

이 점을 알고서 양호와 공자가 어렸을 때 충돌했던 일을 다시 살펴보면 새로운 각도에서 이해할 수 있다. 양호는 아직 소년이었는데도 계손씨 가문의 연회에 참석했다. 이는 그의 법적 부친인 맹손씨 가문의 아버지가 일찍 세상을 떠났다는 사실을 설명해 준다. 양호는 태어나자마자 귀족 사회에 속했으니 공자보다 훨씬 많은 사실을 알 수 있었고, 그중에는 자신의 신세에 관한 소문 또한 포함되어 있었다.

만약 소년 양호가 시골 마을에 공흘의 사생아가 하나 있는데 공씨 가문에 정식으로 입적되기까지 했다는 소식을 들었다면 무슨 생각이 들었을까? 아마도 형제간의 정을 느끼기보다는 소년 특유의 반감과 인정하지 않으려는 마음이 먼저 들지 않았을까? 그래서 양호는 계손씨 가문의 연회 날 대문 앞에서 소년 공자에게 적의를 드러내며 그를 쫓아냈는지도 모른다. 즉, 이것은 소년들 사이의 가벼운 다툼이었다.

그러나 나이가 들면서 성미가 급했던 시절도 다 지나자 양호는 전과 다른 생각을 하기 시작했다. 공자가 40세 때 제나라에서 노나라로 돌아온 후로 노소공을 따랐던 행동 탓에 화를 입지 않았던 이유는 아마도 양호가 줄곧 뒤에서 몰래 그를 보호해 주었기 때문일 수도 있다.

그 후에 양호는 공개적으로 공자에게 벼슬을 하러 나서라고 권유했다. 이 행동은 그가 자신과 공자의 관계를 사회 전체에 알릴 준비를 하고 있었다는 의미이다. 양호는 태어날 때부터 귀족 신분이었던 데다가 중년 이후로는 대권을 장악해 무슨 일이든 거리낌 없이 공개적으로 해 왔으므로 공자에 대한 호감 역시 전혀 숨기지 않고 드러낼 수 있었다.

양호가 이렇게 한 것은 몇십 년 동안이나 서로 인정하지 않았던, 그리고 줄곧 뜻을 이루지 못하고 살아왔던 이 공구라는 이복형제의 생활을 경제적인 면에서 돌보아 주고자 했기 때문만은 아니다. 양호와 마찬가지로 공자 역시도 큰일을 하려는 뜻을 품은 사람이었으므로, 물질적인 생활에만 신경을 쓴 것은 결코 아니었다.

전국 시대 유학의 대가인 맹자가 기록해 둔 양호의 한마디 말이 있다. "부유해지고자 하면 어질어질 수 없고, 어질어지고자 하면 부유해질 수 없다爲富, 不仁矣. 爲仁, 不富矣[5]라는 말이다. '위부불인爲富不仁'이라는 성어가 바로 이 말에서 나왔다. 이는 마치 공자의 어록처럼 보인다. '인'이라는 개념은 바로 공자 사상의 핵심이다. 양호가 이렇게 말한 이유는 공자가 노상 '인'을 강조했으나 부유해지지는 못했기 때문이다. 부유해지기 위해 어질지 못했던 이는 곧 계손씨를 위시한 삼환 가문을 가리킨다. 양호는 공자가 자신과 함께 일해서 부를 위해 인을 버린 이들을 타도할 수 있기를 바랐다. 어쩌면 양호는 길가에서 공자와 대화할 때 이 말을 했는지도 모른다. 비록 《논어》에는 기록되지 않았지만, 이 말은 공자의 제자들 사이에서 줄곧 전해져 내려와 맹자에게까지 전해졌다.

5 《맹자·등문공상滕文公上》

　과두 공화제의 규율 속에서 공자와 양호는 모두 억압받는 신분이었다. 그들은 모두 이 규율을 반대하고 개조하고자 했지만, 선택한 방식이 서로 완전히 달랐다. 양호는 무력으로 해결했고, 공자는 과두들이 스스로 개선해야 한다고 주장했다. 이 두 사람은 마치 동전의 양면처럼 달랐지만, 서로 보완하는 관계였다.

　삼환 가문을 치고자 하는 양호의 의도는 일찍이 명확하게 드러났다. 만약 공자가 그와 손을 잡았다면 춘추 시대의 역사는 크게 변화했을 것이며, 공자 역시도 후세 사람들에게 익숙한 그런 모습으로 알려지지 않았을 것이다. 아쉽게도 그런 변화는 일어나지 않았고, 두 사람은 그 후로도 전과 다름없이 살아갔다.

　그들은 어째서 결국 함께 행동하지 못했을까? 양호의 입장에서 보면, 그는 아마도 이 모험에 공자를 끌어들이고 싶지 않았는지도 모른다. 삼환 가문을 제거하는 계획이 성공한 후에 공자와 함께 행동해도 늦지 않다고 보았을 수도 있다.

　공자의 입장에서 보면, 그가 공공연히 양호와 같은 편에 서기를 원하지 않았던 데는 정치적인 의견이 다르다는 이유 외에도 더 복잡한 심리적인 갈등이 존재했다. 공자는 천민으로 태어나 자라던 도중에 공씨 가문에 입적되어 귀족이 되었기 때문에 귀족 사회 속에서 늘 이질감을 느끼며 몸을 낮추어 처신해야 했다. 그는 가정과 남녀 관계에 대해 매우 보수적인 관점을 가지고 있었는데, 이는 어려서부터 편모슬하에서 하층 사회에 속해 성장한 트라우마 때문이다. 따라서 그와 양호의 관계에 관한 소문이 사회에 퍼지기 시작하자 공자는 본능적으로 의심을 피하려는 쪽으로 반응해 양호와의 교류를 최대한 멀리했다. 공공장소에서 이 화제가 나오면 곧바로 천민 신분의 사생아라는 그의 출신 이야기로 흘러갈 수도 있기 때문이다. 이렇게 민감하고도 복잡하게 꼬인 심리는 공자가 온 힘을 다해 양호와 거리를 유지하고 정치적인 견해가 서로 다름을 공개적으로 드러내며 '배신집국명' 현상을 비평하게끔 했다.

그러나 다른 한편으로 어려서부터 아버지가 없고 어머니도 일찍 세상을 떠났던 경험은 공자가 가족 간의 정을 무척 중시하게 만들기도 했다. 공자는 이부동모異父同母인 형 맹피와 그리 사이가 좋지 않았다[이에 관해서는 이 책의 이후 내용에서 설명한다]. 상황이 이러했으니 공자의 마음속 깊은 곳에 양호가 차지하는 부분은 점점 더 커질 수밖에 없었다. 공자가 감히 양호를 공공연히 비판할 수 있었던 이유는 양호가 그런 일로 자신을 원망하며 보복할 리가 없음을 마음속으로 잘 알고 있었기 때문이다. 이러한 심리는 '구해도 얻지 못하는' 상황 때문에 생겨난 꼬인 마음 내지 어리광에 가깝다.

길에서 양호와 마주친 일은 공자가 처음으로 자신과 양호 사이의 혈연관계를 직시한 경험이었다. 공자는 동요했고, 결국 또 회피를 택했다. 공자는 이 이후의 인생 속에서 양호와 같은 길을 걷고자 하는 충동을 여러 번 느꼈고, 이는 모두 《논어》에 기록되어 있다. 양호와의 관계라는 부분에서 공자는 만년 내내 갈등과 동요 속에서 살아갔다고 할 수 있다. 이는 공자의 인격에서 가장 취약하고도 애처로운 부분이었다.

양호의 국가정책

양호가 정권을 장악한 몇 년 동안 한 일은 주로 전쟁, 그리고 큰 나라와 동맹을 맺어 연합전을 벌이는 일이었다.

양호는 국제 관계에서 노나라의 위치를 진晉나라에 복종하고 제나라에 대항하는 나라로 확정했다. 노나라는 이미 오래전부터 이렇게 하고 있었으므로 양호의 정책이 새로운 방향은 아니었다. 백여 년 전의 성복城濮 전쟁에서 진문공이 초나라에 승리한 후로 진나라는 중원의 패주가 되어 주나라 천자를 대신해 질서를 유지하는 역할을 맡았고, 노나라는 줄곧 진나라에 복종했다. 노나라와 진나라는 모두 주나라 왕실로부터 분봉된 제후국이며, 조상이 같은 가문에 속해 있었다.

진문공이 세력을 떨치기 한 세대 전에는 제환공이 패자의 자리에 올라 있었다. 따라서 진나라라는 새로운 패주에 제나라 사람들은 내심 승복하지 않고 있었다. 진문공이 사망한 후로 백여 년 동안 진나라와 제나라 사이에서 제법 큰 전쟁이 두 번 일어났는데, 두 번 다 참패했던 제나라는 승복하지 않으려야 않을 수 없게 되었다. 그러나 한편으로 진나라 역시 제나라가 연륜과 실력 면에서 모두 상당히 앞서 있다는 사실을 알았기 때문에 감히 제나라를 자신의 정치상 속국으로 간주하지 못하고 비교적 평등한 위치로 대했다.

노나라와 제나라는 남북으로 인접해 있는 데다 성이 달라서 서로 통혼할 수 있는 사이였으므로 관계가 괜찮은 편이었다. 간혹 작은 규모의 전쟁이 일어나긴 했지만, 기본적으로 사돈 사이의 작은 다툼 정도라 길게 끌지 않고 지나가곤 했다.

양호가 정권을 잡았던 시기에 노나라와 제나라 사이의 가장 주된 갈등은 노소공의 망명이었다. 이 때문에 전쟁이 시작되었고, 특히 노정공 6년부터 8년까지 3년 동안[공자의 나이 48~50세 때] 두 나라는 계속 전쟁을 벌였다. 제나라는 버티다 못해 점령했던 노나라의 영토 일부를 반환했지만, 전부 돌려주지는 않았기 때문에 전쟁은 그치지 않고 계속되었다.

그뿐만 아니라, 양호는 노나라 군대를 이끌고 정나라를 공격하기도 했다. 정나라 역시 주나라 왕실의 분봉 제후국으로 진나라의 남쪽, 초나라의 북쪽에 있었는데, 줄곧 두 강대국 사이에서 이리저리 흔들리며 독립성을 유지하지 못했다. 양호가 집정할 당시에는 초나라의 힘이 조금 약해져 있었는데, 정나라는 이 기회를 틈타 세력을 일으켜 진나라가 수립해 둔 국제 질서에 도전했다. 그들은 몇 년 전에 일어났던 주나라 왕실의 내전에서 패배한 왕자 조의 망명 세력을 지지하며 주변의 소국을 집어삼켜 중원의 맹주를 자처하는 진나라의 큰 노여움을 샀다.

양호가 정나라를 친 것은 진나라를 대신해 정나라를 벌하기 위해서였다. 물론 정나라 토벌은 명목상 노정공이 친히 군사를 이끌고 출정했다고 되어 있다. 노나라와 정나라는 인접해 있지 않았기 때문에 노나라 군대는 일단 서쪽으로 위衛나라를 가로질러서 정나라의 광성匡城 등의 지역을 점령하고 성을 파괴해 징벌의 뜻을 드러냈다. 광성을 파괴한 이 일로 공자는 상당히 곤란해지지만, 이는 나중 이야기이다.

그런 다음 양호는 노나라의 전차와 군대를 이끌고 위나라를 가로질러 개선했는데, 이 과정에서 아주 극적인 사건이 발생했다. 당시 중원 열국의 규칙에 의하면 군대가 다른 나라의 경내를 통과하려 할 때는 우선 사람을 보내 길을 빌리겠다고[가도假道] 통보해야 했다. 그런데 양호는 돌아갈 때 사전에 통보하지 않고 그대로 위나라 도성 남문으로 들어가 위세를 부리며 대로를 질주해서 도성 동문으로 빠져나가 노나라로 향했다. 위령공은 대단히 노해 군사를 보내 뒤쫓으려 했으나, 주위 사람들이 말려서 결국 참고 넘어갔다. 양호가 이렇게 날뛴 이유는 당시 위령공이 진나라에 다소 반목하는 기색을 보였기 때문이다. 이 역시 양호가 진나라를 대신해 행동으로 위나라에 경고한 셈이다.

후세 사람들은 군대가 다른 나라 도성의 대로를 버젓이 활보하는 일을 이해하기 힘들 수 있다. 사실 춘추 시대의 국가 간의 관계는 근대를 비롯한 그 이후의 시대와 상당히 달랐다. 당시의 중원 열국은 모두 주나라 천자의 통치를 받는 구성원이라는 암묵적인 인식이 있었으므로, 열국 사이에서는 서로 군사적인 경계를 거의 하지 않는 편이었다. 야만족의 나라와 인접한 나라라 해도 두 나라 사이의 거리가 상당히 먼 편이라 대응할 만한 시간을 벌 수 있었기 때문에, 이들 역시 일반적으로는 국경을 전문적으로 관리하는 지방 기구를 두지 않았다. 당시에는 국경선을 '봉강 封疆'이라 불렀는데, '봉'은 길가에 흙더미를 쌓아 국경을 표시했다는 의미이며, 그 외에 다른 관리 조치를 시행하는 경우는 거의 없었다. 청나라 때의 한 학자는 이러한 제도를 〈춘추열국불수관새론春秋列國不守關塞論〉이라는 글로 정리했다.[6]

정나라를 벌하고 돌아온 후에 양호는 계환자와 맹의자를 진나라로 보내 전쟁 결과를 보고하고 포로를 진상하며 맹주인 진나라에 존중을 표했다. 노나라의 이 진나라 방문단은 그 격이 상당히 높았다. 지금까지 주나라 천자의 이름으로 제후들을 소집해 회의를 열 때를 제외하고는 계손씨와 맹손씨 두 가문의 가주가 동시에 외국으로 나간 적이 거의 없었다.

이 당시 진나라는 여섯 개의 경 가문이 연합해 정권을 잡고 있었다. 이들 과두 가문은 각기 다른 일을 분담하고 있었고, 진나라의 영토는 기본적으로 그들의 봉읍으로 나뉘어 있었다. 중원 제후국도 이 여섯 가문이 나누어 맡아 관리했는데, 노나라에 관한 사무를 주관하는 가문은 범씨 가문이었다. 몇 년 전의 노소공 망명 사건 때 질서를 유지하기 위해 진나라의 군대를 이끌고 갔던

6 고동고顧棟高(청), 《춘추대사기春秋大事記》 권9, 〈춘추열국불수관새론春秋列國不守關塞論〉.

범헌자가 이번에는 계환자와 맹의자를 접대했다. 그는 종종 삼환 가문에게 뇌물을 받으며 그들의 보호막이 되어 주곤 했다.

맹의자는 양호가 권력을 독점하고 있는 상황을 견딜 수 없었지만 이 일을 공개적으로 폭로할 수는 없었다. 그리 해 보아야 아무 소용도 없었다. 그래서 그는 "만일 언젠가 양호가 노나라에 더는 있을 수 없게 되어 진나라로 온다면 반드시 그에게 관직을 내려 주십시오!"라는 말로 범헌자에게 넌지시 암시했다. 이 말은 삼환 가문과 양호가 같은 편이 아니므로 조만간 무슨 일이 일어날 터이니, 미리 알고 준비해 두라는 의미였다.

범헌자는 이 일을 깊게 생각하지 않았다. 그는 탐욕스럽기는 했으나 음험한 속셈은 없는 사람이었다. 그는 진나라의 국무회의 때 노나라의 이러한 상황을 다른 경들에게 알려주었다. 경 가운데 한 사람인 조간趙簡子[조앙]은 "보아하니 노나라의 삼환 가문은 양호를 두려워하면서도 미워하는 듯하니, 양호가 노나라에 발붙이지 못하게 된다면 필시 진나라로 올 것이다"라고 말했다. 조씨 가문과 범씨 가문은 이 당시 이미 사이가 벌어졌다. 따라서 조간자는 범씨 가문이 삼환 가문과 사이가 좋으니, 만약 앞으로 조씨와 범씨 가문이 반목하게 된다면 범씨 가문은 분명 삼환 가문과 동맹을 맺으려 할 테고, 그렇다면 양호는 조씨 가문에 쓸모있는 장기말이 되리라고 생각했다.

춘추 시대의 국제 관계가 대단히 복잡했던 이유는 바로 그 내부에 단순히 국가 간의 관계뿐만 아니라 열국의 각 과두 가문 사이의 내분 및 연맹 또한 존재했기 때문이다.

또 한 번의 내전

양호는 3년 동안 계속 전쟁하면서 노나라 귀족들의 새로운 문제점을 폭로했다. 이들이 이미 조상 세대의 용기를 잃어버려 전장에서 목숨을 걸지 않는다는 점이었다.

3년 동안 노나라와 제나라 사이에서 벌어진 전쟁은 마치 어린아이의 놀이나 중학생의 소풍 같았다. 전장에 도착하기 전부터 신이 나서 왁자지껄 떠들다가 막상 양국 군대가 대진하게 되면 모두 벌벌 떨며 감히 부딪치지 못했다. 염맹冉猛이라는 사 계급의 귀족은 1년 사이에 두 번의 전투에 참여했는데, 한 번은 다쳐서 다리를 저는 척했고, 또 한 번은 아예 전차에서 미끄러진 척하며 일부러 떨어졌다. 뻔뻔하기 짝이 없는 이 염맹이란 자는 그래 놓고도 아주 득의양양했다. 화가 난 양호는 "다친 척은 그만해라盡客氣也!"[7]라며 그를 꾸짖었다. '객기客氣'는 현대 중국어에서처럼 예의를 차린다는 뜻이 아니라 시치미 떼거나 가짜로 그런 체한다는 의미이다. 양호는 이러는 이들을 어찌할 수가 없었다.

노나라뿐만 아니라 정, 위, 제, 송나라 등 중원 제후국들, 그리고 심지어 초나라와 같이 본래 오랑캐의 성격을 상당히 뚜렷하게 지녔던 나라에서도 이와 같은 귀족들의 퇴화 문제가 발생했다. 전쟁은 본디 귀족의 본업이었지만, 그들은 이 본업을 제대로 하지 못하게 되었고, 그렇다고 꼭 문화에 조예가 깊지도 않았다. 결국 귀족들은 일하지 않고 빈둥거리며 퇴폐적인 생활을 일삼았다. 오랫동안 계손씨의 가신으로 일한 양호는 계평자가 닭싸움 때문에 후백자와 반목했던 그런 류의 일을 이미 많이 보아 왔다.

뜻을 이루지 못하고 있던 삼환 가문의 방계 가문 자제들도 점차 양호의 주위에 모여들어 정치집단을 형성했다. 노정공 8년, 즉 공자의 나이 50세 때 양호는 마침내 삼환 가문을 치기로 했다. 일찍이 계손씨를 위시한 삼환 가문을 제거하려던 사람은 군주인

7 《좌전·정공定公 8년》

노소공이었지만, 이번에는 계손씨의 가신인 양호가 이러한 결심을 하게 되었다.

양호의 1차 계획은 사람을 갈아 치우는 것이었다. 그는 자신이 맹손씨 가문의 가주인 맹의자를 대신하고, 계손씨와 숙손씨 가문의 가주는 자신을 따르는 각 가문의 방계 자제로 바꿔 앉힌다는 계획을 세웠다. 이렇게 하면 표면적으로는 여전히 삼환 가문의 구조를 유지하면서 양호 본인은 합법적으로 노나라의 정권을 장악하는 인물이 될 터였다.

하지만 문제가 없지는 않았다. 양호는 계손씨 가문의 각급 집사를 모두 자신에게 충성하는 인물로 바꿔 놓아 계손씨 가문에 한해서는 완전히 통제할 수 있었지만, 아직 맹손씨와 숙손씨 두 가문까지 통제할 수는 없었다. 만약 삼환 가문의 가주를 전부 잡아들인다면 맹손씨와 숙손씨 가문에서 군사를 모아 내전을 시작할 것이 분명했다.

춘추 열국에는 아직 전문 상비군이 존재하지 않았고, 크고 작은 귀족 가문의 사병들밖에 없었다. 계손씨의 세력이 유독 커서 사병의 규모가 노나라 전체 무력의 반을 차지했고, 맹손씨와 숙손씨를 합하면 나머지 반이었다. 따라서 양호는 전쟁을 준비해야 했다. 도성인 곡부 일대는 계손씨 가문의 세력이 미치는 범위였으므로 양호는 비밀리에 명령을 내려 곡부 지역의 전차를 한데 모으도록 했다. 평소에는 전차를 차고에 보관하고, 전마戰馬는 초원과 물이 가까이에 있는 목장에 따로 풀어 두었으므로 전차를 모으는 데는 어느 정도 시간이 필요했다.

그다음에는 계환자를 붙잡아야 했는데, 이 일이 새어나가 맹손씨와 숙손씨 가문의 경계를 사서는 안 되었다. 그래서 양호는 곡부 교외의 장원에서 사냥 연회를 열겠다고 하며 계환자를 초청하고 기회를 보아 그를 붙잡아 죽이려 했다.

그러나 양호가 전차를 모으고 있다는 소문은 결국 퍼져 나갔다. 일이 심상치 않다고 느낀 맹의자는 급히 자신의 봉지인 성성成城에서 사병을 소집해 양호가 행동하기로 한 바로 그날 곡부로 오라고 명령했다. 몇몇 사병은 미리 맹의자의 저택에 하인으로 가장하고 잠복해 있었다.

연회 날이 되어 양호는 계환자를 '모시고' 성 밖으로 나갔다. 양호의 마차는 맨 앞에, 그의 사촌 동생인 양월陽越의 마차는 맨 뒤에 있었고, 계환자의 마차는 중간에 끼어 있었다. 그리고 사냥 감 몰이를 맡은 보병들이 창과 방패를 든 채 계환자의 마차 양옆에서 걷고 있었다.

이러한 형세를 본 계환자는 오늘의 사냥이 아주 위험한 자리임을 깨달았다. 그는 남들 몰래 마부에게 "자네 집안은 대대로 계씨를 위해 일해 왔으니, 자네 역시 유종의 미를 거두어야 하지 않겠는가?"라고 말했다. 그러자 마부는 "이미 너무 늦었소! 지금 양호는 정권을 장악하고 있어 온 나라 사람이 다들 그의 말을 듣고 있소. 내가 만약 그의 명령을 어긴다면 죽게 될 것이고, 그러면 당신에게도 아무 소용이 없어질 것이오"라고 대답했다. 계환자는 다시 "아직 늦지 않았네. 나를 맹손씨 저택으로 데려다주기만 하면 되네!"라고 말했다.

마부는 처음에는 망설였지만, 계환자의 부추김에 못 이겨 위험을 무릅쓰기로 결심했다. 마차 무리가 네거리를 지날 때, 마부는 갑자기 방향을 틀어 맹손씨 저택을 향해 마차를 몰아 달려갔다. 양월의 마차가 그 뒤를 바싹 추격했다. 일찍부터 몰래 방비하고 있었던 맹손씨 저택에서는 계환자의 마차가 들어오자마자 대문을 닫아 버렸다. 계환자를 뒤쫓아 온 양월은 맹손씨 가문 사람들이 저택 문틈으로 쏜 화살에 맞아 죽었다.

맹의자는 곧장 가문 사람들을 불러모아 무장하게 하고 양호와의 전쟁에 나섰다. 15년 전에 노소공이 계손씨 가문을 제거하려 했을 때도 맹의자는 대담하게 군주에게 대항하는 뛰어난 모습을 보였다. 양호에게 위협을 받은 이번에도 역시 맹의자가 치밀한 계획을 통해 판세를 뒤집어 양호의 정변 계획을 좌절시켰다. 공자의 옛 제자인 맹의자는 이미 엄연히 삼환 세력의 중심이 되어 있었다. 만약 그가 없었더라면 노나라의 역사는 한참 전부터 다르게 쓰였을지도 모른다.

양호는 곧바로 노정공과 숙손무숙叔孫武叔[이는 그의 시호이며, 그의 이름은 숙손주구叔孫州仇이다]을 부추겨 서로 내전을 일으키게 했다. 그래도 이 상황이 길게 이어진다면 양호 쪽이 점점 불리해질 터였다. 노나라에서 가장 큰 영향력을 지닌 계씨 가문의 계환자를 붙잡지 못한 이상, 그에게 충성하며 따르는 이는 점점 줄어들 것이 뻔했다.

양호는 곡부를 떠나 도망치는 수밖에 없었다. 그러나 그는 아주 느긋하게 움직였다. 오래전에 공자가 어머니의 관을 잠시 안치해 두었던 바로 그 오보지구에서 저녁밥을 먹고 하루 묵어갔을 정도였다. 부하들은 삼환 가문 사람들이 곧장 추격해 올까 봐 걱정하며 길을 서두르자고 재촉했지만, 양호는 "그들은 목숨 하나 건진 것을 기뻐하기에도 부족할 텐데, 나를 쫓을 시간이 있겠는가?"라고 말했다.

삼환 세력은 반격을 계속했고, 양호에게는 결국 노나라와 제나라의 접경지대에 있는 그의 근거지 양관과 계손씨의 오랜 근거지인 비성만 남았다. 다행히도 양호의 절친한 친구였던 공산불뉴가 줄곧 그곳을 굳게 지키고 있었다. 내전은 대치 국면에 접어들었다.

양호가 일으킨 반란의 직접적인 결과는 바로 공자가 벼슬길에 오를 수 있게 되었다는 것이었다. 공자는 드디어 꿈에서도 바라던 정계 진출 기회를 얻었다.

하지만 공자의 벼슬 생활 이야기는 잠시 미뤄두고, 일단 먼저 그의 사상과 학술에 관해 살펴본다. 이 부분을 이해해야만 공자가 어떤 주장을 했는지, 그리고 그가 관직에 올라 어떠한 일을 하고자 했는지 알 수 있기 때문이다.

7 공자의 기초 과목

양호가 정권을 잡고 있던 몇 년 동안 공자는 관직에 오르거나 사회 활동을 하지 않고 줄곧 사숙을 운영하며 제자들을 가르쳤다. 하지만 이 40~50세 때가 바로 공자의 사상이 무르익고 학문적인 명성이 빠르게 높아진 시기로, 이즈음에 여러 유명한 제자들이 그의 문하로 들어왔다.

공자 이전에는 규모를 갖춘 교육 체계가 형성되어 있지 못했다는 점은 앞에서 설명한 바 있다. 문화 교육은 귀족 계층의 전유물이었으며 비용도 상당히 많이 들었기 때문에 아주 부유한 가문만이 가정교사를 초빙할 수 있었다.

공자는 교육기관을 운영하면서 완전히 새로운 교육 산업 형태를 창시했다. 그는 많은 제자를 모집하고 제자들이 돈을 모아 스승을 부양하는 방식을 통해 교육 비용을 낮출 수 있었다. 하층 계급인 백성도 학비만 낼 수 있다면 다들 공부할 수 있게 했다. 물론 공자가 나중에 가르친 제자 중에는 사 계급의 소귀족도 일부 있었다. 귀족 계층의 인구가 너무나 빠른 속도로 증가하면서 가문의 중심과 거리가 먼 소귀족들은 특권을 거의 얻지 못해 가정교사를 초빙할 능력이 되지 않았으므로, 공자를 찾아와 학문과 기술을 배우는 수밖에 없었기 때문이다.

춘추 시대의 세습 사회 속에서 공자는 최초로 시장에 나서서 스스로 생계를 모색한 소귀족이었다. 본래 하급 귀족이 생계를 꾸리는 가장 보편적인 수단은 대귀족 가문을 따르며 그 아래에서 하급 관리 일을 하거나, 혹은 주인을 따라 전쟁에 나가는 방법

정도였다. 그러나 공자는 사숙을 운영하고 있어 대귀족에게 의탁할 필요가 없었다. 이와 동시에 그는 사회화 및 상업화한 교육 형태를 창시하여 문화는 이제 귀족 계급, 특히 대귀족 가문의 전유물이 아니게 되었다.

민영 교육을 창시하다

우선 공자의 교육 방식, 즉 그가 제자들에게 어떠한 방식으로 수업했는지를 살펴보자. 《유림외사儒林外史》에 묘사된 명, 청 시대 사숙의 풍경을 보면, 한 방에 가득 모인 어린 학생들이 고개를 갸웃거리며 왁자지껄하게 고서古書를 암송하고, 나이 든 선생님이 학생을 훈계할 때 쓰는 목판을 들고 이들을 감독하고 있다. 그러나 공자가 운영한 사숙은 이렇게까지 정식이 아니었다. 사숙이라는 형태가 막 생겨났을 뿐이므로 아직 제대로 된 교실과 시간표도 없었고, 반이 정규적으로 편성되어 있지도 않았다.

《논어》에 나오는 단편적인 기록들로 미루어 보면, 공자가 제자들을 가르친 방식은 비정규적인 소규모 과외 수업과 비슷했다. 장소도 시간도 유동적이었고, 수업 내용과 형식 역시 상황에 따라 결정했다. 제자들이 알고 싶은 것이 있으면 공자에게 의논했고, 공자는 그에 관해 아는 만큼, 혹은 알려주고 싶은 만큼 알려주었다. 제자들은 궁금한 것이 있으면 수시로 질문할 수 있었고, 공자와 함께 그에 관해 토론하거나 심지어 논쟁할 때도 있었다. 이는 현대의 세미나 형식과 약간 유사하기도 하다.

공자는 정식 학교를 설립하고 반을 대규모로 편성해 가르칠 여건을 갖추지 못했기 때문에 오히려 제자들의 흥미와 특기에 맞추어 교육하며 그들을 키워내기에 적합했다. 책을 읽고 학문하기를 좋아하는 제자는 학자의 능력을 배양해 주었고, 정치하고 싶어 하는 제자는 귀족의 가신으로 일할 능력을 길러 주었으며, 언변이 좋은 제자는 외교적 재능을 훈련하는 데 집중했다.

공자는 제자들의 특기를 네 가지로 분류했다. 첫째는 덕행德行, 즉 생각과 품성이고, 둘째는 언어言語, 즉 언변이며, 셋째는 정사政事, 즉 행정 능력, 그리고 넷째는 문학文學이었는데, 이는 현재 우리가 생각하는 허구의 문학이 아니라 학술을 뜻했다. 이것이 공자가 초기 단계에 고안해낸 '교과 양성 방안'인 셈이었다.[1]

공자는 책에 나오는 문화를 비롯해 글씨를 쓰고 셈하는 방법 등의 학문적 지식을 전수했을 뿐만 아니라 마차를 모는 법이나 활 쏘는 법, 악기를 연주하는 법, 의식을 주관하는 법 등 귀족 사회의 각종 실용적인 기술도 가르쳤다. 이러한 지식은 가만히 앉아서 말로만 가르칠 수는 없고 실제로 해 보아야 했으므로, 공자는 제자들이 실습할 수 있도록 준비해 주었다. 당시 귀족의 생활에는 마차가 빠질 수 없어 마차를 몰거나 유지, 보수하는 등의 실용적인 기술도 익혀야 했다. 공자도 마차를 한 대 가지고 있었으므로 가난한 제자들에게 실습용으로 제공하곤 했다.

서로 돕는 조직이기도 한 사제 집단

《사기·공자세가》에 따르면 공자에게는 3천 명의 제자가 있었으며, 그중에서 가장 뛰어난 성취를 보인 제자는 72명이라고 한다. 그러나 후세 사람들은 한 사람의 스승이 제자를 3천 명이나 두었다는 사실에 의구심을 품었다. 제자들을 소규모로 모아 말과 행동을 통해 가르치며 종종 시범도 보여야 하는 교육 방식은 당연히 효율이 그리 높지 않으므로, 공자 한 사람의 힘으로는 분명히 3천 제자를 배양하지 못했을 것이다.

1 《논어·선진先進》

이는 공자의 또 다른 교육 방법, 즉 오래된 제자들이 새로 온 제자를 지도하는 방식과 관련이 있다. 몇몇 기초 지식은 공자 본인이 가르치지 않고 오랫동안 공부한 제자들이 그를 대신해 가르쳤다. 공자는 새로운 제자들의 능력을 검사하고 평가하며, 그중에서 큰 잠재력을 가진 이들을 발굴하기만 하면 되었다.

《논어》에는 이러한 제자 지도 방식에 관해 직접적으로 기록되어 있지는 않다. 그러나 여러 기록을 살펴보면 선배와 후배 사이의 몇몇 고정적인 조합을 발견할 수 있다. 예를 들어 공자에게는 자로子路와 자공子貢이라는 뛰어난 제자가 있었는데, 자로는 고시高柴라는 후배와, 자공은 진항陳亢이라는 후배와 자주 대화하거나 함께 일했다는 기록이 《논어》에 종종 등장한다. 이것이 바로 고참 제자와 신참 제자가 교육을 위해 형성한 조합이다.

고참 제자들은 공자를 도와 새로 온 제자들을 지도하면서 간혹 얼마간의 보수를 받기도 했는데, 이들 역시 교사라는 직업을 가질 수 있었다는 의미이다. 제자의 수가 점점 더 늘어나면서 공자는 사립학교의 교장과 비슷한 위치에 올랐고, 고참 제자들은 그 학교의 각 학과 지도자가 된 셈이었다.

간단히 계산해 보자. 만년에 이르렀을 때 공자에게는 총 72명의 가장 뛰어난 제자가 있었다. 이들이 각각 72명의 후배를 지도했다고 하면 전부 합해서 약 5,200명이 된다. 물론 몇몇 제자는 본인의 직업이 있어서 후배를 지도할 시간이 없었을 수도 있다. 이렇게 생각하면 공자에게 3천 명의 제자가 있었다는 말은 아주 정상적으로 들린다. 그중 대다수는 제자의 제자, 즉 선배의 지도를 받은 후배였다.

공자가 제자들을 가르치는 학제에는 긴 것도 있고 짧은 것도 있었다. 공자는 《논어》에서 "나에게서 3년 동안 배운다면 봉급을 받는 일자리를 구하는 것쯤은 문제가 되지 않는다"라고 말했는데, 이 3년은 기본적인 직업 능력을 익힐 수 있는 비교적 짧은 학제에 속한다. 그 외에 몇몇 뛰어난 제자는 아주 오랫동안 공자를 따르기도 했는데, 가령 자로가 공자의 곁에 있었던 시간을 전부 합하면 40년이 넘는다. 그는 바깥에서 정규 직업을 가지지 않았을 때는 공자의 조교 노릇을 하면서 새로 온 제자들을 지도했다.

공자에게 가르침을 받는다는 것은 지식을 배우는 일일 뿐만 아니라 특정 집단에 가입하는 일이기도 했는데, 그들은 이로써 많은 자원과 기회를 얻을 수 있었다. 이는 현재의 MBA 등과 같은 직업 교육과 다소 유사하다. 공자는 규모가 작지 않은 사립학교를 운영했으며 나중에는 큰 관직에 오르기도 했으므로 어느 정도의 경제력과 사회적 자원을 가지고 있었다고 할 수 있다. 새로운 제자들이 이러한 사제 집단에 들어오면 자연히 많은 기회를 얻을 수 있었다.

공자는 늘 제자들에게 일자리를 구해 주기 위해 노력했다. 자신이 높은 관직에 오를 기회를 얻자 제자들도 관직에 오를 수 있도록 도왔다. 나중에 관직에서 물러난 후에도 삼환 가문에 자신의 제자들을 곧잘 추천했다. 그는 자로는 군사를 지휘해 전쟁하는 데 능하며, 염유冉有는 지방 관리에 뛰어나고, 공서적公西赤은 외교 활동에 적합하다는 등의 말을 했는데, 모두 제자들에게 어울리는 직업을 찾아 주려 한 것이었다.

가정 형편이 어려운 몇몇 제자는 가끔 학비를 낼 수 없으면 그 대신 공자의 집에서 일하며 배우기도 했다. 가령 그의 유명한 제자 자공의 경우, 공자에게 막 가르침을 받기 시작했을 당시 공자의 집에서 키우던 개가 죽어 자공이 묻어 주었다는 일화가《예기》에 기록되어 있는데, 이 역시 스승의 집에서 일한 것이다.

이렇게 보면 공자의 사제 집단은 동일한 정치 이념을 따르며 서로 긴밀하게 돕는다는 면에서는 현대의 정당과도 약간 비슷해 보인다. 그러나 공자의 시대에는 열국의 권력을 모두 대귀족과 과두 가문이 장악하고 있었다는 점을 기억해야 한다. 공자의 사제 집단은 운이 좋아 비교적 많은 직업상의 기회를 얻을 수 있었 겠지만, 결국은 대귀족을 위해 일할 뿐이었다. 스스로 나서서 정책을 수립할 만한 권력이 없다 보니 그저 대귀족 가문의 경영인 역할에 만족할 수밖에 없었다. 따라서 현대적인 의미의 정당과는 아무래도 거리가 멀다.

공자는 제자들에게 무슨 과목을 가르쳤을까? 설명하자면 좀 복잡하다. 과목은 고정불변이 아니었고, 공자가 나이가 들면서 가르치는 과목도 바뀌었다. 막 공씨 가문에 입적되어 귀족이 되었을 당시에 공자는 귀족으로서의 각종 기본 능력을 익혀야 했는데, 이 시기에 그는 학습 능력 및 학문에 대한 의식을 다졌다. 그가 막 선생이 되어 제자를 받기 시작했을 때는 제자들에게도 마찬가지로 귀족 사회에서 생계를 도모할 수 있는 기본 능력을 가르쳐 자격을 갖춘 귀족이 될 수 있도록 했다.

서주와 춘추 시대의 귀족으로서 반드시 익혀야 할 기초 지식은 무엇이었을까? 《주례周禮》라는 책에는 '육례六禮'라고 해서 여섯 가지 기술을 제시하고 있는데, 예禮, 악樂, 사射, 어御, 서書, 수數를 가리킨다. 이 책의 초반부에서 춘추 시대 귀족은 문과 무에 모두 능해야 하며, 또한 인사人事를 알아야 한다고 설명한 바 있다. 그런데 《주례》에 제시된 여섯 가지 구체적인 기술은 문무 분야는 포함하고 있어도 인사를 알아야 한다는 내용은 포함하고 있지 않다. 인사는 정식 교과목이 아니라 가문이나 사회 속에서 익혀야 하는 분야이기 때문이다.

이제부터는 《주례》에 제시된 귀족의 여섯 가지 기술을 하나씩 자세히 살펴보자.

육례의 으뜸: 예악

서주와 춘추 시대에 '예악'이라는 말은 아주 광범위한 뜻을 지녔다. 이 말은 주나라 귀족 사회의 각종 풍습과 문화, 사회 규범 및 정치 제도 등의 의미를 담고 있었다. 공자는 예와 악이 주나라 문화의 상징이자 나아가 화하 문명의 상징이라고 보았다. 그는 천하에 질서가 바로 서 있을 때는 "예악과 정벌에 관한 뜻이 천자에 의해 결정된다禮樂征伐自天子出"라고 했는데, 이 말에서 예악은 정치와 문화를, 그리고 정벌은 군사軍事를 뜻한다.

예악이라는 말의 뜻은 어째서 이렇게 방대했을까? 당시에는 아직 문서화한 법률과 제도가 존재하지 않았고, 대부분의 규칙은 성문화하지 않은 '관습법'으로만 존재했다. 예의 풍속과 정치, 법률을 구분할 수 없는 시대이다 보니 이 모든 것을 '예'라고 총칭했다. 공자를 포함해 당시 사람들은 '비례非禮'라는 말을 자주 썼는데, 이는 남에게 예의 없이 군다는 뜻이 아니라 사회 규범에 부합하지 않는다는 의미이다.

공자의 시대에는 '주공제례작악周公制禮作樂'이라 하여 예악을 모두 주공이 창시했다고 보았는데, 이 말은 후세 학자들에게 곤혹감을 안겨 주었다. 주나라의 모든 예악 제도와 풍습을 정말로 주공 혼자서 제정했단 말인가?

주공은 확실히 주나라 역사상 아주 중요한 인물이다. 주무왕은 상나라를 멸하고 서주를 건립한 지 1년이 지나 세상을 떠났다. 무왕의 뒤를 이은 성왕成王은 나이가 어려 주공이 오랫동안 섭정했는데, 그가 다진 서주 왕실의 정치적인 기초는 춘추 시대까지 계속해서 영향을 미쳤다. 그러나 주공이 아주 바쁜 정치가였음을 잊어서는 안 된다. 그가 한 일은 상나라 잔존 세력의 반항을 진압한다든가 제후들에게 땅을 분봉한다든가 하는 정치 질서와 관련한 일로 전부 조정의 국정 방침에 속하는 사항들이었다. 생활 예절에 관한 내용, 가령 관혼상제에 관한 풍습이나 음악을 연주하는 방법 등은 정치가 한 사람이 전부 제정할 수 있는 일이 아니다. 이는 귀족 사회가 오랫동안 발전하는 과정에서 점차 형성되었고, 시대에 따라 계속해서 변화해 왔다.

거시적인 정치 제도나 사회 규범은 공자가 체계적으로 연구해 가르칠 수 있는 내용은 아니었다. 그가 연구할 수 있었던 부분은 예절과 의식의 범주에 속하는 좁은 의미에서의 '예악'뿐이었다. 즉, 학자와 정치가의 연구 분야가 달랐던 셈이다.

이제 공자가 연구하고 가르쳤던 예악의 내용을 살펴보자. 그가 연구한 '예'는 신령에게 제사를 올리는 의식 및 혼례, 장례 등 귀족 사회의 각종 예절과 의식에 관한 내용, 그리고 외교적인 회담이나 귀족의 사교 연회 등 정치적인 상황에 필요한 예의에 관한 내용 등을 포함하고 있었다. 춘추 시대에는 이러한 의식의 순서가 아주 까다롭고 번거로운 데다가 신경 써야 할 부분도 많아서 이에 관한 내용은 귀족이 알아야 할 가장 중요한 지식이었다.

주나라의 예절 의식은 어째서 이렇게 많고 중요했을까? 그 당시는 신분 세습 사회로 사람들은 모두 각기 다른 계급을 가지고 있었고, 귀족 내부에도 역시 서로 다른 여러 계급이 존재했다. 이 계급들은 모두 특정한 상징을 가지고 그에 해당하는 대우를 받아야 했으며, 뒤섞여서는 안 되었다. 주나라의 예절은 신분을 구별하기 위해 필수였다.

또한 주나라의 예절 의식은 아주 복잡했기 때문에 전문 지식이 있는 사람이 통솔하며 의식을 이끌어야 했다. 공자가 일으킨 유가는 바로 이러한 의식 절차를 연구하는 학문으로, 이것이 유학자들의 본업이었다.

귀족 계층의 민속이라는 측면에서의 '예'는 서서히 발전해 왔고, 몇몇 의식은 특정 지역에서 시작되어 점차 다른 지역으로 퍼져 나가기도 했다. 가령 상복으로 검은 옷을 입는 진晉나라의 풍습[중국의 전통적인 상복은 흰색이며, 유럽의 상복이 검은색이다]은 진 문공이 사망했을 당시 진나라가 진秦나라와의 전쟁을 앞두고 있었는데, 흰 상복을 입고 전쟁에 나가면 불길하다고 여기고 변통해서 검은 옷을 입었던 일에서 전해져 내려왔다.

또 다른 예로 노나라의 여인들은 상복을 입을 때 삼베로 된 노끈을 머리에 묶는 풍습이 있었다. 공자가 태어나기 18년 전에 노나라가 이웃 소국인 주邾나라와 전쟁을 벌여 많은 사람이 죽었는데, 전사자의 가족들이 수습해 온 시신의 머리카락에 모두 삼베 끈이 하나씩 묶여 있었다. 어째서 그렇게 했는지는 알 수 없으나, 아무튼 그 후로 노나라에는 여인이 상복을 입을 때 머리에 삼베 끈을 묶는 풍습이 생겼고, 이 풍습은 공자에 의해 정식 장례 예절에 편입되었다.[2]

공자의 만년에 그와 아버지는 다르고 어머니가 같은 누이가 세상을 떠났다. 공자에게는 아버지가 다르고 어머니는 같은 형이 낳은 질녀도 하나 있었는데, 그는 이 질녀에게 머리에 삼베 끈을 어떻게 묶는지 알려주었다. 이 질녀는 공자의 주선으로 그의 제자인 남용南容과 혼인했는데, 이 이야기는 나중에 설명한다.[3]

---

2 《좌전·양공 4년》을 볼 것.

3 《예기·단궁상》: "남궁도의 아내가 고모의 상을 치렀다."(南宮絛之妻之姑之喪.) 남궁도는 바로 남용을 말한다. 옛 학자들은 죽은 이가 남용의 어머니[공자 질녀의 시어머니]라 여겼지만, 실은 공자의 질녀의 고모, 즉 공자의 누이이다.

또한 노나라 귀족들은 누군가를 처음 만날 때 기러기나 새끼 양을 선물하는 풍습이 있었는데, 본래 이 둘 중 어느 것이 더 귀한가 하는 구분은 없었다. 그런데 공자가 50세 되던 해, 즉 양호가 득세했던 마지막 해에 진나라는 노나라를 도와 제나라를 공격했는데, 진나라와 노나라 양쪽이 처음 만나는 자리에서 진나라 군대의 총사령관인 범헌자는 새끼 양을, 그의 두 부관은 기러기를 노나라에 선물했다. 노나라 사람들은 이 일 이후로 양이 기러기보다 더 귀하다고 여기게 되어 "노나라에서는 이로부터 새끼 양을 숭상하게 되었다."[4]

공자와 그 제자들은 예절 의식 방면의 여러 문헌을 정리해 《의례儀禮》라는 책을 펴냈다. 제목만 보아도 알 수 있듯이 이 책의 내용은 전부 의식과 관련 있는 예절에 관한 설명이다. 책에는 성년식[관례], 혼례, 장례, 제사, 사교 연회 등 귀족 생활에 관한 의식, 그리고 외국을 방문해 외교 활동을 하거나 군주가 대부를 접견하는 자리 등 정치적인 의식에 관한 내용 등이 적혀 있다.

《의례》는 여러 내용을 담고 있지만, 그중에서 공자가 가장 즐겨 연구했던 부분은 바로 장례와 제사에 관한 내용이다. 현대인들은 장례와 제사 의식이 그리 중요하지 않은 형식에 불과하다고 생각할 수도 있지만, 공자의 시대에는 그렇지 않았다. 당시 사람들은 보편적으로 귀신의 존재를 믿었는데, 사람이 죽으면 귀신이 되어 인간 세상에 관여할 능력을 얻게 된다고 생각했다. 그래서 제사를 지내 각종 귀신에게 공양함으로써 이로운 일을 좇고 해로운 일을 피해 전화위복을 꾀하려 했다.

또한 춘추 시대의 귀족 사회는 종족 사회이기도 해서 각종 친척 관계가 매우 중요했는데, 이러한 점은 장례 예절에 가장 뚜렷

4 《좌전·정공 8년》

하게 나타난다. 친척마다 상을 치르는 기준이 달라 이를 정확하게 계산하기 위해서는 할 일이 아주 많았고, 유가에서는 이 부분을 특히 중시했다.《의례》와《예기》에는 장례에 관한 내용이 아주 많은데, 모두 각종 구체적인 상황에 관해 토론한 내용이다. 사법 판례와도 상당히 유사한데, 공자도 이러한 부분에 종종 의견을 내곤 했다.

앞에서 귀족의 '육례'가 제시된《주례》라는 책을 소개한 바 있다. 이 책의 주된 내용은 주나라 왕조의 정치 제도와 각종 관직에 관한 소개이다. 현재 학자들은 일반적으로《주례》가 비교적 늦게, 즉 공자가 사망한 이후에 편찬된 책이라고 보고 있으므로 여기서는 이에 관해 상세히 소개하지 않는다.

공자의 '예'에 관해 알아보았으니 이제 '악', 즉 음악에 관해 살펴보자. 귀족이 음악을 배우는 이유는 본인의 오락을 위해서가 아니라 각종 의식에 필요해서였다. 제사나 조정의 의식, 사교 연회 등을 열 때는 반드시 악단이 음악을 연주해야 했는데, 각각의 의식마다 정해진 곡을 연주해야 하며 혼동해서는 안 되었다.

고대에는 녹음 설비가 없었으므로 음악은 사치품에 해당했다. 각 제후국의 조정에는 '사師'라 불리는 전문 악관들이 있었다. 그들은 모두 맹인이었는데, 맹인들이 음에 민감하기 때문이었다. 대귀족의 가문에도 전속 악단[이들은 맹인이 아니었을 것이다]이 있었는데, 당시 귀족들은 '종명정식鐘鳴鼎食'이라고 해서 식사할 때 악단의 반주가 필요했다. 한번은 송경공宋景公이 어느 대신을 불러와 의논할 일이 있었는데, 이 대신의 저택에서 종[당시의 악기인 편종]소리가 들려오자 송경공은 이 저택 사람들이 식사 중임을 알고 신하더러 음악 소리가 그친 후에 다시 찾아가도록 명했다는 일화가 있다.

공자는 음악을 아주 좋아했지만 전속 악단을 둘 여력은 없었
으므로 직접 배우는 수밖에 없었다. 그래서 그는 나중에 열국을
주유해 새로운 나라에 갈 때마다 그곳의 악사에게 음악을 배우
곤 했다.

현대 사람들이 잘 모르는 부분 중 하나가 주나라 사람들의
'악'은 무용도 포함하는 개념이었다는 점이다. 당시 귀족들의 연
회에서는 종종 주인과 손님이 어울려 춤을 추곤 했다. 그보다 더
공식적인 상황, 가령 조정의 의식이나 제사의 절차에도 단체 무
용 순서가 있었는데, 현재의 단체 체조 공연과 비슷했다. 무용은
귀족 자제들이 어릴 때부터 받는 교육에서 아주 중요한 항목 중
하나로 십여 세 때부터 20여 세 때까지 배워야 했다.[5]

군사 기술: 사와 어

사射는 활쏘기, 어御는 마차 모는 법을 가리킨다. 이것은 전쟁 기
술이자 귀족의 기본 소양이었다. 이 두 기술은 책으로 배울 수 없
고, 평소에 훈련하고 실전을 통해 단련해야 했다.

이 두 기술은 전쟁할 때 외에도 쓸모가 있었다. 활쏘기는 귀족
들의 유희이기도 했다. 당시 귀족들은 연회를 할 때 지금처럼 마
작을 하지 않고 소위 '사례射禮'라 부르는 활쏘기 시합을 했다. 활
쏘는 기술은 성 밖으로 나가 사냥할 때도 필요했다.

마차 몰기는 현재의 운전 기술과 비슷했다. 본인의 마차를 몰
때도 물론 편리한 기술이었지만, 상급 귀족을 모실 때도 필요했
다. 상나라와 서주, 춘추 시대까지는 거의 말을 타지 않았고[전국
시대에 조나라의 무령왕武靈王이 호복胡服을 전파하고 말을 타고 활을 쏘
라고 장려한 후에야 기마술이 보급되기 시작했다], 대체로 작은 이륜

5 《예기·내칙內則》을 볼 것.

마차를 탔다. 이는 차체가 작고 지붕이 없이 우산 모양의 덮개를
달 수 있는 마차였는데, 네 필 혹은 두 필의 말이 끌어[천자는 말
을 여섯 필 혹은 여덟 필까지도 쓸 수 있었다] 아주 빨리 달릴 수 있
었고, 전차로도 사용할 수 있었다.

마차는 아주 고급으로 만들기도 했다. 가령 값비싼 박달나무
로 만든 마차는 '단차檀車'라 불렀다.[6] 옻칠 등을 할 수도 있었고,
거기에 더해 금으로 상감을 하는 등의 공예를 할 수도 있었다.
'미택가이감美澤可以鑑'이라는 말의 '감'은 구리 거울을 뜻하는데,
이 말은 차체가 거울처럼 반짝거리고 윤이 난다는 뜻이다.[7]

가볍고 빠른 이 마차는 상나라 후기의 은허殷墟 시기에 출현해
진시황 시대까지 계속해서 사용했다. 마차 제조 기술은 아주 복
잡했는데, 특히 마차를 빠른 속도로 달리게 하는 데 가장 중요한
차축과 바퀴 부분에는 특수한 제작 공법이 필요했다. 《장자》에는
마차 바퀴를 전문으로 만드는 공예가가 등장하는데, 그는 "내 기
술은 오랫동안 배우고 연구해 얻은 것이라, 내 아들에게 가르치
려 해도 그리 쉽지 않다"라고 말했다.

이러한 소형 고속 마차는 한나라 이후로 점차 사라져 후세 사
람들도 이를 복원해 내지 못했다. 한나라 때부터는 말타기가 유
행해 급한 일이 있으면 마차를 타지 않고 그냥 말을 탔기 때문이
다. 마차는 차체의 모든 면이 둘러싸여 넓고 편안함을 추구하는
방향으로 발전했고, 마차를 끄는 말도 일반적으로 한 필만을 사
용하게 되면서 속도도 크게 느려졌다.

송나라 이후로 문인들은 예전에 춘추 시대의 마차가 어떠한
모습이었는지 전혀 알지 못하게 되었다. 명, 청나라 시대 화가들

6 《시경·소아·체두杕杜》
7 《좌전·양공 28년》

은 곧잘 공자의 행적을 그림으로 그렸는데, 이들이 그림에 그린 마차는 전부 말 한 마리, 혹은 심지어 소 한 마리가 끄는 느린 마차였다. 현대에 이르러 고고학자들이 상나라와 주나라, 춘추 시대의 묘를 발굴해서 그 시대에 실제로 사용하다가 부장한 마차와 말을 발견한 후에야 당시의 고속 마차가 어떠한 형태였는지 정확히 알게 되었다.

공자 역시 귀족이 된 후에 마차 모는 법과 활 쏘는 법을 배웠고, 나중에는 제자들에게도 가르쳐 주었다. 이러한 지식은 특히 이전까지 마차를 접해 볼 기회가 없었던 가난한 집안 출신의 제자들에게 가장 필요했다.

말 네 필짜리 마차를 끌기 위해서는 아주 복잡한 기술이 필요했다. 기마술로 예를 들자면 말의 고삐를 당겨서 방향을 바꿀 수 있는데, 오른쪽 고삐를 당기면 말이 오른쪽으로, 왼쪽 고삐를 당기면 왼쪽으로 향했고, 양쪽 고삐를 동시에 뒤로 당기면 말을 세울 수 있었다. 말 네 필이 끄는 마차는 고삐가 여섯 개나 되었다. 이 고삐들을 손에 쥐고 조종하는 방법에 관해《시경》은 '여섯 고삐를 손에 쥐었네六轡在手'[8]라고 표현하기도 했다.

말이 네 필인데 어째서 고삐가 여덟 개가 아니라 여섯 개였을까? 그것은 바깥쪽의 말 두 필이 방향 담당이라 그 두 마리만 고삐가 두 개씩 있고, 안쪽의 두 마리 말은 '브레이크'만을 담당하므로 고삐 두 개를 하나로 합쳐서 쥐었기 때문이다.

마차를 모는 기술 외에 마차에 관한 전문 지식과 예절도 익혀야 했다. 당시의 마차에는 모두 세 사람이 탔다. 전차의 규칙상 전차를 모는 마부가 가운데 타야 했는데, 이 마부를 '어御'라고 불렀다. 마부의 왼쪽에는 궁수가, 오른쪽에는 창술사가 탔는데 이

8《시경·진풍秦風·소융小戎》

들을 각각 '차좌車左'와 '차우車右'라 했다. 세 사람 중에서는 마부가 가장 급이 높았고 궁수와 창술사는 그보다 낮았다.

좌우를 나누어 정한 근거는 무엇일까? 보통 사람들은 대부분 오른손잡이라서 왼손으로 활을 쥐고 오른손으로 시위를 당겼으므로 궁수가 왼쪽에 서는 편이 적합했다. 마차를 몰아 적과 싸울 때는 거리가 조금 떨어져 있으면 상대편 전차를 자신의 왼쪽에 두어 궁수가 활을 쏘기 편하게 했다. 그러다 전차 사이의 거리가 가까워지면 상대편 전차를 자신의 오른쪽에 두어 창술사가 적군을 공격하도록 했다.

공자 본인은 전쟁과 폭력을 좋아하지 않았다. 어려서부터 농가 아낙 밑에서 자란 그는 줄곧 성격이 소극적이었고 말썽을 일으키기를 싫어했다. 그러나 귀족 사회의 요구에 부응하기 위해서는 공자와 그 제자들도 전차를 몰아 전쟁하는 기술을 배워야만 했다. 《논어·자한子罕》편을 보면 공자는 제자들에게 "나는 '어'를 맡아야 할까, 아니면 '사[궁수]'를 맡아야 할까?"라고 물었다가 스스로 "아무래도 '어'를 맡는 것이 낫겠다"라고 답했다.

이는 공자가 중년 이후에 제자들에게 전차로 전투하는 기술을 설명하고 직접 시범을 보이면서 했던 말이다. 이로 판단해 보건대, 공자가 스스로 마부를 맡으려 한 이유는 아마도 그의 성격이 인자한 편이라 궁수를 맡아 사람을 죽이고 싶지 않았기 때문이었을 것이다.

전차의 구성원 중에는 차우, 즉 창술사도 있는데 어째서 언급하지 않았을까? 아마도 창술사 역시 사람을 죽이는 역할이므로 맡고 싶지 않았던 듯하다. 또한 구성원 세 명 중에서 창술사의 지위가 가장 낮아 일반적으로 젊은이가 담당하곤 했다. 전차를 타고 전쟁하다 보면 누군가 내려서 전차를 밀거나, 혹은 주위를 경계하는 일 등을 해야 할 때가 자주 발생하는데, 이러한 일은 모두 창술사가 맡아 했다. 그리고 공자가 이 말을 했던 당시에는 이미 나이가 들어서 그런 일을 맡기에는 적합하지도 않았다.

군주나 지휘관이 타는 전차의 규칙은 일반적인 전차와는 달랐다. 이때는 지휘관이 가운데에, 마부가 그 왼쪽에 탔고, 호위[차우]가 오른쪽에 탔다. 마부와 차우는 반드시 귀족 신분, 최소한 사 신분이어야 했으며, 지휘관과는 성이 다르거나 적어도 가문은 다른 사람이어야 했다. 이 세 사람의 복장은 확연히 다르게 해서 마차를 타지 않은 사람들이 혼동하지 않도록 했다.[9] 《예기》에서는 상위 계급의 지휘자가 전차에 탈 때 어떻게 모셔야 하는가에 관해 아주 자세히 설명하고 있다. 이 대목을 보면 공자와 제자들이 이 방면의 기술을 매우 중시했음을 알 수 있다.

마부는 출발하기 전에 말채찍을 들고 전차 앞에 서서 하인들이 전차에 말을 매는 것을 감독했다. 마부 역시 신분이 있는 사람이므로 직접 하지 않았다. 말을 맨 다음에 마부는 전차 바퀴를 고정해 둔 나무틀[령轜]을 치운 후 전차를 끌고 한 바퀴 돌면서 전차에 무슨 문제가 없는지 살펴본다. 그런 다음 옷자락을 걷고 전차의 뒤쪽으로 올라타[전차에 타고 내리는 작은 문은 전차 뒤편에 있었다], 전차 손잡이 끈[수綏]을 잡고 자기 자리에 무릎을 꿇고 앉는다. 말채찍을 드는 동시에 여섯 개의 고삐[비轡]를 양 손가락에 각각 나누어 걸고 전차를 앞으로 몇 걸음 몰아 문제가 없음을 확인한다. 그런 후에 전차를 멈추고 자리에서 일어서서 지휘관이 타기를 기다린다.

---

9 《예기·방기》: "공자가 말했다. '군주는 성이 같은 이와 함께 마차를 타지 않는다. 성이 다른 이와 함께 타며 같은 복장을 하지 않는 것은 사람들이 오인하지 않게 하기 위함이다.'"(子雲: '君不與同姓同車, 與異姓同車不同服, 示民不嫌也.')

지휘관이 시종들에 둘러싸여 전차에 오를 때 마부는 고삐와 말채찍을 한쪽 손에 모아 쥐고 다른 손으로는 손잡이 끈을 지휘관에게 건네주어야 했다. 지휘관이 타는 전차에는 올라탈 때 잡는 손잡이 끈이 두 개 있었는데, 하나는 지휘관 전용이었고 다른 하나는 마부와 호위가 사용했다.

지휘관이 전차에 올라타고 시종들이 뒤로 물러나면 전차는 느린 속도로 대문 쪽으로 나아가고, 시종들은 전차 양쪽에서 따라 걸어갔다. 대문에 도착하면 지휘관은 마부의 손을 가볍게 두드려 전차를 세우게 하고, 차우에게 전차에 타도록 명했다. 전차가 성문이나 도랑을 지나면서 속도를 늦출 때마다 차우는 전차에서 뛰어내려 걸어가면서 불의의 사고를 예방해야 했다.[10]

역사서의 기록에 의하면 자로, 번지, 재여宰予, 염유, 안각顔刻 등의 제자들이 공자를 위해 마차를 몰았던 적이 있었다고 한다. 이들은 대부분 가정 형편이 좋지 않았다. 공자는 이 제자들에게 의무적으로 마차를 끌게 하고 그 기회를 통해 마차를 끄는 기술을 익히고 연습하도록 했다.

마차를 몰 때뿐만 아니라 탈 때의 예절도 있었다. 공자는 마차를 탄 후에는 손잡이 끈을 쥔 채로 앞을 보고 서 있어야 하며, 마차 위에서 함부로 몸을 돌리거나 큰 소리를 내거나 손가락으로

10《예기·곡례상曲禮上》: "군주의 수레에 말고삐를 매려 하면 마부가 채찍을 들고 말 앞에 선다. 말고삐를 맨 후에는 마부가 바퀴를 고정한 틀을 치우고 시험 삼아 전차를 끈다. 그런 다음 옷자락의 먼지를 털고 오른쪽으로 올라타 손잡이 끈을 잡고 마차에 올라, 무릎 꿇고 앉아서 채찍을 들고 고삐를 양손에 나누어 쥐고 다섯 보 나아가 멈춘다. 군주가 전차에 탈 때 마부는 고삐를 한 손에 모아 쥐고 다른 손으로 손잡이 끈을 군주에게 건네며 좌우의 하인들은 물러난다. 전차가 대문에 이르면 군주는 마부의 손을 붙잡아 멈추게 하고 차우에게 전차에 오르도록 명한다. 성문이나 도랑을 지날 때 차우는 반드시 내려 걸어가야 한다."(君車將駕, 則僕執策立於馬前. 已駕, 僕展軨. 效駕, 奮衣由右上, 取貳綏; 跪乘, 執策分轡, 驅之五步而立. 君出就車, 則僕並轡授綏, 左右攘辟. 車驅而騶, 至於大門, 君撫僕之手, 而顧命車右就車. 門閭, 溝渠必步.)

이리저리 가리켜서는 안 된다고 강조했다.[11] 이렇게 하는 이유는 안전을 고려해 말을 놀라게 하거나 마부의 주의를 흩뜨리지 않게 하기 위해서인 동시에 위엄 있는 신분을 나타내기 위해서이기도 했다. 마차를 타는 사람은 모두 귀족이었으므로 반드시 상류 계층의 위엄을 보여야 했기 때문이다.

당시의 마차는 서서 탈 수도 있었고, 꿇어앉거나 책상다리를 하고 앉을 수도 있었다. 그러나 이 시대에는 도로가 잘 닦여 있지 않았고 마차에도 충격을 방지하는 설비가 전혀 없었으므로 앉아 있으면 아래위로 흔들려서 힘들었다. 간혹 소 한 마리의 가죽을 통째로 마차 바닥에 깐 고급 마차도 있었는데 이를 '혁차革車'라 했다. 이러한 마차는 앉아서 타도 견디기가 편했고, 그 위에 두꺼운 방석을 하나 더 깔면 훨씬 편안했다. 공자는 이렇게 호화로운 마차를 가졌던 적은 없는 듯하다.

마차 위에서 하는 인사는 '식軾'이라 불렀다. '식'은 본래 마차 앞쪽에 있는 난간을 가리키는데, 마차를 탄 채로 경의를 표해야 할 때는 엄숙한 표정으로 몸을 바로 하고 서서 양손을 이 난간 위에 올려 인사했기 때문에 이 역시 '식'이라 칭했다. 성문을 지나거나 지역의 경계를 지날 때 마차를 탄 사람은 반드시 '식'을 해서 경의를 표해야 했다. 공자는 마차를 타고 가다가 상복을 입었거나 성벽을 수리하는 사람이 보이면 반드시 '식'을 했다. 특히 성벽을 수리하는 이들은 모두 하층 계급의 백성이었지만, 나라를 위해 일하고 있으므로 아무리 귀족이라 해도 반드시 이들에게 경의를 표해야 했다.[12]

11 《논어·향당鄉黨》: "마차에 오르면 반드시 똑바로 서서 손잡이 끈을 잡아야 한다. 마차 안에서는 안쪽을 돌아보거나 크게 말하지 않고, 직접 손가락질을 하지 않아야 한다."(升車, 必正立, 執綏. 車中, 不內顧, 不疾言, 不親指.)
12 《예기·곡례상》, 《논어·향당》을 볼 것.

'육례'의 마지막 두 항목은 서와 수이다. 서는 글 읽기와 쓰기를 뜻하며 수는 셈하기를 뜻하는데, 모두 가장 기본적인 교양 과목에 속했다. 이 두 기술은 귀족 혹은 문직文職 관리원이 되려면 반드시 익혀야 했다.

《논어》 등의 문헌을 보면 공자는 서와 수, 두 가지 기술에 관해서는 거의 논하지 않고 있는데, 이는 문자학과 수학이 공자의 전문 연구 분야가 아니었기 때문이다. 그가 후기에 깊이 탐구했던 심오한 학문 역시 이 두 항목과는 별 관련이 없었다. 새로 들어온 제자들이 이 부분의 가르침을 청하면 공자는 본인이 가르치지 않고 오래 공부한 제자들이 기본 지식을 가르치게 시켰다.

이상의 '육례'가 바로 공자가 초기에 제자들에게 가르쳤던 필수 과목이었으며, 사 계급의 기본기이기도 했다. 공자와 그 제자들이 점점 나이가 들고 사회적 지위와 학술적인 수준이 점차 향상하면서 공자가 가르치는 과목은 가장 기본적인 내용인 '육례'에 국한하지 않고 더욱 전문화한 '육경六經'으로 수준이 높아졌다. 혹은 초기에는 제자들에게 '육례' 위주로 가르치다가 후기에는 '육경'을 주로 가르쳤다고 할 수도 있다. '육경'의 내용은 공자의 만년에 관해 이야기할 때 다시 살펴본다.

8 공자 사상의 시작점: 주나라 문화

공자는 사회 규범과 정치 질서에 관해 사고하기를 즐겼으며, 이에 관한 여러 주장을 발표하기도 했다. 이로써 '유가 학파儒家學派'가 형성되어 수많은 추종자와 계승자가 등장했다. 한나라 이후로 유가의 학설은 국가의 공식 이념으로 제정되어 중국 사회에 깊은 영향을 미쳤는데, 이 영향력은 현재까지도 지속하고 있다. 공자의 사상과 유가 학파는 화하 문명 및 중국 전통문화를 대표하는 가장 전형적인 요소라 할 수 있다.

그러나 후세 사람들은 공자의 사상이 탄생한 사회적 토양이 바로 주나라 왕조의 문화[춘추 시대 역시 주나라 왕조에 속한다]였음을 잘 알지 못하고 있다. 공자의 사상 중 상당 부분은 그가 새로 발명하지 않았고, 그저 정리하고 다듬었을 뿐이다. 이러한 면에서 보면 후세 사람들은 주나라 문화를 여전히 제대로 이해하고 있지 못하다. 공자 개인의 이미지는 이 위대한 문화를 상당 부분 대표하는 동시에 덮어 가리고 있다.

주나라는 상나라를 대신해 들어섰다. 현대의 고고학적 성과를 통해 상나라 문화의 일부를 알게 된 후로 우리는 주나라 문화의 창조성과 위대함을 더 잘 알 수 있게 되었다. 공자는 주공과 주나라 문화를 칭송하는 일에 결코 인색했던 적이 없었다. 그러나 그는 자신이 이를 칭송하는 구체적인 근거를 설명한 적이 거의 없는데, 이 때문에 후세 사람들은 대부분 이 문화의 내용을 잘 이해할 수 없었다. 이 장에서는 역사의 안개를 걷어내고 화하 문화에서 주나라 민족이 가지는 위대한 의미를 밝혀 본다.

말로는 세습 사회를 옹호하다

우선 신분 계급 제도에 관한 공자의 학설을 살펴보도록 하자. 공자는 신분 세습 사회에서 생활했으므로 제도 및 계급의 구분이 합리적인가 아닌가에 관해 나름의 생각이 있었다. 예를 하나 살펴보자. 《논어》의 기록에 따르면 공자는 신분 계급에 관한 문제를 마주했던 적이 있다. 번지라는 제자가 공자에게 곡식과 채소 농사를 짓는 법을 가르쳐 달라고 청했다. 공자는 "이 방면에 있어 나는 노련한 농민이나 채소 재배자만 못하다"라고 대답하면서 완곡하게 번지의 청을 거절했다.

번지가 그 자리를 떠난 후에 공자는 불만을 드러냈다. 그는 다른 제자에게 "번지는 정말로 소인이구나! 마음에 큰 뜻이 없고 향상심이 없다니. 스스로 예의와 신용을 갖춘 윗사람이 된다면 백성이 모두 존경하고 숭배하며 심지어 외지에서까지 의탁하러 와서 그를 잘 돌봐줄 터인데, 스스로 농사를 지을 필요가 어디 있단 말인가?"라고 말했다. 이 예를 보면 공자는 계급 차별에 동의하고 있다. 그는 하층민이 곡식이나 채소 농사와 같은 노동을 해서 상류 계층을 보살펴야 한다고 말하고 있으므로 귀족이 주도하는 사회 계급 질서를 인정하고 있다.

그러나 다른 한편으로 공자는 제자들의 계급에 따라 차별 대우를 하지는 않았다. 그는 하층민 출신에 다소 현실에 안주하는 경향이 있는 번지와 같은 제자일지라도 상류 계층인 귀족의 문화 지식을 배워 하층민의 생활을 벗어나기를 바랐다.

번지와의 대화를 통해 우리는 신분 계급의 차이에 관한 공자의 이론과 실천이 일치하지 않고 서로 모순됨을 알 수 있다. 그는 이론적으로는 계급 차별과 불평등을 인정했지만, 실제로는 하층 계급의 제자들이 불평등한 상황을 타개할 수 있게 도왔다.

우선 이론적인 면을 보자면, 공자가 주로 했던 일은 계급 간, 계층 간의 각종 차별을 명확히 하는 것이었다. 그는 늘 '예'를 논했는데, 계층과 계급이 그 주된 내용이었다. 서주와 춘추 시대에는 천자와 군주를 거쳐 대부와 사 계급에 이르기까지 피라미드식의 세습 귀족 계급이 형성되어 있었다고 앞에서 설명한 바 있다. 그러나 공자의 시대에 와서는 계급과 관련해서 여러 문제가 발생했다. 천자는 이미 오래전에 실권을 잃었고, 몇몇 제후국의 군주는 과두들에게 조종되고 있었으며, 몇몇 과두는 또 그 배신들에게 실권을 빼앗겼다. 귀족 사회 전체의 인구 증가 속도가 너무나 빨라 권력이 없는 소귀족은 필요한 지위를 얻지 못해 생활고를 겪고 있었다.

공자는 이 혼란한 상태를 《논어》를 통해 비평한 적이 있기는 했으나 새로운 의견을 제시하지는 못했다. 그의 이상은 어디까지나 고대의 이상적인 질서로 회귀해 제후 군주는 주나라 천자에게 복종하고, 대귀족은 군주에게, 소귀족은 대귀족에게 각각 복종하게 하는 것이었다. 모든 이가 자신의 욕망을 자제하고 계급 질서를 유지하는 것이 소위 '극기복례克己復禮'로, 그 본질은 귀족 계급 내부에서 세습 등급의 차별을 유지하는 것이었다.

공자가 '예'를 대단히 중시했다는 점은 주지의 사실이다. 그는 '예'에 관해 정리한 저서를 여러 권 펴냈다. 저서의 핵심 주제 역시 귀족 내부의 등급 구분이었다. 천자, 제후, 대부, 사의 네 가지 세습 등급에는 각기 상응하는 대우가 존재했다. 가령 천자가 식사할 때는 '구정팔궤九鼎八簋'를 갖추어야 했다. '정'은 고기 요리를 담는 그릇으로 9가지가 있어야 했으며, '궤'는 채소 요리를 담는 그릇으로 8가지를 채워 고기와 채소가 어우러지게 해야 했다. 8과 9라는 숫자는 천자라는 등급을 대표했다. 천자가 사망했을 때도 이 '구정팔괘'를 함께 묻어야 했다. 천자 아래의 귀족은 계급에 따라 수량이 줄어 제후는 칠정육괘, 대부는 오정사괘, 사는 삼정이괘 등의 규칙이 있었다. 식사의 규모뿐만 아니라 기타 의식주, 가령 주택이나 마차에 관해서도 각 등급에 해당하는 규격이 존재했다. 심지어 방석을 몇 개 깔고 앉아야 하는지까지도 전문적인 규정이 있었다. 이러한 규정들은 사망한 후에 장례를 치르고 제사를 지낼 때까지도 적용되었다.

공자는 이러한 예의 규범을 연구하는 데 열중했으며, 아래 계급이 본분을 넘어 위 계급의 규격을 사용하는 일을 가장 강하게 반대했다. 따라서 공자는 《논어》에서 종종 삼환 가문이 군주를 무시하며 예를 지키지 않고 본분을 넘어 행동했던, 즉 '팔일무어정八佾舞於庭'과 같은 부적절한 일[106쪽 참고]을 벌였던 것을 비판했다. 이후에 관직에 올랐을 때 공자가 가장 힘썼던 부분 역시 경전에 기록되어 있는 등급 간의 차별을 회복하는 일이었다.

귀족과 천민 구분의 합법성

서주와 춘추 시대에는 귀족 계급 내부의 등급 외에도 더 큰 구별, 즉 통치 계급인 귀족과 피통치 계급인 천민 사이의 관계가 존재했다. 공자는 이 관계를 어떻게 보았을까? 모든 인간이 평등하다고 주장했을까? 아쉽게도 공자는 이 부분에 관해서도 마찬가지로 보수적인 생각을 하고 있었다. 그는 귀족과 천민의 지위에 따른 구분이 지식 및 도덕 수준의 차이를 나타낸다고 보았다. 공자는 "유상지여하우불이唯上知與下愚不移"[1]라는 아주 유명한 말도 했는데, 이는 '상류 계층 사람은 지식이 있고 총명하며 하류 계층 사람은 어리석다는 도리는 영원히 바뀌지 않는다'라는 뜻이다.

1 《논어·양화》

이 말을 통해 도출할 수 있는 결론은 바로 상류 계층인 귀족들은 계속해서 풍족한 생활을 하고, 하류 계층 사람들은 계속 가난하게 살아야 한다는 것이다.

《논어》에는 공자가 천민은 반드시 귀족에게 복종하고 그들을 부양해야 한다는 취지로 한 발언이 다수 기록되어 있다. 가령 그는 "민가사유지, 불가사지지民可使由之, 不可使知之"[2]라고 말했는데, 이 말은 '하층 민중은 그저 아무 생각 없이 명령에 따르게만 하면 될 뿐, 그들에게 너무 많은 것을 이해하게 시킬 수 없다'라는 의미이다. 그는 또 "소인학도즉이사야小人學道則易使也"[3]라는 말도 했는데, 이 말은 '하층 민중도 약간의 도리를 배우게 할 수는 있지만, 이는 어디까지나 그들이 귀족을 존중하고 귀족의 통치에 복종하게 하기 위해서이다'라는 뜻이다.

공자가 한 말에는 '군자'와 '소인'이라는 두 단어가 자주 등장한다. 이 두 개의 상반되는 개념은 세습되는 신분의 귀족과 천민을 주로 가리킨다. 몇몇 현대 학자는 공자를 치켜세우기 위해 군자와 소인의 차이는 도덕성의 유무에 중점을 두며 신분과는 상관없다고 하지만, 이는 정확하지 못한 주장이다. 《논어》를 살펴보면 공자가 대부분의 상황에서 신분의 귀천이라는 관점으로 군자와 소인을 구분했음을 알 수 있다. 가령 "소인학도즉이사야"의 바로 앞에 나오는 말은 "군자학도즉애인君子學道則愛人"인데, 이는 '군자가 도를 배우면 하층 민중을 이해할 수 있게 된다'라는 뜻이다. 이 말을 통해 공자가 군자와 소인 모두 '도'를 알지 못할 수 있다고 보았다는 사실을 파악할 수 있는데, 그렇다면 군자와 소인의 본질적 차이는 역시 신분상의 차이라는 말이 된다.

2 《논어·태백》
3 《논어·양화》

행동으로는 계급의 장벽을 부인하다

앞에서 살펴본 공자의 사상과 학설은 그의 실제 행동과 일치하지 않았다. 특히 공자의 교육 사업은 모든 이에게 열려 있었다. 그는 소위 '유교무류有敎無類'[4], 즉 계급을 불문하고 학비만 낼 수 있다면 누구든 가르쳤다. 또한 공자는 가난한 제자들이 대귀족 가문에서 일자리를 구해 하급 귀족에 준하는 신분을 얻을 수 있도록 힘껏 도왔는데, 그의 외가인 안씨 집안의 가난한 친척들의 예를 보면 잘 알 수 있다. 공자에게는 3천 명의 제자가 있었다고 하는데, 이 제자가 전부 귀족 신분이었을 리는 없다. 그중 대다수는 하층 민중이었다.

　공자의 제자 가운데 상당수는 몰락한 소귀족들이었는데, 귀족 계층의 인구가 팽창하면서 생겨난 소위 '주변인'들이었다. 공자는 이들에게도 마찬가지로 교육과 취업의 기회를 제공하고, 그들이 신분 계층을 향상해 고위 귀족인 대부들과 함께 일할 수 있도록 도와주었다. 가령 유명한 제자인 자공은 공문제자 중에서 가장 높은 관직에 올랐던 인물이며, 그 외에 자하와 재여 등의 제자들도 훗날 상당히 높은 자리까지 올랐다.

　계급이라는 측면에서 공자의 이론은 성공적이지 못했지만, 그가 '유교무류'를 통해 배움에 뜻을 품은 하층 민중에게 계급 상승의 길을 열어준 행동은 역사 발전의 방향을 대표하고 있다. 더 나중인 전국 시대 초기에 이르러 각 제후국에서 모두 변법을 시행해 귀족 계급을 없애고 군주 집권제와 관료제를 수립한 후로 사회의 대다수를 차지하는 일반 민중은 세습 신분의 제약을 받지 않게 되었고, 관료제의 상층부로 이동할 수 있는 공간이 생겨났다. 이러한 관점에서 보면 공자는 관료제의 시조이기도 한 셈이다.

4 《논어·위령공》

세습 계급의 차이에 관한 공자의 이론과 행동 사이에 어째서 모순이 존재하는지는 아주 흥미로운 화제이지만, 현재까지 학술 계에서는 이 문제를 거의 연구하지 않았다. 그러나 공자가 이러한 모순을 보인 특수한 사례가 아니라는 점에 주의해야 한다. 서주와 춘추 시대의 상류 사회에서는 전반적으로 신분 계층의 차이를 매우 중시했지만, 이러한 불평등한 체제를 변호할 만한 체계적이며 최종적인 이론을 수립하지는 못했다. 세습 신분을 이론적으로 지지할 수 있는 최후의 역량은 바로 신학神學이다. 신이 인간 세상의 등급 질서를 창조했으므로 범인凡人은 이 질서를 바꿀 능력이 없다고 믿게 하는 것이다. 거의 모든 고대 인류 문명이 세습 계급을 이러한 방식으로 변호했다. 고대 인도에 형성되어 있던 카스트 제도를 이론적으로 뒷받침한 사상은 힌두교였으며, 중세 유럽의 귀족 제도 역시 로마 기독교의 권위와 관련이 있었다. 신의 수긍과 보호를 받아야만 인간 세상의 세습 계급은 합리성과 합법성을 얻어 쉽게 의심받지 않았다[물론 모든 신학의 교리가 인간 계급의 구분을 포함하지는 않으나, 종교 정권의 통치 아래에 있던 고대 사회에서 특정 종교를 믿는지 아닌지는 자동으로 계급과 연관되었다].

이러한 면에서 주나라 사람들은 특수한 예에 속한다. 그들은 계급 차이를 일종의 현실적인 존재로 간주했을 뿐, 등급 제도와 세습 신분이 불변의 진리임을 신의 존재를 통해 증명하려 하지는 않았기 때문이다. 그래서 공자가 생활했던 춘추 시대 후기에 와서 귀족 제도는 흔들리기 시작해 전국 시대에는 철저히 폐지되었다. 한마디로 말하자면, 인간 세상에 대한 신의 주도적 능력을 배척했던 주나라 문화는 결국 귀족 세습 제도가 충분한 합법성을 얻지 못하는 결과를 낳았다.

기소불욕, 물시어인

중국의 한나라 문명을 제외한 인류의 여타 고대 문명들, 가령 유대교, 기독교, 이슬람교, 불교 등은 모두 종교 문명이었다. 이들 종교 문명 내부의 도덕 원칙은 모두 신의 명령을 전달한 것으로 종교 경전에 명확하게 기록되어 있다.

유대교의 《구약》에는 모세의 '십계'가 등장한다. 이것은 곧 하느님이 모세에게 전달한 종교적 도덕 기준으로 전부 열 가지인데, 앞의 네 가지 계명은 다른 종교를 믿어서는 안 된다는 등의 신앙에 관련한 내용이며, 뒤의 여섯 계명은 인간 사이의 관계를 규범화하는 내용으로 부모를 공경하고, 살인하지 말고, 간음하지 말고, 도둑질하지 말라는 것 등이다. 기독교와 이슬람교에서도 신이 반포하고 《구약》에 기록된 도덕 원칙들을 계승했다.

불교의 계율은 불교의 시조인 석가모니가 반포한 '오계五戒', '팔계八戒', '십계十戒' 등이 있는데, 살생하지 말고[불살생不殺生], 도적질하지 말며[불투도不偸盜], 사사로이 간음하지 말고[불사음不邪淫], 거짓말하지 말며[불망어不妄語], 술을 마시지 말라[불음주不飮酒] 등이다. 이러한 종교적인 도덕 원칙들은 모든 항목이 매우 명확해서 신앙을 가진 사람들은 이 원칙에 따라 생활하면 되었다.

한편, 종교적 신앙을 가진 이들은 종교를 믿지 않는 이들에게는 신이 제정한 행위 규범이 없어 나쁜 일을 할 마음을 먹으면 어떻게 할지 종종 걱정하곤 했다. 그런데 마침 중국의 유가 문화 내부에는 신이 제정한 도덕 규율이 존재하지 않았다. 따라서 사람들에게는 유가 문화에서는 도대체 무엇으로 도덕 규범을 확보하는가 하는 의문이 있었다.

공자에 관한 서적을 살펴보면 확실히 그가 제자들에게 살인하지 말라든가, 도둑질하지 말라든가, 간음하지 말라든가 하는 말

을 한 적이 전혀 없음을 알 수 있다. 신이 제정한 도덕 계율을 인
용 또는 전달하거나, 신이 정한 기준으로 누군가를 평하거나 비
난한 적도 없다. 공자는 사람과 사람 사이에 지켜야 할 도덕적인
기준을 그저 '인'이라는 단 한 글자로 정의했다.

공자에게 농사짓는 법을 배우고자 했던 번지라는 제자가 한
번은 '인'의 의미에 관해 질문한 적이 있다. 공자는 '애인愛人'이
라는 두 글자로만 답했다. 이 말은 선량하고 인자한 태도로 남에
게 잘 대하라는 의미이다.[5] 이는 단순히 마음을 달래는 이야기처
럼 들리기도 한다. 세상에는 분명히 좋은 사람도 있고 나쁜 사람
도 있어 천차만별일 터인데, 어떻게 아무런 원칙도 없이 남을 사
랑하라는 말인가?

이 '인애仁愛'라는 원칙을 관철하기 위한 행동 방침으로 공자
는 '서恕'를 제시했는데, '서'의 구체적인 방법은 바로 '기소불욕,
물시어인己所不欲, 勿施於人'[6]이다. 짧고 간단한 여덟 글자에 불과하
지만, 무시해서는 안 된다. 이 여덟 글자로 인류의 모든 도덕 원
칙과 행위 규범을 도출해 낼 수 있다. 예를 들어 아무 이유 없이
남에게 죽임을 당하고 싶지 않다면 남을 죽여서는 안 된다. 자신
의 물건을 남에게 도둑맞고 싶지 않다면 남의 물건을 훔쳐서는
안 된다. 남이 자신을 비방하기를 원하지 않는다면 남을 비방해
서도 안 된다 등과 같이 말이다.

'기소불욕, 물시어인'은 뉴턴의 세 가지 운동 법칙보다도 간결
하지만, 활용도는 훨씬 높다. 따라서 공자는 온종일 제자들에게
살인하지 말고 도둑질하지 말라고 가르칠 필요가 없었다. 이러한
규칙이 하나의 원칙 속에 전부 포함되어 있기 때문이었다.

5 《논어·안연顏淵》
6 《논어·위령공》

공자는 "만약 자신이 부귀해지고 싶다면 남이 부귀해지도록 도와야 하며, 성공하고 싶다면 남이 성공하도록 도와야 한다. 이것이 바로 '인'이다"라고 말하기도 했다. 공자는 '능근취비能近取譬', 즉 입장을 바꿔 남을 위해 생각하는 태도야말로 '인'을 실천하는 방법이라고 말했다能近取譬, 可謂仁之方也已.[7]

'인'이란 쉽게 이룰 수 있는가?

이렇게 말하면 '인'의 원칙은 아주 간단해 보인다. '능근취비', 즉 다른 이의 입장에 서서 생각할 수만 있다면 누구든 '인'을 실천할 수 있어 보이지만, 사실은 그렇지 않다. 제자 자공이 공자에게 "만약 어떤 이가 천하의 모든 백성을 행복하게 할 수 있다면 이 사람은 어질다고 할 수 있습니까?"라고 물었다. 그러자 공자는 "그것은 어짊과는 상관없고 성스럽다고 해야 한다. 요임금과 순임금 같은 성인일지라도 꼭 '인'의 기준을 갖췄다고는 볼 수 없다"라고 대답했다.[8] 고대 전설 속 성인이라 해도 반드시 어진 사람이라고는 할 수 없다는 의미이다. 공자는 자기 자신에 대해서도 "어짊과 성스러움의 경지에 이르기를 내가 어찌 감히 바랄 수 있겠는가若聖與仁, 則吾豈敢?"[9]라고 평하기도 했다.

공자 본인조차 감히 '인'을 실천했다 할 수 없다고 말했으니,

7 《논어·옹야》: "어진 이는 자신이 나아가 서고 싶은 자리가 있으면 다른 이를 그곳에 세우며, 자신이 도달하고 싶은 곳이 있으면 다른 이가 도달하게 한다. 입장을 바꾸어 다른 이를 위해 생각하는 것이 바로 인을 실천하는 방법이라 할 수 있다."(夫仁者, 己欲立而立人, 己欲達而達人. 能近取譬, 可謂仁之方也已.)

8 《논어·옹야》: "자공이 '만약 백성들에게 널리 베풀고 어려움에서 구제하는 이가 있다면 어떻습니까? 그를 어질다고 할 수 있습니까?'라 묻자 공자가 '어찌 어진 것에 그치겠느냐? 반드시 성스럽다 해야 할 것이다! 요임금과 순임금도 그렇게 하기 힘들었을 것이다'라 했다."(子貢曰: '如有博施於民而能濟衆, 何如? 可謂仁乎?' 子曰: '何事於仁! 必也聖乎! 堯舜其猶病諸.')

9 《논어·술이》

그의 제자들은 더욱 실천하기 어려웠을 것이다. 공자의 만년에
한 대귀족이 그에게 "당신의 제자인 자로와 염유, 공서적公西赤은
'인'을 실천했습니까?"라고 물었다. 공자는 "그들은 행정 능력이
뛰어나 혹자는 군사에 능하고 혹자는 외교에 능합니다. 그러나
그들이 '인'을 얼마나 실천했는지에 대해서는 나는 뭐라 말할 수
없습니다不知其仁也"[10]라고 대답했다.

　이렇게 유명한 제자들조차 '인'의 경지에 이르기 힘들었다면,
가장 '인'에 가까웠던 제자는 누구일까? 공자는 안회가 바로 그
러하다고 말했다. 안회는 가장 부지런히 공부했으며 물질적 욕망
이 가장 적었기 때문에 공자가 제일 아끼는 제자이기도 했다. 하
지만 공자는 안회가 석 달 동안 '인'의 원칙을 지킬 수 있다고만
말했다.[11] 이 말의 숨은 뜻은 만약 석 달이 넘어갈 만큼 긴 기간이
라면 안회 역시 원칙을 지키지 못한다는 뜻이다.

　'인'의 도리를 말로 하기는 쉬워도 실제로 행하기는 어려운 이
유는 무엇일까? 공자는 이에 관해 설명하지 않았지만, 추측해 볼
수는 있다. 종교의 계율은 어떤 일을 하면 안 되는지 항목별로 명
확히 적어 두었기 때문에 기준이 아주 분명해서 따르기가 어렵
지 않다. 그러나 '인'은 이러한 계율과 달리 살아 움직이는 기준
을 가지고 있다. 살아가면서 마주하는 모든 사람은 각자 개성과
좋아하는 것이 다르고 도덕관념도 달라 복잡한 각각의 상황에서
'기소불욕, 물시어인'의 원칙을 지키기가 매우 어렵고 완벽하게
실천할 수가 없다. 이 때문에 '인'의 이론은 간단하지만, 그 실천
은 영원히 끝이 없다.

10 《논어·공야장》
11 《논어·옹야》

'인'에서 '인정'으로

앞에서 살펴본 '인'이라는 사상은 개인과 개인이 더불어 살아가는 데 필요한 원칙일 뿐이다. 공자는 이외에도 정치와 계급 등의 거대한 문제에도 주목했다. 그렇다면 통치자와 통치를 받는 백성들은 어떻게 더불어 살아가야 할까? 공자는 이러한 거시적인 문제에도 유추의 원칙을 적용해 '인'이라는 개념을 '인정仁政'이라는 사상으로 확대했다. 이 사상 역시 후세의 중국 사회에 대단히 큰 영향을 미쳤다.

예를 들어 살펴보자. 공자의 만년에 계손씨 가문의 가주인 계강자가 "요즘 들어 도적이 점점 늘어나 사회가 불안한데, 어찌하면 좋겠습니까?"라고 자문을 구했다. 그러자 공자는 "도적들이 훔치고 빼앗는 것은 모두 값나가는 물건으로, 이러한 물건들은 선생 역시 아끼는 것입니다. 선생이 아끼지 않고 관심을 두지 않는 물건에는 도적들 역시 관심을 두지 않을 터이니, 거저 준다 해도 가져가지 않을 것입니다"라고 답했다.[12]

공자가 계강자에게 이렇게 말한 이유는 계손씨가 너무 많은 재물을 긁어모아 일부 백성이 살기가 힘들어진 나머지 위험을 무릅쓰고 도적질을 할 수밖에 없게 되었음을 깨닫게 하기 위해서였다. 이러한 논증이 바로 '능근취비, 인지방야能近取譬, 仁之方也'의 방식으로, 통치자가 하층 백성의 입장에서 생각하게 해 가난한 이들의 활로를 모색해 주라는 것이다.

공자의 이 '인정' 사상은 아주 유명하기는 하지만, 별 특색 없이 평범하기도 하다. 그러나 그가 생활하던 시대는 귀족과 하층

---

12 《논어·안연》: "계강자가 도적이 많은 것을 걱정해 공자에게 질문하자, 공자는 '선생이 진실로 욕심을 부리지 않는 물건이라면 사람들에게 상을 준다 해도 훔치지 않을 것입니다'라 답했다."(季康子患盜, 問於孔子. 孔子對曰: '苟子之不欲, 雖賞之不竊.')

민중 사이에 아주 깊은 신분 간의 격차가 있었음을 잊어서는 안
된다. 공자가 계강자를 도적의 입장에서 생각하게 한 이유는 모
든 인간이 동일하며 같은 것을 필요로 한다는 점을 인정하라는
의도였다. 이러한 생각이 바로 모든 이를 똑같은 사람으로 대하
라는 '인정' 사상의 출발점이다. 하층 민중은 비록 통치와 관리의
대상이기는 하나, 그렇다고 존엄성을 전혀 갖지 못한 짐승은 아
니었다.

　이러한 사고방식을 따라 생각을 계속 전개하면 현대 서양의
인도주의가 된다. 그러나 공자는 그렇게까지 앞서 나가지는 못했
다. 그는 자신이 살아가던 시대에서 벗어날 수 없었다. 사람들이
서로 이해하고 서로에게 이익을 줄 수 있다고 인정하는 기본적
인 생각 위에서 공자는 여전히 귀족 사회의 통치 질서를 옹호하
며, 하층 민중이 반란을 일으키지 않고 성실하게 귀족을 위해 일
하기를 바랐다.

　공자가 어째서 이러한 모순에 빠져 있었는지는 그의 인생 경
험을 통해 설명할 수 있다. 그는 하층 계급인 천민으로 태어나 자
랐고, 나중에는 아버지 가문에 입적되어 귀족이 되었다. 따라서
그는 두 계층 모두를 어느 정도 이해하고 또한 동정했다. 공자는
귀족 통치자와 하층 민중 사이의 모순에 대한 중재자가 되어, 양
쪽이 서로의 입장을 이해하게 해서 모든 이가 평온하게 살아갈
수 있게 돕고 싶었다. 이러한 관점에서 보면 춘추 시대라는 거대
한 환경 속에서 공자가 얼마나 귀중한 존재였는지를 이해할 수
있다. 그의 사상이 완벽하지 못했던 원인은 자신이 생활하는 시
대를 완전히 부정할 수 없었기 때문이다.

　공자의 '인'과 '인정' 사상은 신이 반포한 계율의 힘을 빌리지
않고 인간 세상의 도덕 원칙을 수립했으며, 또한 사회 규범의 시

작점을 찾아냈다. 이 점은 중국 고대 문명의 가장 독특한 특징이 기도 하다. 이렇게 말하면 이처럼 시대를 앞선 현대적 문명 이념을 창시한 공자가 아주 위대한 인물로 보인다. 그러나 이러한 사상은 사실 공자가 최초로 창시하지 않았고, 주나라 문화 안에 이미 존재했다. 주나라가 건국된 이후로 공자의 시대까지 5백여 년 동안 주나라 사람들은 모두 이러한 비종교적인 역지사지의 세속적인 도덕 기준에 따라 생활해 왔다.

귀신과 거리를 유지하다

주나라 사람들이 전통적으로 가지고 있던 귀신에 대한 관념을 살펴보자.《시경》의《소아》편에 실린〈교언〉이라는 제목의 시를 보면, '이 위대한 질서는 고대의 성인이 계획했으니, 다른 이가 무슨 생각을 하는지는 내가 입장을 바꾸어 생각해 보면 곧 알 수 있다秩秩大猷, 聖人莫之. 他人有心, 予忖度之'라는 구절이 있다. 여기서 '타인유심, 여촌도지他人有心, 予忖度之'라는 부분은 입장을 바꾸어 다른 이의 생각을 헤아린다는 의미로 공자가 말한 '기소불욕, 물시어인'과 완전히 같은 뜻이다. 그러나 이 시는 서주 후기의 작품으로 공자보다 거의 3백년 전에 쓰였다는 점에 주의해야 한다.

　　주나라 사람들은 어째서 이러한 사고 방식과 도덕 규범을 가지고 있었을까? 이는 바로 주나라와 상나라의 차이점과 관련이 있다. 상나라 사람들이 어떠한 모습이었는지에 관해 역사서에는 거의 기록되어 있지 않고, 이 기록들도 그다지 믿을 만하지 못하다. 그러나 현대에 고고학 연구를 통해 발굴된 유적, 특히 상나라 후기의 수도였던 은허 유적을 통해 우리는 많은 것을 알 수 있게 되었다. 발굴된 유적과 갑골문으로 미루어 보면, 상나라 문명은 아주 기이해서 후세의 중국과 아예 다르다고까지 말할 수 있다.

그 특징은 다음과 같다.

첫째로 그들은 귀신을 숭배했으며, 그중에서 가장 큰 신은 '상제上帝'였다. 이를 기독교 용어라고 생각해서는 안 된다. 이 어휘는 상나라 시대의 문헌에 처음 등장했고, 나중에 기독교 선교사들이 《성경》을 번역할 때 이 단어를 차용했다(기독교에서 말하는 '하느님God'을 중국어로 이렇게 번역했다). 상제의 '제帝'라는 글자와 '상商'이라는 한자는 윗부분의 부수가 동일한데, 이 부수에는 '신성하다' 혹은 '신령'이라는 의미가 있다. 이 한자들은 모두 상나라 사람들이 만들어냈다. 그들은 자신들이 신의 가호를 받는 민족이라고 여겼다. 상나라 사람들은 상제 외에도 산천과 호수의 신 등 여러 신을 믿었으며, 사망한 역대 왕들도 모두 신이 되었다고 믿었다. 또한 이 신들이 모두 큰 신통력을 가지고 있어 인간 세상의 모든 것을 주재할 수 있다고 생각했다.

둘째로 상나라 사람들은 귀신이 대단히 큰 능력을 보유했으며 현실 세계의 일에 관여하기를 즐긴다고 믿고, 제사를 지내 이들에게 각종 음식을 바쳐 환심을 사려 했다. 제사를 가장 많이 지내는 사람은 바로 상나라 왕이었는데, 왕만이 가장 높은 귀신에게 제사를 지낼 자격이 있었기 때문이다. 이는 일종의 권력 독점이라고도 할 수 있다. 귀신에게는 각종 음식 외에 인육도 바쳤는데, 이 역시 다른 음식처럼 여러 가지 방법으로 가공해서 바쳤다. 사람을 죽여서 지내는 제사를 학술계에서는 '인제人祭'라 부른다.

갑골문의 내용을 살펴보면 상나라 왕들은 각종 대소사가 생길 때마다 인제를 지냈음을 알 수 있다. 가령 상나라 왕이 이가 아프거나 감기에 걸렸을 때, 혹은 외국과 전쟁해야 할 때나 왕후가 자식을 낳을 때도 모두 사람을 죽여 신에게 제사를 올려서 신령의 도움을 구하곤 했다. 따라서 은허 유적에는 인제를 지낼 때 썼던 구덩이가 아주 많고, 그 안에서 각양각색의 사람 뼈도 출토되었다. 현재 은허 박물관에서는 그 일부를 볼 수 있는데, 전시품 중에는 아주 끔찍한 것도 있다. 예를 들면, 청동으로 된 솥에 삶아 익힌 사람 머리가 들어 있는 유물과 같은 것들이다. 은허 유적을 발굴하는 과정에서 이렇게 삶은 사람 머리가 두 번이나 발견되었는데, 모두 솥 속에 들어 있어 아주 온전하게 보존되었다. 물론 상나라 왕 외에도 그 아래의 각급 귀족 역시 제사를 지낼 때 사람을 죽였는데, 돈이 없어 도저히 사람을 죽일 수가 없으면 개를 잡아 제사를 지냈다.

셋째로 상나라 사람들은 귀신이 아주 현실적인 존재라고 생각해 누구든 귀신에게 제사를 지내 먹을 것을 바치면 그 사람이 바라는 일을 이룰 수 있도록 귀신이 보우해 준다고 믿었다. 이러한 귀신의 보우는 사람들이 자신에게 계속 제사를 지내게 하기 위해서이기도 했다. 따라서 상나라 사람들은 인의나 도덕을 전혀 중시하지 않고, 그저 힘이 있고 능력이 있어 여러 귀신에게 뇌물을 바칠 수 있는 사람이 귀신의 가호를 가장 많이 받는 대단한 사람이라고 여겼다.

상나라 때의 갑골문에도 인의의 '인仁' 자나 도덕의 '덕德' 자가 모두 등장하기는 하지만, 이 글자들의 뜻은 후세에서 쓰는 뜻과는 달랐다. 상나라 때의 '인'이라는 글자는 특정 지역, 특정한 사람의 무리를 가리켰으며, '덕'이라는 글자는 사람의 정서나 심리를 뜻했다. 이 두 글자 모두 남에게 잘 대해야 한다는 등의 이타주의적인 의미가 없었다.

상나라 사람들은 이처럼 보는 이를 깜짝 놀라게 할 만한 도덕 관념을 지니고 있었지만, 고대 문헌에는 이러한 점들이 기록되어 있지 않다. 현대의 고고학자들이 유적을 발굴해낸 후에야 그들의 잔혹한 일면이 드러났다. 이는 너무나 놀라운 사실이라 현대 학술계에서도 아직 이 유적들의 의미를 충분히 탐구하지 못했다.

본래 서쪽 지역에 사는 작은 부족에 불과했던 주나라 민족은 아주 오랫동안 상나라 조정에 복종했다. 그동안 그들 역시 상나라 왕조의 잔인하고 포악한 통치를 받았을 것이다. 따라서 주나라 사람들은 상나라와는 완전히 다른 도덕적인 문명을 발전시켰다.

주나라 사람들 역시 상제와 여러 귀신의 존재를 인정하기는 했으나, 그들은 상나라 사람들처럼 이 귀신들이 이기적인 성격이라고 해석하지는 않았다. 주나라 사람들은 신의 사명을 '덕 있는' 이들을 보호해 인간 세상의 도덕 질서를 유지하는 일이라고 보았다. 그들은 자신들이 상나라 민족보다는 덕이 있는 민족이기 때문에 상제의 도움을 받아 상 왕조를 멸망시킬 수 있었다고 생각했다. 주나라가 건국된 후로는 사람을 죽여 제사를 지내고 순장하는 상나라 때의 풍습을 철저히 폐지했는데, 이는 주공이 시행했던 중요한 정책 중 하나였다. 이 이후로 중국은 진정한 문명 시대에 들어서게 되었다.

물론 살다 보면 미신을 과하게 신봉하는 사람도 있기 마련이다. 그러나 주나라의 정치적 전통 속에서 이러한 이들은 전부 세상 사람들에게 무시당했다. 공자보다 백 년 전에 어떤 '신'이 괵나라의 어느 지방[지금의 허난성 싼먼샤三門峽시 일대]에 강림해 그 지역의 어떤 사람이 신내림을 받은 듯한 행동을 보였다. 이 소식이 낙양의 조정에 전해지자 주혜왕周惠王은 내사內史[왕실의 문헌을 주관하는 관원]에게 "이는 도대체 어찌 된 일이며, 어떻게 처리해야 하는가?"라고 물었다. 내사는 "신이 인간 세상에 강림하는 것은 통치자에게 '덕'이 있는지 판단하고 정치를 잘하고 있는지 살펴보기 위함입니다. 폐하께서는 사람을 보내어 평소처럼 상제에

게 제사를 지내도록 명하시면 됩니다"라고 대답했다. 주혜왕은
내사의 의견에 따라 처리했다. 이는 신을 '경이원지敬而遠之'하는
태도로, 신이 자신을 위해 어떠한 구체적인 일을 도와주기를 바
라지 않는다는 뜻이다.

그런데 괵나라의 군주는 미신을 믿는 편이었기에 대신을 보
내 제사를 지내면서 자신의 구체적인 '기원'까지 올렸다. 신[신내
림을 받은 사람]은 대단히 만족해 괵나라에 더 큰 영토를 내려 주
겠다고 약속했다. 괵나라 군주의 이러한 행동은 주나라 사람들의
이념에 다소 위배된다. 군주를 대신해 신에게 제사를 지내러 갔
던 대신은 사석에서 "지금 우리 군주는 여러 혼란한 정책을 펴면
서 귀신까지 믿고 있으니, 나라가 곧 망하고 말 것이다國將興, 聽於
民. 將亡, 聽於神!"라고 말했다.[13] 괵나라 군주의 일을 들은 주나라 왕
실에서도 다들 괵나라가 곧 망하겠다고 여겼다. 머지않아 괵나라
는 정말로 진晉나라에 흡수되고 말았다.

'국장흥, 청어민. 장망, 청어신'이라는 말은 군주가 백성의 바
람에 귀를 기울이면 나라가 흥성하며, 군주가 귀신의 명령만을
듣는다면 나라가 망한다는 뜻으로, 놀랍게도 신과 백성을 대립하
는 위치에 두고 있다. 민중은 정의와 승리의 편인 반면, 신은 불
의와 실패의 편이라 여겼으니 신에 대한 불경으로도 보인다. 사
실 이 말은 진심으로 신을 반대한다는 의미는 아니다. 신을 실제
로 본 이는 아무도 없고, 전부 평범한 인간이 신의 이름을 내세워
자기가 그 뜻을 전할 수 있다고 떠벌릴 뿐이다. 주나라 사람들은
범인이 임의로 신을 대표하게 두면 안 된다고 생각했다. 현실주
의적인 방법으로 신이라는 명제를 처리했다고 볼 수 있다.

'국장망, 청어신'이라는 말은 공자 이전의 주나라 사람들의 보

13 《좌전·장공 32년》을 볼 것.

편적인 관념을 대표한다. 그렇다면 공자 본인은 귀신을 어떻게 생각했을까? 《논어》의 기록에 따르면, 번지라는 제자가 공자에게 지혜가 무엇인지 질문하자, 공자는 "사람으로서 가진 여러 책임을 이행하고, 귀신을 공경하되 거리를 유지하는 것이 바로 지혜이다務民之義, 敬鬼神而遠之, 可謂知矣"라고 대답했다.[14] 공자는 신의 존재를 직접적으로 부정하거나 긍정하지 않았고, 귀신에게 크게 공을 들이라고 주장하지도 않았다. 그는 그저 전통적인 의식에 따라 제사를 지내기만 하면 된다고 여겼다. 또한 그는 귀신을 핑계 삼아 현실 생활에 관여해서는 안 된다며 "경귀신이원지敬鬼神而遠之"해야 한다고 주장했다. 사람이 세상에서 취하는 모든 행동의 기준은 모두 이성의 원칙이 결정하며 신과는 아무런 관련이 없다는 의미이다.

제사에 관해 공자는 "제여재, 제신여신재祭如在, 祭神如神在"[15]라는 말도 했다. 제사를 지낼 때는 제사의 대상이 정말로 그 자리에 강림해 있는 듯이 해야 하므로, 신에게 제사를 지낼 때는 신이 실제로 강림한 것처럼 공경해야 한다는 뜻이다. '여신재如神在'라는 말에는 가정을 뜻하는 '여如'가 쓰였다. 그렇다면 과연 신은 존재한다는 말인가? 공자는 이에 관해서는 토론을 거절했다.

공자는 《예기》에서 "고대의 현명한 임금은 모두 관례에 따라 여러 신명에게 제사를 지내면서도 자신의 사사로운 일로 상제에게 도움을 청하지 않았다不敢以其私褻事上帝"[16]라고 말했다. 신령에게 사적인 문제로 도움을 청하는 것이 부끄러운 일이라는 생각은 사실 주나라 문화가 가지고 있던 공통적인 인식이었다.

14 《논어·옹야》
15 《논어·팔일》
16 《예기·표기表記》

《논어》에는 "자불어괴력난신子不語怪力亂神"[17]이라는 공자의 생
활 습관도 기록되어 있다. 괴이한 것, 귀신, 그리고 검증하기 힘
든 것에 관해 이야기하지 않았다는 뜻이다. 공자가 이야기하기를
꺼린 이 네 글자 중에서 '력力[폭력]'만이 귀신과 큰 상관이 없다.
그러나 상나라 당시에는 폭력 역시 귀신 세계의 일부였다.

　단 일곱 글자에 불과한 짧은 말이지만, 이 문장에 담겨 있는
정보는 아주 많다. 《논어》는 공자가 사망한 후에 그의 제자들이
쓴 책이므로, 이는 공자가 평생 보여준 행동의 특징을 정리하는
문장이다. '있다고 말하기는 쉬워도 없다고 말하기는 어렵다'라
는 속담이 있다. 공자가 일생에서 남긴 말은 아주 많으므로 그중
에서 무슨 말이든 골라 기록하기는 쉽지만, 그가 어떤 것에 관해
말하지 않았는가를 정리하기는 그리 쉬운 일이 아니다. 공자를
아주 잘 알아야만 가능한 일이다. 《논어》의 저자가 특별히 이 문
장을 기록한 이유는 결코 가볍게 한 말이 아니라 대단히 중요하
게 여겨서이다. 저자는 공자의 이러한 입장을 반드시 기록해 후
세에 전달해야 한다는 사명감을 느끼고 있었다.

<h2 style="text-align:center">말은 쉬워도 실천은 어려운 '효제'</h2>

공자의 사상에서 가족관계에 관한 부분이 큰 비중을 차지하고
있다는 점은 널리 알려진 사실이다. 이는 유가 사상의 핵심으로
이후의 중국 사회에도 대단히 큰 영향을 끼쳤다. 그러나 공자 본
인의 실제 가정생활은 그의 사상 및 주장에 반드시 부합하지는
않았다. 이 역시 그의 이론과 실천 사이에 모순이 발생했던 부분
이기도 하다.

　가족관계에 관한 공자의 가장 중요한 주장은 '효제孝悌'이다.

17 《논어·술이》

효는 효도, 즉 부모를 공경하고 따른다는 뜻이며, 제悌[혹은 弟]는 손위 형제를 공경하고 따른다는 뜻이다. 이것은 유가의 가장 대표적인 사상이다.

이 효제라는 이념 역시 공자가 만들어낸 것이 아니라 주나라 사람들이 몇백 년에 걸쳐 지켜 온 전통이었다. 주나라 사람들은 줄곧 귀족 정치를 유지해 왔는데, 귀족 정치의 본질은 세습되는 가문의 정치이므로 가장 중요한 질서는 자연히 가족 내부의 장유長幼와 존비尊卑였다. 또한 주나라 사람들은 가족 내부의 질서를 점차 확대해 봉건 정치 전체의 질서가 되게 했다. 태자는 주나라 왕의 왕위를 계승하고, 그 외의 아들들, 즉 태자의 동생들은 제후국을 받아 군주가 되었다. 이와 같은 이치로 제후국 군주와 대귀족도 모두 단계별로 분봉 받으며 가족 관계가 봉건 정치 관계로 변화했다.

비록 '효제'라는 원칙을 직접 발명하지는 않았지만, 공자는 확실히 이를 매우 중시해 《논어》에서도 그 의미를 여러 차례 강조한 바 있다. 가령 그는 "효제야말로 '인'의 근본이다孝弟也者, 其爲仁之本與"[18]라고 말했다. 사람은 우선 가족 내부의 장유와 존비 관계를 처리하는 법을 배운 후에야 사회에 나가 군신 간의 존비 원칙에 따라 일에 임할 수 있다는 의미이다.

주나라 사람들의 '효제'라는 가족 관념과 짝을 이루는 것이 바로 '상복喪服' 제도이다. 주나라 사람들의 예의 풍속에서는 가족이 죽으면 복상服喪을 해야 했는데, 삼베로 지은 상복을 입고 일정 기간 생활하며, 경사스러운 자리에 가지 않고, 부부생활을 해서도 안 되며, 육식조차 가능한 한 삼가야 했다.

공자 역시 이 상복 제도에 관해 연구했다. 그는 관계가 다른

18 《논어·학이學而》

가족이나 친척이 사망했을 때 각각 얼마나 긴 시간 동안 상을 치러야 하는지를 전문적으로 연구했다. 이 연구의 결론을 보면, 복상 기간은 친척 관계의 가깝고 먼 정도에 따라 다섯 단계로 나눈다. 가장 긴 것은 3년, 그다음이 1년이며, 9개월, 5개월, 3개월 등이었다. 이것이 소위 '오복五服'으로 후세에는 친척 관계를 계산하는 방법으로 변화하기도 했다. 이러한 복상 제도는 거의 공자가 창시했다.

부모가 세상을 떠나면 가장 긴 기간, 즉 3년 동안 복상을 해야 했다. 물론 고대 사람들은 기간을 햇수로 헤아렸기에 이 3년은 정확히 만 3년이 아니라 3년째에 막 들어선 시점을 말한다. 사실상 2년 반 정도에 해당하는 기간이다.《논어》에 의하면 재여라는 제자가 공자에게 "삼년상은 너무 길지 않습니까? 여러 가지 일을 지체하게 되니, 만 1년이면 충분하다고 생각합니다"라고 자기 의견을 말했다. 그러자 공자는 "사람이 태어나면 부모가 3년 동안 안아서 기른 후에야 비로소 자기 발로 걸을 수 있게 된다. 그러므로 부모가 죽으면 자식 역시 3년 동안 애도해야 사람의 천성에 부합한다"라고 설명했다.[19]

재여와 공자의 이 대화를 통해 부모가 사망하면 3년 동안 복상하는 규칙은 공자가 만들어냈음을 알 수 있다. 적어도 그 당시에는 아직 보편적인 규칙이 아니라서 제자가 이렇게 질문했을 것이다. 이에 관해서는 역사서에서도 증거를 찾을 수 있다. 편년사인《춘추》나《좌전》에는 어느 제후국의 군주가 사망하고 그 아들이 군주의 지위를 계승하자마자 혼례를 올려 아내를 맞이했

[19]《논어·양화》: "공자가 말했다. '여는 어질지 못하도다! 자식은 태어나서 삼 년이 지난 후에야 부모의 품을 벗어난다. 무릇 삼년상을 치르는 것은 천하의 공통적인 상례이다. 여는 자신의 부모를 삼 년 동안 사랑한 일이 있는가?'"(子曰: '予之不仁也! 子生三年, 然後免於父母之懷. 夫三年之喪, 天下之通喪也. 予也有三年之愛於其父母乎?')

다는 기록이 종종 등장한다. 만약 부친이 죽은 후에 삼년상을 치렀다면, 3년 동안 혼례를 올리지 말아야 이치에 맞다.

그런데 공자는 자신이 제창한 이 효제에 관한 원칙을 스스로 실천할 수 있었을까? 본인이 했던 말부터 먼저 살펴보자.《논어·자한》편을 보면 공자는 "조정에 나가서는 군주와 고관을 섬기고, 집에 들어오면 아버지와 형님을 섬기며, 상을 치르기를 감히 게을리하지 않고, 술 때문에 고생하지 않는 것. 이 가운데 나는 무엇을 갖추고 있는가出則事公卿, 入則事父兄, 喪事不敢不勉, 不爲酒困, 何有於我哉?"라고 말했다. 이는 공자가 본인에게 평생 부족했던 부분과 이루지 못했던 바람에 대해 한탄하며 했던 말이다.

두 번째 항목인 '입즉사부형入則事父兄', 즉 아버지와 형을 섬기는 일 역시도 자신이 해내지 못했다고 말하고 있는데, 이 부분은 상당히 의아하다. 공자가 어려서부터 아버지가 없었다는 사실은 앞에서 설명한 바 있다. 그러므로 그가 부친상을 못 치러서 효를 다하지 못했다는 말은 이상하지 않다. 공자는 어머니가 세상을 떠난 후에야 공씨 가문에 입적되어 귀족이 되고 교양을 익힐 기회를 얻었으니 그 이전에는 아마도 이러한 원칙에 대해 인식 자체가 없었거나 알았어도 크게 신경 쓰지 않았는지도 모른다. 공자가 소년 시절에 상복을 입은 채로 계손씨의 연회에 참석하려다가 양호에게 쫓겨난 일화만 보아도 그렇다. 공자가 이후에 주장한 이론에 의하면 복상 기간에는 절대로 연회 등 사교 모임에 참석할 수 없다.

공자가 부모의 상을 규칙대로 치르지 못한 점은 이해할 수 있는 부분이다. 그러나 세상 사람들은 다들 공자에게 형이 하나 있었다는 사실을 알고 있다. 공자는 속칭으로 '공씨네 둘째 아들'이라고 불렸으니 그의 위에 '큰아들'이 있었음은 자명한 사실이다. 이 큰아들은 공자와 어머니만 같고 아버지가 달라 공씨 성도 아니고 이름은 맹피였다. 이 이름은 《예기·단궁》편에 최초로 등장하며, 왕숙이 날조한 《공자세가》에도 등장하는데, 왕숙은 맹피가 절름발이였다고 기록했다. 그러나 이 두 기록 외에는 다른 사료적 증거가 존재하지 않는다. 어쨌든 맹피라는 형에 대해서라면 공자는 '효제' 가운데 '제', 즉 형을 잘 섬기는 일을 충분히 실천할 수 있었을 것이다. 그러나 공자는 자신에게는 봉양할 아버지와 형이 없었다고 말했다. 이 말은 잘 이해가 되지 않는다.

《예기》나 《논어》와 같은 믿을 만한 초기 문헌뿐만 아니라 이후의 각종 역사서 내지 날조된 공자 관련 이야기를 전부 살펴보아도 공자가 형과 교류했다는 기록은 전혀 찾을 수가 없다. 우리는 최소한 그의 형이 아주 일찍 사망하지는 않았다는 사실은 알 수 있다. 공자가 형의 딸을 자기 제자와 혼인시켰다는 이야기가 《논어》에 기록되어 있으니, 이 형이 자식을 낳아 기를 나이까지는 살아 있었다는 뜻이 된다.

또한 이 형이 만약 공자보다 일찍 죽었다면 분명히 공자가 장례를 주관했을 터인데, 역사서에는 그런 기록도 없다. 《예기·단궁》편에는 공자와 관련한 수많은 장례가 기록되어 있고 그중에는 누이의 상을 치렀다는 기록도 있지만, 유독 형의 장례만 기록되어 있지 않다. 게다가 공자는 동모이부 형제가 죽었을 때의 복상 기준에는 의견을 전혀 남기지 않았다. 이 부분은 그가 죽은 후에 제자인 복상卜商과 언언言偃이 연구를 진행했다.[20]

이 형 외에도 공자에게는 마찬가지로 아버지는 다르고 어머니만 같은 누이가 하나 있었다. 《예기·단궁》편의 기록에 의하면 공자가 만년에 이르렀던 어느 날 제자들 앞에 선 그의 자세가 평

20 《예기·단궁상》의 "공숙목유동모이부지곤제사公叔木有同母異父之昆弟死" 부분을 볼 것.

소와는 조금 달랐다고 한다. 제자들이 이를 이상하게 여기자 공자는 "너희는 모르는구나. 내가 막 누이의 장례를 치른 참이라 평소와는 조금 다른 것이다"라고 대답했다.

이 기록을 통해 공자의 누이가 귀족 신분이 아니었음을 알 수 있다. 따라서 그의 누이가 죽었는데도 아무도 그 일을 알지 못했으며, 공자 역시 상복을 입고 있지 않았다. 만약 이 누이가 공흘의 딸이었다면 분명히 제대로 된 사 계급의 귀족과 혼인했을 터이고, 그랬다면 공자에게도 어엿한 자형이 있었을 것이다. 귀족 부인이 사망했다면 장례를 성대히 치렀을 터이니 공자가 설명하지 않아도 제자들이 알아서 조문하러 왔을 것이다. 그러나 보다시피 실제로는 이렇지 않았다.

공자의 형과 누이는 모두 공자와 동모이부 관계이며 어머니 집안 쪽의 천민 신분으로 평생 안씨 마을의 하층 농민 무리 속에서 살았다. 공자는 공씨 가문에 입적된 이후로 이 형과 누이와는 사는 세계가 달라졌다. 그가 '효제'에 관해 자주 논했던 이유는 바로 본인의 부모는 모두 일찍 세상을 떠나고 형과 누이는 신분이 비천해 자신의 인생에서 '효제'를 실천할 기회를 얻지 못했기 때문이었다. 이는 자신에게 없을수록 더욱 중요하다고 여기는 일종의 보상심리인 셈이다.

외국 속담 중에 '모든 집마다 곤란한 문제가 꼭 있다'라는 말이 있다. '효제'라는 이념이 여러 현실적인 문제를 해결하지 못한다는 증거는 공자기 본인의 일조차 잘 해결하지 못했던 것에서 알 수 있다. 이 역시 유가의 이론이 현실과 맞지 않는 부분이다.

공자의 이러한 가정적인 배경을 이해해야만 그와 양호 사이의 대립하는 듯하면서도 어딘가 가까운 듯한 애매한 관계를 이해할 수 있다. 이는 공자가 가족의 정에 대해 마지막으로 기대했던 한

가닥 동경이었다. 그러나 그는 줄곧 민감한 자존심과 '정치 노선'에 좌우되었기 때문에 양호와는 대립하는 입장에 설 수밖에 없었다.

공자와 그의 처자식의 관계는 이 책 후반부에서 설명한다.

공자가 대표한 인류의 공통성

지금까지 공자의 가장 대표적인 사상인 귀신에 대한 관념과 '인'이라는 도덕관념, 그리고 '효제'라는 가정 이념을 살펴보았다. 우리는 이 사상들이 모두 공자의 창조가 아니라 주나라 문화를 계승하고 정리한 결과임을 알 수 있었다. 이를 통해 주나라 문화의 위대함을 더 잘 알 수 있다. 공자는 주나라 문화의 어깨 위에 올라선 사상가였다.

'기소불욕, 물시어인'이라는 이념 역시 공자 혹은 주나라 사람들만 지니고 있던 사상이라기보다는 사실상 인류가 가진 어떠한 공통성의 표현이다. 공유하고 소통하는 감정은 인간만이 가질 수 있다. 다만, 공자는 모든 인류가 가지고 있는 이러한 감정을 귀납해 여기에 중요한 방법론적 의의를 부여했을 따름이다. 여기가 바로 공자의 사상이 종교 문명을 초월한 지점이다.

이 문제에 관해서는 유신론자와 무신론자의 차이만 강조하지 말고 주나라 문명과 공자의 사상이 가진 독특한 면과 인류의 공통성이라는 부분 역시 살펴보아야 한다. 공자가 말했듯이 누구도 3개월 이상 계속해서 '인'의 기준에 완벽하게 부합하는 생활을 할 수는 없다. 사실상 그 어떤 종교의 신도라 해도 종교 경전의 요구사항을 전부 완벽히 따르며 생활할 수 없다. 그들에게는 모두 인류의 공통성이라는 일면이 있다. 그러므로 종교를 믿는 신도들은 그 종교를 믿지 않는 사람들을 포함한 다른 이들을 대

할 때 대부분의 상황에서 본능적으로 '기소불욕, 물시어인'이라
는 원칙을 지키게 된다.

'술이부작'하는 자세

사람들이 일반적으로 생각하는 '성인' 혹은 어떤 학파를 창시한
위대한 사상가와는 달리 공자의 학설은 사실상 큰 '혁명성' 내지
독창적인 내용을 담고 있지 않다. 그가 한 일은 대체로 주나라 사
회에 이미 오래전부터 성숙해 있던 관념을 제자들에게 가르치고,
또한 문자화해 체계적으로 보존한 것이었다. 자신이 새로 덧붙인
내용은 미미한 정도이다.

공자는 본인이 '술이부작述而不作', 즉 과거의 역사와 관례를 진
술하기만 할 뿐 새로운 사상이나 학설을 창조하지는 않는다고
말했다. "나는 공허한 도리를 적어 볼까 했으나, 다시 생각하니
사실을 통해 모든 것을 설명하는 편이 더 나은 듯하다"라는 말도
했다.[21] 그가 의식적으로 새로운 이론이나 학설을 만들어내지 않
았음을 알 수 있다.

공자의 학설에 독창적인 부분이 거의 없다면, 어째서 후세에
그렇게나 큰 영향을 미쳐 '성인'으로까지 추앙받게 되었을까? 그
것은 공자 본인이 보여준 행동과 큰 관련이 있다. 그는 모든 사람
이 다 알고 있는 도리를 평생 주장했는데, 이러한 역할을 하는 사
람은 아주 드물었다. 공자의 시대에는 모든 이가 큰 도리에 관해
알고 있었지만, 이를 실천하기 어렵다는 점 또한 많은 이가 알고
있었기 때문에, 실제 생활 속에서는 더 실용적인 작은 도리나 암

---

21 《사기·태사공자서太史公自序》: "공자가 말했다. '나는 추상적인 도리를 적으려 했으
나, 구체적인 사실을 보여주는 것이 훨씬 분명하고 적절하다.'"(子曰: '我欲載之空言, 不
如見之於行事之深切著明也.')

묵적인 관행을 주로 적용했다. 공자의 고지식함은 바로 이 부분에서 드러나는데, 그는 다들 겉으로는 신봉하나 실제로는 무시하는 이념을 정말로 실현하려 했다. 그는 제자들을 가르치면서 이러한 도리를 선전했고, 노나라에서 벼슬을 하면서 전국적으로 시행했으며, 노나라에서 통하지 않자 열국을 주유하며 곳곳에 널리 알렸다.

당시 누군가 공자에 대해 "지기불가이위지知其不可而爲之"[22], 즉 성공할 확률이 0%에 가깝다는 사실을 알면서도 시도하지 않고는 못 배기는 사람이라고 평한 일이 있다. 정치적인 면에서 보면 공자가 성공했다고 보기는 힘들다. 그 어느 군주 혹은 과두도 그의 치국 사상을 채택하지 않았고, 만약 정말로 채택했다 하더라도 성공하지 못했을 것이다. 그러나 사상학파라는 관점에서 보면 공자는 성공했다고 할 수 있다. 어쨌든 그는 방대한 교재를 편찬했으며 수많은 제자를 가르쳤다. 이 제자 중 일부는 사업에서 성공을 거두어 공자 학파의 주장이 대대로 전승될 수 있도록 했다.

22 《논어·헌문憲問》

그림 2 노정공 초년의 공자 학당의 모습

이는 명, 청나라 시대 화가의 작품이며, 그림의 시대는 양호가 노나라의 정권을 장악하고 있던 때이다. 공자의 시대에는 아직 죽간과 목판만을 사용했으므로, 그림에 보이는 선장본 책은 오류이다.

상나라와 주나라 시대 사람들은 하늘에 가장 큰 신인 상제가 있으며, 그 외에도 이름난 산과 개천, 바다와 호수에도 모두 각각의 신이 존재한다고 여겼다. 또한 사람이 죽으면 귀신이 되어 천계로 가서[당시에는 아직 지옥이라는 개념이 없었다] 가끔 인간 세상을 둘러보러 내려오기도 한다고 생각했다. 이는 각종 자연 현상의 배후에 모두 신령이 존재하며, 귀신은 모두 일시적으로 '빙의'하는 방식으로 산 사람의 몸에 내려와 그의 입을 통해 자기 뜻을 표현할 수 있다고 믿는 인류 초기의 '물활론'에 속한다. '샤머니즘'이라 불리는 이러한 원시 종교 형태는 초기 인류가 가지고 있던 소박한 자연신 사상으로, 통일된 교의는 존재하지 않으나 모두 귀신이 '빙의'하는 방식을 통해 의식을 거행했다.

공업화 시대에 진입하기 전까지 인류는 늘 식량 부족 상태에 처해 있었다. 식량 생산 속도가 인구 증가 속도를 따라가지 못해 기근을 통해 총인구수를 통제하는 수밖에는 없었다. 영국의 학자 토머스 맬서스Thomas R. Malthus는 《인구론》이라는 저서에서 이 문제를 탐구한 바 있다. 고대 사회에서 늘 배불리 먹으며 안정적인 식생활을 유지할 수 있었던 사람은 극소수의 상류 계층에 불과했고, 절대다수는 반기아半飢餓 상태를 벗어날 수 없었다. 따라서 당시 사람들은 음식에 관한 윤리를 대단히 중요시했다. 고대 인류가 가지고 있던 종교적 사유에도 역시 식량 부족 현상이라는 거대한 배경이 있다.

이러한 종교적 사상은 서로 전혀 다른 두 가지 유파로 나뉜다. 하나는 여러 신령에게 제사를 지내 먹을 것을 바치는 사상이다.

이것은 식량 부족이라는 암울한 상황을 벗어나기 힘든 현실파에 해당하는데, 고대 중국인들의 종교 관념이 바로 이에 속한다. 이들은 천당에는 먹을 것이 없어 지상의 사람들이 [제사를 통해] 음식을 보내 주지 않으면 신령과 귀신이 전부 굶는다고 생각했다.

다른 하나는 이상파로 신령들의 세계에서는 먹을 것을 걱정할 필요가 전혀 없다고 여기는 유파이다. 기독교나 이슬람교 등 비교적 늦게 탄생한 주류 종교들이 여기에 속한다. 그들은 사람[좋은 사람]이 죽으면 하늘로 올라가는데, 그곳에는 모든 것이 풍족해 지상보다 훨씬 더 살기 좋다고 믿었으므로 당연히 산 사람들이 제사를 지낼 필요가 없다고 생각했다. 기독교의 전신인 유대교에서는 고대 중국과 유사하게 신에게 제사를 지내 각종 음식을 바쳤는데, 기독교로 바뀌면서 이러한 의식은 없어졌다.

주나라의 예절과 풍속에 의하면, 자기 가문의 선조에게 제사를 지낼 때 천자는 7대조까지 종묘를 두어 각각 모셔야 했고, 제후는 5대조, 대부는 3대조, 일반적인 사 계급은 1대조의 종묘를 두어 모셔야 했다. 사 계급의 종묘는 사실상 집 안에 따로 떨어져 있는 작은 정원 혹은 방 한 칸이었다. 제사는 반드시 종묘에서 지내야 했으며, 다른 곳에서 제사를 지내면 조상이 찾아가지 않았다. 귀족들에게는 망명하기 위해 저택을 떠나기 전에 꼭 거쳐야 할 중요한 순서가 있었는데, 바로 종묘에 가서 '주主'라고 부르는 조상의 위패 앞에 마지막으로 음식을 바치고 '자손이 불효하여 앞으로는 때맞춰 식사를 올릴 수 없으니 시장하시더라도 부디 참아 주십시오'라고 사죄하며 작별 인사를 하는 일이었다. 머리가 총명하고 변통할 줄 아는 사람은 종묘 안에 모셔 둔 조상의 위패를 마차에 싣고 가서 어디서든 제사를 지낼 수 있게 하기도 했으나, 대다수의 사람은 이러한 행동을 인정하지 않았다.

제사상에 차려 둔 제사 음식이 줄어들지도 않는데 조상이 도대체 어떻게 음식을 먹는다는 말일까? 고대 사람들은 신령이 제사 음식을 입으로 먹지 않고 '흠歆', 즉 코로 냄새를 맡는다고 생각했다. 제사 음식은 주로 돼지와 소와 양의 고기를 정성껏 요리해 만드는데, 요리에서 좋은 냄새가 풍기면 조상의 영혼이 날아와 하늘 위에서 그 냄새만 맡아도 배가 부르므로 지상에 있는 자손들을 보우해 준다고 여겼다. 이와 반대로, 조상이 배가 고프면 역정을 내어 자손이 살기 힘들어진다고 생각했다.

본인이 집을 비운 상황이라면 남에게 제사를 지내 달라고 부탁할 수 있을까? 그럴 수 없다. 조상은 자기 자손이 바친 음식만 먹을 뿐 외부인이 올린 음식은 먹지 않기 때문이다.

계평자가 노소공을 쫓아낸 후에 노나라에는 군주가 사라졌지만, 그렇다고 노나라의 역대 군주들이 굶도록 놓아둘 수는 없었다. 그래서 계평자는 선왕들에게 제사를 지냈는데, 이는 정치적인 본분을 뛰어넘은 행동이었다. 진나라에서 노소공과 계평자 사이의 분쟁을 조정하러 왔으나 노소공이 여전히 노여움을 풀지 않고 돌아가기를 거부하자, 범헌자는 계평자에게 "이 분쟁은 단시간 안에 해결되지 않을 듯하니, 선왕들에게 제사를 지내는 일은 일단 당신이 대신[해 그들이 배를 곯지 않도록] 하시오"라고 말했다. 이는 종주국인 진나라에서도 계평자의 '군주 대리'라는 지위를 인정했음을 뜻한다.

주나라 사람들은 귀신에게 제사를 지냈지만, 신이나 귀신을 볼 수 있는 사람은 아무도 없었다. 그러면 어떻게 했을까? 후세의 방법은 신상神像이었다. 불교에서 신상을 만들기 시작하자 도교와 유가에서도 이를 따라 창시자의 성상聖像을 만들어 여기에 공물을 바치고 향을 피우고 절했다. 조상의 상을 만들 수 없는 일반 가정에서는 그림으로 대신했는데, 관복을 입고 단정한 자세로 앉아 있는 모습을 그려서 벽에 걸고 그 앞에서 제사를 지냈다.

그러나 선진 시대에는 아직 신령의 상을 만드는 풍습이 존재하지 않았다. 발굴된 유물을 보아도 이 시대의 신상은 거의 없다. 그렇다면 무엇으로 조상의 신령을 대신했을까? 주나라 때는 두 가지 방법이 있었다. 그리 크지 않은 제사라면 글씨를 적은 위패를 놓고 지냈고, 성대한 제사 때는 산 사람이 귀신을 대신했는데, 이 사람을 '시ㄕ'라고 불렀다. '시'를 택할 때는 엄격한 규칙이 있었는데, 반드시 제사를 지내는 조상의 손자뻘 이상 되는 후대여야 했다. 조상의 손자이거나 손자의 손자, 혹은 손자의 손자의 손자 등이 맡았는데, 촌수를 틀려서는 안 되었다.

어째서 이렇게 엄격한 규칙을 지켜야 했을까? 일부 학자들은 모계 부락 시대 때부터 전해져 내려온 풍습이었을 가능성이 크다고 보았다. 당시는 아직 부권이 강한 소가족 사회가 아니어서 남녀 관계가 비교적 자유분방한 편이었다. 그러나 근친상간을 방지하기 위해 세대와 촌수의 구분에는 매우 민감했다. 인접한 두 세대 사이의 교류에는 여러 금기가 있었지만, 한 세대 걸러서[조부모와 손자 손녀 세대 사이]는 오히려 별다른 금기가 없어 교류가 자유로웠다.

주나라 때의 제사 제도에는 이렇게 한 세대씩 거르는 풍습이 많이 남아 있다. 가령 종묘에 조상의 위패를 놓을 때는 가장 큰 업적을 남긴 선조의 위패를 한가운데에 놓고, 그 아들의 위패를 그 왼쪽에, 손자의 위패를 오른쪽에 놓고, 손자 아들의 위패는 다시 왼쪽에 놓는 식으로 세대를 하나씩 걸러서 같은 쪽에 두었다. 제사를 지낼 때는 집안의 남녀노소가 모두 종묘 안에 모여서 양쪽으로 나누어 섰는데, 이때도 한 세대씩 거르는 원칙에 따라 좌우로 늘어섰다. 이 좌우 양쪽의 후손을 각각 '소昭'와 '목穆'이라고 불렀는데, 이것이 바로 주나라의 소목제昭穆制이다.

'시'를 맡는 이는 반드시 그 부친이 이미 사망한 상태여야 했다. '시'의 역할은 어린아이도 맡을 수 있었는데, 만약 너무 어리면 어른에게 안긴 채로 '시'를 맡았다. 제사를 주관하는 가문의 가주가 '시'를 맡을 수는 없었는데, 한 사람이 동시에 두 가지 역할을 할 수는 없었기 때문이다. 만약 가문 내에서 도저히 '시'를 맡을 만한 사람을 찾을 수 없다면 범위를 조금 넓혀서 같은 성을 가진 사람 가운데서 찾을 수도 있었다. 만약 공씨 가문에 다른 방계가 있었다면, 공자는 아버지가 일찍 세상을 떠났으니 '시'의 역할을 맡아 제사에 참여할 수 있었을 것이다. 그러나 역사서에 이러한 기록이 없는 것을 보면 공씨 가문에는 정말로 다른 후예가 없었던 듯하다.

만약 제사를 지내는 조상이 여성이라면 '시'도 반드시 여성이 맡았다. 그러나 그 조상이 낳은 자손이어서는 안 되고, 반드시 해당 가문과는 성이 다른 동서 혹은 며느리 중에서 택했다.

조상에 올리는 제사 외에도 천자나 군주는 상제를 비롯해 산천의 신 등 여러 신에게 제사를 지내야 했다. 이때도 '시'를 맡을 사람이 필요했을까? 현재까지 전해지는 문헌을 통해서는 정확히 알 수 없다. 산재한 단서들로 미루어 보면 아마 이때도 마찬가지로 '시'를 맡는 사람이 있었으며, 천자나 군주의 종친 중에서 택했던 것으로 보인다.

주나라 천자나 제후국의 군주가 조상에게 제사를 지낼 때는 조정 내의 종친 후손들뿐만 아니라 군주와 성이 다른 대신들도 참석해야 했다. 사대부 계급의 제사에는 온 가족과 친척 및 하인들까지 제사에 참여해야 했으며, 만약 성이 달라도 사이가 가까운 동료나 친구가 있다면 이들 역시 제사를 참관할 수 있었다.

제사에 참여하는 사람은 제사를 지내기 전에 재계齋戒라 하여 술을 마시지 않고, 오락 및 사교 활동에 참여하지 않으며, 부부생활 또한 삼가야 했다.[23] 재계의 원칙은 자신의 욕망을 절제해 경건하고 정결한 상태로 신명을 대하는 것이다. 재계 기간의 앞부분 7일 동안은 '산재散齋'라 하여 좀 느슨한 편이라 꼭 필요한 업무나 사교 활동에는 참여할 수 있었으나, 뒷부분의 3일 동안은 매우 엄격해서 외출을 삼가고 집 안에서 마음을 가라앉히고 사색하며 신령과 미리 소통해야 했다. 체통 있는 가문의 저택에는 재계 기간에 쓰는 조용한 방과 이 기간에 입는 옷이 따로 준비되어 있었다. 제사를 지내기 위해서는 각종 음식과 고기와 술을 준비하고 친척과 친구를 초청해야 했는데, 이러한 일은 집사가 맡아 했다. 주인 부부는 반드시 명상하며 재계에 임해야 했다.

제사가 시작되면 제사 음식을 종묘에 차려 둔 후에 주인과 손님이 모두 종묘에 들어가 앉는다. 그런 다음 음악을 연주하기 시작하고, 음악 소리가 울려 퍼지는 가운데 '시'를 정중히 모셔 온다. '시'는 일반적으로 제사의 대상인 조상이 남긴 예복을 입고 조상을 대신한다. '시'를 수행하는 '축祝'이 제사를 주관하는데, 이 '축'은 '시'와 주인[가주] 사이의 교류를 책임진다.

'시'는 제를 받는 자리에 올라가 앉는다[당시에는 보통 바닥에 꿇어앉았다]. 제관이 제물로 준비한 가축을 끌고 들어와 '시'에게

---

23 상고 시대의 재계 기간에 육식을 금했는가에 관해 유가의 경서에는 명확히 설명된 바가 없으나, 여타 문헌의 내용으로 미루어 보면 육식을 완전히 금하지 않고, 육식의 종류 혹은 수량을 제한했던 것으로 보인다. 가령 당, 송 시대의 유서類書에서 《한구의漢舊儀》를 인용한 내용을 보면, 한나라 황제의 재계 의식은 "재계를 할 때는 1장丈 2척尺짜리 둥근 상에 36가지 고기 반찬과 아홉 가지 곡식으로 지은 밥을 올린다(齋則食丈二尺旋案, 陳三十六肉, 九穀飯)"라고 되어 있다.

보여준다. 제물로는 보통 소 한 마리를 준비하는데, 급이 약간 낮은 경우에는 돼지나 양을 쓰기도 했다. 제물에는 보통 붉은 비단과 오색 천을 둘러 경사임을 표현했다. '시'가 제물을 보고 동의하면 끌고 나가 문밖에서 도살한다. 원시 부락 시대의 주나라 민족 전통에 따르면 본래 주인이 직접 제물을 잡아야 했는데, 나중에 점차 교양을 갖추게 된 후로 귀족들은 직접 제물을 도살하기를 원하지 않아, 백정이나 요리사가 대신 잡게 되었다.

　제사 도중에 '시'에게 음식을 올리는 일은 가주, 즉 천자나 군주, 귀족 등이 직접 해야 했으며 다른 이에게 시킬 수 없었다. 또한 여주인[왕후나 군주의 부인 및 각급 귀족의 부인] 역시 반드시 남편과 함께 제사를 모셔야 했다. 제사를 주관하는 '축'의 통솔하에 주인 부부가 먼저 전채와 가벼운 요리를 직접 그릇에 담아 '시'에게 올린다. 이 식사 예법은 서양의 코스 요리와 유사하다. 1인분씩만 올리며, 순서대로 약간씩만 맛보아야 하고, 한 번에 배부르게 먹어서는 안 되었다. 밖에서 도살한 제물은 부위에 따라 굽거나 삶는 등 요리해서 마찬가지로 순서에 따라 올린다. 주인 부부를 제외한 다른 가족 구성원과 손님도 모두 차례대로 '시'에게 요리와 밥, 술 등을 올려야 했다. 제사에 올리는 요리는 주로 소, 돼지, 양의 내장이나 허벅지살[뼈에 붙은 앞다릿살], 등심, 붕어 요리 등이다. 주식은 쪄서 지은 밥으로 양념장과 채소를 곁들여 올린다. 술을 올릴 때는 돼지나 양의 간에 소금을 찍어 안주로 곁들여 올린다.

　'시'는 음식과 술을 차례대로 맛보고 마시면서 모두 맛이 좋다고 칭찬한 후, 주인 부부와 초청 받은 손님들에게 술을 내린다. 이는 조상 역시 자기 자손들이 맛있게 먹고 마시기를 바란다는 의미이다. 마침내 '시'가 배불리 먹고 마시면 '축'은 "신이 이미

술에 취하셨다!"라고 소리 높여 말하는데, 이는 제사가 끝났음을
알리는 말이다.

그러면 '시'는 자리에서 일어나 다시금 "음식이 풍족하여 나
는 아주 잘 먹었다. 이만 돌아갔다가 다음에 다시 오겠다"라며
후손들의 효심을 칭찬한다. 그런 다음 여전히 음악이 연주되는
가운데 '축'과 함께 종묘 밖으로 나간다.

남은 사람들은 '시'가 자리를 뜨면 본격적으로 식사를 시작한
다. '시'가 아직 자리에 있는 동안에는 다른 사람들은 실제로 먹
고 마셔서는 안 된다. 제사를 위해 준비한 많은 음식 중에서 '시'
는 아주 일부만 맛을 보는데, 남은 음식은 전부 '시'가 먹고 남기
는 셈이었다. 후손들은 조상이 남긴 음식을 먹으면 조상이 내리
는 복과 가호를 받는다고 여겼다. 주인 부부가 먼저 먹고 나면 차
례대로 나머지 친척들과 손님들, 그리고 마지막에는 집안의 하인
들과 시동들도 음식을 나눠 먹는데 한 사람도 빠져서는 안 되었
다. 이는 조상이 집안의 모든 이를 보우한다는 의미이다.

만약 가주가 어떠한 이유로 가문 구성원 중 누군가에게 제사
에 참여할 자격을 박탈했다면, 이는 대단히 중한 벌로 거의 가문
에서 쫓아내는 일이나 마찬가지였다. 이렇게 되면 그 사람은 어
디에 가든 고개를 들고 다닐 수 없었다.

제사를 지내는 도중에 돌발 사건이 발생하는 경우도 있었다.
위衛나라의 어느 군주가 조상에게 제사를 지내는데, 도중에 덕망
이 높은 어느 대신이 방금 세상을 떠났다는 소식을 전해 들었다.
그러자 군주는 '시'에게 두 번 '계수稽首', 즉 머리를 조아려 절한
다음, "우리나라에 유장柳莊이라는 대신이 있는데, 이 사람은 과
인의 개인적인 신하일 뿐만 아니라 위나라의 사직지신입니다. 그
가 조금 전에 죽었다고 하니, 제가 조문하러 가도록 윤허해 주십

시오"라며 양해를 구했다.[24]

주나라 사람들은 조상에게 제사를 지낼 때 보통 그 조상 부부에게 동시에 제사를 지냈다. 즉, 주문왕에게 제사를 지낼 때는 그의 부인인 태사太姒에게도 함께 제사를 지냈다는 뜻이다. 그러므로 '시' 역시 남성과 여성을 한 명씩 택해 두 사람이 조상 부부를 대신하도록 했다. 이 두 남녀는 서로 나이 차가 큰 경우가 많았는데, 그렇다면 실제로 제사를 지내는 과정에서 분명히 여러 가지흥미로운 상황이 발생했을 것이다. 그러나 아쉽게도 경, 사 분야의 문헌에는 당시 제사의 구체적인 부분에 관한 내용이 매우 적어서 현대인들이 상상을 통해 복원하기가 어렵다.

공자는 장례와 제사를 자주 주관했는데, 이는 그가 귀신 및 '시'와 자주 교류했음을 뜻한다. 공자가 귀신에 대해 '경이원지'하는 태도를 보였음은 잘 알려져 있다. 그는 귀신을 믿지도, 의심하지도 않는 태도로 귀신의 세계와 거리를 유지하며, 인간 세상의 일에만 최선을 다할 뿐 나머지는 운명에 맡겼다. 이는 귀신에 대한 태도라기보다는 '시'를 맡은 사람에 대한 태도라 할 수 있다. 귀신은 모두 '시'의 몸에 내려오기 때문이다.

'축'과 '시'의 관계는 사실상 연극 감독과 배우의 관계와 같다. '축'은 제사를 지내기 전에 '시'에게 예식에서 해야 할 행동과 말[연극 대사]을 미리 알려주었으며, 제사를 지내는 동안 예식이 반드시 절차에 따라 착오 없이 진행되도록 했다. 물론 '시'가 임의

---

24 《예기·단궁하》: "위나라에 유장이라는 대사가 있었는데, 그가 병으로 앓아 누웠다. 그러자 공은 '만약 그의 병이 위급해지거든 내가 제사를 지내는 중이라 해도 반드시 고하라'라 말했다. 공이 시에게 머리를 두 번 조아리고 고하기를 '유장이라는 대신이 있는데, 그는 과인의 신하일 뿐 아니라 사직지신입니다. 그가 죽었다고 하니 청컨대 가 보고자 합니다'라 했다."(衛有大史曰柳莊, 寢疾. 公曰: '若疾革, 雖當祭必告.' 公再拜稽 首請於屍曰: '有臣柳莊也者, 非寡人之臣, 社稷之臣也, 聞之死, 請往.')

로 행동하도록 두어서도 안 되었는데, 그렇게 했다가는 큰 문제
가 생기기 때문이었다.

후손들이 '시'에게 음식을 올릴 때는 특징이 하나 있었는데,
음식과 밥을 먼저 올려 반드시 '시'가 배불리 먹도록 한 뒤에 술
을 올렸다. 이는 '시'가 빈속에 술을 마셔서 쉽게 취해 그다음 순
서를 원만하게 진행하지 못하는 상황을 방지하기 위해서였다.
'축'은 '시'가 마시는 술의 양을 조절하고, 만약 '시'가 술에 취했
다면 곧바로 제사가 끝났음을 알리고 '시'를 데리고 나갔다. '시'
가 이미 심하게 취했을 때는 '축'이 대신 후손들에게 인사해서 제
사가 제대로 마무리될 수 있도록 했다.

'시'는 조상의 귀신을 대신하는 역할을 맡기는 하지만, 말과
행동은 모두 '축'의 지시에 따라야 해서 자율성을 전혀 가지지 못
했다. 그저 배불리 밥 한 끼를 먹을 수 있을 뿐이었는데, 이 때문
에 '시위소찬尸位素餐(자기 직책을 다하지 않고 높은 자리에 앉아 녹만
받는다는 뜻이다)이라는 성어가 생겨났다.

갑자기 조상의 귀신으로 변해 자손들이 올리는 제를 받는 일
은 '시'를 담당하는 이에게 아주 새로운 경험이었다. 특히 성년이
되지 않은 어린아이나 심리적인 암시에 쉽게 걸리는 사람은 종
종 실제로 신에게 빙의된 느낌을 받아 제사가 끝난 이후에도 간
혹 빙의된 듯이 행동하기도 했다. 춘추 시대에는 '강신'에 관한
기록이 많은데, 신이 직접 모습을 드러낸 것이 아니라 전부 누군
가의 몸에 내려온 것이었다. 이러한 신내림 및 빙의 현상은 근대
에 이르기까지 민간에 매우 흔하게 나타났다. 샤머니즘의 무당들
역시 각종 방법을 통해 귀신이 자신에게 빙의하게 하여, 빙의된
사람의 입을 빌려 귀신의 지시를 전했다.

공자가 사망했을 때 그의 손자는 아직 너무 어렸기 때문에 제

자들은 공자를 기념하기 위해 그와 닮은 제자를 찾아 '시'의 역할을 맡겨 여러 제자가 올리는 제를 받도록 했다. 이에 관해서는 이 책의 후반부에서 설명한다.

9 대사구: 과두를 위해 일하다(50~53세)

양호의 난은 공자의 운명을 완전히 바꾸어 놓았다. 내전이 여전히 진행 중인 상황에서 공자는 갑자기 자신이 양쪽 세력 모두가 쟁취하고자 하는 대상이 되었음을 깨달았다. 이는 그가 50세 되던 해 끝 무렵의 일이었다. 마침내 큰일을 할 기회를 얻어 평생 품고 있던 이상을 실현할 수 있게 되었다고 느낀 공자는 "오십이지천명五十而知天命"이라는 말을 남겼다.

'오십이지천명'

양호는 곡부에서 퇴각한 후로도 자신의 근거지인 노나라 북부의 양관 일대를 점거한 채 완강하게 저항하는 동시에 외국에 연락해서 지원군을 요청해 반격할 기회를 노렸다. 비성의 재宰인 공산불뉴도 양호와 같은 편으로, 그 역시 비성에서 할거하며 삼환 가문에 대항했다.

공산불뉴는 공자에게 비밀리에 연락해 비성으로 와서 함께 그곳을 통치하자고 권유했는데, 사실상 그를 삼환 가문과의 전쟁에 끌어들이려는 속셈이었다. 당시 사람들이 다들 양호와 공자가 이복형제라고 어느 정도 추측하고 있었다는 점은 앞에서 설명한 바 있다. 이러한 상황에서 양호는 괜히 공자를 위험한 일에 끌어들이고 싶어 하지 않았다. 그러나 양호의 동료들은 공사를 그렇게까지 생각해 주지 않았다. 비성은 줄곧 계손씨 가문의 중요한 근거지였다. 만약 공자가 양호 쪽에 가담해 예전의 남괴처럼 할거하여 난을 일으킨다면 삼환 가문은 더욱 곤란해질 터였다.

《논어·양화》편에는 이 당시에 공자가 심리적으로 방황하며
양호에게 가담할까 생각했던 일이 기록되어 있다. 이 대목의 원
문은 "공산불요이비반, 소, 자욕왕公山弗擾以費畔, 召, 子欲往"이라는 말
로 시작한다. 공산불요는 공산불뉴를 가리킨다. 공산은 그의 씨
이며 불뉴不狃는 이름, 불요弗擾는 자로 보인다. 《좌전》에는 전부
불뉴라고 되어 있고, 《논어》에는 불요라고 기록되어 있다.

　공산불뉴의 초청을 받은 공자는 비성으로 갈까 생각했다. 그
의 오랜 제자인 자로는 공자의 행동을 이해하지 못해 "그것은 최
악의 선택입니다! 공산이 있는 비성 말고는 스승님이 달리 갈 곳
이 없단 말입니까?[게다가 그는 양호와 한패가 아닙니까!]"라고 말
했다. 공자는 "지금 공산불뉴는 상황이 좋지 않아 함께 일할 사
람이 절실히 필요하니, 이는 나에게 당연히 좋은 기회이다. 지금
이 바로 큰일을 할 수 있는 때이다. 서주가 혼란해지자 주평왕周
平王은 낙양으로 천도해 새로이 기반을 다져 동주를 세우지 않았
느냐? 비성으로 간다면 나 역시 이러한 일을 할 수 있을 것이다!"
라고 말했다.[1]

　《사기》에는 이 일이 더욱 상세히 기록되어 있다. 공자는 "일찍
이 주문왕과 주무왕은 풍豊과 호鎬라는 서쪽의 작은 땅만 가지고
도 상나라를 멸하고 천하를 통일했다. 지금 비성은 비록 작으나
마찬가지로 큰일을 해볼 만한 곳이다!"라고 말했다고 한다. 이는
그가 35세 때 뜻을 품고 노소공에게 의탁하려던 당시의 심정과

---

1 《논어·양화》: "공산불요가 비성을 근거지로 하여 난을 일으키고 공자를 부르자 그
가 가고자 했다. 자로가 언짢아하며 말했다. '갈 곳이 없으면 차라리 그만두시지, 어
찌 하필 공산씨에게 가려 하십니까?' 그러자 공자는 "그가 나를 어찌 공연히 불렀겠느
냐? 만약 나를 써 주는 사람이 있다면 나는 그곳을 동주와 같은 나라로 만들 것이다!'
라 했다."(公山弗擾以費畔, 召, 子欲往. 子路不說(悅), 曰: '末(蔑)之也, 已, 何必公山氏之之
也?' 子曰: '夫召我者, 而豈徒哉? 如有用我者, 吾其爲東周乎!')

꼭 같다. 더 대담해진 공자는 정말로 감히 삼환 가문과 대립하는 반란 세력에 가세하려 했다.

그러나 공자와 자로의 대화를 자세히 곱씹어 보면, 두 사람 모두 양호의 편에 가담하는 방법 외에도 공자에게 다른 선택지가 있음을 암시하고 있다. "스승님이 달리 갈 곳이 없단 말입니까?"라는 자로의 말이 그러하다. 게다가 이 선택지가 훨씬 더 안전하고 전도유망했는데, 바로 삼환 가문의 편에 서는 방법이다. 사실 이 내전에서 양호 일파는 이미 열세에 몰려 있었으므로, 공산불뉴를 찾아가는 방법은 공자가 우선시할 선택지가 아니었다. 만약 그가 정말로 갈 생각이었다면 이렇게 꾸물거리지 않고 당장 비밀리에 출발했을 것이다.

이러한 소식이 나돌게 하면서도 정작 움직이지 않은 이유는 삼환 가문이 자신을 중시하게 해서 몸값을 올리기 위함이었다. 이러한 행동은 그가 15세 때 어머니의 관을 대로변에 두고 공씨 가문에 입적될 방법을 물색했던 수법과 상당히 비슷하다. 우선 여론을 조성해 상대의 시선을 끌고, 이와 동시에 중개인을 통해 소통해서 상대가 만족스러운 대가를 치르게 하는 식이다. 적극적으로 움직여야 할 결정적인 순간이 오면 공자는 백면서생처럼 굴지 않았다. 그는 인생을 살아가는 자기 나름의 지혜가 있었다. 현재 삼환 가문 내에서는 맹의자가 제일 큰 공을 세웠으며 가주 경력이 가장 오래된 이였다. 그는 예전에 공자의 제자이기도 했으니, 이는 아주 융통성 있는 입신양명의 길이었던 셈이다.

삼환 가문의 입장에서는 공자가 양호 편에 붙도록 놔두는 것이 당연히 좋은 일은 아니었다. 그리고 삼환 가문은 양호와 싸워 이기는 일 외에도 노나라의 질서를 안정적으로 유지해서 양호와 같은 반란이 다시 일어나지 않게 막아야 했다. 이러한 상황에서 공자의 이용 가치는 매우 컸다.

공자는 주나라가 상나라를 멸망시킨 후에 수립한 정치 규범에 따라 상하 계급 사이의 질서를 지켜야 한다고 일관되게 주장했다. 이러한 도리는 집권자라면 모두 알고는 있으나 실천하고 싶어 하지는 않았다. 삼환 가문도 자신들의 권력을 군주에게 전부 반환할 생각은 없었다. 이는 공자의 사상을 완전히 받아들일 수 없는 부분이었다. 하지만 한편으로 그들은 하층 귀족이 반란을 일으키는 추세를 두려워했고, 공자가 자신들을 도와 뜻을 이루지 못한 사 계급의 귀족들을 교육해 모든 이가 자기 본분에 맞게 살아가기를 바랐다. 게다가 삼환 가문은 양호가 일으킨 반란 때문에 이미 깜짝 놀라 있었고, 지금은 너무 급박한 지경이라 그때그때 상황을 보아 가면서 처리해야 했다.

지난 몇 년 동안 양호는 노나라의 정권을 장악하고 있었는데, 공자는 관직에 오르라는 그의 권유를 계속 거절하며 '배신집국명'하는 상황을 비판하는 발언도 했다. 이렇게 양호와 대립하는 인물이라는 정치적 이미지도 삼환 가문의 입장에서는 큰 가치가 있었다.

그리고 삼환 가문은 현재 인재가 다소 부족한 상태였다. 계손씨와 숙손씨 가문의 가주인 계환자와 숙손무숙은 모두 가주 자리에 오른 지 얼마 되지 않아 상황을 통제하기 어려웠다. 공자가 이끄는 수많은 제자는 지식을 갖추고 있었으며 다들 벼슬길에 오르고 싶어 했고, 그중 일부는 지위도 어느 정도 있었다. 한 집단으로서 그들이 가진 역량은 무시할 수 없었다.

따라서 여전히 노나라의 정권을 장악하고 있는 삼환 가문은 양호와 전쟁 중인 상황에서 서둘러 공자를 초빙하기로 결정했다. 역사서에는 이 과정의 내막이 기록되어 있지 않다. 그러나 삼환 가문의 세 가주인 계환자와 맹의자, 숙손무숙이 초조하게 한자리에 모여 고민하는 모습이 마치 해마다 적자를 거듭해 파산의 위기를 맞은 기업의 주주들이 회의를 열어 유능한 전문 경영인을 물색해 실패의 국면을 전환하려 하는 모습과 같았으리라고 상상해 볼 수는 있다.

하지만 공자를 데려다가 그의 이복형제로 의심되는 이에게 대항하는 일에 삼환 가문은 과연 안심할 수 있었을까? 사실 춘추 시대에 이러한 걱정은 불필요했다. 세습 귀족 정치란 결국 여러 친척 가문들 사이의 정치나 다름없었기 때문이다. 노소공과 삼환 가문과 양호 역시 몇 대만 거슬러 올라가면 노환공이라는 같은 조상을 둔 친척이라 할 수 있지만, 지금의 상황에서 친척 간의 정이란 전혀 중요하지 않았다. 춘추 시대의 정쟁 속에서는 이복형제는 고사하고 동복형제나 심지어 부자지간에도 목숨 걸고 싸우는 일이 비일비재해 딱히 거론할 만한 일도 못 되었다. 이러한 점은 후세의 황권 정치 및 관료 정치와는 매우 다르다.

물론 공자 본인은 가족 간의 정을 대단히 중시해서 만나지 못하는 가족일수록 더욱 마음을 썼다. 이는 공자가 일반적인 귀족 정객과 다른 점인 동시에 그의 인생에서 가장 독특한 부분이었다.

노나라 정계의 새로운 얼굴

공자는 삼환 가문과 접촉한 끝에 마침내 세상에 나와 관직에 올랐다. 공자는 상급 귀족 출신도 아니었고 지금까지 벼슬을 한 적도 없었기 때문에 관례에 따르면 곧장 중앙 조정에 진출할 수 없었다. 또한 그의 위로 전부 자리가 차 있어서 결원이 생겨야만 공자에게 관직을 줄 수가 있었다. 그렇다고 양호가 맡고 있던 계손씨 가문의 대집사 일을 맡길 수도 없었다. 이는 명분이 서지도 않고, 공자에게도 능력을 썩히는 일이었다.

맹의자를 비롯한 가주들은 공자에게 일단 과도적인 직무를 맡기는 방법을 썼다. 그들은 공자를 '중도재中都宰', 즉 도성인 곡부[혹은 다른 도시였다고 보는 이도 있다]의 시장쯤에 해당하는 관직에 임명했다. 명목상으로 곡부는 아직 삼환 가문이 나누어 가지지 않고 여전히 군주의 관할 지역으로 남아 있었다. 공자는 중도재의 직무를 맡으면서 '사'보다 한 단계 높은 '대부'의 신분이 되었지만, 급이 높은 대부가 아니라 '하대부下大夫'에 불과했다.

공자가 중도재를 맡은 기간은 1년이 채 되지 않으며, 그동안 눈에 띄는 업적을 남기지도 않았다. 《예기》의 기록에 의하면 그는 장례에 관한 규칙을 시행했는데, 관 두께를 반드시 3촌寸 이상으로 하도록 했다. 춘추 시대의 단위를 현대식으로 환산하면 3촌은 대략 7㎜ 정도 되므로 크게 두꺼운 정도는 아니었다. 당시에는 '예는 아래로 서인에게까지 적용하지 않는다禮不下庶人'라는 규칙이 있었으므로, 이는 귀족의 장례에만 해당했다.

공자는 곧 사공司空의 자리에 올랐다. 이 직책은 대사공의 부관으로, 엄밀히 말하자면 소사공小司空이라 칭해야 했다. 당시의 대사공은 그의 옛 제자인 맹의자였다. 사마천이 공자의 경력을 혼동해 30세쯤에 이미 조정의 관직인 '사공'에 올랐다고 기록했다는 이야기를 앞에서 한 바 있다. 그 당시 공자는 계손씨 가문의 하급 관리였을 뿐이다.

삼환 가문에서는 대대로 대사구의 자리를 독점해 온 장손臧孫씨 가문의 권력을 빼앗아 공자에게 관직을 줄 준비를 했다. 일찍이 노소공이 삼환 가문을 제거하려던 때에 장손씨 가문의 가주인 장소백은 그 일파에 가담했다. 삼환 가문은 노소공을 쫓아내고 기반을 다진 후에 장소백의 사촌 동생인 장회臧會가 장손씨 가문의 가주를 맡도록 했다. 장회는 인품이 비열해 삼환 가문도 그를 마음에 들어 하지 않았으므로 장회 대신 공자가 그 자리를 메꾸면 딱 좋았다.

머지않아 공자는 정식으로 대사구의 관직에 올라 노나라의 정치와 법률을 주관하는 일을 하게 되었고, 신분 또한 '상대부', 즉 '경'으로 높아졌다. 이는 후세의 재상에 해당하는 관직으로 삼환 가문의 가주들과 함께 국무회의를 열어 정책을 결정할 수 있는 자리였다. 공자와 같은 하급 귀족을 중앙 조정에 받아들인 일은 삼환 가문으로서도 전례를 깬 인사였다. 몇백 년에 걸친 노나라 역사상 이러했던 적이 없었다. 양호가 노나라의 실권을 장악하기는 했지만, 그는 정식으로 명분이 있었던 인물은 아니었다.

공자는 대귀족 출신이 아니었기 때문에 대사구의 자리에 올랐어도 세습할 수 있는 봉읍은 받지 못하고 녹봉만 받았다. 대사구로서 그가 받은 녹봉은 매년 6만 두斗의 양식이었는데, 현재의 단위로 환산하면 150톤 정도로 7백~8백 명을 먹여 살릴 수 있는 양이었으니 상당한 수입이라 할 수 있다. 당시에는 아직 화폐가 유행하지 않아 봉급이나 보수는 주로 식량으로 지급했는데, 북방에서는 일반적으로 좁쌀을 지급했다.

공자는 자신이 무엇에 힘입어 성공했는지 잘 알고 있었다. 세상에 공짜 밥은 없는 법이니, 그 역시 고용주에게 보답해야 했다. 조정에 진출해 정치에 참여하게 된 후로 공자는 맹의자 등 삼환 가문의 가주들과 함께 정책을 수립해 양호가 노나라에 남긴 흔적을 지워 버리고 제도를 개혁하는 데 힘썼다.

그는 우선 제자들이 벼슬을 하게 했다. 양호 일당이 도망친 후로 삼환 가문의 집사 자리에 많은 결원이 생겼는데, 마침 공문제자들로 그 자리를 충당하기에 딱 알맞았다. 공자는 제자들을 가르칠 때 생각과 품성을 가장 강조해서 제자 중에는 야심가가 거의 없었으므로 삼환 가문 역시 안심할 수 있었다. 가령 공자의 오랜 제자인 자로는 계손씨 가문의 수석 대집사가 되었는데, 이는 예전에 양호가 맡았던 자리였다.

공자가 이렇게 고속 승진해서 노나라의 중앙 조정에 진출하고 있는 사이에 양호 일파의 상황은 반대로 점점 나빠지고 있었다. 삼환 가문의 무장 세력[조정의 정규군]이 양호의 근거지를 점점 좁혀 가고 있었다.

흥미롭게도 공자가 51세 되던 해의 여름, 즉 그가 막 대사구의 관직에 올랐던 때쯤에 양호 쪽에서는 뜻밖의 행동을 했다. 양호는 그 이전해에 곡부를 떠나 도망칠 때 자신이 붙잡고 있던 노정공과 숙손무숙은 놓아주었지만, 노나라의 종묘에 보관하던 중요한 보물들을 가져갔다. 이는 보옥寶玉 한 쌍과 대궁大弓 하나로 모두 주나라 왕실에서 주공에게 하사한 보물이었다. 그런데 양호는 사람을 시켜 이 두 보물을 곡부로 돌려보냈다. 이 사건은 노나라 조정의 공식 문서인 《춘추》에도 정식으로 기록되어 있다. 이제 막 권력의 핵심에 진입한 공자에게는 상당히 체면이 서는 일이었다. 그는 노나라 정계에 나타난 새로운 얼굴이었고, 여론은 이 일의 공로를 곧장 그에게 돌렸기 때문이다.

양호 쪽은 이미 삼환 가문의 공세에 저항할 힘을 잃은 상태였다. 얼마 지나지 않아 그는 제나라로 도망쳤다. 그러나 양호는 이전에 오랫동안 제나라와 전쟁했기 때문에 그에게 원한을 품고 있었던 제나라는 곧장 그를 붙잡아 가두어 버렸다. 양호는 여기서 또 도망쳐 진晉나라로 가서 조간자에게 몸을 의탁하고 그의 중용을 받았다. 조간자가 이미 이러한 수를 내다보고 있었음은 앞에서 설명한 바 있다.

진나라의 범헌자는 삼환 가문과 관계가 돈독했던 반면, 조간
자는 삼환의 반역자를 받아들여서 상황이 아주 복잡해졌다. 이에
따라 범씨와 조씨 가문 사이의 갈등도 점차 공공연해졌다.

외교의 방향 전환을 주도하다

공자가 다음으로 한 일은 노나라 외교의 방향 전환을 추진하는
것이었다. 양호가 집권하고 있던 시기의 노나라는 진나라의 지원
을 받아 제나라와 전쟁을 벌였다. 그런데 지금은 양호가 진나라
로 도망쳐 조간자의 지원을 받아 다시 노나라로 돌아올 기회를
찾고 있었다. 따라서 노나라는 외교적 입장을 완전히 바꾸어 진
나라를 적대하는 입장이 되어야 했다.

이러한 방향 전환은 쉬운 일이 아니었다. 백여 년 전의 진문공
때부터 노나라는 줄곧 진나라를 따르며 단 한 번도 다른 마음을
먹은 적이 없었기 때문이다. 그러나 공자의 시대에 와서는 상황이
달라져 있었다. 진경공晉頃公은 국내의 6대 과두 가문을 통제하지
못했고, 중원 열국은 누구를 따라야 할지 알 수 없는 상황이 되었
다. 그래도 진나라는 여전히 너무나 강대해서 노나라는 진나라에
대항할 만한 힘이 전혀 없었다. 따라서 제나라와의 관계를 회복해
양국이 협력해서 조간자와 양호의 세력에 맞서야 했다. 하지만
노소공이 제나라로 망명한 후, 삼환 가문과 제나라는 16년 동안
이나 전쟁을 계속하면서 양쪽 모두 많은 사람이 죽었다. 이제 와
서 화해하자니 서로 체면을 내려놓기가 힘들었다.

상황이 이렇다 보니 공자의 역할은 두드러질 수밖에 없었다.
일찍이 노소공을 따라 제나라로 망명했을 때 제나라의 군주 및
승상들과 관계를 맺어 두어 유리한 입장이었기 때문이다. 당시
공자는 지위가 높지는 않았으나, 제나라의 집권자들과 사적으로

교류한 적이 실제로 있었다. 그런 공자가 지금 노나라의 정권을 잡고 있으니 제나라 쪽에서도 더욱 받아들이기 쉬울 터였다. 따라서 그는 두 나라 사이의 경직된 외교 상황을 전환할 최적의 인물이었다. 이는 삼환 가문이 공자를 끌어들이려 했던 중요한 이유 중 하나이기도 했다.

양국 간의 화해를 실현하기 위해 그가 가장 먼저 한 일은 바로 노나라를 대표하는 사자로 자신의 제자를 보내 제나라의 분위기를 살펴보고 소통하는 것이었다. 《논어》의 기록에 의하면 공자는 공서적[자는 자화子華]을 사자로 보냈다고 한다.

당시 공자의 개인 조수를 맡고 있던 또 다른 제자 염유가 공자에게 "공서적의 노모께서 집에 혼자 남아 계시니, 그분께 양식을 좀 보내 드려야 하지 않겠습니까?"라고 물었다. 공자는 "좋다, 그러면 매일 다섯 근(현재 중국의 단위로 한 근은 500g이다)의 좁쌀을 보내거라!"라고 명했다. 앞에서 말했듯이 당시의 봉급은 모두 양식이었고, 대사구인 공자가 받는 녹봉 역시 좁쌀이었다. 그러나 염유는 다시 "그것은 너무 적지 않습니까?"라고 말했다. 공자는 "그러면 좀 더 늘려서 열다섯 근을 보내도록 해라"라고 대답했다. 이런 식으로 해서 결국 염유는 공서적의 노모에게 전부 합해 9천 근(4.5톤가량)의 양식을 보냈다.

아무리 봐도 이 양은 너무 많다. 《논어》에는 공서적이 제나라에 다녀오는 데 얼마나 오래 걸렸는지 기록되어 있지는 않지만, 노나라와 제나라는 이웃한 나라이니 마차로 왕복하는 시간에 외교 업무를 보는 시간까지 전부 합해 봐도 대략 한 달에서 길어야 두 달쯤이다. 이를 공자가 정한 기준으로 계산하면 9백 근이 되는데, 염유는 최소한 그 열 배를 보냈다. 염유가 나라의 재물로 선심을 써서 자신의 친우를 보살폈음이 분명하다.

나중에야 이를 알게 된 공자는 매우 언짢아하며 "공서적이 이번에 출사할 때 나라에서 이미 그에게 좋은 대우를 해 주었다. 그는 좋은 말이 끄는 훌륭한 마차를 타고 고급 가죽옷을 입고 갔는데, 그의 노모에게 이렇게 많은 양식을 줄 필요까지 있는가? 이미 부유한 이에게 더 보태 주는 것은 위급한 이를 도와주는 것만 못하다!"라고 말했다.[2]

《논어》의 이 기록은 매우 완전하며 생생하고 사실적이다. 이 기록을 통해 공자가 제나라와 외교 관계를 수립하는 일을 매우 중요시해 돈을 아끼지 않았음을 알 수 있다. 염유가 독단적으로 양식을 더 많이 보낼 수 있었던 이유 역시 공서적이 임무를 원만히 완수하고 돌아왔기 때문이다. 만약 그렇지 않았다면 완고하고 근검절약을 중시하는 공자는 분명히 추가로 지급한 양식을 다시 돌려받았을 것이다.

한 가지 설명하고 넘어가야 할 부분은 《논어》의 원문에 기록된 공자가 정한 기준은 다섯 근이나 열다섯 근이 아니라, 모두 그 당시에 사용하던 매우 생소한 단위로 되어 있다는 점이다. 이에 대해 후세의 학자들 역시 의견이 분분해 결론이 정해지지 않았다. 여기서는 여러 견해 중 하나를 택해 현대의 단위로 환산하여 설명했다. 사실 염유가 보낸 양식이 많은지 적은지가 아니라, 이 일의 의미를 이해하는 것이 중요하다.

또한 공서적이 도대체 어느 해에 출사했는지가 《논어》에 기록

2 《논어·옹야》: "자화가 사명을 받고 제나라로 가자 염유가 그의 모친을 위해 양식을 요청했다. 그러자 공자는 '1부釜를 주어라'라고 말했다. 염유가 좀 더 보낼 것을 요청하자 공자는 '1유庾를 주어라'라고 말했다. 염유는 결국 5병秉을 보냈다. 그러자 공자는 '적은 제나라에 갈 때 살진 말을 타고 가벼운 가죽옷을 입고 갔다. 내가 듣기로 군자는 위급한 이를 도울지언정 부유한 이에게 더 보태 주지는 않는다 했다'라 말했다."(子華使於齊, 冉子爲其母請粟. 子曰: '與之釜.' 請益. 曰: '與之庾.' 冉子與之粟五秉. 子曰: '赤之適齊也, 乘肥馬, 衣輕裘. 吾聞之也: 君子周急不繼富.')

되어 있지 않다.《사기》에 의하면 그의 나이는 공자보다 42살 아래라고 되어 있다. 공자가 51세 되던 해에 제나라에 사자를 보냈으니, 이때 공서적은 아직 나이가 너무 어려 이 일을 맡지 못했을 터이고, 공자가 70여 세 때 있었던 일이라고 해야 앞뒤가 맞는다.

문제는 공자가 벼슬을 한 적이 50세 때쯤밖에 없었다는 점이다.《논어》의 이 대목을 보면 공자는 분명히 관직에 있는 입장에서 국가 재산을 사용하고 있다. 그가 자신의 사재를 털어 공서적의 노모에게 양식을 보냈을 리도 없으며, 염유 역시 스승을 이렇게 곤란하게 만들었을 리가 없다. 학자들은 이 부분의 내용에 대해서도 논쟁을 벌였는데, 아마도《사기》에 기록된 공서적의 나이 계산에 오류가 있어 보인다.

그러나 다른 관점에서 보면, 공서적이 제나라에 출사한 일이 이때가 아니라 하더라도, 이는 당시의 역사를 재현해 공자가 어떠한 방식으로 제나라와 관계를 회복했는지를 우리가 살펴볼 수 있게 해 주는 사건임에는 틀림없다. 공자가 어떻게 관직에 올라 있는 제자를 사신으로 보냈는가, 외교 임무를 맡은 사신이 나라로부터 어떠한 보수를 받았는가, 공서적의 동문인 염유가 무슨 방법으로 사사로이 이익을 더해 주었는가 등에 대한 묘사가 아주 사실적이며 생동감 있어 장면이 눈앞에 그려질 정도이다. 2,500년이라는 긴 세월을 뛰어넘어 이 사건을 되돌아보노라면 10~20년 정도의 작은 오류는 하찮게 느껴진다.

당초에 화해의 물꼬를 틀 책임을 맡았던 제자가 도대체 누구였는지는 차치하더라도, 노나라와 제나라 양국의 관계 정상화를 꾀했던 공자의 업무는 순조롭게 시작되었다.

'협곡지회'의 진실과 거짓

공자가 52세 되던 해[노정공 10년, 기원전 500년] 여름에 노나라와 제나라의 군주가 정식으로 회견을 열어 양국의 적대관계를 끝내고 교류 정상화를 선포하는 동시에 군사적으로 서로 돕겠다고 약속했다.

공자는 양국 군주 회견의 모든 과정을 주관하는 일을 맡았다. 사전 준비부터 시작해 일정과 장소를 확정하고, 두 군주가 만나 회담을 진행해 뜻을 모아 맹약을 맺기에 이르기까지 전부 공자가 계획하고 주관해 의식을 완료했다. 공자는 본래 전문적으로 의식을 연구하는 학자인 데다 이번의 화해는 그가 직접 추진한 일이었으므로, 이 회담 역시 그가 맡아 주관하는 것이 자연스러운 일이었다.

공자가 지난번에 제경공을 만난 것은 10여 년 전에 고소자의 저택에서 일하고 있을 때였다. 당시에는 타국에 망명해 온 젊은 이였던 공자가 지금은 이미 '지천명'의 나이를 넘겨 노나라의 집권자 중 한 사람이 되어 있었으니, 연로한 제경공은 그를 보고 분명히 감회가 남달랐을 것이다.

노나라와 제나라 사이의 이 회견은 공자의 일생에 매우 강렬하게 남은 사건이며, 이 일 역시 공자 덕분에 길이 남게 되었다. 그러나 후세 사람들은 이 외교 회담이 아주 흉흉한 자리였다고 오해하고, 제나라 측에서 '홍문의 연회鴻門之會(진秦나라 말기에 함양 지역을 두고 험악한 대립을 이어 가던 유방과 항우가 홍문에서 만났던 회견이다. 항우 쪽에서는 이때를 틈타 유방을 죽일 계획이었으나, 유방이 필사적으로 탈출에 성공해 뜻을 이루지 못했다)'를 열어 노나라 군주와 신하들을 일망타진하려 했다는 양 묘사하고 있다. 현대에 제작된 공자에 관한 영화나 드라마를 보면 이 회견 장면은 마치

액션 활극처럼 스릴이 넘친다. 실제로는 그 정도로 극적인 사건이 아니었고, 제나라에서도 이렇게 험악하게 굴지 않았다. 이 일이 그런 식으로 전해진 이유는 첫째로 노나라 사람들이 지레 긴장했기 때문이고, 둘째로는 공자가 그 자리에 참석했기 때문에 기이한 상상을 즐기는 후세 사람들이 문학적인 상상력을 잔뜩 덧붙인 탓이다.

우선 《좌전》의 기록을 보자. 이 회견은 '협곡지회峽谷之會'라고 불리는데, '협곡頰谷'이라고 표기하기도 한다. 협곡은 두 군주가 만난 장소를 가리키며, 위치는 일반적으로 지금의 산둥성 라이우 시로 보고 있다. 이 지역은 당시 제나라 경내에 속해 있던 곳으로 두 나라의 국경에서 그리 멀지 않았다.

회견 전에 제나라의 어느 귀족이 제경공에게 "노나라의 대사구인 공구라는 자가 이번 회담을 주관한다고 합니다. 그는 예의와 규범밖에 모르는 백면서생으로 겁이 많은 자이니, 협곡 지방의 토착 병사를 움직여 노나라 군주를 붙잡으면 그들은 우리가 요구하는 조건을 수용하지 않을 수 없을 것입니다"라고 건의했다. 제경공은 이 건의를 받아들였다.

양국 군주가 회견할 때가 되자 공자는 형세의 수상함을 눈치챘다. 중무장한 병사들이 가까이 다가오는 모습을 본 공자는 즉시 노나라의 근위대에게 경계를 강화하라고 명한 다음, 토착 병사들에게 "지금 두 나라의 군주께서 우호 회견을 진행하고 계시는데, 너희 오랑캐들이 도리를 안다면 예의 없는 짓을 하지 말도록 하라. 이러면 제나라 군주의 체면을 깎는 일밖에 되지 않는다!"라고 엄하게 꾸짖었다. 공자가 이렇게 항의하자 토착 병사들과 제나라 사람들이 모두 순순히 그 말에 따랐고, 회견은 계획대로 순조롭게 진행되었다.

《좌전》의 이 기록을 보면 제나라 측에서 나쁜 마음을 품어 노나라의 군신들이 매우 위험한 지경에 처했고, 오로지 공자 개인의 지혜와 용기로 해결한 듯이 보인다. 그러나 이 기록이 반드시 사실이라고 볼 수는 없다. 일단 양국의 군주가 이 회견을 열기로 한 것은 양쪽 모두 화해할 생각이 있었기 때문이다. 그렇지 않다면 회견을 열 필요도 없이 그냥 전장에 나가 싸우면 그만이었다.

제나라가 노나라와 화친하기로 한 데는 진나라와의 갈등이라는 배경이 존재했다. 진나라는 엄청난 대국이라 누구도 섣불리 밉보이려 하지 않았다. 제나라는 직전 해에 진나라와 전쟁을 시작해 이때까지 계속 진행 중인 상황이라 큰 압박을 받고 있었다. 따라서 제나라는 앞뒤로 공격받지 않기 위해 남쪽으로 이웃한 노나라와의 관계가 호전하기를 바랐다.

노나라 쪽은 아직 진나라와 공개적으로 대립한 적은 없었다. 그러나 진나라가 양호를 지지하는 이상 두 나라의 관계는 계속 악화할 것이 분명했기에 미리 대비해야 했다. 따라서 노나라와 제나라는 서둘러 전략적인 동맹을 맺어 각자 필요한 이득을 취하려 했고, 극적인 위험 같은 요소는 없었다.

물론 다른 측면에서 보면 어쨌든 두 나라는 10년이 넘도록 전쟁해 온 사이였기 때문에 서로 다소 긴장하고 있기는 했다. 두 나라 가운데 노나라가 상대적으로 약소한 쪽이라 좀 더 예민한 편이었으므로, 아마 작은 변화에도 과도하게 반응했을 수는 있다. 그리고 《좌전》에는 회견장을 어지럽히러 온 이들이 그저 토착 세력인 '래인萊人'들이었다고만 되어 있을 뿐, 이들이 어떠한 생각을 하고 있었으며 회견과 무슨 인과 관계가 있었는지는 역사서에 기록되어 있지 않아 명확히 알 수가 없다.

확실한 점은 제경공을 비롯한 제나라 조정에서는 이 회견을 망칠 생각이 없었다는 사실이다. 그렇지 않았다면 회견 장소가 제나라 영토 안이었으니 만약 그들이 정말로 태도를 바꾸어 공격했을 때 노나라의 군신들은 저항할 기회조차 없었을 것이다. 그러나 이는 춘추 시대의 국제 규범에 맞지 않는 일이었으며 귀족 사회의 습관에도 부합하지 않았다.

제나라 사람들은 다소 건성이고 허술한 성격이라 사소한 일에 얽매이지 않았는데, 사마천의 표현에 의하면 '관완활달寬緩闊達'[3]한 성격이었다. 그래서 공자와 그 제자들 같은 서생들은 이들의 성격에 적응하지 못해 작은 일에도 깜짝 놀라곤 했다. 그로부터 20여 년 후에 노정공의 아들인 애공哀公이 제경공의 손자인 평공平公과 회견을 했다. 노애공이 행동 하나하나에 예절을 따지며 비협조적인 태도를 보이자, 이에 화가 난 제평공은 직접 노래를 지어 노나라 사람들은 전부 유가의 책만 읽는 백면서생들이라고 비난하면서 화를 못 이겨 발을 동동 굴렀다.[4]

《좌전》은 공자의 제자들이 쓴 책은 아니다. 그러나 이 책이 공문제자들의 손을 거쳐 세상에 널리 퍼진 것은 사실이며, 그들은 이 과정에서 공자의 가문과 공문제자들의 일화를 추가하기도 했다. 아마도 공자의 제자들 사이에서는 이미 입에서 입으로 전해진 '협곡지회' 이야기가 존재했을 것이다. 그리고 이 일화를《좌전》에 추가한 이들은 직접 이 회견에 참석하지 않은 제자들이었는지도 모른다. 그들은 스승의 공적을 부풀리기 위해 상상력을 발휘해서 다소 현실성이 없는 이야기를 남겼을 것이다.

3 《사기·화식열전貨殖列傳》
4 《좌전·애공哀公 21년》을 볼 것. 이 노래의 가사는 이러하다. "노나라 사람들은 자신의 어리석음을 오랫동안 깨닫지 못해, 내가 화가 나서 발을 구르게 하는도다. 오직 유가의 책만 읽어 두 나라를 모두 근심케 하는구나.(魯人之臯, 數年不覺, 使我高蹈. 唯其儒書, 以爲二國憂.)

회견의 본 내용을 살펴보자. 두 군주는 회담을 순조롭게 끝낸 후에 천신이 보는 앞에서 우호 관계를 맺기로 선언하며 맹약의 의식을 거행했다. 제나라가 제시한 조건은 만약 제나라가 적국과 전쟁하게 되면 노나라에서 3백 대의 전차와 군대를 지원군으로 보내 달라는 내용이었다.

노나라를 대표해 공자가 제시한 조건은 제나라가 십여 년 동안 점령하고 있던 노나라의 영토를 먼저 돌려주어야 제나라의 조건에 응하겠다는 것이었다. 제경공은 이에 동의하고 즉시 노나라의 영토를 반환했다. 이렇게 해서 노나라와 제나라 양국은 신속히 군사 동맹을 체결했다.

《좌전》에 의하면 제경공은 이 회견에 대단히 만족하며, 마지막에 절차를 하나 더 추가해 아주 성대한 연회를 열어 노나라의 군신들을 국빈으로 접대하고 싶어 했다고 한다. 당시에 가장 귀한 국빈을 환영하는 연회는 '향례享禮'라고 했는데, 규모가 아주 크고 연회 시간도 길었으며 도중에 주인과 손님이 몇 차례에 걸쳐 선물을 주고받곤 했다. 그뿐만 아니라, 활쏘기나 부시賦詩 등의 시합도 포함되어 있어 대규모의 종합 친목 활동이라 할 수 있었다. 제경공은 의식의 진행을 맡은 제나라 쪽의 대신을 통해 '향례'를 열고자 하는 뜻을 공자에게 전했다. 회견을 주관하는 사람인 공자가 연회 진행 여부를 결정해야 했기 때문이다.

공자는 이에 동의하지 않았다. 그는 주나라 예절을 준수해 의식의 엄격성을 존중하자고 주장하며 제나라 대신에게 이렇게 말했다. "임의로 이러한 절차를 추가하는 것은 회견을 진행하는 대신들을 번거롭게 하는 일입니다. 향례를 열기 위해서는 여러 호화로운 시설과 많은 인원이 필요한데, 도성인 임치에서 여기까지 운반해 오기를 기다릴 수도 없습니다. 그렇다고 그런 시설들 없이 대충 향례를 거행한다면, 그것은 양쪽 모두 체면이 서지 않는 일이므로 안 하느니만 못합니다!" 주관하는 이가 연회 개최를 원하지 않자 군주도 별도리가 없었다. 아무튼 결론적으로 '협곡지회'는 대성공을 거두어 노나라와 제나라 양쪽 모두 목적을 달성했다.

이후인 전국 시대에 쓴 몇몇 유가의 저서에서는 '협곡지회'를 더 극적으로 묘사하고 있다. 예를 들면, 회의 도중에 휴식 시간이 되자 제나라에서는 일부러 분위기를 망치기 위해 난쟁이 어릿광대 무리를 불러다 노정공이 쉬고 있는 휴게실 밖에서 익살스럽게 노래를 부르고 춤을 추도록 했다. 이에 크게 화가 난 공자는 근위병들에게 그들을 전부 붙잡아 몸을 두 동강 내고 상반신과 하반신을 각각 다른 문밖으로 내던져 버리도록手足異門而出 명했다. 이 장면은 괴이할 뿐만 아니라 잔혹하기까지 한 판타지 소설이나 다름없다. 사마천은 《사기》의 《공자세가》 부분을 쓸 때 아마도 극적인 효과를 노렸기 때문인지 이 내용 역시 그대로 적었지만, 사실 이는 완전한 허구이다. 그러나 《사기》의 이 기이한 내용 때문에 '협곡지회'는 후세까지 매우 유명해졌다.

비록 경험이 부족해 우왕좌왕하기는 했지만, 진나라에 반대하고 제나라와 화친하는 공자의 외교 방향 전환 정책은 완성되었다. 큰 추세에서 보면 이는 진나라에 과두가 병립해 내부 갈등이 심화한 일이 불러온 필연적인 결과였다.

'동방 반진 연맹'의 결성

노나라와 제나라의 연맹만으로는 진나라의 위협에 대응하기에 부족해서 더 많은 동맹국이 필요했다. 마침 공교롭게도 위나라 역시 이즈음에 진나라와 사이가 틀어져 이미 제나라와 연맹을 맺고 있었다. 위나라가 진나라와 반목하게 된 이유는 더 극적이었는데, 이 일의 책임은 전부 조간자에게 있었다.

백여 년 동안 노나라와 위나라는 줄곧 진나라가 이끄는 질서에 고분고분히 따라왔다. 그러나 공자의 세대, 특히 양호가 정권을 잡고 있던 몇 년 동안 위나라의 군주인 위령공은 진나라에 대해 점점 더 불만이 커졌다. 공자가 50세 되던 해[양호가 정변을 일으킨 해]에 진나라의 집권자인 조간자가 군대를 이끌고 위령공과 회견을 하러 갔다. 조씨 가문은 본래 위나라와 소원한 사이였는데, 조간자는 이 기회에 압력을 가해 위령공을 자신에게 복종하게 만들려 했다.

본래부터 겁을 먹고 있었던 위령공은 웬만하면 진나라에 굴복하려 했다. 그런데 지나치게 오만방자했던 조간자는 자기 수하의 성하成何라는 귀족을 보내서 위령공과 맹약을 맺게 했다. 진나라와 위나라는 모두 주나라 왕실로부터 분봉을 받은 제후국인데, 고작 진나라의 중하급 귀족에 불과한 자가 위나라의 군주와 동등한 위치에서 신성한 의식을 거행하려 했으니 지나치게 무례한 태도가 분명했다. 게다가 두 사람이 신령에게 피가 섞인 술을 올리는 삽혈歃血 의식을 거행할 때, 성하는 자신의 존귀함을 과시하려는 생각에 자기가 먼저 신령에게 술을 올리려고 손을 뻗어 위령공의 손목을 잡아당겼다. 그러는 바람에 두 사람의 몸이 부딪칠 뻔하기도 했다.

군주의 자리에 오른 지 이미 33년이 지나 연로한 위령공은 분노를 도저히 참지 못하고 위나라의 대부들에게 말했다. "과인이 무능하여 위나라의 사직을 욕되게 했으니, 점복들을 불러 점을 쳐서 새로 군주를 뽑게 하라! 나 또한 여러 대신과 함께 새로운 군주를 섬기겠다."[5]

위령공은 본래 성격이 오만하지 않고 인내심이 강한 편이었다. 게다가 춘추 시대의 군주란 그 말이 곧 법이 되는 강력한 통치자가 전혀 아니었기 때문에, 위령공은 귀족들과 대신들에게 진나라에 반발하라고 직접 명령하지 못하고 그저 이렇게 반쯤은 애원하고 반쯤은 협박하는 식으로 말할 수밖에 없었다. 그러나 당시 위나라에는 공공연히 군주를 무시할 수 있는 대귀족도 없어서 위나라의 상층부는 결국 진나라와 관계를 끊고 제나라와 연맹을 맺기로 했다.

제경공과 위령공 두 노군주는 단번에 의견이 일치해서 연합군을 형성해 일제히 진나라와 전쟁을 시작했다. 이제는 노나라도 연맹에 가세해 3개국의 반진反晉 세력이 되었고, 얼마 지나지 않아 이 연맹은 4개국으로 늘어났다. 양호가 정권을 장악하고 있던 당시에 노나라는 진나라를 대신해 정나라를 공격한 적이 있었다. 그런데 지금 세 나라가 모여 진나라에 반항하는 모습을 보고 정나라에서도 사자를 파견해 이 동맹에 가담하려 했다.

이렇게 해서 제나라, 위나라, 노나라, 정나라 4개국이 정식으로 연맹을 맺어 함께 진나라에 대항하게 되었다. 이 연맹을 '동방 4개국 반진 연맹'이라 할 수 있다. 왜냐하면 이 연맹의 핵심 국가들인 제, 위, 노나라는 모두 중원의 동쪽에 있었고, 진나라는 서쪽에 있었기 때문이다. 이 연맹을 맺어 진나라, 정확하게 말하면 진나라를 장악한 조간자 및 그 수하의 양호에 대항하는 일이 공자가 노나라에서 집권하는 동안 수행했던 주된 업무였다.

---

5 《좌전·정공 8년》을 볼 것.

10   고관으로서의 삶을 누리다(50~60세)

권력의 중심에서 일하다

공자가 대사구의 자리에 올랐던 몇 년 동안은 그의 인생이 가장 뜻대로 잘 풀렸던 시기이다. 이 부분의 역사는 후세에도 비교적 잘 알려져 지식인이 '득군행도得君行道(임금의 마음을 얻어 도를 실천하다)'의 꿈을 실현한 최초의 사례로 손꼽히고 있다. 물론 공자의 실제 고용주는 삼환 과두들이었다.

대사구가 정치와 법률 업무를 관장하는 직책이었다고 하면, 현대인들은 자연히 현재의 대법원장을 상상해 매일 전용 마차를 타고 관공서에 출근하고, 연극에 나오는 현령처럼 법정에 앉아 사건을 심판했다고 생각하기 쉽다. 하지만 춘추 시대의 관료 사회는 그런 모습이 아니었다. 당시의 정치 형태는 세습 귀족 정치로, 발달된 국가 기구는 아직 존재하지 않았다. 사도, 사마, 사구 등의 중앙 관료들이 사용하는 전용 관공서가 없었고, 하부의 사무 부서도 없었다. 공자와 같은 고급 관원이 하는 일은 하루에 한 번 '상조上朝', 즉 조정에 나가 관원들을 이끌고 군주를 배알한 다음 삼환 가문의 가주들과 함께 국가 대사를 의논하는 정도였다.

당시의 '조정' 역시 후세와는 좀 달랐다. 아직 소국과민小國寡民 (나라가 작고 백성이 적은 상태) 사회였기 때문에 전체적인 발달 수준이 매우 낮았다. 현대에 발굴된 서주와 춘추 시대의 도성 유적을 보면 건축 규모가 크지 않고 명, 청 시대 고궁처럼 몇백 명에서 천 명까지 수용할 수 있는 대전大殿 같은 곳도 없다. 춘추 시대의 왕실이나 제후국의 조정은 비교적 큰 사합원四合院(집의 4면이 모두 벽으로 둘러싸여 폐쇄된 구조의 중국 북방 특유 가옥 양식) 정도에 불과했으며, '상조'하는 관원들은 일반적으로 백 명을 넘지 않았다. 사실 고대에는 '백관百官'이라고 하면 상당히 성대한 규모였다.

조정朝廷의 '정廷'이라는 글자의 본래 의미는 정원庭園의 '정庭'이라는 글자와 같다. 정원에서 천자 혹은 군주를 배알하는 일을 '조어정朝於庭'이라고 했는데 이것을 약칭으로 '조정朝廷'이라 불렀다. 군주는 처마가 있는 대청에 앉고, 대신들은 정원에 줄지어 서서 예를 올렸다. 당시의 예절에 관한 서적에는 국가적인 행사를 할 때 누가 동쪽 처마 아래 서고 누가 서쪽 처마 아래 서고 누가 정원 가운데 서야 하는지와 같이 각 관원의 위치가 전부 상세히 기록되어 있다.

'상조'를 시작하는 시각은 매우 일러서, 겨울에는 보통 해가 뜨기도 전이었다. '백관'은 의례적으로 군주를 배알한 후에 대부분 해산해 각자 자기 일을 보러 갔다. 재상[춘추 시대에는 재상이 아니라 '경' 혹은 '상대부'라 불렀다]의 자리에 있는 몇몇 핵심 대신만 남아서 각종 사안에 관한 하급 관리들의 보고를 듣고 함께 해결 방안을 의논했다. 이것이 재상들이 조정에서 진행하는 업무 회의인 셈이었다. 군주는 이 회의를 주관하거나, 혹은 옆에서 참관할 수 있었다. 근대 일본에서는 이런 식으로 군주가 참가하는 국무회의를 '어전회의御前會議'라 칭했다.

이렇게 몇 명의 재상이 국가의 대사에 관해 날마다 회의하고 상의해서 내린 결정은 문서 담당 관리가 초고를 작성하고, 군주에게 올려 결재를 받은 후에 정식으로 선포되었는데, 이것이 곧 조정의 국가정책이 되었다. 물론 군주에게 비준을 받는 과정은 그저 형식에 불과할 때도 있었다. 노나라처럼 삼환 가문이 권력을 독점하고 있는 상황에서는 군주가 완전히 꼭두각시일 뿐이니 기본적으로 삼환이 내린 결정을 부결할 수 없었다.

특별한 일이 없다면 재상들도 매일 아침 아주 일찍 조정에 나왔다가 오전 중에 해산해 집으로 돌아갔다. 조정에서는 재상들에게 오전 식사를 제공하기도 했다. 당시에는 정찬을 하루에 두 끼만 먹었다. 간단한 조반과 야식은 부잣집에서만 가능했으며 보편적이지는 않았다.

《좌전》에는 제나라 재상이 조정에서 받았던 식사가 기록되어 있는데, 아마도 제나라가 비교적 부유했기 때문에 기록이 남아 있는 듯하다. 다른 나라에서도 식사를 제공했는지 어땠는지는 알 수 없다. 제나라의 재상들이 받은 식사는 삶은 닭 두 마리였는데, 한 사람당이 아니라 전부 합해 두 마리였다. 한때 재상들이 서로 사이가 좋지 않아 관리를 게을리하는 바람에 요리사가 이 기회를 틈타 돈을 착복하기 위해 닭을 오리로 바꾸고[아마도 당시에는 오리가 닭보다 값이 쌌던 듯하다], 요리를 나르는 하인이 고기를 훔쳐 먹어서 결국 뼈와 국물밖에 남지 않자 재상들이 당혹스러워한 적도 있었다고 한다.[1]

군주를 배알하는 의식을 거행할 때는 궁정악단이 음악을 연주해야 했기 때문에 조정의 처마 아래 한편은 그들의 자리로 정해져 있었다. 당시 궁정악단의 구성원은 모두 맹인이었다. 역사서에 의하면, 정나라 조정에서 맹인 악사 한 사람을 송나라로 보냈는데, 악사는 거처를 옮긴 데 불만을 품고 송나라 조정의 마당에 소변을 보았다고 한다. 조수가 그에게 "여기 사람이 있습니다!"라고 말해주었지만, 어차피 아무것도 보이지 않는 악사는 "아무도 없어!"라며 고집을 피웠다. 그가 이렇게 성질을 부리자 정나라

1 《좌전·양공 28년》

에서는 결국 그 맹인 악사를 다시 돌아오게 하는 수밖에 없었다.[2]

이 악사가 이렇게 제멋대로 행동할 수 있었던 이유는 춘추 시대의 맹인 궁정악사들은 단결성이 매우 강하고 큰 힘을 가진 대단한 집단을 형성하고 있었기 때문이다. 그래서 악사들에게 밉보이면 요리사들에게 밉보이는 것 이상으로 아주 곤란해질 수 있었다. 공자는 어느 나라에 가든 우선 그 나라의 궁정악사들에게 잘 보이려 했는데, 이에 관해서는 뒤에서 소개한다.

《논어·향당》편에는 공자가 관직에 올랐을 당시 '상조'할 때 기본적으로 예의 바르고 신중한 모습이었다고 기록되어 있다. 공자는 자신보다 신분이 낮은 '하대부'를 대할 때는 상냥한 태도로 다소 편하게 대했고, 같은 신분인 '상대부[경]'를 대할 때는 좀 더 정중했으며, 군주와 함께 있을 때는 예의 바르고 신중했다고 한다.[3] 이 기록을 보면 공자는 평소에는 속을 알기 힘든 과묵한 성격이지만, 노나라의 태묘에서 제사를 지낼 때처럼 말수가 많아지는 경우도 있었음을 알 수 있다. 제사는 그의 특기라 할 수 있는 영역이므로 기꺼이 의견을 제시했기 때문이기도 하다.[4]

공자는 궁전의 대문을 들어설 때 손에는 홀笏[넓이가 손바닥만 한 죽간으로 글을 쓸 때 사용한다]을 들고 허리를 숙여 몸을 웅크린 채 들어갔다. 그는 체격이 컸으므로 몸가짐을 더욱 삼갔는데, 대문의 한가운데로 들어가지 않고 문턱을 밟지 않으며 아주 겸손한 태도로 안으로 들어갔다. 정원에 들어서면 그는 우선 조당朝堂

2 《좌전·양공 15년》

3 《논어·향당》: "조회에 나가 하대부와 대화할 때는 유쾌하고 편하게 대화했고, 상대부와 대화할 때는 정중하면서도 정직했으며, 군주를 대할 때는 조심스럽고 점잖았다."(朝, 與下大夫言, 侃侃如也; 與上大夫言, 誾誾如也. 君在, 踧踖如也. 與與如也.)

4 《논어·향당》: "공자는 마을에 있을 때는 조심스럽고 공손하여 마치 말을 할 줄 모르는 사람 같았으나, 종묘나 조정에 있을 때는 말을 유창하게 하면서도 신중하게 행동했다."(孔子於鄕黨, 恂恂如也, 似不能言者. 其在宗廟, 朝廷, 便便言, 唯謹爾.)

에 올라 군주를 배알했다. 공자의 직책이 높아 먼저 군주를 배알하고 그가 단독으로 처리해야 할 일이 있는지 확인해야 했기 때문이다.

공자는 정원 안에 줄지어 선 여러 관원 사이를 지날 때는 엄숙한 표정으로 손발을 가볍게 하여 빠른 걸음으로 걸어갔으며, 큰소리로 말하지도 않았다. 계단을 올라 조당 안으로 들어갈 때도 허리를 숙이고 혹시나 계단을 오를 때 실수로 옷자락을 밟아 넘어지지 않기 위해 양손으로 조복의 앞자락을 살짝 들어 올리며 숨까지 거의 참다시피 했다.

배알을 마치고 조당을 나와 계단을 내려올 때면 그는 여전히 조복의 앞자락을 약간 걷고 있기는 했으나 호흡과 표정이 훨씬 편안해졌다. 계단의 마지막 칸에 이르면 공자는 빠른 종종걸음 [추趨]으로 내려와 옷자락을 내려놓고 양팔을 옆으로 뻗어 조복의 소매를 넓게 펼쳤는데, 이 동작은 새가 날개를 펼치는 모습과 비슷했다[익여야翼如也]. 그런 다음, 그는 다시 양손을 가슴 앞으로 모아 홀을 쥐고 백관의 대오 속으로 돌아가 자기 자리를 찾아서 막 들어왔을 때처럼 공손하고 침착하게 섰다.[5]

이외에도 공자는 군주를 도와 조상에게 제사를 지내거나 외국의 사자를 접대하는 등의 일을 했는데, 이때도 태도가 상조할 때

---

5 《논어·향당》: "제후의 궁궐 문을 들어갈 때는 허리를 구부리는 것이 마치 문이 낮아 들어갈 수 없어서 그러는 듯했다. 문 가운데로 들어가지 않고, 문턱을 밟지 않았다. 군주의 자리를 지날 때는 굳은 표정으로 발걸음을 빨리하며 말을 잘하지 못하는 것처럼 말수가 줄었다. 옷자락을 걷어들고 조당에 들 때는 허리를 구부리며 숨까지 죽이는 듯했다. 조당을 나와 계단을 한 칸 내려서면 긴장이 풀려 표정도 밝아졌다. 계단을 다 내려오면 빠른 종종걸음으로 내려와 새가 날개를 펴듯 조복 자락을 펼쳤다. 본래의 자리로 돌아오면 공손하고 조심스러웠다."(入公門, 鞠躬如也, 如不容. 立不中門, 行不履閾. 過位, 色勃如也, 足躩如也, 其言似不足者. 攝齊升堂, 鞠躬如也, 屏氣似不息者. 出, 降一等, 逞顔色, 怡怡如也. 沒階, 趨進, 翼如也. 複其位, 踧踖如也.)

와 다름없이 신중하고 공손하며 필요에 따라 때때로 긴장을 풀기도 했다.

《논어》의 기록들은 모두 공자가 군주를 대단히 존중하며 신분 질서를 지켜 행동한다는 내용이다. 이러한 태도는 신하로서 지켜야 할 매우 당연한 예의처럼 보인다. 그러나 노나라의 삼환 가문은 줄곧 군주의 지위를 능가하며 예절과 의식 면에서 곧잘 고의로 군주의 체면을 깎아 왔음을 잊어서는 안 된다. 노나라에서 네 번째로 높은 대신이 된 공자가 공식 석상에서 이처럼 군주를 존중한 것은 실천을 통해 군신 간에 마땅히 존재해야 할 규범을 수립하려는 태도로, 그가 삼환 가문이 권력을 독점하는 상황을 온건한 방식으로 바로잡으려 한 시작 단계의 행동이었다.

대사구와 춘추 시대의 법률

재상들에게는 조정에 나가 군주를 배알하고 국무회의를 여는 일 외에도 각자 나누어 담당해야 하는 구체적인 업무가 있었다. 공자는 대사구였으므로 사법 업무를 주관해야 했다. 이 업무는 어디서 보았을까? 조정에 나가는 시간 외에는 사실상 공자 본인의 집에서 업무를 보았다. 곡부성 안에 있는 그의 저택이 노나라 대사구의 관청인 셈이었다. 이와 마찬가지로 대사도의 직책을 맡은 계환자의 저택도 노나라의 사도부司徒府, 즉 현재의 중앙행정기관에 해당한다 할 수 있었다. 당시에는 정부 기구 전용으로 세운 관공서가 없었으므로 고관들의 저택이 곧 후세의 '삼성육부三省六部' 등의 기구에 해당했다.

공자가 맡은 직책인 '대사구'는 치안과 형법, 재판, 노역 범죄자 관리 등의 사무를 주관하는 최고 장관에 해당했다. 현대사회의 기준으로 생각하면 입법, 사법, 경찰 및 교정矯正 행정 등을 포함하는 아주 방대한 체계이지만, 춘추 시대에는 사법 기구가 이렇게 복잡하지 않았다. 조정에서 일하는 대사구가 주로 맡아 처리하는 일은 귀족 내부의 법률적 분쟁으로, 현재 사법부의 업무보다 훨씬 범위가 작았다. 당시 열국의 조정은 백성들을 직접 관리하지 않고 모두 귀족들에게 관리하게 했다. 백성들은 귀족을 상대로 소송을 제기할 수 없었다. 백성들 사이의 분쟁에 관한 소송 사건은 모두 봉주인 귀족이 처리했는데, 실제로는 봉주가 임명한 집사인 '재'가 맡아 처리했다.

또한 공자의 시대에는 주나라 왕조부터 열국의 조정에 이르기까지 성문화한 법전이 존재하지 않아, 판결을 내리거나 분쟁을 처리할 때는 전부 성문화하지 않은 소위 '관습법', 즉 고대에 보편적으로 사용했던 표현을 쓰자면 '예'로써 판단했는데, 그 내용은 아주 방대해 모든 분야를 포함하고 있었다.

공자는 대사구로서 판결을 내릴 때 대체로 예전부터 전해 내려온 각종 관례에 따르면서도 이를 융통성 있게 운용해 처리했다. 공자는 "판결을 내릴 때는 내가 소송의 당사자인 것처럼 그들의 입장에 서서 생각해야만 사건의 경위와 쌍방의 감정을 진정으로 이해할 수 있다. 이 업무의 최고 경지는 양쪽이 모두 납득하게 해서 다시는 소송을 하지 않도록 만드는 것이다"[6]라고 말한 바 있다.

높은 관직에 오른 대귀족들은 모두 업무를 도와줄 조수를 두고 있었는데, 대부분 귀족의 친척이거나 봉신, 혹은 하인이었다. 조수는 귀족을 대신해 발로 뛰는 업무를 해서 하부 기구의 역할을 하고, 그 대가로 대귀족에게 일정한 보수를 받았다.

---

6 《논어·안연》: "공자가 말했다. '송사를 듣고 판단하려면 당사자의 입장에 서야 한다. 그리하여 반드시 송사가 없도록 해야 한다!'"(子曰: '聽訟, 吾猶人也. 必也使無訟乎!')

　물론 공자에게는 가문의 친척이 없었지만, 제자가 아주 많았다. 제자 중에서 총명하고 능력 있는 이들은 공자의 개인 조수가 되어 그가 맡은 대사구의 업무를 도울 수 있었다. 공자가 처리한 수많은 안건은 사실 대부분 제자들이 예심을 진행하고 문서 작업을 해서 판결을 결정했고, 공자는 이것을 비준하고 서명하기만 하면 되었다.

　그의 오랜 제자인 자로는 이 분야의 일에 아주 뛰어났다. 비록 신분은 낮았지만, 아주 총명해서 행정사무를 처리하는 능력이 탁월했다. 게다가 업무 효율까지 높아 오늘 해야 할 일을 결코 다음 날까지 미루지 않았다. 공자는 "몇 마디 말로 송사를 전부 설명할 수 있는 이는 아마도 자로밖에 없으리라!"[7]라고 그를 칭찬하기도 했다. 공자가 관직에 오르게 된 후로 가장 두각을 드러낸 제자는 바로 자로였다.

　공자의 시대에도 성문법을 반포하려고 시도했던 극소수의 제후국이 있었는데, 여기에 소개해 본다. 첫 번째는 공자가 16세 때[노소공 6년, 기원전 536년]의 일로 정나라의 '당국當國[현재의 국무총리에 해당하며, 노나라에서 계손씨 가문이 맡았던 대사도와 같다]'인 자산子産이 '주형서鑄刑書', 즉 몇 가지 형법 조문을 청동기에 주조하라고 명한 적이 있었다.

　당시의 중원 열국에는 '성문법'을 작성하는 습관이 전혀 없었기 때문에 비판의 목소리가 컸다. 진나라의 대귀족인 숙향叔向은 자산과 친한 친구였는데, 그는 일부러 자산에게 서신을 보내 "정치를 잘하기 위해서는 사람들을 직접 교화해 선한 방향으로 이

---

7 《논어·안연》: "공자가 말했다. '한마디 말로 송사를 판결할 수 있는 이는 아마도 유이리라!' 자로는 승낙한 일을 하지 않고 다음 날로 넘기는 법이 없었다."(子曰: '片言可以折獄者, 其由也與?' 子路無宿諾.)

끄는 것이 중요하다. 사건이 일어나면 다 같이 모여서 회의를 열어 살펴보고 의논하면 될 것을 자네는 지금 형벌에 관한 규정을 모두 정해서 사회에 공포하기까지 했으니, 이는 사람들이 법률을 빌미로 서로 싸우도록 부추겨 경외하는 마음이 사라지도록 하는 것이 아니겠는가!"라는 뜻을 전했다.

자산은 답신에 "먼 미래 일은 제가 아직 헤아릴 수 없으나, 지금 저는 급히 '세상을 구하기 위해' 이처럼 했습니다. 당신의 의견을 받아들일 수는 없지만, 그래도 마음 써 주셔서 감사합니다!"라고 써 자신의 행동을 해명했다.

두 번째는 공자가 39세 때[노소공 29년, 기원전 513년]에 일어난 일이었다. 진나라의 집권자인 두 명의 경, 즉 조앙[조간자]과 순인苟寅 역시 '형정刑鼎'이라는 큰 솥을 주조했다. 이 솥은 당시에 청동보다 더 값이 비쌌던 철로 만들었는데, 철은 전국 귀족들의 봉읍에서 균등하게 징수했다. 솥에 새긴 형법 조문은 이 두 사람이 아니라 35년 전에 사망한 범선자范宣子[이름은 사개士匃]가 제정했는데, 그 역시 오랫동안 진나라의 정권을 장악했던 경이었다. 공자는 진나라에서 '형정'을 주조한 일을 좋지 않게 보고, 이 일이 오히려 분쟁을 일으킨다고 말했다. 공자의 의견은 일찍이 숙향이 자산을 비판했던 말과 맥락이 같다.

정나라와 진나라에서 반포했던 법률 조문은 모두 현재까지 전해지고 있지 않다. 몇몇 현대 학자는 이것이 전국 시대 '변법'의 효시라고 추측하고 있는데, 전국 시기의 열국이 변법을 시행할 때도 모두 성문화된 법전을 반포했기 때문이다. 변법을 처음으로 시행한 곳은 위魏나라로 이회가 《법경法經》을 반포하였는데, 공자의 시대보다 백 년 가까이 뒤에 일어난 일이다.

그러나 춘추 시대 역사를 좀 더 이해하고 있다면, 당시 정나라와 진나라에서 법률을 반포한 일이 전국 시대에 변법을 통해 법전을 제정한 일과는 별개임을 알 수 있다. 전국 시대의 변법 시행과 성문법 제정의 대전제는 제후가 군주 집권제를 시행해 귀족 세력을 억압하고, 문관을 발탁해서 국가를 관리하려면 규칙이 필요하다는 것이었다. 이 문관은 군주가 고용한 직원일 뿐 토지와 백성들의 주인이 아니었다. 따라서 군주는 이들이 부정부패를 저지를 가능성을 가장 걱정해야 했으므로, 통일된 법률을 반포해 문관들이 재량대로 움직이지 못하게 해서 그들이 뇌물을 받지 못하도록 방지해야 했으며, 또한 국가 기구를 만들어 이 문관들을 감독해야 했다. 이것이 바로 중국에 법률 체계가 탄생한 기초이다.

공자의 시대에는 아직 이러한 체계가 가능하지 않았다. 당시의 열국은 아직 군주 집권제를 시행하지 않았고, 대귀족인 과두들이 협상해서 결정하는 '공화제'를 통해 나라를 다스리고 있었다. 그들은 백성을 위한 법률을 제정하지 않았고, 귀족 혹은 집사가 구두로 판결을 내리는 것만으로도 충분했다.

그렇다면 정나라와 진나라에서는 어째서 최초로 성문법이 만들어졌을까? 이는 두 나라의 정치적 특징과 관련이 있다. 두 나라는 모두 몇 개의 대귀족 가문이 대를 이어 국가의 정권을 독차지했는데, 정나라는 일곱 가문, 진나라는 여섯 가문이 정권을 장악하고 있었다. 권력과 토지를 차지하기 위한 가문들 사이의 갈등이 나날이 심해져 종종 궁정 정변이 발생했고, 심지어 내전으로 번지기도 했다. 자산과 범선자가 법률을 제정한 이유는 귀족들 사이의 질서를 규정하기 위해서로, 주된 목적은 특정 가문이 이익을 독점해 갈등을 야기하거나 전쟁을 일으키는 사건을 방지하자는 취지였다.

법률의 반포 외에도 공자의 시대에 몇몇 나라에서는 여러 귀

족이 함께 맹약을 맺곤 했다. 단결하여 충성을 다해 나라의 이익
을 도모하고 내부 분쟁을 일으키지 않겠다는 뜻을 신 앞에서 맹
세하는 방식으로, 이전에 양호가 노정공과 삼환 가문에게 맺게
한 맹약과 유사했다. 정나라와 진나라에서는 이러한 맹약을 맺은
일이 아주 많았다. 정나라의 도성 유적[지금의 허난성 신정新鄭시]
에서는 춘추 말기에 제사를 지낸 유적이 다수 발굴되었는데, 그
안에서 맹약을 맺을 때 신에게 바친 돼지나 소, 양 등의 제물이
출토되었다. 진나라의 유적에서는 옥편玉片에 맹약의 내용을 적
은 문서가 발견되었는데, 산시山西성 허우마侯馬시에서 출토되어
'허우마 맹서侯馬盟書'라 불린다.

　《시경》을 보면 "군자들은 자주 맹약을 맺으나, 그럴수록 난리
는 더욱 잦아지는구나!"[8]라는 대목이 있다. 화합이 잘된 상태라
면 맹약을 맺을 필요가 없으니, 자주 맹약을 맺는다는 것은 곧 화
합이 잘되지 않는다는 뜻이기 때문이다. 정나라와 진나라에서 반
포한 성문법 역시 맹약과 비슷한 의미이다. 또한 이 법조문을 솥
등의 청동기나 철기에 주조할 수 있었다면 내용이 그리 많지 않
았다는 뜻으로 길어야 1천 자를 넘지 않았을 듯하다. 이 정도라
면 분명히 전국 시대의 법률처럼 각 방면에 대해 상세히 규정하
지 못했을 것이다. 춘추 시대의 법조문들은 귀족들 사이의 정치
규범을 정하고 이를 위배했을 때의 처벌 기준을 규정하는 데 불
과했다.

　공자를 비롯해 당시의 열국 귀족들은 정나라와 진나라에서 대
귀족 사이의 관계를 법률로 규정한 일을 보편적으로 좋게 보지
않았다. 그 후의 역사를 살펴보아도 이러한 법률이 확실히 별다

8 《시경·소아·교언巧言》: "군자가 자주 맹약을 맺어 난리가 이 때문에 늘어나는도
다."(君子屢盟, 亂是用長.)

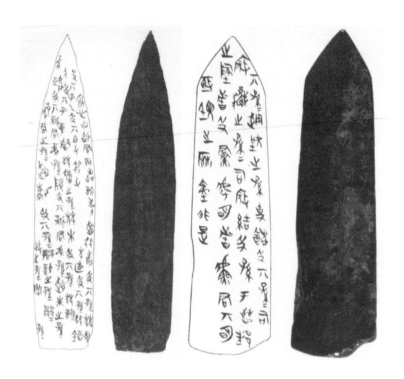

그림 3, 4 산시山西성 허우마侯馬에서 출토된 조간자의 맹약서

조간자가 진나라의 귀족들과 맹약을 맺을 때 작성한 문서로, 제작된 시기는 공자의 나이 55세에서 63세 사이쯤이다. 당시 조간자는 제, 노, 위, 정나라의 동방 연맹과 전쟁하는 동시에 진나라의 범씨와 중행씨 세력과도 내전을 벌이고 있었다. 다른 귀족 가문들의 지지를 얻기 위해 조간자는 그들과 빈번히 맹약을 맺으며 다수의 문서를 작성했다. 맹약의 의식이 끝나면 이 문서는 땅에 묻었다.

른 역할을 하지 못했음을 알 수 있다. 진나라의 대귀족 가문들은 전쟁을 계속한 끝에 결국 한, 조, 위 세 가문이 남아 나라가 셋으로 분열되었다. 정나라는 내전이 일어나지 않고 어느 정도 안정적으로 과두 공화제를 유지했다고 할 수 있지만, 국력이 점차 약해져 결국 진나라에서 분열된 한나라에 멸망했다.

국왕과 귀족 사이의 분권 갈등은 중세 유럽에도 존재했다. 중세 유럽에서는 일반적으로 국왕과 귀족 사이에 맹약을 맺고 법률을 제정해 각자의 세력 범위와 권리 및 의무를 규정했다. 이러한 현상은 영국에서 가장 뚜렷하게 드러났는데, 8백 년 전에 제정된 '대헌장'이 바로 국왕의 권력 확대를 방지하기 위해 귀족들이 제정한 법률이었다. 물론 16세기 이후로 영국의 왕권 역시 점차 확대되어 귀족들의 권리를 몰수하면서 귀족의 역할은 왕권을 위해 봉사하는 형태로 변했다. 영국의 귀족들이 정계에서 물러나게 된 역사는 비교적 평온하며 그 과정도 긴 편이다.

프랑스와 러시아는 영국처럼 순조롭지 않았다. 이들 나라에서는 민중 혁명이 일어나["왕후장상의 씨가 따로 있겠는가王侯將相, 寧有種乎?"라는 진승陳勝의 명언처럼] 국왕과 귀족들이 혁명가들에게 몰살당했다. 따라서 17세기부터 20세기 초까지 유럽의 역사는 중국 전국 시대의 대변혁 시기와 다소 유사하다.

공자는 나중에 초나라에 갔을 때 상층부 인사와 법제 문제에 관해 의견을 교환한 적이 있었다. 공자는 획일화한 법령 제정을 반대하는 입장으로 일관하며, 판결을 내릴 때는 당사자들의 구체적인 관계에 근거해 결정해야 한다고 주장했다. 가령 사람들 사이에는 범죄를 고발해야 할 의무가 있지만, 가족들 사이에는 그런 의무가 없다 등과 같이 말이다.

전국 시대에 들어서 열국이 모두 변법을 시행해 법령을 반포한 일은 공자의 이러한 이상과 완전히 반대되는 상황이었다. 진, 한나라 때의 법률은 친족 관계에 관한 문제를 고려하지 않았다. 그러다가 위·진·남북조 때부터 수, 당나라 시기까지 유가의 영향이 점점 커지면서 조정에서 입법하는 과정도 영향을 받아 양형할 때 친족 관계를 고려해야 한다고 생각하기 시작했다. 이 때문에 법률은 갑자기 아주 복잡해졌다. 같은 사건이라도 친족 간의 항렬이나 멀고 가까운 관계에 따라 판단해야 할 조합이 엄청나게 많아졌다. 후세에는 이 부분에 관한 법 조항이 점점 더 늘어났지만, 그래도 새로운 문제가 끊임없이 생겨났다.

사실 이러한 결과는 시작부터 틀린 생각이었다. 공자는 성문법 제정을 반대했기 때문이다. 따라서 성문법 안에 공자의 사상을 담으려는 시도는 나무에 올라 물고기를 잡으려는 격으로 완전히 모순되고 불가능한 일이었다. 현대 학술계에서는 당, 송나라 이후의 이러한 변화를 중국 법률의 '유가화'라 부르고 있지만, 안타깝게도 그들은 공자가 줄곧 성문법 제정을 반대했다는 사실을 생각하지 못했다.

귀족의 공동체 생활

공자는 초년에 농가에서 태어나 자라다가 귀족이 된 후에야 도성인 곡부 안으로 옮겨와 살았다. 대사구가 된 이후로는 공자도 상류 계층인 경대부로 생활하게 되어 저택도 커지고 일의 규모도 커졌다. 대귀족의 저택에서는 여러 친척이 가주의 일을 도와주고 봉읍을 얻거나, 혹은 그에 상응하는 보수를 받았다. 그러나 공자의 아버지 쪽인 공씨 가문에는 친척이 남아 있지 않았고, 어머니 쪽의 안씨 집안사람들은 대부분 공개적으로 내세울 수 없는 하층민이었다. 따라서 공자를 도와 일하며 공식 석상에 나섰던 이들은 대부분 그의 제자들이었다.

저택에 사람이 늘어나고 사업의 규모도 커지면서 지출이 늘어나게 되자, 공자에게도 집안일을 맡아 처리할 집사[재]가 필요해졌다. 공자는 원헌原憲[자는 원사原思]이라는 제자를 재로 삼았다. 그에게는 봉급으로 매년 9백 두의 양식을 지급했는데, 공자 연봉의 1.5%에 해당했다. 원헌은 본래 부유한 이가 아니었으므로 이정도만 해도 상당한 수입이었다.

그런데 원헌은 스승을 도와 일하는 것은 제자로서 당연히 해야 할 본분이라 여겨 보수를 사양하려 했다. 공자는 그를 만류하며 "사양하지 말아라. 너의 이웃에게 나눠줄 수도 있지 않느냐!"라고 말했다.[9] 당시에는 같은 씨를 가진 사람들끼리 모여 살아서 이웃이 모두 친척이었다. 원헌은 대단히 청렴결백하고 높은 도덕 기준을 가지고 있어 확실히 공자가 집안의 재무를 맡기기에 가장 적당한 사람이었다. 그에 비해 공자를 도와 공무상의 회계를 담당했던 염유는 돈을 상당히 헤프게 썼다.

《논어·향당》편에는 공자가 '향리鄕里[즉 공동체 사회]'에서 생활하던 당시의 언행과 그가 정무를 볼 때의 각종 언행이 함께 기록되어 있다. 공자가 대사구가 된 후에 새로운 저택으로 이사했기 때문에 이 두 가지를 함께 묶어 놓았다고 추측할 수 있다. 그러면 공자의 '공동체 사회'에서의 생활에 관해 살펴보자. 이는 사교 활동과 이웃 간의 관계라는 영역에 속한다.

춘추 시대의 계급은 매우 명확히 나뉘어 있었는데, 가장 주된 세습 계층은 '사士, 농農, 공工, 상商' 네 가지였다. 이들 중 사는 귀

9 《논어·옹야》: "원사가 공자 저택의 재가 되어 공자는 그에게 곡식 9백 두를 주었으나 원사가 사양했다. 공자가 말했다. '사양하지 말아라! 너의 이웃과 고향 사람들에게 나누어 주거라!'"(原思爲之宰, 與之粟九百, 辭. 子曰: '毋! 以與爾鄰裏鄕黨乎!')

족이고 나머지 세 계급은 모두 평민이었다. 곡부성 안에 살 수 있는 계층 혹은 직업은 주로 사, 공, 상 세 가지였고, 성안에 살 수 있는 농민은 매우 적었다. 당시에는 주거 구역이 비교적 엄격하게 구분되어 각 계층의 사람은 각각 정해진 구역에 살아야 했고 뒤섞여서는 안 되었다. 상인이 거주하는 구역은 '시市', 즉 시장이었다. 당시에는 거리에 마음대로 가게를 차려 장사할 수 없었고, 반드시 '시' 안에서만 해야 했다. 수공업자도 마찬가지로 정해진 구역이 있었다. 현대 고고학자들이 발굴한 서주와 춘추 시대의 유적에서는 모두 수공업자들의 공방이 모여 있는 주거 구역을 확인할 수 있다. 그곳에는 금속을 정제하거나 도자기 혹은 골각기를 제작하는 작업장이 모여 있어 쉽게 알아볼 수 있다.

사대부 등의 귀족들 역시 정해진 주거 구역에 모여 살았다. 물론 고위 귀족들은 집을 여러 채 보유하고 있기도 했다. 도성 안에 있는 주 저택은 조정에 출근할 때를 위한 집이었는데, 대귀족들의 저택은 여러 개의 건물이 모여 있어 크기가 매우 컸고, 종종 한 구역 전체 혹은 그 이상을 차지하기도 했다. 귀족들은 그 외에도 도성 교외의 시골에 별장을 두었는데, 쉬는 날에 가족과 동료와 함께 휴식하며 즐기는 용도였다. 또한 자신의 봉읍에도 저택이 하나 더 있었다. 군주에게 잘못을 저질러 노여움을 사면 귀족들은 근신의 의미로 벼슬에서 물러나서 봉읍으로 돌아가 지내곤 했다. 노나라의 영토를 나누어 가진 삼환 가문처럼 봉읍이 매우 큰 대귀족은 성을 건축해 봉읍의 중심부로 삼았다.

도성 안에서는 사, 공, 상 계층이 생활하는 구역을 구분하는 것이 일반적이었지만, 간혹 예외도 있었다. 가령 제나라의 노승상 안영의 저택은 귀족들의 주거 구역이 아니라 시장 부근에 있었다. 그는 그 편이 물건을 사는 데 편리하기 때문이라고 설명했다. 그러나 노나라는 전통적인 예의를 매우 중시하는 제후국이어서 계층에 따른 주거 지역의 구분이 엄격한 편이었다.

당시에는 농촌에만 '향'이 있지 않았고, 성안의 주거 구역도 '향'이라고 불렀다. 귀족들의 생활과 관련한 '향'이라는 말은 모두 성안의 구역을 가리킨다. 귀족들의 예절 의식 중에는 '향음주례鄕飮酒禮'나 '향사례鄕射禮' 등이 있었는데, 이를 시골에 가서 야외에서 식사하고 술을 마시거나 활을 쏘는 의식으로 오해하는 이들도 있지만, 사실은 성안에 있는 귀족의 저택에서 여는 사교 연회를 가리키는 말이다. 또한 성안의 같은 향[구역]에 사는 이웃 및 친척을 '향당鄕黨'이라 했다. 《논어》의 '향당' 편 역시 이 구역을 가리키며, 농촌에 사는 고향 사람이라는 의미가 아니다.

'향'보다 규모가 작은 거리 혹은 구역은 '리里'라 했다. 공자는 "집을 짓고 살 '리'를 택할 때는 반드시 어진 이웃들이 있는 곳을 택해야만 지식을 구하기에 좋다"[10]라고 말했다. 이 말을 통해 공자가 높은 관직에 오른 후에 큰 저택으로 옮기기 위해 성안에서 이사했음을 알 수 있다.

당시에는 해야 할 일을 하지 않고 여러 번 타일러도 태도를 고치지 않는 귀족 자제를 '강제 이주'하게 하는 처벌 규정이 있었다. 1단계로는 이웃 구역[향]에 보내어 가족과 집안 친척에게서 떨어지게 했고, 2단계로는 교외로 이주하게 했으며, 그래도 품행을 고치지 않으면 마지막으로 궁벽한 야만족의 땅에 해당하는 변경으로 추방했다. 후세에 변방으로 유배를 보내는 형벌은 바로 여기서 유래했다.

---

10 《논어·이인里仁》: "공자가 말했다. '어진 이들이 있는 곳에 터전을 잡는 것이 좋다. 어질지 못한 곳을 택한다면 어찌 지식을 구할 수 있겠는가?'"(子曰: '裏仁爲美. 擇不處仁, 焉得知?')

향음주례와 향사례는 귀족들의 주된 사교 모임이었다. 공자의 제자들이 엮은 《의례》에는 이 의식들의 절차가 상세히 기록되어 있다. 고대의 주석가들은 이 의식이 '향'을 관리하는 대부들이 조직하는 활동으로 계절에 따라 열린다고 보았지만, 사실 반드시 그렇지는 않았다. 영향력이 있는 귀족이라면 수시로 모임을 열 수 있었다. 공자의 소년 시절에 계손씨가 '사' 계급 이상의 귀족을 전부 초청했던 그 연회가 바로 큰 규모의 향음주례에 속한다. 공자는 대부가 된 후로 분명히 이러한 연회에 자주 참석했고, 그의 저택에서도 모임을 열었을 것이다.

향음주례 혹은 비교적 정식의 사교 연회 때는 보통 연회를 여는 가문에서 초청할 손님 명단을 작성해 초청장을 보낸 다음, 사교에 능하며 예절을 잘 아는 귀족을 연회 진행자로 모셨다. 손님들이 도착하면 연령순으로 연회장 안의 자리에 앉았다. 고대 중국에서는 지금처럼 의자나 소파에 앉지 않았고, 바닥에 커다란 돗자리를 깔고 그 위에 사람 수대로 작은 방석을 놓았다. 그러면 주인과 손님들은 연회장에 들어와 신발과 버선을 벗고 방석에 무릎을 꿇고 앉았는데, 정확히 말하자면 일단 무릎을 꿇은 후에 엉덩이를 발뒤꿈치 위에 올리고 앉았다. '정금위좌正襟危坐'라는 성어의 '위좌'가 바로 꿇어앉는다는 뜻이다. 공자는 앉는 자리를 매우 중시해서 "자리가 반듯하지 않으면 앉지 않았다席不正, 不坐."[11]

고대 중국 사람들이 이마를 땅에 대고 조아려 절해서 존경을 표현했던 방식도 이 앉는 자세와 관련이 있다. 무릎을 꿇고 앉은 상태로 허리를 굽히고 고개를 숙여 살짝 경의를 표하는 자세를 '배拜'라고 하는데, 사실상 꿇어앉은 채로 허리를 굽혀 절하는 자세였다. 더 깊은 경의를 표할 때는 손으로 돗자리를 짚고[왼손을

11 《논어·향당》

오른손 위에 올린다], 허리를 숙여 손 위에 이마를 대는데, 이를 '계수稽首'라 하며 후세의 절하는 자세와 비슷하다. 당, 송나라 이후로 중원 사람들이 바닥에 앉지 않아서 머리를 땅에 조아려 절하는 일은 아주 엄숙하고 특수한 상황의 예절이 되었다.

연회 석상에서 공손한 태도를 보이거나 혹은 감사의 뜻을 표할 때는 꿇어앉은 채로 몸을 곧게 폈는데, 이 자세를 '작作'이라 한다. 공자는 사교 모임에서 상복 혹은 예복[조정에 출근할 때 입는 관원의 정식 복장]을 입은 사람을 보면 아주 편한 분위기의 사교 모임이거나, 혹은 그 사람이 자기보다 나이가 적다 하더라도 반드시 엄숙한 표정으로 꿇어앉아 '작'을 해서 존중을 표했다. 맹인[주로 궁정악사들]을 마주칠 때도 마찬가지였다. 만약 상복이나 예복을 입은 사람 혹은 맹인이 이미 자리에 앉은 후라면 그 앞을 지날 때 빠른 종종걸음[이 '추趨'라는 예절은 주로 손아랫사람이 손윗사람 앞에서 공경하는 마음과 존중, 긴장 등을 표현할 때 하는 동작이다]으로 걸었다.[12]

연회와 사교

귀족의 사교 연회는 절차가 복잡했다. 연회를 주최하는 저택의 하인은 일단 손님들이 손을 씻도록 도와야 했는데, 따뜻한 물이 담긴 주전자[이匜]를 든 하인이 구리 대야에 물을 부으며 시중을 들고, 손님이 손을 다 씻으면 다른 하인이 옆에서 수건을 올렸다.

---

12 《논어·자한》: "공자는 상복을 입은 이나 예복을 입은 관리 혹은 맹인을 보면 비록 그들이 나이가 어릴지라도 반드시 작을 했으며, 그들 곁을 지날 때는 반드시 빠른 종종걸음으로 걸었다."(子見齊衰者, 冕衣裳者與瞽者, 見之, 雖少, 必作; 過之, 必趨.) 《논어·향당》: "상복을 입은 이를 보면 가까운 사이라 해도 반드시 태도를 바꾸어 엄숙하게 대했다. 예복을 입은 관리나 맹인을 보면 자주 만나는 사이라 해도 반드시 예의를 갖춰 대했다."(見齊衰者, 雖狎必變. 見冕者與瞽者, 雖褻, 必以貌.)

상나라와 주나라의 청동기 유물 중에는 정교하고 아름다운 '반盤'이 있는데, 유명한 '괵계자백반虢季子白盤'이 바로 손 씻는 물을 받는 대야이다. 물론 이렇게 아름다운 구리 대야는 아주 성대한 사교 연회 때만 사용했다.

이렇게 정성껏 손 씻는 시중을 드는 이유는 손님이 손에 묻은 물을 함부로 털지 않고 하인이 수건을 올릴 때까지 기다리게 하기 위해서인데, 기다렸다가 손을 닦지 않으면 주인을 존중하지 않는 처사였다. 일찍이 진문공 중이重耳도 망명 당시 이 규칙에 주의하지 않았다가 곤란해진 적이 있었다.

자리에 앉아 식사할 때는 큰 상 앞에 앉아 같이 식사하지 않고 사람마다 앞에 몇 가지 요리가 담긴 굽이 높은 대접[고대에는 이 대접을 글자의 모양과 비슷하다 하여 '두豆'라 불렀다]과 함께 술잔과 주식을 담을 그릇, 예를 들어 밥을 담는 데 쓰는 작은 대나무 공기인 '변籩' 등을 놓았다. 식기 중에는 서양의 포크와 유사한 것이 있었는데 주로 고기를 먹을 때 썼다. 그 외에도 숟가락과 젓가락이 있었다. 이 식기들은 대나무로 만들기도 했고, 혹은 구리나 짐승의 뼈로 만들기도 했다.

식사를 시작하기 전에는 보통 주인과 손님이 모두 술 한 잔과 고기를 들어 천상의 신령들에게 올린 다음, 요리와 국 등을 진행자가 미리 정한 순서대로 대접했다. 정찬에는 삶거나 구운 각종 고기나 내장 요리 등을 포함했다. 끼니마다 고기를 먹을 수 있다는 점은 귀족들의 가장 주된 특징 중 하나였다. 이들은 대부분 피부가 희고 통통해서 '육식자肉食者'라 불렀는데, 반면에 농민들은 잡곡이나 채소조차 배불리 먹지 못해 피부가 검고 여위었다.

육식 외에도 주식이 있었는데, 주로 찐 밥과 죽으로 양념장과 절인 채소 반찬, 곡주[당시에는 아직 백주가 없었다]와 함께 나왔다.

절임 반찬과 양념장의 종류는 아주 다양해서 각종 채소와 육류 내지 수산물로 만들었다. 《예기》에는 밥을 먹을 때 손으로 밥을 뭉쳐서는 안 된다[무단반毋搏飯]는 규칙이 기록되어 있는데, 이로써 당시 사람들은 아직 손으로 밥을 집어 먹는 습관이 있었으며, 이 때 너무 편하게 행동해서는 안 되었다는 사실을 알 수 있다.

식사를 반쯤 했을 때 악사가 등장해 연주를 시작한다. 연주하는 음악의 순서는 모두 미리 정해져 있었고, 연회의 단계마다 다른 음악을 연주했다. 또한 가수가 《시경》에 나오는 시를 노래로 부르기도 했는데, 모두 연회와 관련이 있는 내용이었다. 연주가 끝나고 나면 주인은 악사에게 술과 음식을 올려야 했다.

《의례》에 나오는 절차만 보면 너무 딱딱하다는 느낌이 들 수 있다. 사실 연회의 후반부에 접어들면 이러한 의식적인 절차는 줄어들고 분위기가 좀 더 자유로워져 주인과 손님이 서로 술을 권하고 마시며 자리에서 일어나 노래를 부르고 춤을 추곤 했다. 《시경》에서는 이러한 장면을 '식가차무式歌且舞'라고 표현했는데, 이 말은 곧 노래하며 춤춘다는 뜻이다.[13] 춤을 추는 사람은 동작으로써 자리에 앉은 사람에게 일어나서 함께 춤추기를 권하기도 했는데, '감감고아, 준준무아坎坎鼓我, 蹲蹲舞我'[14]라는 말의 '준준'은 쪼그려 앉는다는 의미가 아니라 이리저리 뛰어다닌다는 뜻으로 북소리에 맞춰 빠르게 추는 춤을 의미한다. 당, 송나라 이후의 한족들은 기본적으로 다들 춤을 추지 못했지만, 사실 그 이전에는 춤이 상당히 유행했다.

술이 세 순배쯤 돌고 나면 취한 사람이 생기기 시작하지만, 그래도 자리에 앉을 때는 단정하게 앉아 품위를 지킨다. 이때부터

---

13 《시경·소아·거할車舝》. 이 시는 신부를 맞이하는 연회 장면을 묘사한 것이다.
14 《시경·소아·벌목伐木》

는 사람들의 목소리가 커지며, 남의 잔에 술을 부어 권하거나 듣
는 사람을 난처하게 하는 허튼소리를 하기도 한다. 춤추는 자세
도 불안정해져 넘어지기도 하고, 그러면서 대접이나 밥그릇을 걷
어차 엎거나 쓰고 있던 모자까지 떨어뜨리기도 한다. 《시경》에서
는 이러한 광경을 '손님들이 술에 취해 소리치며 떠들고, 대나무
그릇과 대접을 흐트러뜨리며 비틀거리고 춤춘다賓既醉止, 載號載呶. 亂
我籩豆, 屢舞僛僛'라고 묘사했다. 이쯤 되면 주인은 난감함을 느끼고
진행자는 취객을 진정시키려 하지만, 쉬운 일은 아니었다. 취객
역시 지위가 높은 인물이라 미움을 사면 곤란해지기 때문이었다.
술 취한 사람이 좀 더 늘어나면 연회장은 싸움판으로 변해 끝나
곤 했다.[15]

　연회가 정식으로 끝나면 연장자부터 자리를 뜬다. 당시에는
60세가 넘은 노인은 공공장소에서 지팡이를 짚을 수 있었다. 공
자는 연회에 참석하면 항상 지팡이를 짚은 노인이 모두 떠나기
를 기다렸다가 자리를 떴다.[16] 물론 이는 그가 60세가 되기 전의
일이고, 그 이후에는 노인들과 함께 지팡이를 짚고 연회장을 떠
났다. 주인과 저택 하인들은 손님들이 떠날 때 배웅했는데, 특히
취객은 잘 구슬려 부축해서 넘어지지 않고 마차에 오를 수 있도
록 도왔다.

　예의에 따르면 연회에 참석한 손님은 다음 날에 다시 주인의
저택을 방문해 감사를 표하며 주인과 함께 식사를 한 번 더 해야
했는데, 이때의 예절은 연회 자리만큼 엄격하지 않았다.

　향사례는 활쏘기 시합을 하는 모임이다. 향사례의 기원은 초

<hr/>
15 《시경·소아·빈지초연賓之初筵》
16 《논어·향당》: "향인들이 모여 술을 마시면 지팡이를 짚은 노인이 나간 후에야 자
리를 떴다."(鄕人飮酒, 杖者出, 斯出矣.)

기에 주나라 사람들이 했던 활쏘기 훈련이지만, 춘추 시대에 와
서는 고상한 경기로 변했다. 향사례의 전반부는 향음주례와 비슷
하게 주인이 손님을 저택에 맞이해 음악을 연주하며 먹고 마시
고, 그다음에 활쏘기 시합을 시작한다. 시합에는 진행자 겸 심판
이 여러 명 있는데 각자 맡은 일이 달랐다.

향사례에 참가한 인원이 많으면 두 개의 '대표팀'을 선발했다.
양 팀의 구성원은 각각 주인 가문의 사람과 손님을 모두 포함해
야 했으며, 대부 계급과 사 계급의 귀족들도 고르게 포함해야 했
다. 시합은 보통 세 판으로 진행했는데 판마다 한 사람이 네 발을
쏘았다. 대표팀이 활을 다 쏜 후에는 주인과 지위가 높은 손님이
활을 쏘고, 그다음에 다른 손님들이 활을 쏘았다.

화살이 과녁에 명중한 횟수를 보고하는 일을 맡은 사람도 있
었다. 이 사람은 실수로 화살에 맞아 다치지 않도록 과녁 근처에
세워 둔 판자 뒤에 몸을 피하고 있었는데, 이 판자를 '핍乏'이라
했다. 당시에 사용하던 '승핍承乏'이라는 관용어가 있는데, 어떤
직무를 맡고 있음을 겸손하게 표현하는 말이다.

시합할 때 사수는 '단袒', 즉 상의를 벗어 허리춤에 끼워 넣고
팔을 드러내서 활시위를 당기기 편하게 했다. 분위기가 개방적인
편인 몇몇 지역, 가령 제나라 혹은 그보다 남쪽에 있는 진陳나라
나 채나라 등에서는 귀부인들이 사교 연회에 참석하기도 했는데,
술을 많이 마시고 나면 분위기가 미묘해져 여러 가지 연애담 내
지는 추문이 생겨나기도 했다. 그러나 역사서에는 여성이 활쏘기
시합에 참가했다는 기록은 없다.

시합이 한 판 끝날 때마다 사수들이 자리에 돌아가 앉고 나면
양 팀의 성적을 계산해 진 팀은 술을 마셔야 했고, 이긴 팀에서는
술을 따라서 진 팀에게 가져다주었다. 주인과 손님까지 모든 이

가 활을 쏘고 나면 자리에 앉아 음악을 들으며 먹고 마셨으며, 그 런 후에 시합을 한 판 더 할 수도 있었다. 시합이 전부 끝나고 나 면 개인 성적과 대표팀 성적을 계산했다.

공자는 이러한 사교 모임에서 늘 다소 소극적인 태도를 취하 며 말을 많이 하지 않았다. 그는 "공손하고 조심스러워 마치 말 을 할 줄 모르는 사람 같았다恂恂如也, 似不能言者."[17] 그뿐만 아니라, 활을 쏠 기회 또한 가능한 한 사양했다.

향사례에는 먹고 마시는 행동이 상당 부분 포함되어 있었으 며, 정식 연회 때도 간소화된 활쏘기 놀이, 즉 '투호投壺'를 할 수 있었다. 이 놀이의 방법은 화살을 목이 긴 도자기 항아리에 던져 넣는 것이다. 도자기는 보통 높이가 1척(약 33㎝)에 주둥이는 주 먹만 했으며, 안에는 콩을 가득 채워 두었다. 이 경기는 주인과 손님 두 팀으로 나누어 진행했으며 진행자가 따로 있었는데, 규 칙은 향사례보다 훨씬 간소했다.

공자는 향사례를 꽤 좋게 평했다. 그는 "군자는 다툴 일이 없 는데, 반드시 하나를 꼽자면 바로 활쏘기일 것이다. 양쪽이 서로 읍하고 사양의 뜻을 표한 뒤에 자리에 올라 활을 쏘고 내려와 다 시 함께 술을 마시니, 이것이 바로 군자의 다툼답다"[18]라고 했다.

향사례 경기를 하던 공자의 시대에 고대 그리스의 도시국가에 서는 남자들이 알몸으로 달리기와 씨름, 투창 경기를 했다. 이와 비교하면 주나라 사람들의 경기 종목은 그 수가 매우 적은 데다 경쟁이 치열하지도 않았다.

공자가 관직에 오르자 그와 관계를 맺으려 하거나 친해지려는

---

17 《논어·향당》
18 《논어·팔일》: "공자가 말했다. '군자는 다투는 일이 없다. 굳이 꼽자면 필시 활쏘기 일 것이다! 서로 읍하고 자리에 올라 활을 쏘고 내려와 술을 마시니, 이 다툼은 군자다 운 것이다.'"(子曰: '君子無所爭. 必也射乎! 揖讓而升, 下而飮. 其爭也君子.')

사람도 자연히 늘어났다. 전부 공자에게 도움을 받아 더 많은 이익을 얻으려는 이들이었다. 공자는 귀족의 최하층 계급으로 반평생을 살아오며 사람들이 생계를 도모하는 별의별 수법을 다 보아 왔기 때문에 이 방면에 대해 훤히 꿰뚫어 보고 있었다.

당시에 귀족 주거 구역의 한 청년[궐당동자闕黨童子]이 줄곧 공자의 주위에서 할 일을 찾고자 했다. 누군가 공자에게 "향상심을 가진 청년 같소!"라고 하자 공자는 "내가 관찰한 바로 그는 중요한 인물에게만 접근하며, 길을 걸을 때는 항상 연장자와만 대화하려 하오. 이는 향상심을 가진 것이 아니라 그저 빨리 위로 올라가려 하는 것일 뿐이오非求益者也, 欲速成者也"라고 말했다.[19]

공자가 교류하는 이들 가운데에도 비교적 별난 사람이 있었다. 그중에는 원양原壤이라는 오랜 친구도 있었는데, 안씨 마을 사람은 아니고 공자가 공씨 가문에 입적된 후에 맹손씨 가문의 사교계에서 알게 된 이였다. 이 사람의 성격은 위진명사魏晉名士(방탕하고 솔직하며 사소한 일에 구애받지 않는 성격을 가진 위·진 시대의 명사를 가리킨다)와 비슷해 예법을 따르지 않고 제멋대로 방탕하게 행동했다.

원양의 어머니가 병으로 세상을 떠나자 공자는 벗으로서 의무를 다하기 위해 그의 저택에 가서 입관하고 장례를 치르는 절차를 도왔다. 그런데 원양은 아무것도 하지 않고 정원에 있는 나무 위에 올라가 "내가 아주 오랫동안 노래를 부르지 않았구나!"라고 큰 소리로 외치더니 사랑 노래를 한 곡 부르기 시작했다. 공자는 그저 자기가 해야 할 일을 하는 수밖에 없었다. 누군가 공자에게 "당사자인 원양도 장례에 신경을 쓰지 않는데 당신은 뭐하러 분주하게 일합니까?"라고 묻자 공자는 "나는 그저 내가 해야 할 일

을 할 뿐입니다"라고 대답했다.[20]

　원양은 사교 모임에서도 예절을 지키지 않고 방탕하게 행동
했다. 한번은 그가 연회 석상에서 다리를 쭉 펴고 자리에 앉았다.
당시의 바른 자세는 무릎을 꿇고 앉는 것으로, 다리를 앞으로 쭉
펴고 앉는 자세는 예의에 아주 어긋나는 행동이었다. 공자는 지
팡이로 그의 종아리를 두드리며 "자네는 어려서부터 어른을 존
경하지 않고, 어른이 된 후에도 이룬 것이 없고, 늙어서도 죽지
않고 있으니 도적이나 다름없군!"이라고 그를 꾸짖었다.[21] 이 당
시 공자와 원양은 모두 50~60세쯤 되었을 것이다.

　노나라에는 '호향互鄕'이라는 사 계급의 귀족[호향은 그의 이름
이 아니라 거주하는 구역의 이름이었을 수도 있다]이 있었다. 그는 아
마도 꽤 심한 결벽증과 자폐증 내지 우울증까지 앓았던 모양인
지 사람들과 교류하기 힘들어했다. 어느 날 이 사람이 공자의 저
택을 방문했다. 공자의 학식이 깊고 명성이 높다는 이야기를 듣
고 공자라면 자신이 앓고 있는 마음의 병도 해결해 줄 수 있으리
라 생각했던 듯하다.

　사들이 서로 만나 교류를 시작할 때는 '사상견례士相見禮'라는
절차가 있었다. 가장 중요한 점은 낯선 사람을 처음 방문할 때는
추천인 역할을 해 줄 중개인과 동행해야 한다는 것이었다. 만약

20 《예기·단궁하》: "공자의 오랜 벗 중에 원양이라는 이가 있었다. 그의 어머니가 죽
어 공자가 그를 도와 입관을 했다. 원양은 나무에 올라 '내가 노래에 흥을 붙이지 못한
지가 오래되었구나'라고 말하더니 '삵의 머리처럼 아름답고, 여인의 손을 잡은 것처럼
부드럽구나'라고 노래를 불렀다. 공자는 이를 못 들은 체하고 지나갔다."(孔子之故人曰
原壤, 其母死, 夫子助之沐槨. 原壤登木曰: '久矣予之不托於音也.' 歌曰: '狸首之斑然, 執女
手之卷然.' 夫子爲弗聞也者而過之.)
21 《논어·헌문》: "원양이 다리를 쭉 뻗고 앉아 공자를 기다렸다. 공자는 '어려서는 어
른을 공경하지 않고, 자라서는 이룬 것이 없고, 늙어서도 죽지 않으니 도적이나 다름
없도다!'라고 말하며 지팡이로 그의 종아리를 두드렸다."(原壤夷俟. 子曰: '幼而不孫弟,
長而無述焉, 老而不死, 是爲賊!' 以杖叩其脛.)

중개인을 찾지 못했다면, 자기 집 하인이 먼저 문을 두드리고 찾아온 이의 이름과 선물을 전해야 했다. 혼자서 찾아가는 일은 매우 경솔한 행동이었다.

그런데 이 호향이라는 사람은 자기 아들인 듯한 어린아이 하나만 중개인 삼아 데려왔다. 공자의 제자들은 다들 이 사람을 접대해야 할지 말아야 할지 몰라 당황했다. 공자는 "그가 이미 여기까지 온 데다 나름대로 예의를 차린 듯하니 만나 보도록 하자. 아무튼 내 집에 들어온 이상은 내 손님이고, 그가 이 집을 나간 후에는 무엇을 하든 나와는 상관없는 일이다"라고 말했다.[22] 《논어》에는 공자가 그와 무슨 이야기를 했는지까지는 기록되어 있지 않지만, 아마도 대화는 어색하게 마무리되었을 것이다. 공자는 정신과 의사가 아니므로 그의 문제를 해결해 주지 못했을 터이니 말이다. 이는 공자가 겪은 황당한 경험 중 하나이다. 관직에 오른 후로 그는 별의별 사람과 사건을 접할 일이 많아졌다.

부유한 삶을 향유하다

대사구가 된 후로 공자의 마차와 말도 수준이 높아졌다. 어느 날 조정에서 퇴근하고 돌아온 공자는 집안의 마구간에 불이 났다는 이야기를 들었다. 그는 혹시나 다친 사람이 있는지부터 먼저 묻고, 말을 잃었는지는 묻지 않았다. 이 일화는 그가 재물인 말을 중시하지 않고 사람의 안전에 신경을 쓰는 '인'의 자세를 보여준

---

22 《논어·술이》: "호향은 다른 이들과 대화하기 어려웠다. 그가 어린아이를 데리고 찾아오자 제자들이 곤혹스러워했다. 공자가 말했다. '나는 사람이 진보하려 노력하는 것은 찬성하지만, 퇴보하는 것은 반대하는데, 어찌 그에게 심하게 대하겠느냐? 그가 의관을 정제하고 진보하기를 원한다면 응당 이에 찬성해야지, 그의 과거만 비판해서는 아니 된다.'"(互鄉難與言, 童子見, 門人惑. 子曰: '與其進也, 不與其退也, 唯何甚! 人潔己以進, 與其潔也, 不保其往也.') 이 대목의 의미에 대해서는 역대 주석가들의 의견이 각기 달랐다.

사례이기도 하지만, 이와 동시에 공자가 이미 어엿한 마구간을 갖췄으며 말도 여러 마리 있었음을 나타내기도 한다.[23]

공자는 본래 가난한 집 출신이었고, 하급 관리 일을 하면서 제자들을 가르치게 된 후로도 생활 수준이 그리 높았다고는 할 수 없었다. 그러나 관직에 오른 후로는 높은 대우를 받게 되어 생활 수준도 즉시 향상했고, 의식주와 교통도 중시하게 되었다.

그중에서도 음식에 대해서 가장 까다로웠다. 공자는 "사불염정, 회불염세食不厭精, 膾不厭細"라고 했는데, 이 말은 쌀은 도정할수록 좋고, 생선이나 고기는 얇게 썰수록 좋다는 뜻으로 상한선이 없이 최고로 좋은 음식을 찾았다는 의미이다. 공자는 생선이나 고기가 상하거나 맛이나 색깔이 변했으면 먹지 않았다. 이는 건강을 생각해서 그랬거니 하면 그래도 납득이 가는 부분이지만, 그다음부터는 좀 심한 감이 있다. 음식 솜씨가 좋지 않은 요리는 먹지 않았고, 생선이나 고기를 보기 좋게 썰지 않았어도 먹지 않았고, 양념장이 없어도 먹지 않았다. 공자는 아마도 어릴 때는 밥을 배불리 먹기 힘들어서 있으면 있는 대로 먹었을 터이지만, 일단 부유해지고 나자 좀 과하다 싶을 정도로 음식에 까다롭게 굴었다. 그 외에도 공자는 가게에서 사 온 술이나 고기는 전부 먹지 않았다. 이는 안전 문제 때문이기도 하지만, 신분에 맞는 품위를 지키기 위해서이기도 했다.[24]

음식을 먹는 방법에도 규칙이 있었다. 반드시 정해진 시간에 식사해야 했고, 식사할 때는 말하거나 얼굴을 찡그리거나 한탄해서도 안 되었다[당식불탄當食不歎].[25] 인류의 여러 민족이 모두 이렇

23 《논어·향당》: "마구간에 불이 났는데, 공자가 퇴조하여 '사람이 다쳤느냐?'라고 묻고 말에 관해서는 묻지 않았다."(廐焚. 子退朝, 曰: '傷人乎?' 不問馬.)
24 《논어·향당》: "밖에서 사 온 술과 고기는 먹지 않았다."(沽酒市脯不食.)
25 《예기·곡례상》

게 식사할 때 조용히 해야 한다는 전통을 가지고 있는데, 아마도
식량이 부족한 시대의 보편적인 습관이었던 듯하다. 즉, 밥을 먹
는 일을 신성한 일로 여기고, 밥을 먹을 때 마음대로 떠들면 하늘
이 내려 준 음식에 면목이 없다고 생각했다. 여러 종교의 식사 전
이나 후에 음식을 내려 준 신에게 감사하는 기도문이 존재하는
이유도 같은 이치이다. 공업 시대에 진입해 식량을 충분히 생산
하며 잉여 현상이 나타난 후에야 인류는 이러한 풍습을 점차 잊
게 되었다[사실 동물이 먹이를 지키고 타인의 접근을 막는 행위 역시
식량을 극도로 중시해서 나오는 행동이다].

  음식을 존중하는 공자의 습관은 한 가지 더 있는데, 성찬을 받
으면 반드시 "변색이작變色而作"[26], 즉 꿇어앉은 채로 엄숙한 표정
을 지으며 말없이 몸을 곧게 폈다. 잡곡과 채소로 된 그리 신경
쓰지 않은 식사라 할지라도 그는 공경의 뜻을 표했다.

  서주와 춘추 시대 귀족들은 '패옥佩玉', 즉 허리띠에 다는 옥으
로 된 장신구도 매우 중시했다. 이 장신구를 다는 주된 이유는 소
리가 나게 하기 위해서로, 길을 걷거나 마차에 오를 때 움직임에
따라 패옥이 서로 부딪쳐 딸랑딸랑 소리가 나면 아주 귀티가 나
며 고상해 보였다. 귀족은 하인들의 시중을 받아 옷을 입고 나면
우선 뭔가 빠진 것이 없는지 살펴보고, 그다음에는 몇 걸음 걸어
보며 패옥의 소리가 만족스러운지 들어 보았는데, 이를 '관옥성
觀玉聲'이라 했다. 이렇게 해서 문제가 없음을 확인한 후에야 집을
나섰다. 패옥은 환環(둥근 고리 모양), 결玦(한쪽이 뚫린 고리 모양),
황璜(반원형 혹은 호형) 등 여러 모양이 있었는데, 각기 다른 모양
의 패옥을 사용해 부딪치는 빈도와 음계, 음색 등이 각각 달라지
게 하는 등 대단히 중시했다.

26 《논어·향당》

듣기 좋은 소리가 나게 하려면 반드시 천천히 편안하게 행동하며 조심스럽게 움직여야 했다. 서두르며 조급하게 행동하면 패옥 소리도 어지러워졌다. 이렇게 패옥이 듣기 좋은 소리를 내도록 신경 쓰는 일 또한 신분을 드러내기 위해서였다. 신분이 높은 사람 여럿이 품이 넉넉한 옷을 입고 넓은 허리띠에 패옥을 걸어서 소리를 울리며 우아하고 여유 있게 걸어가면 더더욱 보기가 좋았다.

신분에 따라 패옥을 다는 규칙도 달랐다. 《예기·옥조玉藻》에는 이 방면의 여러 규칙이 기록되어 있는데, 천자는 검은 허리띠에 흰색 패옥을 달고, 제후는 붉은 허리띠에 '산현옥山玄玉'을 달며, 대부는 흰 허리띠에 '수창옥水蒼玉'을 달았다. 또한 공자의 패옥을 다는 습관도 기록되어 있다. 그는 패옥을 여러 개 가지고 있었으며, 그 외에도 지름이 5촌(약 12cm)쯤 되는 고리 모양의 상아에 여러 가지 색의 끈을 걸어 둔 장신구도 있었는데, 이것 역시 패옥과 함께 달아 소리를 내는 데 사용했다.

"군자는 이유 없이 패옥을 몸에서 떼지 않는다君子無故, 玉不去身." 패옥을 거는 일은 신분을 과시하는 행동이라 상황에 따라 삼가야 할 때도 있었다. 가령 상을 치르는 동안은 패옥을 달지 않았으며, 대신이 조정에 들 때나 사 계급이 상위 계급을 모실 때, 그리고 손아랫사람이 어른을 모실 때도 달지 않았다. 또한 치고받고 몸싸움을 할 때도 패옥을 달고 있으면 여유롭게 움직일 수 없어서 패옥을 허리띠 안으로 집어넣어 '결패結佩'를 했다. 당시에는 허리띠가 넓은 천으로 되어 있어서 이렇게 사용할 수 있었다.[27]

---

27 《예기·옥조》: "군주가 계실 때는 패옥을 달지 않는다. 결패를 할 때는 왼쪽으로 넣고 달 때는 오른쪽에 단다. 집에 있을 때는 패옥을 달며 조정에 나가면 결패한다."(君在不佩玉. 左結佩, 右設佩. 居則設佩, 朝則結佩.)

공자는 의복을 입을 때 일단 너무 화려하고 선명한 색 옷을 입지 않았으며, 여름에는 너무 얇거나 몸이 드러나는 옷은 입지 않았고, 겨울에는 털이 달린 외투를 입어도 바깥에서 털이 보이도록 하지 않았다. 그는 털이 드러나면 천해 보인다고 여겨 털옷 위에 천으로 된 겉옷을 입었는데, 검은 양가죽 옷에는 검은 겉옷을 입고, 흰 사슴 가죽옷에는 흰 겉옷을, 누런 여우 가죽옷에는 황토색 겉옷을 입는 식으로 반드시 안에 입은 가죽옷과 같은 색 겉옷을 입었다. 이 기록을 통해 관직에 오른 공자가 가죽 외투를 여러 벌 가지고 있었음을 알 수 있다. 제나라의 노승상 안영은 여우 가죽옷 한 벌을 30년이나 입고도 새 옷으로 바꾸지 않아 그 인색함이 열국에 널리 알려졌다고 한다. 그런데 공자는 관직에 오른 지 몇 년 지나지도 않아 의복과 음식을 안영보다도 훨씬 더 호화롭게 누렸다.

고대 사람들이 입던 겉옷은 소매가 매우 길었는데, 공자는 업무를 볼 때 붓을 들고 글을 쓰기 편하도록 오른쪽 소매를 좀 짧게 만들라고 요구하며 실용성을 강조했다. 군주의 궁전에 출근해 상조할 때는 정해진 예복[조복朝服]을 입어야 했으며, 재계할 때도 정해진 의복을 입어야 했다.

공자는 방석도 매우 중시했다. 당시에는 돗자리를 펴고 바닥에 꿇어앉았는데, 돗자리 위에 또 1인용 방석을 깔았다. 공자는 털이 부드럽고 편안하며 겨울에도 따뜻한 여우 가죽이나 담비 가죽 방석을 선호했다.

중화민국 시기의 학자 린위탕林語堂은 공자가 음식과 의복에 너무 까다롭게 군 나머지, 공자의 부인이 그 시중을 들기 힘들어 해 두 사람이 이혼했다고 주장했다. 공자가 만년에 부인과 이혼해 떨어져 살았던 일은 사실이다. 그러나 당시 귀족 저택에는 음

그림 5, 6 대사구 직책에 올랐던 당시 공자의 초상화 2종

두 초상화 모두 명, 청나라 시대 화가의 작품인데, 그림 5는 공자를 너무 포악하게 그렸다. 화가는 아마도 법관의 위엄을 표현하려 했던 듯한데, 너무 과해 도깨비처럼 되어 버렸다. 실제 공자의 모습은 아마 그림 6과 더 비슷할 것이다.

식과 의복 시중을 드는 하인이 따로 있어 부인이 직접 일할 필요
가 없었다. 공자가 관직에 오른 후에는 부인도 함께 부유한 삶을
누리게 되었다. 두 사람은 그전까지 가난한 생활도 함께해 왔으
니, 그들이 헤어진 이유가 공자가 까다롭게 굴었기 때문은 아니
다. 공자 부부가 어째서 갈라서게 되었는가에 관해서는 뒤에서
살펴본다.

공자에게 벼슬은 부유한 생활을 하기 위한 도구인 것만은 아
니었다. 벼슬을 하면서 그는 남에게 미움을 사거나, 수고만 하고
좋은 소리는 못 듣는 일들을 하기도 했다. 가장 중요한 일은 바로
삼환 가문의 권력 독점 문제를 해결하는 일이었는데, 이는 호랑
이에게 가죽을 달라고 하는 셈이나 마찬가지였다. 그러나 공자에
게도 자신만의 규칙과 방법이 있었고, 결국 그 나름의 실행 방안
을 내놓았다.

11 군주와 연맹을 맺을 가능성

외교 방향 전환에 성공한 후, 공자는 노나라의 내정도 정돈하고자 했다. 노나라에서 개혁이 꼭 필요한 가장 큰 문제는 당연히 삼환 과두들의 권력 독점 문제였다. 공자는 이미 노소공이 일으킨 내전과 양호가 일으킨 내전을 경험했다. 이 두 번의 내전은 모두 삼환 가문의 권력 독점 때문에 일어났고 그들의 제거가 목적이었지만, 결국 전부 실패했다. 게다가 공자는 그저 삼환 가문에게 발탁된 전문 경영인일 뿐이었다. 노소공이나 양호와는 달리 자기만의 정치 세력도 없었고, 무력으로 삼환 가문을 제거할 수도 없었다.

또한 공자는 전쟁을 좋아하지 않았다. 평화적인 개선을 추앙하는 공자는 삼환 가문이 스스로 특권의 일부를 포기해 군주에게 대권을 반환하기를 바랐다. 하지만 그들이 자신들의 특권을, 그것도 6~7세대에 걸쳐 백여 년 동안 세습되어 온 특권을 포기하게 하는 일은 매우 비현실적으로 보인다. 그렇다면 공자는 어디서부터 이 일에 착수했을까?

그가 찾아낸 착안점은 바로 삼환 가문의 군사력을 축소하게 해서 그들이 무장하고 할거하며 조정에 대항할 능력을 없애는 방법이었다. 이 작업의 첫 단계는 삼환 가문에게 봉읍에 세운 성벽을 헐어 버리라고 권유하는 일이었다. 계손씨 가문의 비성과 숙손씨 가문의 후성, 맹손씨 가문의 성성은 삼환 가문의 근거지로 도성인 곡부보다도 더 견고했다. 이 성곽들은 그들이 감히 군주를 무시할 수 있게 하는 기본적인 힘이기도 했다. 역사서에서

는 공자의 이 계획을 '타삼도墮三都'라 칭하고 있는데, '타墮'라는
글자는 '隳['휴'라고 읽는다]'라고도 쓰며 헐어 버린다는 의미이다.

'타삼도'를 성공시킬 패

이 정책은 공자가 54세 되던 해[노정공 12년, 기원전 498년], 그가
대사구가 된 지 3년째 되던 해에 발의했다. 그러나 삼환 가문 역
시 자신들의 이익을 고려할 터였다. 성벽을 허물어 스스로 무력
을 포기하는 일을 그들이 과연 받아들였을까?

공개적인 측면에서 공자는 성벽을 무너뜨린다면 삼환 가문이
군주에게 대항할 능력이 약해지기는 하지만, 이와 동시에 가신들
이 반란을 일으켜 삼환 가문을 위협하는 일 또한 방지할 수 있으
므로 정치 질서가 잡혀 있기만 하면 모든 이에게 득이 되는 일이
라고 설명할 수 있었다.

다른 한편으로 '타삼도'는 사실 정치적인 거래이기도 했다. 공
자는 자기의 패를 내놓는 대신, 삼환 가문이 양보하도록 만들려
고 했다. 그가 내놓은 패는 이러했다. 그 당시 계환자는 자신의
근거지인 비성을 제대로 통제하고 있지 못했다. 양호의 친우인
[그리고 4년 전에 공자를 끌어들이려 했던] 공산불뉴가 여전히 비성
을 점거하고 조정에 대항하고 있었다. 공자가 '타삼도' 정책을 제
시했던 취지에는 일단 계환자가 비성의 통제권을 탈환하도록 돕
겠다는 뜻도 담겨 있었다.

이는 공자의 퇴로를 끊는 일이기도 했다. 이 전략이 성공한다
면 그는 공산불뉴와 양호 일파와 완전히 관계가 틀어져 더는 중
립적인 입장에서 애매한 태도를 고수할 수 없는 처지가 된다. 그
러므로 '타삼도'는 삼환 가문의 세력을 약화하기 위한 조치였을
뿐 아니라, 공자가 마지막으로 목숨을 걸고 삼환 가문에 제안한

정치적인 협상 카드이기도 했다. 어쨌든 본질적으로 공자와 삼환 가문 모두 어느 정도 타협이 필요한 상황이기는 했다.

공자가 자신의 퇴로를 내놓고 그 대가로 얻으려던 바는 개인의 이익이 아니라 국가의 전체 질서 혹은 그 질서를 재건할 최소한의 가능성이었다. 만약 그가 자기 이익만을 고려하는 정치가였다면 분명히 세습할 수 있는 봉읍을 달라는 조건을 걸었을 것이다. 그러나 공자는 그렇게 하지 않았다. 그는 권모술수라는 수단을 통해 이상주의적인 목표를 이루고자 했다.

그리고 또 한 가지, 우리는 현대의 관점에서 춘추 시대의 '성벽'을 아주 웅장하다고 상상해서는 안 된다. 이 당시의 성벽은 명, 청나라 시대의 것처럼 회색 벽돌을 쌓아 세운 성벽이 아니었다. 발굴된 유적을 살펴보면 춘추 시대 열국의 성벽은 기본적으로 모두 황토를 쌓아 세웠으며, 벽의 바깥쪽을 돌이나 벽돌로 둘러싼 성벽도 극소수에 한했다. 흙으로만 쌓은 성벽은 허물기도 쉬워서 인부들을 불러 삽이나 곡괭이로 무너뜨리기만 하면 되었다.

공자가 '타삼도' 정책을 제안한 후에 처음으로 이 일을 시행한 사람은 숙손무숙이었다. 숙손씨 가문은 삼환 가문 내부에서 권력 서열이 두 번째였고, 숙손무숙은 공자와는 사적인 관계가 없었지만, 당시 아직 젊었던 그는 생각도 좀 단순한 편이었다. 또한 실제로 숙손무숙은 고충을 뼈저리게 느낀 적도 있었다. 바로 2년 전에 그의 근거지인 후성에서 가신이 반란을 일으켜 할거하는 사건이 발생했다. 당시 노나라 조정의 병사들이 몇 달 동안이나 성을 포위하고 공격했으나 점령할 수 없어, 진나라에 원군을 요청한 후에야 반란을 일으킨 가신을 쫓아낼 수 있었다. 따라서 그는 일단 공자의 말을 믿고 후성의 성벽을 헐어 버렸다. 이렇게 해서 공자의 정책은 성공의 첫걸음을 내디뎠다.

비성의 상황을 살펴보자. 이 소식을 들은 공산불뉴는 겉과 속이 다른 공구라는 놈에게 배신당했다고 생각했다. 조정의 군대가[계손씨 가문을 대신해] 금방이라도 비성으로 들이닥치면 가만히 앉아서 죽기를 기다리는 꼴이 된다고 여긴 그는 죽기 살기로 위험을 무릅쓰고 비성의 군사들을 이끌고 성을 나와 먼 길을 달려와서 곡부를 습격했다. 노나라 조정에서 미처 반응하기도 전에 반란군은 성안까지 쳐들어갔다. 공산불뉴의 최우선 목표는 군주인 노정공을 통제하는 것이었다. 일단 그런 다음에 노정공 주위의 간신들을 몰아내고 자신에게 반대하는 이들을 제거하려 했다.

권력의 핵심인 공자와 계환자, 숙손무숙, 맹의자 네 사람은 이때서야 진정으로 똘똘 뭉쳤다. 그들은 노정공을 모시고 계손씨 저택의 높은 누각 위로 피신해서 노정공을 몸으로 둘러싸 막고 섰다. 계손씨 저택으로 피신한 이유는 그곳이 군주의 궁전보다 더 견고해 수비하기 쉽고 공격하기는 어려웠기 때문이다. 비성의 군사들이 누각을 포위하고 공격해 노정공을 빼앗아 갈 뻔했으나, 다행히도 공자가 징발한 원군이 늦지 않게 도착해 비성 군사들을 물리치고 포위망을 풀었다.

이전에 노소공이 일으켰던 내전 및 양호의 반란과 마찬가지로 짧은 시가전 끝에 반란군은 곡부 밖으로 쫓겨났다. 조정의 군대는 이 기회를 틈타 반격해 비성을 점령했고, 공산불뉴를 비롯한 반란군은 국외로 도망쳤다. 양호가 일으킨 반란은 4~5년 동안이나 계속되다가 이때 완전히 종결되었다.

비성을 점령한 후에 공자의 수제자인 자로가 즉시 공자의 명령에 따라 비성의 성벽을 헐어 버렸다. 당시 자로는 계손씨 가문의 수석 대집사였으므로 계환자와 공자 사이의 소통을 맡아 일을 처리했고, 또한 실제 집행을 맡을 수도 있었다.

공산불뉴가 도망쳤기 때문에 비성의 집사[재] 자리가 비었는데, 자로는 즉시 후배인 고시高柴를 후임으로 임명했다. 이때 24세에 불과했던 고시는 키가 겨우 5척(현대의 단위로 환산하면 1m가 조금 넘는 정도이다)인 단신이었다. 게다가 공자 아래에서 공부한 지 얼마 되지 않아 학식을 거의 쌓지 못한 상태였다.

공자는 이 결정에 불만스러워하며 "고시는 나이가 젊고 경험도 없는데, 그런 이에게 이렇게 중요한 직위를 맡기다니 너는 그를 해하려는 것이 아니냐?"라고 자로를 나무랐다. 그러자 자로는 그 말에 승복하지 않고 "일을 하면서 배워 나갈 수도 있지 않겠습니까? 비성에는 백성이 있으니 정치를 배울 수 있고, 종묘사직이 있으니 제사와 의식을 배울 수 있을 것입니다. 반드시 책을 읽고 배운 후에야 벼슬을 할 필요는 없지 않습니까?"라고 말했다. 공자는 이 말에 매우 화를 내며 "나는 너처럼 말만 번지르르하게 잘하는 놈들이 싫다!"라고 말했다.[1]

사실 자로는 공자보다 현실적이었고 체면을 버릴 줄도 알았다. 게다가 자로가 재빨리 자기 수하의 사람을 높은 자리에 올렸기 때문에 공자가 역정을 내어 보아야 소용이 없었다. 고시는 어쨌든 비성의 재가 되어 비성을 다스렸고, 일을 제법 잘해냈다. 그 후로 고시는 줄곧 대선배인 자로의 오른팔로 가장 신임을 받는 후배가 되었다.

여기까지는 공자의 '타삼도' 전략이 매우 순조로운 듯 보인다. 숙손씨와 계손씨 가문이 모두 성벽을 헐었고, 이제는 공자의 옛

1 《논어·선진》: "자로가 자고를 비성의 재에 임명하자, 공자는 '남의 자식을 망치는구나'라 말했다. 자로가 '그곳에는 백성도 있고 사직도 있습니다. 어찌 책을 배운 후에야 배운 것이라 할 수 있겠습니까?'라 말하자 공자는 '이래서 내가 말 잘하는 이들을 싫어한다'라 했다."(子路使子羔爲費宰. 子曰: '賊夫人之子.' 子路曰: '有民人焉, 有社稷焉. 何必讀書, 然後爲學?' 子曰: '是故惡夫佞者.')

제자인 맹의자만 남아 있었다. 맹손씨 가문의 근거지인 성성은 지금의 산둥성 닝양寧陽현에 있었는데, 곡부로부터 서쪽으로 25㎞ 정도 떨어진 곳이었다.

노소공과 양호가 일으킨 내전을 겪으면서 두 번 다 결정적인 역할을 해냈던 맹의자는 꿍꿍이속이 있는 사람이었다. 공자가 시행하는 '타삼도' 정책에 대해 겉으로는 무척 지지하는 척했던 그는 몰래 자기 가문의 대집사와 의논해 대책을 세웠다. 이 대집사는 대단한 인물로 삼환 가문과 양호가 서로 싸우던 몇 년 동안 큰 역할을 해 왔다. 두 사람은 서로 짜고 공자에게 대항하기로 했다. 집사가 성성의 성벽을 허물기를 거부하고 반란을 일으키면 맹의자는 자신이 통제권을 잃어버린 척하는 계략이었다.

계손씨와 숙손씨, 공자, 그리고 노정공은 모두 성성에서 반란이 일어나 조정의 정책을 집행하지 않는 모습을 보고 매우 노여워했다. 노정공은 친히 군사를 이끌고 성성을 공격했지만, 맹의자가 그들의 머리 위에서 몰래 방해한 탓에 제대로 싸울 수도 없었다. 맹손씨 가문의 오랜 봉신 가문 출신인 공자 역시 차마 이 일을 끝까지 밀고 나가지 못하고 중간에서 흐지부지되어, 성성의 성벽은 결국 남아 있게 되었다.

이때 비성의 성벽은 반쯤 허문 후였지만, 이 역시도 마저 허물 수가 없게 되었다. 이미 헐어 버린 후성의 성벽도 나중에 전부 보수해 다시 세웠다. 이렇게 해서 '타삼도' 정책은 중도에서 멈추었고, 공자는 이미 퇴로를 잃었으나 성과는 전혀 얻지 못했다.

공자가 정책을 시행했다가 실패한 이 일은 또 다른 결과를 남겼는데, 바로 군주인 노정공이 공자에게 호감을 느끼게 되었다는 점이다. 삼환 가문이 공자에게 실망하기 시작한 시점에 그에 대한 노정공의 기대치는 반대로 점점 더 높아졌다.

군주의 야망

역사서에는 노정공이라는 인물에 관한 기록이 많지 않다. 그저 불우한 노소공의 동생으로 이름이 공자 송宋이라는 사실만을 알 수 있을 뿐이다. 역사서의 기록을 통해 추측해 보면 노정공의 나이는 공자와 비슷했던 듯 보이므로 이 당시 그도 50세가 좀 넘었을 터였다.

당당한 군주로서 노정공은 당연히 삼환 가문의 꼭두각시가 되고 싶지 않았다. 공자가 조정에 진출해 정치에 참여한 후로 늘 군주를 존중해야 한다고 주장하며 '타삼도' 정책을 시도하는 모습을 본 노정공은 공자가 하는 일들이 자신을 위해서임을 물론 잘 알고 있었다. 그는 공자와 관계를 맺고 싶었지만, 삼환 가문의 경계심을 사고 싶지는 않았다. 따라서 노정공은 공자와 어느 정도까지 협력할 수 있을지를 알아보기 위해 아주 신중하게 떠보는 수밖에는 없었다.

한번은 노정공이 공자에게 군신 관계에 대해 "군주가 대신을 지휘하고 대신이 군주를 섬기는 도리는 어떻게 실현해야 하오?"라고 질문한 적이 있었다. 그러자 공자는 "군주는 '예'라는 원칙으로써 대신을 다스려야 하며, 대신은 '충'의 마음을 품고 군주를 섬겨야 합니다"라고 대답했다.[2]

얼핏 보면 이 문답은 특별한 것 없이 평범해 보인다. 그러나 삼환 가문이 권력을 독점한 가운데 공자가 '타삼도' 정책을 시행하려 애썼던 역사적 배경 속에서 생각해 보면 이 이면의 깊은 뜻을 이해할 수 있다. 노정공이 드러낸 이상은 곧 자신이 대신들을

---

2 《논어·팔일》: "정공이 '군주가 신하를 부리고 신하가 군주를 섬기는 것은 어떻게 해야 하는가?'라고 묻자 공자는 '군주는 예로써 신하를 부리고, 신하는 충으로써 군주를 섬겨야 합니다'라 대답했다."(定公問: '君使臣, 臣事君, 如之何?' 孔子對曰: '君使臣以禮, 臣事君以忠.')

지휘하기에 충분한 권력을 가지고, 대신들도 마땅히 무조건 자신에게 복종하는 것이었다.

그러나 공자의 의견은 군주의 권력을 존중한다는 대전제하에 양쪽의 권리와 의무가 동등해야 함을 강조했으며, 군주 역시 무엇이든 뜻대로 해서는 안 되고 전통적인 예법 정신에 부합해 행동해야 한다고 보았다. 노나라의 상황에 대입해 보면, 군주는 대귀족의 존재를 존중해야 하며, 대귀족과 반목해 그들의 뿌리를 뽑아 버리려 해서는 안 된다는 의미였다.

더욱 노골적인 떠보기

또 한 번의 군신 간의 대화는 아마도 더 사적인 자리에서 있었던 듯하다. 외부인이 없는 자리에서 노정공은 더욱 대담하게 공자를 떠보았고, 대화의 내용도 더 길다.

이번에도 노정공이 먼저 "내가 듣기로는 '일언흥방一言興邦', 즉 한마디로 능히 국가를 흥성하게 할 수 있는 말이 있다고 하던데 사실이오?"라고 물었다. 이 말은 아무리 생각해도 무슨 뜻인지 쉽게 파악하기 힘들다. 당시의 상황에 비추어 보면 아마도 이 역시 군주와 삼환과의 관계를 암시하며 공자에게 둘 중 어느 편에 서 있는지 입장을 밝히라고 종용하는 말이었던 듯하다. 노정공이 보기에 나라를 흥하게興邦 할지 망하게喪邦 할지는 공자가 대답할 한마디 말에 달려 있었다.

어째서 이 말이 군신 관계를 암시한다고 보아야 할까? 공자의 대답을 보면 그 의미가 드러난다. 공자는 "그렇게 쉽게 말할 수 있는 것이 아닙니다. 속언에 '군주가 되기도 어렵고, 신하가 되기도 쉽지 않다'라는 말이 있습니다. 임금께서 군주 되는 이로서의 어려움을 이해하신다면 '일언흥방'에 가까워질 것입니다"라고 대답했다. 공자가 노정공에게 전하려 한 뜻은 군주라 할지라도 무엇이든 뜻대로 할 수 있기를 바라며 눈에 거슬리는 이를 전부 없애 버리려 해서는 안 된다는 의미였다. 군주와 신하가 서로 조금씩 참고 양보하며 상대방의 고충을 이해해야만 평화롭게 지낼 수 있다고 공자는 말하려 했다.

노정공은 여전히 만족하지 못하고 "내가 듣기로는 '일언상방一言喪邦', 즉 한마디로 능히 국가를 쇠망하게 할 수 있는 말이 있다고 하던데 사실이오?"라며 끝까지 캐물었다. 공자는 또다시 "그렇게 쉽게 말할 수 있는 것이 아닙니다. 속언에 '군주가 된다고 많은 것을 누릴 수 있지는 않지만, 그래도 내 말을 감히 아무도 거역하지 못하는 것을 보니 역시 기분이 좋더라'라는 말이 있습니다. 생각해 보십시오. 임금께서 당당한 군주로서 도리에 맞는 말씀을 하시어 이에 반대하는 신하가 없다면 그것은 당연히 좋은 일입니다. 그러나 만약 도리에 어긋나는 말씀을 하시는데도 아무도 감히 반대하지 못하고 일제히 그대로 따른다면, 그것이 바로 한마디 말로 나라를 쇠망하게 하는 것이 아니겠습니까?"라고 애매한 말로 대답했다.[3]

3 《논어·자로》: "정공이 '한마디로 나라를 흥하게 할 수 있는 말이 있다는데 사실이오?'라 묻자 공자가 '말이란 그럴 수 없습니다. 군주가 되기도 어렵고 신하가 되기도 쉽지 않다'라는 말이 있습니다. 군주로서의 어려움을 잘 안다면 한마디로 나라를 흥하게 하는 것에 가깝지 않겠습니까?'라 대답했다. 정공이 다시 '한마디로 나라를 망하게 할 수 있는 말이 있다는데 사실이오?'라 묻자 공자는 '말이란 그럴 수 없습니다. '나는 군주 노릇을 하며 즐거운 일이 없으나, 아무도 내 말에 거역하지 않는 것만은 즐겁다'라는 말이 있습니다. 옳은 말을 하여 아무도 거역하지 않는다면 이 역시 좋은 일이 아니겠습니까? 그러나 옳지 않은 말을 했는데도 누구도 거역하지 못한다면, 그것이 바로 한마디 말로 나라를 망하게 하는 것이 아니겠습니까?'라 대답했다."(定公問: '一言而可以興邦, 有諸?' 孔子對曰: 言不可以若是其幾也. 人之言曰: "爲君難, 爲臣不易." 如知爲君之難也, 不幾乎一言而興邦乎?' 曰: '一言而喪邦, 有諸?' 孔子對曰: '言不可以若是其幾也. 人之言曰: "予無樂乎爲君, 唯其言而莫予違也." 如其善而莫之違也, 不亦善乎? 如不善而莫之違也, 不幾乎一言而喪邦乎?')

이 말의 표면적인 의미는 무엇이든 마음대로 하려 하지 않고 도리에 맞는 말을 해야만 노정공 자신과 나라에 재난이 생기지 않는다는 뜻으로, 얼핏 듣기에는 이 역시 아주 평범한 도리로 보인다. 그러나 이 대화의 역사적 배경을 고려해 보면 노정공은 삼환 가문에게 조종당하는 꼭두각시에 불과해 명령을 내릴 만큼의 권위를 가지지 못했으므로, 좋은 일이든 나쁜 일이든 간에 노정공은 무슨 일이든 할 능력 자체가 없었다. 당시의 노나라는 애초에 그의 나라가 아니었다.

그렇다면 두 사람은 어째서 나라를 흥하게 하느니 망하게 하느니 하며 구구절절 떠들었을까? 노정공은 이때도 공자를 떠보려 했다. 그가 말한 '일언흥방'과 '일언상방'은 모두 주어가 없지만, 사실은 공자가 태도를 밝히기를 바랐다. 공자가 자신의 편에 선다면 협력해서 나라를 흥하게 할 수 있고, 이와 반대로 자신을 삼환 가문에게 팔아넘긴다면 나라가 망한다는 의미였다.

공자는 지난번과 마찬가지로 문제를 다시 노소공에게 넘기는 대답을 했다. 또한 군주가 너무 큰 권력을 가지고 모든 일을 마음대로 한다면 나라에 재난이 된다고 강조했다. 이는 공자가 노정공에게 보내는 경고이기도 했다. 형님인 노소공의 전철을 밟아 무력으로 삼환 가문을 제거하려 한다면 양쪽 모두에게 재난이 된다는 의미이다. 노정공이 만약 자기 마음대로 하려 한다면 이것이 유일한 결과이며, 다른 가능성은 존재하지 않았다.

그저 중재자로 남기를 바라다

역사서에 기록된 공자와 노정공의 대화를 통해 꼭두각시 노릇을 하고 싶지 않았던 노정공이 공자와 협력하려고 계속 노력하며 삼환 과두들과 결판을 낼 기회를 노리고 있었음을 알 수 있다. 좀 더 통속적으로 말하자면 노정공은 공자에게 '과인의 뜻을 받들어 도적을 소탕하라'라는 내용의 밀서를 넣어 꿰맨 허리띠를 내린 셈이었다.

공자는 이를 감히 받아들일 수 없었다. 그렇게 하는 것이 그의 정치적인 입장에 부합하지 않았기 때문이다. 공자는 귀족들과 과두, 그리고 군주라는 세 가지 세력 가운데에서 중재자의 역할을 하며 각각의 세력이 모두 질서에 따라 평화롭게 공존하기를 바랐을 뿐, 서로 공공연히 반목하며 싸우기를 바라지 않았다.

공자와 노정공의 관계는 미묘하고도 위험했다고 할 수 있다. 조금이라도 선을 넘었다가는 삼환 가문의 경계심을 사게 될 터였다. 후세 속담에 '군주를 모시는 것은 호랑이 옆에 있는 것과 같다'라는 말이 있다. 당시 공자에게 진정한 위험은 삼환 가문의 엄중한 경비 속에서 살아가는 이 군주를 모시는 일이었다.

관직에 있던 몇 년 사이에 공자는 이러한 선택을 몇 번이나 마주했다. 만약 그가 이렇게까지 신중하지 않고 눈앞의 이익에 급급한 성격이었다면, 그래서 노정공과 확고한 주종 관계[후세 사람들이 익숙한 표현을 쓰자면 '군신' 관계]를 맺어 함께 삼환 가문에 대적했다면, 성공할 기회가 아예 없지는 않았을지도 모른다. 그랬다면 노나라는 전국 시대 '변법'의 선구자가 되어 전국칠웅 중 한 나라가 되었을 수도 있다.

공자는 어째서 감히 노소공과 '협력'하려 하지 못했을까? 모험하고 싶지 않아서였을까? 공자는 담이 작은 겁쟁이가 아니었다. 이전에 양호와 협력해 반란파에 가담할 생각까지 한 적도 있었다. 나중에 열국을 주유하던 당시에 공자는 위험한 상황을 여러 차례 마주했지만, 그럴 때마다 그는 제자들보다도 훨씬 더 침착했다.

어쩌면 공자는 권력이 군주 한 사람에게만 집중될 때 또 다른 통제하기 어려운 국면, 즉 폭군이 전제 정치를 해서 천하에 해를 끼치는 상황이 발생할 수도 있다는 예감이 들었는지도 모른다. 공자의 시대에는 하夏나라의 마지막 왕인 걸桀왕과 상나라의 마지막 왕인 주紂왕이라는 폭군의 전형적인 사례가 존재했다. 사실 이는 비단 '폭군'이 일으킨 문제만이 아니라 그 이면에 또 다른 역사 문제가 숨어 있지만, 공자의 시대 사람들은 습관적으로 이를 폭군이 일으킨 문제라고 생각했다. 역으로 생각하면, 과두 공화제에서는 오히려 폭군이 악행을 저지를 가능성은 없었다.

《예기》를 보면 공자가 전제 독재의 위험에 관해 한 말이 있다. 그는 "만약 군주가 [중간 계급인 대부를 거치지 않고] 직접 사를 지휘하게 된다면, 그 나라의 정치는 전부 군주 한 사람의 자질에 의해 결정된다. 만약 군주가 도리를 거스르는 이라면 그가 통치하는 나라는 질서를 완전히 잃어버린 무도한 나라로 전락할 것이다.《시경》에는 '그 양심 없는 이가 하필 나의 군주가 되었구나!'라는 대목이 있는데, 이것이 바로 도리를 거스르고 독재를 자행하는 군주를 성토하는 내용이다"라고 말했다.[4] 공자의 머릿속에는 참고할 만한 역사적 사례가 가득 들어 있었다. 그는 마치 바둑을 두듯이 몇 수 앞을 내다보았고, 미래를 맹목적으로 낙관하지 않았다.

그러나 이러한 태도로 정치에 임해서는 아무런 공적도 세울

---

4 《예기·표기》: "공자가 말했다. '오직 천자만이 하늘로부터 명을 받고, 사는 군주로부터 명을 받는다. 그러므로 군주의 명령이 도리에 맞는다면 신하도 명령에 따를 것이며, 군주의 명령이 도리를 거스른다면 신하 역시 도리를 거스를 것이다.《시경》에 '까치는 짝을 지어 놓고 메추라기도 짝지어 나는데, 옳지 못한 그 이를 내가 임금으로 모셔야 하는가?'라 했다.'"(子曰: '唯天子受命於天, 士受命於君. 故君命順, 則臣有順命; 君命逆, 則臣有逆命.《詩》曰: "鵲之薑薑, 鶉之賁賁. 人之無良, 我以爲君."')

수 없고, 역사에 영향을 남길 수도 없다. 역사에 진정으로 큰 사건을 일으켜 발자취를 남긴 이들은 대부분 근시안적인 시각으로 촌각을 다투며 눈앞에 아주 작은 이익이나 공을 쌓을 기회만 보여도 곧장 소매를 걷어붙이고 나선 사람들이다. 이들은 결국 확실히 사회를 크게 개혁하기는 했으나 자신들 역시 희생되기도 했다. 후세의 상앙, 이사李斯, 진승과 오광, 유방과 항우 등이 바로 그런 인물들이다.

이러한 측면에서 보면 후세 사람들은 공자를 완전히 이해하고 있지 못하다. 후세 사람들은 그를 속세의 음식을 먹지 않는 전지전능한 성인으로 여기거나, 아니면 세상 물정을 전혀 모르는 책벌레라고 생각한다. 이 두 관점은 모두 정확하지 못하다.

공자의 제자들이 그와 노정공 사이의 대화를 기록해《논어》로 엮어낸 시기는 두 사람이 모두 사망한 후이다. 그때까지도 삼환 가문은 계속 노나라를 장악하고 있었으므로, 이 기록은 오히려 그들의 환심을 사기에 충분했다. 이 대화를 통해 알 수 있는 점은 어쨌든 군주가 공자를 끌어들이기 위해 유혹하는데도 그는 삼환 가문을 배반하지 않았다는 사실이니, 이후의 공문제자들에게 이 기록은 일종의 보호장치 역할을 했을 것이다.

득의양양한 권력가

정치에 참여한 지 2~3년이 지나자 공자는 정계 고위층 역할에 익숙해졌고, 그의 업무와 생활 역시 완전히 권력의 핵심에 녹아들었다. 《논어》에서 공자는 몇 번이나 자신의 생활을 가난한 시절에 사귄 벗들과 비교하며 자신이 많은 것을 얻었고, 또한 도덕적인 품성을 갖추고 있다고 말하고 있다.

공자는 "지위가 낮은 이들이 어떻게 나와 같이 관직에 올라서 군주를 모실 수가 있는가? 그들은 이해득실을 따지고 작은 이익에 일희일비할 줄만 알고, 이익을 위해 능히 무슨 짓이라도 할 사람들이다!"라며 불만을 표한 적이 있다.[5] 공자는 벼슬을 '사군事君', 즉 군주를 모시는 일이라고 표현했다. 물론 이는 명목상 하는 말이고, 사실상 그는 삼환 가문을 위해 일하고 있었다.

여기서 공자가 비난한 이들은 도대체 누구일까? 공자 본인이 높은 지위에 오르는 과정에서 덩달아 출세한 졸부들이 분명하다. 공자는 소귀족 가운데서 좀 특수한 상황에 속했기 때문에 가난한 친척과 제자가 아주 많았다. 그가 높은 관직에 오른 후로 몇몇 가난한 친척과 제자도 관직에 올라 돈을 벌 기회를 잡게 되었다. 그중에는 자로처럼 유능한 이도 있었지만, 권세와 이득만을 좇는 무능하고 부덕한 무리도 있었다. 이들은 명예와 이익을 위해 온갖 추태를 다 부리고, 심지어 공자의 이름을 내세워 재물을 긁어모으기도 했다. 이 때문에 공자는 이들을 심하게 비난했다.

《논어》를 보면 공자가 양호를 길에서 만나 대화한 내용 바로 다음에 공자의 이런 말이 이어진다. "사람의 성정은 서로 비슷하지만, 습관은 크게 다르다性相近也, 習相遠也"라는 말이다. '성性'은 성정, 즉 혈연을 통해 공통으로 물려받은 유전자를 말하며 '습習'은 개인이 선택하고 결정한 후천적인 습관을 말하는데, 이 때문에 가까운 친척이라 할지라도 전혀 다른 삶을 살 수도 있었다.

만약 공자가 본인의 경험을 통해 깨닫고 이 말을 했다면, 그와 혈연관계가 있는 사람으로는 단 두 명을 생각할 수 있다. 하나는 그의 이복형제로 의심되는 양호이다. 공자와 양호는 확실히 정치

5 《논어·양화》: "공자는 '비천한 이가 나와 함께 군주를 섬길 수가 있는가? 그는 얻지 못했을 때는 얻으려고 노심초사하고, 얻은 뒤에는 잃을까 걱정한다. 잃을 것을 진실로 걱정한다면 못 할 짓이 없게 될 것이다'라 말했다."(子曰: '鄙夫可與事君也與哉? 其未得之也, 患得之. 既得之, 患失之. 苟患失之, 無所不至矣.')

적인 입장과 행동 방식이 전혀 달랐다. 다른 한 가지 가능성은 바로 공자의 동복형인 맹피이지만, 이 인물은 공개적으로 기록될 만한 훌륭한 언행을 남기지 않았다. 만약 그가 남긴 언행이 있었다면 공문제자들이 분명히 기록했을 것이다.

그다음에 나오는 말이 바로 유명한 "오로지 가장 지혜로운 사람과 가장 어리석은 사람만이 자기 생각을 다른 곳으로 옮기지 않는다唯上知與下愚不移"라는 명언인데, 이 문장은 아무래도 동복형인 맹피에 대한 실망의 말로 보인다. 맹피는 귀족 혈통이 전혀 없는 완전한 '하[지위가 낮은 사람]'이므로, 그의 어리석음 역시 운명으로 정해져 있었다. 공자는 이렇게 서로 전혀 관계가 없는 두 형제 가운데에서 어색한 위치에 놓여 있었다.

도덕적으로 문제가 있는 졸부들 외에도 공자가 멸시한 부류가 하나 더 있었는데, 바로 불평할 줄만 알고 실제 업무는 전혀 할 줄 모르면서 고결한 척만 하는 일부 지식인이었다. 공자는 "더불어 공부할 수는 있으나 일할 수 없는 이들이 있고, 더불어 일할 수는 있으나 함께 벼슬을 할 수 없는 이들이 있으며, 더불어 벼슬할 수는 있으나 함께 변통할 수는 없는 이들이 있다可與共學, 未可與適道; 可與適道, 未可與立; 可與立, 未可與權"라고 말했다.

이는 공자가 인생을 통해 얻은 깨달음이었다. 공자는 인생에서 공부하다가 일하게 되고, 일하다가 관직에 오르게 되는 각각의 단계를 거치면서 마음이 통하는 친구가 점점 줄어든다고 느꼈다. 그가 관직에 오른 후로 '권權'을 매우 중시하게 되었기 때문이다. 이 '권'은 권력이 아니라 '권변權變(임기응변)'을 말한다. '통권달변通權達變'이라는 성어의 뜻은 정의로운 목표를 달성하기 위해 우회적인 방법을 쓸 수도 있다는 뜻으로, 소위 '곡선구국曲線救國', 즉 필요한 만큼만 타협하고 어느 정도는 도의적인 대가를 치

름으로써 사회의 각 방면에 모두 받아들여질 수 있게 하는 태도
를 말한다. 공자는 예전에 함께 수학하거나 혹은 함께 일했던 오
랜 벗 대부분이 너무 유치하여 관직에 올라 일하는 것의 정수를
모르고 통권달변의 중요성을 이해하지 못한다고 여겼다.

공자는 또 "싹이 난다고 전부 이삭이 달리는 것은 아니며, 이
삭이 달렸다 해도 전부 곡식이 열리는 것은 아니다"라고 한탄하
기도 했다.[6] 그가 농가 소년이었던 시절의 경험에 빗대어 아마도
학업에 뛰어났던 제자들이 벼슬에 오르지 못하는 상황을 표현한
말인 듯하다. 공자는 이들과 비교하면 자신은 권변을 잘 이해하
고 실무에 능하다고 생각했다.

종합해서 말하자면, 공자는 자신이 백면서생 혹은 직업 비평
가가 아니라 성실하고 성숙한 정치가라고 생각했다. 그는 제자들
에게 자신을 능가해 더 빨리 공을 세우라고 독촉하며, "젊은 후
학들을 두려워할 만하다고 하지 않느냐. 너희는 내 나이가 되면
분명히 나보다 더 성공해 있지 않겠느냐? 사람이 사오십 세에 이
르러서도 이름을 알리지 못했다면 헛되이 산 것이나 다름없다!"
라고 말하기도 했다.[7] 이러한 면은 공자가 권력가로서 가장 득의
양양했던 모습이었다.

---

6 《논어·자한》: "공자가 말했다. '더불어 공부할 수 있다 해도 반드시 함께 도를 향해
나아갈 수 있는 것은 아니고, 함께 도를 향해 나아간다 해도 반드시 함께 일을 이룰 수
있는 것은 아니며, 함께 일을 이룬다 해도 함께 변통할 수 있는 것은 아니다.'"(子曰:
'可與共學, 未可與適道; 可與適道, 未可與立; 可與立, 未可與權.') "공자가 말했다. '싹이
돋았으나 이삭이 달리지 않는 것도 있으며, 이삭이 달렸으나 열매를 맺지 않는 것도
있도다!'"(子曰: '苗而不秀者有矣夫! 秀而不實者有矣夫!')
7 《논어·자한》: "공자가 말했다. '후학들을 두려워할 만하다. 어찌하여 장래의 그들이
오늘의 우리만 못할 줄로 아는가? 사오십 세가 되어서도 명성을 얻지 못했다면 이 역
시 두려워할 것이 못 될 뿐이다.'"(子曰: '後生可畏, 焉知來者之不如今也? 四十, 五十而無
聞焉, 斯亦不足畏也已.')

12 정상에서 추락하다(56세)

공자는 56세 되던 해에 대사구로서 잠시 승상丞相직을 대행[유대사구행섭상사由大司寇行攝相事]하게 되어, 권력의 최상층에 도달했다. 노나라에는 본래 승상이나 재상이라는 관직명이 없었다. 이는 제나라에서 유입된 말이다. 대대로 노나라의 최고 자리[대사도]를 차지해 왔던 계손씨 가문이 어째서 공자에게 잠시 권한대행을 맡겼는지는 알 수 없다. 어쩌면 공자의 '타삼도' 정책이 중단되자 그에게 어느 정도 보상해 주어 서로 체면을 차리려는 생각에서 그랬는지도 모른다. 혹은 이해 여름에 노정공은 위나라에 가서 위령공, 제경공과 회견을 열어 진나라의 조간자와 전쟁하는 일에 관해 의논해야 했는데, 계환자가 노정공을 수행하느라 공자에게 자신의 권한을 대행하게 했을 수도 있다.

마침 노나라의 사회적 도의와 인심을 향상하기 위해 큰 사업을 벌이고자 했던 공자는 기회가 왔다고 여겼다. 《사기》에 의하면 공자가 권한대행을 맡은 지 얼마 지나지 않아 곡부에는 길에 물건이 떨어져 있어도 줍는 이가 없어졌고, 시장의 상인은 값을 속여 팔지 않게 되었으며, 남녀가 감히 서로 손을 잡고 길을 걷지 않게 되었다고 한다. 곡부를 방문한 열국의 사자도 업무 효율이 높아졌음을 확인했다고 한다.[1] 물론 이것들은 모두 일반적인 업

---

1 《사기·공자세가》: "국정을 맡은 지 석 달 만에 양과 돼지를 파는 상인들이 값을 속이지 않게 되었으며, 남녀가 길을 걸을 때 따로 떨어져서 걷게 되었고, 길에 떨어진 물건을 줍는 이도 없어졌다. 또한 사방에서 읍내로 온 손님들이 담당관에게 선물을 보내지 않고도 모두 원하는 것을 얻어 돌아갔다."(與聞國政三月, 粥羔豚者弗飾賈; 男女行者別於塗; 塗不拾遺; 四方之客至乎邑者不求有司, 皆予之以歸.)

무에 속한다.

《사기》에 의하면 공자가 권한대행을 맡아 처리한 일 중 정말로 큰 사건은 바로 소정묘少正卯를 죽인 일이었는데, 이 부분의 원문은 '주노대부난정자소정묘誅魯大夫亂政者少正卯'라고 되어 있다. 이 소정묘라는 인물의 죄명은 정치 질서를 어지럽힌 것이며, 그의 신분은 대부로 비교적 높은 등급의 귀족에 속했음을 알 수 있다.

의심스러운 '주소정묘' 사건

그러나 공자의 제자들이 엮은 《논어》와 《예기》에는 모두 소정묘를 죽인 일에 관한 기록이 없을 뿐만 아니라, 심지어 이 인물의 이름조차 등장하지 않는다. 이 사건이 처음 등장한 문헌은 전국 시대 후기에 쓴 《순자》이다. 이 책에 의하면 공자가 승상 대리를 맡은 지 7일째 되는 날에 명령을 내려 소정묘를 죽였으며, 그의 죄명에 대해서는 "이자는 도둑질과 같은 일반적인 죄를 범하지는 않았으나 매우 위험한 사상을 가지고 있다. 이자는 괴벽을 가지고서 확고하게 행동했으며, 거짓된 말을 하면서도 설득력이 있었고, 터무니없는 도리를 널리 섭렵하여 연구했다. 또한 여러 사람을 불러 모아 함께 시정에 관해 토론하기를 즐겼으니, 반란을 일으킬 가능성이 있어 사회에 큰 해를 끼칠 수 있으므로 죽이지 않을 수 없다!"라고 선포했다고 한다.[2]

순자가 기록한 바에 의하면 소정묘는 단순한 형사적 범죄를 저지른 것이 아니라 자기만의 정치 이론을 가지고 있었는데, 공자는 그의 사상을 이단으로 보아 정치사범으로 처형했다는 말이 된다. 사마천이 《사기》를 쓸 때도 《순자》의 내용을 참고했다.

이후 동한 시대의 유명한 학자 왕충은 《논형》에서 주소정묘

2 《순자·유좌宥坐》의 "공자위노섭상, 조칠일이주소정묘孔子爲魯攝相, 朝七日而誅少正卯" 부분.

사건을 더 구체적으로 묘사하고 있다. 그가 쓴 내용에 의하면, 공
자가 아직 관직에 오르기 전 곡부성에서 사숙을 열어 제자들을
가르치던 당시에 소정묘 역시 곡부에서 제자들을 모아 가르치며
공자에게 정면으로 맞섰는데, 공자의 수많은 제자를 끌어들여 소
위 '공자지문삼영삼허孔子之門三盈三虛', 즉 공문제자들이 몇 번이나
전부 빠져나가 소정묘에게 가서 공자를 충성스럽게 따르는 제자
는 오로지 안회밖에 남지 않았다고 한다.[3] 《논형》의 내용에 따르
면 소정묘는 사상적인 면에서 공자와 대립했을 뿐만 아니라 교
육 사업에서도 공자의 경쟁자였다는 말이 된다.

　동한 시대 이후로는 '공자의 주소정묘'가 아예 역사적인 전고
典故가 되어, 사람들은 이 말을 성인이라 할지라도 자비심만 가져
서는 안 되고 독할 때는 독하게 굴어야 한다는 뜻으로 사용했다.

　그런데 공자가 정말로 이러한 일을 했을까? 확실히 그랬다고
는 할 수 없다. 《순자》와 왕충의 《논형》에는 모두 소정묘가 사회
적으로 큰 영향력을 가진 반동파 학자로 묘사되어 있지만, 이는
역사적 사실과 전혀 부합하지 않는다. 그 첫 번째 이유는 공자가
생활했던 춘추 시대 때는 아직 전국 시대의 '백가쟁명'이 시작되
지 않아 학술이 번성하지 않았고, 학술 사이의 경쟁은 더더욱 없
었기 때문이다. 즉, 시대적인 특징에 부합하지 않는다.

　둘째로 만약 소정묘가 정말로 공자의 학설에 반대하는 사람이
었다면 그의 처형에서 끝나지 않고, 공문제자들이 계속해서 소정
묘의 학설을 비판해 철저하게 몰락시켰을 것이다. 실제로는 공자
와 그 제자들이 편찬한 《논어》와 《예기》 등의 모든 저서에 그의
학설은커녕 소정묘라는 인물조차 등장하지 않는다.

　셋째로 만약 소정묘라는 인물이 실제로 존재했고 수많은 제자

3 《논형·강서講瑞》의 "소정묘재노少正卯在魯" 부분.

가 있었다면, 그가 사형을 당한 후에 남은 제자들이 분명히 소정
묘의 저서와 사상을 널리 알렸을 것이다. 소정묘의 제자들이 노
나라에서 박해를 받았다 해도 진나라 등 외국으로 피난을 가기
가 그리 어려운 일은 아니었다. 하지만 그런 역사는 존재하지 않
는다. 공자의 시대에서 백여 년쯤 지난 후의 전국 시대 사상가인
장자는 곧잘 공자를 비난하며 공자 학술의 결점을 찾아 드러냈지
만, 장자의 저서에도 소정묘라는 인물은 언급되어 있지 않다.

　게다가 공자는 폭력을 좋아하지 않는 사람이었다. 공자가 은
퇴한 후에 계손씨 가문의 가주인 계강자[계환자의 아들]가 공자에
게 "저는 '무도無道'한 사람[도리를 어기는 무리]을 죽여 백성들을
선한 길로 이끌고자 하는데, 그렇게 해도 되겠습니까?"라고 물었
다. 그러자 공자는 "선생은 노나라의 집정관인데 굳이 사람을 죽
일 필요까지 있겠습니까? 선생이 한마음으로 바른 길을 걷기만
한다면 백성들은 선생을 보고 배울 것입니다. 선생은 바람과 같
고 백성들은 풀과 같으니, 그들은 선생에게 반발하지 못할 것입
니다. 이것이 바로 본보기가 가진 힘입니다"라고 대답했다.[4]

　위에 나열한 여러 근거를 종합해 보면, '공자의 주소정묘' 사
건은 사실이 아니라 전국 시대 후기의 학자들이 지어낸 이야기
인 듯 보인다. 순자의 시대에는 이미 '백가쟁명'이 매우 치열해져
학자들은 학술로써 서로 변론할 뿐만 아니라 인신공격까지 마다
하지 않을 정도가 되어 있었다. 특히 순자는 전국 시대 사상가 중

---

4 《논어·안연》: "계강자가 공자에게 정치에 대해 묻기를 '만약 무도한 자를 죽여 도리
　를 바로 세우고자 한다면 어떻습니까?'라 하자 공자는 '그대는 집권자인데 사람을 죽
　일 필요가 있겠습니까? 그대가 바른 행동을 한다면 백성들도 따를 것입니다. 군자의
　덕은 바람과 같고 소인의 덕은 풀과 같으니, 풀 위에 바람이 불면 반드시 쓰러질 것입
　니다'라 답했다."(季康子問政於孔子曰: '如殺無道, 以就有道, 何如?' 孔子對曰: '子爲政,
　焉用殺? 子欲善而民善矣. 君子之德風, 小人之德草. 草上之風, 必偃.')

에서도 상당한 세력을 가진 인물이라 국가 권력의 힘을 빌려 자신의 반대파를 공격할 기회를 호시탐탐 노렸다. 그러니 아마도 그가 상상력을 발휘해 소정묘라는 불운한 인물을 만들어내고, 이 인물을 통해 유가의 반대파는 모두 진압해야 하며 죽어 마땅하다고 말하려 했는지도 모른다.

'공자의 주소정묘'라는 사건의 진실성에 대해서는 후세의 학자들도 종종 의구심을 가졌다. 첸무錢穆는 이를 거짓이라 여겼기 때문에 그의 저서《공자전孔子傳》에는 이 사건이 빠져 있다.

물론 역사 자체는 매우 복잡하다. 널리 알려진 수많은 역사적 전고나 전설은 대부분 허구이지만, 그 속에는 아주 작은 사실적 요소가 들어 있고, 전해지는 과정에서 사람들은 계속 허구적인 요소를 더하곤 한다. 공자는 몇 년 동안이나 대사구를 맡아 사법 업무를 관장했고, 몇몇 사건에서는 귀족을 사형에 처한 적이 있었을 것이다. 이러한 사건들은 모두 단순한 형사 혹은 정치 사건으로 학술적, 사상적인 논쟁과는 관련이 없었을 것이다. 아마도 이러한 일들이 후세에 자질구레한 이야기로 전해져 내려와 전국 시대의 순자에게까지 전해졌고, 그에 의해 살이 붙어 학술상의 반대파를 진압한 사건으로 다시 탄생했는지도 모른다.

암류가 용솟음치다

공자가 승상 대리를 맡은 일에 대해 그의 제자들은 공자보다 더 냉정하게 반응했다. 이들 중에는 정계의 중하층에서 일하는 이가 많았으므로 주위든는 소식이 훨씬 많았기 때문이다. 몇몇 제자는 이미 이 권력의 환상 뒤에 위기가 숨어 있음을 예감하고 있었다. '새옹지마'라는 말처럼 이러한 행운 뒤에는 분명히 어떠한 함정이 도사리고 있기 마련이다.

《사기》에 의하면 공자는 막 승상 대리를 맡게 된 당시에 매우 기뻐해 희색이 만면했다고 한다. 그를 본 몇몇 제자는 스승의 표현이 과하다 여겨 완곡한 말로 "제가 듣기로 군자는 위험을 마주해도 두려워하지 않아야 하며, 행운을 대해도 기뻐하지 않아야 한다고 했습니다"라고 말했다. 그러자 공자는 "네 말도 일리가 있다만, 지금은 내가 이렇게 기분이 좋으니 부하들과 제자들도 잠시 긴장을 풀어도 되지 않겠느냐!"라고 대답했다.

《사기》에서는 공자에게 이렇게 말한 제자가 누구인지 밝히지 않았다. 그러나 공자가 권력의 최정상이라는 외로운 자리에 오르게 되었으니, 일단 거기서 떨어지면 아주 비참해질 수 있다는 점을 이 제자는 분명히 인식하고 있었다.

그렇다면 위기는 어느 쪽에서 시작되었을까? 일단 삼환 가문은 공자에게 점차 흥미를 잃어 가고 있었다. 이는 노나라 정계와 국제 관계 등 여러 방면에 영향을 미칠 수 있는 요소였다. 삼환 가문이 급히 공자를 발탁한 의도는 양호에게 대항하기 위한 타협이었다. 당시 삼환 가문은 인재가 부족하고 권력의 기초가 견고하지 않은 상황이라 공자라는 외부인의 지원을 받아 체면을 유지해야 했다. 그러나 5~6년이 지나고 나자 삼환 가문은 다시 상황을 통제하게 되었다. 가령 계환자는 '타삼도'를 기회로 삼아 자신의 근거지인 비성을 되찾았다. 이러한 면에서 공자는 이미 쓸모가 없어져 토사구팽을 당하게 될 가능성이 있었다.

삼환 가문이 공자에게 불만을 품은 두 번째 이유는 그가 관직에 오른 후로 그들을 위해 성심성의껏 일하지 않았기 때문이다. 공자의 정치 이념에 따르면 노나라의 최고 권위자는 군주인 노정공이지 삼환 가문이 아니었다. 공자가 시행한 '타삼도' 정책의 본질은 삼환 가문의 세력을 약화하는 것이었다. 그가 시행한 도덕 건설 및 정치 교화 사업 또한 겉보기에는 케케묵고 실용성이 떨어져 보이지만, 이 사업들의 본질은 모두 군주의 권위를 높이자는 취지였고, 장기적으로 보면 삼환 가문에 불리한 일들이었다. 게다가 노소공은 공자에게 기대를 걸고 있어 그를 떠보며 자기편으로 끌어들일 기회를 호시탐탐 노렸는데, 이 소식을 들은 삼환 가문은 분명히 크게 걱정했을 것이다.

공자가 삼환 가문의 총애를 잃은 세 번째 원인은 국제 정세의 변화였다. 양호는 이미 삼환 가문에 위협이 아니게 되었으므로 공자도 자연히 쓸모가 없어졌다.

진나라의 과두인 조간자가 양호를 받아들여 노나라는 진나라를 적대시하게 되었고, 공자가 관직에 오른 이후에 우선 제나라와 화친을 맺고 위나라와 정나라까지 끌어들여 '동방 반진 연맹'을 형성했다는 이야기는 앞에서 한 바 있다. 이는 물론 공자가 삼환 가문을 위해 해낸 큰 사업이었다.

그런데 공자가 승상 대리를 맡기 바로 얼마 전에 진나라에서는 내전이 일어나 6대 과두 가문이 서로 싸우기 시작했다. 조간자 쪽은 네 가문이 같은 편이었는데, 그들이 진나라 조정을 장악한 정통 세력인 셈이었다. 그들의 적은 범씨와 중행中行씨로 이 두 과두 가문이 반란 세력을 형성했다. '동방 반진 연맹'의 네 나라는 모두 기세등등한 조간자를 반대했으므로 당연히 반란파인 범씨와 중행씨 쪽을 지지했다. 게다가 범헌자는 삼환 가문의 은인이기도 했다. 일찍이 노소공이 제나라로 쫓겨났을 때 진나라의 군대를 이끌고 문제를 해결하러 온 범헌자는 계평자에게 뇌물을 받고 삼환 가문의 죄를 추궁하지 않았다.

진나라의 내전이 국제 전쟁으로 번진 일은 공자에게 어떠한 영향을 미쳤을까? 어떻게 생각해도 공자의 존재가 더 중요해질 것처럼 보인다. 노나라가 외교 방향을 크게 전환한 일은 어쨌든 공자가 이룬 성과이므로, 그는 당연히 일등 공신이었다.

그러나 사실은 전혀 반대로 일단 노나라가 진나라와 전쟁을 시작하자 공자는 쓸모가 없어졌다. 삼환 가문이 가장 걱정했던 일은 바로 공자 혹은 노정공이 양호와 연합해 삼환에 반기를 드는 상황이었기 때문이다. 진나라와의 전쟁이 시작되자 노정공 역시 삼환 가문의 통제하에 전쟁에 친히 참전해야 했다. 진나라와 조간자 세력에 반대하는 입장이 노나라 전체의 국가적 의지가 되었으므로, 이제 감히 양호와 연합할 생각을 하는 이는 없었다. 이 시점에 와서는 모든 이가 한배를 탄 운명이 되었다.

즉, 공자를 끌어들여 양호에게 대항해야 했던 국제 환경이 변화했기 때문에 삼환 가문이 고려했던 공자의 가장 큰 효용은 이미 사라져 버렸다. 소위 '토사구팽, 조진궁장'이 바로 56세의 공자가 처한 상황이었다.

그뿐만 아니라, 공자의 세력을 뿌리 뽑자고 주장하는 이들도 있었다. 역사서에는 이 반대 세력이 누구인지는 기록되어 있지 않다. 그러나 공자와 그 제자들이 몇 년 동안이나 관직에 올라 있으면서 아무래도 어느 정도는 귀족들의 이익을 점유해 다른 이들이 승진할 길을 막아 버렸으므로, 누군가는 앙심을 품었으리라고 추측해 볼 수 있다. 삼환 가문이 공자에 대한 보호를 중단하거나 혹은 어떤 암시를 보낸다면, 이들은 즉시 공자와 그 제자들을 향해 공격을 시작할 터였다. 실제로 이 싸움은 매우 급속하고도 격렬하게 시작되어, 분쟁이 일어나자마자 서로 목숨을 걸고 싸우는 상황으로 번졌다.

최초의 갈등은 공문제자 내부에서 발생했다. 같은 편 안에서 싸우기 시작했던 것이다. 사실 이는 귀족 정치라는 환경 속에서는 매우 정상적인 일이었다. 당시의 정치권이란 곧 서로 잘 아는 사람들의 무리였기 때문에 같은 가문에 속한 친척 내지는 부자지간이나 형제 사이까지도 적으로 변할 수 있었다. 사제지간이나 동문 사이가 적이 되는 경우는 별일도 아니었다.

공자의 수제자인 자로는 당시 계환자 가문의 대집사라는 중요한 지위에 올라 권력을 장악하고 있었다. 그런데 누군가 계환자에게 자로가 계손씨 가문에 불충한 마음을 품고 제2의 양호가 되려 하는 경향이 보인다고 몰래 고자질했다. 《논어》의 기록에 의하면, 자로를 몰래 고발한 이는 공자의 제자 중 그리 유명하지 않은 공백료公伯寮였다고 한다. 그의 이름에 '공公'이라는 글자가 들어간 이유는 공자가 생활하던 춘추 시대 말기에 노나라에서 유행했던 풍조 때문이다. 당시 노나라에서는 군주의 후손이 시조인 가문의 씨 첫 글자에 '공'을 붙였다. 공백료 역시 노나라 군주 가문의 먼 친척에 속했다.

관직에 올라 있던 공자의 수많은 제자 가운데 한 사람이 공백료가 배신했다는 소식을 듣고 급히 공자에게 보고했다. 이 제자는 자복경백子服景伯이었는데, 자복은 그의 씨이고 경백은 시호이며 이름은 자복하子服何로 맹손씨 가문의 방계에 속했다. 공자의 만년 때부터 그가 사망한 후에 이르기까지 자복경백은 매우 높은 관직에 올라 노나라의 외교 업무를 주관하며 중대한 외교 사건에 여러 차례 관여했다.

자복경백은 공자에게 "계손씨 가문의 가주가 공백료의 말을 믿는다면 자로가 불리해집니다. 하지만 지금 제가 이 방면의 일을 맡고 있으니, 먼저 손을 써서 공백료를 법에 따라 처벌해 사형을 내릴 수 있습니다"라고 몰래 고했다. 그는 사법권을 가지고 있었을 뿐 아니라 공백료를 처벌할 직접적인 증거도 확보했기에

아주 자신이 있었던 듯하다. 그러나 공자는 대수롭지 않다는 태
도로 "나의 정치 사업이 성공할지 말지는 하늘이 정해 주는 것으
로, 세간의 범인은 영향을 미칠 수 없다. 고작 공백료 따위가 하
늘의 뜻을 바꿀 수 있겠느냐?"라고 말했다.[5]

　　이 대화에서 공자가 보여준 모습은 소인과 실랑이하기를 원치
않는 대범한 대인의 성격으로 '주소정묘'를 통해 묘사된 모습과
는 전혀 다르다. 그러나 이 기록을 통해 공백료가 단순히 자로에
게만 원한을 품지 않았고, 공자의 정치 사업 자체를 반대하고 있
었음을 알 수 있다. 역시 이는 공백료 혼자서 걸어온 싸움이 아니
라, 그의 배후에 작지 않은 세력이 숨어 있었다는 의미이다.

　　공자가 이러한 태도로 나왔기 때문에 공백료는 처벌을 받지
않았고, 자로에 대한 공격 역시 일단은 별 성과를 내지 못했다.
그러나 공자의 적들은 그대로 얌전히 있지만은 않았다.

감옥에 갇힌 제자들

《논어·공야장》편에 등장하는 공자의 어록 두 가지는 더욱 슬픈
사건, 즉 그의 두 제자가 재판을 받고 감옥에 갇힌 일에 관해 언
급하고 있다.

　　첫 번째로 감옥에 갇힌 제자는 공야장公冶長이라는 이였다. 공
자는 이 제자에 대해 "공야장은 가히 내 딸을 시집보낼 만한 제
자이다. 비록 옥에 갇혔다고는 하나 그는 죄를 짓지 않은 무고한

---

5 《논어·헌문》: "공백료가 계손씨에게 자로를 모함했다. 자복경백이 공자에게 '계손
씨가 공백료의 말에 미혹되고 있으나, 제 힘으로 공백료를 죽여 그 시체를 시정에 내
걸 수 있습니다'라 고했다. 그러자 공자는 '도가 행해지는 것도 하늘의 뜻이요, 도가
사라지는 것 또한 하늘이 정한 뜻인데 공백료가 그 뜻을 어찌할 수 있겠느냐?'라 대답
했다."(公伯寮愬子路於季孫. 子服景伯以告, 曰: '夫子固有惑志於公伯寮, 吾力猶能肆諸市
朝.' 子曰: '道之將行也與, 命也; 道之將廢也與, 命也. 公伯寮其如命何!')

사람이다"라고 평했다. 말뿐만이 아니라 공자는 나중에 정말로
공야장을 사위로 삼았다.[6]

두 번째로 감옥에 갇힌 제자는 남용이었는데, 공자는 자신의
질녀, 즉 형의 딸을 이 남용과 혼인시키며 그에 대해 "만약 나라
에 질서가 바로 서 있다면 남용이 그저 묻혀 있지만은 않을 것이
며, 만약 나라에 질서가 없다 해도 최소한 사형에 처하지는 않을
것이다"라고 평했다.[7] 물론 이 말의 중점은 뒷문장에 있다. 남용
은 재판을 통해 사형 판결을 받을 위기에 처하기는 했지만, 다행
히도 화를 면했다.

남용이 재판을 받은 일과 공자의 질녀와 혼인한 일은《논어·
선진》편에도 기록되어 있는데, 남용이 〈백규白圭〉라는 시를 여러
번 거듭해 외우자, 이를 본 공자가 자신의 질녀를 남용에게 시집
보냈다는 내용이다.[8] 백규는 바로 백옥白玉을 뜻하는데,《시경》에
나오는 어느 시에서 유래한 말이다. 남용이 사형을 벗어나 무죄
로 석방되도록 해 주었으니 매우 신비한 시인 듯하다. 도대체 어
떠한 내용일까?

이 시는 6백여 자에 달하는 아주 긴 시인데, 대체로 귀족들에
게 각종 정치 문제를 신중하게 처리하며, 도덕을 준수하고, 가정
과 가문을 잘 관리하며, 자신의 정치적 책임을 게을리하지 말라
고 경고하는 내용이다. 이 시에서 '백규'와 관련이 있는 부분은

6 《논어·공야장》: "공자는 공야장에 대해 '사위로 삼을 만한 이다. 비록 갇혀 있으나
그의 죄가 아니다'라 하며 자신의 딸을 그에게 시집보냈다."(子謂公冶長, '可妻也. 雖在
縲絏之中, 非其罪也.' 以其子妻之.)

7 《논어·공야장》: "공자는 남용에 대해 '나라에 도리가 바로 서 있다면 그는 버림받지
않을 것이고, 도리가 없다 해도 그는 사형을 면할 것이다'라 평하며 형의 딸을 그에게
시집보냈다."(子謂南容, '邦有道, 不廢; 邦無道, 免於刑戮.' 以其兄之子妻之.)

8 《논어·선진》: "남용이 〈백규〉를 세 번 반복해 외우자 공자가 형의 딸을 그에게 시집
보냈다."(南容三複白圭, 孔子以其兄之子妻之.)

단 네 구절, 열여섯 자에 불과한데, '흰 옥에 묻은 티는 갈아서 없애 버릴 수 있으나, 사람이 잘못된 말을 하면 평생의 오점이 되어 영원히 씻어 버릴 수 없다白圭之玷, 尙可磨也. 斯言之玷, 不可爲也'이다.[9]

남용은 고발을 당해 고문을 받고 심지어 사형에 처하겠다는 위협을 받으면서도 그저 이 몇 마디 말밖에는 하지 않았다. 그를 체포해 심문한 이는 남용의 입을 열게 해서 증거를 모아 공자를 타도하려 했으나, 남용은 때려죽여도 아무 말도 하지 않겠다는 자세로 일관했다. 결국 어찌할 도리가 없어진 적들은 그를 풀어 주는 수밖에 없었다.

공야장은 남용보다 더 큰 피해를 보았다. 아마도 그는 남용만큼 총명하지 못해 어떻게든 자신은 죄가 없다고 항변하려 한 듯한데, 말이 많으면 실수하기 쉬운 법이다. 그는 결국 약점을 잡혀 옥에 갇히고 말았다.

공자는 거리낄 것 없이 깨끗하고 올바른 인물이지만, 그의 제자들까지 흠잡을 곳 없는 인물들이었다고는 할 수 없다. 앞에서 말했듯이 공자와 그 제자들이 관직에 올라 있던 몇 년 사이에 꽤 여러 명의 제자가 이 기회를 틈타 횡령하거나 거짓으로 재산을 수령하는 등 탐욕스러운 행동을 했다. 염유가 공서적의 어머니에게 보상으로 양식을 열 배나 많이 보낸 일도 유사한 사례이다. 이러한 약점들은 공자의 적들이 아주 쉽게 노릴 만했다.

또 한 가지 보충해 둘 점이 있다. 후세의 몇몇 학자는 남용이 공자가 일찍이 귀족 가문의 가정교사 일을 할 때 가르쳤던 제자인 남궁경숙, 즉 맹의자의 동복형제라고 보았는데, 이는 틀린 주장이다. 남용의 성명에 관한 정보는 《예기》에 더욱 상세히 기록되어 있어 그와 남궁경숙이 동일 인물이 아니라는 사실을 명확

9 《시경·대아·억抑》

히 알 수 있다. 또한 남궁경숙은 지위가 매우 높은 대귀족으로 재판을 받았다는 역사적 기록도 없으며, 공자가 그와 인척 관계를 맺을 자격 역시 없었다.

이 사건을 통해 공자가 위험을 두려워하지 않는 담대한 성격이었다는 점 또한 알 수 있다. 담이 작은 정치가라면 같은 편 사람들이 공격받는 순간에 당장 그들과 선을 그어 자신을 보호하려 하거나, 혹은 한 발 나아가 그들의 죄를 더 고발하여 자신의 깨끗함을 증명하려 할 것이다. 공자는 혼자서만 혐의를 피하려 하지 않았을 뿐만 아니라 그들과 인척 관계까지 맺었다.

그랬기 때문에 나중에 공자가 관직을 잃고 오랫동안 열국을 주유하는 동안에도 제자들은 여전히 그를 따랐다. 힘들고 고생스럽고 심지어 위험을 무릅써야 했는데도 제자들의 무리는 흩어지지 않고 오히려 갈수록 더 늘어났는데, 이는 대단히 드문 일이다. 이처럼 굳게 뭉쳐 고생을 견뎠던 스승과 제자들 무리는 그들 이전에도 이후에도 없었다[전국 시대의 묵자와 그 제자들이 유일한 또 다른 예이지만, 묵자에 관한 기록은 거의 남아 있지 않아 자세한 사정을 알 수 없다]. 이러한 점은 공자의 개성과 밀접한 관련이 있다. 요즘 식으로 말하자면, 공자는 행정에 뛰어난 관료는 아니었지만, 정당의 대표로는 자격을 지닌 인물이었다고 할 수 있다.

또 한 가지 주의할 점이라면, 공야장과 남용은 각각 공자의 사위와 조카사위로 매우 가까운 친인척 사이가 되었으나, 두 사람 모두 공자의 제자 가운데 그리 유명한 이들이 아니어서 관련 기록이 매우 적다. 공자가 관직을 잃고 열국을 주유하던 당시의 일을 기록한 여러 사료를 살펴보아도 공야장과 남용이 수행했다는 기록은 찾을 수 없다. 아마도 그들은 각자 공자의 딸과 질녀를 아내로 맞이한 후로 공자를 따라 떠돌아다니지 않고 성실하게 가

정을 지키며 살아갔던 듯하다. 두 사람 모두 이미 정치적으로 문
제가 된 적이 있었기 때문에 공적인 정치 활동을 포기할 수밖에
없었으며, 공자 집단과도 거리를 유지해야 서로에게 좋은 일이었
기에 그렇게 했을 것이다.

《논어》에는 남용이 한 말이 기록되어 있는데, 그는 "후예后羿
와 같이 재능 있는 큰 인물들은 모두 제명에 죽지 못했고, 겸손하
게 농사를 지었던 우 임금과 후직后稷은 결국 천하를 손에 넣었습
니다"라고 말했다. 공자는 그 자리에서 그의 말에 동의하지는 않
았으나, 남용이 자리를 뜬 후에 "바로 이것이 덕망 높은 군자의
태도이니라!"라고 그를 칭찬했다.[10] 남용의 이 말을 통해 그가 이
미 의식적으로 정치와 거리를 두고 있었으며, 공자가 그의 이러
한 태도를 좋게 보았음을 알 수 있다. 이는 분명히 남용이 공자의
질녀와 혼인한 이후의 일일 것이다.

공자 본인은 정치 활동에 힘을 쏟았으나 그 사업에 자신의 가
족이나 친척을 끌어들이지 않으려고 최대한 노력했다. 그의 아
들인 공리 역시 공자의 정치 활동과 관련된 적이 없으며, 심지어
집안을 관리하고 회계를 담당한 일조차 없다. 공자가 관직에 올
랐을 당시에 공리는 이미 30세가 넘었을 테니 본래대로라면 활
동하기에 알맞은 나이였는데도 그러했다. 의심받을 행동을 하지
않으려는 공자의 이러한 심리는 춘추 시대의 관례에는 부합하지
않고, 오히려 상당히 현대적인 면이 있다.

10 《논어·헌문》: "남궁괄이 공자에게 '예는 활쏘기에 능했고 오는 육지에서 배를 움
직일 수 있을 만큼 힘이 세었으나 모두 제명에 죽지 못했습니다. 그런데 우 임금과 후
직은 몸소 농사를 지었는데도 천하를 손에 넣었습니다'라 물었다. 공자는 대답을 하지
않다가 남궁괄이 자리를 뜬 후에야 '남궁괄은 군자로다! 덕을 숭상하는 이구나!'라 말
했다."(南宮適問於孔子曰: '羿善射, 奡盪舟, 俱不得其死然; 禹稷躬稼, 而有天下.' 夫子不答,
南宮適出. 子曰: '君子哉若人! 尙德哉若人!')

처량하게 관직에서 물러나다

사실상 계환자는 공자 반대파의 행동을 암묵적으로 눈감아 주고 있었다. 그러나 소동이 어느 정도 커진 후로는 삼환 가문도 공자를 계속 쓸지 말지에 관해 최종적인 결정을 내려야 했다. 두 파벌의 싸움은 이미 해결할 수 없는 지경에 이르러 반드시 어느 한쪽이 물러나야 끝이 날 터였다.

하필 또 공자는 아주 고지식한 인물이라 분쟁이 이 지경에 이르렀는데도 눈치 있게 먼저 자리에서 물러나려 하지 않았다. 공자는 자신이 삼환 가문이 아니라 군주와 노나라를 위해 일하고 있다고 생각했기에, 삼환 가문이 사사로운 이익을 위해 자신을 쫓아낼 수는 없다고 믿고 있었다. 따라서 계환자는 좀 더 신경을 써서 공자와의 사이가 완전히 틀어지지 않는 선에서 그를 몰아내야 했다.

후세인 황권 시대의 규율에 따르면 명령과 법률은 신속하고 엄정하게 집행해야 하며, 걸핏하면 온 집안을 처벌하고 구족을 멸하곤 했다. 《한서漢書》와 같은 역사서를 보면 그 잔혹함을 잘 알 수 있다. 그러나 귀족 과두제 정치는 이와 달라서 분쟁은 빙빙 돌리며 미적지근하고 끈질기게 이어졌으며, 싸운다고 하더라도 극단적으로 나가 끝장을 보는 일은 거의 없었다.

이때 마침 제경공이 노소공에게 최고로 아름다운 미녀들로만 구성한 무용단을 보냈다. 계환자는 노정공을 모시고 교외로 나가 이 무용단의 무용을 보고 즐긴다는 핑계로 공자가 군주를 만나지 못하게 했고, 따라서 조정도 업무를 쉬게 되었다.

계환자 아래에서 대집사를 맡고 있던 자로는 그의 속셈을 공자에게 알려주며 "스승님은 아무래도 계속 일하시기 힘들 것 같으니, 외국으로 나가 환경을 좀 바꿔 보시면 어떻겠습니까[《사기》

의 원문은 '夫子可以行矣'라고 되어 있다]?"라고 말했다. 즉, 자로는 공자에게 스스로 사직하고 노나라 정계를 조용히 떠나 잠깐 외국에서 지내라고 권했다.

공자는 여전히 고집을 부리며 관직을 내놓지 않으려 했다. 그러자 결국 계환자는 냉정한 방법을 써서 공자가 일없이 놀게 만들며 그를 전혀 상대하지 않았다. 가령 노나라 조정에서는 하늘에 제사를 지내는 의식을 치렀는데, 이 의식이 끝나면 관례에 따라 제사에 올린 고기를 나누어 고관 신분을 가진 대신들의 집에 보내 주었다. 그런데 이번에는 공자가 며칠이나 기다렸는데도 그가 응당 받아야 할 몫의 고기를 받지 못했다. 분명히 계환자가 분배를 맡은 담당자에게 보내지 말라고 했기 때문이었다. 이는 공자의 체면을 크게 깎는 일이었다. 이대로 가다가는 그에게 녹봉조차 주지 않아 더 큰 치욕을 겪도록 만들 터였다.

공자는 대충 핑계를 대고 사직하는 수밖에 없었다. 명목상으로는 스스로 물러났지만, 사실상 삼환 가문에게 아주 구차하게 노나라 정계에서 쫓겨난 셈이었다. 공자가 승상 대리라는 권력의 정점에 서 있었던 기간은 불과 3개월이었고, 관직에 올랐을 때부터 계산하면 공자는 약 6년 동안 정치가의 삶을 살았다.

한순간에 관직을 빼앗긴 공자는 아무런 직책도 맡지 못하게 되었다. 대사구 직책을 맡은 후로 그는 사 계급보다 한 단계 높은 대부라는 상류 귀족 계층에 속해 있었다. 당시에는 조정의 고관을 맡았던 이라면 전부 암묵적으로 대부 계층이라고 여기는 관례가 있었다. 그러나 자세히 뜯어보면 공자에게는 세습이 가능한 봉읍이 없었으므로 관직을 잃고 나자 수입원도 사라졌다. 따라서 그의 신분은 진정한 의미의 대부라고는 볼 수 없었다. 그리고 이 대부라는 신분도 공자가 어렸을 때 공씨 가문에 입적되어 얻은 사 계급과 마찬가지로 그리 떳떳하지는 않았기 때문에 곧잘 그의 신분을 의심하거나 무시하는 이들이 있었다. 귀족 사회 속에서 그는 줄곧 별난 인물에 속했다.

관직을 맡고 있던 공자의 제자들, 가령 유명한 자로나 자공 등은 공자와 함께 해직되지는 않았지만, 그들 역시 머지않아 잇따라 관직을 잃었다. 따라서 그들은 서서히 공자의 주위에 다시 모여들었다.

한 가지 보충할 점이 있다. 제경공이 미녀들을 보낸 일에 관해 《사기》에서는 공자가 정권을 장악해 노나라를 강대하게 만들어 제나라를 위협할까 봐 두려워한 제경공이 고의로 이간책을 썼다고 말하고 있는데, 이는 좀 과한 해석이다. 노련한 제경공은 공자를 안중에 두지도 않았을 것이다. 공자가 펼친 정책은 기껏해야 사상 교육에나 좀 도움이 되었을 뿐, 부국강병과는 거리가 멀었다. 노나라의 실권을 진정으로 장악하고 있는 이들은 계환자를 위시한 삼환 가문이었으며, 공자는 그저 구색 맞추기에 불과했음은 누구나 아는 사실이었다.

실패한 정치가여서 더욱 훌륭한

공자가 보낸 몇 년간의 정치 인생은 성공이라고 보기는 힘들다. 마치 노나라의 정계를 스쳐 지나가는 과객의 역할로 정해져 있기라도 한 듯, 정계에서 쫓겨났을 때 그는 아무런 이익도 손에 붙잡고 있지 못했다. 그러나 우리가 모든 일이 지난 후라서 아는 것들을 전부 내려놓고 공자의 입장에서 당시의 환경을 생각해 보자. 그가 만약 세속적인 의미의 성공만을 이루고자 했다면 충분히 다른 길을 갈 수 있었다. 사실 그에게는 언제나 선택할 기회가 있었다. 예를 들어 공자가 자신이 지녔던 이상적인 정치 이념을 포기하고 현실 이익에만 관심을 두며, 모든 면에서 삼환 가문에 충성하고 그들의 정치적 대변인 역할을 성실히 수행해 그들과 함께 노정공을 조종했다면 그는 노나라 정계에서 높은 위치를 계속 유지할 수 있었다.

공자는 학자이므로 이론을 수립하는 데 가장 능했다. 이 점은 그가 삼환 가문에게 내비칠 수 있는 가장 큰 효용이었다. 그는 과두 공화제와 집단지도체제의 역사적 합법성을 논증할 수 있었다. 가장 높은 지위를 가진 대귀족이야말로 주례의 진정한 대표자였다. 이러한 대귀족의 선례로는 주공이 있었고, 이를 공자가 처해 있던 상황으로 치환하면 바로 삼환 가문의 수장인 계환자였다. 삼환 가문에게 가장 부족했기 때문에 가장 필요했던 부분은 이러한 이론적인 뒷받침이었다.

노나라에서 공자의 이점은 한 가지 더 있다. 그는 외국에서 온 성이 다른 귀족이므로 노나라의 제후 가문과 통혼할 수 있었다. '사람은 신분이 귀해지면 벗을 바꾸고, 부유해지면 아내를 바꾼다'라는 말처럼 만약 그가 본래의 아내를 버리고 계손씨 가문의 여성을 새 부인으로 맞았다면, 그리고 이미 장성한 아들과 딸 역시 삼환 가문과 혼례를 올려 복잡하게 얽힌 친인척 관계를 맺었다면, 그의 가문은 확고하게 노나라의 상류층 반열에 올라 어쩌면 삼환 다음으로 제4의 정치 과두 가문이 되었을지도 모른다.

공자도 이러한 이치를 모르지 않았다. 오십이 넘은 나이에 노나라의 상류층에서 여러 해 동안 경험을 쌓은 그는 이 사회의 규칙을 잘 알고 있었다. 그러나 그는 그렇게 하지 않았고, 자신의 이상, 소위 '도'를 위해 수많은 개인적인 이익을 포기했다.

이처럼 공자는 '유소불위有所不爲'하는 사람이었다. 그래서 권력의 장에서 자신의 최종적인 성공을 실현하지 않았고, 그랬기에 보통 사람들이 보기에 가장 성공한 인물인 왕후장상이 될 수 없었다. 이것이야말로 공자가 정말로 위대한 점이자 그가 지닌 진정한 역사적 의의이다. 그가 후세에 남긴 바는 세속적인 의미에서의 성공이 아니라 개인의 도덕과 사회적 업적을 동시에 고려해 둘 사이의 타협점을 찾고, 또한 양쪽 모두에서 그 한계선을 넘어서지 않으려는 태도였다.

자로에 관해서도 한마디 덧붙일 만하다. 예전 사람들은 모두 자로를 《수호전》에 나오는 이규李逵처럼 거칠지만 아주 성실한 무인으로 평했는데, 사실 그에게는 그런 면만 있지는 않았으며, 공자 역시 자로를 그렇게 보지 않았다. 공자는 자로에 대해 '천승지국千乘之國', 즉 천 대의 전차를 가진 나라를 다스릴 만한 인물이라고 평했다. 천 대의 전차를 보유할 정도라면 춘추 시대 초기에는 가장 큰 대국이었을 것이며, 춘추 시대 후기라 해도 노나라나 위나라 정도로 규모가 상당히 큰 나라에 해당한다.

공자가 재상 자리에서 물러나 사직한 이 일의 배후에는 매우 음험한 투쟁이 숨어 있었으며, 공자에 대한 삼환 가문의 실망과 불만 역시 존재했다. 이 과정에서 공자를 위해 가장 많은 일을 한 사람은 자로였다. 그가 맡았던 계손씨 가문의 수석 대집사라는 직책은 치열한 분쟁의 한가운데에 있는 자리로, 남의 미움을 사지 않기조차 아주 힘든 일이었다. 그러나 그는 분쟁에 휘말리지 않았기에 계환자는 그에게 대집사 자리를 그대로 맡겼다. 이는 매우 뛰어난 두뇌와 수완이 있어야만 가능한 일이었다.

그러나 자로는 늘 속셈을 품고 있기도 했으며, 생사가 걸린 고비를 마주하면 쉽게 충동적인 행동을 하려 했다. 역사 무대에서 그의 등장과 퇴장은 모두 실제로 이규와 다소 비슷한 부분이 있는데, 바로 이 이미지가 후세 사람들에게 보편적으로 남게 되었다.

제나라에서 위나라로

관직에서 물러난 공자는 외국에 나가기로 했다. 아마도 한순간에
완전히 바뀐 생활에 단시간에 적응하기 힘들기도 했고, 남들에게
손가락질당하며 이야깃거리가 되고 싶지 않기도 해서 나라 밖으
로 좀 나가 있으려는 생각이었던 듯하다.

그는 제나라로 가기로 했다. 40세 이전에 제나라에서 몇 년간
살았던 적이 있으니 이해가 가는 선택이다. 대사구의 자리를 맡
고 있었던 최근 몇 년 동안에도 그는 제나라와 관계가 제법 괜찮
은 편이었다. 공자와 잘 아는 사이인 제경공이 여전히 제나라의
군주 자리에 있기도 했다.

여기서 역사서의 오류를 하나 고치도록 하자. 《사기·공자세
가》의 기록에 따르면 공자는 관직을 잃은 후에 곧장 위나라로 갔
다고 하며, 제나라에 관해서는 언급하지 않고 있다. 그러나 《사
기》에 기록된 공자의 일생은 순서가 다소 뒤섞여 있다는 점을 이
책의 초반에 이미 설명한 바 있다. 관직에서 물러난 공자가 처음
으로 간 곳은 제나라이지만, 사마천은 이 부분을 공자가 30여 세
때 제나라로 갔던 당시의 내용에 더해 버렸다. 여기서는 이 부분
을 다시 불러와 공자가 막 관직에서 물러난 56세 때에 배치하기
로 한다.

어째서 다른 시점이 아니라 바로 이 시점에 배치해야 할까?
《사기》의 이 부분에 제경공이 어느 기준에 맞춰 공자를 접대할
지 고민했다는 내용이 들어가 있기 때문이다. 공자의 옛 제자이
자 삼환 가문 내에서 서열 3위인 맹의자를 접대하는 기준에 맞춘
다면 아무래도 조금 낮은 듯하고, 삼환 가문의 서열 1위인 계환
자와 같은 기준으로 접대한다면 또 너무 높은 듯했다는 것이다.
따라서 제경공은 계환자보다는 낮고 맹의자보다는 높은 기준에

따라 공자에게 숙식을 제공하기로 했다. 맹의자와 계환자는 본래 모두 공자보다 높은 관직에 있었던 이들이다. 그러나 공자는 바로 직전까지 3개월 동안 승상 대리를 맡았으므로 분명히 맹의자보다는 조금 더 높은 위치에 있었다. 제경공이 이러한 식으로 계산한 것을 보면 이 일의 시간대가 아주 명확해진다.

물론 이 당시 공자는 관직에 있지 않았으므로 신분보다 높은 대우를 받은 편이었다. 그러나 제나라에는 본래부터 제나라에 의탁해 온 외국 귀족을 후하게 접대하는 전통이 있었다. 그렇다 해도 만약 이 일이 공자가 30여 세 때 일어났다면, 당시 그는 아무런 관직도 없는 보통의 사 계급이었으므로 삼환 가문과 같은 국빈 대우를 받는 일은 전혀 상상할 수 없다. 따라서 우리는 《사기》의 내용에 대해 어느 정도 경각심을 가지고, 필요에 따라 내용을 분석해 오류를 수정해야 한다.

공자가 제나라로 간 것은 계속해서 벼슬을 할 기회를 찾기 위해서였다. 그는 이미 관직에 올라 일하는 생활에 너무 익숙해져서 갑자기 관직을 잃게 되자 적응하기가 힘들었다. 춘추 시대 관례에 의하면 대귀족은 외국에 가서 일할 수도 있었으며, 선례도 매우 많았다.

그러나 공자는 상황을 너무 낙관적으로 보았다. 제경공은 공자를 아주 후하게 대접하기는 했지만, 그를 실질적인 관직에 임명할 생각은 없었다. 그 이유는 첫째로 공자는 노나라에 튼튼한 기반이 없어 제나라에서도 큰 효용이 없었기 때문이다. 게다가 그는 삼환 가문과 사이가 벌어져 관직을 잃고 제나라에 왔기 때문에 만약 그를 크게 중용한다면 분명히 양국 관계에 문제가 생길 터였다.

둘째로 공자가 주장한 '군군신신'의 정치 이념도 제나라에서 시행할 수 없었다. 당시 제경공은 군주가 된 지 이미 50년이 넘었는데, 그는 초반부터 세력이 그리 크지 않고 자신의 말에 비교적 잘 따르는 귀족들을 육성했다. 역사가 오래된 가문인 국國씨와 고씨, 그리고 외국에서 온 성이 다른 진陳씨 가문 등은 모두 공손하고 온순한 편이었다. 그러나 제경공의 만년에 이르자 그들은 매우 강대한 세력이 되어 서로 복잡하게 뒤얽히면서 적지 않은 원한을 품게 된 동시에 외부인을 심하게 배척했다. 이들 귀족 가문은 공자가 노나라에서 시행했던 군주를 존중하는 규칙과 타삼도 정책이 모두 자신들에게 불리하다는 사실을 알고 있었기 때문에 공자가 제나라에서 득세하는 상황을 용인할 수 없었다.

이때 제나라의 노승상 안영은 이미 세상을 떠난 후였다. 그의 생전에 공자는 그를 그다지 좋아하지 않았지만, 이 당시에는 오히려 좀 그리워했다. 아마도 관원들의 사회를 경험하고 나니 군주와 신하들 사이를 중재해야 했던 안영의 고충을 이해하게 되었던 듯하다. 안영은 성격이 대범하고 익살스러운 면이 있으며 거들먹거리지 않았는데, 열국의 귀족 사회에서는 아주 보기 드문 인물이었다. 공자는 "안영은 사람을 사귀는 데 능한데, 처음에는 그가 별것 아닌 인물 같았지만, 그와 오래 알고 지낼수록 그를 점점 더 존경하게 된다"라고 말했다.[11]

제나라에서 벼슬을 할 가능성이 없음을 알게 된 공자는 그곳을 떠나기로 했다. 《사기》에는 이때 공자가 제나라를 떠난 이유가 제나라에서 그를 접대한 기준이 아주 높지 않아서, 즉 그가 계손씨보다 낮은 대우를 받아서 불만을 품었기 때문이라고 기록되어 있다. 이는 당연히 틀린 의견이다. 공자가 감히 삼환 가문의

11 《논어·공야장》: "공자가 말했다. '안평은 사람을 사귀는 데 능하여, 그를 오래 알수록 더욱 존경하게 된다.'"(子曰: '晏平仲善與人交, 久而敬之.')

수장인 계환자보다 더 높은 대우를 바랐을 리가 없다. 그는 자신의 능력을 발휘할 자리를 찾지 못했기에 떠났다.

공자는 위衛나라에 가서 자리를 찾아보기로 했다. 그 이유는 최근 몇 년 동안 노나라와 위나라의 관계가 좋은 편이었기 때문이다. 또한 그가 대사구 자리를 맡고 있던 몇 년 동안 많은 친척과 제자가 관직에 올라 부유해졌을 뿐만 아니라 혹자는 집안과 가산을 모두 외국으로 옮겨 가기도 했는데, 특히 노나라 서쪽에 있는 이웃 나라인 위나라로 간 이가 많았다. 가령 자로의 손위 처남인 안탁추도 이 당시에 위나라에 살고 있었는데, 그 사이에 많은 부를 쌓아 예전의 그 안씨 집안 촌놈이 아니었다.

물론 이 모든 상황을 공자가 시킨 일이라고는 할 수 없다. 그가 모든 일을 알고 있었을 리도 없고, 알았다 하더라도 그들을 통제할 수가 없었다. 지금 그가 위나라로 가서 벼슬자리를 알아보려 하는데 마침 그곳에 그를 맞이할 사람이 있다는 사실은 그저 소 뒷걸음에 쥐 잡은 격이었다.

제나라는 노나라와 관계가 밀접하며 교류도 많은 나라였다. 그러나 공자는 위나라를 정식으로 방문해 본 적이 없었으므로, 위나라로 가는 것은 미지의 세계를 탐험하는 일이었다. 공자는 20여 년 전에 남궁경숙을 수행해 낙양으로 갈 때 위나라를 지나간 적이 있었지만, 위나라의 정계 인물들과 교류하지는 못했다. 이번에 가면 어떠한 좋은 기회가 그를 기다리고 있을지 알 수 없는 일이었다.

맹인들의 정보망

제나라에서 위나라로 가려면 그의 고향인 노나라를 지나가야 했다. 공자는 그 김에 집안 일을 좀 처리한 후 위나라로 출발했다.

삼환 가문은 공자가 퇴직한 후로도 그가 불만을 품고 뭔가 삼환 가문에 불리한 일을 하지는 않는지 주시하며 방비하고 있었다. 공자가 위나라를 향해 출발할 때 계환자는 맹인 궁정악사인 사기師己라는 이를 보내 그를 배웅하게 했다. '사'는 악사를 뜻하는데, 이는 직업을 씨로 사용한 경우에 속한다.

공자를 동정하고 있던 사기는 그에게 "선생은 관직에서 물러나기는 했지만, 일을 아주 잘했기에 노나라 사람들은 다들 선생을 그리워하고 있습니다"라고 말했다. 이 말에 감동한 공자는 즉흥적으로 노래를 지어 사기의 반주에 맞춰 직접 노래를 불렀다. 노래의 가사는 대략 이러했다. "저 여인의 말이 사람을 쫓아내고, 저 여인의 행동이 일을 망치는구나. 되었다. 나는 그저 유유자적 돌아다니며 만년을 누리리라!"[12]

두 사람은 하루 동안 길을 가다가 그날 밤 함께 묵었다. 사기는 다음 날에 작별을 고하고 돌아갔다. 사기는 돌아가자마자 계환자에게 공자의 언행을 사실대로 보고했다. 그러자 계환자는 "참으로 고지식한 이로다. 그는 정말로 내가 여인 때문에 그리했다고 생각하는구나!"라고 탄식했다.

공자는 아주 쉽게 고루한 서생처럼 굴 수 있었다. 이는 사회와 대중의 기대에 부합하는 일이기도 했다. 그는 계환자가 여인 때문에 자신을 쫓아내지 않았다는 사실을 당연히 알고 있었지만, 사기는 계환자의 명을 받고 자신을 떠보기 위해 온 사람이 분명했기에 그의 앞에서 함부로 말할 수가 없었다.

계환자가 어째서 자신의 눈과 귀 역할을 할 인물로 맹인을 선

12 《사기·공자세가》: "공자가 '내가 노래를 해도 되겠소?'라 하더니 '저 여인의 입이 사람을 내쫓고, 저 여인의 행동이 나라를 망치는구나. 나는 유유자적 돌아다니며 만년을 보내리라!'라고 노래를 불렀다."(孔子曰: '吾歌可夫?' 歌曰: '彼婦之口, 可以出走; 彼婦之謁, 可以死敗. 蓋優哉遊哉, 維以卒歲!')

택했는가는 매우 흥미로운 문제이다. 이는 '눈이 밝은' 사람들은 전혀 이해할 수 없는 정보망이 온 열국에 숨어 있었기 때문이다.

춘추 시대의 왕실과 각 제후국의 조정에는 반드시 궁정악단을 두어 조정의 의식 및 제사 의식 때 음악을 연주하도록 했다. 이 궁정악사들은 모두 맹인이었는데, 맹인이 음감과 기억력이 뛰어나며 음악적 재능이 있기 때문이었다. 이는 서주와 춘추 시대에 통용되던 관례이기도 했는데, 그 기원은 아마도 더 오래됐을 것이다. 어쩌면 초기 인류 사회에서 업무를 구분하는 과정 중에 자연스럽게 그렇게 되었는지도 모른다.

조정의 의식 때 연주하는 음악은 '아악雅樂'이라 했는데, 사용하는 악기와 곡조가 매우 복잡하며 악단의 규모도 상당히 커서 민간 혹은 귀족의 사가에서 고용한 작은 악단과는 비교할 수도 없었다. 여기서 문제가 하나 생긴다. 맹인이라 할지라도 아주 전문적이며 장기적인 학습과 수련을 거쳐야만 자격을 갖춘 궁정악사가 될 수 있었다. 이 수련 과정은 매우 큰일이라, 일개 제후국에서 할 수 있을 만한 일이 아니었다.

현대 상황과 비교해 보자. 현재 중국의 음악대학 수는 매우 적어서 한 성省당 한 곳도 채 되지 않는다. 춘추 시대 중원 제후국의 면적은 대략 현재의 지급시地級市(중국의 제2급 지방행정단위로 성마다 대체로 10~15개의 지급시로 나뉜다) 한두 개 정도였으며, 인구는 현재의 100분의 1 이하였다. 이렇게 작은 범위 내에서 맹인을 선발해 악사로 훈련시키는 일은 불가능에 가까웠다. 따라서 각 제후국의 궁정악단들이 긴밀하게 연락하며 서로 인원을 교류하고, '악사 연합 훈련반' 등을 조직할 필요가 있었다.

《논어·미자微子》 편에는 태사지太師摯, 아반간亞飯干 등 여덟 명의 궁정악사가 각각 제, 초, 채, 진秦, 하, 한, 해海, 일곱 나라로 일자리를 찾으러 갔다고 기록되어 있다. 이 여덟 사람은 본래 같은 악단에 속해 있었거나, 혹은 함께 훈련을 받았던 것으로 보이며, 뿔뿔이 흩어진 후로도 서로 연락을 주고받았다. 이러한 내용이 《논어》에 적혀 있다는 것은 공자가 이들의 동향을 잘 알고 있었다는 의미이다.

궁정악사들은 국가 최고 권력의 중심부에서 일했기 때문에 상층부의 정치 동향에 관한 소식을 아주 쉽게 접할 수 있었다. 각 제후국 조정에서 일하는 맹인 악사들은 전부 사제지간 혹은 동문 관계였는데, 그들은 무슨 소식을 들으면 곧 그 소식이 필요한 곳으로 전달하곤 했다. 이렇게 해서 화하 세계 전체를 연결하며 심지어 몇몇 야만족 나라에까지 뻗어 있는 정보망을 형성했다.

계환자는 공자가 외국으로 나간 후에 위협적인 거동을 하지는 않을까 걱정되어 맹인 악사 한 사람을 매수해 그를 염탐했고, 따라서 외국의 악사 조직도 자연히 이를 따라 움직여 각 나라에서 공자의 동태를 알려주었다.

그러나 공자도 보통 사람은 아니었다. 그는 대사구 자리를 맡아 정치와 법률 업무를 주관하면서 연합과 분열, 이간과 포섭 등의 국제적인 움직임을 보아 왔으므로 이러한 일을 모르지 않았다. 따라서 그는 열국을 주유할 때 반드시 적극적으로 그 나라 악사들을 사귀고 그들에게 음악을 배우곤 했다. 예전의 학자들은 공자의 이러한 행동을 통해 그가 음악을 좋아하며 불치하문不恥下問하는 자세를 지니고 있었다고만 알았지만, 사실 이것은 한쪽 면에 불과하다. 공자는 적극적으로 악사들과 좋은 관계를 유지해 자신에게 불리한 소식이 전해지는 일을 최소화하는 동시에 자신에게 필요한 소식을 탐문하려 했다.

《사기·공자세가》를 보면 공자가 맹인 악사들과 사귀기 시작한 시기가 그가 제나라의 고소자 저택에서 일하던 30여 세 때였음을 알 수 있다. 이때 공자는 제나라 궁정악단의 '태사太師'를 스승으로 모시고 악기를 연주하는 법을 배웠는데, 이 '태사'는 아마도 궁정악단의 단장이었던 듯하다. 당시 공자는 노소공의 망명 조정을 쫓아 제나라로 갔으면서도 노나라에 있는 삼환 가문이 자신에게 해코지하지는 않을까 걱정해 제나라의 맹인 악사와 좋은 관계를 맺으려 했다.

《논어·위령공》편에는 공자가 맹인 악사를 어떻게 대접했는지 기록되어 있는데, 이를 보면 공자가 그들과 구체적으로 어떻게 교류했고 얼마나 존중했는지를 알 수 있다. 공자는 연회를 주최하면서 '면冕'이라는 이름의 맹인 악사를 초청했다. 그가 연회장의 계단 앞까지 걸어오자 공자는 "앞에 계단이 있습니다!"라고 알려주었다. 연회장에 깔린 돗자리 앞까지 가자 공자는 또 "돗자리 앞까지 왔습니다!"라고 알려주었다. 악사와 손님들이 모두 자리에 앉고 나자 공자는 악사에게 그의 왼쪽과 오른쪽, 그리고 앞쪽에 앉은 손님들이 누구인지를 말해주었다. 악사는 맹인이라 직접 볼 수 없으므로 연회의 주인이 손님들을 소개해 주어야 했다. 연회가 끝나자 공자는 이 악사를 문밖까지 배웅해 주었다. 자장子張이라는 제자가 공자에게 "이것이 맹인 악사들과 대화하는 방법입니까?"라고 묻자 공자는 "그렇다. 말뿐만 아니라 행동으로도 그들을 도와주어야 한다"라고 대답했다.[13]

13 《논어·위령공》: "악사 면이 공자를 만나러 왔다. 계단 앞에 이르자 공자는 '계단이 있습니다'라 말했다. 돗자리에 이르자 공자는 '돗자리 앞까지 왔습니다'라 말했다. 모든 이가 자리에 앉자 공자는 악사에게 '아무개는 이쪽에 있고 아무개는 저쪽에 있습니다'라 알려주었다. 악사 면이 나간 후에 자장이 공자에게 '이것이 악사와 이야기하는 방법입니까?'라 묻자 공자는 '그렇다. 이것이 악사를 돕는 방법이다'라 대답했다."(師冕見, 及階, 子曰: '階也.' 及席, 子曰: '席也.' 皆坐, 子告之曰: '某在斯, 某在斯.' 師冕出. 子張問曰: '與師言之道與?' 子曰: '然. 固相師之道也.')

공자는 솔선수범해서 제자들에게 사회생활에 필요한 기술을 전수해 주었다. 물론 맹인 악사들의 정보망을 이용하려는 목적 외에도 공자가 이들에게 보여준 존중 역시 배울 만한 점이다.

필자의 고향은 허베이성 바오딩保定이다. 그곳에는 맹인이 점쟁이 노릇을 하는 전통이 있었는데, 이 맹인들 역시 고유의 전승 체계와 연락망이 있었다. 고향 사람들이 기억하는 바에 의하면 '문화대혁명' 이전에는 허베이 지역의 맹인들이 몇 년에 한 번씩 모이는 관례가 있었다고 한다. 사방 몇백 리 내지는 이웃한 성의 맹인 점쟁이들까지도 모두 참가했는데, 그들이 모여서 무엇을 하는지, 그리고 집회 시간과 장소를 어떻게 결정하며 모임 소식을 어떻게 전하는지에 대해 외부인들은[심지어 이들 맹인의 가족들까지도] 알 수 없었다. 현재의 사회학 및 인류학은 모두 아직까지 이러한 과제들을 발굴해내지 못하고 있다.

13   염문으로 가득 찬 위나라에 다녀가다(56~57세)

공자는 관직 생활이 끝난 후 인생의 다음 단계인 열국을 주유하는 단계, 즉 정치 체제에 속하지 않고 여행하는 생활로 진입했다. 현대인들은 젊었을 때 여행을 하며 바깥세상을 보아야 한다고들 하지만, 공자는 정반대로 노년이 되어서야 여행을 시작했다. 그는 열국을 주유하면서 서로 다른 여러 사람과 그들의 생활방식을 보게 되었고, 귀족과 관원 사회 바깥의 강호 세계도 접하게 되었다.

위령공의 극진한 대접
56세 되던 해의 하반기에 공자는 위나라를 향해 출발했다. 자로와 자공은 여전히 노나라에서 관직을 맡고 있어 같이 가지 않았고, 염유와 안회 등의 제자가 그를 수행했다.

귀족이 길을 떠날 때는 체면이 매우 중요했는데, 마차가 몇 대나 되는가를 가장 중요시했다. 공자는 이미 경의 자리에 오른 적이 있으니 당연히 여러 대의 마차가 있었고, 몇몇 제자도 관직을 맡으면서 마차를 한 대씩 손에 넣었다. 따라서 공자 일행은 대략 십여 대의 마차로 구성되어 있었다. 물론 걸어서 따라오는 가난한 제자들도 있었다.

이때 제, 노, 위, 정나라의 '동방 반진 연맹'은 진나라와 전쟁 중이었다. 혹은 진나라의 내전에 개입하고 있었다고 말할 수도 있다. 진나라 내부에서는 범씨와 중행씨 두 가문이 동방 연맹의 지지하에 조간자와 전쟁을 벌이고 있었다. 이 두 가문은 전투에서 번번이 패해 결국 한단邯鄲성과 조가朝歌성을 중심으로 하는 황하 북쪽 기슭으로 퇴각하는 수밖에 없었다. 이 지역은 제나라와 위나라에 인접한 곳이라 동방 연맹의 군사적 지원을 받을 수 있었다. 공자는 관직에 올랐던 당시에 동방 연맹을 계획했지만, 현재의 형세는 이미 그와는 아무 상관이 없어졌다.

위나라의 도성인 제구帝丘는 예전 황하의 남쪽 기슭[지금의 허난성 푸양시. 춘추 시대에는 황하의 물길이 현재와는 달리 좀 더 북쪽으로 치우쳐 있었다]에 있었다. 위나라에 도착한 공자는 조가성의 전장과 멀지 않은 황하 반대편 기슭에 이르게 되었다. 조가는 은나라와 상나라 때부터 내려온 옛 도시로 상나라의 도성 유적에서 멀지 않은 곳이었다. 만약 그곳에서 전쟁이 벌어지고 있지만 않았다면 상나라 사람의 후예였던 공자는 분명히 유적을 찾아가 참배했을 것이다.

이때는 염유가 마차를 몰고 있었다. 공자는 길 양쪽에 펼쳐진 위나라의 마을을 보고 인구가 많다며 감탄했다. 그러자 염유가 "인구가 많으면 어찌해야 합니까?"라고 물었다. 공자는 "그들이 부유해지게 해야 한다"라고 말했다. 염유가 다시 "부유해지게 한 다음에는 어찌해야 합니까?"라고 묻자, 공자는 "그들을 교화해 규율에 따르게 해야 한다"라고 답했다.[1]

이 대화를 보면 공자가 이미 관직을 잃었는데도 불구하고 여전히 늘 관원으로서 어떻게 일해야 하는가를 생각했음을 알 수 있다. 공자는 "그 자리에 있지 않으면 그 정사를 걱정하지 않는

---

1 《논어·자로》: "공자가 위나라로 갈 때 염유가 마차를 몰았다. 공자가 말했다. '이곳에 백성이 많구나!' 염유가 물었다. '백성이 많으면 무슨 일을 해야 합니까?' 공자가 말했다. '그들이 부유해지도록 해야 한다.' 염유가 물었다. '부유해지게 한 후에는 또 무슨 일을 더 해야 합니까?' 공자가 답했다. '그들을 가르쳐야 한다.'"(子適衛, 冉有仆. 子曰: '庶矣哉!' 冉有曰: '旣庶矣, 又何加焉?' 曰: '富之.' 曰: '旣富矣, 又何加焉?' 曰: '敎之.')

다不在其位, 不謀其政"라고 했지만, 실제로는 그렇지 않았다. 그는 관원으로서의 일에 너무나 열중해 있었다. 그러나 그가 관원이 되어 즐겨 하고자 하는 바는 재물을 모으는 일이 아니라 규율을 세우는 일이었다.

공자가 도착한 위나라는 사실 처음에 주공이 분봉했던 지역이 아니었다. 위나라로 분봉한 곳은 황하 북쪽 기슭의 조가 일대, 즉 은나라와 상나라 왕조의 핵심 지역으로 위나라는 그곳을 3백여 년 동안 통치했다. 그런데 춘추 시대 중엽에 태항산太行山에 사는 적인狄人[중원 사람들 입장에서 보면 야만인]의 세력이 강대해져 조가성을 공격했다. 수많은 위나라 사람이 죽거나 잡혀가고 당시의 위나라 군주마저 죽임을 당한 후, 몇백 명의 생존자가 황하를 건너서 제환공 등 열국 군주들의 보호를 받아 황하 남쪽 기슭에 새로이 나라를 세웠다. 공자가 태어나기 백 년쯤 전의 일이다. 위나라의 옛 영토는 적인들에게 빼앗긴 후에 점차 진나라에 흡수되어 지금은 전장이 되어 있었다.

따라서 공자는 한 나라가 불과 몇백 명으로 시작해 점차 번성해서 몇 세대가 지나자 다시 많은 인구를 보유한 대국이 된 모습을 보고 그 놀라운 회복 능력에 감탄했다. 당시의 패주였던 제환공이 중원의 여러 제후국을 이끌고 야만족의 침입을 막아낸 공은 실로 컸다. 지금 중원에는 패주가 사라졌고 진나라의 과두들은 형세를 혼란하게 만들고 있으니, 과연 누가 주나라 천자를 대신해 국면을 유지할 수 있을까? 새로운 국제 질서는 전쟁 속에서 천천히 찾아가야 하는 상황이었다.

공자는 자신의 학설이야말로 당시 열국 정치의 해결책이 되리라 자신하고 있었다. 그러나 이는 어느 나라의 군주든 그에게 관직을 내려 이상을 실천할 기회를 주어야만 가능한 일이었다.

그림 7 위령공을 배알하는 공자

이는 청나라 때 초순焦循이 그린 그림으로 인물의 모습과 장면이 매우 사실적으로 표현되어, 고대 사람들이 그린 공자의 그림 가운데 비교적 훌륭한 편에 속한다. 화가는 서양화의 투시 도법을 차용해 마룻바닥의 선을 평행하지 않게 그렸는데, 안타깝게도 투시도법을 반대로 적용해 앞쪽으로 올수록 선의 간격이 넓어지지 않고 좁아지고 있다.

위나라의 도성인 제구에 도착한 공자는 일단 고향 사람인 안
탁추의 집에 거처를 정한 후에 기회를 보아 위령공을 배알했다.
그는 즉시 공자를 맞아들였다. 한때 노나라의 권력자였던 이 대
학자를 위령공은 대단히 존중했다. 공자가 노나라를 동방 연맹에
가세하게 하고 진나라에 대항하게 한 일이 위나라에 큰 도움이
되었기 때문이다. 개인적으로도 위령공은 조간자를 거의 원수처
럼 여겼으므로 군사상의 맹우를 매우 중시했다.

위령공은 공자에게 "노나라에 계실 때는 녹봉을 얼마나 받으
셨소?"라고 물어, 공자는 사실대로 대답했다. 그러자 그는 공자
가 받던 녹봉 그대로 1년에 6만 두의 곡식을 주었다.

위령공은 공자와 나이가 비슷했던 듯하다. 그는 막 즉위했을
당시 국내의 대귀족에게 밉보여 외국으로 쫓겨난 적이 있었는데,
예전에 노소공이 망명했던 일과 비슷했다. 그러나 열국의 중재하
에 다시 위나라로 돌아와 군주가 된 그는 지나치게 큰 세력을 가
진 귀족 가문을 점차 약화하고 자신에게 충성하는 이들을 발탁
해 위나라의 정치가 안정되게 했다. 공자가 노나라에서 군주의
권위를 향상하고 대귀족들 사이를 중재하려 한 일을 위령공은
대단히 찬성하는 입장이었는데, 이 역시 그가 공자를 극진히 대
접하고자 한 이유 중 하나였다.

그러나 공자에게 관직을 내려 집권하게 하느냐 마느냐는 별개
의 문제였다. 위령공은 아직 그럴 생각까지는 없었고, 위나라 조
정에도 공자가 맡을 만한 적당한 자리가 없었다.

공자가 위나라에 온 그해 가을에 위나라에서는 내란이 일어
났다. 원인은 궁정에서 일어난 치정 사건이었는데, 이 때문에 위
령공과 태자가 서로 반목하고 태자가 진나라로 망명해 아버지인
위령공과 여러 해 동안 대치했다. 나중에 위령공이 죽고 난 후로

도 이 일은 위나라의 정치 국면에 영향을 미쳤다. 공자 인생 후반
부의 일을 비롯해 그의 여러 제자가 관직에 오를 기회는 모두 위
나라의 정치 국면과 관련되어 있었다.

남자 부인과 괴외 태자

위령공은 이 당시 이미 나이가 지긋했는데도 여전히 매우 방탕
했다. 세간의 소문에 의하면 그에게는 세 명의 젊고 아름다운 부
인이 있었는데, 위령공은 종종 세 부인과 한 욕조 안에서 함께 목
욕하며 대신을 접견하기도 했다고 한다.[2] 물론 이 소문은 좀 과장
되었겠지만, 어느 정도는 근거가 있다.

게다가 위령공의 정실부인인 남자南子는 위령공보다도 더 방
탕해 그녀에 관한 염문은 더더욱 많았다. 남자 부인은 송나라의
종실 출신인데, 그녀에게는 위나라로 시집을 오기 전에 친정인
송나라에서 정인 관계였던 공자가 한 사람 있었다. 이 공자의 이
름은 공자 조朝, 혹은 송조宋朝라고도 했는데, 당시에 아주 유명한
미남이었다.

남매 혹은 사촌 남매 사이의 연애 관계는 당시 예절에 어긋나
는 일이었지만, 심심찮게 발생했다. 비교적 유명한 예로는 공자
가 출생하기 150여 년 전에 발생했던 노환공의 부인인 문강文姜
과 그 오라비인 제양공齊襄公의 관계가 있다. 당시 남편을 따라 제
나라를 방문했던 문강은 오라비를 만나자 옛정이 다시 불타올라
노나라의 역사서를 쓰는 이들이 도대체 뭐라고 기록해야 할지 모
를 만큼 매우 난감하게 만들었다. 이후에 매부인 노환공이 너무
나 눈에 거슬렸던 제양공은 어느 외교 연회 자리를 틈타 그를 암
살했고, 이 일로 노나라와 제나라는 오랫동안 관계가 나빠졌다.

2 《장자·잡편·칙양則陽》

　남자 부인 역시 옛 정인을 그리워했지만, 그렇다고 친정으로 돌아갈 필요는 없었다. 대범하기 짝이 없는 위령공이 나서서 위나라에 와서 살라고 송조를 초청했기 때문이다. 이 일에 대해 열국의 상류층에서는 의견이 분분했지만, 위령공은 본래 소문에 전혀 신경을 쓰지 않는 사람이었다. 그러나 이 일을 견디지 못한 사람이 있었는데, 바로 위령공의 태자였다.

　공자가 위나라로 간 지 얼마 안 되어 위나라의 태자 괴외^{蒯聵}가 외국을 방문하는 길에 송나라를 지나게 되었다. 이 때 한 농부가 일부러 태자의 귀에 들어가도록 노래를 불렀는데, 대략 "너희 집 암퇘지가 만족했으면 우리 집의 잘난 수퇘지를 돌려줘야 하지 않겠느냐?"라는 내용이었다. 너무나 큰 치욕을 당했다고 느낀 괴외 태자는 이 음탕한 계모를 제거하기로 결심했다. 위나라로 돌아온 그는 심복 한 사람과 의논해 자신이 계모를 만나러 갔을 때 고개를 돌려 신호하면 남자 부인을 죽이기로 했다.

　그러나 이 심복은 너무나 쓸모없는 사람이었다. 남자 부인의 자태에 홀리기라도 한 모양인지 그는 신호를 받고도 공격하지 않았을 뿐만 아니라 태자의 계획을 부인에게 일러바치기까지 했다. 남자 부인이 위령공에게 달려가 울며불며 고발하자 태자는 외국으로 도망치는 수밖에 없었다. 여러 나라를 전전하던 태자는 진나라에 가서 조간자에게 몸을 의탁했고, 아버지와 계모와는 철저히 적이 되어 버렸다. 위령공의 가정사가 국제 전쟁에 기름을 부은 셈이었다.

　공자도 위나라에 도착해서 이 난리를 겪었다. 아마도 누군가 공자의 조상이 송나라 사람이므로 남자 부인과 송조 공자와 뭔가 관련이 있다고 생각한 모양인지 위령공에게 그의 험담을 했다. 이 말에 잠시 흔들린 위령공은 공자의 집에 두 번이나 사람을 보내 수색하게 했는데, 물론 그에 대한 조사가 아니라 다른 일 때 문이라고 핑계를 댔다. 외출할 때도 신원을 알 수 없는 무장한 이 들이 종종 그를 미행했다. 신변의 안전을 보장할 수 없겠다고 생 각한 공자는 일단 이 난리를 피해 위나라를 떠났다가 위령공의 어지러운 가정사가 정리된 후에 다시 생각해 보기로 했다.[3]

'자외어광'의 말 못할 사정

위나라 도성을 나선 공자 일행은 남쪽으로 몇십 리쯤 가다가 곤 란한 상황에 처했다. 이곳은 정나라 북동부의 광성匡城[지금의 허 난성 창위안長垣현]이었는데, 9년 전에 양호가 노나라에서 정권을 장악하고 있던 당시에 병사를 이끌고 와서 점령하고 성을 심하 게 파괴한 일이 있어 이곳 사람들은 양호에게 뼈에 사무치는 원 한을 품고 있었다.

공자가 광성 밖을 지날 때 안각이라는 제자가 마차를 몰고 있 었다. 안각은 말채찍을 들어 광성의 성벽을 가리키며 공자에게 "성벽에 난 틈을 좀 보십시오. 예전에 양호가 이 성을 공격할 때 바로 저 틈으로 들어갔습니다"라고 말했다.[4] 아마도 안각은 당시

---

3 《사기·공자세가》: "공자가 위나라에 머문 지 얼마 지나지 않아 어떤 이가 영공에게 공자의 험담을 했다. 영공은 공손여가에게 공자의 집을 드나들게 했다(《색은索隱》 주: 무장을 하고 드나들게 했는데, 이는 공자를 위협하기 위함이었다). 공자는 죄를 얻게 될까 두려워 머문 지 열 달 만에 위나라를 떠났다."(居頃之, 或譖孔子於衛靈公. 靈公使公孫餘假一出一入.(《索隱》注: 謂以兵仗出入, 以脅夫子也.) 孔子恐獲罪焉, 居十月, 去衛.)

4 《사기·공자세가》: "공자가 진나라로 가기 위해 광성을 지나게 되었다. 안각이 마차를 몰다가 말채찍을 들어 가리키며 '제가 전에 성에 들어갈 때 저 틈으로 들어갔습니다'라 말했다."(將適陳, 過匡, 顏刻爲仆, 以其策指之曰: '昔吾入此, 由彼缺也.')《사기정의》에서는 《금조琴操》를 인용해 "공자가 광성의 성벽 밖에 이르자 안연이 채찍을 들어 성벽에 난 틈을 가리키며 '예전에 양화가 바로 저곳으로 들어갔습니다'라 말했다. 광성 사람들이 그 말을 듣고 군주에게 '예전의 그 양화가 지금 다시 돌아왔습니다'라 고했다."(孔子到匡郭外, 顏淵擧策指匡穿垣曰: '往與陽貨正從此入.' 匡人聞其言, 告君曰: '往者陽貨今複來.')라고 묘사하고 있다.

에 참전해 양호와 함께 광성에 왔던 듯하다.

성벽에 있던 이가 공자 일행을 보고는 경보를 울렸다. 공자는 양호를 쏙 빼닮았기에 양호가 다시 왔다고 생각한 사람들은 즉시 공자 일행을 모조리 잡아들였다. 이 소식이 전해지자 양호에게 화를 입었던 광성 사람들이 전부 몰려들어 복수하려 했고, 공자와 제자들은 점점 더 위험한 지경에 처했다. 《사기》에 의하면 혼란스러운 와중에 몇몇 제자는 따로 떨어져 흩어졌다고 한다. 안회도 그중 하나였는데, 공자는 그가 이미 광성 사람들에게 죽임을 당했다고 생각했다. 이 기록을 통해 당시의 긴장된 분위기를 상상해 볼 수 있다.

그런데 공자는 이렇게 갇힌 상황에서도 오해를 풀기 위해 노력하지 않았다. 그는 '광성 사람들이 나를 어찌하겠는가?'라고 생각하며 인명은 재천이라는 태도로 일관했다. 이러한 태도는 상당히 기묘하다. 만약 다른 사람으로 오인되었다면 누구라도 서둘러 자기는 그 사람이 아니라는 사실을 증명하려 할 것이다. 공자는 이름 없는 인물도 아니었으므로 그리 어려운 일이 아니었다. 그는 양호보다도 높은 벼슬에 올랐고 열국에도 상당히 알려진 인물이었다. 그런데도 공자는 자신이 양호가 아니라고 증명하려 하지 않았다.

이전의 학자들은 공자와 양호 사이의 특수한 관계를 눈치채지 못했기 때문에 그저 공자가 천성적으로 담대해서 죽음을 두려워하지 않았다고 생각했을 뿐이었다. 사실 공자와 양호가 이복형제로 의심된다는 점을 고려하면 공자가 이때 어떠한 심정이었는지 쉽게 파악할 수 있다. 그는 남들이 이 화제를 끄집어내기조차 원하지 않았다.

자신이 양호가 아니라 양호의 정적이라고 증명하는 것 역시도 공자에게는 괴로운 일이었다. 최근 몇 년 동안 공자가 높은 관직에 올라 있을 수 있었던 이유는 전부 양호와 적대 관계에 있다는 정치적인 입장 덕분이었다. 이는 공자의 감정적인 부분에서 커다란 희생이었으며, 말 못 할 사정이기도 했다. 자신은 이미 양호를 한 번 배신했고, 지금 또 수많은 사람 앞에서 자신의 상처를 열어 보이느니 양호로 오인되어 죽는 편이 차라리 마음 편하다고 공자는 생각했는지도 모른다. 이러한 마음의 응어리는 정말로 아무도 풀어 줄 수 없는 부분이다.

공자가 위험에 처했다는 소식이 위나라로 전해지자, 위령공과 대신들은 다들 매우 쑥스럽고 난감해졌다. 위령공의 명을 받은 귀족 한 사람이 광성 사람들에게 "이분은 노나라에서 대사구를 맡았던 공자라는 분인데, 대단한 학자이고 양호와는 오랜 적수요. 이번에 우리 위나라에 손님으로 오셨다가 주변을 돌아보고 계셨던 것이오. 괜히 오해해서 우리 편한테는 괴롭고 적한테는 통쾌한 짓은 하지 마시오!"라고 해명했다. 광성 사람들은 그제야 자신들이 오인했음을 깨닫고 닷새 동안이나 억류하고 있었던 공자 일행을 풀어 주었다. 역사서에는 이 사건이 '자외어광子畏於匡'이라고 기록되어 있는데, '외'는 위협을 받는다는 의미이다. 《논어》에는 '자외어광' 사건을 기록한 부분이 두 곳 있다.[5]

이렇게 해서 위령공은 자기가 손님을 잘 대접하지 못했다는 생각에 좀 면목이 없다고 느끼게 되었고, 공자는 공자대로 위령공에게 빚을 지게 되었다. 위령공과의 사이에 맺힌 것이 없음을 보여주기 위해 결국 공자는 제자들을 이끌고 위나라 도성으로 돌아갔다.

5 《논어·선진》, 《논어·자한》

'집주인'을 바꾸다

광성에서 위나라 도성인 제구까지는 한나절이 걸리는 길이었다. 돌아가는 길에 거백옥蘧伯玉이라는 위나라의 대귀족이 사람을 보내 공자에게 자기 저택에서 묵어가라고 청했다. 거백옥은 공자보다 최소 30살은 위인 사람으로 이 당시 90세에 가까운 나이였다. 그는 살면서 군주가 망명하거나 대신이 쫓겨나는 일을 수도 없이 보았기 때문에 공자에게도 상당히 호감을 품고 있었다.

공자는 거백옥이 보낸 사자에게 "자네 주인은 어떠한 분인가?"라고 물었다. 사자는 "저희 주인께선 늘 잘못을 최대한 저지르지 않으려 하시지만, 잘 실천하지는 못하십니다"라고 대답했다. 공자는 이를 매우 겸손하면서도 완곡한 방식으로 주인이 수신修身을 중시함을 잘 드러낸 아주 좋은 대답이라고 생각했다.[6]

당시 열국에는 하층민들이 묵는 '여인숙'만 있었을 뿐 상업적인 고급 여관은 존재하지 않았다. 조정의 공무를 처리하기 위해 방문할 때는 국빈관에 머물렀다. 대귀족이 사적인 일로 외국을 방문했다면 국빈관에 묵을 수는 없었고, 그렇다고 하급 여인숙에서 묵고 싶지도 않을 때는 보통 해당 지역의 귀족 중에서 '주主', 즉 집주인 겸 친구를 물색했다. 손님은 이 '주'를 통해 그 지역의 사교계와 접촉해야 했으므로, '주'의 신분과 사교계에서의 위치는 손님에게 큰 영향을 끼쳤다. 예를 들어 예전에 삼환 가문이 진나라를 방문했을 때는 대부분 범헌자의 저택에서 묵었으므로 범씨 가문이 진나라에서 삼환 가문의 '주'였다고 할 수 있다.

---

6 《논어·헌문》: "거백옥이 공자에게 사자를 보냈다. 공자와 그와 함께 앉아서 '선생께서는 어떠한 분인가?'라 묻자 사자는 '저희 선생께서는 잘못을 적게 저지르려 하시나 잘 실천하지 못하십니다'라 대답했다. 사자가 자리를 뜨자 공자는 '훌륭해! 훌륭한 사자로다!'라 했다."(蘧伯玉使人於孔子. 孔子與之坐而問焉, 曰: '夫子何爲?' 對曰: '夫子欲寡其過而未能也.' 使者出. 子曰: '使乎! 使乎!')

공자가 위나라에 막 도착했을 때 하는 일마다 곤란을 겪었던 이유 중 하나는 '주'의 가문을 진지하게 물색하지 않고 일시적인 편의를 위해 자신의 친척이자 자로의 손위 처남인 안탁추의 집에 머물렀기 때문이다. 안탁추는 사회적 지위가 낮았으나 공자가 관직에 오른 것을 기회로 벼락부자가 된 인물이었다. 공자가 관직을 잃으면 자신 역시 결말이 좋지 않으리라 예상한 그는 몰래 위나라로 거처를 옮겼는데, 이 때문에 자연히 평판이 나빠졌다.

그는 대대로 전해 내려오는 기술을 하나 보유하고 있었는데, 바로 '옹저癰疽', 즉 큰 종기를 고치는 기술이었다. 옹저는 위생 상태가 좋지 않은 피부에 발생하는 악성 감염증으로 고대에는 비교적 자주 생기던 증상이었다. 안탁추는 위나라에 이민을 온 후로 이 의술에 의지해 자리를 잡았다. 그러나 당시에는 의사가 귀족 계층에 속하지 않았으므로 위나라의 상류층에서는 그를 무시하는 경향이 있었고, 이 때문에 공자까지 얕잡아 보였다.

그런데 지금 연로한 거백옥이 스스로 공자의 '주'가 되겠다고 나서자 위나라에서 공자의 평판은 대단히 높아졌다. 이 경험에 관해 공자는 나중에 "군자라면 마땅히 진중해야만 자신의 위엄과 학술적인 지위를 지킬 수 있다. 외지에 손님으로 갈 때는 충직하고 성실한 사람을 '주'로 택해야 하며, 자신보다 못한 이를 벗으로 사귀어서는 안 된다. 잘못을 저질렀으면 남이 지적하고 고쳐 주는 것을 두려워해서는 안 된다"라고 정리했다.[7] 이 말은 그가 위나라에서 '주'를 선택한 두 번의 경험과 관련이 있다.

공자의 제자들은 아마도 그가 위나라에 도착한 후에 첫 번째

---

7 《논어·학이》: "공자가 말했다. '군자는 진중하지 않으면 위엄이 없으며 학문도 공고해지지 못한다. 주인을 택할 때는 충직하고 성실한 이를 택해야 하며, 자신보다 못한 이를 벗으로 사귀지 말아야 한다. 잘못을 저지르면 고치기를 꺼리지 말아야 한다.'"(子曰: '君子不重, 則不威; 學則不固. 主忠信. 無友不如己者. 過, 則勿憚改.')

'주'를 잘못 택했던 일을 다소 민망하게 여겨《논어》에 기록하지 않은 듯하다. 그래도 이 이야기는 입에서 입으로 전해져 3~4세대가 지난 후에 맹자는 한 제자로부터 "공자님이 처음으로 위나라에 가셨을 때 '옹저' 치료사의 집을 '주'로 삼으셨다던데, 어떻게 된 일입니까?"라는 질문을 받기도 했다. 맹자는 대스승의 체면을 살려 주기 위해 제자에게 열심히 둘러대는 수밖에 없었다.[8]

후세 학자들 역시 아무도 이 일에 대해 정확히 추측하지 못했다. 공자가 안씨 집안 출신이라는 배경과 그 안씨 집안사람인 안탁추가 부유해져 이민을 간 과정을 이해해야만 2천여 년 전 옛일의 수수께끼를 풀 수 있다.

남자 부인을 만나다

거처를 정하고 나자 곧장 다음 문제가 생겼는데, 바로 위령공이 아끼는 남자 부인에 관한 일이었다. 남자 부인이 먼저 공자를 만나고 싶다며 초청했는데, 그것도 위령공이 없는 자리에서 단독으로 만나자고 했다.

집안 사정을 이미 정리한 위령공은 공자에게 사람을 보내 "각국에서 오신 군자 가운데 과인과 형제처럼 지내기를 원하지 않는 이가 아니라면 모두 [단독으로] 내 아내를 만나 보아야 합니다. 또한 아내는 선생의 큰 명성을 익히 들어와 줄곧 가르침을 얻고자 했습니다"라고 말을 전해 왔다. 위령공은 공자와 남자 부인

---

8 《맹자·만장상萬章上》: "만장이 '혹자가 말하기를 공자께서 위나라에 계실 때는 옹저 치료사를 '주'로 삼아 그 집에 머무르셨고, 제나라에 계실 때는 시종인 척환을 '주'로 삼아 그 집에 머무르셨다 하는데 그것이 사실입니까?'라 물었다."(万章问日: '或谓孔子 于卫主痈疽, 于齐主侍人瘠环, 有诸乎?') 이 부분에서는 공자가 제나라에 갔을 때도 마찬 가지로 신분이 낮은 이를 '주'로 삼아 그의 집에 머물렀음을 언급하고 있는데, 이는 아마도 공자가 노소공을 쫓아 제나라로 망명했던 당시의 일을 말하는 듯하다.

사이에 뭔가 오해가 생겼기 때문에 공자가 불쾌해하며 위나라를
떠났다고 생각해 두 사람이 직접 만나 이야기를 나누고 앙금을
풀 기회를 주려 했다. 그는 자신의 대범함을 과시하는 동시에 소
문을 불식하려고 일부러 두 사람이 만나는 자리에 동석하지 않
기로 했다.

주인이 이렇게 간곡하게 나오니 공자도 피할 수가 없었다. 당
시에는 누구든 남자 부인과 단독으로 만나기만 하면 반드시 미
묘한 관계가 된다는 소문이 퍼져 있었다. 공자의 제자들은 스승
의 명성이 이 일로 땅에 떨어지지는 않을까 하고 걱정하며 손에
땀을 쥐었다.

이 만남은 《사기》에도 기록되어 있는데, 두 사람은 얇은 천으
로 된 휘장을 사이에 두고 서로 꿇어앉은 채로 엎드려 절했다고
한다. 당시에는 자리에 앉을 때 꿇어앉는 자세가 일반적이었으므
로 아주 정중한 예절은 아니었다. 이전 사람들은 휘장을 사이에
두었다는 구절을 자세히 따져 보지 않았는데, 이 말은 아마도 두
사람이 같은 돗자리 위에 앉았음을 암시하는 듯하다. 공자는 남
자 부인의 모습을 제대로 보지는 못하고, 그저 그녀의 옷에 달린
패옥이 딸랑거리는 소리만 들을 수 있었다.

《사기》에는 두 사람의 대화 가운데 공자가 했던 말 한마디만
기록되어 있는데, 대략 "제가 지난번에는 부인을 만나지 않았는
데 이번에 만나 뵈러 온 것은 다만 예절에 따라 한 번 왔을 따름
입니다吾鄕為弗見, 見之, 禮答焉"라는 의미이다. 이 말로 미루어 짐작
해 보면 아마도 남자 부인이 먼저 공자에게 "선생께서는 위나라
에 오신 지 이렇게 오래되었는데도 왜 저를 만나러 오지 않으셨
습니까?"라고 물었던 듯하다. 두 사람은 모두 송나라 종실 출신
으로 먼 친척이라 할 수도 있으니 타국에서 서로 만나 친척 간의

정을 나누는 자리는 있을 법한 일이었다.

여전히 계손씨 가문의 대집사로 일하고 있던 자로는 공자가 광성에서 위험한 일을 겪었다는 소식을 듣고 휴가를 받아 급히 달려왔다. 공자와 남자 부인에 관한 소문을 이미 들은 자로는 매우 불만스러워하며 "스승님께서 이번에 처신을 잘 못하시면 송조 공자와 똑같은 사람이라고 소문이 퍼질 겁니다"라고 말했다. 그러자 공자는 황급히 "내가 만약 그런 짓을 한다면 하늘도 나를 가만두지 않을 것이다!"라고 맹세했다.

이 '자견남자子見南子', 즉 공자가 남자 부인을 만난 일화는 후세에 유명한 역사적 사건이 되어 많은 이가 이 이면에 무슨 사정이 있지는 않은지 의심했다. 공자가 억울하게 의심받았다는 사실은 시간이 증명해 주었다. 남자 부인은 비밀을 지킬 수 있는 여인이 아니었으며, 당시의 귀족 사회는 매우 좁아 그녀와 공자 사이에 정말로 남에게 말 못 할 무슨 일이 있었다면 대번에 소문이 퍼져 모든 이가 다 알게 되었을 것이기 때문이다.

그렇다면 남자 부인은 어째서 공자를 만나고 싶어 했으며, 위령공은 왜 이 자리를 주선해 주었을까? 사실은 이 역시 망명한 위나라 태자 때문이었다. 이 당시 태자는 진나라에 가서 조간자와 양호 일파에 가담해 있었는데, 위령공과 남자 부인은 태자가 다시 돌아와 권력을 차지할까 봐 걱정되어 외국의 지원을 최대한 얻으려 했다. 공자는 관직에 올랐던 적이 있으며 제자들도 어느 정도는 영향력이 있었으므로 포섭할 가치가 있는 세력이었다. 즉, 이는 '통일 전선' 정책의 일환이었다. 특히 위령공은 이미 연로해 신체 기능이 갈수록 떨어지고 있었으므로, 어떻게든 열국과 좋은 관계를 유지해 자신이 죽은 후에도 부인이 무사히 지낼 수 있도록 조치해 두어야 했다.

물론 남자 부인 역시 자기 나름의 방법으로 문제를 처리했다. 많은 남자에게 둘러싸여 살아가는 아름다운 귀부인인 그녀는 여러 남자와 미묘한 관계를 맺는 방식의 사교에 익숙했으며, 그들을 유혹해 자신을 위해 일을 처리해 주도록 만드는 기교를 부리면서도 관계가 계속 발전할 여지를 남겨 두곤 했다.

남자 부인을 만난 후에 공자 역시도 한두 마디로 설명할 수 없는 복잡한 감상을 얻었다. 그는 "만약 지금 위나라에 공자 조와 같은 미모를 가졌으나 축타祝鮀와 같은 간교한 언변을 가지지 못한 자가 있다면, 분명히 그 결말이 좋지 못할 것이다"라고 말했다.[9] 축타는 위나라의 제사 의식을 주관하는 대축大祝으로 지식이 해박하며 언변이 좋은 사람이었지만, 공자는 그가 음험하고 교활하다고 생각했다.

공자가 남자 부인을 만나고 한 달쯤 뒤에 위령공 부부는 성 밖을 둘러보며 즐기러 나가는 자리에 공자를 초청했다. 위령공은 신이 나 친히 마차를 몰았고, 남자 부인은 그 옆에 앉아 있었으며, 신하 한 사람이 같은 마차에 타고 시중을 들었다. 공자도 제법 좋은 대우를 받아 바로 다음 마차에 타고 있었다.

위령공 부부는 시장 구경을 하러 나가기로 했다. 당시 귀족들은 신분을 중시해 직접 시장에 물건을 사러 나가지 않았다. 그러나 위령공은 남자 부인과 함께 세속적인 즐거움을 누리기 위해, 고집을 부리며 사람들 앞에 모습을 드러내고 싶어 하는 그녀의 욕망을 채워 주고자 이렇게 했다. 대중에게 주목받으려고 일부러 염문을 뿌려 인지도를 높이려 하는 남자 부인의 성격은 현대의

---

9 《논어·옹야》: "공자가 말했다. '축타와 같은 뛰어난 언변이 없이 송조와 같은 아름다운 외모를 가진 자가 있다면 지금과 같은 세상에 화를 면하기 어려울 것이다.'"(子曰: '不有祝鮀之佞, 而有宋朝之美, 難乎免於今之世矣.')

연예인과 여러모로 매우 닮았다. '요란스럽게 남의 이목을 끌며 거리를 지나간다'라는 뜻의 '초요과시招搖過市'라는 고사성어가 바로 《사기》의 이 대목에 관한 기록에서 비롯되었다.

거리에 가득한 사람들은 군주 부부를 구경하면서 그 뒤에 오는 마차에 탄 꺽다리 노선생에 관해서도 궁금해했는데, 그를 향해 손가락질하며 수군거리는 사람도 적지 않았다. 여기저기 염문을 뿌리는 남자 부인의 명성이 너무나 자자했기에 공자는 정말이지 체면이 말이 아니었다. 그는 지금껏 '후궁'이란 말과 관련된 적조차 없었는데, 갑자기 군주 부인의 시중을 드는 농신弄臣이 되어 버렸다. 공자는 위령공처럼 나이 많은 사람부터 계환자처럼 젊은 사람까지 권력을 손에 넣은 이라면 어째서 다들 여인과 떨어지지 못하는지 이해할 수가 없었다. 자신과 같은 현인은 어째서 그만큼 중요한 대우를 받지 못할까? "여색을 좋아하는 만큼 덕을 닦기를 즐기는 이를 나는 여태껏 보지 못했도다吾未見好德如好色者也!"[10] 그는 남자 부인이 앉아 있는 그 자리야말로 자신이 있어야 할 자리라고 생각했다.

공자는 너무 고지식한 생각을 하고 있었다. 남자에게 여인과 덕은 서로 대체할 수 있는 사항이 아니었다. 현대 과학의 용어를 빌려 말하자면, 이 두 가지는 대뇌피질의 같은 영역이 관리하는 요소가 아니었다.

뜻한 바를 이루지 못하는 상황에서 공자는 위나라에 더는 머무르고 싶지 않았다. 그는 동방 연맹의 울타리를 벗어나 더 넓은 세계를 보러 떠나기로 했다. 위령공은 공자를 상당히 잘 대접해 주었지만, 공자는 한가롭게 지내지 못하고 다시 실제로 일할 수 있는 직책을 얻고자 했다. 위령공은 제경공과 회견을 해야 해서

10 《논어·위령공》, 《논어·자한》

공자에게 신경을 쓸 겨를이 없었다. 공자는 제자들을 이끌고 위나라를 떠났다.

이번에 길을 떠날 때는 안회, 자로, 자공, 염유 등 중요한 제자들이 모두 곁에 있었다. 자로는 이미 계손씨 가문의 재 자리에서 물러난 상태였는데, 아마도 후배인 염옹冉雍에게 그 자리를 물려준 듯하다. 염옹은 성격이 신중했는데, 별다른 성과를 내지 못해 재의 직책을 맡은 기간도 그리 길지 않았던 듯 보인다.

공자가 위나라에서의 생활에 싫증이 난 그때쯤, 노나라에서 노정공이 세상을 떠나고 태자인 공자 장將이 그 뒤를 이어 노애공魯哀公으로 즉위했다는 소식을 전해 왔다. 당시 중원 열국 사이에는 '부고赴告'라는 제도가 있어 본국에서 무슨 큰일이 생기면 즉시 외교적으로 가까운 관계인 제후국들에 사자를 보내 소식을 알리게 되어 있었다. 노나라에서 위나라까지의 거리로 보아 무슨 소식이든 4~5일 정도면 전해졌을 것이다.

노정공은 중년에 즉위해 15년 동안 군주의 자리에 있었으니 천수를 다했다고 할 만했다. 그는 군주의 자리에 있는 동안 양호와 공자 두 사람의 집권 시기를 모두 경험했다. 이 두 사람은 모두 삼환 가문이 권력을 독점한 상황을 종식하려 시도했으나, 결국 두 번의 시도는 전부 물거품으로 돌아갔다. 그래서 공자가 관직을 잃은 후로 노정공도 정신적으로 매우 약해져 있었다.

그는 죽기 몇 달 전에 자신을 배알하러 온 주은공邾隱公을 접대한 일이 있었다. 이 주나라는 본래 산동 지방 토착민들의 소국이었다가 노나라의 속국이 된 나라였다. 두 군주가 회견하는 자리에서 노정공은 의기소침하다 못해 약간 비굴한 태도마저 보였다. 아마도 그는 삼환 가문에게 너무나 심하게 통제당한 나머지 자신의 지위를 제대로 판단할 수 없게 되었던 듯하다.

　이 당시 자공은 아직 노나라에서 관원으로 일하고 있어서 이 회견에도 참석했는데, 그는 아마도 그런 정신 상태라면 노정공은 얼마 지나지 않아 죽겠다고 말했다. 과연 그의 말대로 노정공은 4개월 후에 세상을 떠났다. 하지만 이를 빌미로 누군가 자공이 군주를 저주하는 말을 해서 죽게 만들었다며 그에게 책임을 물었던 듯하다. 자공은 위나라에 와서 스승에게 의탁하는 수밖에 없었다. 공자와 만난 그는 노정공의 죽음에 관한 자세한 이야기를 들려주었다.

　공자는 노정공 아래에서 대신을 지냈던 적이 있는데, 그렇다면 그도 노나라로 돌아가 노정공의 장례에 참석해야 할까? 이에 관해서는 규칙이 정해져 있었다. 만약 아직 대신 자리에 있는 사람이 외국에 나가 있다면 반드시 돌아가 장례에 참석해야 했는데, 이것을 '분상奔喪'이라 했다. 그러나 만약 군주가 해고해 쫓겨난 대신이라면 분상을 할 필요가 없었다. 공자는 사실상 삼환 가문에게 해고되기는 했지만, 형식상으로는 건강상의 문제 등을 핑계 삼아 스스로 사직했다. 이러면 분상을 할 수는 있었다.

　그러나 공자는 돌아가지 않았다. 노정공에 대한 그의 감정은 그리 깊지 않았다. 아니, 노소공에 대해서만큼 깊은 감정을 가지고 있지 않았다고 해야 할지도 모른다.

공씨 집안의 여인과 가정

남자 부인과의 일은 공자의 일생에 관한 기록 중 유일하게 여성과 교류한 기록이라 할 수 있다. 그는 이후에 노소공 부인의 장례에 참석한 적이 있기는 하지만, 부인의 생전에 서로 교류가 있었는지는 알 수 없다.

　공자가 여인에 관해 했던 유명한 말이 있다. "여인과 소인은

모두 다루기 어렵다. 여인과 가까이 지내면 여인은 곧 평등해지
기를 원하며 남편을 통제하려 한다[당시에는 암묵적으로 남녀가 불
평등하다고 정해져 있었다]. 여인과 소원해지면 원망을 사게 된다唯
女子與小人爲難養也, 近之則不孫. 遠之則怨"¹¹라는 말이다. 공자가 소인에 관
해 남긴 말은 아주 많지만, 여인에 관해 남긴 말은 이 한마디밖에
없는 듯하다. 여인과 소인[지위가 낮은 사람]을 한데 묶어 논한 것
은 여성을 차별하는 태도로 이미 많은 이가 비판한 바 있으니, 여
기서는 자세히 설명하지 않는다.

　혹자는 공자를 옹호하기 위해 이 말을 고의로 곡해해서 공자
가 말한 뜻은 여인이 만약 소인에게 시집을 간다면 생활이 고되
어진다는 의미라고 해석했다. 혹자는 더욱 창의력을 발휘해 이
말은 공자가 여인이 자식[소인]을 낳는 일이 너무나 힘들다고 탄
식한 말이라고 주장하며, 공자의 부인이 난산으로 죽었다는 추측
까지 했다. 둘 다 지나친 곡해이다.

　공자는 어려서부터 편모슬하에서 지냈으며 위로는 누나가 있
었다. 가정을 이룬 후에는 딸을 낳기도 했다. 이처럼 그의 생활
환경 속에는 여인이 여럿 존재했지만, 그는 여인에 관해 잘 알지
못했다. 그가 여인을 소인에 비유한 근거는 대체로 부부 사이를
통해 얻은 생각이었다. 그는 부인과 잘 지내지 못했다.

　공자의 부인은 아주 불행했다. 《예기》에 의하면 부인이 세상
을 떠나자 아들 공리는 1년 동안 상을 치른 후에도 여전히 가끔
눈물을 흘렸다고 한다. 한번은 집 안에서 누군가 우는 소리를 들
은 공자가 제자에게 "누가 울고 있는 것이냐?"라고 물었다. 제
자는 "스승님의 아들인 공리입니다"라고 답했다. 그러자 공자는
"이런, 너무 심하구나!"라고 말했다. 이 말을 전해 들은 공리는

11 《논어·양화》

감히 울지도, 상복을 입지도 못했다고 한다.[12]

공자 본인이 정한 복상 규칙에 의하면 어머니가 죽었을 때 아들은 삼년상을 치러야 하는데, 우는 것이 도대체 왜 잘못됐다는 말일까? 주희는 이 부분에 '백어의 모친은 나가서 죽었다伯魚之母, 出而死'라는 주석을 달았다. '출'은 집에서 쫓겨났다는 의미이다. 즉, 공자는 이미 부인과 이혼한 상태였다. 공자 부부는 마지막에 결국 완전히 갈라섰고, 공자의 부인은 공자의 집에서 죽지 않았다. 공리가 집에서 쫓겨난 어머니를 위해 1년 동안 상을 치른 이유 역시 아마도 공자가 정한 변통적인 규칙에 따라서였을 것이다.

공자가 부인과 이혼하고 부인이 밖에서 사망한 일이 정확히 어느 시기에 일어났는지는 알 수 없으나, 아마도 그가 관직에 올라 있던 6년 사이인 듯하다. 그 후로 공자는 노나라에 머문 적이 거의 없으며, 공리도 그를 따라 열국을 주유하지 않았다.

공자는 신분이 귀해졌다고 옛 친구를 버리고 부유해졌다고 아내를 버리는 식으로 싫증을 잘 내는 인물이 아니었다. 다만, 그는 곁에 있는 여인이 자신의 사업에 영향을 끼치는 상황을 견디지 못했다. 따라서 공자는 재혼하지도 첩을 들이지도 않았고, 이 때문에 만년에 열국을 주유하면서도 전혀 걱정할 일이 없었다. 고대 사회에서는 대단히 별난 경우였다. 당시에는 집안 형편이 어느 정도 되는 사람이라면 다들 첩 한둘쯤은 두고 살았다. 후세의 수많은 도학군자가 이것도 저것도 죄다 공자를 보고 배워야 한다고 떠들어댔지만, 이 점만은 누구도 배우지 못했다.

---

12 《예기·단궁상》: "백어의 어머니가 죽은 후 기년이 되었으나 백어는 여전히 곡을 했다. 이를 들은 공자가 '누가 곡을 하는가?' 하고 묻자 제자가 '공리입니다'라 대답했다. 그러자 공자는 '아, 지나친 일이다!'라 말했다. 이 말을 들은 백어는 곡하기를 그쳤다."(伯魚之母死, 期而猶哭, 夫子聞之曰: '誰與哭者?' 門人曰: '鯉也.' 夫子曰: '嘻! 其甚也!' 伯魚聞之, 遂除之.)

공자의 집안사람들은 몇 대에 걸쳐 모두 이혼한 적이 있었다. 공흘 세대에도 이혼한 내력이 있었는지 없었는지는 역사서에 기록되어 있지 않지만, 공자부터 시작해 아래로 3대까지 전부 이혼해서 '공씨삼대출처孔氏三代出妻'라는 말까지 생겼다.

공자의 아들 공리는 공자가 세상을 떠나기 2년 전에 사망했는데, 공리의 정실부인은 아들을 낳지 못했고, 첩이 낳은 공급孔伋[자는 자사子思]이라는 아들이 있었다. 이 첩은 그 후에 집에서 쫓겨나 위나라로 갔는데, 정실부인이 팔았을 가능성이 크다. 당시에는 정실부인에게 첩을 팔 권리가 있었다.[13] 공리의 정실부인은 매우 포악해서 공자 부자 모두 그녀를 어찌하지 못했던 듯하다.

공자의 손자인 공급이 성장했을 당시에는 이미 그의 부친과 조부가 모두 사망한 후였다. 위나라에서 자신의 생모가 사망했다는 소식이 전해져 오자 그는 자기 집의 사당(종묘) 안에서 곡을 했다. 그런데 당시 아직 살아 있던 공자의 제자들[증삼曾參 등]이 "이 여인은 이미 공씨 가문과 아무 상관 없는 사람이오!"라고 말하며 그를 제지했다. 결국 공급은 감히 사당에서 울지 못하고 다른 방에서 곡을 했다.[14]

공급 역시 인생의 후반부에 아내를 쫓아냈는데, 이 아내는 그보다 먼저 사망했다. 공급의 아들인 공백孔白[자는 자상子上]은 쫓겨난 어머니의 상을 치르려 했지만, 공급이 못 하게 했다. 공급의 제자들이 그의 행동을 이해하지 못해 이유를 묻자 공급은 "그 사람은 내 아내라서 내 아들의 어미였던 것이지, 지금은 내 아내가 아니므로 내 아들의 어미도 아니니 당연히 상을 치러서는 안 된

---

13 공급의 모친이 첩이었으며 위나라에서 사망했다는 내용은 《예기·단궁하》의 "자사지모사어위子思之母死於衛" 부분을 볼 것. 아들을 낳은 첩이라 해도 팔려갈 수 있었다는 내용은 《예기·단궁상》의 "자류지모사子柳之母死" 부분을 볼 것.

14 《예기·단궁하》의 "자사지모사어위子思之母死於衛" 부분을 볼 것.

다!"라고 말했다.[15] 공리 때는 그래도 일년상이나마 치렀는데, 그의 손자 대에 와서는 단 하루도 애도하지 못했다.

　공자의 제자인 증자曾子(증삼)도 '배를 제대로 쪄서 익히지 못한 일' 때문에 아내를 쫓아냈다.[16] 맹자는 자신의 사업이 실패할까 봐 아내를 내보냈다惡敗而出妻.[17] 송나라 때 사마광司馬光은 《가범家范》이라는 지침서를 써서 자손들에게 남겼는데, '난폭한 아내'를 만났다면 반드시 집에서 쫓아내야 한다고 말했다. "일찍이 공씨 가문에서는 3대에 걸쳐 아내를 내쫓았으며, 그 외에도 덕 있고 현명한 이들이 예법에 따라 아내를 내보낸 일이 많다. 그러나 이러한 일들은 그들의 품행 도덕과는 무관한 일이다. 만약 집안에 난폭한 아내가 있는데도 내쫓지 않는다면 가정이 어찌 편안해지겠는가昔孔氏三世出其妻, 其餘賢士以義出妻者衆矣, 奚虧於行哉? 苟室有悍妻而不出, 則家道何日而寧乎?" 그러나 사마광은 공리의 집에서 쫓겨난 사람은 첩이었으며, 정말로 난폭한 아내는 쫓아낼 수 없었다는 사실을 몰랐다.

　공씨 가문은 청나라 말기부터 중화민국 초기를 지나는 동안 이미 《홍루몽》에 나오는 가씨 가문보다도 더 대단하고 부유한 대귀족 가문이 되었지만, 여전히 부부 사이나 부모 자식 관계 등과 같은 기본적인 문제 때문에 골머리를 앓았다. 중화민국 시대에 공씨 가문의 딸인 공덕무孔德懋는 가문 내에서의 생활을 추억하는 내용의 《공부내택일사孔府內宅軼事》라는 책을 썼는데, 여기서 그녀는 구식 가정의 어둡고 억압적인 일면을 낱낱이 드러냈다. 그녀와 남동생을 낳은 어머니는 첩이었는데, 정실부인에게 온갖

15 《예기·단궁상》의 "자상지모사이불상子上之母死而不喪" 부분을 볼 것.
16 《백호통白虎通·간쟁諫諍》
17 《순자·해폐解蔽》

학대를 받다가 결국 정실부인에게 독살당해 비참하게 죽었다고 한다. 이 책의 독자라면 어째서 유가의 윤리 규범을 현대사회에 그대로 적용해서는 안 되는지 이해할 수 있을 것이다.

공자는 완전무결한 성인이 아니었다. 그는 가정생활에 크게 실패했으며, 그가 수립한 '효제'라는 가정 윤리에 관한 학설 역시 여러 문제를 내포하고 있다. 그 원인은 아마도 그가 철학자였기 때문일 것이다. 철학적인 문제는 대체로 추상적이며 철학 연구란 복잡한 현상을 간단하게 표현하는 일인데, 이러한 연구는 가정생활을 지도하는 데 도움이 되지 않는다.

남녀 관계, 정확히는 비교적 자유분방한 남성과 여성의 관계에 대해 공자는 더욱 큰 경계심을 나타냈다. 이는 그가 유년 시절에 경험했던 가정 환경의 영향이다. 공자는 어려서부터 농촌에서 홀어머니와 함께 살았는데, 농촌 사람들은 상류층에 있던 것과 같은 도덕적인 금기가 거의 없었다[물론 상류층 귀족이라고 남녀 관계를 멋대로 맺지 않은 것은 아니었다. 다만, 그저 별의별 구실을 갖다 붙였을 뿐이다]. 농촌의 시골집은 매우 좁아서 거의 모든 일이 아이들에게 새어나가곤 했다. 그러므로 공자가 남녀 간의 관계를 경계하게 된 계기는 아마도 어린 시절에 생겼을 것이다. 이후에 오스트리아의 정신분석학자 지그문트 프로이트Sigmund Freud는 이러한 어린 시절의 트라우마를 이론으로 정리했다.

공자가 공씨 가문에 입적되어 귀족이 된 후로 어머니의 비천한 출신과 그의 부모가 저지른 예에 어긋나는 연애 역시 사교계에서 피해갈 수 없는 화제가 되었을 터이며, 이 역시 공자가 남녀 관계에 대해 대단히 예민해지게 만들었을 것이다. 그는 이 방면에서 당시의 일반적인 기준보다 훨씬 더 신중하게 행동했다.

가령 공자는 "만약 벗의 어머니가 과부라면 제삼자가 동석하지 않은 상황에서는 결코 그 집에 마음대로 찾아가서는 안 된다"
라고 말하기도 했다.[18] 이 말속에 숨은 뜻은 친구의 어머니와 부
적절한 관계라는 소문이 나는 일을 피하라는 의미이다. 혹자는
이 말을 공자가 과부의 아들을 차별해 친구로 사귈 만한 사람이
아니라고 여겼다고 오해했는데, 사실은 그렇지 않다. 공자 본인
역시 아버지가 없는 과부의 아들이었다. 과부의 주위에는 시비가
많은 법인데, 이에 관해서는 공자 역시 그다지 유쾌하지 못한 기
억이 있을지도 모를 일이다.

　게다가 공자의 선조가 송나라의 대귀족이었다가 노나라로 망
명해 가장 낮은 신분의 소귀족으로 전락한 이유 역시 여인과 관
계가 있다. 이는 2백여 년 전의 일이었다. 당시 공자의 선조인 공
부孔父는 송나라에서 대사마의 관직을 맡아 높은 지위와 큰 권력
을 누리고 있었다. 공부의 부인은 아주 아름다웠으며, 사람들 앞
에 모습을 드러내기를 즐겼다. 한번은 공부의 부인이 거리에 나
갔는데, 맞은편에서 태재太宰인 화독華督의 마차가 다가왔다. 송나
라의 태재는 오늘날의 국무총리에 해당한다. 이 아름다운 여인에
게 눈길을 빼앗긴 화독은 두 대의 마차가 서로 가까워졌다가 지
나쳐서 멀어져 갈 때까지 줄곧 고개를 돌려 목을 빼고 동료의 아
내를 바라보았다. 그녀와 멀어지고 나서 그는 "아름답고 요염하
도다美而艶!"라고 했다.

　춘추 시대에는 여인을 형용할 때 '미美'와 '염艶'이라는 두 글
자를 자주 썼다. 이 둘은 뜻이 서로 약간 달랐는데, 아마도 하나
는 용모를, 다른 하나는 자태와 표정을 형용했던 글자인 듯하다.

---

18 《예기·방기》: "공자가 말했다. '과부의 자식이라면 뛰어난 재능이 있지 않으면 벗
으로 사귀지 않는다. 군자는 의심받을 일을 피해야 한다.'"(子雲: '寡婦之子, 不有見焉,
則弗友也, 君子以辟遠也.')

아무튼 화독은 그 후로 이 여인을 잊지 못하고 온종일 어떻게 빼앗아 올지만 궁리했다. 이듬해 초 그는 작은 규모의 정변을 일으켜 공부를 죽이고 그 부인을 데려와 자기 아내로 삼았다.[19]

송나라의 군주[당시의 군주는 송상공宋殤公이었다]는 국무총리가 여인을 손에 넣기 위해 국방부 장관을 죽인 일에 크게 노했다. 그러자 화독은 이참에 군주까지 죽여 버렸다. 이는 너무나 대역무도한 사건이었으므로 노, 제, 진陳, 정나라 4개국이 연합해 이 일에 간섭했다. 화독은 서둘러 각국의 군주에게 뇌물을 보냈는데, 노나라 군주에게는 청동으로 만든 커다란 솥을 보냈고, 정나라의 공주가 낳은 공자를 군주[송장공宋莊公]로 삼았다. 그러자 다들 별 불만이 없어져서 전쟁으로까지 번지지는 않았다. 이 난리에서 요행히 목숨을 건진 공씨 가문 자제는 노나라로 망명해 정착했다. 반면에 화씨 가문은 오랫동안 송나라의 정권을 장악했다.

이 난리가 일어난 지 몇십 년 후에 화독의 후손인 화우華耦가 송나라의 대사마가 되어 노나라를 방문했다. 노나라 군주는 그를 위해 연회를 베풀었으나 화우는 이 연회에 참석하기를 사양하며 "저의 선조인 화독이 예전에 동란을 일으킨 일이 제후국의 역사서에 모두 기록되어 있습니다. 그 일은 저희 가문의 치욕이니, 저는 감히 이처럼 융성한 접대를 받을 수가 없습니다"라고 말했다.[20] 공부의 후손들이 사는 노나라에 왔으니, 화우의 심리적인 부담감이 매우 컸던 듯하다.

공자가 여인에 대해 좋지 못한 인상을 가지고 있었던 연유는 공씨 가문의 이러한 역사와도 관련이 있다. 이 동란에서 공부의 부인은 아무런 책임도 없었지만, 사람들은 늘 '미인은 화의 근원'

19 《좌전》의 환공 원년과 2년을 볼 것.
20 《좌전·문공 15년》을 볼 것.

이라며 이 일을 여인의 책임으로 돌리곤 했다.

서주와 춘추 시대에는 남녀 관계가 후세처럼 그렇게 보수적이지 않아 귀족 부녀자들이 얼굴을 드러내거나 사교 모임에 참가할 때가 아주 많았다. 제후국의 군주가 외국을 방문할 때도 간혹 부인을 대동하곤 했는데, 접대하는 나라에서도 군주의 부인이 환영 연회를 함께 주최해 두 나라의 부인들도 상대방 나라의 군주와 함께 술을 마시면서 '교작交爵' 의식을 하기도 했다. 이 '교작'이란 아마도 후세의 러브샷과 비슷한 형태로 보인다.

공자는 예전에 이 '교작' 의식 때문에 미묘한 관계가 생겨 사건으로 번진 일화를 이야기하기도 했다. '양후陽侯'라는 군주가 '목후穆侯'라는 군주의 부인에게 눈독을 들여 목후를 죽이고 부인을 빼앗은 일이 있었다. 이 때문에 그 후로는 제후국 군주가 주최하는 의식에 부인을 참석하게 하는 일이 거의 없어졌다고 한다.[21] 아쉽게도 역사서에는 이 두 군주에 관한 기록이 전혀 없어 자세한 사정은 알 수 없다.

공자와 아들 공리의 관계에 관해서는 뒷부분에서 설명한다.

---

21 《예기·방기》를 볼 것.

14   쫓겨난 상갓집 개로 불리다(57세)

위나라를 떠난 공자는 그가 아직 가 본 적 없는 선조들의 고향인 송나라로 가고자 했다. 57세가 된 공자는 아마도 고향으로 돌아가고 싶은 생각이 들었던 듯하다.

공자의 예상대로라면 송나라에 가서는 분명히 위나라보다 더 좋은 기회를 잡을 수 있을 터였다. 이는 공자가 자신이 이전까지 해 왔던 정치 사업의 전망을 낙관적으로 보지 않았음을 의미하기도 한다. 그는 노나라에 있던 당시에 '동방 반진 연맹'의 결성에 깊이 관여했는데, 송나라는 줄곧 진나라를 따르는 입장이라 이 연맹과는 적대 관계였기 때문이다. 만약 공자가 송나라에서 관직을 얻으려 한다면 동방 반진 연맹과 대립하는 편에 선다는 뜻이었고, 그렇지 않더라도 최소한 연맹과는 입장을 달리한다는 의미였다. 이는 그가 제나라와 위나라에서 거듭 실망한 후에 하게 된 또 다른 선택이라 할 수 있다.

국방부 장관의 적의

송나라는 위나라의 동남쪽에 있었는데, 도중에 조曹나라[지금의 산둥성 딩타오定陶현]를 지나야 했다. 이 땅은 5백 년 전에 주공이 대분봉을 시행할 당시 자신의 동생인 진탁振鐸에게 나누어준 곳이다. 따라서 조나라는 제후 열국 가운데 서열이 낮지 않은 편이었다.

공자의 시대보다 백 년쯤 전에 조나라의 군주인 공공共公이 당시 방랑 중이던 진晉나라의 공자인 중이重耳에게 잘못을 저지른 적이 있었는데, 나중에 중이 공자가 군주[진문공]가 된 후에 제후국들을 소집해 조나라를 징벌했다. 이 전쟁으로 조공공은 사형을 당할 뻔했고, 국토의 대부분을 이웃 나라들에 할양해 주어야 했다. 공자의 시대에 조나라는 이미 아주 약소한 나라가 되어 종종 송나라나 정나라에게 통제를 당했다.

공자 일행은 조나라에서 멈추지 않고 그대로 송나라의 도성인 상구商丘[지금의 허난성 상추商丘시]로 향했다. 이때는 공자의 선조인 공부가 살해된 정변이 일어난 때로부터 215년, 세대로는 8~9세대 정도가 지난 후였다. 당시에 공자의 선조를 죽인 화씨 가문은 그 후로도 송나라에서 오랫동안 권력을 장악했으나, 공자가 젊었을 때쯤에 송나라 귀족들의 내분에 말려들었다가 완전히 실패하고, 살아남은 사람은 모두 외국으로 망명했다. 공자가 송나라에 도착했을 때는 친척뿐만 아니라 오랜 원수 가문도 남아 있지 않았다.

그런데도 공자는 송나라에서 활로를 찾기 힘들었다. 송나라 군주는 말할 것도 없고, 귀족 중에도 아무도 그들 일행을 접대하려 한 이가 없었다. 당시 정권을 잡고 있던 대사마[국방부 장관]가 공자를 그리 좋아하지 않았기 때문이었다. 공자는 일생에서 누군가와 대립한 적이 여러 차례 있었지만, 목숨이 위태로울 정도로 큰 난리가 났던 적은 이 대사마 환퇴桓魋가 공자를 죽이려던 때밖에는 없었다. 환퇴라는 이는 여성스러운 기질이 있는 젊은 귀족이었다[당시에는 아직 '동성애'라는 개념이 없었다].

공자가 송나라에 갔던 당시 군주인 송경공은 즉위한 지 이미 22년이 지나 정치가 비교적 안정되어 있었다. 송경공은 자신의 종친인 환퇴를 매우 총애했다. 이 환씨 가문은 송환공宋桓公의 공자 중 한 사람이 선조로, 공자의 가문보다 늦게 생겨난 가문이었다.

그렇다면 도대체 환퇴는 어째서 공자에게 원한을 품었을까?

역사서에는 이에 관해 기록되어 있지 않고, 후세의 역사가들도 그 답을 찾지 못했다. 이 역시 공자의 일생에서 몇 가지 수수께끼 중 하나라 할 수 있다. 공자가 노나라에서 관직을 맡았던 당시에는 물론 동방 연맹 진영에 속해 있었으므로 송나라와 대립하는 입장이기는 했다. 그러나 춘추 시대 상류 계층의 사회 규범에 의하면, 귀족이 일단 관직에서 물러나 외국에 가서 자리를 찾으려 할 때는 예전에 공적인 일 때문에 발생했던 은원관계는 따지지 않고 그냥 넘어가게 되어 있었다.

  굳이 사적인 부분에서 이유를 찾는다면, 공자는 관직에 올라 있던 당시에 환퇴의 적수를 비호해 준 적이 있다. 공자가 송나라에 오기 5년 전의 일이었다. 송경공에게는 공자 지地라는 동생이 있었는데, 그는 흰색의 준마 네 필을 가지고 있었다. 그 말들이 아주 마음에 들었던 환퇴는 송경공에게 그 말들을 자신에게 달라고 부탁했다. 춘추 시대 귀족은 다들 준마를 아주 좋아했는데, 좋은 말은 사치품이자 신분의 상징이기도 했다. 환퇴에게 주기 위해 달라고 하기가 민망했던 송경공은 본인이 마음에 들었다고 말해서 공자 지에게 그 말들을 받아다가 환퇴에게 주었다. 환퇴 역시 공자 지가 자기 말들을 알아볼까 두려워 말의 꼬리와 갈기를 붉은색으로 칠했다.

  이렇게 눈 가리고 아웅 하는 식의 수법으로는 주인을 속일 수가 없는 법이다. 이 일을 알고 대노한 공자 지는 사람들을 데리고 가서 환퇴를 흠씬 두들겨 패고는 말도 다시 끌고 갔다. 환퇴는 원통해하며 송경공을 찾아가 이제 나라 안에서는 못 살겠으니 외국을 유랑하러 떠나야겠다며 울고불고 하소연했다. 두 사람은 너무나 상심한 나머지 문을 닫아걸고 눈이 퉁퉁 부을 정도로 울었다閉門而泣之, 目盡腫.

송경공은 환퇴를 대신해 복수해 주기로 결심했다. 상황이 심상찮게 돌아가자 공자 지는 선수를 쳐서 도망쳤다. 또 다른 공자 원原이 본래 중재 역할을 하고 있었으나, 양쪽에서 원망을 사는 상황이 되자 그는 송나라 변경의 소성蕭城이라는 곳을 점거하고 환퇴에게 대항했다.

이 일들은 공자와 아무 상관이 없었다. 유일하게 아주 조금이나마 관련되었다 할 수 있는 부분이라면, 중재 역할을 하던 공자 원이 소성에서 더는 버틸 수 없게 되자 노나라로 피난을 갔는데, 당시에 공자가 관직에 있었다는 정도다. 그러나 열국 사이에는 귀족이 내란 때문에 망명하면 그를 맞이해 접대해야 한다는 의무가 있었다. 무력 지원을 하지만 않는다면 두 나라 사이가 틀어지는 일은 없었다.

《예기》에는 공자가 환퇴에 대해 평한 말이 기록되어 있다. 당시 환퇴는 자신을 위해 옥으로 관椁을 하나 만들었는데, 너무 사치스러운 일이라 여긴 공자는 "그런 짓을 하느니 빨리 죽어서 썩어 버리는 편이 낫겠다"라고 말했다. 이는 물론 듣는 이의 미움을 살 만한 말이기는 하지만, 상식적으로 판단해 보면 두 사람이 원한 관계가 된 원인이라기보다는 오히려 그 결과로 나온 말처럼 보인다. 공자는 아무 상관 없는 낯선 사람을, 그것도 신분이 높고 권력이 큰 사람을 일부러 도발하는 사람은 아니었다.

환퇴는 남색을 즐기는 사람이었는데, 공자의 학설은 확실히 이러한 관계를 전혀 인정하지 않았다. 공자는 남녀 관계를 인성의 기초이자 사회 관계의 기본으로 보았으며, "먹고 마시고 남녀가 정을 통하는 일이 인간의 가장 큰 욕망이다飮食男女, 人之大慾存焉"[1]라고 하여 사람의 가장 기본적인 욕구가 바로 배를 채우는 일

1 《예기·예운禮運》

과 남녀 관계임을 인정했다. 남녀 사이에는 귀하고 천함의 질서
가 있어야 하지만, 그래도 반드시 한 쌍을 이뤄야만 한다고 주장
했다. 그래야 자손을 가능한 한 많이 낳아 부자 관계와 형제 관계
등 가정 내의 윤리 원칙을 발전시킬 수 있기 때문이다.

또한 공자는 군신 관계에 관해서도 명확한 한계를 제시했는
데, 계약에 따라 일하는 관계를 엄격히 지켜야 하며 서로 친구가
되어서는 안 된다는 주장이었다. 그는 '임금은 예로써 신하를 부
리고, 신하는 충으로써 군주를 섬겨야 한다'라고 강조하며 군신
관계가 사적인 친분과 뒤섞이는 일을 반대했다. 환퇴는 분명히
공자의 이러한 이론들을 싫어했다. 그러나 당시에는 동성애자들
이 아직 자신들의 권리를 주장하지 않았으며, 그들 대부분은 혼
인해서 자식을 낳아 키워야 했으므로 공자의 이론에 이론으로써
대립하는 일까지는 일어나지 않았다.

그리고 공자는 위나라에 있는 동안 남자 부인과 송조 공자와
어느 정도 왕래하다가 송나라로 왔는데, 이 일이 염문으로 번져
열국의 상류층 사회에는 이미 소문이 퍼져 있었다. 어쩌면 환퇴
가 송나라 공실의 종친인 남자 부인과 송조 공자와 사적인 원한
이 있어 공자에게까지 적의를 품었는지도 모른다.

이러한 것들은 모두 추측일 뿐 확실한 증거는 없다. 물론 환퇴
는 상식적으로 이해할 수 없는 완전히 제멋대로의 논리로 '그냥
눈에 거슬려서' 그랬는지도 모른다. 게다가 공자는 생김새가 좀
이상했으니 환퇴의 눈에는 흉해 보였을지도 모른다. 아무튼 동성
애와는 거리가 먼 공자는 환퇴가 품은 적의의 이유를 도저히 알
수 없었다.

어쨌든 먼 길을 온 공자 일행은 송나라에는 도착했지만 하필
대사마 환퇴의 미움을 사게 되었고, 귀족 중 누구도 '주'가 되어

그들을 접대하려 하지 않았다. 환퇴가 이미 경고했기 때문에 감히 공자 일행을 만나러 오는 귀족조차 없었다. 그러나 다행이라 해야 할지, 공자는 본래 어떠한 대우든 달게 받고 모욕을 마음에 담아 두지 않는 성격이었다. 그래도 이렇게 기가 죽은 채로 선조의 나라를 떠나기 싫었던 그는 그냥 그곳에서 온종일 제자들을 가르쳤다. 그러다가 배움을 구하는 젊은이들이 제자가 된다면 공자도 서서히 송나라 사람들과 관계를 형성해 나갈 수 있고, 그러면 기회도 생길 터였다.

상나라 때의 희미한 기억

송나라에 도착한 공자는 곧 자신의 선조인 상나라 사람들의 역사를 떠올렸다. 이는 송나라가 바로 상나라의 후예가 세운 나라였기 때문인데, 여기에는 아주 복잡한 내력이 있다.

　전해지는 바에 의하면 상나라 민족은 하나라 후기 때부터 이미 상구 일대에 거주하고 있었다고 한다. 이곳의 지명만 봐도 상나라 민족과의 관계를 짐작할 수 있다. 이후에 상나라 민족의 수장인 상탕商湯이 군사를 일으켜 하나라를 멸망시키고 상나라를 세웠다. 그러나 상나라 초기에는 여러 차례 천도했고, 반경盤庚에서 은지殷地[지금의 은허 유적]로 천도한 후에야 도읍이 제대로 정해졌다.

　상나라 문명의 가장 큰 특징은 귀신 숭배, 그것도 제사를 위해 살인을 일삼는 귀신 숭배였다. 이후에 주무왕이 서부 지역에서 세력을 일으켜 상나라를 멸망시킨 후, 주공이 섭정을 맡아 대분봉을 시행하면서 상나라의 도읍인 은지는 주나라에 철저히 파괴되어 버렸고, 상나라의 핵심 지역은 위나라에 나눠 주었다. 상나라의 주왕紂王에게는 미자계微子啓라는 이복형이 있었는데, 그는

일찍부터 주나라에 투항했기 때문에 주나라에서는 그가 제후국
을 하나 세워 상나라의 혈통을 이어 가도록 허락해 주었다. 미자
계는 상나라 민족이 하나라를 멸망시키기 전에 그 세력의 시초
가 된 땅을 택해 송나라를 세우고 도읍을 상구로 정했다.

　송나라의 군주가 제사를 지내는 대상은 바로 상나라의 역대
왕들이었다. 《시경》에는 '송가頌歌'라는 부분이 있다. 이 부분의
시들은 주나라 왕실 혹은 제후국에서 선조들에게 제사를 지낼
때 부르는 노래였다. 이 '송가' 중에는 〈상송商頌〉이라는 연시連詩
가 있는데, 이는 송나라 전용 서사시로 상나라 민족의 시조부터
시작해 그들이 어떻게 하나라를 멸망시키고 상나라를 세웠는가
에 관해 노래하는 내용이다.[2]

　주나라 왕실에서는 송나라를 최고로 대우해 '어주위객於周爲客',
즉 주 왕조의 손님이라 불렀다. 송나라의 군주가 도성을 방문해
주나라 천자를 알현할 때는 천자도 동등한 예로 맞이했는데, 이는
옛 상나라 왕조에 대한 주나라 왕실의 존경을 표하는 방식이었다.
다른 제후국의 군주들은 이러한 대우를 받지 못했다. 그들은 도성
에 가서 천자를 알현할 때 윗사람을 배알하는 예에 따라야 했다.

　상나라 민족은 왕조를 세운 적이 있었으므로 인구가 매우 많
았다. 송나라에 사는 인구는 그중 일부에 불과했으며, 나머지 사
람들은 주나라에 의해 나뉘어 각 제후국에 편입되었다. 노나라와
위나라 등의 제후국을 세울 때 몇몇 상나라 가문은 이들 제후국
으로 옮겨졌다. 비교적 온화한 성정을 지닌 상나라 사람들은 서
주 통치의 중심인 관중으로 보냈는데, 이들은 주나라 조정에서
문서를 담당하는 하급 관리 등으로 일했다. 가장 완강한 상나라

---

　2 이 연시는 《시경》의 마지막 권에 수록되어 있는데, 〈나那〉, 〈열조烈祖〉, 〈현조玄鳥〉,
〈장발長發〉, 〈은무殷武〉, 이 다섯 편으로 구성되어 있다.

사람들은 낙양성으로 보냈는데, 이곳은 은지와 멀리 떨어져 있고 주나라의 통치 중심과 가까워서 반란을 최대한 방지할 수 있었다. 주나라는 이렇게 상나라 사람들을 나누어 통치했다.

이렇게 뿔뿔이 흩어진 사람들 외에도 일부 상나라 사람들은 살 곳을 정하지 못하고 생활하기도 힘들어 열국을 오가며 장사를 시작했다. 상나라 사람들은 이전에 중원을 통치했으므로 각 지역의 사정을 잘 아는 편이었고, 큰 세상을 경험한 적도 있어 장사에 능했다. 오늘날 장사하는 사람을 지칭하는 '상인商人'이라는 말이 바로 이 상나라 사람들로부터 유래했다.

춘추 시대 상인들의 상회 총본부는 정나라에 설치되어 있었던 듯하다. 당시 정나라는 중원의 중심부에 있어서 장사에 편리했다. 이들은 자신들이 정나라의 국정에 간섭하지 않으며, 정나라의 군주와 귀족들도 상인들로부터 강제로 돈을 징수하지 않는다는 내용의 합의를 정나라 군주와 몇 대에 걸쳐 맺고 있었다.

지리적으로 보면 상나라 민족은 동쪽에서 시작했고 주나라 민족이 세력을 일으킨 곳은 서부의 관중 평원이었으므로, 두 민족의 문화는 그 근본부터 서로 완전히 달랐다. 주나라 사람들은 귀신을 믿기는 했지만, 사람을 죽여 제사를 지내거나 순장하지 않았고, 제사에 올리는 제물도 최소한으로 죽이려 했다. 주공은 규칙을 정해 주나라 천자를 대접하거나 제사를 지낼 때는 소 열두 마리만을 사용하도록 했으며, 제후와 경대부로 계급이 내려갈수록 그 수를 줄이도록 했다. 주나라는 상나라를 멸망시킨 후로 인제를 지내거나 순장하는 일을 엄격히 금지해 상나라 사람들도 이러한 풍습을 점차 고쳤고, 결국은 잊게 되었다. 공자의 시대에 와서는 사람을 죽여 제사를 지내는 상나라 시대의 풍습을 매우 야만적이며 떳떳하게 드러낼 수 없는 짓이라고 여겼다. 춘추 시대 역사서에는 이러한 풍습에 관한 기록이 전혀 없다.

그러나 잔인한 제사 풍습의 그림자가 완전히 지워지지는 않았다. 춘추 시대의 몇몇 비밀스러운 사교邪敎의 무당들 사이에는 이러한 풍습이 아직 남아 있었으며, 송나라 사람들도 간혹 야만적인 풍습에 따라 포로들로 제사를 지내기도 했다. 당시 사람들은 몇몇 특수한 사교의 신에게는 살인해서 제사를 지내면 훨씬 더 효과가 있어, 정상적인 방법으로는 실현할 수 없는 일도 이루게 해 준다는 믿음을 암암리에 가지고 있었다. 그러나 전체적으로 보면 상나라 때만큼 성행하지는 않았다.

상나라와 주나라는 귀족들의 혼인에 관한 규칙 역시 서로 달랐다. 상나라 민족에게는 본래 '성'이라는 개념이 없었으므로 같은 성을 가진 사이에도 통혼했으며, 외부의 야만족과 통혼을 꺼렸기 때문에 족내혼이 성행했다. 반면에 주나라 민족은 자신들의 성을 희姬라고 여기며 반드시 다른 성을 가진 사람[다른 민족]과 통혼했다. 노나라의 역대 군주들은 주로 성이 강姜인 제나라나 성이 자子인 송나라 사람과 통혼하는 경우가 많았으며, 그 외에도 성이 풍風 혹은 조曹인 주위 소국들과 통혼하기도 했다. 주나라 왕실도 마찬가지여서 제나라나 송나라의 공주를 왕후로 삼아 낙양으로 맞이하곤 했다.

주나라의 이러한 정책은 민족의 융합이라는 결과를 낳았다. 본래 폐쇄적인 혼인 제도를 가지고 있던 상나라 민족은 허난과 산둥 일대를 수백 년간 통치했으나, 이 지역에 있는 수많은 타 부족의 소국들과는 화합하지 못했다. 반면에 주나라는 몇백 년 만에 열국 상류층 사회의 기본적인 통합을 실현했는데, 이렇게 된 데는 통혼 제도의 공헌이 매우 크다.

상나라 사람들은 사고방식도 매우 독특했다. 그들은 왕조를 수립해 중원을 통치할 당시에는 걸핏하면 주변의 소국[부족]들을 토벌해 약탈하고 포로로 잡아 도읍으로 끌고 가서 제사를 지내는 등 매우 잔혹하게 굴었다. 그러나 주나라에 패한 후로는 순순히 자신들의 운명을 받아들이고 주나라의 예의와 풍습을 전부 배워서 문화적, 정치적으로 완전히 주나라 왕조에 동화되었다. 춘추 시대에 이르러 제환공과 진문공이 패주로서 주변 야만족들의 공격을 막아내고 질서를 유지하려 했을 때, 그들의 가장 충성스러운 맹우이자 지지자는 종친인 주나라 왕실 출신의 제후들이 아니라 바로 송나라였는데, 이는 다소 아이러니한 일이다.

이처럼 독특한 내력을 보유한 송나라 사람들은 개성도 좀 남다른 편이었다. 공자보다 조금 앞선 때에 어느 초나라 귀족이 송나라 사람들의 특징은 "정소, 송농鄭昭, 宋聾"이라고 말한 적이 있었다. 즉, 정나라 사람들은 총명하고 영리하나, 송나라 사람들은 우둔하고 고지식해 마치 귀머거리처럼 말이 통하지 않는다는 뜻이다.[3]

전국 시대의 제자백가들은 고사성어를 만들어 지역 차별을 하곤 했는데, 이러한 고사성어에서 표현하고 있는 송나라 사람들의 모습은 '수주대토守株待兔', '발묘조장拔苗助長', '지자의린智子疑隣' 등 모두 어리석고 분별력이 없다는 특징을 지니고 있다. 혹자는 이것을 옛 귀족들의 어리석고 천진한 기질이라고 보았는데, 오랫동안 사치스럽고 안일하게 지낸 탓에 잔꾀를 부릴 줄 몰라 이렇게 되었다는 뜻이다.

송나라 귀족들은 내전을 벌일 때도 어리석은 일에 꼭 목숨을 걸곤 했는데, [공자의 선조 이야기처럼] 남의 아내를 빼앗거나 혹은 말 몇 필을 손에 넣기 위해 대귀족 가문을 몰살하기도 했다. 이

[3] 《좌전·선공(宣公) 14년》

때문에 송나라의 정치 상황을 보면 다소 황당한 느낌이 드는데, 공자가 송나라에 가서 겪은 일 역시 그러하다. 이 역시도 체면을 무엇보다 중요시하며 충동을 곧 영예라 여기는 옛 귀족의 기질이라 볼 수 있다. 온갖 사소한 일로 결투를 벌여 서로 죽고 죽였던 중세 유럽의 귀족과도 비슷한 면이 있다.

그렇다면 공자는 상나라 문화의 이러한 특수성과 잔인성을 인지하고 있었을까? 이는 매우 복잡한 문제일 수 있다.

공자의 시대에 황제와 염제에 대한 전설은 아직 정사가 아닌 야사일 뿐이었다. 당시에 정통으로 여기던 역사에서 가장 오래된 시대는 요, 순, 우임금의 시대이며, 그 이후는 하, 상, 주나라로 이어졌다. 요임금 이전의 시대는 야만족의 부락 역사로 여겨 문명의 역사가 없었다고 보았다.

공자는 하, 상, 주 세 왕조의 문화가 대동소이하다고 생각했으며, 같은 기초 위에서 조금씩 진화해 주나라 때 가장 큰 발전을 이루었다고 보았다. 예를 들어 당시에 매년 새해가 시작하는 날을 현재의 음력을 기준으로 말하자면 하나라는 음력 1월 1일이었으며, 상나라는 12월 1일, 주나라는 11월 1일이었다. 공자는 그밖의 각종 예절과 의식 및 제도 역시 세 왕조가 서로 비슷하다고 여겼다. 그는 "하나라는 역법이 가장 뛰어났고[실제로 서한 시대부터 다시 하나라의 역법, 즉 음력을 사용하기 시작해 현재까지도 사용하고 있다], 상나라는 마차 기술이 가장 뛰어났으며[고고학 연구에 따르면 마차는 상나라 후기의 은허 유적에서만 발견되었으며, 하나라 때부터 상나라 초기까지의 유적에서는 마차를 발견할 수 없다], 주나라는 예복과 관모 제도가 가장 뛰어나다"라고 말했다.

즉, 공자는 상나라가 하나라의 예절과 의식을 조금 변화시켰으며, 주나라도 마찬가지로 상나라의 예절과 의식을 약간 변화시켰다고 생각했다. 그는 이러한 변화가 모두 그리 크지 않으므로 간단히 설명할 수 있다고 보았으며, 주나라 이후로도 크게 변하지 않으리라고 생각했다.

상나라의 후예가 송나라이듯이 하나라의 후예도 남아 있었다. 가령 산둥 지방에는 기杞나라 등이 있었는데, 사실 이를 고증하기는 힘들다. 고고학 연구에 따르면 하나라 문화의 진정한 핵심 지역은 허난성 서부[낙양]에서 산시山西성 남부[운성運城]까지로, 산둥까지는 뻗어 있지 않았기 때문이다. 공자는 송나라와 기나라의 예절과 의식 제도에 관해 연구한 적이 있는데, 그는 이 연구를 통해 이 두 나라의 제도는 하나라나 상나라의 옛 제도가 아니라 이미 주나라 문화의 많은 요소가 융합된 제도라는 결론을 내렸다. 그러면서 그는 이전 왕조들에 관한 문헌이 너무 적어 상세히 연구할 수 없다고 생각했다. 공자가 고대를 숭상했던 것은 사실이지만, 그는 결코 맹목적으로 고대 사회의 문화를 신격화하거나 이상화하지 않았으며, 때로는 '옛것을 의심하는' 학문적 이념을 운용하기도 했다.

삼환 가문은 처음에 공자를 발탁하려던 당시에 노나라는 주공의 후예이자 주나라 문화의 직계 자손인데 상나라의 후예인 공자가 주나라 민족의 정권을 반대하지는 않을까 걱정해 그의 입장을 알고자 했다. 공자는 "주나라는 하나라와 상나라 두 왕조의 장점을 흡수해 가장 우수한 문화를 이룩했으므로 나는 주나라를 지지합니다"라고 말했다.[4] 삼환 가문은 이 말을 듣고서야 안심했다.

'세 왕조가 대동소이하다'라는 공자의 역사관은 사실 상나라 문명의 잔혹성을 완전히 회피해 상나라의 마지막 왕인 주왕을

---

4 《논어·팔일》: "공자가 말했다. '주나라는 두 왕조를 거울로 삼았으므로 그 문화가 찬란하도다! 나는 주나라를 따른다.'"(子曰: '周監於二代, 鬱鬱乎文哉! 吾從周.')

왕조 전체의 모든 죄악을 등에 진 희생양으로 만들었다. 그런데 이는 공자의 독창적인 생각이 아니라 아마도 주나라의 개국 공신인 주공이 시행했던 정책의 일환이었을 가능성이 크다. 그러나 당시의 역사를 기록한 문헌이 너무나 적어 지금에 와서는 그대로 복원하기가 힘들다.

공자는 선조들을 존중했으며, 상나라와 송나라에 큰 호감을 느끼고 있었다. 그가 늘 언급하는 인자들과 현인들, 즉 백이, 숙제, 미자微子, 기자箕子, 비간比干 등은 모두 상나라 사람이었다. 그가 학문에서 모범으로 삼았던, '술이부작, 신이호고述而不作, 信而好古'했던 노팽老彭 역시 상나라 사람이었다.[5]

지금 생각하면 상나라 사람들의 혈제血祭 문화는 오랜 수수께끼이며, 서주와 춘추 시대 사람들이 어떻게 해서 이러한 역사적인 기억을 지워 버렸는가는 더욱 큰 미스터리이다. 출처가 불분명한 《일주서逸周書》라는 문헌에만 주무왕이 상나라를 막 멸망시켰을 당시 많은 사람을 죽여 인제를 지냈다는 기록이 있는데, 문헌에 상세히 쓰인 과정을 보면 갑골문에 기록된 상나라 사람들의 제사 방법과 완전히 동일하다. 이는 주나라 사람들도 상나라의 문화에 관해 알았으며, 왕조 초기에는 한동안 이러한 문화를 답습하려 했음을 의미한다. 진정한 개혁은 아마도 무왕 사후에 주공이 정권을 잡고 '제례작악制禮作樂'을 시행한 이후부터 시작한

5 《논어·공야장》: "공자가 말했다. '백이와 숙제는 예전에 남이 자신에게 잘못했던 일을 담아 두지 않았으므로 원망하는 일이 드물었다.'"(子曰: '伯夷, 叔齊不念舊惡, 怨是用希.') 《논어·미자》: "미자는 그(주왕)를 떠났고, 기자는 그의 종이 되었으며, 비간은 간언하다가 죽었다. 공자가 말했다. '은나라에는 어진 사람이 셋 있다.'"(微子去之, 箕子爲之奴, 比干諫而死. 孔子曰: '殷有三仁焉.') 《논어·술이》: "공자가 말했다. '나는 과거의 학술과 사상을 진술하기만 할 뿐 나 자신이 새로운 사상을 창조하지는 않으며, 옛날의 학술과 사상을 믿고 좋아하니, 남몰래 나 자신을 노팽에 비교해 본다.'"(子曰: '述而不作, 信而好古, 竊比於我老彭.')

듯하다.

공자는 만년에 각종 고대 문헌을 정리했으므로 분명히《일주서》에 관해서도 알고 있었을 것이다. 그러나 그는 '육경'을 엮을 때 고의로《일주서》를 제외했다. 주나라 사람들이 사람의 모습을 본떠 만든 도자기 인형을 묻어서 사람을 죽여 순장하던 상나라의 풍습을 대신하는 방식은 문명적인 방향으로의 진보라 할 수 있다. 그러나 공자는 "도자기 인형을 처음으로 고안한 이는 천벌을 받아 후손이 끊겼을 것이다始作俑者, 其無後乎"라고 모질게 저주하며, 인형을 만들어 묻는 일조차 용인할 수 없다는 듯이 말하고 있다. 공자의 예민한 태도는 더 많은 일을 알고 있었기 때문에 표출되었는지도 모른다. 그는 주공이 인형을 묻는 풍습을 만든 일에 대해 '순장 풍습을 없애려면 완전히 없애 버릴 것이지, 이렇게 인형을 만들어 꼬리를 남겨놓으면 결국 언젠가 후세 사람들이 캐내어 밝혀내지 않겠는가'라고 불만을 표했는지도 모른다.

오늘날 우리는 고대인들의 심리를 추측하기가 매우 어렵다. 어쩌면 그들의 지식 범위는 우리의 상상보다 더 컸지만, 그들은 고의로 그중 일부분을 숨겨 공개적으로 기록되지 않은 '숨은 지식[티베트 불교 중 소위 '밀종密宗'의 지식처럼 그 내부에서만 비밀리에 전승되는 지식]'으로 만들었는지도 모른다. 전국 시대와 진, 한나라를 거치면서 천지가 개벽할 정도의 사회 혁명이 일어난 후로 이러한 '숨은 지식'들은 정말로 잊히게 되어, 현대 고고학의 발굴 작업이 없었다면 이렇게 숨겨진 고대사는 완전히 사라져 버렸을지도 모를 일이다.

주도는 꼬불꼬불 멀구나

다시 현실의 공자에게로 돌아와 보자. 때는 여름이라 상구의 날

씨는 매우 더웠다. 공자 일행의 거처는 매우 남루해 제대로 된 정원조차 없었다. 제자들에게 예절과 의식을 가르치려면 이를 시연할 공간이 필요했는데, 마침 거처 근처의 길가에 큰 나무가 한 그루 있어 공자는 그 나무 그늘에서 제자들이 연습하게 했다.

환퇴는 지위도 높고 가진 권력도 컸으므로 공자를 괴롭히는 일은 매우 간단했다. 그러나 그는 적의를 드러내는 방식도 유순한 편이었다. 환퇴는 일단 사람을 시켜 공자 일행에게 그늘을 제공해 주던 나무를 베어 버리고, 다음에는 공자의 목숨을 빼앗겠다고 선언했다.

이 지경이 되자 떠나지 않을 수 없었다. 그러나 공자는 일부러 천천히 짐을 챙겨 느긋하게 출발하며 체면을 잃지 않으려 했다. 긴장한 제자들은 스승에게 이 말썽으로 가득한 곳을 당장 떠나자고 권했다. 환퇴가 괴롭히려 한다면 분명히 제자들에게 먼저 손을 댈 터였기 때문이다. 공자는 여전히 거드름을 피우며 "사람이 살고 죽는 것은 모두 하늘의 뜻인데, [남자 같지도 여자 같지도 않은 그런] 환퇴가 나를 어찌하겠느냐桓魋其如予何!"[6]라고 말했다. 공자가 이처럼 겁을 내지 않았던 이유는 환퇴가 정말로 상구성 안에서 일을 벌인다면 송나라의 체면이 크게 떨어지므로 그럴 가능성이 작았기 때문이다.

《맹자》의 기록에 의하면 환퇴는 공자와 그 제자들을 '요이살지要而殺之'하려 했다고 한다. '요要'는 가는 길을 막는다는 뜻으로 길 중간에 매복하고 있다가 강도가 해친 것처럼 꾸며 정체가 들통나지 않도록 하려 했다는 의미가 된다.

그동안 줄곧 상구에서 열심히 수업을 열어 제자들을 가르쳐 온 공자는 마침내 수확을 얻었다. 환퇴에게는 사마우司馬牛라는

6 《사기·공자세가》, 《논어·술이》

사촌 동생이 있었는데, 공자의 학설에 매료된 그가 몰래 공자를 찾아와 환퇴의 계획을 알려준 덕분에 공자와 제자들은 화를 피할 수 있었다. 그들은 가난한 유랑민으로 변장하고 재빨리 송나라를 벗어났다微服而過宋. '미복微服'은 가난한 이의 의복이라는 뜻이다. 이 기록을 보면 공자는 상구성을 나온 후에는 생각을 바꿔 목숨의 보전을 최우선으로 했던 듯하다.[7]

　상식적으로 생각하면 공자는 북쪽의 위나라로 돌아가야 했다. 그러나 그는 미지의 땅인 서쪽의 정나라로 향했다. 역사서에는 공자가 이러한 결정을 내린 이유에 관해 기록되어 있지 않다. 추측해 볼 수 있는 원인은 첫째로 이미 떠나온 위나라로 다시 돌아가면 체면이 서지 않았기 때문이며, 둘째로는 공자 일행이 왔던 길로 돌아가리라고 예상한 환퇴가 그곳에 매복하고 있을 가능성이 있어, 화를 피하고자 정나라로 갔다는 것이다.

　위나라에서 송나라로 갔다가 다시 정나라로 갔으니 사실 괜히 멀리 돌아간 셈이었다. 정나라와 위나라 사이에는 대로가 나 있었으나, 송나라와 정나라 사이는 교통이 그리 편리하지 못했기 때문이다. 이곳은 지금의 허난성 쑤이睢현과 치杞현, 퉁쉬通許현 일대로 당시에는 사람이 살지 않는 황무지였다. 《좌전》에 의하면 두 나라는 이곳을 완충지대로 남겨 두고 어느 쪽에서도 개발하지 않도록 협정을 맺고 있었다고 한다.[8]

　공자의 시대에는 현재 중국 영토 범위 내의 총인구가 천만 명이 넘지 않아 현재 인구의 100분의 1이 채 되지 못했다. 좀 더 직

7 《맹자·만장상》: "공자는 노나라와 위나라에서 환대를 받지 못하고, 송나라에서는 사마인 환퇴가 그들이 가는 길을 가로막고 죽이려 했으므로 남루한 복장으로 변장하고 송나라를 빠져나갔다."(孔子不悅於魯, 衛, 遭宋桓司馬, 將要而殺之, 微服而過宋.)
8 《좌전·애공 12년》: "송나라와 정나라 사이에는 빈 땅이 있었다."(宋鄭之間有隙地焉.)

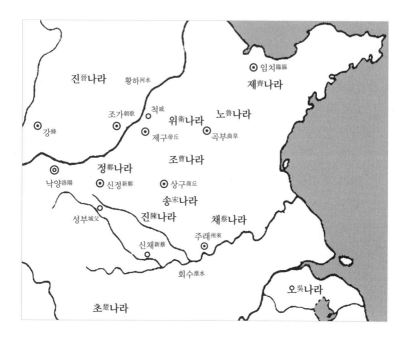

　　그림 8 공자가 주유한 나라들의 간략한 지도

공자가 일생 동안 남긴 족적은 모두 황하와 회수(淮水) 사이에 집중되어 있다. 황하의 북쪽
에는 진나라가, 회수의 남쪽에는 초나라가 있었는데, 공자는 이 두 강대국과는 인연이 별로
없었다.

관적으로 말하자면, 지금 사람 백 명이 사는 곳이라면 춘추 시대에는 단 한 사람밖에 살지 않았고, 지금 사람이 백 명도 채 살지 않는 곳이라면 당시에는 황무지였다. 이렇게 생각해 보면 우리가 춘추 시대 사람들의 입장에서 당시의 생활과 여행에 관해 이해하는 데 도움이 된다.

공자 일행은 상구를 떠난 지 얼마 지나지 않아 황무지로 들어섰다. 이곳은 황하의 물길이 주기적으로 회수를 침범하는 토사 침적 지대로, 동남쪽을 향해 흐르는 황하의 지류 여러 개가 수많은 작은 연못과 습지 및 모래밭을 형성하고 있었다. 마차가 이 황무지를 지나가는 동안 마을이나 인가는 거의 없이 온통 숲과 갈대밭밖에는 보이지 않았고, 간혹 꽃사슴이나 사불상四不像(사슴과의 일종으로 현재는 희귀동물에 해당한다), 멧돼지, 여우, 곰, 이리, 표범, 호랑이, 야생 물소 등의 각종 야생동물이 갑자기 나타났다가 사라지곤 했다. 공자는 종종 '시兕'라는 야생동물을 언급했는데, 이는 야생 물소를 말한다.

주나라 이전에는 기온이 현재보다 높아 물소의 서식지가 허난성 중부의 스자좡石家莊 지역까지 퍼져 있었다. 상나라 민족의 시조는 물소를 길들이는 데 능했으며 코끼리도 길들일 수 있었다. 그들은 열대 기후의 황량한 황화이黃淮 평원에서 물소들을 유목하며 이주 생활을 하다가 마침내 쇠퇴해진 하나라를 멸망시켰다.[9] 공자의 시대에는 기온이 상나라 때보다 낮아졌지만 허난 지역에는 여전히 수많은 야생 물소가 서식하고 있었다.

인가가 매우 드물었지만, 그래도 열국으로 통하는 도로는 있었다. 주나라 민족은 중원을 점령한 후에 각 제후국의 도성으로

9 비교적 북쪽으로 치우친 지대에서 발견된 상나라 때의 물소 뼈 유물은 허난성 박물관에서 볼 수 있다.(《가오청 타이시 상대 유적藁城臺西商代遺跡》, 문물출판사, 1977년).

통하는 대로를 닦았는데, 이 대로를 '주도周道'라 했다.《시경·소
아》에서는 주도에 관해 '주도는 고운 숫돌처럼 평평하고, 화살을
쏜 듯이 곧구나周道如砥, 其直如矢'[10]라고 노래하고 있다. 물론 꼬불꼬
불하게 돌아가는 길도 있었는데, 이러한 길은 '주도왜지周道倭遲'[11]
라고 표현했다. 제후국의 정치가 혼란해 경내의 도로가 제대로
보수되어 있지 않은 모습은 '넓고 평평한 대로에 이제는 잡초가
무성하도다跛跛周道, 鞠爲茂草'[12]라고 노래했다.

　여름날의 뙤약볕 아래 공자 일행의 마차는 들판을 가로질러
갔다. 그들은 수시로 개울을 건너고 물이 흥건한 습지를 지났다.
마차가 진흙에 빠지면 제자들이 힘을 모아 마차를 밀어야 했다.
공자는 이리저리 흔들리는 마차 위에 서서 황무지를 가로질러
하늘 끝까지 뻗어 있는 듯한 희미하고 황폐한 주도를 바라보았
었다. 그가 제후들에게 준수하라고 주장하는 길 역시 '주도周道',
즉 주나라에서 창시한 모범적인 통치 질서였지만, 누구도 기득권
을 포기하려 하지 않았다. 당시 공자가 설교하는 말을 공개적으
로 반대하는 사람은 없었지만, 그렇다고 진지하게 받아들이는 이
도 없었다. 공자는 혼자서 이미 황폐해진 지 오래인 주도를 탐구
하는 수밖에 없었다.

　길을 가는 동안 그들은 간혹 소가 끄는 육중한 수레나 짐을 잔
뜩 실은 당나귀나 말을 끌고 가는 상인 일행을 지나치기도 했고,
혹은 출사하는 제후나 귀족의 마차를 마주치기도 했다. 귀족의
마차에는 깃발이 꽂혀 있었는데, 깃발에 그려진 표식이 마차 주
인의 신분과 가문을 나타냈다. 대국의 대귀족들은 국제적으로도

10 《시경·소아·대동大東》
11 《시경·소아·사모四牡》
12 《시경·소아·소변小弁》

유명해 많은 사람이 그들의 가문 표식을 알아보았다. 그들은 마차를 타고 공무에 속하는 군주의 집안사 혹은 사적인 집안의 업무를 처리하러 갔는데, 모두 관혼상제에 관한 일이었다. 가까운 친척이나 친구가 죽으면 장례를 치르거나 조문하러 가야 했고, 자기 가문 사람이 며느리를 맞이할 때는 대신 혼담을 전해 신부를 맞이해야 했다. 이러한 일들이 귀족의 가장 주된 사교 업무였다. 공자 일행만이 상인 같지도 귀족 같지도 않고, 정쟁에서 실패한 도망자 같은 모습이었다.

당시에는 여인숙 등의 숙박 시설이 극히 적었다. 길을 가다가 마을이나 인가가 나타나면 하룻밤 묵어가겠지만, 인가가 없으면 노숙할 수밖에 없었다. 지위가 있는 이들은 먼 길을 갈 때 반드시 마차에 천막과 돗자리, 방석을 준비해 노숙할 때 사용했다. 가난한 이들은 천막조차 없어 주인의 마차 아래에 풀이나 짚을 깔고 옷을 입은 채로 잠을 청했다. 《시경》에는 군대에 복무했다가 고향으로 돌아가는 병사의 이야기가 나오는데, 돌아가는 길에 매일 밤 마차 밑에서 웅크리고 잠을 자던 그는 풀숲에 동그랗게 웅크린 벌레를 떠올리며 자기가 그 벌레 같다고 생각한다.[13] 노숙하는 사람은 몸을 잔뜩 웅크리고서 습하고 추운 밤중에 숲에서 들려오는 풀벌레 소리를 들으며 온몸에 이슬을 맞곤 하는데, 이 순간이 바로 여행하다가 제일 집 생각이 나는 때이다.[14]

공자는 높은 벼슬에 올랐다가 퇴직한 대부의 신분이므로 천막을 가지고 있었다. 그러나 제자들까지 이러한 대접을 받을 수는

---

13 《시경·빈풍豳風·동산東山》: "꿈틀거리는 뽕나무 벌레가 뽕나무에 가득하구나. 웅크리고 홀로 새우잠을 자니, 또 마차 아래서 자는구나."(蜎蜎者蠋, 烝在桑野. 敦彼獨宿, 亦在車下.)

14 《시경·소남召南·행로行露》: "이슬이 축축이 내린 길에 어찌하여 이른 아침과 깊은 밤에는 가지 않는가? 길에는 이슬이 많기 때문이다."(厭浥行露, 豈不夙夜? 謂行多露.)

없었다. 특히 가정 형편이 좋지 않은 제자들은 노숙할 때마다 천막을 세우고 말에게 물을 먹이고 장작을 패고 불을 피우고 물을 긷고 음식을 만들어 스승의 시중을 들어야 했고, 밤에는 마차 밑에 옹기종기 모여 잠을 청해야 했다.

먼 길을 떠날 때는 길을 가면서 먹기에 편리하도록 건량을 준비해야 했다. 이 건량은 보통 볶은 좁쌀이었는데, 고대에는 이것을 '비糒'라고 했다. 간혹 이것을 갈아서 가루로 만들기도 했는데, 이 가루는 '구糗'라고 했다. 그 외에도 '포脯'와 '수脩', 즉 말린 고기도 있었다. 고대에는 냉장 설비가 없었으므로 돼지나 소 등 가축을 잡으면 전부 포를 떠서 말려 보관했다. 공자는 종종 제자들에게 말린 고기 한 묶음을 학비로 받곤 했으므로 여행 도중에 식량으로 삼기 딱 좋았다.

우연히 농가를 마주치면 묵어갈 수 있었다. 당시의 농민들은 모두 귀족을 두려워했기 때문에 어느 나라의 귀족이든 간에 앞에서 소리쳐 길을 열고 뒤에서 마차를 호위해 지나가는 일행을 보면 항상 최선을 다해 접대하곤 했다. 그러나 농민들이 쓰는 말은 지방 특색이 매우 강한 방언이라 귀족들이 사용하는 중원의 '아언'과는 전혀 달랐기 때문에 소통하기가 쉽지 않았다.

당시의 농가는 대부분 바람이 통하고 비가 새며 반쯤은 지하 동굴이나 다름없는 허름한 초막이었다. 농민들이 주로 살았던 초막은 일단 땅을 0.5m쯤 되는 깊이로 판 다음, 네 귀퉁이에 나무 기둥을 세우고 초가를 얹어서 밖에서는 마치 움집처럼 보였다. '실내'의 한가운데는 보통 불을 피우는 구덩이가 있었고, 구석에는 두 개의 작은 구덩이를 파서 식량을 보관하는 저장고로 썼다. 고고학에서는 이러한 가옥을 '반지혈식半地穴式 가옥'이라고 부르는데, 신석기 시대부터 전국 시대까지 나타나는 구조이다. 공자는 여행 중에 차라리 천막을 펴고 잘지언정 석기 시대 식의 농가 움집에 묵지는 않았을 듯하다. 그러나 안씨 마을에서 자랐던 유년 시절에는 그도 역시 이러한 초막에서 생활했을 것이다.

춘추 시대 농민들은 생활 속에서 여전히 돌이나 짐승의 뼈, 혹은 조개껍질로 만든 각종 농기구나 공구 및 도자기로 만든 취사 도구를 사용했다. 현대에 발굴한 상나라와 서주, 춘추 시대의 마을 유적에서는 모두 이러한 도구들이 출토되었다. 기원전 2천 년의 중원 지역에서 이미 청동기가 발견되었으므로 현대 사람들은 이를 이해하기 힘들 수도 있다. 하지만 중국 역사상 청동기와 석기를 병용한 기간은 매우 길다고 보아야 한다. 중국에는 구리광산이 매우 드물어 구리의 가격이 줄곧 아주 높았으므로, 일반 농민들은 청동기를 거의 쓸 수 없었다. 그래서 청동기 시대 내내 사회의 상류층은 청동기를, 하층 계급은 석기를 사용했다. 소수 상류층 사람이 다수의 하층민을 대표한 셈이다.

전국 시대에 와서 철을 제련하는 기술이 발전하기 시작한 후에야 돌과 뼈, 조개껍질로 만든 도구들이 완전히 사라졌다. 철은 녹는점이 높아 제련 기술이 비교적 늦게 발달하고 보급되었지만, 철광산은 널리 분포되어 있어 원가가 낮았다. 이 철기 혁명이야말로 소수의 상류층에 국한되지 않고 사회의 모든 사람에게 영향을 끼쳤다.

마을을 지날 때마다 공자 일행은 사람들에게 그 마을의 귀인이 사는 집은 어디인지 물어보곤 했다. 귀인이란 대귀족이 마을에 파견한 가신이나 해당 지역의 봉주로, 이들은 상류층에서 통용되는 '아언'을 어느 정도 사용할 수 있었다. 귀인의 집이 어디인지 알아내면 우선 제자를 보내 주인에게 "저희 스승님은 노나라에서 대사구 관직을 맡았다가 퇴직하신 공구 선생인데, 이곳을

지나는 길에 귀인을 뵙고자 합니다"라고 소개하게 했다. 그러면
서 주인에게 선물을 주어야 했는데, 예절에 따르면 보통 소금에
절여 말린 고기나 닭, 거위, 새끼 돼지나 새끼 양 같은 비교적 흔
하고 사기 쉬운 선물로 했다. 각 지방은 모두 소위 '주례'를 따랐
기 때문에 예절이 거의 비슷했다.

주인은 관례에 따라 겸손한 태도로 "제가 당장 문밖으로 맞이
하러 나가겠습니다!"라고 해야 했다. 그러면 제자는 "그러실 것
없습니다. 스승님이 오실 것입니다"라고 하면서 선물을 건넨다.
주인은 선물을 사양하지만, 제자는 극구 받아 달라 청한다. 그렇
게 한동안 옥신각신하다가 주인은 일단 선물을 한쪽에 놓아두고
공자를 맞이하러 정원으로 나간다. 주례에 따르면 낯선 이가 집
에 찾아와 만남을 청할 때는 대부가 직접 사의 집에 찾아왔다 해
도 주인이 대문 밖까지 맞이하러 나갈 필요가 없었다.

주인과 손님이 만나면 서로 예의를 차리며 집으로 들어간다.
주인은 다시 한 번 선물을 사양하며 인사치레를 하다가 마침내
선물을 받는다. 주객이 모두 자리에 앉으면 다시 한 번 자기소개
를 한 다음, 서로 자기 나라의 최근 상황에 관해 이야기한다. 손님
은 오는 길에 보고 들은 것을 이야기하고 주인은 그 지역의 특색
과 풍습을 알려주는데, 이 대화는 상을 차릴 때까지 이어지기도
했다. 대화가 마무리되면 주인과 손님은 식사하며 술을 마신다.

공자를 수행하는 제자와 하인 일행은 주인 저택의 하인들이
대접해 주는 식사를 하거나, 혹은 직접 밥을 해 먹고 말에게 먹이
를 먹였다. 식사가 끝나면 주인은 손님에게 묵을 곳을 마련해 주
었다. 고대에는 여행을 떠날 때 보통 침구뿐만 아니라 간단한 취
사도구까지도 갖추고 다녔다. 당시에는 여관이나 음식점이 발달
하지 않았기 때문이다.

다음 날 아침이 되면 손님은 출발하기 전에 주인 저택에서 접대하는 데 쓴 비용을 계산해 그에 상응하는 선물을 남겨둔다. 이렇게 헤어진 후 다음번에 다시 만나면 친한 사이가 되는 것이다. 이러한 방식으로 여행 도중에 묵어가면서 인연을 맺게 된 저택의 주인을 당시에는 '관인館人'이라 했다.

공자가 위나라에서 이렇게 알게 된 '관인'이 한 사람 있었다. 공자는 나중에 다시 그곳을 지나가게 되어 이번에도 같은 저택에 묵었는데, 주인이 막 세상을 떠났다는 사실을 알게 된 공자는 빈소에 가서 곡을 하고, 제자들을 시켜 마차를 끌던 말 한 필을 주인의 가족에게 조의금 삼아 주도록 했다. 예절에 따르면 '관인'과의 관계는 이 정도로 큰 선물을 줄 사이가 아니어서 제자들은 그의 행동을 의아하게 생각했다. 그러나 공자는 주인과 아주 마음이 잘 통했다고 느꼈기에 말을 선물하겠다고 고집했다.[15]

정나라와 송나라 사이의 백 리에 달하는 황무지를 지나고 나자 농장과 인가가 서서히 나타나기 시작했다. 이곳은 지금의 허난성 웨이스尉氏현으로, 정나라 경내로 들어온 것이었다. 도로는 넓고 평평해졌으며 길가에도 제대로 된 가로수가 심어져 있었다. 계속해서 나아가자 농가가 점점 더 많아졌고, 작은 시장과 노점도 보이기 시작했다. 농가는 갈수록 빽빽해졌고, 마을도 더 많이 보였고, 강 위에는 나무나 돌로 된 다리도 놓여 있었다. 검은 연기가 올라가는 가마와 청동기 제작소도 보였고, 저 멀리 성벽의 윤곽이 보였다. 이제 도시에 거의 다 왔다.

철저히 무시당하다

정나라의 도성은 신정新鄭이라는 곳이었다. 이 지명은 지금도 사

---

15 《예기·단궁상》을 볼 것.

용하며, 위치는 허난성 중부쯤이다. 상구에서 이곳까지는 너무 빠르지 않은 속도로 이동한다면 대략 10일 정도가 걸렸다.

어째서 '신'정이라고 불렀을까? 그 이유는 정나라의 내력을 알아야만 알 수 있다. 비교적 늦게 분봉되어 이루어진 정나라는 서주의 마지막에서 두 번째 왕인 주선왕周宣王의 동생에게 나누어 준 곳으로 처음에는 관중 지역의 '정'이라는 지방[지금의 산시陝西성 화華현]에 있었다. 주유왕周幽王 때의 난 이후 관중을 잃은 왕실은 낙양으로 천도했고, 왕실을 따라 동쪽으로 옮겨 온 정나라는 유왕과 포사褒似를 지지하던 허난河南 지역의 두 제후국을 멸망시키고 그 땅에 정착한 후, 새롭게 정한 도성을 '신정'이라 불렀다.

신정성 안으로 미처 들어가기도 전에 공자는 황당한 일을 겪었다. 마치 정나라에서도 앞날이 그리 밝지 못함을 예고라도 하는 듯한 일이었다. 오는 길 내내 흔들리는 마차 위에서 고생하던 공자는 여로가 거의 끝날 때가 되자 마차에서 내려 좀 걸으면서 몸을 움직이려 했다. 그런데 신정성의 성문을 들어서기도 전에 공자와 제자들은 뿔뿔이 흩어졌다.

신정성의 동문 밖은 평범한 장소가 아니었다. 《시경》에는 '정풍鄭風'이라 하여 정나라에 관한 시들이 있는데, '풍'은 지방의 특색을 나타낸 노래라는 뜻이다. 이 '정풍'에 속하는 시 중에 '신정의 동문을 나서니 여인들이 거리에 구름처럼 모여 있다出其東門, 有女如雲'[16]라는 구절이 있다. 춘추 시대에 정나라는 상업과 무역이 비교적 발달한 나라였으며, 신정성의 동문 밖은 가장 번화한 상업지구였다.

공자의 생활은 상업과 거의 인연이 없었다. 그는 귀족 신분을 매우 중시했기 때문에 함부로 상업지구에 가지도 않았고, 상인들

16 《시경·정풍鄭風·출기동문出其東門》

과 교류하지도 않았다. 위나라에 있었을 때 그는 위령공 부부와 함께 시장을 돌아보았던 일만으로도 치욕을 느껴 분연히 그곳을 떠났다. 신정 동문 밖의 북적거리는 번화가에도 당연히 적응하지 못한 공자는 어느새 제자들과 떨어져 혼자 남아 버린 자신을 발견했다.

공자의 제자들도 인파에 휩싸여 흩어졌다. 제자 중 가장 총명한 자공은 곧바로 공자가 이러한 환경에 익숙하지 않다고 판단해 서둘러 스승을 찾기 시작했다. 그는 사람들에게 혹시 공자를 보았느냐고 물어보고 다녔다. 공자는 외모가 매우 특징적이라 알아보기 쉬웠기 때문이다. 과연 어떤 이가 자공에게 "방금 동성 성문 아래서 웬 외지 노인을 보았는데, 키가 아주 크고 괴상하게 생긴 데다 정신이 나간 듯하고 기운이 쭉 빠진 모습이 꼭 상갓집 개처럼 왔다 갔다 하고 있더이다"라고 알려주었다.

자공이 서둘러 공자를 찾아 달려가자, 공자는 깜짝 놀라 물었다. "이 어지러운 곳에서 어떻게 나를 찾았느냐?" 자공은 공자에게 "어떤 사람이 동문 아래서 웬 노인을 보았는데, 이마는 누구를 닮았고 어깨는 누구를 닮았고 허리 아래로는 또 누구를 닮은 것이 아무튼 고대의 성인들과 닮은 사람인데, 그 모습이 꼭 길 잃은 상갓집 개와 같더라고 했습니다累累若喪家之狗"라고 말했다. 공자는 이 말을 듣고 유쾌해져 "사람의 겉모습이 중요하지는 않지만, 내가 상갓집 개처럼 보였다는 말이 정말로 맞기는 하구나!"라고 웃으며 말했다.[17]

정나라는 막 송나라와의 전투에서 이긴 참이라 도읍 사람들도 다들 기뻐하고 있었다. 이 당시 동방 연맹과 진나라의 조간자 사

17 《사기·공자세가》: "모습이 누구를 닮았다는 말은 그렇지 않지만, 상갓집 개 같다는 말은 정말로 맞구나!"(形狀, 末也. 而謂似喪家之狗, 然哉! 然哉!)

이의 전쟁은 상황이 아주 격렬해져서 송나라에서는 진나라를 지원하기 위해 황하 쪽의 전장으로 지원군을 보냈다. 정나라는 동방 연맹의 일원으로서의 의무를 이행하기 위해 군사를 북쪽으로 보내 송나라의 지원군 부대를 공격해 격퇴했다. 전장은 '노구老丘 [지금의 허난성 카이펑開封시 북부]' 지역으로 공자가 지나온 길과는 다른 곳이었다. 만약 전장이 공자가 왔던 길에 있었다면 공자 일행은 전쟁하는 모습을 볼 수 있었을 것이다.

공자는 정나라에서 관직을 얻을 기회가 있는지 살펴보려 했지만, 상황은 그리 낙관적이지 못했다. 정나라 귀족 중 공자 일행의 '주'가 되어 주려 한 이가 없었다. 그가 마주한 것은 무시와 냉담한 태도였다. 공자와 관련한 그 어느 역사서에서도 그가 정나라에서 경험한 일에 대한 기록을 찾을 수 없다. 송나라에서 죽을 뻔했던 일과 같이 부정적인 사건에 관한 기록조차 없다.

공자 역시 정나라에 대해 평한 말이 거의 없으며, 있다 하더라도 전부 그리 좋지 못한 내용이었다. 《논어》에는 공자가 안회와 대화하다가 정나라의 시, 즉 《시경》의 '정풍'에 속하는 시들을 호되게 비판했다는 기록이 있다. 공자는 "정나라의 노래들은 모두 음란하며, 간사한 이들이 도덕을 해치는 내용을 담고 있다. 내가 집정하게 된다면 정나라의 노래를 엄격히 금지하고 간사한 이들을 쫓아낼 것이다"라고 말했다.[18] 또한 공자는 "나는 정나라의 음악을 싫어한다. 정나라의 음악은 조정의 정식 아악을 어지럽히니, 이는 이간질로 시비를 일으켜 나라를 전복시키는 소인과도

18 《논어·위령공》: "안연이 나라를 다스리는 일에 관해 질문하자, 공자가 대답했다. '하나라의 역법을 사용하고, 은나라의 수레를 타며, 주나라의 조복과 면류관을 착용하고, 음악은 〈소〉와 〈무〉를 써야 한다. 정나라의 음악을 몰아내고 간사한 이들을 멀리해야 한다. 정나라의 음악은 음란하며, 간사한 이들은 위험하다.'"(顏淵問爲邦. 子曰: '行夏之時, 乘殷之輅, 服周之冕, 樂則〈韶〉〈舞〉. 放鄭聲, 遠佞人. 鄭聲淫, 佞人殆.')

같다"라고 말하기도 했다.[19]

공자는 정나라의 시에 관해 말할 때면 언제나 에둘러서 악인에 비유해 표현하곤 했다. 이러한 태도를 보면 공자는 정나라에 대해 몹시 나쁜 인상을 받은 나머지, 빗대어 욕하는 지경에 이르렀음을 알 수 있다. 공자는 어째서 정나라에 이렇게 큰 불만을 품고 있었으면서도 말을 빙빙 돌려 하며 명확하게 표현하지 않았을까? 그만큼 정나라의 상류층 인사들이 그를 무시하고 냉대했기 때문이다.

물론 정나라의 이와 같은 태도는 이해하기 힘들다. 공자는 노나라에서 관직에 올랐던 당시 앞장서서 '동방 4개국 반진 연맹'을 형성해 가입했으며, 정나라 역시 이 동맹에 속해 있었기 때문이다. 우리는 이미 제나라와 위나라에서 공자에게 잘 대접해 주었던 사실을 살펴본 바 있다. 제경공과 위령공은 공자에게 관직을 내리지는 않았으나 아주 잘 접대해 체면을 살려 주었으며, 그와 직접 만난 적도 있었다. 그런데 유독 정나라만 공자의 체면을 전혀 살려 주지 않았다.

이 이면에는 귀족 과두 정치라는 원인이 숨어 있었다. 정나라는 과두들이 권력을 독점한 나라였는데, 이들도 공자가 노나라에서 관직에 올랐던 당시 시행했던 정책과 그가 과두 공화제에 불만을 품고 개혁하려 했다는 사실을 이미 알고 있었다. 따라서 그들은 당연히 공자를 받아들일 수 없었다.

---

19 《논어·양화》: "공자가 말했다. '나는 자주색이 붉은색의 위치를 빼앗는 것이 싫고, 정나라의 음악이 아악을 어지럽히는 것이 싫으며, 달변가가 나라를 전복하는 것이 싫다.'"(子曰: '惡紫之奪朱也, 惡鄭聲之亂雅樂也, 惡利口之覆邦家者.')

과두의 낙원

정나라는 백여 년 전부터 정목공의 일곱 아들 가문에 좌지우지
되어 왔다. 이를 통틀어 '칠목七穆'이라 하는데, 한罕, 사駟, 풍豊, 국
國, 유游, 양良, 인印, 이 일곱 가문은 모두 정목공의 아들인 공자들
의 자字를 씨로 정한 가문들이었다. 삼환 가문과 마찬가지로 칠목
가문 역시 군주와 노귀족들, 신흥 귀족들 사이에서 여러 차례 내
전을 벌여 권력을 차지했다. 게다가 정나라의 내전은 노나라보다
훨씬 격렬하고 잔인했으며, 칠목 가문 중 여러 가문의 가주들이
내전에서 목숨을 잃었다.

정나라와 노나라의 차이점은 한 가지 더 있었다. 노나라 삼환
가문 내부의 서열은 고정되어 있어서, 세대가 바뀌더라도 계손
씨, 숙손씨, 맹손씨 순으로 서열이 지켜졌다. 그러나 정나라의 칠
목 가문은 능력과 경력을 기준으로 삼아 순서대로 돌아가며 수
장직을 맡았다. 정나라의 최고 행정관은 승상이나 사도가 아니라
'당국當國'이라 불렀으며, 그 바로 아래 관직은 '집정執政'이라 불
렀다. 공자가 출생했을 때부터 따지면 정나라에서는 한, 국, 유,
사의 네 가문이 차례대로 당국을 맡았는데, 현재 당국의 자리에
오른 이는 사천駟歂이라는 사람이었다. 정나라의 군주는 완전히
칠목 가문에게 조종당하는 꼭두각시나 다름없었고, 만약 칠목 가
문이 불만을 품는다면 당장 군주를 죽이고 다른 이로 바꿔 버릴
수도 있었다.

이처럼 지극히 안정적이고 폐쇄된 과두 공화제를 유지하고 있
는 칠목 가문의 집권자들이 공자에게 호감을 느끼지 않은 것은
당연했다. '타삼도'와 같은 정책은 칠목 가문의 목숨을 빼앗으려
는 일이나 다름없었다. 칠목 가문은 몇 대에 걸친 귀족들 사이의
내전을 통해 입지를 굳히기는 했어도 식견이 얕지는 않았다. 그

들은 물샐 틈 없이 권력을 독점했기 때문에 양호와 같은 권신이 나타날 기회가 전혀 없었다. 정나라는 동방 연맹에 가입해 노나라와 함께 진나라에 대항하기는 했지만, 이는 순전히 '국가[사실상 칠목 가문]'의 이익을 위한 일이었을 뿐이고 공자와는 사적인 교류가 전혀 없었다.

공자보다 한 세대 전에 정나라의 당국을 맡았던 이는 국교國僑[자는 자산子産]라는 사람이었는데, 이때는 이미 사망한 지 20여 년이 지난 후였다. 자산은 '칠목'의 2대째[1대째는 공자이고 자산은 공손이었다] 되는 사람이었는데, 그는 정치적으로 유명한 인물로 열국에도 매우 큰 영향을 미쳤다. 그가 편 정책의 특징은 칠목 가문이 서로 힘을 합쳐 어려움을 극복하자고 주장하며 불균등한 이익 분배 문제로 내분이 일어나는 일을 피하는 것이었다. 이를 위해 그는 도처[자기 가문을 제외한 칠목의 나머지 여섯 가문]에 대해 꾹 참고 관용하며 훌륭한 인품으로 공평하게 일을 처리해 대표적인 '좋은 국무총리'의 이미지로 남아 있었다.

공자 역시 일찍부터 자산의 명성을 익히 들어 그를 존경하고 있었기에, 은인하며 관용을 베푸는 그의 성품을 진심으로 찬양하는 말을 한 적이 있었다. 그러나 자산이 이러한 태도를 취했던 이유는 모두 칠목 가문이 오랫동안 이익을 독점하고 내분을 막기 위해서였을 뿐이지 자국의 평민 백성이나 다른 제후국들을 위해서가 전혀 아니었다.

사마천은 《사기》를 쓸 때 자산과 공자의 연령 차를 제대로 따져 보지 않고 두 사람의 나이가 비슷하다고 생각해 공자가 자산을 형처럼 여기며 교류했다고兄事子産 기록했다. 그러나 사실 자산이 생전에 당국을 맡았을 때 공자는 아직 아무 지위도 없는 젊은 이였으므로 두 사람 사이에 교류가 있었을 리가 없다.

정나라의 이러한 역사적 배경을 알아야만 공자가 정나라에서 경험한 일과 그가 느낀 감상을 이해할 수 있으며, 어째서 정나라에서 지내는 동안 공자가 상갓집 개처럼 처량한 신세였는지를 알 수 있다. 이 일의 뒷면에는 공자와 제자들의 차마 말할 수 없는 수많은 고충이 있었다. 칠목 가문이 보기에 공자는 그저 출신은 비천하면서도 야심으로 가득 차서 괜히 소란만 피우고 다니는 소인배에 불과했다. 자산이 베풀었던 온정과 관용은 공자와 같은 사람들을 위한 것이 아니었다.

말로 할 수 있는 아픔은 진짜 아픔이 아니고, 말 못할 아픔이야말로 진정한 아픔이라는 말이 있다. 칠목 가문의 오만하고 냉정한 태도는 공자에게 크나큰 상처와 좌절이 되었다. 그의 신분에 관한 문제가 드러나고 이목이 집중되자, 공자는 급소를 물린 짐승처럼 버틸 힘을 완전히 잃어버렸다. 첫째로 그는 버틸 만한 실력이 없었고, 둘째로는 버티고 있으면 자신이 미천한 신분 출신임을 증명할 뿐만 아니라 널리 알리는 꼴이 되어서, 그는 그저 소리 없이 그곳을 빨리 떠나는 수밖에 없었다.

노랫소리에는 죄가 없다

만약 공자가 정나라에서 태어났다면 그의 운명은 어떠했을까? 그는 두각을 나타낼 기회를 결코 얻지 못하고 중국의 역사에도 공자라는 인물이 출현하지 않았을 것이 분명하다.

여행은 확실히 사람의 견문을 넓혀 준다. 제나라에서 맹손씨보다는 높고 계손씨보다는 낮은 대우를 받았을 때, 그리고 위나라에서 6만 두의 양식을 연봉으로 받았을 때 공자는 송나라와 정나라에서 이러한 일을 겪으리라고는 상상조차 하지 못했을 것이다. 여러 나라를 다녀 보며 비교한 후에야 그전까지는 아주 행복하게 지냈음을 알 수 있었다.

　홍미로운 사실은 공자가 위령공과 제경공, 그리고 삼환 가문을 자주 비판했고, 그것도 아주 매몰찬 말로 지적했으며, 그 말들이 모두《예기》에 기록되어 있다는 점이다. 공자는 위령공을 호색할 줄만 알고 덕행이 큰 이를 중용할 줄은 모르는 '무도無道'한 이라고 비판했고, 제경공에 대해서는 너무나 사치스러운 생활을 한 나머지 죽은 후에도 좋은 평을 전혀 듣지 못했다고 말했다.[20]

　그러나 정작 가장 심하게 냉대를 받았던 정나라와 송나라에 대해 공자는 감히 겉으로 드러내 놓고 비판하지 못했다. 그는 그저 이미 오래전에 세상을 떠난 자산에게 존경을 표해 자신이 정나라에서 받은 치욕과 울분을 조금이나마 해소하고, 정나라의 시를 비판해서 자신이 품은 원망을 간접적으로 에둘러 표현했을 뿐이다.

　신정성 밖에는 유수洧水라는 강이 흐르고 있었다. 공자는 신정성에 머무르는 동안 산책하거나 말에게 물을 먹일 때 이 강가를 자주 찾았다. 유수는 아주 낭만적인 강이었다. 물살이 완만하고 물길이 구불구불해 강 주위에는 수많은 습지와 만이 형성되어 있었다. 물가에는 수양버들과 부들, 갈대숲이 있었으며, 물속에는 수련과 신비롭게 너울거리는 수초들이 있었다. 정나라의 젊은 남녀는 이 강가에서 밀회하거나 작은 배를 타고 물놀이 하기를 즐겼다.

　당시 정나라의 귀족들과 평민들 사이에는 유수를 소재로 한 여러 사랑 노래가 유행했다.

　그대가 나를 사랑한다면, 나는 치맛자락을 걷고 유수를 건너 따라

20 《논어·헌문》편의 "자언위령공지무도야子言衛靈公之無道也" 부분과《논어·계씨》편의 "제경공유마천사, 사지일, 민무덕이칭언齊景公有馬千駟, 死之日, 民無德而稱焉" 부분.

가리라.

그대가 나를 사랑하지 않는다면, 어찌 다른 사내가 없으랴!

저 미친놈이 미친 짓을 하는구나!

子惠思我, 褰裳涉洧. 子不我思, 豈無他士! 狂童之狂也且!

—《시경·정풍·건상褰裳》

진수와 유수가 바야흐로 넘실대는구나. 총각과 처녀가 지금 막 난
초를 꺾어 든다. 처녀가 "구경 갈까요?" 하고 물으니 총각이 "이미
구경했소"라고 답한다. 또 가서 구경하면 유수의 밖은 아주 즐거우
리라. 총각과 처녀는 장난치며 놀다가 서로 작약을 꺾어 준다.

溱與洧, 方渙渙兮. 士與女, 方秉蕑兮. 女曰觀乎? 士曰既且, 且往觀
乎, 洧之外, 洵訏且樂. 維士與女, 伊其相謔, 贈之以勺藥.

—《시경·정풍·진유溱洧》

공자는 사실 정나라의 시와 음악을 정말로 싫어하지는 않았
다. 그는 《시경》을 엮을 때 정나라의 노래들을 빼지 않고 그대로
포함했다. 특히 〈출기동문〉과 같은 시를 읽을 때는 공자도 분명
히 신정 동문 밖에서 홀로 떨어져 헤매던 기억을 떠올렸을 것이
다. 그런데도 그는 이 시를 《시경》에 포함했다. 비록 공자가 칠목
가문에 대한 반감을 정나라의 시에 대한 비판으로 에둘러 표현
했어도, 유수 강가에 울려 퍼지던 그 노랫소리야말로 그가 정나
라에 관해 기억하는 가장 아름다운 추억이 아니었을까 싶다.

부록 귀족 사회의 동성애 풍조

공자가 위령공을 호색하고 덕을 높이 보지 않는다고 비판했던 것은 남자 부인과의 관계에 대해서만 한 말이 아니었다. 당시에는 남색 또한 아주 유행했다.

귀족 사회 말기에 동성애가 유행하는 풍조는 아마도 인류의 공통적인 특징인 듯하다. 중국의 춘추 시대 말기에서 전국 시대 사이, 그리고 유럽의 르네상스 시대 이후에도 모두 동성애 풍조가 유행했다. 영국 작가인 오스카 와일드Oscar Wilde와 《잃어버린 시간을 찾아서》를 쓴 프랑스 작가 마르셀 프루스트Marcel Proust가 이러한 풍조의 여운에 속한다 할 수 있다.

초기 귀족은 모두 군사 정복자로 무예를 숭상하고 호전적인 성격이었다. 몇 세대가 지나면서 안일한 생활에 익숙해진 귀족들은 무예를 숭상하던 정신을 점점 잃어버리고 문화를 통해 자신들의 뛰어남을 드러내기 시작했다. 특히 귀족 사회 말기에 와서 하층 계급 출신들이 점차 귀족의 지위를 위협하자 귀족들은 자신들의 신분을 더욱 강조하며 자아도취와 자기연민에 빠졌다. 귀족 사회의 동성애 풍조는 아마도 이러한 변화와 관련이 있는 듯하다.

공자의 시대에 위령공에게는 대단히 총애하는 미자하彌子瑕라는 남자가 있었다고 한다. 그는 자로와 마찬가지로 안씨 집안의 여성을 아내로 맞아 자로와는 동서지간이었다고 하는데, 아마도 안탁추가 위나라로 이주한 후에 인척이 된 듯하다. 이렇게 따지면 미자하는 공자의 인척이기도 한 셈이다.[21]

21 《맹자·만장상》을 볼 것.

《한비자》의 기록에 의하면 한번은 미자하가 위령공과 함께 과
수원에서 놀다가 복숭아를 하나 따서 한 입 먹었는데, 아주 달고
맛있어서 즉시 달려가 위령공에게 바쳤다고 한다. 위령공은 매우
기뻐하며 그 복숭아를 먹으면서 군주를 생각할 줄 아는 이라며
미자하를 칭찬했다. 시간이 흘러 미자하가 나이가 들고 미모가
예전 같지 않자 위령공의 총애도 식었는데, 이때 와서 예전 일이
생각난 위령공은 "어찌하여 먹다가 남은 복숭아를 나에게 바치는
어리석은 짓을 했는가?"라며 그를 꾸짖었다고 한다.[22]

미자하는 양호와도 접촉했던 적이 있었다. 9년 전에 양호가
군사를 이끌고 정나라를 토벌하러 갔다가 돌아오면서 위나라를
가로질렀던 그때, 양호는 미자하와 싸움을 할 뻔했다.

한나라 사람들은 미자하를 주로 공자와의 관계 때문에 언급하
곤 했다. 문헌에 의하면 공자는 막 위나라에 도착했을 때 위령공
을 배알하려 했으나, 연고가 없어 일단 미자하를 통해 남자 부인
을 만나고, 다시 그녀의 추천을 받아 위령공을 배알했다고 한다.
한나라 사람들은 이 일화를 통해 공자와 같은 성인도 저자세를
취하며 임기응변을 할 때가 있음을 증명하려 하곤 했다.[23] 공자
가 위나라에 갔을 때 사람들의 질투심을 샀던 이유가 그와 먼 인
척 관계에 있는 이 미자하와 정말로 무슨 관계가 있었기 때문인
지, 그리고 남자 부인이 공자를 꼭 만나려던 의도가 그녀와 미자
하 사이의 '궁정 암투'에 얽힌 이유 때문이었는지는 명확히 알 수
없다. 아무튼 공자가 위나라에서 지내던 당시에 그와 사이가 그
럭저럭 나쁘지 않은 동성애자가 최소한 한 사람 있었다는 점만

22 《한비자·설난說難》을 볼 것.
23 《회남자·태족훈泰族訓》, 《여씨춘추呂氏春秋·신대람慎大覽》, 《염철론鹽鐵論·논유論儒》를
볼 것.

은 확실하다.

전국 시대에도 미자나 환퇴처럼 여성스러운 귀족이 많았다. 그중 가장 유명한 인물은 위魏나라의 용양군龍陽君이다. 후세의 동성애를 표현하는 '용양지호龍陽之好'라는 말이 바로 이 인물에서 유래했다.

기록에 의하면 위나라 왕과 용양군이 함께 배를 타고 낚시를 하러 갔는데, 용양군은 금세 고기를 잔뜩 잡더니 갑자기 눈물을 글썽거리며 왕에게 말하기를 "첫 번째 고기를 낚았을 때 저는 아주 기뻤습니다. 그런데 그다음에 더 큰 고기를 낚자 처음에 잡은 고기를 버리고 싶어졌습니다. 지금 저는 임금님과 한 침상을 쓰며 모시고 있지만, 천하의 미남들이 임금께서 미남을 좋아하신다는 말을 들으면 다들 찾아올 터인데, 그때가 되면 저는 처음에 잡은 물고기 꼴이 되지 않겠습니까?"라고 했다. 이 말을 듣고 마음이 아파진 위나라 왕은 "앞으로 내게 미인[성별을 특정하지는 않았지만, 아마도 남녀를 불문한다는 의미였던 듯하다]을 추천하는 자가 있다면 예외 없이 일가를 모두 참수할 것이다!"라고 명령을 내렸다고 한다.[24]

초나라에도 왕의 총애를 받는 안릉군安陵君이라는 남자가 있었다. 그는 본래 신분이 높지 않았는데, 한 세객說客이 그에게 "당신은 미색으로 임금의 총애를 얻었으니, 나이가 들어 미색이 쇠하면 총애를 잃게 될 것입니다. 그러니 임금께 돌아가신 후에 함께 순장되고 싶다고 청하십시오. 그러면 임금은 당신을 각별히 여기게 될 것입니다"라고 권했다. 안릉군이 그 말대로 하자 초나라 왕은 과연 크게 기뻐하며 안릉 땅을 분봉해 주었고, 그는 작은 나라의 군주가 되었다.

24 《전국책戰國策·위책魏策》의 "위왕여용양군공선이조魏王與龍陽君共船而釣" 부분.

전국 시대에 이런 쪽으로 가장 유명했던 인물은 굴원屈原이었다. 굴원은 초평왕楚平王의 종친이자 신하였는데, 환퇴와 송경공 사이와 약간 비슷했다. 대표작인 《이소離騷》에서 그는 자신을 여성의 입장에 두고 초평왕에 대한 감정을 숨김없이 표현했다. 또한 그는 여장하고 화장하는 취미가 있었으며, 이 때문에 초평왕의 후궁이 질투를 해 그가 음탕한 기술로 초평왕을 유혹했다는 소문이 돌았다는 내용까지 책에 담았다. 더 흥미로운 점은 초평왕에게 버림받은 후에 굴원은 왕에 대한 복수의 일환으로 여성들에게 '구애'하며 가까이 지내려고 시도했으나 결국은 성공하지 못했다는 사실이다. 그는 아마도 마음속으로는 정말로 여성을 받아들일 수 없는 사람이었던 듯하다.

전국 시대에는 이러한 풍조가 널리 퍼져 있었다. 묵자는 열국의 군주들이 마음에 드는 미남이 있으면 그가 능력이 있든 없든 무조건 큰 관직을 내리는 처사에 대해 비판하기도 했다.[25] 순자는 "난세가 되면 남자들이 화려한 옷을 입고 그 옷차림과 행동이 여인과 같아진다"라고 말했으며, 이러한 남자들은 남자뿐만 아니라 여자들로부터도 사랑받아 "이러한 이를 지아비로 삼고 싶어 하지 않는 부인이 없으며, 이러한 이를 남편감으로 삼고 싶어 하지 않는 처녀도 없다夫人莫不願得以爲夫, 處女莫不願得以爲士"라며 이런 남자들과 함께 도망치는 여인이 아주 많았던 일에 대해서 더욱 크게 비판했다.[26]

중국에는 춘추 시대 이후에도 그리 전형적이지는 않은 '귀족 시대'가 존재했는데, 바로 위·진·남북조 시대이다. 이 시대에는 사족士族 가문들이 대를 이어 정권을 장악했는데, 현대인들이 말

---

25 《묵자·상현尙賢》을 볼 것.
26 《순자·악론樂論》,《순자·비상非相》을 볼 것.

하는 위·진 시대의 '풍류 명사'가 바로 이 사족들을 가리킨다.

이 시대 사족들은 주나라 사람들처럼 선조들의 정복 전쟁을 통해 권력을 얻지 않았다. 그들은 전쟁에 능한 장수였던 초기 귀족 단계를 거치지 않았으므로 위·진·남북조 시대는 진정한 귀족 시대라고 볼 수 없다. 이러한 이유로 위진 명사들은 처음부터 귀족 사회 말기의 특징을 보였다. 그들은 문화적인 면을 강조했으며 자기연민에 빠지는 경향이 강했고, 여성적인 기질을 지닌 이도 매우 많았다.

가령 위진 명사들의 대선배라 할 수 있는 조위曹魏 시대의 명사[이자 관료]인 하안何晏은 위진현학魏晉玄學의 창시자였는데, 《논어》에 대한 가장 권위 있는 주해를 바로 그가 썼다. 역사서에는 하안이 '용모가 아름다우며 피부가 희었다美恣儀以色白'라고 기록되어 있는데, 그는 분과 입술연지를 바르기를 즐겼으며 가장 큰 취미는 여인의 옷을 입는 것이었고, 거리를 걸을 때면 늘 자신의 그림자를 감상하곤 했다고 한다.

서진西晉이 오吳나라를 멸하고 통일해 천하가 태평해진 후로는 사대부들이 모두 풍류를 즐기게 되어 남색이 유행했는데, 아름다운 남자는 미녀보다 더욱 큰 사랑을 받았다. 게다가 사족이 아닌 평민 백성들까지도 이러한 풍조를 따라 했다. 남자 애인과 관계가 너무 가까워진 사대부들은 부인과 이혼하고 공개적으로 남자 둘이서 같이 살기도 했다.[27] 이는 전무후무한 현상이라 할 수 있다. 고대 중국에서는 가정생활과 집안의 대를 잇는 일을 매우 중시했으므로, 동성애자라 하더라도 대부분 혼인해서 자식을 낳았

---

27 《송서·오행오五行五》: "남색이 크게 유행해 여색보다도 더욱 심해져, 사대부들 가운데 남색을 하지 않는 이가 없었으며, 세상 사람들이 모두 이를 따라 했다. 혹자는 부인과 헤어지는 일까지 있었다."(男寵大興, 甚於女色, 士大夫莫不尚之, 天下皆相仿效, 或有至夫婦離絕, 怨曠妒忌者.)

기 때문이다.

고대 남자 사이의 동성애 관계에서도 남자 역할과 여자 역할
이 구분되어 있었다. 《홍루몽》을 보면 진종秦鍾과 장옥함蔣玉菡은
여자 역할이며 설반薛蟠과 가보옥은 남자 역할인데, 이들은 사실
동성애자가 아니라 양성애자였다. 이러한 남녀 역할의 차이는 사
회적 지위와 관계가 있는 경우도 많았다. 일반적으로 남자 역할
을 맡은 사람이 사회적 지위가 높았는데, 위령공이나 초평왕 같
은 이들이 남자 역할이며 이들이 총애하는 남자는 대체로 그들
의 신하로 여자 역할을 맡았다. 미국 학자인 쑤청제蕭成捷, Matthew
Sommer는 고대 중국의 성性과 법률에 관한 문제를 연구하는 과정
에서 이와 같은 현상에 주목했다. 그러나 위·진 시대에는 이러한
규율이 그리 잘 지켜지지는 않았다. 하안과 같이 지위가 높은 몇
몇 사대부도 여자 역할을 했던 듯 보인다.

고대 중국의 남자 동성애와 현대사회의 동성애 사이에는 차
이점이 하나 있다. 현대사회에서 남자 동성애자들은 종종 그들만
의 사교적 연결망을 구성하며 특정한 접선 지점과 행위 방식을
가져 '서브컬처'를 형성하곤 한다. 그러나 고대에는 이러한 문화
가 없었다. 당시 사회는 모두 서로 잘 아는 사람들로 구성되어 있
었고, 동성애는 군신 사이나 동료 사이, 혹은 같은 지역의 사교권
내에서 일어나는 개별적인 행위였다. 고대의 맹인들은 그들만의
하위 문화조직 체계를 형성하고 있었으나 현대사회에 와서는 사
라졌다고 앞에서 설명한 바 있는데, 이러한 추세는 동성애의 발
전과는 상반된다.

15 애통한 황하 앞에서 돌아서다(57~58세)

오랑캐의 땅으로 들어가다

송나라에서는 죽임을 당할 뻔했고, 정나라에서는 완전히 배척당해 발을 붙일 수 없었다. 공자는 이제 또 어디로 가야 했을까? 현실적인 해답은 위나라로 돌아가는 방법이었다. 위령공은 공자를 후하게 대접해 줄 것이며, 제자들도 일자리를 찾기가 쉬울 터였다. 당시 위나라는 조간자와의 전쟁에서 최전선에 서 있었으므로 많은 인재가 필요했다. 지난번에 공자가 위나라에 갔을 때도 이미 한 대귀족이 공자의 제자를 고용하고 싶어 한 일이 있었다.[1]

그러나 공자는 돌아가기를 원하지 않았다. 그는 이미 위령공 부부에게 실망을 표한 바 있었다. 뜻 있는 사람은 자기가 한 일을 후회하지 않는다는 말을 그는 지키려 했다.

사방을 둘러보아도 막막해진 공자는 '오랑캐'의 땅으로 가서 길을 찾을 생각까지 하게 되었다. 아마도 그는 막다른 길에 다다라 자포자기하는 심정으로 이러한 발상을 했던 듯하다. 일반적이지 않은 길로 가면 오히려 의외의 수확이 있을 수도 있다는 생각이었다. 《논어》에는 공자가 오랑캐의 땅에서 거처를 정하려 한 일이 '자욕거구이子欲居九夷'라고 기록되어 있다. '이'는 남쪽과 동남쪽의 오랑캐를 뜻한다. 북쪽과 서쪽의 오랑캐는 '이'라고 부르지 않고 일반적으로 '적狄'이나 '융戎'이라 했다. '구'는 구체적인

---

1 《사기·공자세가》에 의하면 공자의 제자를 고용하고자 했던 이는 위나라 귀족인 영무자寧武子였다고 한다. 그러나 영무자는 공자보다 몇 세대 전 사람으로, 공자의 시대에 영씨 가문은 위나라에서 이미 실각한 상태였다. 따라서 공문제자를 고용하려 했던 귀족은 따로 있었는데 사마천이 잘못 기록한 것으로 보인다.

숫자가 아니라 남쪽의 여러 오랑캐를 총칭하는 말이었다.

너무나 대담한 발상에 한 제자가 그를 말리며 "그곳 사람들은 모두 '누陋'할 터인데 어찌 견디시겠습니까?"라고 말했다. '누'는 교양이 없다는 의미이다. 공자는 "나와 같은 군자가 그곳에 있다면 어찌 교양이 없겠느냐?"라고 말했다.[2] 공자는 오랑캐들에게 중원 문화를 널리 알릴 자신이 있었다. 그곳은 그가 개발할 만한 새로운 시장이기도 했다. 그는 '나무는 옮겨 심으면 죽지만, 사람은 환경이 바뀌어도 잘 적응한다'라는 믿음이 있었기에 종종 이렇게 대담하고 창의적인 발상을 해내곤 했다.

제자들은 다들 이 일이 그리 쉽다고 생각하지 않았다. 오랑캐들에게 받아들여지려면 일단 그들의 풍속을 따르며 모든 것을 익혀야 했다. 성공할 확률이 낮고 위험이 컸으므로 아무도 공자의 생각을 지지하지 않았다. 아마도 이때가 공자와 제자들 사이에 최초로 의견 차이가 발생한 때였을 것이다. 제자들은 일제히 침묵으로 스승의 생각에 답했다.

공자가 35세에 노소공을 쫓아 망명했을 때는 그의 이름이 그리 알려지지도 않았으며, 제자들이 자신을 따라오리라는 기대도 없었다. 대사구 관직에 올라 지위가 높아지고 물질적으로 부유해진 후에야 그의 주위에 수많은 제자가 모여들기 시작했고, 그를 따르며 발전할 기회를 찾으려 했다. 그러나 곳곳을 떠돌아다니면서 제자들은 스스로 여행 경비를 마련해야 했기에, 자금을 투자할 규모와 기대 효과를 판단할 수밖에 없었다. 목적지 또한 공자 혼자서 결정할 수 없었고, 다 같이 의논해서 정해야 했다.

2 《논어·자한》: "공자가 오랑캐의 나라에 가서 살려 하자 어느 제자가 '그곳은 교양이 없고 야만적인데 어찌하시겠습니까?'라 말했다. 그러자 공자는 '군자가 그곳에 산다면 어찌 교양이 없겠는가?'라 말했다."(子欲居九夷. 或曰: '陋, 如之何?' 子曰: '君子居之, 何陋之有?')

제자들의 잇따른 질의에 화가 난 공자는 "나의 '도'를 널리 알리고자 하는 이가 없다면 나는 뗏목이라도 타고 바다 밖으로 가겠다! 나와 함께 갈 사람은 아마도 자로밖에는 없겠구나!"라고 말했다.[3] 자로는 확실히 한다면 하는 대담하고 과감한 인물이라 대가를 따지지 않고 공자를 따를 만한 제자였다. 공자가 처음에 제나라로 망명해 몇 년을 지냈던 당시에도 오직 자로만이 공자를 수행했다. 하지만 이는 '개인 숭배'가 아니었다. 공자에게 듣기 좋지 않은 말을 가장 많이 했던 제자도 자로였다.

현실적으로 생각했을 때 공자는 어디로 갈 수 있었을까? 공자는 이미 동부의 제, 노, 송나라를 방문했지만, 결과는 모두 실망스러웠다. 북쪽은 현재 동방 연맹과 전쟁 중인 진나라이니 고려할 필요도 없었다. 서쪽의 관중 지역에는 진秦나라가 있었는데, 이곳은 이민족의 색채가 강한 곳이었다. 게다가 이 진나라는 이미 백 년 가까이 중원 국가들과 교류가 없어 공자 시대의 사람들에게는 잊힌 벽지에 가까웠다. 공자는 진나라에 가서 길을 모색하려고 생각해 본 적이 전혀 없었다.

유일하게 탐색해 볼 만한 곳은 남쪽이었다. 남쪽에는 오나라와 초나라라는 두 대국이 있었는데, 초나라는 지금의 후베이성에, 오나라는 장쑤성 남부에 있었다. 중원 제후국들이 보기에 이두 나라는 모두 오랑캐, 즉 격이 낮은 야만족 국가들이었다.

이 '오랑캐'라는 정의는 문화와 정치의 두 가지 측면을 포함했다. 먼저 문화적인 측면에서 말하자면, 오랑캐는 중원 세계와는 언어와 풍속이 전혀 다른 이들을 뜻했다. 가령 오나라 사람들은

---

3 《논어·공야장》: "공자가 말했다. '도를 행할 수 없다면 나는 뗏목을 타고 바다로 나가리라. 나를 따를 이는 아마도 유이리라.'"(子曰: '道不行, 乘桴浮於海. 從我者, 其由與?')

머리를 아주 짧게 자르고, 옷을 입지 않으며, 몸에 여러 가지 문신을 하는 풍습이 있었다. 초나라의 '초楚'라는 글자에는 본래 숲이라는 뜻이 있는데, 중원에서는 초나라를 '형荊'이라고 부르기도 했다. 초나라 사람들을 '형만荊蠻', 즉 관목숲 속에 사는 야만인이라고 불렀다.

오나라와 초나라에는 모두 고유의 방언이 있었는데 이 방언들은 중원의 언어와는 전혀 달랐다. 《좌전》을 보면 중원에서는 초나라의 말을 '초언楚言'이라 했으며, 오나라의 말을 '이언夷言', 즉 오랑캐의 언어라 칭했음을 알 수 있다. 오나라의 언어는 '오언吳言'이라고 부를 가치도 없다고 여겼던 듯하다.

정치적인 측면에서 보면, 중원 사람들에겐 오랑캐들이 모두 여전히 부락 생활 단계에 머물러 있다는 고정관념이 있었으므로 자연히 그들을 무시했다. 그러나 최근에 와서 초, 오, 월 등의 오랑캐 민족은 강대한 국가를 세웠다. 초나라는 공자보다 백 년 전쯤에 세워졌고, 오나라는 그보다 늦게 세력을 일으켜 건국한 지 몇십 년쯤 되었으며, 월나라는 그보다 조금 더 늦었다.

이미 나라까지 세웠는데 그들은 어째서 여전히 중원에서 벽지의 오랑캐라고 무시당했을까? 그것은 중원 국가들이 천하에는 왕이 단 한 사람, 바로 주나라 왕밖에는 없다고 여겨, "천하에 왕의 영토가 아닌 곳이 없다普天之下, 莫非王土"라고 생각했기 때문이다. 오, 초, 월나라의 군주가 모두 자신을 '왕'이라 칭하며 주나라 왕과 같은 급이라고 여기는 일은 대역무도한 행위로, 중원 열국들은 이를 결코 받아들일 수 없었다. 이 때문에 그들은 정치적으로도 이 나라들과 확실히 선을 그었다.

공자가 길을 모색하기 위해 가려고 생각했던 오랑캐 국가는 오나라와 초나라였다. 그중에서 오나라는 바다에 면해 있었으니 뗏목을 타고 바다로 나간다는 공자의 상상과도 부합했다. 물론 여기에는 두 가지 큰 어려움이 있었다.

첫째는 앞에서 언급한 문화적인 문제였다. 공자는 언어와 풍속이 완전히 다른 환경에 과연 적응할 수 있을까? 이는 사실 아주 큰 문제는 아니었다. 초나라와 오나라는 강성해진 이후로 중원과 교류할 기회가 늘어나서 두 나라의 상류층 귀족도 중원의 언어와 풍속을 배우며 중원의 귀족과 점점 더 비슷해졌기 때문이다. 공자가 오랑캐의 나라에 간다고 해도 결국 상류층 귀족들과 교류할 터이니, 생활하는 데 그리 큰 어려움은 없었다.

가령 공자보다 한 세대 위의 오나라 귀족 계찰만 보아도 교양이 있고 사리에 밝아 중원에도 명성이 자자했다. 초나라의 상류계층도 중원의 문화를 익히고 있었다. 공자가 22세 때 당시 초나라 왕이었던 초령왕楚靈王은 왕실에 장서가 많다는 점을 자랑했는데, 이는 모두 《삼분三墳》, 《오전五典》, 《팔삭八索》, 《구구九丘》 등의 고대 문헌들(《삼분》과 《오전》은 삼황오제 시대의 책이며, 《팔삭》은 팔괘八卦에 관한 책, 《구구》는 구주九州의 일을 기록한 책이다)이었다. 공자가 40여 세 때 주나라 왕실에 내전이 일어나서 패배한 왕자 조는 결국 초나라에 의탁했는데, 이때 주나라 왕실의 여러 진귀한 문헌과 서적을 가져가 초나라 사람들을 득의양양하게 했다. 공자가 초나라로 간다면 어쩌면 그 서적들을 읽을 수 있게 될지도 몰랐다. 평소에는 꿈도 꾸지 못할 일이었다.

그러나 정치적인 면에서는 달랐다. 오왕이나 초왕의 근거지로 가면 반드시 그들의 권위에 복종해야 했다. 이는 주나라 천자 외의 다른 왕에게 의탁한다는 뜻이니 배반을 의미했다. 하지만 이후 그의 인생을 보면 이 또한 큰 문제는 아니었다. 공자는 자신을 충분히 대우해 주기만 한다면 기꺼이 왕을 바꿀 수 있었다.

제자들과 의견이 일치하지 않았기 때문에 공자는 너무 멀리까지 가지는 못하고, 의견을 절충해 남쪽의 진陳나라[지금의 허난성 저우커우周口시]로 가기로 했다. 회수의 북쪽 기슭에 있는 진나라는 중원 세계의 최남단에 속했지만, 초나라 세력의 범위 안에 있었다. 이는 오랑캐 세계와 중원 사이의 경계 지역을 미리 살펴보기 위한 결정이기도 했다.

유수는 동남쪽을 향해 흘러가서 회수와 합쳐지므로 신정에서 출발해 배를 타고 유수를 따라 3백 리를 내려가면 진나라에 닿을 수 있었다. 공자 시대에는 상나라 때의 덥고 습한 기후가 아직 완전히 사라지지 않았기 때문에, 남부 지역의 회수 유역은 노나라[산둥성 중부]와 달리 아열대 지대의 모습이 완연했다. 이곳은 기후가 더 덥고 습했으며, 개천은 많고, 숲은 더욱 울창하고 짙었다. 가뭄에 잘 견디는 곡식보다 볏논이 더 많이 보였으며, 각종 아열대 지대의 동물도 많았다.

서주 시대에 주나라 왕실은 한때 매우 강대해져서 세력을 회수의 양쪽 기슭까지 뻗쳐 이곳에 강江, 식息, 현弦, 황黃, 육六, 료蓼, 진陳, 채蔡 등의 제후국을 분봉했다. 이들 제후 중 일부는 주나라 왕실의 종친이었고, 일부는 성이 다른 가문이었다. 그러나 백여년 전에 초나라가 강대해지면서 점차 북쪽으로 영토를 확장해 이곳에 있던 대부분의 소국을 정복했고, 지금은 오래된 제후국인 진나라와 채나라밖에는 남아 있지 않았다. 그 이후로 진나라와 채나라는 줄곧 초나라의 영향 아래에서 살아가며, 정치적으로도 속국이 되어 통제를 받았다. 이 두 나라에서 내전이 발생하면 초나라는 종주의 의무를 이행하기 위해 군사를 보내 반란을 평정하도록 도왔다.

간혹 체면을 보아주지 않는 초왕이 이 두 나라의 군주를 폐위하고 영토를 초나라에 합병하곤 했다. 그러나 정국이 변해 새로운 왕이 즉위하면 새 왕은 자신의 덕을 드러내기 위해 다시 진나라와 채나라의 영토를 회복해 주었다. 이 지역은 너무나 남쪽에 치우쳐 있어 진晉나라를 위시한 중원 세력이 영향을 미치기 힘들었다. 또한 최근 몇십 년 사이에 오나라 역시 이 지역을 향해 세력을 확장해서 곧 초나라와 경쟁하게 되었다.

세상과 단절된 진나라

배를 타고 진나라에 도착한 공자 일행은 송나라나 정나라에서와 전혀 다른 대우를 받았다. 진나라 사람들은 공자를 아주 반갑게 맞아 주었고, 진나라의 대귀족인 '사성정자司城貞子'가 공자 일행을 자기 저택으로 초대하며 '주'가 되어 주겠다고 나섰다. 진나라의 관직명은 노나라와 상당히 달랐다. 이곳에서는 사공을 사성司城이라 했으며, 사구는 사패司敗라 했다. 사성정자는 공자를 군주인 진민공陳閔公에게 추천해 주기도 했다. 진민공 또한 공자를 매우 존중했고, 학술 고문으로 삼아 아주 후하게 대접했다. 그의 제자들도 이곳에서는 흰 쌀밥을 배불리 먹을 수 있었다.

어째서 오랑캐의 세력하에 있는 진나라만이 공자를 받아들여 주었을까? 첫 번째 이유는 진나라가 이미 초나라에 완전히 복종하고 있었으며, 초나라 왕에게 군주가 폐위되었다가 또 옹립되는 일을 몇 번이나 겪으면서 국내에 삼환이나 칠목과 같은 강대한 귀족 세력이 존재하지 않아 군주와 신하들 사이의 갈등이 그리 크지 않았기 때문이다.

둘째로 진나라는 본래 주나라 왕실과 같은 희 성을 가진 곳이 아니라 동방의 토착민 국가였다가 중원 열국에 의해 문명국가의 대열에 받아들여진 곳이었다. 지리적으로도 남쪽 변두리에 있어 공자가 제창하는 주나라의 전통문화가 진나라에서는 오히려 아주 큰 매력을 발산할 수 있었다.

진나라의 시조는 역사가 아주 오래된 동방의 부족이었는데, 그들은 순임금의 후예로 족성은 '규嬀'였으며 도자기를 제작하는 데 능했다고 한다. 주나라가 건국하자 진나라 민족은 주나라의 권위에 복종했고, 주무왕은 자신의 큰딸을 진나라 민족의 수장과 혼인하게 해 동방의 작은 부족이었던 진나라를 정식 제후국의 위치로 끌어 올렸다. 이 때문에 진나라는 주나라의 제후국들과 쭉 사이가 좋았으며 통혼하는 일도 잦았다. 물론 진나라가 초나라의 속국이나 다름없어지면서 중원에서의 정치적 지위는 매우 애매해졌다. 그러나 이러한 상황이 될수록 그들은 중원 열국에 대해 더욱 큰 문화적 친밀감을 느끼게 되었다. 그래서 진나라는 공자를 기꺼이 받아들였으며, 몇몇 젊은 사인士人은 공자를 스승으로 모시며 그의 새로운 제자가 되었다.

이와 반대로, 정나라와 송나라에는 공자와 같은 교양 있는 지식인이 부족하지 않았으므로 공자가 제창하는 주례는 그들에게 신선하지 않았다. 또한 귀족 과두들은 공자가 시행했던 '타삼도' 정책을 매우 싫어했다.

공자 본인은 학술 고문 역할에 만족하지 못하고, 더 실질적인 권한이 있는 관직을 얻고 싶어 했다. 그는 노나라에서 대사구 관직을 지내면서 맛본, 권력이 가져다주는 여러 만족감을 잊을 수가 없었다. 그가 주장하는 학설이 실제로 다른 나라의 상황에 부합하는가, 그리고 다른 나라에 자신이 정말로 필요한가 등은 오히려 부차적인 문제였다. 그래서 공자는 진나라에서 지내는 동안 항상 온갖 방법을 다 써서 정계의 내막과 인사상의 동태를 파악하려 애쓰며 관직에 오를 기회를 얻기를 바랐다.

새롭게 공자의 제자가 된 진나라의 17세 청년 진항[자는 자금子禽]은 이러한 행동을 좀 이상하게 여겼다. 진나라 사람들이 보기에 공자는 본래 학자이자 선생인데, 어째서 이렇게 정계로 진출하려 애쓸까? 진항은 자공에게 "스승께서 진나라에 오셔서 열심히 정계의 동향을 알아보시는 것을 보니 관직에 오르기를 원하시는 것 같습니다. 그런데 '군자'라면 겸손한 자세로 군주가 자신을 임명해 주기를 기다려야 하는 것 아닙니까?"라고 물었다. 자공은 이 후배 앞에서 스승을 옹호해야 했기에, "우리 스승님께서는 온화하고 선량하며 공손하고 검약하고 겸양함으로써 관직에 오르려 하시는 것이니, 권세에 빌붙어 이익을 취하려 하는 무리와는 다르다!"라고 말했다.[4] 진항은 명목상으로는 공자의 제자였지만, 주로 자공에게 지식을 배웠으므로 실제로는 자공의 제자였다고 할 수 있다.

흉포한 오나라 사람들

공자는 진나라에 꽤 오랫동안 있었다. 《사기》에는 그가 3년 동안 머물렀다고 기록되어 있는데, 고대인들은 시간을 햇수로 계산했으므로 실제로는 1년이 좀 넘는 시간이었다. 공자가 진나라에 머무르면서 가장 크게 느낀 점은 바로 오나라의 신속한 성장이었다. 오나라는 진나라와 채나라 등의 소국들에 대한 통제권을 두고 초나라와 경쟁하고 있었다.

4 《논어·학이》: "자금이 자공에게 물었다. '스승님께서는 어느 나라에 가면 반드시 그 나라의 정치 상황을 알고자 하시는데, 이것은 스승께서 스스로 알고자 하시는 것입니까, 아니면 다른 이들이 알려주는 것입니까?' 그러자 자공은 '스승님께서는 온화하고 선량하며 공경하고 검약하고 또한 겸양함으로써 그러한 소식을 얻으신 것이다. 그러니 스승님께서 이를 구하신 방법이 다른 이들과는 다르지 않겠느냐?'라 말했다."(子禽問於子貢曰: '夫子至於是邦也, 必聞其政, 求之與? 抑與之與?' 子貢曰: '夫子溫, 良, 恭, 儉, 讓以得之. 夫子之求之也, 其諸異乎人之求之與?')

10년 전에 오나라와 초나라 사이에 큰 전쟁이 일어나 초나라
가 거의 멸망할 뻔한 일이 있었다. 당시 채나라는 오나라 쪽으로
돌아서서 오나라 군대와 함께 초나라를 공격했다. 진나라 역시
반드시 입장을 정해야 할 상황이 되어, 진나라 군주는 귀족 회의
를 소집해 "초나라를 따르고자 하는 이는 회의장의 서쪽에, 오나
라를 따르고자 하는 이는 동쪽에 서라"라고 공개적으로 표결에
부쳤다. 이렇게 한 이유는 초나라는 진나라의 남서쪽에, 오나라
는 남동쪽에 있었기 때문이다.

그 결과, 자신의 봉읍이 오나라 가까이에 있는 이들은 오나라
를 택했고, 봉읍이 초나라 가까이에 있는 이들은 초나라를 택했
다. 봉읍이 없는 이들은 봉읍을 가진 친척들의 입장을 따랐다. 표
결 결과 양쪽 수가 비등해 또 한 차례 토론을 거친 끝에 진나라
는 결국 백여 년간 고수해 온 입장을 지켜 초나라를 따르기로 했
다. 이를 통해 진나라의 대귀족들은 세력이 강하지 않아 아직 과
두 통치가 형성되지 않았다는 점 역시 알 수 있다.

공자가 진나라에 머무르던 당시에 초나라는 지난 전쟁으로 입
은 피해에서 어느 정도 회복해, 초나라를 배반하고 오나라를 따
랐던 채나라를 숙청하려 하고 있었다. 젊은 초성왕楚成王이 군사
를 일으켜 채나라를 공격하자, 초나라의 속국인 진나라의 군주도
군사를 이끌고 참전해야 했다. 진나라 외에 수隨나라와 허許나라
두 소국의 군주도 참전했다.

초나라 연합군은 채나라의 도성인 신채新蔡[지금의 허난성 신차
이新蔡현]를 포위하고 넓이 1장丈[약 3.3m], 높이 2장짜리 토벽을
신채성 밖에 세웠다. 초나라의 영윤令尹 자서子西는 토벽을 쌓는
시간을 예상해 9일 만에 완성하라고 지시했는데, 실제로 정확히
9일 만에 완성되었다. 더는 희망이 없음을 깨달은 채나라 사람들

은 저항을 포기하고 모든 주민이 두 줄을 지어 성을 나와 초나라 군대에 투항했다.

초나라는 채나라에, 현재 위치에서 서남쪽으로 이동해 오나라에서는 멀고 초나라에 더 가까운 곳에 새로 나라를 세우라고 요구했다. 당시에는 총인구가 적고 토지는 상대적으로 남아도는 편이어서 우선 인구부터 통제해야 했다. 사람이 거주하지 않는 토지는 별 소용이 없었다. 채나라가 초나라의 요구를 받아들이자 초왕은 군대를 철수했다.

공자는 진나라에 머물던 당시에 전쟁에 관한 소식을 많이 접했는데, 이는 그에게 큰 영향을 끼쳤다. 당시 중원 제후국들 사이의 전쟁은 이들의 전쟁만큼 참혹하지 않았고, 제후국들의 군사 동원 능력도 이만큼 크지 않았다. 그런데 다들 오랑캐라고 여기던 초나라가 지도에서 한 나라를, 그것도 5백여 년의 역사를 가진 주나라 천자의 제후국을 아주 쉽게 지워 버릴 수 있을 정도로 놀라운 전력을 보유하고 있지 않은가!

그로부터 얼마 지나지 않아 또 다른 소식이 전해졌다. 초나라 군대가 신채성을 포위하고 공격하던 바로 그즈음에 오왕 부차夫差가 월나라를 상대로 전쟁을 일으켜 월나라의 군대가 몰살당했고, 월왕 구천句踐은 군신들을 이끌고 투항해 오나라 궁정의 하인이 되었다는 소식이었다. 오나라와 월나라 사이에서는 참혹한 전쟁이 이미 10년 넘게 계속되었는데, 이때에 와서 일단락되었다. 그리고 이 일은 월왕 구천이 '와신상담臥薪嘗膽'하며 복수를 꾀했다는 고사의 시작이기도 하다.

오나라와 월나라 사이의 전쟁은 초나라의 전쟁보다도 더 참혹했으며, 무슨 놀이처럼 규칙을 지키라고 강조하는 중원 귀족들의 전쟁과는 완전히 달랐다. 몇 년 전에 오나라와 월나라의 군대가 전장에서 마주했을 때, 월왕 구천은 사형수 한 무리를 진영 앞에 줄지어 세워 놓고 차례대로 큰 소리로 외치며 스스로 목을 베어 자결하게 했다. 그리고 오나라 군사들이 이 광경을 보고 넋이 나가 있는 사이에 공격해 그들을 대파했다. 당시의 오왕인 합려閤閭도 이 전투에서 부상을 입어 사망했다. 중원 귀족들이 보기에 이는 전쟁이 아니라 야수들의 싸움이나 다름없었다.

그러나 이것은 역사의 큰 추세였다. 오나라나 월나라와 같은 소위 '오랑캐' 국가에서는 군왕의 권위가 아주 커서 귀족들은 제멋대로 굴 힘이 없었다. 국가 간의 전쟁은 매우 치열했으며 승자가 모든 것을 독식했다. 이는 이미 전국 시대의 초기 단계였다고도 할 수 있다. '오랑캐' 식의 잔혹한 전쟁은 결국 중원 열국의 온화하고 우아한 귀족 정치를 대체하게 된다.

진나라 귀족들이 모인 자리에서 진나라의 사패[사구]가 공자에게 "예전의 그 노소공은 인품이 어떠한 사람이었습니까?"라고 질문한 일이 있었다고 앞에서 이야기한 바 있다. 이는 노소공이 성이 같은 오나라의 공주를 부인으로 맞이한 일에 관한 질문이었으며, 한편으로는 오나라를 두려워하는 동시에 미워하기도 했던 진나라 사람이다 보니 당연히 노소공도 좋지 않게 생각했기에 나온 질문이기도 했다. 이 일은 공자를 매우 난처하게 만들었다.

몇 달 후, 이 두려운 오나라 군대가 진나라에 나타났다. 오왕 부차는 채나라를 공격한 초나라에 복수하기 위해 우선 초나라와 같은 편인 진나라를 목표로 삼았다. 대국 사이에 낀 소국의 비애였다.

막 월나라를 멸망시킨 오나라 군대는 사기가 드높았다. 이들과 정면으로 부딪칠 엄두가 나지 않았던 초나라는 지원군을 보내지 않았다. 약소한 진나라는 감히 응전하지 못하고 그저 도성의 성문만 굳게 걸어 잠갔다. 오나라 군대는 진나라 경내에서 제멋대로 파괴를 일삼으며 심지어 무당과 나병 환자까지 죽였다[고대에는 나병 환자를 감염 위험이 있는 천민으로 여겨서, 그들은 다른 사람들과 함께 생활하지 못하고 외진 지역에 한데 모여 살아야 했다].[5]

부차가 진나라를 침략한 진짜 목적은 채나라를 지지해 나라를 옮기는 일을 엄호해 주기 위해서였다. 채나라 국민 대부분은 초나라의 통제를 받는 지역으로 옮기기를 원하지 않았기 때문에 그들에게는 오나라 군대의 보호를 받아 동쪽으로 이동해 오나라와 더 가까운 주래州來[지금의 안후이安徽성 화이난淮南시]로 옮겨 가는 방법 외에 다른 선택지가 없었다.

채나라는 아주 오랜 역사를 가진 주나라의 제후국이었다. 채나라의 시조는 주무왕과 주공의 형제로, 춘추 시대 초기의 국제 사회에서 채나라는 어엿한 중원 제후국 중 하나였다. 그러나 지금에 와서는 격세지감만 느껴질 뿐이었다. 강성한 오랑캐들의 전쟁 속에서 이리저리 끌려다니며 모욕을 당한 끝에 채나라는 진나라와 마찬가지로 추풍낙엽처럼 불안정한 상태가 되었다.

진나라 경내가 전쟁으로 어지러운 이때, 중원 세계의 상황도 안정적이지 못했다. 동방 연맹과 진나라의 조간자 사이의 전쟁은 점차 확대되어 제, 위, 노나라의 3개국 연합군이 황하를 건너가 적인狄人 부족과 함께 진나라를 공격해 범씨와 중행씨 두 가문의 반란군을 지원했다. 이 공세는 매우 순조롭게 진행되어 조간자의 군사들은 연달아 패퇴했고, 하북 지역에서 동방 연맹과 범씨, 중

---

5 《예기·단궁하》: "오나라가 진나라를 침공해 무당과 병자를 죽였다(吳侵陳, 斬祀殺厲)." '사祀'는 제사와 관련된 사람을 뜻하는 말로 보이며, '려厲'는 '려癘'와 같은 뜻으로 나병 환자를 의미한다.

행씨의 세력이 통제하는 지역은 점차 넓어졌다.

황하 전장의 소식이 남쪽까지 전해져 오자, 공자는 갑자기 노나라로 돌아가기로 결정했다. 그는 아주 충동적이고도 감정적인 태도로 "돌아가자, 돌아가자! 고향의 청년들은 다들 덜렁대며 글 쓰는 것만 즐기니, 그들을 이끌어 줄 사람이 필요하다!"[6]라고 말했다. 공자의 이 말은 고향에 있는 젊은 제자들이 이미 학업을 등한시하고 있을까 봐 걱정한 말이었다. 제자들은 스승이 이미 노년의 권태기에 접어들어 더는 외지를 떠돌아다닐 마음이 사라졌다고 생각해 급히 행장을 꾸렸다.

갑자기 황하를 건너려 하다

공자가 58세 되던 해[노애공 원년, 기원전 494년]의 하반기, 전란의 소식만 온통 어지럽게 들려오던 때에 공자와 제자들은 고향으로 돌아가는 길에 올랐다. 북쪽으로 돌아가려면 위나라를 거쳐야 했다. 위나라의 변경에는 포성蒲城이라는 곳이 있었는데, 위나라의 한 귀족이 전쟁으로 혼란한 틈을 타 위령공에게 반기를 들고 막 독립해 나온 곳이었다. 공자가 이곳에 이르렀을 때, 그가 위령공과 사이가 좋다는 사실을 알고 있는 포성 사람들이 공자를 잡아들이려 했다.

한편, 공자의 제자 중에는 공량유公良儒라는 이가 있었는데, 가정 형편이 좋은 편이었던 그는 자기 소유의 마차 다섯 대와 한 무리의 하인을 데리고 공자를 수행했다. 또한 공량유는 체격이 건장하고 힘이 셌으며 전쟁에 나간 적도 있었고, 그의 하인들도

---

6 《논어·공야장》: "공자가 진나라에 있을 때 말했다. '돌아가야겠구나, 돌아가자! 내 고향의 젊은이들은 뜻은 크지만 경솔하고, 글재주는 좋으나 일을 재량할 줄 모른다.'"(子在陳曰: '歸與! 歸與! 吾黨之小子狂簡, 斐然成章, 不知所以裁之.')

싸움에 능했다. 지난번에 공자 일행이 광성에 억류되었을 때 크게 고생했던 공량유는 이번에는 참지 않고 태세를 갖추어 포성 사람들과 결전을 벌이려 했다.[7] 그 기세에 눌린 포성 사람들은 선뜻 손을 쓰지 못하고, 그저 공자에게 "당신이 위나라로 가지만 않겠다면 그냥 보내 주겠소"라고 조건을 제시했다. 공자가 그 말에 승낙해 양측은 신 앞에서 맹세했다.

그런데 공자는 포성을 나와 곧장 위나라의 도성인 제구로 길을 서둘렀다. 제자들은 다들 깜짝 놀랐다. 포성에서 노나라로 가는 훨씬 빠른 길이 있었고, 위나라의 도성을 거쳐 가면 한참 멀리 돌아갈 뿐만 아니라 맹세를 위배하는 행동이기도 했기 때문이다. 《사기》에 의하면 자공이 공자에게 "스승님은 포성 사람들과 맹세를 하셨는데, 이를 어겨도 되는 것입니까?"라고 묻자, 공자는 "그것은 협박을 받아 한 맹세이다. 신께서는 내 고충을 아실 테니 탓하지 않으실 것이다要盟也, 神不聽"라고 말했다고 한다.

공자는 진나라를 떠날 때 노나라로 돌아가겠다고 말했지만, 도중에 갑자기 위나라로 가겠다는 결심을 굳혔고 이 때문에 맹세를 어기게 되는 상황도 아랑곳하지 않았다. 제자 중 대다수는 노나라 사람들이라 다들 하루빨리 집으로 돌아가고 싶은 마음뿐이었으므로, 공자의 심리를 이해하는 이는 아무도 없었다.

---

7 경, 사 문헌의 주석가 가운데 공량유라는 인물의 신분에 관해 소개한 이는 아무도 없다. 비교적 늦게 간행된 《통지通志·씨족략氏族略》에서는 그가 진나라 출신이라고 소개하고 있는데, 아마도 공자가 진나라에 머무르는 동안 새롭게 제자가 된 인물이라 여긴 듯하다. 그러나 이 의견이 간과하고 있는 점이 하나 있는데, 바로 《사기》에 '자외어광' 사건 때 이미 공량유가 공자를 수행하고 있었다고 명확하게 기록되어 있다는 점이다. 앞에서 춘추 시대 말기에 오직 노나라의 공족들만 씨 앞에 '공公'을 붙이는 습관이 있었다고 언급한 바 있는데, 공량유는 아마도 노나라의 소귀족으로 추측된다. 그러나 그가 삼환 가문에 속했던 사람인지, 아니면 다른 군주의 후예였는지까지는 상세히 알수 없다.

한편, 공자가 돌아온다는 소식을 들은 위령공은 친히 교외까지 나와 공자 일행을 영접해 그들이 편안히 묵을 곳을 찾아 주었다. 공자가 60년 가까이 살아오고 정계에서 근 10년간 활동하는 동안 군주에게 가장 큰 예우를 받은 적을 꼽자면 바로 이때였다. 보통은 어느 군주도 친히 성을 나와 영접하지 않았다. 위령공이 이렇게 한 이유는 위나라와 진나라 사이의 전쟁이 한창 무르익은 상황이라 가능한 한 많은 지지자가 필요했기 때문이다.

위나라의 도성인 제구는 황하의 남쪽 기슭에 있었고, 강의 반대편 기슭은 조간자와 동방 연맹이 격전을 벌이고 있는 전장이었다. 공자는 제구에 머무르며 사양자師襄子라는 악사를 자주 찾아가 거문고 타는 법을 배웠는데, 이는 열국의 최신 동향을 파악하는 방법이기도 했다. 악사를 통해 듣게 된 최신 소식은 양쪽 군대가 승패를 가리기 힘들어 전쟁이 교착 상태에 빠졌으며, 조간자 쪽에서는 반공을 준비하고 있다는 것이었다.

이때 갑자기 돌발 사건이 일어났다. 위나라에는 막 조간자 쪽에 투항한 중모中牟라는 도시가 있었고, 조간자는 진나라 군사 한 부대를 파견해 중모에 주둔하게 했다. 중모의 재는 필힐佛肸이라는 이였는데, 그는 비밀리에 공자에게 사람을 보내 조간자 쪽에 가담하라고 부추겼다.[8]

공자는 이 권유를 받자마자 당장 출발할 준비를 했다. 공자의 이러한 결정은 상당히 극적인 면이 있다. 6년 전에 그는 노나라를 반진 연맹에 가입하게 해 조간자에 대항했는데, 지금에 와서 갑자기 이 연맹을 배반하려 하고 있었다. 너무나 급작스러운 변

---

8 고대 주석가들은 이미 이 중모가 지금의 허난성 중모현과 다른 곳임을 밝혀냈다. 그러나 이곳이 구체적으로 어느 지역이었는지는 정확히 밝혀지지 않았다. 혹자는 이곳이 황하 북쪽에 있었다고 보았다.

화였으므로 제자들은 다들 받아들이지 못했다.

　　역시나 가장 대담한 자로가 공자에게 질문했다. "스승님께서
는 평생 군신 간의 도리를 강조하지 않으셨습니까? 필힐이라는
자는 반역을 저지른 소인인데, 지금 스승님께서 이자에게 몸을
의탁한다면 평생의 사업이 헛된 일이 되지 않겠습니까?" 그러자
공자는 "사람이 깨끗한지 더러운지는 굳이 자신이 나서서 말하
지 않아도 다 아는 법이다. 그들이 소인인지 아닌지는 나와는 상
관없는 일이다. 게다가 내가 포과匏瓜도 아닌데, 온종일 줄에 매달
려 말라 가며 빛 좋은 개살구 노릇이나 하고 있을 수는 없지 않
겠느냐?"라고 말했다.⁹ 포과는 조롱박을 뜻한다. 이 당시 계절은
이미 가을에 들어서 있었다. 공자는 아마도 정원에서 노랗게 익
어 가는 조롱박을 보고 비유에 썼던 듯하다. 이 대화는《논어·양
화》편에 기록되어 있다. 공자는 자로의 질문에 정면으로 답하지
않고 그저 적당한 말로 회피했다.

　　'포과'는 사실 오래된 전고로 〈포유고엽匏有苦葉〉이라는 시에서
유래한 말이다. '포유고엽'은 조롱박의 잎사귀가 노랗게 시들기
시작했다는 뜻이다. 이 시는《시경·패풍邶風》편에 속해 있는데,
'패풍'은 '패邶'라는 지방의 노래를 말한다. 패 지방은 황하 북쪽
에 있는 옛 위나라의 영토로, 지금은 진나라의 영토가 되어 조간
자와 양호가 그곳에서 동방 연맹과 전쟁을 벌이고 있었다. 공자
는《시경》을 아주 자세히 알고 있어 그의 마음을 표현할 시구를
《시경》에서 쉽게 찾아내곤 했다.

　　공자는 지금 하고 있는 고민을 제자들에게 털어놓을 수 없었
다. 그가 황하 반대편 기슭으로 건너가려는 진짜 목적은 사실 양
호를 찾아가기 위해서였다. 공자는 조간자와 전혀 교류가 없었

───────

9《논어·양화》편의 "필힐소, 자욕왕佛肸召, 子欲往" 부분.

고, 황하의 저쪽 기슭에 있는 이들 중 공자가 유일하게 아는 사람
은 양호뿐이었다. 두 달 전, 공자가 아직 진나라에 머무르고 있던
당시에는 반진 연맹의 세력이 강대해져 조간자와 양호는 금방이
라도 패할 위기에 처했다. 공자가 이 시점에 갑자기 북쪽을 향해
떠난 이유도 서둘러 황하를 건너기 위해서였다. 지금 양호를 만
나지 못하면 평생 다시 만날 기회가 없을지도 모르는 일이었기
때문이다.

공자는 50세 되던 해에 양호의 동료인 공산불뉴를 찾아가 몸
을 의탁할까 생각한 적이 있었지만, 결국 양호를 압박할 수단으
로 삼환 가문에 발탁되어 관직에 올랐다.

이제 공자는 60세를 바라보는 나이였다. 고대 기준으로 보면
그와 양호는 이미 연로해 남은 시간이 그리 많지 않았다. 이 나이
가 되자 공자는 가족 간의 정을 더욱 그리워하게 되었다. 그는 한
시바삐 자신과 똑같이 닮은 양호를 만나 얽히고설킨 둘 사이의
사연을 정확히 알아보고 싶었다. 아무튼 양호는 공자보다는 많은
사실을 알고 있을 터였다.

제구에 거처를 정한 후로 제자들도 점차 공자의 생각을 알게
되었다. 공자는 중개인을 통해 비밀리에 양호 쪽과 연락하고 있
었는데, 이러한 일을 곁에 있는 제자들에게 숨기기는 힘들었다.
이 문제는 공자도 드러내려 하지 않았고 제자들도 감히 폭로하
지 못했지만, 제자들은 공자의 이러한 갑작스러운 변화를 받아들
일 수 없었다. 그들은 대부분 노나라 혹은 위나라 사람들로 '동방
반진 연맹'의 세력 범위 내에 속해 있었기 때문이다. 만약 공자를
따라 조간자에게 의탁하면 나라를 배신하고 적에게 투항하는 셈
이므로, 그들은 이제 고향에서 살아갈 수 없고, 그동안 쌓은 사회
적 지위와 자원도 전부 망쳐 버리게 될 터였다. 그렇다고 공자가

제자들을 버리고 그냥 떠난다면 제자들 무리는 구심점을 잃고
완전히 흩어질 가능성이 컸다. 제자들은 온갖 방법을 써서 공자
를 말리는 수밖에 없었다.

　제자들이 항의하며 협조하지 않자 공자도 어찌할 도리가 없었
다. 그는 애를 태우며 고민해도 해소할 곳이 없어, 문을 닫고 집
안에 틀어박혀 온종일 거문고를 타고 경磬을 두드렸다. 경은 옥석
으로 만든 일종의 타악기로 편종編鍾과 약간 비슷했다. 음악에 조
예가 있었던 공자는 아주 슬픈 곡만 골라 연주했다.

　《논어》에 의하면 공자가 가장 깊은 고민에 빠져 방황하고 있
던 바로 그 순간에 농부의 옷을 입고 대바구니를 등에 진 사람
하나가 지나가다가 공자의 거처 앞에 멈추어 서는 "소리를 들
어 보니, 경을 두드리는 사람은 고민이 있는 모양이로다!"라고
말했다고 한다. 경을 연주하는 이가 공자임을 알게 된 그 사람
은 집 안으로 들어와 공자에게 "당신이 경을 두드리는 것은 당신
의 마음을 알아주는 이가 아무도 없어 답답해서 그런 것이 아닙
니까? 그런데 당신도 너무 생각이 많은 것이 아니오? 뭐 그리 큰
일이라고. '물이 깊으면 옷을 벗어들고 건너고, 물이 얕으면 옷을
걷고 건넌다네'라 하지 않습니까. 그래 봐야 강 하나 건너는 일
아니겠소?"라고 말했다.

　대바구니를 진 이 사람은 황하를 건너는 일 때문에 고민하는
공자의 마음을 정확히 알고 있었다. 《논어》에 기록된 이 이름을
알 수 없는 인물을 이전의 학자들은 '은사隱士'라고 여겼지만, 양
호 쪽에서 공자에게 보낸 연락책일 가능성이 더 크다.

　주목할 만한 부분은 이 사람이 공자에게 했던 이야기 중 마지
막 문장, 즉 물이 깊든 얕든 간에 건널 수 있다는 말도 《시경》의
〈포유고엽〉에 나오는 구절이라는 사실이다. 원문은 '심즉려, 천

즉게深則屬, 淺則揭'인데, 둘 다 황하를 건너는 방법을 말하고 있다. 《논어》의 이 부분에도 《시경》의 구절이 그대로 인용되어 있다.

공자가 자공에게 자신은 조롱박이 아니니 강을 건너지 않고 위나라에서 계속 기다리기만 할 수는 없다고 말했을 때도 같은 시의 전고를 언급했다. 공자와 이 은사는 어째서 모두 〈포유고엽〉이라는 시를 인용했을까? 바로 이 시의 화자가 황하를 건너려는 사람이기 때문이다. 화자는 황하 기슭의 가을 풍경을 보면서 한편으로 같이 가기로 한 벗이 빨리 오지 않아 초조해하고 있다. 이 내용은 마치 양호 쪽에서 연락책을 마련해 놓고 공자에게 빨리 오라고 재촉하는 듯하다.

조롱박 잎은 누렇게 시들고, 제수濟水 나루터엔 강물이 불어났네.
물이 깊으면 옷을 벗어들고 건너고, 물이 얕으면 옷자락을 걷고 건넌다네…….
뱃사공이 오라고 손짓하니, 다들 강을 건너도 나 혼자 그대로 남아 있네.
내가 남아 있는 것은 다만 벗을 기다리기 때문이라네.
匏有苦葉, 濟有深涉.
深則屬, 淺則揭…….
招招舟子, 人涉卬否.
人涉卬否, 卬須我友.

대바구니를 진 이 신비한 인물의 조언에 공자는 "그 말이 맞소. 하지만 마지막 한 걸음을 떼기가 너무도 힘들다오果哉, 未之難矣!"라고 대답했다.[10]

공자는 결국 이 마지막 한 걸음을 떼지 못했다. 이 사람이 공

자를 찾아온 것은 아마도 양호 쪽에서 강을 건너와 그를 맞이하
려는 시도였던 듯하다. 그러나 공자가 주저하는 사이에 이 시도
는 실패하고 말았다.

황하 기슭에서의 절망

공자는 여전히 마음속의 미로에서 벗어나지 못했다. 어느 서리
내린 새벽, 제자들이 주의하지 않는 틈을 타서 몰래 제구성을 빠
져나온 그는 10리가 넘는 길을 몽유병자처럼 비틀비틀 걸어 황하
나루로 가서 반대편으로 건너갈 배를 기다렸다.

　황하는 이때 물이 불어나는 시기라 물살이 아주 거셌다.《장
자》에서는 이 시기의 황하를 '강의 반대편 기슭에 한 떼의 가축
들이 물을 마시고 있는데, 너무 멀어 소인지 말인지 구분하기 힘
들다'[11]라고 묘사하고 있다. 이 계절의 풍경은 〈포유고엽〉에 묘사
된 모습과 꼭 같았다. 탁하고 누런 강물이 모래사장에 밀려왔고,
관목숲 사이에서 꿩들이 울며 서로를 불렀다. 새벽하늘에 해가
막 떠올랐고, 남쪽으로 돌아가는 기러기 한 떼가 하늘을 가로질
러 날아갔다. '나룻배는 수평선 위에서 흔들거리며 강가에서 점
점 더 멀어져 가고, 다른 이들은 모두 배를 타고 강을 건너가는데
나 홀로 이쪽에 남아 있다……'

10 《논어·헌문》: "공자가 위나라에 있을 때 경을 두드려 연주했다. 대바구니를 지고
공자의 집 문 앞을 지나가던 사람이 '경을 두드리는 이 사람은 고민이 있구나!' 하더니
또 '땡땡거리는 소리가 속되도다! 자기를 알아주는 이가 없으면 그만두면 될 일이다.
물이 깊으면 옷을 벗어 들고 건너고, 얕으면 옷자락을 걷고 건널 일이거늘'이라 말했
다. 그러자 공자는 '과감하구나! 그리한다면 세상에 어려운 일이라고는 없을 것이다'
라 말했다."(子擊磬於衛, 有荷蕢而過孔氏之門者, 曰: '有心哉, 擊磬乎!' 既而曰: '鄙哉, 硜
硜乎! 莫己知也, 斯己而已矣. 深則厲, 淺則揭.' 子曰: '果哉! 末之難矣.')
11 《장자·추수》: "가을에 물 불어날 때가 되면 모든 개천이 황하로 흘러든다. 물길이
넓어져 반대편 기슭에서 물을 마시는 짐승이 소인지 말인지 구분할 수 없다."(秋水時
至, 百川灌河, 涇流之大, 兩涘渚崖之間不辯牛馬.)

스승이 사라진 사실을 제일 먼저 알아챈 자공이 급히 그를 쫓아 달려왔다. 황하 나루에 도착한 그는 예전에 정나라 도성의 동문 아래서 헤매던 때보다 훨씬 더 노쇠한 데다 혼란스럽고 넋이 나가 보이는 공자를 발견했다. 두 사람이 강가에서 도대체 무슨 대화를 했는지는 알 수 없으나, 공자는 결국 현실로 돌아와 다시는 황하를 건너겠다고 고집을 피우지 않았다.

공자는 길게 탄식하며 "거센 황하강물은 멈추지 않고 흘러가는구나. 내가 이 강을 건너지 못하는 것도 아마 천명이리라!"라고 말했다.[12] 도저히 어찌할 수 없는 막다른 길에 부딪힐 때마다 공자는 '운명'에 대해 탄식하곤 했다. 그는 인간사에 대한 신의 통제력에 관해 단 한 번도 언급한 적이 없었지만, 그래도 모든 것이 저 아득한 '천명'에서 벗어나지 못한다고 여겼다.

공자가 강물에 관해 한 명언이 하나 더 있는데, "지나간 세월은 마치 이 강물처럼 밤낮으로 그치지 않고 흐른다"[13]라는 말이다. 이 말도 이때의 경험과 관련이 있다. 그는 아마도 지금까지의 기회를 모두 놓쳐 돌이킬 수 없게 된 상황을 안타깝게 여기며 이렇게 말한 듯하다.

《사기》에 의하면 공자는 자공에게 그가 황하를 건너지 않기로 한 이유를 조간자가 현인인 두명독寶鳴犢과 순화舜華를 죽였기 때문이라고 말했다고 한다. 자신과 같은 처지인 이가 불행한 일을 당해 안타까워 가지 않았다는 뜻이다. 《사기》 외의 다른 역사서에 이 두 인물에 관한 기록이 없다는 점을 보면 아마도 그리

---

12 《사기·공자세가》: "공자는 ……황하에 이르러 감탄하기를 '아름다운 황하는 끝없이 흐르는구나! 이 구가 이곳을 건너지 못하는 것도 운명이리라!'라 했다."(孔子……臨河而歎曰: '美哉水, 洋洋乎! 丘之不濟此, 命也夫!'")

13 《논어·자한》: "공자가 강가에서 말하기를 '지난 세월이 이 강물과 같구나! 밤낮으로 쉼 없이 흐른다'라 했다."(子在川上, 曰: '逝者如斯夫! 不舍晝夜.')

중요한 인물은 아니었던 듯하다. 어쩌면 이는 공자가 나중에 갖다 붙인 구실일 뿐, 황하를 건너지 않은 진짜 이유는 아니었을지도 모른다. 역사학자인 첸무 역시 "이 두 인물은 여타 역사서에 현명하고 덕행이 높은 이들이라고 기록된 바가 전혀 없는데, 공자는 어째서 그들이 죽임을 당했다는 소식 때문에 황하 나루까지 갔다가 갑자기 돌아왔을까? 이 말의 진위에 의문을 가지게 된다"[14]라고 말했다. 그러나 첸무 또한 공자가 황하를 건너려 한 동기와 강가까지 갔다가 도중에 돌아온 이유를 명확하게 밝히지는 못했다.

이때 공자의 곁에는 바로 젊은 자공이 있었다. 그는 공문제자 중 가장 총명하고 현실적이었으며, 나중에 가장 높은 벼슬에 오른 인물이기도 했다. 결정적인 순간에 그가 나타났다는 점은 분명히 공자에게 매우 큰 영향을 끼쳤다.

공자가 황하를 건너지 못하게 방해한 또 다른 요인은 바로 동방 반진 연맹이었다. 구체적으로 말하자면 공자에 대한 위나라의 감시였다. 위령공은 공자가 또다시 이러한 방식으로 위나라를 떠나 자신과 적대하는 일을 용인할 수 없었다.

《묵자·비유非儒》 편에는 '필힐이중모반, 칠조형잔佛肸以中牟畔, 漆雕刑殘'이라는 기록이 있다. 필힐이라는 이가 중모에서 반란을 일으켜 진나라 세력에 가담한 후 공자를 초청했던 일은 《논어》에도 명확하게 기록되어 있다. 그는 아마도 한동안 양호를 도와 공자와 연락을 취했던 듯하다. 앞에서 언급한 대바구니를 진 인물은 필힐이 직접 보낸 사자였을 수도 있다.

그렇다면 '칠조형잔'은 무슨 뜻일까? 칠조라는 인물은 공자의 제자로 칠조는 그의 성이고 이름은 개開이다. '형잔'은 형벌을 받

14 첸무,《공자전》, 싼롄서점, 2012년, 제6장.

아 불구가 되었다는 의미이다. 당시에는 그리 무겁지 않은 범죄를 저지른 이에게 한쪽 발을 자르는 형벌을 내렸다. 가장 가벼운 형벌은 얼굴에 글자를 새기는 벌이었으며, 가장 무거운 형벌은 궁형[거세]이었다.

《묵자》의 이 기록을 통해 추측해 볼 수 있는 정보는 필힐이 위나라를 배반한 후에 공자에게 비밀리에 연락을 취했으며, 칠조개가 공자 쪽의 연락책을 맡고 있었다는 것이다. 이는 동방 연맹에서 도저히 받아들일 수 없는 상황이었으므로, 공자에게 경고할 필요가 있었다. 이 때문에 칠조개는 위나라에서 형벌을 받아 불구가 되었다.

칠조개라는 인물은 《논어》에 단 한 차례 등장한다. 공자가 그에게 관직을 맡기려 하자 칠조개는 "저는 아직 사람들로부터 신용을 얻거나 그들을 신복하게 할 수 없습니다"라고 말했다. 공자는 이 말을 듣고 크게 기뻐했다.[15] 칠조개와 공자 사이의 이 대화가 그가 형벌을 받은 비극적인 일과 무슨 관련이 있는지, 이 대화를 한 시점이 그가 형벌을 받기 전인지 후인지 등은 판단할 수 없다. 그러나 이 기록을 통해 칠조개라는 인물이 신용을 매우 중시했음을 알 수 있다. 그는 결정적인 순간에 스승을 위해 여러 일을 맡아 했다.

아무튼 공자는 황하 앞에서 걸음을 멈췄다. 반대편 기슭에서는 조간자가 이끄는 진나라 군대가 새롭게 공세를 펼쳐 황하의 북쪽 기슭을 휩쓸고 반란군이 농성 중인 조가성을 포위했다. 공자가 황하를 건너기만 하면 조간자의 군대가 곧장 마중을 나올

---

15 《논어·공야장》: "공자가 칠조개에게 벼슬을 맡기려 하자, 그는 '저는 아직 벼슬을 감당할 능력과 신용이 없습니다'라 답했다. 공자는 이 말을 듣고 기뻐했다."(子使漆雕開仕. 對曰: '吾斯之未能信.' 子說.)

터였다. 그러나 공자는 이 기회를 영영 포기하고 말았다.[16]

만약 공자가 황하를 건너 양호와 만났다면 무슨 이야기를 했을까? 두 사람의 가문과 신세, 그리고 지금껏 해 온 일들에 관해 이야기했을까? 반평생을 멀리 떨어져 서로 바라보기만 하고 가까워질 수 없었던 두 사람은 만년이 되어서도 각자의 인생에 얽매여 있었고, 그들을 갈라놓은 황하는 거세게 흐르고 있었다.

이 시기에 공자가 한 행동의 동기는 후세의 누구도 정확히 추측해내지 못했다. 그러나 이 일에 관한 기록은 모두 그의 제자들이 엮은 《논어》에 남아 있어 논쟁의 여지가 없다. 황하를 건너려 했던 이 사건 전후로 공자의 언행은 모두 정상적이지 못했으며, 그 언행 역시 전부 《논어》에 그대로 기록되어 있다. 이러한 점으로 미루어 보면 제자들은 아마도 공자와 양호 사이의 미묘한 관계를 알았으며, 두 사람이 비밀리에 연락을 취한다는 사실 역시 눈치챘던 듯하다.

물론 공자가 사망한 후에도 삼환 가문은 여전히 노나라의 정권을 장악하고 있었고, 양호는 그런 삼환 가문과 대립하는 적이었으므로, 제자들은 《논어》에 이러한 내용을 너무 직설적으로 쓸 수는 없었다. 하지만 후세 사람이 그럴 마음만 먹는다면, 현재까지 남아 있는 자료만으로도 충분히 지나간 사건을 복원할 수 있다.

공자는 그 이후로 줄곧 아주 의기소침해졌다. 그는 제자들과 작별하고 위나라를 떠나 고향으로 돌아갔다. 본래 살았던 곡부성의 귀족 거주 구역에 있는 저택이 아니라, 어머니와 함께 살던 추읍의 안씨 마을로 돌아갔다. 그는 아마도 모든 것이 단순했던 순진무구한 유년 시절로 돌아가 성년이 된 후에 겪은 그 모든 혼란

---

16 《좌전·애공 원년》: "겨울, 11월에 진나라의 조앙이 조가를 공격했다."(冬, 十一月, 晉趙鞅伐朝歌.)

을 잊고 싶었는지도 모른다. 만약 어머니의 관을 길가에 안치한 일로 아버지 가문에 입적되지 않았다면, 그는 평생 소박하고 성실한 안씨 마을의 농민으로 해가 뜨면 들에 나가 일하고 해가 지면 쉬는 삶을 살아가며, 이상을 추구하는 일도, 희망과 절망을 경험하는 일도 없었을지 모른다.

안씨 마을 초가집의 구들 위에 몸을 누인 공자의 심정이 어떠했는지 우리는 알 수 없다. 소설 《백록원白鹿原》(1993년에 출판된 천충스陳忠實의 장편소설)에서 주인공 바이샤오원白孝文이 고향에 돌아간 심정이 아마도 공자의 심정과 조금 비슷했을 듯하다.

'……어머니가 베를 짜던 베틀과 아버지가 늘 앉아 있던 낡은 의자, 할머니가 삼베 노끈을 꼴 때 쓰던 틀과 포개져 놓인 황토색 도자기 그릇들, 그리고 대들보에 걸린 거미줄과 이 오래된 집 안에 퍼져 있는 냄새가 그의 마음속 깊은 곳에 숨어 있던 오래된 기억을 되살려냈다. 특히 점심때 먹었던 고기 국수의 맛은 제아무리 뛰어난 요리사라 해도 재현할 수 없는 것이었다. 보릿짚과 목화 줄기로 불을 땐 가마솥에서 끓여야만 이 맛을 낼 수 있었다. 바이샤오원은 이렇게 되살아난 감정은 그리움을 불러일으킬 수 있을 뿐, 그때 그 감정을 다시 느낄 수는 없다는 것을 분명히 깨달았다. 피처럼 붉은 볏과 깃발 같은 꼬리를 가진 수탉이 비록 한때 자신을 키워 주었던 계란의 껍데기를 찾아내지만, 몸을 웅크려 다시 그 속으로 들어가 껍질 안에서 겪은 모든 아름다운 일들을 경험할 수는 없는 것과 마찬가지이다……'

공자는 백록원의 주인공인 바이샤오원이 아니었다. 그는 이미 늙어서 '담으로 올라가 장작더미 위로 뛰어올라 목을 빼고 노래'

하며 고향 사람들에게 자신의 부유함을 자랑하지는 않았다. 그는 다시 돌아갈 수 없음을 알면서도 자신을 품어 주었던 그 계란 껍질을 더욱 그리워했다.

공자는 〈추조顯操〉라는 제목의 아주 슬픈 거문고 곡조를 하나 지었다. 그가 운명에 감사하고 탄식하며, 또한 저주하는 그 모든 마음을 한데 어울러 이 곡조에 담았다.

추읍은 어린 시절의 그가 어떻게든 벗어나려 했던 가난한 고향이었지만, 노년에 이른 그는 이곳이야말로 근심과 소란에서 도피할 최후의 장소임을 알게 되었다. 아버지의 세계에서 여기저기 상처를 입으며 바삐 뛰어다니다 나이가 들어 버린 그는 마침내 어머니의 숨결이 남아 있는 고요한 초가집으로 돌아왔다.

16 초나라를 위해 일하다(59~63세)

고향에서 늦겨울을 보낸 공자는 59세의 새해를 맞이했다. 추읍의 옛집에서 칩거하는 동안 천천히 나아졌다. 이제는 양호를 걱정하지도 않는 듯했다. 적어도 전황은 조간자에 점점 더 유리해져 앞날이 희망적이었으므로, 분명히 다시 기회가 올 듯 보였다.

공자는 고향에서도 조용히 지낼 수 없었다. 큰 관직을 지내 명성이 자자했던 그는 개천에서 난 용이나 다름없었다. 고향 사람들은 집 문턱이 닳도록 앞다투어 찾아와 여러 일을 부탁했다.

그리고 도피가 모든 문제를 해결해 줄 수도 없었다. 제자들은 스승을 잃을 수 없었고, 스승이 가져다줄 여러 사회적 이익 역시 놓칠 수 없었다. 이 때문에 공자는 고향에서 오래 은거할 수 없었다. 다시 세상에 나와 그가 이끄는 집단을 위해 기회를 찾아야 했다.

아들 공리는 이번에도 그를 따라나서지 않았다. 공자도 아들 부부를 어찌하지 못하고, 그저 "사인士人이라면 응당 천하의 일을 근심해야 한다. 집을 그리워한다면 사인이라 할 수 없다"라고 말하며 자신을 위로할 뿐이었다.[1]

공자는 이번에도 위나라로 갔다. 위령공은 여전히 외국으로 망명한 태자를 걱정하며 아들과의 대립 문제에 공자가 도움을 주기를 바랐다. 남의 집 가정사에 휘말리고 싶지 않았던 공자는 위령공에게 작별을 고하고 회수 유역에 있는 진나라를 향해 갔다. 지난번에 진나라에서 아주 평온한 생활을 보내다가 양호의

---

1 《논어·헌문》: "공자가 말했다. '사인이 집을 그리워한다면 사인이라 하기에 부족하다.'"(子曰: '士而懷居, 不足以爲士矣.')

소식을 듣고 마음이 어지러워졌던 그는 다시 예전과 같은 생활로 돌아가려 했다.

공자는 만년에 이렇게 남북을 오갈 때마다 정나라 혹은 송나라를 거쳐야 했지만, 역사서에는 이에 관한 기록이 전혀 남아 있지 않다. 공자를 죽이려 했던 그 환퇴가 최근 몇 년 동안에도 여전히 송나라에서 권력을 장악했으므로, 공자는 아마도 송나라를 피해 위나라에서 정나라로, 거기서 다시 진나라로 갔던 듯하다. 정나라 정계의 고위층 인사들은 분명히 지난번과 마찬가지로 공자를 완전히 무시했을 터이니, 이에 관해서도 기록할 만한 사항이 없었을 것이다.

두 번째로 남쪽 지역을 방문한 공자는 이번에는 4년 동안이나 머물렀다. 처음 갔을 때보다 훨씬 긴 시간을 보냈지만, 이 기간에 관해서는 역사서에 잡다하고 소소한 기록밖에 남아 있지 않아서 후세 사람들도 공자가 경험한 일을 정확히 추측할 수 없었다.

사실 공자는 이 기간에 초나라를 위해 여러 가지 일을 하면서 좋은 관계를 형성했다. 그러다가 거의 목숨까지 잃을 뻔했고, 초소왕楚昭王으로부터 최고의 상, 즉 초나라의 속국인 어느 소국의 군주 자리까지도 얻을 뻔했다.

섭공호공葉公好孔: 초나라와 관계를 맺다

진나라를 다시 방문한 공자는 이번에도 진민공과 대신들의 환영을 받으며 진나라의 도성에서 편히 지냈다.

평온한 생활을 2년쯤 지속한 끝에 61세의 공자는 새로운 기회를 맞이했다. 바로 초나라의 고위층 인사와 접촉하게 된 것이다. 공자가 만난 이는 아주 유명한 인물로 '섭공호룡葉公好龍'이라는 고사성어의 주인공인 섭공이었다. 그는 품행이 방정한 사람으로 열국에서도 평판이 아주 좋았다. 섭공의 이름은 제량諸梁이며 초나라 왕실 출신인데, 초나라 북쪽의 요충지인 섭성葉城[지금의 허난성 핑딩산平頂山시]의 방어를 맡고 있었다. 작위는 공公으로 중원의 제후국 군주와 같은 등급의 칭호였다. 초나라 왕은 주나라 천자와 같은 가장 높은 등급이어서 그 아래의 귀족들도 중원의 제후국 귀족들보다 한 등급씩 높았다.

하지만 '섭공호룡'의 고사는 당연히 허구이다(섭공은 용을 좋아해서 집 안의 벽과 기둥에 용의 그림을 그리거나 무늬를 새겨 두었다. 이 말을 전해 들은 하늘의 용이 섭공의 집을 찾아가 창문으로 머리를 들이밀자, 진짜 용을 본 섭공은 깜짝 놀라 도망가고 말았다. 이처럼 섭공은 겉으로만 용을 좋아했을 뿐, 실제로는 좋아하지 않았다). 당시 한강漢江과 장강長江 유역은 기후가 덥고 습해서 악어[양쯔강 악어揚子鰐]도 다수 서식했는데, 아마도 섭공의 악어를 기르는 취미가 용을 좋아한다는 이야기로 변형되어 중원에 헛소문처럼 퍼진 듯하다.

섭공이 공자와 인연이 닿은 것은 그가 군대를 이끌고 채나라의 옛 도성인 신채성에 왔을 때였다. 채소후蔡昭侯는 초나라의 위협을 피하고자 오나라 군대의 엄호하에 도성을 동남쪽으로 옮겼으나, 초나라 쪽에 더 가까웠던 일부 채나라 사람들은 이주를 원치 않아 여전히 옛 도성 일대에 남아 있었다. 따라서 초왕은 섭공에게 군사를 이끌고 신채성으로 가서 남아 있는 채나라 사람들을 모아 초나라와 가까운 변경 지방으로 이주하게 했다.

섭공은 당시 남방 정계의 요인이었으므로 공자는 분명히 그에 관해 들은 바가 있었다. 섭공은 속국인 진나라를 관리하는 일도 맡았으니 그 역시 공자를 알았다. 4년 전, 공자가 처음으로 진나라에 왔을 때 진나라 군신들에게 융숭한 대접을 받았던 일도 섭공이 사정을 듣고 동의해서 가능했을 것이다.

섭공은 진나라와 가까운 신채성까지 온 김에 공자를 초청했는데, 두 사람은 아주 대화가 잘 통했다. 섭공이 공자에게 "정치를 할 때 가장 중요한 목표는 무엇입니까?"라고 묻자, 공자는 "어진 정치를 베풀어 백성들을 기쁘게 하는 것입니다. 이렇게 하면 공의 명성이 널리 퍼져 다른 이의 통치를 받는 백성들도 공에게 의탁하러 올 것입니다"[2]라고 대답했다. 마침 섭공은 신채성의 유민들을 모으고 있었으므로, 이 말은 바로 그 일에 대한 충고였다. 초나라와 오나라가 채나라의 백성을 두고 다투고 있는 배경을 아는 공자는 섭공에게 무력을 맹신해 전쟁을 일으키지 말고 진정한 소프트파워를 통해 민심을 얻으라고 권했다.

《사기·공자세가》의 기록에 의하면 공자는 섭공에게 인정받아 그의 관할 지역인 섭성에 가서 한동안 생활한 적도 있다고 한다. 아마도 섭공은 공자를 통해 중원의 최근 동향을 알아보려 했던 듯하다. 초나라는 진晉나라를 오랜 적수로 여기고 있었으며, 다른 중원 제후국은 안중에도 두지 않았다. 최근에 진나라에서 일어난 내전과 여기에 얽힌 동방 연맹에 관해 공자는 여러 정보를 제공해 줄 수 있었다.

공자는 공자대로 초나라의 상황을 좀 더 잘 이해해 관직을 얻을 기회가 있을지 살펴보려 했다. 공자와 섭공은 짧지 않은 시간 동안 함께 지내면서 여러 일을 계획하기도 했다. 공자는 그와 아주 깊이 교류해 서로 사양하거나 겸손을 떨지 않았으며, 상대를 통해 견문을 넓혔다고 느꼈다.

두 사람은 정직함에 관해 대화를 나누기도 했다. 섭공이 말했다. "내 고향에 아주 정직한 이가 있는데, 그의 아버지가 남의 집

2 《논어·자로》: "섭공이 정치에 관해 묻자 공자는 '가까이 있는 백성들을 기쁘게 해 먼 곳의 백성들이 찾아오게 하는 것입니다'라 답했다."(葉公問政. 子曰: '近者說, 遠者來.')

양을 훔치자 그는 자기 아버지를 고발했습니다." 그러자 공자가 말했다. "내 고향에서 말하는 정직함은 그와 다릅니다. 아버지가 잘못을 저지르면 아들은 그것을 숨겨주고, 아들이 잘못을 저지르면 아버지 역시 이를 숨겨줍니다. 이 역시 정직한 품행이라 할 수 있습니다."[3]

공자는 성문법 제정을 반대하고 오래된 관습법을 따르자고 주장하며 신분의 차이를 옹호했다. 이는 주나라 봉건제의 오랜 규범으로 앞에서 대사구의 일에 관해 설명할 때 이미 소개한 바 있다. 섭공의 관점은 법 앞에서 만인이 평등해야 한다는 논리로, 더 새로운 관점이라 할 수 있다. 이것은 신흥 오랑캐 국가와 중원 봉건 제후국이 따랐던 예법상의 차이였다.

두 사람이 대화 속에서 언급한 '아버지와 아들'은 실제 부자지간만을 의미한 것이 아니었다. 당시의 문맥을 고려해 보면 이는 분명히 공자와 제자 집단과 관련한 비유였다. 공자는 자신이 이 집단의 지도자이므로 모든 것에 책임을 지고 모든 일에 관여할 수 있다고 여겼으며[그는 실제로 제자들의 혼사까지 관여했다], 제자들은 이러한 공자의 권위에 복종해야 하고, 만약 집단 내의 누군가에게 무슨 문제가 생기더라도 그를 위해 숨겨주어야 한다고 생각했다. 이러한 구조는 봉건 사회에서 법권의 보호를 받는 비밀결사단체와 유사하다.

섭공은 공자의 제자들과도 교류했다. 어느 날 그는 자로에게 "그대의 스승인 공자 선생은 어떠한 사람이오?"라고 물었다. 자

---

3 《논어·자로》: "섭공이 공자에게 '우리 마을에 정직한 이가 있는데, 아버지가 양을 훔치자 그는 자기 아버지를 고발했습니다'라 말했다. 그러자 공자는 '우리 마을의 정직한 이는 그와 다릅니다. 아버지의 잘못을 아들이 숨겨주고, 아들의 잘못은 아버지가 숨겨주니, 그 가운데 정직함이 있습니다'라 말했다."(葉公語孔子曰: '吾黨有直躬者, 其父攘羊, 而子證之.' 孔子曰: '吾黨之直者異於是: 父爲子隱, 子爲父隱──直在其中矣.')

로는 섭공이 무슨 의도로 물었는지 몰라 정확히 답변하지 않고 적당히 얼버무렸다. 이 일을 나중에 전해 들은 공자는 자로를 나무라며 "공자 선생은 일에 빠지면 밥을 먹는 것도 잊고, 할 일이 있으면 걱정이 없는 사람이며, 자기가 늙었다는 생각은 전혀 하지 않는 이라고 대답했어야지不知老之將至云爾!"라고 말했다.[4]

공자와 섭공 사이의 대화들을 보면, 그는 섭공이라는 인물과 초나라의 전반적인 상황을 이해하면 할수록 초나라에서 관직을 얻을 기회를 찾고 싶어 했음을 알 수 있다. 그래서 공자는 자로가 제대로 대답하지 못해 기회를 날려 버렸을까 봐 원망했다. 그러나 초나라의 도성인 영郢[지금의 후베이성 징저우荊州시]은 진나라와 채나라, 섭성과는 아주 멀리 떨어져 있었으므로, 공자는 아직 그렇게 먼 곳까지 갈 결심을 못 한 상태였다.

초나라의 북쪽 변경에서 한동안 머무른 공자 일행은 다시 더 남동쪽에 있는 채나라의 새로운 도성인 주래에 가기로 했다. 섭성에서 주래까지는 약 500㎞에 달했는데, 이는 여러 나라를 주유한 공자에게도 상당히 먼 거리로, 섭성에서 곡부까지 돌아가는 거리와 거의 비슷했다.

공자의 이 결정은 좀 이상하게 느껴진다. 채나라는 오나라의 속국이자 초나라의 적국이 되었으며, 채나라 사람들은 먼 길을 떠나 이제 막 주래로 이주한 참이라 상황이 어수선했다. 게다가 이해 2월에 채나라가 또다시 천도할까 봐 두려워한 어느 귀족이 채소후를 암살하는 일까지 벌어져 주래는 더욱 큰 혼란을 겪었

---

4 《논어·술이》: "섭공이 자로에게 공자에 대해 물었으나 자로는 대답하지 않았다. 그러자 공자는 '너는 어찌하여 내가 일에 분발하면 밥 먹는 것도 잊고, 즐거움으로써 근심을 잊으며, 늙음이 닥쳐온다는 사실도 모르는 그런 이라고 대답하지 않았느냐?'라 말했다."(葉公問孔子於子路, 子路不對. 子曰: '女奚不曰, 其爲人也, 發憤忘食, 樂以忘憂, 不知老之將至雲爾.')

다. 공자는 본래 "위험한 나라에는 들어가지 않고, 어지러운 나라에는 머무르지 않는다危邦不入, 亂邦不居"[5]라는 규칙을 두었는데, 이번에는 스스로 이렇게 어지러운 나라로 가서 장기 거주할 생각을 했다니 매우 이해하기 힘든 일이다.

이전의 학자들은 공자가 채나라로 간 일에서 의심스러운 점을 발견하지 못하고, 그저 열국을 주유하는 과정에서 채나라에도 들렀다고 생각했다. 이는 사실 공자가 생활하던 시대를 충분히 이해하지 못해서 나온 생각이다. 역사도 현실과 마찬가지로, 각종 이해관계 및 그와 관련한 방해와 견제가 존재하기 때문에 거리낌 없이 어디로든 갈 수 있지는 않다. 만약 그렇지 않다면 공자는 올림픽을 구경하러 그리스 반도까지 갔을지도 모른다. 공자 일행이 회수를 건너려던 그때, 페르시아 제국의 다리우스 황제는 여러 나라의 군사들을 집결해 그리스 반도의 여러 도시국가를 합병하려 하고 있었으며, 공자가 채나라에 도착한 다음 해[기원전 490년, 노애공 5년]에는 아테네의 중장보병이 마라톤 전장에서 페르시아의 대군을 격퇴했다.

채나라행에 앞서 공자가 섭공과 깊이 교류했던 점으로 미루어 보아 두 사람은 아마도 어떠한 밀약을 맺었던 듯하다. 즉, 공자는 채나라에 가서 관직을 얻을 기회를 찾으면서 채나라 사람들이 오나라를 배신하고 초나라에 복종하도록 설득하려 했는지도 모른다. 또한 채나라의 새로운 영토는 오나라의 세력 범위 내에 속해 있어 초나라 사람들은 잘 모르는 곳이므로 하루빨리 상황을 알아야 했기 때문에, 어쩌면 공자가 섭공을 도와서 천도한 이후 채나라의 최신 동향을 파악하러 갔을 수도 있다.

《사기》에는 "공자는 채나라에서 3년을 머물렀다孔子遷于蔡三歲"

5 《논어·태백》

라고 되어 있는데, 이는 고대 식으로 계산한 햇수이다. 사실 그는 채나라에 만 2년 정도 머물렀다. 채나라의 궁정에서 공자는 적어도 삼반료三飯繚라는 맹인 악사 한 사람과는 교류했지만[6], 역사서에는 공자가 채나라의 중요 인물이나 고위 귀족과 교류했다는 기록이 없다. 이로 미루어 보아 초나라 쪽에 가까운 그의 입장 때문에 오나라의 통제를 받는 채나라 고위층 인사들의 환심을 사지는 못했던 듯하다.

초나라의 세력은 매우 강대했으므로 채나라 고위층에서는 공자가 초나라와 가까운 인물이며 모종의 목적을 가지고 채나라에 머무르고 있다고 추측했어도, 감히 그를 어쩌지 못하고 그저 경이원지하는 태도를 취해야 했다. 물론 오나라 사람들에게 붙잡혔다면 상황이 달라졌을 터이다.

공자는 나이가 예순 살이 넘었어도 가만히 쉬지 못하고, 할 일이 있어야만 심신이 편안하다고 여기며 힘든 일을 두려워하지 않았다. 역사서에 의하면 공자는 채나라에 머무르던 당시에 곧잘 시골을 분주히 살펴보고 다녔으며, 그러다가 간혹 제자들과 떨어져 길을 잃은 적도 있다고 한다. 도대체 그가 무슨 일을 이렇게 바쁘게 하고 다녔는지 우리는 알 수 없다. 그는 나중에 자신이 "육십이이순六十而耳順"[7], 즉 60세가 지나자 어떠한 소식이든 즐겨 듣게 되었으며, 그 소식은 모두 일리가 있는 것으로 여기게 되었다고 말했다. 이는 그가 이 시기에 많은 사람과 사건을 알게 되었음을 의미한다.

공자는 채나라에서도 새로운 제자들을 받아들였다. 하지만 그는 "진나라와 채나라에서 나를 따랐던 제자들은 모두 나의 문하

6 《논어·미자》
7 《논어·위정》

에 남아 있지 않구나從我於陳·蔡者, 皆不及門也"[8]라고 말했다. 이 말은
"내가 진나라와 채나라에서 받아들인 새로운 제자들은 모두 기
초가 제대로 잡혀 있지 않아 학문에서 큰 성취를 얻지 못했다"라
고 해석할 수도 있고, 혹은 "제자들은 나와 함께 진나라와 채나
라에 머무르는 동안 모두 벼슬을 할 길을 찾지 못했다"라고 해석
할 수도 있다.

사실 공자가 초나라와의 의리를 지키지 않고 채나라나 오나라
쪽에서 새로운 기회를 찾으려 했다면 그럴 길이 전혀 없지도 않
았다. 그는 37세 때 제나라에서 지내는 동안 오나라 왕족인 계찰
을 만난 일이 있었기 때문이다. 단 한 번 안면을 튼 사이라 해도
말은 붙여 볼 수 있는 법이다. 계찰은 이 당시 오왕이었던 부차의
숙조부[조부의 동생]로 나이가 지긋하고 덕망이 있으며, 오나라에
서는 드물게 교양 있는 사람이었다. 만약 공자가 계찰과의 관계
를 잘 활용했다면 관직을 얻을 기회를 잡을 수 있었을 것이며, 오
나라의 속국인 채나라에서도 그를 매우 중시했을 것이다.

그러나 공자는 이 길로 가려 하지 않았다. 어쩌면 지난번에 진
나라에 머무르면서 오나라 군대의 포악한 모습을 목도하고 오나
라에서 일할 자신감을 잃었기 때문일 수도 있고, 아니면 예전에
계찰과 맺은 인연이 너무나 얕은 나머지 계찰이 그를 전혀 기억
하지 못했기 때문일 수도 있다.

이복형제로 추정되는 공자와 양호. 지금 한 사람은 외국에서
초나라의 대리인 노릇을 하고 있었으며, 다른 한 사람은 진나라
에서 군대를 이끌고 전쟁하고 있었다. 몇 년 전에 채나라의 어느
귀족이 "초나라의 인재는 모두 진나라에 가서 일을 도모하려 한

8 《논어·선진》: "공자가 말했다. '진나라와 채나라에서 나를 따랐던 제자들은 모두 내
문하에 남아 있지 않구나.'"(子曰: '從我於陳, 蔡者, 皆不及門也.')

다雖楚有材, 晋实用之"[9]라고 말한 적이 있는데, 사실상 초나라와 진나라 두 대국은 모두 외국인을 이용하는 데 능했다.

회수 유역에는 은사가 많다

《논어》와 《사기》의 기록에 의하면 공자는 채나라에서 분주히 돌아다니던 당시에 여러 '은사'들의 조롱을 샀다고 한다.

채나라는 근 백 년 동안 강대국 사이에 끼어 이리저리 흔들리며 전쟁에 휘말렸고, 백성들도 곳곳을 떠돌아다녀야 했기에 대국들 사이의 정치 문제에 완전히 질려 있었다. 또한 예전에 이 회수 일대에 존재했던 많은 소국 중 대다수가 초나라에 멸망한 후로 이 소국들의 수많은 귀족이 모두 평민으로 전락했는데, 이들은 자연히 세상의 불합리한 일에 분개하며 모든 일에 불만을 품게 되었다.

공자를 조롱했던 은사들은 모두 그가 길을 가다가 마주친 이들이었다. 모두 밭일을 하는 농부들이었는데, 둘이서 짝을 지어 쟁기를 끄는 이도 있었고 김을 매는 이도 있었다. 공자의 제자들이 다가가서 길을 물으면, 이들은 길을 묻는 이가 공자의 제자임을 알고 다들 조롱하는 말을 한마디씩 던졌다. 이들은 모두 공자가 누구인지 알고 있었다.

어떤 이는 "당신네 스승인 공자는 사람들에게 '도道'를 행하라고 가르치는 사람인데, 굳이 남에게 길을 물을 필요가 있소?"라고 말했다. 또 어떤 이는 "요즘 상황은 도도하게 흐르는 강물과 같아서 누구도 그 방향을 바꿀 수 없소. 당신들은 동분서주하며 등용해 줄 사람을 찾으니, 차라리 그저 숨어서 더러운 일을 보지 않는 편이 나을 것이오"라고 말했다.[10]

9 《좌전·양공 26년》

다른 어떤 이는 "공구라는 그 사람은 게으른 데다 오곡이 뭔지도 구별하지 못하는 사람인데, 그를 어찌 공부자孔夫子[부자는 당시에 쓰이던 존칭이다]라 부를 수 있겠소!"라고 했다. 공자는 어릴 때 농촌에서 자랐으므로 당연히 오곡이 뭔지 구분할 수 있었다. 하지만 이 은사는 그가 이미 농사일과 멀어진 지 오래되었으므로 노동자 신분을 벗어났다고 여겼다.

공자를 '게으르고 오곡도 구분하지 못 한다'라고 조롱했던 이 역시도 밭에서 김을 매고 있던 노인이었다. 이때 자로는 공자와 함께 가고 있었는데, 공자가 탄 마차가 빠른 속도로 앞서가자 뒤따라 걸어가다 남겨진 자로는 갈림길에서 어디로 가야 할지 몰라 이 노인에게 길을 물었다. 노인이 조롱하는 동안에도 자로는 매우 공손하게 양손을 모은 채 길가에 서 있었다. 이미 날이 저물어 노인은 자로를 자기 집에 데려가 묵어가게 하고, 밥을 짓고 닭을 잡아 저녁을 대접한 후 자신의 두 아들을 그에게 소개하기도 했다. 노인의 두 아들은 자로의 손아래뻘이었는데 태도가 아주 공손했다. 이러한 기록으로 미루어 보아 이 노인은 예절을 모르

---

10 《논어·미자》: "장저長沮와 걸닉桀溺이 나란히 서서 밭을 가는데 공자가 그곳을 지나게 되어, 자로를 시켜 나루가 어디에 있는지 물어보게 했다. 장저가 '수레 고삐를 잡고 있는 저 사람이 누구요?'라고 물어 자로가 '공구입니다'라 대답했다. 장저는 '노나라의 그 공구 말이오?'라 물어 자로는 '그렇습니다'라 답했다. 그러자 장저는 '그는 나루가 어디 있는지 알 것이오'라 말했다. 걸닉에게 다시 길을 묻자 걸닉이 '당신은 누구요?'라 물어, 자로는 '중유라고 합니다'라 대답했다. 걸닉이 다시 '노나라의 공구의 제자요?'라 묻기에 '그렇습니다'라 대답했다. 그러자 걸닉은 '천하의 상황이 도도히 흐르는 강물과 같은데, 누가 그것을 바꿀 수 있겠소? 그리고 당신은 마음에 안 드는 위정자를 피해 이리저리 돌아다니는 공구와 같은 이를 따라다니느니 차라리 세상을 피해 숨어 사는 이들을 따르는 것이 낫지 않겠소?'라 말하고는 쉬지 않고 곰방메로 흙덩이를 부수어 씨를 뿌린 위에 흙을 덮었다."(長沮, 桀溺耦而耕, 孔子過之, 使子路問津焉. 長沮曰: '夫執輿者爲誰?' 子路曰: '爲孔丘.' 曰: '是魯孔丘與?' 曰: '是也.' 曰: '是知津矣.' 問於桀溺, 桀溺曰: '子爲誰?' 曰: '爲仲由.' 曰: '是魯孔丘之徒與?' 對曰: '然.' 曰: '滔滔者天下皆是也, 而誰以易之? 且而與其從辟人之士也, 豈若從辟世之士哉?' 耰而不輟.)

는 하층 농민이 아니라 분명히 세상 물정을 알고 상류층 사회의 예를 잘 아는 이였음을 알 수 있다.

이러한 은사들의 말대로라면 공자는 인생을 헛산 것이나 다름 없었으니 60세가 넘은 공자는 당연히 이를 받아들일 수 없었다. 그렇다고 자신이 부귀한 인물이라 자처하며 무시할 수도 없었다. 이들은 도덕적으로 흠잡을 데가 없는 사람들이었으며, 조상의 신분을 비교해 보아도 빠지는 구석이 없을 터였다. 공자는 그저 "사람은 사회 속에서 살아가야 한다. 나는 은자 노릇을 하며 매일 날짐승과 길짐승만을 벗삼아 살 수는 없다. 세상이 어지러운 이때야말로 세상을 바꿀 사람이 필요하지 않겠는가?"라는 말로 자신을 격려하는 수밖에는 없었다.[11]

공자의 제자들은 이러한 조롱을 들으면 억울하게 여겼지만, 이들이 공자에 특별히 주목하는 이유를 정확히 깨닫지는 못했다. 이 은사들은 신분이 몰락한 이들이고 공자는 신분 상승을 이룬 이였으므로, 자연히 공자가 눈에 거슬렸다. 그리고 이들은 정말

---

11 《논어·미자》: "자로가 공자를 수행하던 도중에 뒤처져 가다가 한 노인을 만났는데, 그는 지팡이를 짚고 삼태기를 메고 있었다. 자로가 그에게 '혹시 공자 선생님을 보셨습니까?'라 묻자 노인은 '게으른 데다가 오곡도 구분하지 못하는 이를 어찌 선생이라고 부른단 말이오?'라 하더니 지팡이를 땅에 꽂아 놓고 김을 매었다. 자로는 공손하게 두 손을 모으고 서 있었다. 그는 자로를 자기 집에 묵어가게 하고, 닭을 잡고 기장으로 밥을 지어 대접한 다음 자신의 두 아들을 그에게 인사하게 했다. 다음 날 자로가 공자에게 가서 노인 이야기를 하자 공자는 '은자로다!'라고 하며 자로에게 다시 돌아가 그를 만나도록 했다. 돌아가 보니 노인은 이미 가 버리고 없었다. 자로가 말했다. '벼슬길에 나가지 않는 것은 의롭지 않은 일이다. 어른과 아이 사이의 예절을 버릴 수 없거늘, 임금과 신하 사이의 예절을 어찌 버리겠는가? 이는 자기 몸을 깨끗이 하려다가 중대한 인륜을 어지럽히는 일이다. 군자가 벼슬을 한다는 것은 의를 실천하는 일이다. 도가 행해지지 않고 있음은 스승님도 이미 잘 알고 계신다.'"(子路從而後, 遇丈人, 以杖荷蓧. 子路問曰: '子見夫子乎?' 丈人曰: '四體不勤, 五穀不分. 孰爲夫子?' 植其杖而芸. 子路拱而立. 止子路宿, 殺鷄爲黍而食之, 見其二子焉. 明日, 子路行以告. 子曰: '隱者也.' 使子路反見之. 至則行矣. 子路曰: '不仕無義. 長幼之節, 不可廢也; 君臣之義, 如之何其廢之? 欲潔其身, 而亂大倫. 君子之仕也, 行其義也. 道之不行, 已知之矣.')

로 큰 권세를 가진 부자를 조롱할 만한 배짱은 없었다. 좋은 음식을 먹고 호화로운 옷을 입는 부자들은 애초에 이 은사들이 무슨 말을 하는지 신경도 쓰지 않았으며, 만에 하나 정말로 그들의 약점을 찌르기라도 하면 엄청난 결과를 맞이하게 될 터였다. 그러나 공자를 조롱할 때는 이러한 측면을 신경 쓸 필요가 없었다. 또한 공자는 세력가들과 달리 비판에 신경을 많이 썼으므로, 조롱하는 이들도 만족할 수 있었다.

이 은사들은 공자가 벼슬길에 올라 활동하는 모습을 가장 열심히 지켜보던 관객들이기도 했다. 공자가 언젠가 실패해 모든 것을 다 잃기를 기대했고, 심지어 곱게 죽지 못하고 비명횡사하기까지도 바랐다. 원나라 때의 유명한 희곡인 《경동원慶東原》에 나오는 '그가 뜻을 이루었을 때는 한가한 이들을 비웃더니, 그가 실각하자 한가한 이들이 그를 비웃는구나他得志笑閑人, 他失脚閑人笑'라는 말은 바로 공자와 이 은사들을 의미하는 말인 듯하다.

은사들의 이러한 비판에 자로 같은 제자는 "사람이 존재하는 이상 군주와 신하로 나뉠 것이니, 신하 된 자는 응당 군주를 위해 일해야 합니다. 이것이 인륜이요 대의가 아닙니까!"라고 말했지만, 공자는 신하로 일하는 것도 결국은 먹고살기 위한 생업임을 인정하고 있었다. 그는 "정치가 너무나 혼란해 정말로 구제할 수 없을 정도가 된다면 나도 은사[평범한 백성]가 되겠지만, 정치에 아직 희망이 남아 있다면 나는 벼슬을 하겠다"[12]라고 말했다. 정치 상황이 좋은가 나쁜가에는 사실 엄격한 기준이 없으므로, 공자의 이 말은 사실 궤변에 가까운 변명이다. 달리 말하면, 그에게

---

12 《논어·태백》: "공자가 말했다. '굳게 믿고 배우기를 즐기며, 훌륭한 도를 사수한다. 위험한 나라에는 들어가지 않고, 어지러운 나라에는 머무르지 않는다. 천하에 도가 있으면 나를 드러내며 도가 없으면 은거한다.'"(子曰: '篤信好學, 守死善道. 危邦不入, 亂邦不居. 天下有道則見, 無道則隱.')

벼슬을 주는 나라는 정치에 도가 바로 선 나라이며, 벼슬을 주지 않는 나라는 무도하고 혼란한 나라가 된다.

공자보다 백여 년 이후의 사람인 장자 역시 이 회수 북쪽 일대에 살았는데, 그가 공자를 조롱한 말도 이 은사들과 비슷했으며, 더 길고 신랄한 비판이었다. 회수 북쪽 유역에서 도가의 인물들이 출현한 이유도 상고 시대부터 이어져 온 분위기 탓인 듯하다.

진나라와 채나라, 섭성 일대는 초나라 문화권의 끝부분에 속해 있었다. 당시에는 남녀 관계가 그리 보수적이지 않았으며, 남쪽 지방은 특히나 북쪽보다 더 개방적인 편이었다. 그래서 전국 시대에 초나라에 퍼져 있던 전설 중에는 공자가 남쪽 지방에 머무르던 때의 연애담도 몇 가지 있다[전국 시대에는 진나라와 채나라가 이미 초나라 영토에 합병되어서 전국 시대 사람들은 진, 채, 초나라를 거의 구분하지 못했다]. 가령 《초사楚辭》를 보면 공자 일행이 초나라에 갔을 때 어느 여관의 '노실路室(객사客舍)'에 묵었는데, 여관 주인의 딸이 밖에서 뽕잎을 따다가 그의 눈에 띄어 미묘한 관계가 되었다는 이야기가 등장한다.[13]

서한 시대에는 좀 더 자세한 이야기도 전해졌다. 공자 일행이 초나라의 아곡阿谷이라는 지방에 이르렀을 때 패옥을 단 미혼 여성이 강가에서 빨래하는 모습을 보았는데, 공자는 자로를 시켜 이 여인에게 접근하게 했다. 처음에는 물잔을 가져가 물을 한 잔 떠 달라고 부탁했고, 그다음에는 거문고를 들고 가 연주해 달라고 했으며, 마지막에는 비단 몇 필을 선물하려고 했다. 하지만 이 여인은 도리를 논하며 이 부탁과 선물을 모두 거절했다고 한다.[14]

---

13 《초사·칠간七諫》: "객사의 한 소녀가 뽕잎을 따는데, 공자가 소녀를 보고 예로써 대했다路室女之方桑兮, 孔子過之以自侍."

14 《한시외전漢詩外傳》 권일, "공자남유적초孔子南遊適楚" 부분.

두 일화는 모두 허구로 보인다. 공자가 초나라를 방문했을 때
는 공자와 자로 모두 50~60세가 넘은 노인이었으며, 수많은 제자
가 주위에 있어 이렇게 행동할 수 없었기 때문이다. 그러나 젊은
제자들에게는 이러한 일이 있었다 한들 전혀 이상해 보이지 않
는다. 아마도 이들의 일화가 와전되어 공자에 관한 염문으로 바
뀌었는지도 모른다.

'진채절량陳蔡絶糧'의 고통

공자가 63세 되던 해[노애공 6년, 기원전 489년]의 여름, 오나라와
초나라 사이에서 다시 전쟁이 발발하려 하고 있었다. 전쟁의 원
인은 오왕 부차가 진陳나라를 토벌하려 한 일로, 초소왕은 진나
라에 지원군을 보냈다. 양국의 군대는 성부城父[지금의 안후이성 푸
양阜陽]에서 대치하게 되었다.

일전에 섭공이 초소왕에게 공자를 소개한 적이 있어 초소왕은
공자에게 서신을 보내 군영으로 초대했다. 군주 쪽에서 먼저 공
자를 초대한 일은 이번이 처음이었으며, 게다가 초대한 이가 제
후국의 군주도 아닌 '왕'이었다. 공자는 이를 매우 중요하게 받아
들여 제자들을 이끌고 급히 군영으로 출발했다.

채나라에서는 이러한 동향에 주의를 기울였다. 오나라 진영에
속한 채나라는 당연히 공자가 초소왕을 만나러 간다는 데 불만
을 품었다. 게다가 공자와 그 제자들은 이미 채나라의 정치 상황
과 지리를 상세히 파악하고 있었으므로, 만약 이 정보를 초나라
에 누설한다면 채나라는 매우 위험해질 터였다.

공자와 제자들은 채나라 국경을 지나 진나라에 들어서자마자
뒤쫓아 온 채나라 사람들에게 포위를 당했다. 그들은 감히 공자
를 죽이지는 못했다. 그랬다가는 초나라의 노여움을 사 큰일이

날 터였다. 채나라 사람들은 그저 공자를 돌려보내 초나라 측과 접촉하지 못하게만 하려 했다. 공자는 이를 거절했고, 양측은 그대로 대치한 채 시간만 계속 흘렀다.

《논어》에는 '재진절량在陳絶糧'[15], 즉 진나라에서 양식이 떨어졌다고 기록되어 있는데, 이 말은 공자 일행이 이미 진나라 경내로 진입했다는 의미이다. 당시에는 땅은 넓고 인구는 적어 국가 간의 경계가 그리 명확하지 않았다. 그래서 공자 일행이 이렇게 채나라와 진나라의 국경 지역에서 포위당했어도 진나라에서는 바로 알아차릴 수 없었다. 만약 알았다면 그들은 공자를 도우러 왔거나, 아니면 최소한 초나라 군영에 보고했을 것이다.

공자가 겪은 이 사건은 매우 유명해서 전국 시대의 제자백가 문헌인 《장자》, 《묵자》, 《순자》 등에 기록되어 있으며, 내용 또한 대동소이하다. 모두 공자가 '진나라와 채나라의 국경에서 재난을 당했다厄於陳蔡'라거나 '진나라와 채나라의 국경에서 포위당했다圍於陳蔡'라고 기록되어 있다. 사마천의 《사기》도 이 내용을 그대로 채용했다.

그러나 이러한 문헌들의 서술에는 당시의 상황을 오해한 부분이 있는데, 진나라와 채나라 모두 공자 일행을 핍박했다고 여겼다는 점이다. 사실 이 당시에 진나라는 초나라에, 채나라는 오나라에 각각 복종해서 서로 적대하는 관계였으므로, 양국이 합세해서 한꺼번에 공자 일행을 핍박했을 가능성은 전혀 없다.[16] 《사기·공자세가》에는 공자와 제자들이 황야에서 포위를 당했으며, 포

---

15 《논어·위령공》

16 진나라와 채나라의 입장 차에 비교적 일찍부터 주목한 문헌은 청나라의 학자인 전조망全祖望의 《경사문답經史問答》이 유일하다. 그러나 전조망은 양국의 입장 차이에 근거해 《사기》의 이 부분 기록이 전부 허구라고 여겼는데, 이는 기록을 지나치게 부정한 처사이다. 이 사건은 《논어》 및 전국 시대 제자백가의 저서에도 기록되어 있기 때문이다.

위한 적은 진나라와 채나라 대부 가문의 사병들이었다고 기록되어 있다. 그러나 분석을 통해 사마천이 진나라 사람이라고 오해했던 병사들을 배제하면, 이때 공자를 포위했던 이들은 사실 채나라 대부들의 사병이었다.

아무튼 공자가 이렇게 재난을 당한 장소는 진나라와 채나라의 국경 지대로 아마도 진나라에 조금 더 치우친 지점이었던 듯하다. 공자와 대치한 병사들은 채나라 사람들뿐이었으며 진나라 병사는 없었다. 후세 사람들은 이 문제에 관해 명확히 알아내지 못했고, 채나라 사람들이 공자를 포위했던 이유에 관해서는 더더욱 알아낸 이가 없었다.

포위당한 공자 일행에게로 다시 돌아와 보자. 그들은 처음에는 양식을 좀 가지고 있었으며, 마실 수 있는 냇물이나 샘물도 있었다. 그러나 불을 피워 음식을 만들 수 없어서 '이레 동안 불에 익힌 음식을 먹지 못했다七日不火食.'[17] 아마도 땔감이 없었거나, 아니면 비가 와서 불을 땔 수 없었던 듯하다. 고대에는 불을 피우는 일도 아주 번거로웠다. 결국 생으로 먹을 수 있는 양식도 다 떨어졌고, 제자들은 배가 고파 움직이지도 못할 지경이 되었다. 공자는 이 와중에도 정신을 차리고 온종일 책을 읽거나 거문고를 탔다. 다른 이들은 몰라도 그가 먹을 건량은 얼마 정도 남아 있었기 때문이다.

제자들의 불만은 날이 갈수록 커졌고, 공자와 가장 가까운 자로와 자공까지도 불만을 품게 되었다. 야외에서 식량조차 없이 풍찬노숙하는 바람에 많은 이가 병이 나기 시작했는데, 어찌 이대로 계속 두고 본단 말인가?

사실 공자도 애를 태우고 있었다. 그는 특히 제자들까지 자기

17 《장자·양왕讓王》, 《장자·산목山木》, 《장자·천운天運》, 《순자·유좌宥坐》

일에 휘말린 점에 미안함을 느끼고 있었다. 그는 '예순이 넘은 나이에 이러한 지경까지 처하다니, 도대체 어느 부분에서 문제가 생긴 것인가?'라고 생각하며 반성했다.

　공자는 일단 수제자인 자로를 천막 안으로 불러들여 "나는 들소도 호랑이도 아닐진대, 어찌 이렇게 황야를 헤매고 있단 말인가匪兕匪虎, 率彼曠野?"라고 시 한 구절을 읊고는 자로에게 "네가 한번 말해 보아라. 일이 이렇게 된 것은 내가 행한 '도'에 문제가 있었기 때문인가?"라고 물었다. 공자와 마찬가지로 의문을 품고 있었던 자로는 "우리가 아직 충분히 어질지仁 못해 사람들이 우리를 이해하지 못해서 그런 것이 아니겠습니까? 혹은 우리가 충분히 지혜롭지智 못해 사람들이 우리 말을 따르게 하지 못해서 그런 것이 아닐까요?"라고 말했다. '인'과 '지'는 공자가 노상 입에 달고 사는 말이었다. 자로의 말은 공자가 말만 하고 실천하지 못해 언행이 일치하지 않거나, 혹은 이상은 높은데 능력이 모자라 목표를 실현할 능력이 없는 사람이 아니냐는 의미였다.

　공자는 자로의 의견을 받아들이지 않고, "어찌 말을 그렇게 할 수가 있느냐? 자로야, 어진 이가 반드시 신임을 얻을 수 있다면 산속에서 굶어 죽은 백이와 숙제 같은 이들이 있었겠느냐? 그리고 지혜로운 이가 반드시 성공한다면 폭군 주왕에게 죽임을 당한 비간과 같은 이가 있었겠느냐?"라고 말했다. 자로는 천막 밖으로 쫓겨났다.

　자로 다음으로 자공이 천막 안으로 불려 들어갔다. 공자는 자로에게 한 질문을 똑같이 하고 자공의 의견을 구했다. 자공은 일찍부터 이 문제에 대해 고민했지만, 지금까지는 차마 말하지 못하고 있었다. 마침내 의견을 말할 기회가 왔지만, 그래도 그는 자로보다는 완곡한 어조로 "스승님의 도는 지극히 크고 높아 평범

한 이들은 이해할 수 없어, 남들이 스승님을 오해한 것입니다"라
고 일단 말문을 텄다.

이 대화 끝에 결국 자공이 제안한 바는 "기준을 좀 낮추시면
어떻겠습니까夫子蓋少貶焉?"라는 애매모호한 것이었다. '폄貶[낮추
다]'이라는 말 뒤에 목적어가 생략되어 있는데, '부자夫子', 즉 공
자가 자신에게 정립한 위치일 수도 있고, '도道', 즉 그의 학술일
수도 있다. 따라서 자공의 이 말은 "좀 더 겸손한 자세로 일에 임
하시면 어떻겠습니까?"와 "스승님의 이론을 좀 통속적인 쪽으로
타협하시면 어떻겠습니까?"의 두 가지 의미로 해석할 수 있다.
이러한 대답은 어찌 보면 자공의 교활한 일면을 드러내는 것이
기도 했다.

이 말을 들은 공자는 대번에 화를 내며, "자공아, 속담이 과연
틀린 말이 없구나. 좋은 농부라 해서 꼭 좋은 수확을 거두는 것이
아니며, 솜씨가 뛰어난 장인이라 해도 남의 마음에 꼭 들게 만들
수는 없다 하지 않느냐? 군자의 사명은 천하 사람들을 위해 규칙
을 세우는 것이니, 비굴하게 굴며 남의 환심을 살 수는 없다! 너
자신을 돌아보거라, 자공아. 그렇게 늘 남의 환심을 살 생각만 하
다가는 아무런 성취도 이루지 못할 것이다!"라고 말했다. 의견을
곧바로 거절당한 자공은 천막을 나왔다.

공자는 채나라에 머문 2년 동안 자기 자신과 남을 모두 기만
하는 양면적인 생활을 했다. 겉보기만 번지르르한 '도'로써 자신
의 현실적인 목적을 가리고 있던 그는 자공의 애매한 말 한마디
에 막다른 길에 몰려 도망칠 곳을 잃어버렸다. 이렇게 아픈 곳을
찔린 공자는 급한 마음에 자공의 말을 첫 번째 의미, 즉 너무 나
서지 말고 좀 더 겸손한 자세를 취하라는 의미로만 이해했다. 이
때문에 화가 난 그는 마음을 다스리지 못했다.

공자가 채나라에서 하려 한 일은 줄곧 성공을 거두지 못했다. 자공은 이에 대해 공자가 겉으로는 '도'를 구하려 하면서 실제로는 '도'와 '술術[현실적인 업적]' 두 마리 토끼를 잡으려다가 결국 둘 다 놓쳤다고 정리했다. 이러한 태도의 본질은 고독한 서생으로 남기 싫어하는 동시에 서생의 기질을 버리지 않겠다고 억지를 부리는 것이나 다름없었다. 이래서는 사회 활동을 성공적으로 하기가 힘들 수밖에 없다.

마지막으로 천막에 들어온 제자는 안회였다. 공자는 질문을 다시 한 번 반복하고 의견을 물었다. 진심으로 공자를 숭배하고 있던 안회는 "스승님의 도는 참으로 위대합니다. 이대로 계속해서 도를 행하신다면, 관직을 얻지 못한다 한들 무서울 것이 무엇이겠습니까? 관직에 오르지 않는 이야말로 진정한 군자입니다! 도가 올바르지 않다면 우리가 부끄러워해야 할 일이지만, 우리의 도가 올바른데도 통치자가 발탁하지 않는다면 그가 부끄러워해야 할 일입니다. 등용되지 못하는 것이 무슨 상관입니까? 등용되지 못하는 이야말로 진정한 군자입니다!"라고 말했다. 공자는 그제야 기뻐하며, "과연 안씨 집안의 자손다운 말이로다! 네가 만약 부귀해진다면 내가 너를 위해 일하리라!"라고 말했다.[18]

공자는 제자들이 그의 '도'에만 주목해 이것이 올바른지 아닌지만 토론하기를 바랐을 뿐, 자기 자신에 대해 의문을 가지거나 그 외에 혹시 다른 문제가 있는지 생각하기를 바라지 않았다. 이 때문에 그는 자공의 말에 화를 냈다.

생각이 단순한 안회는 공자에게는 엄숙한 '도'만 있을 뿐 그 외에 다른 것은 없어, 그가 무엇을 하든 마음에 부끄러운 바가 전혀 없다고 생각했다. 안회의 말은 당연히 공자를 매우 기쁘게 해

18 《사기·공자세가》를 볼 것.

눈앞에 놓인 난감한 상황, 즉 어째서 채나라 사람들의 미움을 샀는지에 관한 문제를 잠시 잊게 해 주었다. 사실 이 일의 근본적인 원인은 '도'라는 차원과는 아무 상관이 없었다.

안회의 말은 한결같은 충심에서 우러났지만, 문제를 해결할 수는 없었다. 난관을 타개하기 위해서는 결국 자공에게 의지해야 했다. 마음이 좀 진정된 후에 공자는 자공이 포위망을 벗어나 초 소왕에게 구조 요청을 하러 간다는 데 찬성했다. 소식을 들은 초 소왕은 급히 병사를 보내 채나라 병사들을 쫓아 버리고 공자 일행을 자신의 군영으로 데려왔다.

주의해야 할 점은 공자가 몇 명의 제자와 단독으로 대화한 의도는 근심을 잠시 잊기 위해서일 뿐만이 아니라, 제자들과 소통해 이들의 진심이 어떠한지 알아보기 위해서이기도 했다는 것이다. 제자들 사이에 정말로 다른 뜻을 가진 이들이 있다면 괜히 질질 끌어 스승을 배반하고 같은 편끼리 싸우는 지경까지 가지 않도록 그냥 이참에 단체를 해산해 버릴 생각도 있었다. 그러나 제자들과 대화하며 알아본 결과, 그래도 아직은 믿고 의지할 만하고 스승과 함께 극한 상황을 견딜 만한 이들임을 확인하게 되었다.

그런데 채나라 군사들이 물샐 틈 없이 포위하고 있는 와중에 자공은 어떻게 포위망을 뚫고 나가 구조 요청을 할 수 있었을까? 방법은 아주 간단했다. 자공은 장사하는 사람이었기 때문에 돈이 있었고, 돈을 어떻게 써야 하는지도 알았다. 온종일 '도'를 행한다고 자처하는 공자와 다른 제자들은 이러한 방법을 생각해낼 수 없었고, 생각해냈다 하더라도 체면을 내려놓고 이 방법을 쓸 수도 없었으며, 그만한 돈을 내놓을 수는 더더욱 없었다.

안회와 자공의 경쟁

안회와 자공은 공자의 제자 중에서 젊은 편에 속했다. 이해에 안회는 33세, 자공은 32세로 둘은 나이도 비슷했다.

안회는 공자의 어머니 집안의 친척으로 공자의 생질뻘이었다. 공자가 가장 높이 평가했던 제자가 바로 안회였는데, 가장 부지런하고 성실하며 맡은 일에 신중하게 임했기 때문이다. 공자가 무슨 말을 하면 안회는 전부 가만히 기억해 두었다가 하나부터 열까지 그대로 따라 했다. 안회는 빈곤한 생활도 기꺼이 참고 견딜 줄 알아 허름한 집에서 잡곡밥을 먹고 찬물을 마시면서도 날마다 열심히 공부했다. 공자가 관직에 올랐던 몇 년 사이에 안씨 가문의 많은 이가 이 기회를 틈타 돈을 벌어 부유해졌지만, 안회는 공자에게 의지해 돈을 벌려 하지 않고 그대로 가난한 생활을 계속했다. 관직에서 물러난 공자는 안회의 이러한 태도를 아주 기특하게 여겨 그를 더욱 높이 평가했다.

간혹 공자는 안회가 항상 듣기 좋은 말만 한다고 생각하기도 했다. 그는 "안회는 나에게 도움이 되지 않는다. 내가 무슨 말을 하든 기쁘게 듣고 반론하지 않기 때문이다"[19]라고 말했던 적도 있다. 말은 이렇게 했지만, 아무튼 공자는 안회를 가장 아꼈다. 자기를 잘 따르는 사람을 미워할 수는 없는 법이다. 공자가 채나라 병사들에게 포위당해 제자들의 의견을 들었을 때도 결국 그를 가장 기쁘게 했던 말은 안회의 듣기 좋은 말이었다. 물론 안회가 그렇게 말한 것은 마음에서 우러난 행동이었다.

안회는 벼슬을 한 적도 없고 저서를 남기지도 않았지만, 분명히 공자의 수많은 학술적 성과에 크게 기여했을 것이다. 가령 공

---

19 《논어·선진》: "공자가 말했다. '안회는 내게 도움이 되지 않는구나. 그는 내가 하는 말 중 기쁘게 듣지 않는 것이 없다.'"(子曰: '回也非助我者也, 於吾言無所不說.')

자가 만년에 '육경'을 정리할 때 안회가 필사와 교정을 맡았을 테다. 이러한 일들은 작업량은 많지만, 이름은 남지 않는다. 그래서 공자는 항상 안회에게 고마워하는 마음이 있었다.

자공은 그의 자字이고, 본명은 단목사端木賜이다. 단목이 성이고 이름은 사이며, 위나라 사람이다. 위나라는 주나라 왕실의 분봉 제후국이었지만, 통치를 받는 백성 중에는 소위 '은민칠족殷民七族'이라 불리는 상나라의 유민이 다수 있었는데, 그중에 공예에 능한 몇 가문이 포함되어 있었다.[20] 자공의 가문인 단목씨는 아마도 그중에서 목기 제작이 특기였던 가문으로 보인다. 이렇게 따지면 그와 공자는 모두 상나라의 후예인 셈이다.

공자가 노나라에서 대사구 직책을 맡고 있던 당시에 막 20세가 넘은 자공이 찾아와 제자가 되었다. 자공은 가정 형편이 좋지 않아 학비 대신 공자의 집에서 일을 거들며 배움을 이어 갔다. 하지만 자공은 기초가 탄탄했으며 배우는 속도도 빨랐다.

공자는 제자들의 재능에 맞춘 가르침을 매우 중시했다. 자공은 총명하고 언변이 좋으며 사교를 즐겼다. 공자는 자공의 이러한 흥미와 특성에 맞춰 그에게는 너무 전문적이고 세세한 지식을 가르치지 않고, 사교 능력을 배양하는 데 중점을 두었다.

어느 날 자공이 공자에게 "평생 믿고 실천할 만한 명언이 있을까요?"라고 묻자, 공자는 이렇게 말했다. "아마도 '서恕'라는 말이 있을 것이다. '서'는 자기가 원하지 않는 일을 남에게 시키지 않는己所不欲, 勿施於人 것이다."[21] 사실상 이 말은 대인 관계와 사회생활에 관한 공자 이념의 정수라 할 수 있다.

20 《좌전·정공 11년》
21 《논어·선진》: "자공이 '평생 실천할 만한 말 한마디가 있습니까?'라 묻자 공자는 '아마도 '서'일 것이다! 자기가 원하지 않는 일을 남에게 시키지 않는 것이다'라 말했다."(子貢問曰: '有一言而可以終身行之者乎?' 子曰: '其恕乎! 己所不欲, 勿施於人.')

자공은 다시 "어떻게 하면 '인'을 실천할 수 있습니까?"라고
질문했는데, 공자는 이 말에 '사람을 사랑하라'와 같은 공허한 도
리가 아니라 아주 실용적인 기교를 알려주었다. 이때 공자가 언
급한 "공욕선기사, 필선리기기工欲善其事, 必先利其器"라는 말은 나중
에 성어가 되었다. 이는 무슨 일을 하든지 우선 사전 준비 작업부
터 잘해야 한다는 의미이다. 구체적인 방법은 바로 어떤 나라에
서 일하든 간에 그 나라의 덕 있고 뛰어난 대부를 모셔야 하며,
그곳의 어진 사인들과 사귀어야 한다는 것이다.[22] 요즘 식으로 말
하자면 우선 상류층 사람들과 인맥을 쌓아야 한다는 의미가 된
다. 이 대답을 보면 공자가 자공에게 가르친 부분은 주로 대인 관
계를 처리하는 아주 실용적이고 융통성 있는 방법들이었음을 알
수 있다. 안회처럼 성실하게 학문의 길을 가는 제자에게는 이러
한 것들을 가르칠 필요가 없었다.

공자의 관직 생활 후기에 자공은 노나라 조정에서 작은 관직
을 맡고 있었는데, 아마도 자복경백이 마련해 준 자리였을 것이
다. 이 직위는 외교 업무와 관련이 있었다. 기록에 의하면 그는
노정공이 주邾나라의 군주를 접대하는 의식에 참여했는데, 이 의
식에 참여하려면 그에 적합한 신분이 있어야 했다.

공자가 노나라 정계에서 막 퇴출당했을 당시에 자공은 그와
함께 떠나지 않고 여전히 노나라에서 일하고 있었다. 그러다가
나중에 위나라로 공자를 찾아온 자공은 그 후 줄곧 공자를 따라
송, 정, 진나라 등을 주유했다. 이렇게 오랫동안 함께 지내면서

---

22 《논어·위령공》: "자공이 인을 행하는 것에 관해 묻자 공자는 '기술자가 자기의 일
을 잘하고자 하면 우선 도구를 날카롭게 갈아 두어야 한다. 어느 나라에 살고자 한다
면 그 나라의 대부들 가운데 현명한 이를 섬겨야 하며, 사인들 가운데 어진 이와 사귀
어야 한다'라 말했다."(子貢問爲仁. 子曰: '工欲善其事, 必先利其器. 居是邦也, 事其大夫之
賢者, 友其士之仁者.')

공자는 자공이라는 제자를 점점 더 잘 알게 되었다. 자공은 천천히 자기만의 방법과 이론을 정립해 가고 있었으며, 그중에는 공자가 꿰뚫어 보지 못하는 부분도 생겨났다.

공자는 종종 안회와 자공을 비교하곤 했기에, 이 두 사람도 마음속으로 서로 경쟁심을 가졌다. 한번은 공자가 자공에게 대놓고 이렇게 물었다. "만약 너와 안회를 비교하면 누가 더 낫겠느냐?" 자공은 황급히 "어찌 감히 저를 안회와 비교하겠습니까! 그는 스승님의 말씀 한 마디를 들으면 스스로 열 가지 도리를 깨우치지만, 저는 한두 가지 도리만 깨우쳐도 다행인 정도입니다"라고 말했다. 공자는 이 말에 기뻐하며 "그래, 확실히 우리는 안회만 못하다"라고 말했다.[23]

공자와 함께 열국을 주유하는 동안에도 자공은 한가하게 지내지 않았다. 그는 장사를 시작했다. 이는 분명히 공자의 뜻이 아니었다. 공자는 자기 제자가 장사치가 되리라고는 꿈에도 생각한 적이 없었다. 하지만 공자는 자공과 대화할 때 가끔 장사에 관해 농담을 나누기도 했다. 《논어》에 의하면 자공은 공자에게 "저에게 좋은 옥석이 하나 있는데, 일단 보관하는 것이 좋을까요, 아니면 지금 값이 오른 참에 팔아 버리는 것이 좋을까요?"라고 물었다. 공자는 "당연히 파는 것이 좋지 않겠느냐? 나도 그 옥석처럼 어서 좋은 주인을 찾고 싶구나!"라고 말했다고 한다.[24]

이 대화로 미루어 보면 자공은 주로 사치품 무역에 종사했던 듯하다. 옥석과 같은 사치품은 부피가 작고 가격이 높으며 운반

23 《논어·공야장》: "공자가 자공에게 '너와 안회 중에서 누가 더 나은가?'라 묻자 자공은 '제가 어찌 감히 안회에 비하겠습니까? 안회는 하나를 들으면 열 가지를 알지만, 저는 하나를 들으면 둘을 아는 정도입니다'라 말했다. 공자는 '그래, 나와 너는 모두 안회만 못하다'라 말했다."(子謂子貢曰: '女與回也孰愈?' 對曰: '賜也何敢望回? 回也聞一以知十, 賜也聞一以知二.' 子曰: '弗如也. 吾與女弗如也.')

이 쉽기 때문이다. 사치품을 사는 이는 주로 열국의 고관대작들이었는데, 공자가 각지를 주유하면서 인연을 맺으려 하는 이들도 각 나라의 상류층 인물들이었으므로 이러한 활동이 자공에게는 바로 상품을 판매할 기회가 되기도 했다.

춘추 시대에 중원에는 상업의 양대 중심지가 있었다. 하나는 앞에서 언급했던 정나라로 상나라의 후예인 상인들의 협회가 이곳에 있었다. 다른 하나는 제나라였는데, 2백 년 전에 제환공과 관중이 상업을 중시하는 정책을 시행한 후로 제나라의 국력이 빠른 속도로 강대해졌다. 제환공이 패업을 이룰 수 있었던 기초도 이러한 정책과 직접적인 관련이 있다.

제나라와 정나라의 양대 상업 중심은 각각 중원의 동쪽과 서쪽에 형성되어 있었으므로, 동쪽의 제나라부터 서쪽의 진秦나라까지는 무역로가 연결되어 있었다. 그러나 남북의 무역로, 즉 중원 세계와 남쪽의 회수, 장강 유역을 연결하는 무역로는 아직 발전하지 못한 상태였다. 이는 초나라와 오나라의 발전이 비교적 늦고 정치적인 면에서도 줄곧 중원 국가들의 배척을 받아서 남북 국가들 사이에 아직 무역이 발달하지 않았기 때문이다. 만약 남북 간에 무역을 개시한다면 사실상 대체 불가능한 상품들이 오갈 터이므로 더욱 큰 상호 보완성이 생길 만한 경로였다.

백여 년 전, 진문공 중이가 아직 망명 중인 공자였던 시절에 세력을 막 일으키고 있는 초나라를 방문해 초성왕에게 대접을 받은 적이 있었다. 초성왕은 연회 자리에서 중이에게 "만약 공자가 나라로 돌아가 군주가 된다면 과인에게 무엇으로 보답하겠

24《논어·자한》: "자공이 '여기 아름다운 옥이 있는데, 그것을 궤짝에 넣어 보관할까요, 아니면 좋은 주인을 찾아 팔까요?'라 묻자 공자는 '팔아야지! 파는 것이 좋다! 나도 주인을 기다리고 있다'라 말했다."(子貢曰: '有美玉於斯, 韞匵而藏諸? 求善賈而沽諸?' 子曰: '沽之哉! 沽之哉! 我待賈者也.')

소?"라고 물었다. 그러자 중이는 겸손한 태도로 "저희 진나라를 어찌 초나라에 비하겠습니까! 온갖 값지고 좋은 물건들, 고급 가죽과 진기한 새의 깃털과 상아와 무소뿔 등은 모두 초나라에서 나오고[상나라와 주나라 시대에는 장강 유역에 코끼리와 코뿔소가 서식하고 있었지만, 현재는 그 서식지가 윈난 내지는 인도로 축소되었다], 가장 값어치 없고 쓸모없는 물건들만 저희 진나라로 올 뿐이니, 왕께 보답할 만한 물건이 있겠습니까!"라고 말했다.[25]

이 대화를 통해 중원 사람들은 장강 유역이 물자가 풍부하며 그 가치가 높다고 여겼음을 알 수 있다. 지금 공자를 따라 남쪽 지역으로 내려간 자공은 아마도 당시의 중이와 비슷한 인상을 받았던 듯하다. 그는 황하와 회수 유역을 오가며 물건을 운반해 장사했으므로 돈을 아주 빨리 벌 수 있었다. 공자의 여정 가운데 진陳나라나 채나라로 가서 머물렀던 일들은 어쩌면 자공이 부추겨서 그렇게 했는지도 모른다. 그는 시장을 개척하고 있었다.

채나라의 새로운 도성은 오나라와 훨씬 더 가까운 곳이었다. 이제 막 세력을 일으킨 오나라는 본래 중원과 왕래가 없었으므로, 오나라의 상품을 취급하면 훨씬 더 큰 기회가 될 수 있었다. 또한 오나라와 초나라는 공존하지 못하고 오랫동안 계속 전쟁했으므로 양국 사이에는 경제적인 교류가 없었다. 만약 제삼자가 오나라와 초나라 사이에서[중간에 진나라와 채나라를 거쳐] 무역 사업을 한다면 큰 이윤을 남길 수 있을 터였다. 채나라의 새 도성은

25 《좌전·희공 23년》: "(중이가) 초나라에 도착하자 초성왕은 그를 후히 대접하며 '공자가 만약 진나라로 돌아간다면 나에게 어떻게 보답하겠소?'라 물었다. 그러자 중이는 '미녀와 옥백은 임금께서 이미 가지고 계시며, 진기한 깃털과 상아와 모피도 이곳에서 생산됩니다. 저희 진나라까지 흘러오는 것은 임금께서 쓰시고 남은 것들이니, 무엇으로 보답해야 하겠습니까?'라 말했다."((重耳)及楚, 楚子饗之曰: '公子若反晉國, 則何以報不穀?' 對曰: '子, 女, 玉, 帛, 則君有之; 羽, 毛, 齒, 革, 則君地生焉. 其波及晉國者, 君之餘也. 其何以報?')

이러한 사업에 유리한 거점이었다.

자공보다 20~30년 후에 유명한 도주공陶朱公 범려范蠡가 무역 사업을 시작했는데, 그도 역시 주로 중원과 오, 월나라[장쑤성과 저장성] 일대를 오가며 무역을 해 단시간 내에 대부호가 되었다. 범려는 동쪽으로 좀 치우친 후세의 경향 대운하京杭大運河(베이징京과 항저우杭를 잇는 세계 최대의 고대 운하) 쪽에 가까운 길을 선택했는데, 이는 장강과 회수를 연결하는 운하가 자공이 활동했던 시기보다 몇 년 뒤에야 오왕 부차에 의해 건설되었기 때문이다. 자공이 살던 시대에는 채나라 일대에서 오나라를 상대로 하는 무역 사업이 가장 적당했다.

공자는 한마음으로 벼슬할 기회만 찾으려 하고, 자공은 벼슬자리를 찾을 수 없으면 최선을 다해 돈을 벌려 하다 보니 양쪽은 서로 약간의 상호 보완적 관계나 다름없었다. 열국을 주유하며 공자가 제대로 된 관직에 오르지 못하는 동안 자공은 돈을 많이 벌었는데, 그의 상업적인 성공에 대해 공자는 종종 곤혹감을 느꼈다. 공자는 역시나 안회와 자공을 비교하며 "안회는 매사에 내 말을 듣는데도 굶주릴 정도로 가난하게 사는데, 내 말을 듣지 않고 도처에 장사하러 다니는 자공은 어찌 이렇게 돈을 많이 버는가?"라고 말했다.[26] 공자는 두 사람을 비교하며 난감함을 느꼈다. 말을 잘 듣는 학생은 가난하고 말을 안 듣는 학생은 부유해지니, 도대체 제자들을 어떻게 가르쳐야 하는가?

공자는 다소 복잡한 개성을 지녔다고 할 수 있다. 이상주의적인 학자 기질이 있기도 했지만, 동시에 현실적이고 실리적이며

---

26 《논어·선진》: "공자가 말했다. '안회는 이미 도를 거의 이루었으나 그의 집 쌀독은 몇 번이나 비었다. 그러나 자공은 천명을 받아들이지 않고 장사를 하여 돈을 벌었으니, 이는 그의 수완과 판단이 누차 적중했기 때문이다.'"(子曰: '回也其庶乎, 屢空. 賜不受命, 而貨殖焉, 億則屢中.')

성실한 면도 있었다. 이 두 기질은 밀접하게 뒤섞여 종종 구분하기 어려울 때도 있었다. 자공과 안회는 공자의 이러한 두 가지 개성을 각각 대표하고 있었으며, 각각의 개성을 극단까지 밀고 나간 이들이었다.

소국의 군주가 될 뻔하다

채나라 병사들의 포위망을 벗어난 공자는 드디어 젊은 초소왕을 만날 수 있었다. 두 사람은 서로에게서 제법 좋은 인상을 받았다. 큰 전쟁을 앞둔 초소왕에게 가장 필요한 정보는 채나라 소식 및 채나라와 오나라의 관계 등이었다. 이러한 상황에 공자 일행은 하늘에서 내려 준 선물이나 다름없었다. 초소왕은 오나라와의 이번 전쟁에서 조금 더 승산이 섰다고 느꼈다. 사실 남쪽의 오랑캐 세계에서는 중원을 매우 주목하고 있었으며, 중원에서 온 인물도 중시했다. 이 역시 중원이 가진 일종의 '문화적 구심력'이라 할 수 있었다.

《사기》에 의하면 흥분한 초소왕은 7백 리나 되는 초나라의 토지와 그곳에 사는 백성까지 더해 공자에게 주려 했다昭王將以書社地七百里封孔子. 공자는 여태껏 예순 살이 넘도록 분주히 뛰어다니면서도 대부의 봉읍조차 얻지 못했는데, 갑자기 몇백 리나 되는 토지를 소유한 군주가 되게 생겼으니 그야말로 꿈이 실현되는 상황이나 다름없었다.

이전의 어느 학자는 《사기》에 있는 이 기록의 진실성을 의심해 하늘에서 떨어진 듯한 이 기회는 분명히 사마천이 허구로 지어냈다고 여겼다. 그러나 이 학자는 지난 2년 동안 공자가 초나라를 위해 일했으므로 초소왕이 그의 공을 치하하고 위로하기 위해 이러한 상을 내렸음을 이해하지 못했다.

또한 초나라의 자원 상황과 통치 규율은 중원과 매우 달랐다. 초왕은 '왕'을 자처하며 여러 제후를 속국의 군주로 책봉하곤 했다. 그리고 초나라는 땅이 넓고 인구가 적었으므로 공자에게 주려던 땅도 그리 부유한 지역은 아니었을 것이다. 7백 리의 영토라 해도 그곳에 사는 백성은 그리 많지 않았고, 그곳 제후가 된다고 해도 섭공과 같은 급인 '주래공州來公'이나 '신채군新蔡君' 정도의 지위에 오르는 셈이었으므로, 당시 기준으로 보면 대단히 놀라운 일은 아니었다.

그러나 호사다마라 했던가? 초나라의 영윤[승상]인 자서子西가 초왕에게 "공자에게는 제자가 많은데, 이들은 모두 방방곡곡에서 모여든 열국의 유능한 인재들입니다. 만약 초나라 변경에 이러한 나라가 생긴다면 조만간 강대해져 초나라에 후환이 될 것입니다"라고 말했다. 초소왕은 그의 말에 일리가 있다고 여겨 이 생각을 잠시 보류했다.

당시 상황을 보면 초소왕은 공자를 군주로 책봉하려는 계획을 완전히 철회하지는 않았을지도 모른다. 당시 초나라는 큰 전쟁을 앞두었으므로 일단 오나라 군대부터 물리친 후에 채나라에 관한 문제를 처리해야 했다. 그때 채나라의 영토를 잘라서 공자에게 주면 가장 적절했다. 이를 반대로 말하면, 만약 전쟁에서 패하면 초나라는 큰 손실을 보게 되고, 그러면 공자에게 나라를 준다는 말도 다시 나오지 않을 터였다.

그러나 본래 하늘의 뜻은 예측하기 어려운 법이다. 초소왕은 갑자기 큰 병을 얻어 초나라 군대가 막 공격을 시작한 바로 그날 전선에서 병사했다. 초소왕이 사망했으므로 초나라는 왕세자 책봉 문제를 해결해야 했다. 초나라 군대는 자서 등의 지휘관이 내린 명에 따라 허장성세 식으로 진공했다가 비밀리에 철수해 초

나라로 돌아갔다. 공자에게 소국을 주는 일에 관해서도 자연히
아무도 신경 쓰지 않게 되었다.

초나라 군대가 이렇게 퇴각하자, 오나라의 공세를 버텨낼 수
없었던 진나라도 결국 오나라에 투항할 수밖에 없었다. 공자와
제자들은 이제 진나라와 채나라 중 어디에서도 자리를 잡을 수
없게 되었다. 몇 년에 걸친 공자의 노력과 희망은 한순간에 물거
품이 되고 말았다.

초소왕은 큰 업적을 남긴 왕이었다. 즉위했을 당시 그는 아직
어린아이에 불과했다. 당시의 영윤은 우매한 이였기 때문에 정치
가 혼란해지고 오나라 군대에 연달아 패한 초나라는 도성인 영
성郢城까지 잃었다. 이러한 상황에 어느 대신이 초소왕 남매를 데
리고 도망쳐 인적이 드문 깊은 산속으로 숨어들어 오랫동안 고
된 생활을 했다. 나중에 진秦나라의 도움을 받은 초나라는 간신히
오나라 군대를 몰아내고 다시 나라를 세웠다. 공자가 46세 되던
해[노정공 4년] 일이었다. 나라를 다시 일으킨 초소왕은 정치에
온 힘을 쏟아 국내 질서를 다졌고, 점차 주변 소국들과 오랑캐 부
족들을 정복해 예전의 모습을 서서히 되찾았다. 공자는 "초소왕
은 '큰 도를 아는' 사람이다. 한창나이에 죽지만 않았어도 더 큰
업적을 쌓을 수 있었을 것이다"라고 탄식했다.[27]

초나라 사람들도 초소왕이 세상을 떠난 일에 매우 슬퍼했다.
초나라에는 미치광이로 유명한 접여接輿라는 귀족이 있었는데,
그는 공자의 마차 앞을 지나가며 "봉황이여, 봉황이여, 이렇게 그
만 날아가 버렸구나! 앞으로 이러한 임금은 다시 나오지 않으리
라!"라고 노래를 불렀다. 공자는 급히 마차에서 내려 그와 대화

---

27 《좌전·애공 6년》

를 하려 했지만, 접여는 도망갔다.[28]

그러나 공자는 영윤 자서에게는 유감이 남아 있었다. 자서 역시 승상으로서 큰 업적을 세운 이로 초소왕을 도와 내정을 정리하고 외교에 힘쓴 아주 뛰어난 인물이었다. 그래도 그는 공자가 손에 넣을 뻔했던 소국의 군주 자리를 잃게 했으므로, 공자와 제자들은 이 일을 신경 쓰지 않을 수 없었다. 자서는 공자 일행이 부유해질 기회를 놓치게 했을 뿐만 아니라, '철학왕'으로서 나라를 다스려 보고자 하는 공자의 꿈도 깨뜨렸다.

이 일이 있고 난 후로 공자는 줄곧 군주가 되는 일에 대한 미련을 버리지 못하게 되었다. 공자는 종종 빈천한 출신의 제자 염옹冉雍[자는 중궁仲弓]을 칭찬하곤 했는데, "염옹은 '남면南面'하는 제후가 되기에 충분한 자격을 갖추었다!"[29]라고 그를 평했다. '남면'이란 군주가 된다는 의미인데, 왕과 군주만이 상조할 때 북쪽에 있는 상석에 앉아 남쪽을 내려다볼 수 있기에 이렇게 표현했다. 그 외의 귀족은 모두 저택에서 손님을 대접할 때 동쪽에 앉고 손님을 서쪽에 앉게 했는데, 후에 주인을 '동가東家', 손님을 '서빈西賓'이라 부르게 된 이유도 이러한 풍습에서 유래했다.

후세 사람들은 공자의 이 말을 대역무도하다고 여겼는데, 이는 사실 춘추 시대의 규칙을 이해하지 못했기 때문이다. 대국의 군주는 언제든 거리낌 없이 적당한 이에게 규모가 작은 속국을

---

28 《논어·미자》: "초나라의 미치광이인 접여가 공자 앞을 지나가며 '봉황이여, 봉황이여! 그 덕을 어찌 쇠퇴하게 하는가? 지나간 일은 돌이킬 수 없지만, 다가올 일은 아직 따라잡을 수 있다네. 그만두어라, 그만두어라! 오늘날의 위정자들은 위태롭도다!'라 노래했다. 공자가 마차에서 내려 그와 이야기하려 했지만, 그가 종종걸음으로 피하는 바람에 대화할 수 없었다."(楚狂接輿歌而過孔子曰: '鳳兮鳳兮! 何德之衰? 往者不可諫, 來者猶可追. 已而, 已而! 今之從政者殆而!' 孔子下, 欲與之言, 趨而辟之, 不得與之言.)
29 《논어·옹야》: "공자가 말했다. '염옹은 한 나라를 다스릴 만한 자격을 갖춘 이로다.'"(子曰: '雍也可使南面.')

분봉할 수 있었다. 또한 공자는 염옹이 제후국 군주가 될 자격이 있다고 했는데, 그렇다면 스승인 자신은 물론 더욱 큰 자격이 있다는 의미도 된다. 그의 이러한 이상은 한때 손을 뻗으면 닿을 거리까지 다가왔기에, 군주의 자리에 오를 뻔했던 일은 그 후로도 줄곧 공자의 마음속에 남아 있었다.

《논어》에 의하면 나중에 어떤 이가 공자에게 "자서는 어떠한 사람입니까?"라고 묻자, 공자는 차마 뭐라 평하지 못하고 그저 "아, 그 사람, 그 사람 말이지!"라고만 말했다고 한다.[30] 이 대화를 통해 공자가 초소왕과 자서를 함께 대면한 적이 있었으며, 그에게 매우 큰 유감이 있었으나 차마 입 밖에 내지 못했음을 알 수 있다.

현존하는 역사서에서는 이 시기의 초나라 왕과 대신들을 모두 좋게 평하고 있다. 《좌전》과 《논어》 등의 문헌에는 초소왕과 섭공, 심지어 영윤 자서까지도 모두 매우 뛰어난 인물로 묘사되어 있는데, 이 문헌들은 모두 공자의 제자들이 쓰거나 혹은 엮었다. 이러한 기록을 보면, 모든 일이 지나간 후에 공자의 제자들에게는 오랑캐인 초나라의 '안내자'가 되었던 당시의 경험이 제법 괜찮은 기억으로 남아 있었음을 알 수 있다. 물론 이는 본질적으로 떳떳하고 당당한 일이 아니었으므로 완전히 털어놓고 자랑할 수는 없었다.

오랑캐에게도 군주가 있다

다른 한편으로 공자는 오랫동안 망설이면서 초나라에 가서 머무를 결심을 하지 못했다. 공자는 진나라와 채나라에 오랫동안 머

---

30 《논어·헌문》: "누군가 자서에 관해 묻자 공자는 '그 사람, 그 사람 말이지!'라 말했다."(問子西. 曰: '彼哉! 彼哉!')

무르면서 소위 오랑캐 국가인 초나라와 오나라와도 어느 정도 교류했다. 이 과정에서 그는 오랑캐라 하더라도 신용을 지키지 않는 이들이 아니며, 정상인들과 같은 도덕 규범이 있음을 알게 되었다. 따라서 제자들에게 "말에 신용이 있고 성실하게 일을 하기만 한다면 야만인의 땅에 가더라도 성공할 수 있다. 그러나 거짓말을 하고 나쁜 일을 일삼는다면 고향에 있다 하더라도 제대로 살아갈 수 있겠느냐?"[31]라고 말했다.

또한 공자는 오나라와 초나라 사람들과 교류하면서 소위 '이적夷狄[오랑캐]'이라 불리는 이 나라들의 규율이 오히려 중원 국가들보다 잘 서 있음을 알게 되었다. 오나라와 초나라의 왕이 중원의 군주보다 더욱 큰 권위를 가지고 있어 귀족들이 감히 제멋대로 행동할 수 없었기 때문이다.

상나라가 멸망하고 주나라가 세워질 당시에 초나라는 이미 소국[혹은 부족]으로 존재하고 있었다. 나라가 몇백 년에 걸쳐 발전하는 과정에서 초나라의 역대 왕에서 비롯한 여러 '왕족' 가문이 번성하게 되었으며, 그중에는 오랜 역사를 가진 유명한 귀족 가문, 예를 들어 이후에 굴원을 배출한 굴씨와 같은 가문도 있었다. 그러나 초나라 조정에서 역대 초왕들이 가장 중용한 이는 역시 자신의 숙부나 형제였다. 이들에게 영윤의 관직을 맡겨 병권을 장악하게 해서 대귀족 가문들은 왕의 근친들이 가진 지위를 침탈할 수 없었다. 따라서 초나라에서는 삼환이나 칠목 가문과 같은 과두가 출현해 대대로 권력을 독점하며 군주를 꼭두각시로

---

31 《논어·위령공》: "자장이 뜻을 행하는 방법에 관해 질문하자, 공자는 '말이 충성스럽고 신용이 있으며 행동이 독실하고 겸손하다면 오랑캐의 나라에서도 뜻을 행할 수 있을 것이다. 그러나 말이 충성스럽지 않고 신용이 없으며 행동도 독실하고 겸손하지 못하다면 자기 고향에 있다 한들 뜻이 행해지겠느냐?'라 말했다."(子張問行. 子曰: '言忠信, 行篤敬, 雖蠻貊之邦, 行矣. 言不忠信, 行不篤敬, 雖州裏, 行乎哉?')

삼는 일이 벌어지지 않았다.

공자가 군신 간의 질서를 강조하며 '타삼도'와 같은 정책을 시행한 목적도 바로 지금의 초나라와 같은 정치 질서를 수립하기 위해서였다. 노나라는 과두의 세력이 너무나 강대해서 뿌리 뽑기 어려웠고, 결국 이 정책이 통하지 않았다. 따라서 초나라가 공자에게 더 적합한 나라임은 명확했다.

그러나 이렇게 하면 더욱 큰 '도의' 문제가 발생한다. 그가 만약 초왕을 위해 일한다면 낙양에 있는 주나라 천자 이외에 다른 왕이 있다고 인정하는 것이나 마찬가지였기 때문이다. 게다가 역대 초왕들의 꿈은 낙양의 주나라 천자를 대신해 중원 세계 전체를 통치하는 일이기도 했다. 공자가 초왕을 위해 일한다면 주나라의 정치 이념과 문화 전통의 대척점에 서게 되는데, 그가 지금껏 연구하고 전승해 온 것은 바로 주나라의 정치와 문화였다. 공자가 계속 주저하며 초나라의 도성인 영성으로 갈 결심을 못 했던 원인 중에는 아마도 이러한 모순적인 명제를 해결하지 못했던 점도 있었을 것이다.

만약 초소왕이 애초에 생각했던대로 공자에게 영토를 분봉해 나라를 세우도록 해 주었다면, 아마 공자도 헛된 명성에 대한 미련을 내려놓고 성실하게 초왕을 위해 일했을 것이다. 주나라의 이론을 조금만 바꾸어 초나라가 하, 상, 주 세 왕조에 이어 네 번째로 천명을 계승한 왕조라고 주장하기는 그리 어려운 일이 아니었다. 그러나 이 시점에는 그럴 기회가 없었다. 초나라 사람들은 누구를 새로운 왕으로 옹립해야 할지 아직 정하지 못했으며, 새로운 왕이 공자에게 소국을 줄지 어떨지도 미지수여서 공자는 이 가능성을 탐색해 볼 용기가 없었다.

그는 이미 63세였으므로 새로운 시도를 해 볼 수 있는 시간이 그리 많지 않았다. 만약 아무런 이익도 얻지 못하고 괜히 인생의 전반부 내내 고생스럽게 쌓아 올린 주나라 문화를 선양하는 학자의 이미지만 망친다면, 그야말로 빈대 잡으려고 초가삼간을 다 태우는 격이 될 터였다.

　이리저리 생각해 본 공자는 초나라로 가지 못하고, 결국 다시 북쪽의 위나라로 돌아가기로 했다. 그는 "오랑캐에게도 비록 군주가 있고 군신의 질서가 있으나, 그래도 군주가 없는[과두가 정권을 장악한] 중원 국가에 미치지 못한다"[32]라고 말했다. 이 말은 몇 년 동안이나 헛되이 애쓴 자신에 대한 위로 혹은 변명으로 보인다.

---

32 《논어·팔일》: "공자가 말했다. '오랑캐의 땅에 군주가 있다 해도 중원의 땅에 군주가 없는 것만 못하다.'"(子曰: '夷狄之有君, 不如諸夏之亡也.')

17 기회를 얻은 공문제자들

63세가 되어 위나라로 돌아온 공자를 맞이한 것은 이미 완전히 달라진 중원 세계였다. 지난 4년 동안 이곳은 너무나 크게 변화해 공자가 거의 알아보기 힘들 정도였다. 특히 그가 일찍이 계획에 참여했던 동방 연맹은 이미 연기처럼 사라져 버린 후였다. 이 이야기는 공자가 고향인 추읍에서 칩거를 끝냈던 시점부터 풀어야 한다.

위령공 부자의 갈등

4년 전, 59세의 공자가 고향을 떠나 위나라로 갔을 때로 돌아가 보자. 위령공은 여전히 공자를 후하게 대접하며 연회에 종종 초대했고, 심지어 조회에도 참석할 수 있게 해 주었다. 위나라는 진나라와의 전쟁에서 최전선에 속했으므로 위령공은 여기에 가장 큰 관심을 쏟고 있었다. 게다가 그는 이미 연로해 후계자 문제를 생각해야 했는데, 그러면서도 여전히 남자 부인에 관한 생각을 놓지 못했다. 괴외 태자가 조간자에게 의탁하고 있는 상황에서 위령공은 만약 자신이 죽고 나서 괴외 태자가 조간자의 도움을 받아 다시 위나라로 돌아오면 남자 부인이 힘들어질까 봐 매우 걱정했다. 그렇게 되면 남자 부인은 적어도 위나라에서 태왕후로 대접받지는 못할 터였다.

위령공은 다른 아들인 공자 형郢을 후계자로 삼을 생각으로 그와 의논한 적이 있었지만, 공자 형은 감히 이 제안을 받아들이지 못했다. 그는 "괴외 형님이 공식적인 태자이니, 임금께서는 하루빨리 형님과 화해해 형님이 다시 돌아올 수 있도록 하십시오"
라고 말했다. 그러나 위령공은 이 의견에 동의하지 않았다. 그는
이미 태자와 완전히 사이가 틀어졌으므로, 괴외가 위나라에 남기
고 간 아들을 후계자로 삼아 자신이 죽고 나면 이 '태손太孫'을 군
주로 즉위시키고, 괴외 태자의 세대를 건너뛰기로 했다.

만약 괴외 태자가 자기 아들인 태손과 결탁해 내통한다면? 위
령공은 이에 대해서는 걱정하지 않았다. 그는 자신과 괴외 태자
가 부자지간임에도 반목하고 있으므로, 태손도 분명히 괴외와 결
탁하지 못하리라고 여겼다. 군주라는 지위와 그에 따르는 권력은
부자의 정을 잊게 할 만했기에 위령공은 자신이 있었다. 사람은
결국 함께 지내는 사람의 의견을 따라가게 되는 법이다.

그러나 태손은 아직 나이가 어려 유능한 이가 옆에서 보좌해
야 했는데, 공자도 보좌관으로 고려하던 인물 중 하나였다. 그
는 많은 제자를 데리고 있었으므로 나중에 태손이 조간자와 괴
외 쪽과 전쟁하게 된다면 도움이 될 수 있을 터였다. 조간자 측에
서는 이미 새로운 행동에 나서서 괴외 태자가 위나라로 돌아와
군주의 자리를 빼앗도록 돕는 계획을 세웠다는 소식이 전해지고
있었다. 이를 막으려면 군사적인 측면에서도 준비해야 했다. 그
래서 위령공은 공자를 초청해 대화를 나눌 때 주로 진나라와의
전쟁에 관해 이야기했다. 위령공은 공자가 자신을 도와 각자 필
요한 바를 얻을 수 있기를 바랐다. 원래대로라면 그는 줄곧 관직
을 얻기를 바라 왔으므로, 분명히 이 상황에 만족할 터였다.

그러나 공자는 이미 동방 연맹에 대한 관심이 완전히 사라져
버렸고, 양호 쪽과 공공연히 대립하기도 원하지 않았다.

게다가 위령공의 집안사는 너무나 어지러웠다. 아버지와 아들
사이의 싸움이 손자 대까지 내려가는 이 상황은 인륜의 규칙에

전혀 맞지 않았다. 부계 친척 관계가 결핍된 삶을 살아온 공자는 남들을 보면서 부러워하곤 했으므로, 첩 때문에 3대가 뒤얽혀 싸우고 있는 위령공의 집안사에는 결코 끼어들고 싶지 않았다.

그는 위령공에게 "저는 학자라서 의식과 제사에 관한 것만을 공부했을 뿐, 진을 펴 전쟁하는 것에 관해서는 배운 일이 없습니다. 임금께서는 다른 훌륭한 이를 찾아보소서"라고 말했다.[1] 이제 더는 위령공과 동방 반진 연맹 측의 전쟁에 참여하고 싶지 않다는 의사를 분명히 밝힌 말이었다.

이 말을 들은 위령공도 공자에 대한 관심이 식어 버렸다. 그는 다음 날에도 공자를 만났는데, 억지로 한두 마디 하던 와중에 한 떼의 기러기가 북쪽 하늘을 향해 날아갔다. 위령공은 고개를 들어 기러기 떼를 바라보며 멍하니 '저 기러기들은 괴외가 있는 쪽으로 날아가는구나. 언젠가 괴외가 다시 돌아온다면 남자는……' 이라고 생각했다.

위령공이 자신에게 관심이 없어졌음을 알아차린 공자는 곧장 작별을 고했다. 그는 동방 연맹이 싸우고 있는 전장을 피해 다시 남쪽으로 내려가 4년을 머물렀다.

공자가 위나라를 떠난 지 얼마 되지 않아 위령공은 세상을 떠났다. 남자 부인은 공자 형을 군주로 즉위시키려 했다. 그는 태손보다 나이가 많아 국면을 더 잘 장악할 수 있었기 때문이다. 그러나 공자 형이 한사코 받아들이지 않아 결국 위령공의 손자이자 괴외 태자의 아들이 즉위하게 되었다. 이 사람이 바로 위출공衛出公[이름은 위첩衛輒]이다.

---

1 《논어·위령공》: "위령공이 공자에게 진을 펴는 방법에 관해 묻자 공자는 '저는 예의에 관한 것은 들은 바가 있으나, 군사에 관한 일은 아직 배운 바가 없습니다'라 답했다."(衛靈公問陳於孔子. 孔子對曰: '俎豆之事, 則嘗聞之矣; 軍旅之事, 未之學也.')

양호의 황하 전투

위령공의 사망 소식을 접한 조간자 측에서는 이 일을 위나라를 침략할 기회로 여겼다. 위령공이 죽은 지 한 달쯤 지난 후, 조간자가 친히 진나라 군대를 이끌고 위나라를 침략했다. 조간자의 군대에는 괴외 태자뿐만 아니라 양호도 함께 있었다. 현재 황하의 전장에서 조간자와 괴외 태자, 양호는 진나라 선봉군의 3대 지휘관이었다.

진나라 군대는 위나라 도성에서 10리쯤 더 내려간 곳에서 황하를 건넜다. 그들은 적군에게 들키지 않기 위해 한밤중에 조용히 강을 건너 그 부근의 척성戚城이라는 도시를 공격할 준비를 했다. 새벽녘에 안개가 자욱하게 끼는 바람에 진나라 군대는 길을 잃었지만, 그 근방의 길을 잘 아는 양호가 "황하를 오른쪽에 두고 쭉 내려가기만 하면 도착할 수 있다"라고 말했다.

길을 더듬어 척성에 도착하자 양호는 병사 8명을 뽑아 상복을 입혀서 노나라와 제나라에서 위령공을 조문하러 온 조문객 일행으로 꾸몄다. 세 대의 마차는 일단 척성 문 앞까지 갔다. 이곳은 전장과 가까웠으므로 평소에는 늘 성문이 닫혀 있었다. 직접 괴외 태자의 마차를 몰았던 양호는 조문객을 가장한 일행을 위해 문이 열린 순간 곧장 성안으로 뚫고 들어갔다. 척성 사람들은 손님인 척하고 들어온 사람이 괴외 태자임을 알아보자 감히 반항하지 못했다. 진나라의 주력군도 곧 성안으로 쳐들어왔다. 조간자 측에서는 이렇게 척성을 점령한 후 괴외 태자를 이곳에 주둔하게 했다. 황하 남쪽 기슭에 행동 거점을 확보한 진나라 군대는 제나라나 노나라에서 반란군 쪽으로 가는 연락을 막을 수 있었으며, 기회를 엿보아 위나라 전체를 점령할 수도 있었다.

얼마 지나지 않아 제나라에서 반진 연맹군을 원조하기 위해 황하 북쪽 기슭에 있는 범씨와 중행씨 진영으로 군량을 보냈다. 정나라 군대가 여기에 합류해 군량을 이송하는 부대를 보호하면서 황하 북쪽 기슭으로 향했다.

조간자 측에서는 이 군량이 무사히 도착하게 둘 수 없었다. 그들은 때마침 척성을 점령해서 제나라와 정나라의 연합군을 도중에 공격하기에 딱 알맞았다. 양호는 상황을 분석해 "우리는 적군보다 전차 수가 적으므로 적군의 허를 찌르는 공세를 펴야 합니다. 전투가 시작되면 사령관께서 일단 전차 몇 대만 몰고 적진으로 돌격했다가 패퇴하는 척하며 물러나십시오. 정나라 군대는 사령관의 깃발이 퇴각하는 모습을 보면 전군을 이끌고 뒤쫓아올 것입니다. 그때 제가 본대를 이끌고 저들을 포위하면, 정나라 병사들은 저를 보기만 해도 두려움에 떨 것입니다. 이렇게 협공하면 분명히 적군을 물리칠 수 있습니다!"라고 말했다. 앞에서 설명했다시피 양호는 공자와 꼭 닮아 생김새가 특이한 데다 키도 매우 컸으므로 전장에서 눈에 아주 잘 띄었다. 또한 그는 노나라에 있을 당시에 정나라와 전쟁한 적이 있어, 정나라 사람들은 여전히 그를 두려워했다.

조간자는 이 전략에 동의했다. 지휘관인 그의 전차는 맨 앞에 나서서 적군을 유인해야 했는데, 이 전차의 위사衛師[즉 차우車右]를 맡은 이는 바로 괴외 태자였다. 괴외는 아직 전투에 참여해 본 적이 없었지만, 춘추 시대에는 군주[및 군주의 계승자]가 가장 큰 전투력을 가지고 있다는 암묵적인 인식이 있었으므로 그들은 종종 전장에서 선봉에 서곤 했다. 정나라의 전차 부대가 위풍당당하게 다가오는 모습을 본 괴외 태자는 놀란 나머지 정신이 혼미해져 당장 전차에서 뛰어내려 도망치고 싶었지만, 애써 그런 마음을 억눌렀다.

양측 군대의 거리가 점점 가까워지자 조간자는 작은 언덕 위로 전차를 몰아 상황을 살펴보았다. 그런 다음 부대를 향해 사기를 북돋우는 연설을 했다. 조간자는 만약 전투에서 승리하면 공을 세운 상대부에게는 1개 현縣을, 하대부에게는 1개 군郡을 봉읍으로 하사하며[당시 진나라에서는 현이 군보다 컸다], 사인에게는 사방 10리[약 67㎢]의 땅을 하사하고, 평민에게는 벼슬을 할 자격을 부여하며, 노비와 천민은 평민 신분으로 격상해 주겠다고 했다. 만약 전투를 두려워해 패배한다면 향대부라 해도 교수형에 처하며, 제대로 장례를 치르지 못하게 얇은 판자로 만든 관에 안치해서 낡은 마차로 운반해 매장하게 하고, 가문의 묘에 매장되지도 못하게 하겠다고 말했다.

연설이 끝난 후 조간자의 부대는 적진으로 돌격했다. 부대의 맨 앞에서 달려가던 조간자의 전차가 적군의 첫 번째 전차와 마주했을 때, 조간자는 창에 얼굴을 정통으로 얻어맞아 전차 안에 쓰러졌다. 괴외 태자는 창을 휘둘러 적군의 공격을 막아내고 조간자를 보호했다. 그는 전차에서 뛰어내려 다가오는 적군을 막으며 조간자의 마차가 퇴각하도록 엄호하기까지 했다.

정나라 군대가 조간자를 추격할 때 양호가 본대를 이끌고 돌격해 왔다. 천 대나 되는 전차들이 황하 기슭의 모래밭에서 쫓고 쫓기며 싸운 끝에 정나라의 전차 부대는 결국 대열이 흩어지고 말았다.

조간자는 창날에 제대로 베이지는 않았던 듯하다. 그는 이가 몇 개 부러지고 피를 꽤 토하기는 했으나 생명에는 지장이 없어, 전차 위에서 계속 북을 두드리며 공격 명령을 내렸다. 결국 큰 피해를 본 정나라 군대는 전장에서 퇴각했고, 제나라에서 군량을 싣고 온 천 대가 넘는 마차는 진나라 군대가 차지했다.

강 북쪽에 있는 범씨와 중행씨 가문의 반란군은 원조를 얻지 못해 대세는 곧 기울었다. 이 이후로 전세가 역전되어 수비에 치중하던 조간자의 군대는 공세에 나서며 국내 반란자를 숙청하기 시작했고, 이와 반대로 동방 연맹은 수세에 몰리게 되었다.

위나라의 전쟁 소식은 빠르게 퍼져 공자와 제자들도 이 소식을 듣고 동요했다. 이때 공자는 진陳나라에 머무르면서 더는 위나라의 일로 애를 태우지 않으려 했지만 제자들은 그럴 수 없었다. 제자들 중에는 위나라 사람 혹은 위나라에 재산을 보유하고 있는 이가 많았다. 어린 위출공이 공세를 버텨내지 못하고 괴외 태자에게 군주 자리를 빼앗기지 않을까 걱정한 그들은 온갖 방법을 써서 공자에게 위나라로 돌아가자고 부추기며, 공자가 위출공을 도와 제자들에게도 벼슬할 기회를 얻어 주기를 바랐다. 설득하는 데 가장 열을 올린 제자는 염유와 자공이었다. 그러나 공자는 진나라에 계속 머무르겠다고 고집했고, 제자들은 그를 강제로 위나라로 데려갈 수는 없었다.[2]

그러나 공문제자들은 당시 이미 위나라와 밀접하게 연락을 취하고 있었다. 다들 앞으로의 일을 생각해야 했기 때문이다. 공자의 나이는 고대에는 이미 고령에 속했으므로, 만에 하나 그가 세상을 떠나기라도 한다면 제자들은 일자리를 구하는 문제와 바로 직면해야 했다. 제자 집단은 오래전부터 동방 연맹에 깊게 관여해 여러 가지 이익 관계도 얽혀 있었으므로 연결고리를 끊으려야 끊을 수 없는 상태였다.

사실 위령공은 애초부터 공자라는 인물을 제대로 파악하고 있었다. 공자가 이리저리 흔들리며 조간자 측에 가담하려는 충동을 종종 느끼곤 했지만, 위령공은 그가 마지막 결단을 내리지는 못

---

2 《논어·술이》편의 "염유왈부자위위군호冉有曰夫子爲衛君乎" 부분.

할 것을 알았다. 무릇 서생이란 낯가죽이 얇고 생각은 많으나 행동에 옮기는 일은 적은 법이어서 정말로 입장을 바꾸기가 그리 쉬운 일은 아니었다. 나중에 공자의 수제자인 자로는 바로 이 위령공의 손자를 보호하기 위해 괴외 태자의 군대와 싸우다가 목숨을 잃는다.

염유가 벼슬을 얻다

공자가 두 번째로 진陳나라에 방문한 다음 해[노애공 3년], 즉 그가 60세 되던 해 가을에 노나라의 최고 권력자인 계환자가 큰 병에 걸렸다. 그 후로 노나라에 연달아 찾아온 풍파로 공자의 제자들도 벼슬을 할 기회를 얻게 되었다.

계환자의 장자인 계손비李孫肥는 이미 성년이 지나서 원래대로라면 그가 후계자가 되어야 했다. 그러나 계환자가 총애하는 첩이 임신한 상태였다. 이 첩이 걱정된 계환자는 그녀의 아들을 후계자로 삼기를 원했다. 계환자는 대집사[재]에게 "만약 첩이 아들을 낳는다면 곧바로 후계자의 자리를 주고 자네가 그 아이가 자랄 때까지 옆에서 보좌하고, 만약 딸을 낳는다면 장자인 계손비를 후계자로 삼게"라고 뒷일을 당부했다.

계환자가 사망한 지 얼마 지나지 않아 첩은 아들을 낳았다. 계손비가 이들 모자를 가만히 두지 않을 것을 안 집사는 급히 노애공을 알현하고 "저희 가주님의 유복자는 사내아이입니다. 가주님의 당부에 따라 이 아드님이 계손씨 가문의 후계자가 되어야 하니, 임금께서 책명을 내려 주십시오!"라고 보고했다. 계손비가 자신에게 보복할까 봐 두려웠던 집사는 보고를 마친 후 곧바로 외국으로 도망쳤다.

노애공은 즉시 계손씨 가문의 저택에 사람을 보내 갓 태어난 계승자를 살펴보게 했지만, 사자가 도착해 보니 이 갓난아이는 이미 죽어 있었다. 계손비가 몰래 손을 썼음은 자명한 일이었다. 조정에서는 별수 없이 계손비가 정식으로 계손씨 가문을 이어받았다고 인정하는 수밖에 없었다. 이 계손비가 바로 나중에 계강자라고 불리게 된 인물이다.

아버지의 장례를 지낸 후, 계강자는 국내 정세와 가문 내부의 일을 정리해야 했다. 게다가 가문의 대집사마저 도망쳐서 상황이 아주 어지러웠다. 이때 공자와 그 제자 집단을 떠올린 계강자는 공자에게 돌아와 달라고 청하려 했다.

아버지인 계환자가 쫓아낸 공자를 지금 와서 아들이 다시 발탁하자니, 계강자는 이 난처한 상황을 풀어나갈 방법이 필요했다. 계강자는 "아버지가 병이 깊어지셨을 때 한번은 가마를 타고 외출하셨는데, 노나라의 성벽을 보시더니 '예전에 노나라가 강대해질 기회가 있었건만, 안타깝게도 내가 공자에게 잘못하는 바람에 노나라가 번성하지 못했구나'라며 탄식하셨다. 아버지는 내게 집권자가 되면 우선 공자 선생부터 다시 모셔오라고 당부하셨다"라고 말했다.[3] 물론 이는 계강자가 지어낸 말이었다. 그는 그저 집권자 가문이 세대교체를 하게 되어 불안정한 상황에 처했기 때문에 공자를 떠올렸을 뿐이다.

사람들은 이러한 시점에 와서야 '도덕'이라는 가치의 쓸모를 실감하기 마련이다. 죽음을 앞둔 사람은 후계자가 불효를 저질러 자신이 정한 규칙을 함부로 바꾸어 버릴까 봐 걱정하고, 가문을 막 계승한 이는 남들이 자기 말에 따르지 않을까 봐 걱정해 그제서야 도덕과 상하 질서를 강조하려 한다. 지난번에 공자가 권력을 장악했을 때도 바로 이러한 시기였다.

3 《사기·공자세가》

어떤 이가 계강자에게 "공자의 이론이 사실상 가문에 별로 소용이 없다는 점은 예전에도 확인한 바 있습니다. 괜히 웃음거리만 될 터이니, 또다시 쓰지는 마십시오"라고 말했다. 계강자는 이 말이 일리가 있다고 여겼지만 그는 지금 정말로 일을 시킬 사람이 부족한 상태였다. 게다가 공자의 제자인 자로와 염옹은 모두 계손씨 가문에서 대집사를 맡아 일을 아주 잘해냈다. 따라서 계강자는 이번에는 염유를 불러 그 자리를 맡기려 했다.

사자가 진나라에 와서 소식을 전하자 염유는 크게 기뻐하며 길을 떠날 준비를 했다. 공자도 "계손씨 가문의 가주는 이제 막 가주 자리를 이어받은 참이라 인재가 부족할 테니, 이번에 염유가 노나라로 돌아가면 큰일을 할 수 있을 것이다"라고 말했다. 공자의 속마음을 알아챈 자공은 염유를 배웅할 때 몰래 그에게 "자네가 노나라에서 자리를 잡으면 꼭 좋은 자리를 하나 찾아 우리 스승님을 모셔 가게"라고 당부했다.

형제지간이 된 노나라와 위나라

공자가 62세 되던 해, 그가 채나라에서 머무르기 시작한 지 2년째[노애공 5년]에 제경공이 세상을 떠났다. 공자는 제경공과 20여 년 동안이나 알고 지냈지만, 그다지 그를 그리워하지는 않았다. 제경공에 대한 공자의 평가는 한 일 없이 무능한 데다 사치스럽기까지 한 군주였다.

제경공이 사망하자마자 제나라 귀족들 사이의 갈등이 곧바로 터져 나왔다. 대귀족들은 각자 자기 가문과 사이가 좋은 공자公子를 군주로 옹립하려 했다. 귀족 내부의 분쟁이 이어지며 군주가 계속 바뀌는 바람에 제나라는 국력이 쇠약해졌고, 제나라가 진나라에 대항할 힘을 잃자 동방 연맹은 와해하고 말았다.

그림 9 제경공 묘에 순장된 말의 유해 일부(산둥성 린쯔)

『논어·계씨季氏』: "제경공에게는 말이 천 사駟나 있었으나, 그가 죽던 날 백성들은 아무도 그가 덕이 있다고 칭송하지 않았다."(齊景公有馬千駟, 死之日, 民無德而稱焉.) 제경공의 묘에 순장된 말은 전부 6백 필 이상으로 추정된다. '사'는 말 네 필을 뜻하므로 천 사는 4천 필이다. 공자는 제경공의 사치스러운 생활을 직접 목격했던 것이다.

진나라에서는 조간자가 제나라와 위나라의 마지막 공격을 꺾는 동시에 국내의 반란을 진압하고, 조가성과 한단邯鄲성을 차례로 점령해 황하 이북을 통일했다. 반란을 일으켰던 범씨와 중행씨는 적인들의 땅 혹은 제나라로 도망쳤다. 조간자는 내전의 최후 승자가 되었다.

이때 진나라는 조, 지, 한, 위 네 과두 가문이 정권을 장악하고 있었다. 조간자가 동방 연맹과 전쟁을 벌이던 몇 년 동안 나머지 세 가문은 뒤에 숨어 관망만했다. 그중에서도 지씨 가문은 이 기회를 틈타 조씨 가문을 협박해 자신들의 근거지를 넓혔고, 조간자가 전쟁을 끝내고 난 후 지씨 가문이야말로 진정한 승자가 되어 진나라에서 가장 큰 세력을 차지했다. 이렇게 네 가문이 함께 집정하는 국면이 46년간 계속되다가 다시 큰 규모의 내전이 일어나 조, 위, 한 세 가문이 연합해 지씨 가문을 멸하고 세 개의 독립된 제후국을 형성하게 된다.

다음 해 공자는 초소왕 군영에서 큰 기쁨과 큰 실망을 경험한 후 다시 위나라로 돌아왔다. 위령공의 어린 손자인 위출공 첩輒은 이때 즉위한 지 4년이 지나 있었다. 위출공의 아버지인 괴외 태자는 여전히 진나라 군대가 점령한 척성에서 아들의 권력을 빼앗을 기회를 호시탐탐 노리고 있었다.

당시 실제로 위나라의 정권을 장악한 이는 대귀족인 공문자孔文子였다. 그는 괴외 태자의 누나, 즉 위출공의 고모를 아내로 맞이하기도 했다. 공문자의 공씨는 공자의 공씨와는 전혀 상관이 없다. 그의 성은 길姞로 가문은 아주 오래된 토착 부족에서 유래했다. 위나라에서 공자 일행은 공문자의 환영을 받았다. 그는 자로에게 자기 가문의 대집사를 맡아 달라고 청했다. 자로의 후배이자 제자인 고시도 공문자의 저택에서 일하게 되었다.

자공은 노나라로 돌아가 외교 업무를 맡게 되었다. 역사서에는 그의 관직이 무엇인지 기록되어 있지 않지만, 그가 삼환 가문의 가신이 아니라 노나라 조정의 관리가 되었던 점은 분명하다. 충성심이 대단한 공자의 제자 자복경백이 이 당시 노나라에서 외교를 주관하는 관원이었는데, 그는 늘 자공을 잘 이끌어 주었고, 자공도 그를 크게 도와주었다.

염유는 계손씨 가문의 대집사로 일한 지 이미 3년이 지나 있었다. 그는 학우들에게도 일자리를 찾아 주었는데, 가령 복불제宓不齊[자는 자천子賤]는 단부성單父城의 재가 되었으며 언언은 무성武城의 재가 되었다.

어째서 지금 시점에 공문제자가 다들 기회를 얻었을까? 그것은 노나라와 위나라 모두 권력의 과도기에 처해 있었기 때문이다. 계강자는 아버지의 가신들을 그대로 쓰고 싶지 않았기에 새로운 사람들을 발탁해야 했으며, 위령공이 죽은 후 위출공을 보좌하며 정권을 잡게 된 공문자도 능력 있는 부하들이 필요했다. 공문제자들은 바로 이 두 기회를 잡았다.

공문제자들이 노나라와 위나라 모두에서 대권을 장악하자, 공자는 "노나라와 위나라의 정치는 형제지간이다魯衛之政, 兄弟也"[4]라고 말했다. 이는 역사적으로 두 나라의 선조가 친형제 사이임을 뜻하는 동시에, 현재 두 나라의 귀족 가문에서 대집사를 맡은 이들이 공자 문하의 사형 사제 사이임을 의미하는 말이기도 했다.

그러나 정작 공자는 아직 제대로 된 관직을 얻지 못했다. 대귀족들은 그가 주장하는 이론이 너무나 실용적이지 못하다는 점을 다들 알았다. 그가 시행했던 타삼도 정책이나 군주를 존중하자는 주장 등도 과두들이 좋아하지 않았다.

4 《논어·자로》

막 위나라에 도착했을 때, 자로가 공자에게 "이번에 위나라 군주[사실상 공문자를 말한다]가 정말로 스승님을 발탁해서 권력을 잡게 되면 스승님께서는 무엇을 하시겠습니까?"라고 물었다. 그러자 공자는 "그야 당연히 우선 명분을 바로잡을 것이다!"라고 말했다. 자로는 "스승님은 정말로 고리타분하십니다! 지금 이러한 세상에서 도대체 무엇을 바로잡는단 말입니까?"라고 말했다. 그러자 공자는 화가 나서 자로의 능력이 모자란다고 나무라며, "명분이 올바르지 않으면 말이 순조롭지 못하다느니" 하는 도리를 내세워 설교했다.[5]

'명분을 바로잡는다'라는 말은 상하 질서를 정확히 구분한다는 뜻이다. 현재 위나라 군주의 아버지인 괴외 태자는 바깥에서 나라를 차지할 기회를 노리고 있었다. 윤리를 중시하는 입장인 공자는 이들 부자가 서로 화해해 올바른 명분을 두고 순조롭게 대화로 풀어 다시 한 가족이 되기를 바랐다. 그러나 이 상황에 얽혀 있는 복잡한 이해관계는 정리하기가 매우 힘들었고, 도의만으로 해결할 수 있는 문제가 아니었다. 이러한 이유로 공자는 고문 역할밖에는 맡을 수가 없었다.

5 《논어·자로》: "자로가 '위나라 군주가 스승님께 의지해 정치하고자 한다면 스승님께서는 맨 먼저 무엇을 하시겠습니까?'라 묻자 공자는 '반드시 명분을 바로잡을 것이다!'라 말했다. 그러자 자로는 '스승님은 정말로 고리타분하십니다! 무엇 하러 명분을 바로잡아야 합니까?'라 물었다. 공자는 '자로는 거칠도다! 군자는 자기가 알지 못하는 것에 관해서는 대체로 말하지 않고 자중하는 법이다. 명분이 올바르지 않으면 말이 순조롭지 못하며, 말이 순조롭지 못하면 일이 이루어지지 않으며, 일이 이루어지지 않으면 예악이 흥하지 못하며, 예악이 흥하지 못하면 형벌이 합당하지 않으며, 형벌이 합당하지 않으면 백성들이 손발을 둘 곳이 없어지느니라. 그런고로 군자는 명분을 세웠거든 반드시 말할 수 있어야 하며, 말한 것은 반드시 행해야 한다. 군자는 말에 있어 어물어물 넘어가서는 안 된다'라 말했다."(子路曰: '衛君待子而爲政, 子將奚先?' 子曰: '必也正名乎!' 子路曰: '有是哉, 子之迂也! 奚其正?' 子曰: '野哉由也! 君子於其所不知, 蓋闕如也. 名不正, 則言不順; 言不順, 則事不成; 事不成, 則禮樂不興; 禮樂不興, 則刑罰不中; 刑罰不中, 則民無所措手足. 故君子名之必可言也, 言之必可行也. 君子於其言, 無所苟而已矣.')

18 젊은이들의 전쟁

공자는 63세에 위나라로 돌아와 이번에는 5년간[63~68세] 머물렀다. 이 5년 동안 위나라는 비교적 안정되어 큰 사건이 일어나지 않았다.

사건이 많았던 곳은 공자의 고향인 노나라였다. 오나라 세력이 여름날의 비구름처럼 모여들어 중원 세계를 뒤덮기 시작했다. 이는 백 년 전에 초장왕이 패업을 이룬 이후로 남쪽의 오랑캐 세력이 두 번째로 중원에 손을 뻗친 일이었다.

이때 공자는 이미 나이가 많이 들어 대체로 쉬면서 저술 활동만 하고 있었다. 노나라 정계에서 활약하고 있던 이들은 그의 제자들이었다. 노나라는 북상하는 오나라 세력에 대항할 실력이 전혀 없었다. 공문제자들은 노나라를 대표해 오나라에 굴복하고 비위를 맞춰, 노나라가 은인하며 생존할 기회를 구하는 수밖에 없었다.

후세 사람들이 보기에 공자는 중원의 전통을 고수하며 '화이지변華夷之辨(중화와 오랑캐에 대한 구분)'을 엄격히 지킨 인물이지만, 사실은 그렇지 않았다. 그는 남쪽 지방에서 생활하던 몇 년 동안 몰래 초나라를 위해 일하며 초왕 아래에서 관직을 얻을 기회를 엿보았으며, 북방으로 돌아온 후에는 제자들 역시 이러한 방식으로 오나라 사람들과 교류했다. 오랑캐 세력이 최고의 전성기에 오른 이 시대에 공자와 제자들도 현실에 적응해 생존을 꾀해야 했다.

새로운 패자가 된 부차

춘추 시대에 중원의 제후국들은 공통으로 '존왕양이尊王攘夷'의 입
장을 표명하고 있었다. 노나라의 《춘추》와 같은 열국의 공식적인
문서, 혹은 공자처럼 도의와 명분을 중시하는 사상가가 남긴 말
만을 본다면 '중화와 오랑캐의 차이'란 천양지차나 다름없고, 중
원 제후국들과 오랑캐인 오나라와 초나라는 불공대천의 관계였
다고 생각하게 된다. 사실 이는 표면적인 부분일 뿐이었다. 당시
열국도 우선 자신들의 생존을 생각해야 했으므로 말과 행동 사
이에 큰 차이가 있었다. 《좌전》과 같은 더욱 상세한 역사서를 보
면 정식 역사서의 내용과는 사뭇 다르다. 중원 열국은 모두 생존
을 위해 기회주의적인 태도를 취했으며, 현실적인 안위를 도의와
정통성에 대한 고려보다 훨씬 더 우선시했다.

공자보다 백여 년 전에 제환공이 사망하고 제나라에 내란이
일어났을 당시, 초나라 세력이 빠른 속도로 중원까지 확장해 왔
다. 당시 초나라의 역량을 막을 수 있는 세력은 전혀 없는 듯했
다. 대다수 중원 열국은 초나라를 패주로 인정할 준비를 했고, 오
랜 역사를 가진 주나라 혈통의 제후국인 정, 위, 조曹나라는 일찍
부터 초왕에게 복종의 의사를 표했다. 노나라도 감히 고고하게
버틸 생각을 하지 못하고 병사 한 부대를 초나라를 위해 싸우는
군대로 파견했다.

이때 초나라와 공존하지 않겠다고 결심한 곳은 바로 진晉나라
였다. 진문공 중이는 이제 막 군주로 즉위한 참이라 큰 업적을 세
우고 싶어 했다. 진나라 편에 선 나라들은 공교롭게도 전부 주나
라의 희 성을 가지지 않은 제후국들로, 자子 성의 송나라, 강姜 성
의 제나라와 영嬴 성의 진秦나라였다. 이들 연합군은 성복城濮에서
초나라 군대와 결전을 벌여 단번에 초나라 세력을 중원에서 쫓

아냈다. 그러자 이미 초나라에 굴복했던 주나라 혈통의 제후국들은 급히 입장을 바꿔 진나라에 복종의 뜻을 표하며, 주나라 천자에 대한 존중을 포기하지 않았다고 해명했다. 그중에서도 특히 노나라가 입장을 황급히 바꿔 초나라에 보낸 군대를 지휘하던 귀족은 곧 암살당했다.

진문공이 안정시킨 중원의 상황은 백여 년간 지속했다. 이후에 초장왕이라는 패자가 등장하기는 했으나, 노나라와 위나라 등의 제후국들이 진나라에 복종하는 국면을 바꾸지는 못했으며, 주나라 왕실을 위협할 만한 능력은 더더욱 없었다.

공자의 만년에 이르러서야 이러한 국제 정세에 실질적인 변화가 나타나기 시작했다. 진나라는 내란 탓에 나날이 쇠퇴해 갔고, 초나라는 오나라의 공격을 버티며 나라를 지키는 데만도 급급했다. 오왕 부차의 야심은 나날이 커져서 중원의 새로운 패주가 되어 일찍이 진문공이 세웠던 업적을 재현하고자 했다.

오나라는 동남쪽 해안에 있었다. 중원으로 북상하려면 송나라와 노나라의 국경을 지나는 동쪽 길로 가야 가장 편리했다. 부차는 우선 송나라와 노나라를 굴복하게 하고 제나라도 신하로 복종하게 해서 중원 세계의 동쪽 반절을 장악한 후, 마지막으로 오랜 패주인 진나라와 승부를 겨루기로 했다.

공자가 64세 되던 해[노애공 7년], 부차는 오나라 군대를 이끌고 북상해 노애공과 회견을 했다. 목적은 노나라가 오나라에 신복하게 해서 군신 관계를 형성하는 것이었다. 회견 장소는 노나라 옆에 있는 증鄫나라[지금의 산둥성 창산蒼山현]라는 소국으로 정해졌는데, 이 증나라는 오래전부터 노나라의 속국이었다.

처음에 노나라 사람들은 오왕의 야심이 얼마나 큰지 알지 못했다. 주례에 의하면 제후국 군주는 국빈을 환대하는 예절에 따라 소를 통째로 잡아 준비해야 했는데, 소 한 마리 전체를 '뢰牢'라고 했다. 천자는 지위가 가장 높았으므로 그가 각지를 순시하면 제후들은 열두 마리의 '뢰'를 바쳤다. 제후가 제후를 대접할 때는 대접하는 쪽에서 준비한 소의 마릿수로 그 나라의 국력과 정치적 지위를 판단했는데, 아홉 마리, 일곱 마리, 다섯 마리 등과 같이 차등이 있었다. 물론 이렇게 준비한 많은 쇠고기는 천자 혹은 군주가 다 먹을 수 없었고, 주로 천자나 제후를 수행해 온 군대나 신하들을 대접하는 데 썼다. 천자나 제후가 각각 군대를 얼마나 보유할 수 있으며 외출할 때는 얼마나 데리고 다닐 수 있는지에 대해서도 모두 주례로 정해 두었다.

　그런데 부차의 회견을 준비하기 위해 선발대로 온 사자는 "우리 왕께서는 백 마리의 '뢰'를 요구하십니다"라고 말했다. 이 숫자는 주나라 천자를 대접할 때보다 일곱 배나 많았다. 전형적인 야만인이자 졸부의 태도였다.

　오나라 사자를 접대하는 일을 맡은 자복경백은 이 요구를 듣고 깜짝 놀라 "우리나라에서는 지금껏 그런 선례가 없었습니다"라고 말했다. 그러자 오나라 사자는 "이게 뭐 그리 놀랄 일입니까? 우리 왕께서는 북쪽으로 올라오면서 송나라를 먼저 지나오셨는데, 송나라에서는 백 마리의 뢰로 우리를 대접했습니다. 노나라가 송나라만 못하다는 뜻은 아니겠지요? 게다가 듣자 하니 예전에 진나라의 어느 경대부가 노나라를 방문했을 때 귀국에서는 십여 마리의 뢰로 대접했다고 하던데, 그렇다면 오나라의 왕을 대접할 때는 백 마리의 뢰를 준비해야 적당하지 않겠습니까?"라고 말했다.

　주례를 가장 중시하는 노나라는 난처한 상황에 처했다. 자복경백은 자공과 상의한 끝에 사자에게 "노나라가 진나라에서 온 경대부를 대접한 그 일은 노소공이 망명해 진나라의 범헌자가 군대를 이끌고 중재하러 왔을 때로, 당시 노나라의 삼환 가문에서 범헌자를 열한 마리의 뢰로 대접했습니다. 주례에 따르면 열둘은 '천지대수天之大數'요, 한 해도 열두 달로 나뉩니다. 범헌자는 이치를 따지지 않고 자만하며 공을 세우기를 좋아하는 이여서 우리나라에서는 별수 없이 천자를 대접하는 마릿수에서 하나 모자란 열한 마리로 그를 대접했던 것입니다. 만약 귀국에서 정말로 주례에 개의치 않고 반드시 백 마리의 소를 요구한다면, 저희도 그에 따르겠습니다"라고 답했다[이때 범헌자는 진나라에서 완전히 실각한 후여서 노나라에서도 그가 이치를 따지지 않는 이라고 쉽게 말할 수 있었다].

이 말을 오왕에게 보고한 사자는 곧바로 "반드시 백 마리의 뢰를 준비해야 하며, 한 마리라도 모자라서는 안 된다"라는 답변을 받아 왔다. 노나라에서는 감히 더는 반박하지 못하고 소 백 마리를 잡아 대접하는 수밖에 없었다.

부차는 노애공 외에도 노나라 근처의 두 소국인 증나라와 주나라의 군주도 회견에 참석하게 했다. 회견하는 자리에서 노나라는 오나라의 강요로 앞으로 오나라가 다른 나라와 전쟁하게 되면 전차 8백 대를 보내 함께 싸우겠다는 맹약을 맺었다. 이전의 협곡지회 때 노나라는 제나라를 맹주로 모시며 복종을 맹세했으나, 이번에는 오나라가 제나라의 역할을 대신하게 되었다.

소국인 주나라도 6백 대의 전차를 제공할 의무를 지게 되었다. 사실 주나라의 국력으로는 결코 이렇게 많은 전차를 제공할 수 없었으니 아마도 재물로 그 일부를 대신했을 것이다. 역사서에는 이에 관해 자세히 기록되어 있지 않아 정확히 알아볼 수 없다. 춘추 시대에는 군주가 친히 전쟁에 참여하면 그 나라가 이끄는 전차의 수를 두 배로 쳐 준다는 규칙이 있었으므로, 어쩌면 주나라 군주도 친히 군사를 이끌어 3백 대의 전차를 6백 대로 계산하게 할 생각이었는지도 모른다.

당시 권력을 장악하고 있던 계강자는 겁이 많아 오나라 사람들을 두려워했다. 그는 이 회견에 참석하지 않고 저택에 틀어박혔다. 노나라의 군주는 꼭두각시일 뿐이며 진정한 권력자는 계손 씨라는 사실은 모든 이가 알고 있었으므로 부차는 이에 불만을 품었다. 오나라의 태재太宰[승상에 해당한다]인 백비伯嚭는 곡부성에 사람을 보내 계강자에게 회견에 참석하라고 요구했다.

오나라 측에서 자신에게 트집을 잡으려 함을 간파한 계강자는 더더욱 갈 용기가 나지 않았다. 그는 급히 회견장에 있는 자공에게 서신을 보내 자신을 대신해 잘 해명해 달라고 했다. 명령을 받은 자공이 해명하자, 백비는 불쾌해하며 "우리 대왕과 당신네 군주는 모두 고생을 무릅쓰고 여기까지 왔는데, 일개 대부에 불과한 계강자는 거드름을 피우며 오지 않다니, 이것이 당신들이 그렇게 따르는 주례라는 것이오?"라고 말했다.

자공은 "계강자는 대국인 오나라를 두려워해서 그러는 것일 뿐입니다. 귀국에서 저희와 교류하면서 주례를 따르지 않는데, 저희가 감히 주례를 고수할 수 있겠습니까? 또한 우리나라의 군주가 회견에 참석하기 위해 나라를 떠났으니 그동안 남아서 국정을 맡을 대신이 필요하지 않겠습니까? 오나라의 선조는 주문왕의 큰 백부인 태백泰伯과 둘째 백부인 중옹仲雍으로 당시 두 사람은 천자의 자리를 문왕에게 양보하고 남쪽으로 가서 그곳의 토착 부족들에게 수장으로 추대되었습니다. 태백은 여전히 주나라의 의복을 입고 주나라 식 생활을 했으나, 중옹은 남방 사람들의 습관에 따라 머리를 짧게 깎고 몸에 문신하고 나체로 생활했

으니, 이는 예에 따른 것이 아니라 현실적인 필요 때문에 이렇게
한 것입니다"라고 대답했다.

오나라 사람들은 태백과 중옹에 관한 이야기를 듣기 좋아했
다. 그들은 중원 사람들이 자신들을 오랑캐라고 부르는 것을 매
우 꺼렸는데, 태백과 중옹이 오나라 왕족의 선조라고 하면 오나
라가 교양이 있는, 적어도 교양을 가지고 있었던 나라라고 주장
할 수 있었다. 계강자가 회견에 참석하지 않은 일은 이렇게 해서
흐지부지 넘어갔다.

노나라 측은 어떻게든 대충 넘겨 보자는 태도로 회견에 임했
고, 그럭저럭 잘 넘어갔다고 생각했다. 반면에 오나라 측은 노나
라가 완전히 자신들에게 신복해 속국이 되었다고 여겼다.

자공이 언급한 태백과 중옹이 남방으로 가서 오나라를 세웠
다는 이야기는 아마도 날조된 역사인 듯하다. 상나라 후기의 환
경에서는 관중에서 아주 멀리 떨어진 강남 지역까지 이동하기가
매우 어려운 일이었다. 태백과 중옹의 후손은 주나라가 상나라를
멸한 이후 분봉한 '우虞'나라 사람들일 가능성이 크다. 우나라는
산시山西성 최남단의 핑루平陸현에 있었는데, 이곳은 황하에 바로
맞닿아 있는 지역이었다. 공자가 태어나기 백여 년 전에 진헌공晉
獻公이 영토를 확장하기 위해 '가우멸괵假途滅虢(우나라의 길을 빌려
괵나라를 멸하다. 한국에서는 보통 '가도멸괵'이라 한다)'하면서 우나
라까지 멸한 일이 있었다. 오吳와 우虞는 고대에 음이 비슷했으므
로, 나중에 오나라가 세력을 일으킨 후에 이 이야기를 교묘하게
바꿔 이미 존재하지 않는 우나라를 자신들과 연관 지은 것으로
보인다.

자공이 오나라 사람들은 머리를 짧게 깎고 몸에 문신을 하며
나체로 생활한다고 말한 이유는 당시 강남 지역의 실제 풍습이

그래서였다. 물론 오나라 상층부는 이미 몇십 년 전부터 중원과
교류해 왔으므로 복식에도 중원의 영향을 받았을 것이다. 게다가
북방은 추웠으므로 오나라 사람들이 나체인 채로 북방에 왔다면
견딜 수 없었을 것이다. 어쨌든 오나라의 하층민들이 머리를 짧
게 깎고 몸에 문신하는 습관은 공자의 시대에 와서도 그리 크게
변하지 않았던 듯하다.

공자를 닮은 유약

이 회견에 참석한 주나라는 산동 지방[지금의 산둥성 저우鄒현]의
토착 소국으로 그들의 성은 조邾였으며 오래전부터 노나라의 속
국이 되어 있었다. 오왕이 남방으로 돌아간 후, 계강자는 주나라
를 침공해 노나라가 독립적인 지위를 가지고 있음을 보여주려 했
다. 그는 오왕과의 회견에 참석하지 않았으므로 이 회견에서 맺
은 맹약은 자신에게 예속력이 없다고 생각했다.

　계강자는 일단 연회를 열어 관직이 있는 국내의 모든 대부를
불러모으고, 연회 석상에서 주나라를 침공하려는 계획을 이야기
했다. 자복경백은 그랬다가는 오나라에게 보복을 받는다며 단호
히 반대했지만 맹의자는 계강자의 의견을 지지했다. 연회는 좋지
않은 분위기 속에 끝났고, 주나라를 치겠다는 계강자의 생각을
바꿀 수는 없었다.

　계강자와 맹의자는 오나라는 너무나 멀리 있으므로 정말로 노
나라에 무슨 영향을 끼치지 못하리라고 여겼다. 또한 그들에게
군주의 이름으로 맺은 맹약은 아무런 의미도 없었다. 고의로 군
주의 입장을 무시하고 진정한 주인이 누구인지 외부에 알리려
는 태도는 삼환 가문이 오래전부터 지닌 본능이었다.

　주나라는 노나라[삼환 가문]가 자신들을 공격하리라고는 전혀

생각지도 못했다. 당시에는 국경에 방벽이 설치되어 있지 않아 노나라 군대는 국경을 넘어 곧장 주나라 도성의 성문 안까지 들어갔다. 주나라 군주의 궁 안에서는 그 순간까지도 연회를 열고 있었던 모양인지 음악 소리가 들려왔다. 노나라 군대가 쳐들어왔다는 소식을 들은 주나라 군주는 저항하지 말라고 명하며, "노나라는 우리나라 바로 옆에 있지만, 오나라는 이천 리나 떨어져 있다. 오나라에서 지원군이 오기를 기다리며 노나라에 저항할 수는 없다!"라고 말했다.

이렇게 해서 주나라는 노나라에 점령당해 합병되었다. 노나라 군대는 주나라 군주를 포로로 잡아서 우선 수호신을 모신 사당에 데려가 신명에게 절을 올리게 한 후, 다른 곳에 가두어 버렸다. 노나라의 수호신을 모신 사당은 '박사薄社'라 했는데, 이곳에서는 오래된 동방의 수호신에게 제사를 지냈다. 전해지는 바에 의하면 이 수호신은 상나라 때의 신으로 사람을 죽여 제물로 바치는 의식을 매우 좋아했다고 했다. 춘추 시대 말기에 열국의 관계가 와해한 후로 중원에서는 상나라 사람들의 무서운 제사 풍습이 산발적으로 되살아나기도 했는데, 주나라 군주는 요행히 목숨을 건질 수 있었다.

주나라의 대부 한 사람이 오나라로 도망쳐 부차에게 구조 요청을 했다. 그는 노나라가 오나라의 권위를 존중하지 않고 신의를 저버리는 행동을 했다고 성토하며 "여름에 맺은 맹약을 어찌 가을이 되자마자 저버릴 수 있단 말입니까? 이번에 노나라를 제대로 꾸짖지 않으면 중원 열국은 다들 오나라 왕을 무시하게 될 것입니다!"라고 말했다.

부차는 당장 노나라를 공격하기 위해 군대를 끌고 북상했다. 예상하지 못한 습격을 위해 오나라에서는 길잡이를 한 명 데려갔는데, 바로 공산불뉴였다. 예전에 비성을 차지하고 계환자와 공자에게 대항했던 공산불뉴는 수성에 실패한 후 양호를 찾아가지 않고 오나라로 도망쳤다. 오나라 군대는 그의 안내를 받아 산길을 가로질러 노나라의 중심부로 진입했고, 가는 길에 있는 도시들을 모두 점령하며 노나라 도성 근교로 진군했다(전해지는 바에 의하면 공산불뉴는 그래도 '애국심'이 있는 인물이라 일부러 오나라 군대가 가장 힘든 길을 가도록 안내했다고 한다). 노나라는 약간 저항하기는 했지만 자신들이 전혀 오나라의 적수가 되지 못한다는 사실만 깨달았다.

이때 노나라의 대부인 미호微虎라는 이는 밤을 틈타 오나라 군영을 습격할 계획을 세웠다. 그는 자기 저택에서 일하는 하인과 노비 7백 명을 모아 놓고 제자리에서 높이 뛰어 보게 시켰는데, 그 가운데 신체 능력이 좋아서 뛰어올라 허공에 머무는 시간이 긴 장정 3백 명을 추렸다. 이 가운데 유약有若[자는 자유子有]이라는 청년이 있었는데, 그는 나중에 공문제자가 되었으며, 생김새도 공자와 상당히 비슷했다.

노나라 상층부는 저항을 포기하고 회담을 진행해 오나라에 굴복하기로 했다. 그래서 죽음을 각오하고 적진에 뛰어들려던 유약의 바람은 실현되지 않았다. 만약 이 공격을 실행했다면 그는 전장에서 목숨을 잃어 공문제자가 되지 못했고, 역사서에 기록되지도 못했을 것이다.

오나라와 노나라 사이에 회담이 진행된 끝에 노나라는 [또다시] 정식으로 부차를 패주로 인정했다. 양국 군주는 제사를 올리며 신 앞에서 맹세했다. 노나라는 주나라 군주를 석방하고 영토도 돌려주었다.

노나라와 제나라가 반목하다

오나라 군대가 막 철수하자마자 노나라와 제나라는 사이가 다시 나빠졌다. 이 당시 제나라 군주는 제도공齊悼公[이름은 양생陽生]으로 제경공의 아들이었다. 제도공과 노나라 사이의 관계는 너무 복잡해 집중적으로 살펴보아야 한다.

죽음을 앞둔 제경공은 나이가 어린 데다 어머니의 출신도 비천한 공자 도荼를 후계자로 정했다. 그러나 제경공이 사망하고 얼마 지나지 않아 대귀족들 사이에서 분쟁이 일어나, 진걸陳乞[진희자陳僖子]이 어린 군주를 살해하고 군주를 보좌하던 여러 대귀족을 내쫓아 버리고 새로 군주로 옹립할 사람을 찾으려 했다. 이미 중년의 나이였던 공자 양생은 아들을 데리고 노나라로 피신해 있었는데, 진걸의 청으로 제나라에 돌아가 군주의 자리에 즉위해 제도공이 되었다. 이는 공자가 초나라에서 초소왕을 알현하던 즈음에 일어난 일이다.

양생은 노나라에 피난해 있던 당시에 계강자의 누이인 계희季姬[성이 희姬인 계씨 집안의 딸을 의미한다]를 새로이 아내로 맞았다. 양생은 즉위하기 위해 제나라로 돌아갈 때 미처 계희를 데려가지 못해 나중에 사람을 보내 데려오려 했다. 그러나 계희에게는 고향에 오래전부터 사귀었던 애인[아마도 같은 계손씨 가문의 당숙뻘 되는 이였던 듯하다]이 있었다. 제나라에 가서 군주의 부인이 되기를 원하지 않았던 그녀는 "감히 나를 제나라로 보낸다면 나는 이 일을 전부 폭로해 버리겠다. 그렇게 하면 다들 어디 잘 살 수 있나 두고 보자!"라며 큰소리쳤다.

계희가 이렇게 나오자 노나라는 순순히 그녀를 제나라로 보내 줄 수 없게 되었다. 노나라는 본래 보수적인 나라로 여성의 행실에 대한 제약도 심한 편이었다. 춘추 시대 몇백 년 동안 이처럼 경솔하고 사랑에 맹목적인 여인은 계희가 유일했다. 대노한 제도공은 당장 군사를 보내 노나라를 공격했다. 그러나 이 당시 제나라 국력은 상당히 쇠퇴한 상태여서 제도공은 오나라와 동맹을 맺어 함께 노나라를 공격할 생각으로 오나라에 지원군을 요청하는 사자를 파견했다.

얼마 지나지 않아 노나라에서는 계희에 관한 문제를 해결한 후 그녀를 제나라로 보냈다. 제도공은 크게 기뻐했다. 제나라에 가서 호화로운 생활을 하게 되자 계희도 마음을 고쳐먹어 남편인 제도공과 화목하게 지냈다. 제도공은 오나라에 다시 사자를 보내 노나라와 이미 화해했으니 함께 노나라를 공격하자고 했던 일은 없던 것으로 하자고 전했다.

오왕 부차의 입장에서 노나라는 이미 오나라에 신복한 나라였다. 개를 때리려면 주인이 누구인지도 보아야 한다는 말처럼, 처음에 제나라에서 사자를 보내 노나라를 공격하자고 했을 때부터 부차는 기분이 그리 좋지 않았지만, 그때는 확실하게 마음을 드러내지 않았다. 몇 달이 지나 제나라에서 말을 바꾸자 부차는 더 화가 났다. 제나라의 행동이 자신을 크게 무시하는 처사라고 여긴 그는 이 기회에 제나라에 본때를 보여주어 자신을 패주로 인정하도록 하려 했다.

부차는 군대를 정비하면서 한편으로는 노나라에 사자를 보내, 군대를 준비해 두었다가 오나라 군대가 도착하면 함께 제나라를 공격하자고 했다. 계희 문제가 해결되면서 노나라는 제나라와 화해한 상태였지만, 맹주인 오나라 왕의 말에 감히 반항할 수 없어 전쟁 준비를 하는 수밖에 없었다.

오나라와 월나라는 지금의 장쑤성과 저장성, 상하이 지역에 있었다. 후세에 이 지역 사람들은 문화 수준도 높고 교양이 있어

명, 청나라 시대에는 과거 시험의 장원을 가장 많이 배출한 지역
이었다. 그러나 춘추 시대에는 그렇지 않았다. 진秦나라와 서한
시대까지도 이 지역 사람들은 용맹하고 경솔하기로 유명했다. 성
질이 나쁘고 다혈질이며 일단 싸우면 곧잘 목숨을 걸곤 했다는
의미이다. 이 때문에 춘추 열국은 이들을 좀 무서워했다.

노애공 10년[기원전 485년], 공자가 68세 되던 해가 막 시작된
추운 겨울에 오나라 군대는 노나라에 도착했다. 주변 소국인 주
나라와 섬鄅나라의 군대도 연합군에 참여했다.

큰 전쟁을 눈앞에 두고 제나라 내부에서 먼저 싸움이 일어났
다. 귀족들은 제도공을 살해하고 부차에게 사자를 보내 화해를
청했다. 오왕 부차는 이미 중원에 몇 번 와 본 적이 있어서 중원
의 규칙을 어느 정도는 받아들이고 있었다. 그는 '벌상伐喪', 즉 적
국의 군주가 사망해 장례를 치르는 기간에 공격해서는 안 된다
는 것도 알았다. 부차는 중원의 패주가 되려 했으므로 중원의 도
리에 따라 일을 처리했다. 그는 제나라가 청한 화의를 받아들이
고, 군영에서도 제도공을 추모하는 의식을 사흘 동안 거행한 후
군대를 철수해 돌아갔다.

제도공이 대신들에게 살해당한 사건은 《좌전》에는 너무 간략
하게만 기록되어 있어 구체적인 과정을 알 수 없다. 그러나 《사
기》에는 제도공이 귀족 포鮑씨에게 살해당했으며, 대신들은 제도
공의 아들 중에서 공자 임壬을 군주로 즉위하게 하여 제간공齊簡公
이 되었다고 기록되어 있다.

부차는 이번에 제나라를 정벌하기 위해 북쪽으로 올라왔다가
새로운 발상을 하게 되었다. 중원의 제후들은 습관적으로 마차
를 타지만, 강남 지방에는 말의 숫자가 적어서 오나라 사람들은
마차를 타지 않았다. 바닷가에 있는 오나라에서는 사람들이 배

를 타는 데 더 익숙했다. 만약 강남에서 중원까지 운하를 건설한다면 앞으로 오나라 군대가 북상하기 훨씬 편할 터였다. 부차는 오나라 도성[쑤저우]에서 장강을 통해 회수까지 연결되는 운하를 만들라는 명령을 내렸다. 회수의 지류 중 북쪽에서 내려오는 사수泗水는 발원지가 노나라였으므로 장강을 통해 회수로, 다시 회수를 통해 사수로 거슬러 올라가면 오나라 군대는 배를 타고 중원까지 쭉 갈 수 있을 터였다. 또한 사수의 상류 지역을 약간 개조하면 제수濟水와 황하와도 연결할 수 있었다. 이것이 바로 후세에 유명해진 경항 대운하이다. 현대인들은 다들 수양제隋煬帝가 이 운하를 건설했다고 알고 있지만, 사실은 수양제보다 천여 년이나 이전에 운하의 많은 부분이 차례로 개통되었다.

춘추 시대 버전《전쟁과 평화》

제간공은 즉위한 다음 해에 오나라와 노나라 연합군이 제나라를 공격한 일에 대해 보복하기 위해 병사를 일으켜 노나라를 공격했다. 제나라 군대가 공격해 온다는 소식을 들은 노나라는 자연히 오나라에 원군을 요청했지만, 먼 곳의 물로는 당장 갈증을 해소할 수 없는 법이었다. 계강자는 주견이 없어 스스로 결정하지 못하고 대집사인 염유에게 대책을 구했다. 염유는 "삼환 가문의 수장 중 한 사람이 남아 나라를 지키고, 두 사람은 군주를 엄호하며 전장에 나가서 싸워 저항하십시오!"라고 말했다.

계강자가 그럴 엄두를 내지 못하자 염유는 다시 "그러면 국내에 저지선을 배치합시다"라고 말했다. 계강자는 조정에 나가 맹의자와 숙손무숙과 함께 염유가 제시한 의견에 관해 상의했다. 두 사람도 겁이 많아 감히 그대로 시행하려 하지 못했다. 계강자는 저택에 돌아와 다시 염유와 상의했다.

염유는 "두 사람이 전쟁을 원하지 않는 것은 계손씨 가문이야말로 노나라의 진정한 주인이기 때문입니다. 제나라에서 침공해 오면 자연히 가주님 개인에게만 책임을 물으려 하고, 나머지 두 사람이 책임을 질 필요는 없어집니다. 이 전쟁에서 물러나 싸우지 않는다면 이는 평생의 치욕이 될 것이며, 가주님은 앞으로 제후들 사이에서 고개를 들지 못하게 될 것입니다. 그러나 나머지 두 가문이 몸을 사리는 상황에 가주님 혼자서 군대를 이끌고 나가 적군과 싸워 곡부성을 사수한다면, 감히 가주님과 함께 싸우지 않은 이들은 앞으로 사람 구실도 못 하게 될 것입니다. 노나라의 선군들이 남긴 공족 가문의 수가 제나라의 전차 수량보다도 많으니, 한 가문이 제나라의 전차 한 대를 상대한다 해도 차고도 남음이 있을 터인데 무엇을 걱정하십니까[이 말을 통해 군주의 가문이 대단히 많이 퍼져 있었음을 알 수 있다]?"라고 말했다.

계강자는 결국 응전하기로 했다. 그러나 일단 절차에 따라 군주에게 보고해야 했기에 그는 염유에게 같이 가자고 했다. 두 사람은 다음 날 상조하기 전에 큰길에서 미리 만나기로 했다.

그런데 염유가 약속한 곳에 가 보니 계강자는 아직 도착하지 않았고, 맹의자와 숙손무숙의 마차가 멀리서 함께 다가오고 있었는데, 그들도 상조하러 가는 길인 듯했다. 염유를 알아본 숙손무숙은 그에게 "자네들은 전쟁을 준비하고 있다지?"라고 물었다. 염유는 "전쟁은 군자들의 대사인데, 저 같은 소인이 어찌 알겠습니까!"라고 답했다.

맹의자도 마차를 멈추고 도대체 어떻게 된 일이냐고 캐물었다. 염유는 "두 분께서 하신 질문은 나라와 군대에 관한 대사입니다. 저는 지력도 체력도 부족한 소인에 불과하니, 이 일에 끼어들 자격이 없습니다"라고 대답했다.

맹의자와 숙손무숙은 염유가 말속에 숨은 뜻으로 그들이 높은
지위에 있으면서도 책임지지 않는 태도를 비판하고 있음을 알아
챘다. 나이도 많고 노회한 맹의자는 더 뭐라 말하지 않았지만, 젊
고 혈기왕성한 숙손무숙은 "자네는 지금 내가 대부답지 못하다
고 하는 것이 아닌가是謂我不成丈夫也!"[1]라고 소리쳤다. 이렇게 해서
참전하기로 한 숙손무숙은 조정에도 나가지 않고 그 길로 마차
를 돌려 저택으로 돌아가서 가문의 무력을 소집했다. 계손씨와
숙손씨 두 가문이 전쟁 준비를 시작하자 맹의자도 혼자만 빠질
수 없어 자기 가문의 사병들을 끌어모아 참전할 준비를 했다.

노나라에서 모은 병력은 좌군과 우군 두 부대로 편성되었다.
좌군은 계손씨 가문의 병사들로만 충당했는데, 염유가 지휘관을
맡고 있었으며 전차 7백 대로 구성되었다. 당시에는 보통 전차
한 대에 보병 10명을 배치했다.

염유는 3백 명의 병사를 보유하고 있었는데, 그들은 모두 무
성武城 사람으로 긴 창을 무기로 썼다. 무성은 계손씨 세력의 범
위 내에 속했는데, 당시 무성의 재를 맡았던 이는 공자의 제자인
언언[자는 자유子游]이었다. 언언은 늘 무성의 평민 백성을 교화하
려 애쓰며 공자의 학문을 설파했기 때문에 무성 사람들은 다소
계몽주의적인 경향을 띠고 있었다. 그러다 보니 전쟁과는 상관없
는 청년들과 장년 농민들도 앞장서서 참전하려 했다. 염유와 언
언은 모두 평민 출신인데도 자신의 운명을 바꿔 두각을 드러냈으
니 그들은 본보기가 되어 역량을 발휘할 수 있었다.

우군은 맹손씨와 숙손씨 두 가문의 병력을 합해 구성했는데,
우군의 지휘관은 맹의자의 아들인 맹체孟彘였다. 그는 아직 성년
인 20세에 이르지 못해 '맹유자孟孺子(유자는 어린아이라는 뜻이다)'

1 《좌전·애공 11년》을 볼 것.

라고 불렸다. 맹손씨 가문은 비록 참전하는 데 동의하기는 했으나 마음속으로는 주저하며 관망하는 태도를 취했기에 우군은 좌군보다 닷새나 늦게 편성되었다.

좌군과 우군은 규모가 각각 만 명에 가까웠다. 당시에는 '만 명을 일군一軍으로 편성한다萬人爲軍'라는 제도가 있었다. 노나라 사람들은 좌측이 우측보다 존귀하다고 여겼으므로 염유는 좌군의 지휘관이자 두 부대의 총지휘관이라 할 수 있었다. 노애공과 삼환 가문의 가주들은 모두 직접 참전하지 않았다.

좌우 양군의 지휘관이 전차에 올랐다. 지휘관의 전차를 모는 마부와 위사를 담당하는 차우는 모두 능력이 뛰어난 인물이어야 했다. 염유가 탄 마차의 차우를 맡은 이는 학우인 번지[자는 자수子須]였는데, 당시 36세였다. 일찍이 공자에게 농사짓는 법에 관해 질문했던 번지는 이미 대부의 지위에 올라 전형적인 귀족들의 국제 전쟁을 경험하려 하고 있었다. 번지는 체격이 왜소했다. 그런 번지를 본 계강자는 "차우를 자수에게 맡기면 너무 약하지 않겠는가?"라고 말했다. 차우는 항상 신체가 건장하고 힘 있는 젊은이를 골라 맡기곤 했기에 이렇게 물은 것이다. 염유는 "싸움에 임하면 그는 목숨을 걸 것입니다"라고 대답했다. 결정적인 순간에 그는 오랜 학우를 더 믿었다.

우군의 지휘관인 맹유자의 전차를 모는 사람은 안우顔羽라는 이였는데, 아마도 공자 어머니 집안의 봉주였던 듯하다. 추읍은 맹손씨 가문의 세력 범위 내에 속했으므로 안씨 집안사람들도 맹손씨 가문의 병력으로 참전해야 했다.

도성 내 노인과 어린아이도 소집되어 군주가 기거하는 궁전 앞에 모여 만약 성 밖의 군대가 패배해 적군이 궁궐까지 공격해오면 군주를 보호할 준비를 했다. 이들의 상징적인 의미는 실제

능력보다 컸다. 노애공의 사촌 형 중 하나인 공숙무인公叔務人[노소공의 아들 중 하나]도 미소년 한 명을 데리고 참전했다[당시의 동성애 풍조에 관해서는 앞에서 이미 소개한 바 있다]. 전차를 몰아 궁전 밖으로 나가던 그는 전사의 역할을 맡은 노인들과 어린아이들을 보고 감동한 나머지 눈물을 흘리며 "백성들은 큰 세금을 내고 막중한 노역을 감당하면서도 나라를 위해 이러한 일까지 하다니! 만약 나라를 통치하는 경대부들에게 지혜가 부족하고, 사인들이 나라를 위해 전사하려 하지 않는다면 어찌 이 백성들을 대할 낯이 있겠는가? 이미 말을 뱉은 이상 나는 나 자신을 욕되게 하지 않으리라!"라고 말했다.

《좌전》에 기록된 이 대목은 톨스토이의 《전쟁과 평화》에서 러시아 귀족 청년들이 모스크바와 상트페테르부르크의 살롱에 작별을 고하고 나폴레옹의 군대에 맞서 싸우기 위해 참전하는 모습을 연상하게 한다. 《전쟁과 평화》에서 묘사한 전쟁은 노나라와 제나라 사이의 전쟁과는 시간적으로도 공간적으로도 너무나 멀리 떨어져 있지만, 귀족 사회 말기에 협소한 상류 사회에 속해 있던 청년들이 전장으로 나가는 심리라는 점에서는 유사한 면이 있다. 어쩌면 근대 유럽의 계몽주의와 인도주의의 맹아가 공자의 시대에 이미 조금씩 출현하고 있었다고도 볼 수 있다. 유럽 전체를 휩쓸어 구식 계급 질서에 대변혁을 가져온 1812년 전쟁(나폴레옹의 러시아 원정)과 같은 사건을 중국 역사 속에서 찾는다면, 아마도 진나라의 통일 전쟁과 "왕후장상의 씨가 따로 있는가"라는 구호 아래 그 진나라를 멸망시킨 진승과 오광의 난이 다소 유사할 듯하다. 이 사건들은 비록 유럽의 대혁명 사건과 비교하면 조잡하고 보잘것없기는 하지만, 2천 년이라는 시차 자체가 기적이나 다름없다.

제나라 군대는 이미 곡부성 교외 근처까지 진군했다. 노나라의 군대도 집결을 마치고 전진을 시작해 양국 군대는 수로 하나를 사이에 두고 마주 보게 되었다. 먼저 공격하기를 원하지 않았던 제나라 군사들은 수로 뒤쪽에서 수비할 준비를 했다. 그들은 노나라 쪽에서 적극적으로 공격해 오지는 못하리라고 판단했다. 노나라 군대는 아마도 떠들썩하게 공격하는 척하다가 퇴각할 것이고, 그러면 제나라 쪽에서는 곡부 교외의 마을을 좀 파괴해 상징적인 의미를 보여주고 나서 보고하러 제나라로 돌아갈 수 있을 터였다.

노나라 군대도 수로 앞까지 와서 다들 진군을 멈추고 아무도 감히 앞장서서 공격하려 하지 않았다. 염유는 잠시 어떻게 해야 할지 판단하지 못했다. 번지는 그에게 "병사들은 이 수로를 건널 수 없는 것이 아니라, 다들 지휘관의 권위를 의심하고 있어 건너려 하지 않는 것입니다. 지휘관께서는 사람을 시켜 규율을 세 번 알리게 한 후 진군을 선언하십시오. 그래도 두려워하며 나아가지 못하는 자가 있다면 군법에 따라 처분하십시오"라고 말했다.

염유가 번지의 말대로 하자 노나라 군사들은 과연 아주 빨리 수로를 건넜다. 제나라 군대가 이미 수비 태세를 취해서 노나라의 전차가 방어선을 뚫기 어려워진 모습을 본 염유는 전차에서 내려 긴 창을 든 보병 3백 명을 이끌고 돌격했다. 이 보병들은 제나라가 세운 방책을 부수고 적군의 대열 안으로 뚫고 들어가 노나라의 좌군과 제나라 군대의 우익은 혼전을 벌였다.

맹유자가 이끄는 노나라의 우군도 점차 제나라 군대에 가까이 다가가고 있었다. 본래부터 참전을 원하지 않고 싸우는 척만 하려 했던 맹유자는 점점 가까워지는 적군을 보자 군사를 물리고 싶었지만, 차마 명령을 내리지 못했다. 맹유자의 이러한 심정을 짐작한 차우가 "말을 몰아라!"라고 소리치자, 마부인 안우도 무슨 말인지 이해하고 말머리를 돌려 뒤쪽으로 도망쳤다. 그러자 맹손씨 가문의 병사들은 모두 그들을 따라 도망치고 말았다. 맹손씨 가문의 군대가 철수하는 모습을 본 숙손씨 가문의 병사들도 대세에 순응해 도망쳐 버렸다.

제나라 군대의 좌익에서는 노나라 군대가 싸우지도 않고 도망치자 전차를 몰아 추격하려 했다. 그러나 한참 전부터 퇴각을 준비하고 있었던 맹손씨와 숙손씨 가문의 군대는 전차고 보병이고 할 것 없이 이미 다 도망친 후였다. 제나라 군대도 싸우는 척은 해야 했으므로 노나라 병사들을 얼마간 추격했다.

그러다가 그들은 어깨에 창을 멘 채 느린 걸음으로 '퇴각'하는 노나라 병사 한 명을 발견했다. 이 병사는 임불뉴林不狃라는 젊은 사인이었는데, 아마도 공자의 수업을 듣고 체면을 차리는 법을 배운 모양이었다. 전우들이 모두 도망치면서 그에게도 빨리 뛰라고 재촉했지만, 그는 "그러면 내가 자네들과 똑같은 사람이 되지 않겠는가?"라고 말했다. 전우들이 "그러면 여기 남아서 싸우게"라고 말하자, 임불뉴는 "그러면 내가 자네들보다 훨씬 강하다는 뜻이겠군?"이라고 말했다. 그래서 결국 그는 느릿느릿 돌아가다가 추격해 온 제나라 군대에 죽임을 당하고 말았다. 이는 제나라의 좌익이 거둔 유일한 전과였다.

맹손씨 가문에도 체면을 중요시하는 맹지반孟之反이라는 이가 있었다. 그는 일부러 대열의 맨 뒤에서 마차를 몰다가 성안으로 도망쳐 들어와서는 겸손을 떨며 "내가 목숨이 아깝지 않아 그랬던 것이 아니라, 말이 느려서 그랬다"라고 말했다.

염유의 좌군은 제나라 군대와 한동안 혼전을 벌이다가 양쪽 모두 점차 후퇴하며 다시금 거리를 벌렸다. 퇴각해서 성안으로 돌아온 노나라 군대는 전과를 계산해 보았는데, 그들이 베어 온 적군의 수급이 80급이었고, 이쪽에서 잃은 병사 수도 비슷했다.

4~5만 대군이 서로 부딪쳐 전투를 벌인 끝에 백여 명이 전사했다. 양국 군대는 모두 가슴을 졸였으며, 역사에 기록될 만한 감동적인 말과 행동도 여럿 남았다. 이것이 바로 춘추 시대 말기에 중원 국가들 사이에서 벌어졌던 전형적인 전쟁의 모습이었다. 과두 정치는 이미 완전히 최후를 향해 가고 있었다.

제나라도 너무나 큰 손실을 보았다고 생각해 오후부터 밤까지 군영 안이 줄곧 떠들썩하고 혼란스러웠다. 노나라는 한밤중에 제나라 군영에 몰래 병사를 보내 정찰하게 했는데, 그들은 돌아와서 제나라 군대가 밤을 틈타 철수했다고 보고했다.

염유는 제나라 군대를 추격하려 했으나 계강자가 허락하지 않았다. 그는 몇 번이나 거듭 청했지만 번번이 거절당했다. 계씨 가문은 앞으로도 대대손손 번영하며 살아가야 했으므로 계강자는 제나라와 사이가 너무 틀어지지 않기를 바랐다.

그런 다음에는 전사자들을 위해 장례를 지냈다. 이 일은 바로 공문제자들의 본업이었다. 감상적인 성격을 가진 공숙무인은 그가 데려온 미동과 함께 전차 안에서 전사했다. 이 미동은 아직 성년이 되지 않은 이였는데, 풍습에 따르면 미성년인 이는 전투에 참여할 수도 없었으며 성인과 같은 장례를 치러 줄 수도 없었다. 공자의 제자들은 위나라에까지 사람을 보내 공자에게 이 일을 어떻게 처리해야 하는지 물었다. 그러자 공자는 "방패와 창을 들고 사직을 보위할 수 있는 이라면 성인과 같은 장례를 치러 주어야 한다"라고 말했다. 따라서 노나라에서는 이 미동을 성인으로 대접해 장례를 치러 주었다.[2]

2 《예기·단궁하》를 볼 것.

곡부 근교에서 벌어진 노나라와 제나라 사이의 이 전투는 춘추 시대의 역사에 영향을 미친 큰 전쟁은 아니었지만, 공자의 여러 제자가 두각을 나타냈으므로 그들 집단에게는 큰 의미가 있는 사건이었다. 노나라의 삼환 가문이 정권을 장악한 국면은 완전히 활기를 잃었고, 결정적인 순간에는 비천한 출신의 소인들이 큰 역할을 했다. 염유가 창을 든 보병을 이끌고 돌격했던 전략도 춘추 시대 귀족들의 전형적인 전법이 아니라 전국 시대 전쟁의 서막이라 볼 수 있다.

전쟁이 끝난 후, 계강자는 염유를 비롯한 공자의 제자들이 유능한 모습을 보여주었다고 생각했다. 그는 염유에게 "자네는 전장에서 싸우는 능력을 타고났는가, 아니면 남에게 배워 익혔는가?"라고 물었다. 염유는 "저의 스승님인 공자 선생께 배운 것입니다"라고 대답했다.

계강자는 공자와 교류한 일이 없었다. 공자는 이미 십여 년 전에 노나라를 떠났고 당시 계강자는 아직 어렸다. 그래서 그는 염유에게 공자가 어떠한 사람인지 말해 보라고 했다. 염유는 "저의 스승님은 지금 국제적으로 유명한 인물입니다. 가주님께서 만약 스승님을 기용하신다면 백성들이 모두 가주님을 따를 것이며, 조상님들에게도 낯이 설 것입니다. 또한 스승님은 도덕을 가장 중시하시는 분입니다. 만약 스승님께 옳지 못한 일을 하라고 시키기 위해 천 개의 마을을 봉읍으로 내린다 해도 결코 하지 않으실 것입니다"라고 말했다.

이 말을 들은 계강자는 공자에게 돌아오라고 요청할 생각을 했다. 그러나 미처 착수하기도 전에 또 한 번의 큰 전쟁이 다가오고 있었다.

애릉에서 오나라와 제나라가 맞붙다

오나라와 제나라 사이의 전쟁은 아직 끝난 것이 아니었다. 석 달이 지난 후, 부차가 오나라의 대군을 이끌고 달려왔기 때문이다. 상군, 중군, 하군, 우군의 네 부대를 거느리고 온 부차는 제나라를 철저히 궤멸할 생각이었다.

노애공은 속국의 군주로서 부차와 함께 참전해야 했으며 삼환 가문의 가주들과 자공도 군주를 따라 참전했다. 하지만 노나라 군대는 거의 전투에 참여하지 않았다. 그들의 미약한 전투력은 부차의 눈에 차지 않았다. 그는 노나라 군신들과 대면하는 연회도 열지 않았다. 주례로 정해진 규칙들은 부차에게 너무 번거롭고 귀찮은 일들이었다.

곡부에서 준비를 마친 오나라 군대는 문수汶水를 거슬러 올라가 노나라의 산악지대를 뚫고 지나서 제나라의 중심부로 진군하는 동안 가는 길에 있는 작은 마을 두 개를 점령했다. 그들은 주력周曆 5월 말인 초여름 무렵에 애릉艾陵[지금의 산둥성 라이우시 북동쪽]에 도착했다.

제나라는 전국의 거의 모든 병력을 끌어모아 상군, 중군, 하군의 세 부대로 편성했다. 양측 군대는 군영을 설치하고 서로 맞붙을 넓은 벌판을 전장으로 택한 후, 전차와 보병의 대열을 가다듬었다. 동방 세계 패주들의 전쟁이 막 시작되려 하고 있었다.

제나라에서는 중원의 습관대로 상군이 좌익을, 하군이 우익을 맡았으며 중군은 중앙을 맡았다. 반면에 오나라에서는 오른쪽을 높이 치는 오랑캐의 습관에 따라 하군, 중군, 상군, 우군의 순서대로 병력이 점점 커졌다. 오왕 부차는 친히 중군을 지휘했다.

양측의 병력은 각각 전차 2천여 대에 보병 3~4만 명 정도였다. 오나라의 병력이 규모가 더 컸으므로 전차 부대 대열의 폭도 제나라보다 좀 더 넓었다. 오른쪽 끝에서부터 보면 오나라의 우군이 제나라의 상군을, 오나라의 상군이 제나라의 중군을, 오나라의 중군이 제나라의 하군을 각각 마주하고 있었는데, 오나라의 하군 앞은 텅 비어 있었다.

양측 군대가 대열을 배치하는 동안 부차는 중군을 순시하며 노나라의 군신들과 대화를 몇 마디 나눴다. 숙손무숙이 그의 주의를 끌었기에 부차는 숙손무숙을 불러서 "당신은 무슨 관직을 맡고 있소?"라고 물었다. 숙손무숙은 "저는 사마[부사마]를 맡고 있습니다"라고 대답했다. 그는 본래 노나라의 대사마 관직을 맡아 전국의 군사를 주관했으나, 종주국의 왕 앞에서는 노나라의 관직을 그대로 말할 수 없어 반 단계를 내려 대답했다.

부차는 숙손무숙에게 투구와 갑옷과 동검과 장피長鈹[피鈹는 긴 창과 유사한 무기로 날 부분이 단도처럼 되어 있다]를 하사하라고 명령했다. 숙손무숙은 순간적으로 뭐라고 답해야 할지 알지 못했다. 그는 아직 주나라 천자를 알현한 적이 없었기 때문에 이러한 상황에 어떻게 대처해야 하는지 몰랐다. 옆에 있던 자공이 황급히 나서서 그를 대신해 "저 주구[숙손무숙의 이름]는 이 갑옷을 입고서 군주를 따를 것입니다!"라고 말하며 오왕에게 절했다.

자공이 한 말은 귀족이 상급자가 하사한 선물에 감사 인사를 할 때 보편적으로 쓰는 말이었다. 그는 '군주'라는 말로 '왕'을 대신했는데, 주나라 천자를 저버린 언행으로 보이지 않기 위한 임기응변이었다. 물론 이는 특수한 상황에서 약점을 잡히지 않기 위해 한 행동이었을 뿐, 평상시에는 오나라 왕을 반드시 '왕'이라고 칭해야 했다.

제나라 군영은 다들 불안한 분위기에 휩싸여 있었다. 제나라 군주는 권위를 잃었고, 대귀족 가문들은 이익을 얻기 위해 서로 다투고 있어 뜻을 한데 모으기 어려웠다. 그러나 오랜 역사의 제후국으로서 귀족들은 전쟁이 두렵다는 기색을 보여 체면이 깎이고 싶지 않았다. 이 때문에 전쟁에 참여한 귀족 자제들은 다들 온갖 가식을 떨며 열의에 찬 듯이 이런저런 맹세를 했는데, 지난 전투에서 노나라 귀족들이 했던 행동보다 더 요란했다.

많은 이가 이 전쟁에 목숨을 걸었다고 선언했으며, 벗과 서로 선물을 주고받으며 함께 전사하자고 약속하기도 했다. 공손하公孫夏라는 귀족은 자기 부하들에게 상여꾼들이 부르는 노래를 부르게 시켰으며, 동곽서東郭書라는 이는 벌써 유품을 정리하며 자기가 쓰던 거문고를 오랜 벗에게 주었다. 진陳씨 가문의 대부 한 사람은 부하 모두에게 함옥含玉[시신을 매장할 때 시신의 입안에 물려 주는 옥으로 부패를 막아 준다는 설이 있다]을 미리 준비해 두라고 시켰다. 공손휘公孫揮라는 이는 "오나라 병사는 모두 머리가 짧아 목을 베면 들고 다니기 힘드니 노끈으로 묶어 운반해야 한다!"라며 부하들에게 다들 노끈을 준비하라고 했다.

제나라의 3개 부대를 살펴보면, 역사가 오랜 귀족인 국씨 가문이 중군을 이끌었는데 지휘관은 국서國書라는 이였다. 제나라 군주는 이 전쟁에 참여하지 않았으므로 그가 최고 지휘자였다. 역시 오랜 귀족인 고씨 가문이 상군[좌군]을 이끌었는데, 상군의 지휘관은 고씨 가문의 가주로, 이 가문은 공자가 젊은 시절에 일한 적이 있었던 바로 그 고씨 가문이었다. 그 외의 귀족 가문의 병사들이 하군[우군]으로 편성되었는데, 우군의 지휘관은 그리 유명하지 않은 종루宗樓라는 이였다. 진씨, 포씨 등 신흥 귀족들의 병력은 모두 하군에 포함되었다.

전투가 시작되자 오나라의 우군은 맞은편에서 다가오는 제나라의 상군을 재빨리 격파했다. 국서가 이끄는 제나라의 중군은 죽기 살기로 싸워 금세 오나라의 상군을 격퇴했다. 오나라의 중군을 이끌던 부차는 자신의 상군이 적에게 돌파당해 밀리는 모습을 보자, 앞에서 공격해 오는 제나라의 하군은 신경 쓰지 않고 방향을 돌려 국서를 공격했다. 적진 깊숙이 들어간 제나라의 중군은 오나라의 두 부대에 포위당해 막대한 손실을 보았다. 지휘관인 국서가 전사하고 그의 수급도 적의 손에 넘어갔다.

제나라의 우군, 즉 하군 역시 전투에 임하려는 의지가 없었다. 본디 교활한 진씨와 포씨 가문 사람들은 오나라에 대항하는 일이 헛수고임을 일찍부터 잘 알았다. 체면 때문에 어쩔 수 없이 참전한 그들은 제나라의 중군이 포위당하고 상군도 이미 괴멸된 모습을 보고는 싸우지 않고 도망치기 시작했다.

전투가 끝난 후 오나라 군대는 전과를 계산했다. 포획한 제나라의 전차가 8백 대에 참수한 적의 수급이 3천 급이나 되었는데, 총지휘관인 국서 외에도 상여꾼의 노래를 부르게 했던 공손하와 벗에게 거문고를 준 동곽서 등 제나라의 대부가 여럿 포함되어 있었다. 오나라 군사들은 이 수급과 전리품을 한데 모아 노애공에게 선사하는 의식을 거행했다. 오나라 군대가 이번에 북상한 목적은 노나라를 대신해 제나라에 복수해 도리를 되찾기 위해서였기 때문이다.

노애공은 사람을 시켜 국서의 수급을 제나라 군영에 돌려주었다. 수급은 안쪽에 검은 천을 덧댄 대나무 상자에 담았고, 사방에 비단 끈을 둘러 고정한 후 비단에 "하늘이 만약 무지하고 무심하시다면 어찌 속세의 속국으로 하여금 경외하게 하시겠는가天若不識不衷, 何以使下國?"라고 적어 맨 위에 올려놓았다. 자신들의 승리를 축하하며 하늘의 보우를 받았기에 이길 수 있었다고 여기는 문구였다.

오나라와 제나라의 애릉 전투를 통해 노나라 사람들은 진정한 전쟁이란 무엇인지 깨닫게 되었다. 공문제자들이 제나라 군대에 대항했던 곡부 근교 전투는 이 전쟁과 비교하면 놀이나 다름없었다.

오나라의 패주 위치는 이제 의심하기 힘든 상황이 되었다. 노나라는 더는 헛된 생각을 품지 않고 오랑캐의 보호 아래 안심하고 속국으로 살아가기로 했다. 이로써 일찍이 공자가 다진 외교 관계는 완전히 뒤엎혀 버렸고, 유일하게 유지되고 있는 관계는 노나라와 위나라 사이의 우호적인 관계밖에 없었다.

19 삼환 가문의 노나라로 돌아오다(68~70세)

공자가 노년에 진입한 후로 그가 예전에 제창했거나 혹은 참여했던 정치 사업은 모두 시간이 지나면서 사라졌고, 상황은 변했다. 이와 동시에 제자들이 성장하기 시작해 정계에서 활약했다. 그들은 공자의 영향력이 필요했지만, 실제 업무 중에는 반드시 환경에 적응해야 했으므로 공자의 가르침을 완전히 관철할 수는 없었다. 따라서 공자가 만년에 이른 후의 정치 상황은 그와 가까운 듯 먼 듯 거리가 애매했다.

사실상 공자뿐만 아니라 진시황과 한무제, 당태종과 송태조 등 역사상의 모든 큰 인물의 일생은 이처럼 주기적인 성격을 띤다. 이들은 초년에 홀로 사업을 일으키고 자수성가하면서 개인의 지혜와 능력을 최대치로 발휘해, 역사서에도 이 부분이 매우 상세히 기록되어 있다. 그러다가 만년에 이르면 큰 인물들도 자신이 일으킨 국면을 장악하기 힘들어지고 후배들과 부하들에게 휘둘려 원치 않는 일을 어쩔 수 없이 하거나 심지어 남들에게 명목만 제공해 주기도 한다. 영웅은 말년에 이르면 이러한 상황을 피하기 힘들다.

단순히 서사적인 측면만을 고려한다면 공자의 일생을 전부 펼쳐 보일 필요는 없다. 황하 기슭에서의 비극적인 장면으로 결말을 지으면 아주 훌륭하고도 간결하다.

그러나 공자라는 인물을 전체적으로 이해하려면 최후의 몇 년간도 그냥 흘려 버려서는 안 된다. 이는 그가 마지막 몇 년 동안 '육경'을 편찬했기 때문이기도 하지만, 이 기간에 제자들이 성공

을 거두어 그들 집단 전체가 영향력을 가지게 되었으며 결속력
도 더 강해졌기 때문이다. 그래서 제자들은 공자가 사망한 후에
도 여전히 함께 모여 그의 학설을 정리하고 전파할 수 있었으며,
그의 일생을 《논어》와 《예기》 등의 서적으로 엮어 후세에 전할
수 있었다.

공자는 은수저를 물고 태어난 귀족 자제가 아니었으니 원래대
로라면 역사 문헌에 기록될 기회가 없었다. 그는 자기 일생을 완
전히 살아갔기 때문에 오늘날의 우리와도 관계를 맺을 수 있었
다. 만약 공자가 60세쯤에 사망했다면 제자 무리도 와해하여 공
자에 관한 기록을 남기지 못했을 터이니, 후세의 우리도 공자라
는 인물에 관해 알 수 없었을 것이다. 그래서 역사상의 수많은 인
물에게 수명이란 매우 중요하다.

고향으로 돌아갈 계기가 생기다

애릉 전투가 끝난 후, 계강자는 공자에 관한 문제를 직시해야 했
다. 현재 공자는 68세였으므로 남은 시간이 그리 많지 않을 터였
다. 예전에 계환자가 공자를 쫓아내는 바람에 계손씨 가문은 이
미지가 나빠졌다. 그런데 마침 지금은 수많은 공문제자가 노나
라, 특히 계손씨 가문에서 직책을 맡아 일하고 있으니, 옛일을 잊
고 공자와 화해하기 딱 좋은 기회였다. 그러지 않고 만약 공자가
외국에서 사망하기라도 한다면 이 응어리는 절대로 풀리지 않을
터였다.

계강자는 우선 대집사인 염유와 상의했다. 염유는 "스승님을
모셔오는 것은 물론 좋은 일입니다. 그러나 그분을 부르기만 하
면 오는 사람처럼 여기지 마시고, 구체적인 직책을 제안하지도
마십시오"라고 말했다. 이러한 요구야 물론 만족시키기 쉬웠다.

사실 염유는 공자의 이념이 시대에 너무 뒤떨어져 현실적으로
전혀 소용이 없었으므로, 고용주인 계강자의 노여움을 사기만 할
뿐이리라고 여겼다.

  그러나 문제가 하나 있었다. 예전에 공자가 관직을 맡았던 당
시에 그와 대립하던 이들이 공야장과 남용을 체포한 적이 있었
는데, 이 일에 대해서도 결론을 내야 했다. 염유는 계강자에게 그
들의 억울한 누명을 풀어 주고, 그들에게 누명을 씌운 이들을 노
나라에서 추방하자고 건의했다. 《사기》에 의하면 공자의 두 제자
에게 누명을 씌운 이들은 공화公華, 공빈公賓, 공림公林이었다고 하
는데, 이름을 보면 모두 공족 가문의 구성원이었음을 알 수 있다.
계강자는 염유의 말대로 한 후, 후한 선물을 준비해 위나라로 사
람을 보내 공자를 모셔오게 했다.

  당시 공자는 위나라에서 난처한 상황에 처해 있었다. 이번에
는 정권을 장악하고 있는 공문자가 자신의 사위와 대립하게 되
어 내전이 일어났는데, 공자가 이 내전에서 자신을 도와주기를
바랐다. 남의 집안싸움에 끼는 일을 가장 싫어했던 공자는 마침
좋은 기회를 만나 고향인 노나라로 돌아갔다.

  그리고 손자인 공급, 즉 공리의 첩이 낳은 늦둥이 아들이 막
태어난 참이었다. 공자가 집에 돌아가면 조손 3대가 모일 수 있
었다.

  노나라 조정은 그에게 알맞은 직책을 주었는데, 바로 매년 조
정의 '대사기大事記'를 기록하는 사관의 자리였다. 이 직책은 할
일이 별로 많지 않아 다른 일과 병행할 수도 있었다. 이에 관해서
는 뒤의 '육경' 부분에서 다시 설명한다.

  그는 이번에 노나라에 돌아온 후로는 73세에 사망할 때까지
다시는 노나라를 떠나지 않았다.

군대의 국가화 정책

공자가 노나라에서 지낸 마지막 몇 년 동안 계강자는 그를 국가의 원로 내지 국사國師로 대접했지만, 구체적인 일을 관장할 수 있는 실질적인 관직을 주지는 않았다. 노나라 조정은 공자에게 상징적인 의미로 약간의 녹봉이나 수당을 지급하기는 했겠지만, 그리 많지는 않았을 터였다. 그래서인지 공자는 만년에 상대적으로 청빈한 생활을 했다.

공자가 귀국한 때는 노나라와 제나라의 전쟁이 끝난 지 몇 달 지나지 않은 시점으로, 노나라는 제나라가 혹시 보복하지 않을까 걱정하고 있었다. 특히 계강자는 노나라의 병력을 확충하고 싶어 했다. 이 전쟁을 통해 노나라의 문제점이 드러났는데, 각 귀족 가문이 모두 자기 이익만을 따지며, 보유하고 있는 무력으로 자신만을 지키려 하고 나라를 위해서는 싸우려 하지 않는다는 점이었다. 따라서 국가의 군대를 조직할 필요가 있었다.

이 의견은 염유가 계강자에게 제시했을 가능성이 크다. 구체적인 방법은 각 귀족 가문에서 봉읍의 생산량에 따라 세금을 걷어 국가의 상비군을 조직하는 데 사용하자는 것이었다. 군사 목적으로만 쓰는 이 세금을 '부賦'라 했다. 이 글자의 왼쪽에 있는 부수는 조개껍질을 뜻하는 '패貝'이다. 조개껍질은 상고 시대부터 서주 시대까지 화폐로 사용했다. 오른쪽의 부수인 '무武'는 이 세금의 용도를 나타낸다.

이는 노나라에서 창안한 방법은 아니었다. 진나라에서 이미 시도한 적이 있었지만, 정립하기가 쉽지 않았다. 귀족 과두 공화제 체제에서 군대는 모두 몇몇 과두 가문이 사적으로 보유하고 있었는데, 갑자기 정계의 수장이 '군대 국유화'를 주장하며 귀족 가문들에게 이제 더는 사병을 보유하지 말라고 한다면 다들 이 가문의 저의를 의심할 터였다. 그들은 '이미 세금도 냈는데 우리 사병들을 국가의 군대로 바꾼다고? 이는 결국 정계의 수장인 가문이 군대를 장악한다는 소리인데, 그랬다가는 그 가문 하나만 거대해지지 않겠는가?'라고 생각할 것이 뻔했다.

공자 생각이 난 계강자는 염유에게 그의 의견을 물어보라고 했다. 계강자는 공자가 이 새로운 정책을 지지해 주기를 바랐다. 공자는 염유의 보고를 듣더니 "나는 이러한 일에 관해서는 모른다"라고 대답했다. 염유가 다시 질문하자 공자는 아예 대답하지 않았다. 마음이 급해진 염유는 "스승님께서는 지금 노나라의 국사이시니 국가정책에 관한 스승님의 의견이 필요합니다. 반드시 입장을 표명해 주셔야 합니다!"라고 말했다.

그러나 공자는 여전히 아무 말도 하지 않았다. 그는 다른 제자들도 보는 앞에서 이의를 제기하고 싶지 않았다. 염유와 둘만 남게 되자 그는 동의하지 않는다고 직접적으로 말했는데, 이는 그가 주공이 제정한 제도만을 인정했기 때문이다. 국가 정권을 강화하기 위해 귀족 계층의 권위와 이익을 전부 박탈한다는 생각을 그는 받아들일 수 없었다.

계강자는 공자의 의견을 고려하지 않고 새로운 정책을 강행했다. 소위 전문가의 의견을 대충 듣고 무시한 셈이었다. 물론 계강자의 이 정책은 결국 성공하지 못했다. 맹손씨와 숙손씨 가문이 협조하지 않았으며, 삼환 가문 아래의 소귀족들도 자신들의 이익을 잃고 싶어 하지 않았기 때문이다.

만약 이 정책을 성공적으로 시행했다면 노나라는 전국 변법의 선구자가 되었을지도 모른다. 역사가 여기까지 발전한 상황에서 국가정책이 나아가야 할 방향의 큰 추세는 너무나 명확해 계강자와 같이 무능한 사람조차 알아챌 수 있을 정도였다. 그러나 과두 공화제가 이루고 있는 세력 균형이 너무나 견고하고 몇몇 가문은 서로를 견제했기에 중앙 집권제를 향한 첫걸음은 결국 내디딜 수가 없었다.

공자는 비록 실질적인 관직을 얻지는 못했지만, 곡부에 살면서 조정에 큰일이 있어 회의가 열리면 참석하곤 했으므로 계강자를 자주 만날 수 있었다. 《논어》에는 공자와 계강자가 나눈 대화가 다수 기록되어 있는데, 모두 계강자의 자문에 공자가 답하는 식이다. 공자의 대답은 반쯤은 큰 도리에 관한 설명이며 반쯤은 자기 제자를 추천하는 말이었다.

공자와 계강자가 옛 제후들에 관해 말하던 중에 위령공 이야기가 나오게 되었다. 공자는 위령공에 대해 호색하고 소인을 가까이 두는 공처가라는 좋지 않은 인상을 가지고 있었다. 계강자는 "그렇다면 위나라는 어째서 망하지 않은 것입니까?"라고 물었다. 그러자 공자는 "위령공 밑에는 유능한 이가 몇 있었는데, 혹자는 외교에 능하고 혹자는 전쟁에 능했으며 혹자는 제사 의식을 전문적으로 주관했습니다. 이렇게 하면 나라가 무너질 지경까지는 가지 않습니다"라고 설명했다.[1]

계강자는 이 말에 깊은 인상을 받았다. 사람은 누구든 마음 편히 지내고 싶어 하며, 그러면서도 나라가 오래도록 유지되기를 바라는 법이다. 그는 공자에게 "선생의 제자인 자로와 자공과 염유는 정치하는 능력이 어떠합니까?"라고 물었다. 공자는 "자로는 과감하고, 자공은 세상 물정을 잘 알며, 염유는 실무를 잘 이

---

1 《논어·헌문》: "공자가 위령공에 대해 무도하다고 말하자 계강자는 '그런데도 어째서 나라가 망하지 않았습니까?'라 물었다. 공자는 '중숙어仲叔圉는 손님을 접대하는 일을 맡았고, 축타祝鮀는 종묘의 제사를 맡았으며, 왕손가王孫賈는 군대를 맡았습니다. 이러한데 어찌 나라가 망하겠습니까?'라 말했다."(子言衛靈公之無道也, 康子曰: '夫如是, 奚而不喪?' 孔子曰: '仲叔圉治賓客, 祝鮀治宗廟, 王孫賈治軍旅. 夫如是, 奚其喪?')

해하고 있으니, 그들에게 일을 시킨다면 다들 문제없이 잘할 것입니다!"라고 대답했다.[2]

여전히 오만방자한 삼환 가문

공자가 노나라에 돌아온 지 반년이 지난 후에 오나라에서 시집을 온 노소공의 미망인, 즉 노소공과 성이 같은 그 부인이 세상을 떠났다. 일찍이 노소공을 따른 적이 있었던 공자는 마지막으로 군신 간의 의리를 다하기 위해 상복을 입고 조문하러 갔다. 공자는 노소공 부인의 장례에 참석한 후에 계강자의 저택에 가서 자신의 행동을 오해하지 말아 달라고 해명해야 했다.

마차가 대문 앞에 도착하자 공자는 문득 상복을 벗어야 계손씨 저택에 들어갈 수 있겠다는 생각이 들었다. 그는 50여 년 전에 상복을 입은 채로 계손씨 가문의 연회에 참석하려다가 양호에게 쫓겨난 일을 떠올렸다. 그 당시 가주였던 계무자는 현 가주인 계강자의 증조부였다.[3] 예전에 계손씨 저택의 대문은 신비하고도 위엄이 넘쳐 감히 들어설 수 없는 곳이었다. 공자는 지금 나이가 칠순에 가까웠지만, 그래도 역시 예사로 여길 수 없었다.

공자가 귀국한 지 2년 후에 옛 제자인 맹의자가 세상을 떠나고, 맹유자[맹무백孟武伯]가 가주의 자리에 올랐다. 한때 맹의자는 공자

2 《논어·옹야》: "계강자가 '중유를 정치에 종사하게 해도 되겠습니까?'라 묻자 공자는 '유는 과단성이 있으니, 정치에 종사함에 있어 무슨 문제가 있겠습니까?'라 말했다. 계강자가 '사를 정치에 종사하게 해도 되겠습니까?'라 묻자 공자는 '사는 세상사에 통달해 있으니 정치에 종사하는 데 무슨 문제가 있겠습니까?'라 답했다. 계강자가 '구를 정치에 종사하게 해도 되겠습니까?'라 묻자 공자는 '구는 재주가 많으니, 정치에 종사하는 데 무슨 문제가 있겠습니까?'라 답했다."(季康子問: '仲由可使從政也與?' 子曰: '由也果, 於從政乎何有?' 曰: '賜也, 可使從政也與?' 曰: '賜也達, 於從政乎何有?' 曰: '求也, 可使從政也與?' 曰: '求也藝, 於從政乎何有?')
3 공자가 거친 계손씨의 다섯 세대 인물은 순서대로 계무자, 계도자(季悼子, 요절해 가주의 자리를 계승하지 못했다), 계평자, 계환자, 계강자이다.

에게 가정교사가 되어 달라고 청해 1년 반 동안 배운 일이 있기는
했지만, 그 후에 공자가 노소공을 따랐던 일과 '타삼도' 정책을 시
행했던 일을 달갑게 여기지 않아 사이가 소원해졌다.

계강자의 시대에 와서 여러 공문제자가 계손씨 가문에서 일하
게 되자, 맹손씨 가문은 이를 경계하며 계손씨 가문이 홀로 세력
이 커지지 않을까 걱정했다. 맹무백은 가주의 자리에 오르자 공
자에게 몇몇 제자의 능력이 어떠한지 물으며, 그들이 '인'의 기준
에 부합하는지 알아보려 했다. 공자는 "'인'의 기준은 너무나 높
아 뭐라 말하기 어려우나, 자로는 전차 천 대를 보유한 큰 나라의
군사를 주관할 만하며, 염유는 전차 백 대를 보유한 대귀족 가문
의 집사를 맡을 만하고, 공서적은 외교에 능해 조정에서 외빈을
접대하기에 적합하니, 이들은 모두 행정을 맡을 만한 인재들입니
다"라고 말했다.[4]

이 당시 공문제자들은 다들 관직에 올라 있었다. 염유와 자공,
자로, 고시, 언언 외에도 복상은 거보莒父라는 곳의 재를 맡았으
며, 재여와 번지 등의 제자들도 관직을 얻었다.

민자건閔子騫이라는 제자는 이들보다 더 대단했다. 계강자가
그에게 비성의 재를 맡기려 했지만 그는 한사코 받아들이지 않
았다.[5] 그가 보기에 비성의 재는 계손씨 가문의 가신이지 군주를
섬기는 대신이 아니므로, 그런 낮은 관직을 맡느니 은자가 되는
편이 낫다고 여겼기 때문이다. 공자조차 젊은 시절에 이만한 배
짱은 없었다.

<hr/>

4 《논어·공야장》편의 "맹무백문자로인호孟武伯問子路仁乎" 부분.
5 《논어·옹야》: "계씨가 민자건에게 비성의 재를 맡기려 하자 민자건은 '나를 대신해
잘 사양해 주시오! 만약 나를 다시 찾아온다면, 나는 분명히 문수의 북쪽 기슭에 있을
것이오'라 말했다."(季氏使閔子騫爲費宰. 閔子騫曰: '善爲我辭焉! 如有復我者, 則吾必在
汶上矣.')

　관직에 오른 공자의 제자들은 공자가 대사구를 맡았을 때와 마찬가지로 매년 녹봉만 받았을 뿐 봉읍을 하사받지는 못했으며, 그 지위도 세습할 수 없었다. 또한 고용주인 삼환 가문의 불만을 샀다가는 언제든 해고당할 수 있었다. 이는 귀족이 관직을 세습하던 본래의 방식과는 완전히 다른 관료 정치의 초기 버전이라 할 수 있는데, 그래서 민자건은 계강자가 제안한 자리를 받아들이지 않았다. 그는 오랜 귀족 제도의 규칙대로 명분이 정당하며 대대로 세습할 수 있는 작위와 봉읍을 원했다.

　계손씨의 봉지인 무성의 재를 맡은 언언은 평민 출신이었는데, 그는 이곳에서 평민을 교육하는 일에 열중했다. 한번은 공자가 무성을 방문했다가 평민 백성이 집 안에서 거문고를 뜯고 노래하며 예악을 익히는 모습을 보고, "닭 잡는데 어찌 소 잡는 칼을 쓰느냐?"라고 말했다. 그러자 언언은 "스승님께서는 예전부터 군자와 소인을 막론하고 모두 '도'를 어느 정도 배워야 하며, 군자는 도를 배워야만 어진 정치를 할 수 있고, 소인은 도를 배워야 그를 부리기 쉬워진다고 말씀하셨습니다"라고 말했다. 공자는 이 말에 동의하며 다른 제자들에게 "언언의 말이 옳다! 방금 내가 한 말은 농담일 뿐이니 곧이듣지 말아라!"라고 말했다.[6]

　공자와 마찬가지로 평민 출신 제자들은 귀족 출신 제자들과는 달리 하층 백성에게 친근한 감정을 느끼고 있었다. 제나라와의 전쟁에서 언언의 통치를 받던 무성의 농민들이 긴 창을 든 보병

6 《논어·양화》: "공자가 무성에 갔는데 거문고에 맞춰 노래를 부르는 소리가 들려왔다. 공자가 빙그레 웃으며 '닭 잡는 데 어찌 소 잡는 칼을 쓰느냐?'라 말하자, 자유는 '예전에 제가 듣기로, 스승님께서는 군자가 도를 배우면 사람을 사랑하게 되며, 소인이 도를 배우면 부리기 쉬워진다고 말씀하셨습니다'라 대답했다. 공자는 '얘들아, 언의 말이 옳다. 내가 방금 한 말은 그를 놀리려 한 말일 뿐이다'라 말했다."(子之武城, 聞弦歌之聲. 夫子莞爾而笑, 曰: '割雞焉用牛刀?' 子游對曰: '昔者偃也聞諸夫子曰: "君子學道則愛人, 小人學道則易使也." ' 子曰: '二三子! 偃之言是也. 前言戲之耳.')

대가 되어 염유를 도와 전쟁의 승리에 크게 기여한 것도 이와 무관하지 않다.

공자의 제자들은 관직에 오른 후로 삼환 가문의 뜻에 따라 일을 처리해야 했으므로 스승이 가르쳐 온 '도'를 실천하기 어려워졌다. 염유는 계강자 가문의 대집사를 맡아 가장 큰 세력을 가졌지만 공자는 그에게 불만이 많았다. 계손씨 가문은 이미 노나라에서 가장 부유한 귀족 가문이었는데도 염유는 세금을 더 착취해 수입을 늘릴 방법만 날마다 궁리했다. 이 소식이 공자의 귀에 누차 전해지자, 공자는 화를 내며 "염유는 내 제자가 될 자격이 없다! 너희들은 그를 만나거든 나 대신 그를 꾸짖고 때려도 좋다!"라고 말했다.[7] 이에 긴장한 염유는 그 후로 계강자를 위해 계책을 낼 때 공자에게 알려지지 않도록 조심했다.

공문제자 가운데 염유는 신분이 비교적 모호한 편으로, 그의 출신이 어떠한지 우리는 알 수 없다. 그가 한 언행과 받은 대우를 보면 귀족 출신은 아니었다. 그는 공문제자 가운데 권세에 빌붙는 데 가장 능했으며 용기와 지략을 겸비했지만, 그래도 끝내 세습 귀족들의 사회에 정말로 진입하지는 못했다.

이 당시 계강자는 노애공을 안중에 두지 않고 있었다. 계손씨 가문의 여러 의식은 모두 군주의 의식과 같은 규모로 치렀으며, 심지어 주나라 천자와 같은 격으로 의식을 거행하기도 했다. 예를 들어 계강자는 태산에 가서 제사를 올리려 했다. 주례에 의하면 오직 천자만이 태산에서 제사를 올릴 수 있었으므로 이는 주제넘은 행동이었다. 공자가 염유에게 "네가 말릴 수는 없느냐?"

---

7 《논어·선진》: "계씨는 이미 주공보다 부유했는데도 구는 그를 위해 세금을 더 많이 거두어들여 수입을 늘려 주었다. 그러자 공자는 '그는 내 제자가 아니다. 너희는 큰 소리로 북을 울리며 그를 꾸짖어도 좋다'라 말했다."(季氏富於周公, 而求也爲之聚斂而附益之. 子曰: '非吾徒也. 小子鳴鼓而攻之, 可也.')

라고 묻자, 염유는 "저는 관여하지 못합니다"라고 대답했다. 화
가 난 공자는 "태산의 신령이 너희를 보우하지 않으리라"라고 말
했다.[8]

　계강자는 노나라 근처의 전유顓臾라는 소국을 병탄하려 했다.
이 일에 불만을 품은 공자는 염유와 자로에게 한나절이나 도리
를 내세워 설명하며[당시 자로는 위나라에서 일하고 있었는데, 어째
서 노나라에 와 있었는지는 알 수 없다] 그들이 계강자를 말려 그만
두게 하기를 바랐다. 그러나 두 사람이 모르는 체하며 말을 듣지
않자 공자도 어쩔 수 없었다.[9]

　계손씨뿐만 아니라 나머지 두 가문도 매우 오만방자했다. 본
래는 천자만이 제사를 끝마칠 때 〈옹雍〉이라는 곡을 연주할 수
있었다. 이것은 왕실 전용의 악곡으로 그 가사는 천자의 제사 장
면이 매우 장엄하며 제후와 공족 및 경이 모두 참석해 직무를 다
한다는 내용이다. 그러나 공자의 만년에는 삼환 가문에서도 조상
에게 제사를 지낼 때 〈옹〉을 연주했다. 공자는 "그 곡의 가사에
묘사된 웅장한 장면을 삼환 가문에서 어찌 표현할 수 있겠는가!"
라고 말했다.[10]

　삼환 가문이 이처럼 권력을 독차지하고 제멋대로 구는 모습을
보고도 공자는 그들을 질책하는 것밖에는 별도리가 없었다. 공자

---

8 《논어·팔일》: "계씨가 태산에서 제를 올리려 하자 공자는 염유에게 '네가 이를 막아
바로잡을 수 없느냐?'라 물었다. 염유는 '할 수 없습니다'라 대답했다. 공자는 '아, 어
찌 태산의 산신이 임방만 못하다 하겠느냐?'라 말했다."(季氏旅於泰山. 子謂冉有曰: '女
弗能救與?' 對曰: '不能.' 子曰: '嗚呼! 曾謂泰山, 不如林放乎?')
9 《논어·계씨》편의 "계씨장벌전유(季氏將伐顓臾)" 부분.
10 《논어·팔일》: "삼환 가문에서 〈옹〉을 연주하며 제사를 마치자 공자가 말했다. '제
후는 제사를 도와 받들며, 천자는 위엄 있고 아름다우시도다'라는 노래를 어찌 대부의
사당에서 연주할 수 있단 말인가?'"(三家者以《雍》徹. 子曰: "'相維辟公, 天子穆穆', 奚
取於三家之堂?')

는 나이가 많이 들었으며 권력의 핵심에서 멀어진 지도 오래되었으므로, 귀에 거슬리는 말을 좀 한다 해도 삼환 가문은 그냥 못 들은 척 넘어갈 터였다. 사실 그가 질책해 보아야 별 소용도 없는 일이었다. 공자도 제자들도 규율을 바꿀 만한 능력까지는 없었다. 게다가 제자들이 다들 삼환 가문에서 일하고 있어 공자는 입장이 매우 난처했다. 공자 본인은 더 욕심이 없다 하더라도 제자들의 고용주들에게 미움을 사서는 안 되었다.

부차의 패업이 정점에 이르다

공자가 노나라로 돌아왔을 당시에 노나라는 오나라의 패권 아래에서 살아가고 있었다. 월왕 구천은 이미 '십년생취十年生聚'('와신상담'의 고사에 등장하는 말로, 오나라와의 전쟁에서 패하고 인질로 잡혀간 월왕 구천은 오왕의 하인으로 3년간 고초를 겪다가 본국으로 돌아와서는 복수를 위해 10년 동안 인구와 물자를 늘리고十年生聚, 또 10년 동안 백성을 가르치고 군사를 훈련시켜十年教训, 결국 자신의 목적을 달성하게 된다)를 완성하고 오나라에 복수하기 위해 전쟁을 준비하고 있었지만, 오나라와 중원 열국은 이를 아직 눈치채지 못했다.

공자가 돌아온 다음 해[노애공 12년]에 오왕 부차는 열국을 소집해 회맹하기 위해 다시 북상할 준비를 했다. 이번에 그는 위나라를 신복하게 할 목적으로 일단 사자 한 사람을 위나라에 보내 뜻을 전했다. 위나라 귀족들의 의견은 심하게 엇갈렸는데, 혹자는 오나라에 복종하기를 완고히 거부하며 사자까지 암살했다.

얼마 지나지 않아 부차는 오나라 군대를 이끌고 북상했다. 오나라가 건설한 장강과 회수를 연결하는 운하 체계는 이때 막 완공된 후로 보인다. 북방에서도 배로 편하게 움직일 수 있게 여름 우기에 맞추어 북상했기 때문이다. 통보를 받은 노애공은 일단 회수 기슭으로 부차를 영접하러 나갔다. 그는 꽤 먼 길을 가야 했는데, 자복경백과 자공도 외교 관원으로서 군주를 수행했다.

오나라의 태재인 백비는 '노나라와 다시 한 번 맹약의 의식을 거행해 선서하며 노나라가 오나라의 속국임을 거듭 천명하겠다'라는 오왕의 뜻을 전했다. 노나라로서는 당연히 이 치욕스러운 의식을 다시 거행하고 싶지 않았으므로, 노애공은 자공에게 이 일을 사양하라고 지시했다.

자공은 백비에게 "신령께 맹세하는 일은 한 번이면 족합니다. 만약 두 번째로 맹세한다면 이는 첫 번째 맹세가 이미 효력을 잃었음을 의미하며, 두 번째 맹세의 효력도 제대로 지속할지 어떨지 알 수 없게 됩니다. 또한 주례에 따르면 하늘에 같은 일을 반복해서 보고해서는 안 됩니다"라고 말했다. 이 설명을 들은 오나라 측은 다시 맹약할 생각을 접었다.

그런 다음, 부차는 노애공과 함께 북상해 위나라 경내로 진입해서 다시 한 번 위출공에게 회견장에 나오라고 요청했다. 젊은 위출공은 눈 딱 감고 참석하는 수밖에 없었다. 그는 이 명령을 거슬렀다가는 심각한 결과를 초래할 것임을 알고 있었다. 송나라도 압박에 못 이겨 황원皇瑗이라는 대신을 보냈다.

위출공과 노애공, 그리고 황원은 부차 몰래 세 사람만 먼저 맹세했다. 이는 아마도 생존을 위해 일단 오왕과 좋은 관계를 유지하지만, 위, 노, 송나라 3국은 여전히 중원의 전통에 따라 단결해 오랑캐가 득세하는 이 시기를 견뎌내며 언젠가 상황이 바뀔 때를 기대하자는 내용이었던 듯하다.

한편, 사자가 암살당한 사건을 오나라에서 용서할 리 없었다. 위나라 사람들이 회맹 장소에 도착해 천막을 치자 오나라 군대는 위출공의 천막 바깥에 울타리를 세워 그를 그 안에 감금했으

며, 군주를 대하는 예로 대접하지도 않았다. 그다음에는 재판이
기다리고 있을 것이 뻔했다.

위나라 사람들도 국제 재판을 겪어 보지 않은 것이 아니었다.
진문공이 패주의 자리에 오르기 이전에 위나라 군주가 자신과
같은 성을 가진 형邢나라를 멸망시키고 초나라에 의탁한 일이 있
었다. 진문공은 초나라와의 전쟁에서 승리한 후 제후들을 소집해
회견을 열고 위나라 군주에 대한 재판을 진행했는데, 재판에서
나온 증언은 모두 그에게 불리한 말뿐이었다. 진문공은 무녀에게
위나라 군주를 독살하라고 시켰는데, 이 무녀가 뇌물을 받고 독
약을 묽게 만드는 바람에 그는 한참 동안 구토와 설사를 하며 괴
로워하기는 했지만, 죽지 않고 살아남았다. 시간이 지나 화가 좀
식은 진문공은 자신과 같은 성을 가진 나라의 군주를 다시 죽이
려 하는 일도 좀 심하다고 생각해 위나라 군주를 석방했다.

재판을 앞두고 자복경백은 자공과 상의하며 "위출공이 오왕
에게 징계를 받는 것은 노나라뿐만 아니라 우리 공문제자들에게
도 좋지 않은 일이다. 자로를 비롯한 학우들이 다들 위나라에서
중용되고 있으니, 만약 위출공이 실각하고 그의 부친인 괴외 태
자가 돌아와 위나라를 차지하게 된다면 위나라에서 일하는 학우
들은 직업과 가산을 모두 잃게 될 것이다"라고 말했다.

자공은 사적으로 백비를 찾아갔다. 그는 사대부끼리 처음 만
날 때의 예절에 따라 비단 한 묶음을 선물로 가져갔다[그들은 이
전에 공무를 처리하기 위해 만났을 뿐, 사적으로 만난 적은 없었다]. 두
사람은 일단 공무와 상관없는 대화를 잠시 하다가 점점 위나라
에 관한 일로 화제를 바꿨다.

백비는 "우리 왕께서 줄곧 위나라 군주를 만나고 싶어 하셨는
데, 위나라 군주가 너무 늦게 왔습니다. 왕께서는 혹시나 예상치

못한 일이 생길까 봐 우선 위나라 군주를 보호하신 것입니다"라
고 말했다. 이는 춘추 시대의 외교 언어로 자신을 최대한 낮추며
심각한 사태에 대해 대충 얼버무리고 넘어가려는 의도였다. 백비
의 가문은 본래 진晉나라의 경족으로 그의 조부가 과두들 사이의
분쟁에서 실패하고 초나라로 도망쳐 그곳에 정착했는데, 백비의
대에 와서 또 초나라 내부의 분쟁에서 실패하고 오나라로 도망
쳐 그곳에서 중용되었다. 그래서 그는 중원의 외교 언어를 잘 알
고 있었다.

자공은 "위출공은 이번 회견에 참석하기 전에 국내 대신들과
의논했는데, 대신 중에 찬성하는 이도 있고 반대하는 이도 있었
기 때문에 늦게 도착한 것입니다. 대신 중 찬성한 이들은 친오親
吳파이며 반대한 이들은 반오反吳파입니다. 위출공을 억류한 것은
친오파 대신들에게 망신을 주고 반오파 대신들을 격려하는 일입
니다. 제후를 이렇게 대한다면 패주로서의 위상을 세울 수 없습
니다!"라고 말했다. 자공의 설명에 만족한 백비는 명령을 내려
위출공을 석방해 주었다. 그런 다음 오나라는 위나라와 맹약의
의식을 거행해 종주국과 속국의 관계를 확립했다.[11]

위출공은 이때 스무 살이 채 되지 않았던 듯한데, 그는 지금껏
남방의 오랑캐를 본 일이 없었다. 복식과 습속이 모두 완전히 다
른 오나라 사람들을 보자 그는 매우 즐거워하며 오나라의 언어
를 몇 마디 배우기도 했다[오나라 궁정의 상류층 인사들은 중원의 언
어를 어느 정도 할 줄 알았으나 오나라의 언어를 버리지는 않았고, 하층
민은 다들 오나라의 언어를 사용했다]. 그는 위나라로 돌아간 후로도
오나라 말을 곧잘 하곤 했는데, 이를 본 대신들은 긴장하며 위출
공이 더욱 파격적인 일을 하지 않을까 걱정했다.

11 《좌전·애공 12년》

다음 해에도 부차는 다시 중원으로 북상해 황지濮池에서 회견을 열었다. 이번에는 주나라 왕실과 진晉나라도 초청했다. 황지는 정, 위, 송나라의 가운데로 지금의 허난성 펑추封丘현에 해당했는데, 이곳은 완전히 중원의 중심부에 속했다. 부차는 이번 회의에서 중원의 패주 지위를 공식적으로 확립하려 했다.

진나라는 최근 백 년간 줄곧 초나라와 패주 지위를 나누어 가지고 있었다. 현재 초나라는 쇠약해졌지만, 진나라는 내전이 막 진정된 참이라 바깥일을 신경 쓸 상황이 아니었으므로 오나라와 반목하기를 원하지 않았다. 정계의 수장인 조간자는 직접 진정공을 모시고 회의에 참석했으며, 수행한 군사도 상당히 많았다.

부차는 진나라에게 자신의 '왕권'을 인정하게 하려는 과한 바람은 가지고 있지 않았다. 그는 그저 초나라를 대신해 진나라와 패권을 나누어 가지려 했다. 부차가 자신의 왕권을 강조하지 않았기에 주나라 왕실도 체면상 그의 요구를 받아들일 만하다고 생각하고 단평공單平公이라는 대신을 회의에 참석하게 했다. '단'은 이 대신이 소유한 봉읍의 지명이며 '평'은 그의 시호이다. 왕실의 대신은 봉지가 그리 넓지는 않았으나 격은 높아서 제후국 군주와 마찬가지로 '공'의 지위를 가지고 있었다.

회견에서 가장 중요한 부분은 역시 맹세의 의식이었다. 부차는 강대한 세력을 과시하기 위해 노애공을 속국 군주의 신분으로 의식에 참석하게 하려 했다. 노나라는 이미 속국의 위치를 인정했지만, 오랜 패주인 진나라와 주나라 왕실의 대표 앞에서 그런 신분으로 참석하자니 너무나 망신스러웠다.

자복경백은 자공과 상의한 끝에 오나라 측에 "오나라 왕께서는 이번 의식에 패주의 신분으로 참석하시는 것입니다. 패주는 제후이지 왕이 아니므로, 이 상황에서 우리 노나라가 오나라의 속국으로 참석한다면 노나라의 신분이 소국인 주나라보다도 아래가 됩니다. 지난번에 우리 노나라는 오나라 왕께 일이 생기면 전차 8백 대를 이끌고 함께 참전하겠다고 맹세했습니다. 그러나 노나라의 신분이 이렇게 낮아지면 우리는 전차 8백 대가 아니라 주나라의 절반인 3백 대밖에 제공할 수 없습니다. 이렇게 해야만 우리의 새로운 신분에 알맞기 때문입니다. 이것이 오나라에 좋은 일이라고 보십니까?"라고 말했다. 부차는 백비와 의논한 끝에 자복경백의 의견에 동의했다.

맹세의 의식에서 가장 핵심은 '삽혈'이었는데, 제물의 피를 받아 상제에게 올린 후 맹세한 이들이 나누어 마시는 의식이었다. 이는 상제가 이들의 맹세를 듣고 그 내용을 보우한다는 상징적인 의미를 담고 있었다.

맹세의 의식을 거행하려면 일단 땅에 남북 방향으로 장방형의 구덩이를 판 후, 그 옆에서 소와 말을 각각 한 마리씩 잡아 대접에 그 피를 받아야 했다. 그리고 소의 왼쪽 귀를 잘라 맹주가 이를 손에 쥐고['집우이執牛耳'라는 성어가 바로 맹주가 된다는 의미이다], 대접을 들어 하늘에 잔을 올린 다음 한 모금 마시고, 다음 순위의 맹약자에게 주면 그 사람이 다시 하늘에 올리고 한 모금 마시고, 차례대로 이 동작을 반복하는 식으로 진행되었다. 의식에 참여한 맹약자가 전부 피를 마시고 나면 함께 맹세의 말을 낭송했다. 마지막에는 구덩이에 소와 말의 사체를 가지런히 놓고, 그 위에 맹세의 말을 적은 백서帛書와 옥기玉器[백서가 아니라 옥기에 맹세의 말을 적기도 한다]를 올려놓은 후 흙을 덮어 묻었다.

이 의식은 분명히 부락 시대 주나라 민족의 동맹 의식에서 내려왔을 터인데, 여전히 '여모음혈茹毛飲血(상고 시대에 짐승을 잡아 날로 먹던 풍습)'의 원시적인 풍습이 남아 있었다. 춘추 시대에 와서는 이 의식도 다소 진화해서 많은 양을 마시지 않고 한 모금만 마시거나, 혹은 손가락에 찍어 핥기만 하거나, 아니면 손가락에 찍어 뺨에 묻히기만 해도 되도록 변화했다.

맹세의 의식을 할 때가 되자 오나라와 진나라 중에 누가 먼저 '삽혈'을 하느냐 하는 문제로 논쟁이 벌어졌다. 오나라 측은 "우리의 시조인 오태백은 주문왕의 큰 백부입니다. 진나라의 시조는 주문왕의 손자이니, 우리가 항렬이 높습니다!"라고 말했다. 진나라 측은 "우리 진나라는 백 년을 이어 온 패주이며, 주나라 왕실도 이를 인정했습니다. 그러니 응당 우리가 먼저 해야 합니다!"라고 말했다. 양측은 한나절이나 대치했다. 심지어 조간자는 이러고 있느니 오나라 군대와 싸워 승패를 가려 보려는 생각까지 했다.

바로 이때 부차는 집안에 큰 사건이 터졌음을 알게 되었다. 그가 대군을 이끌고 떠난 직후에 월왕 구천이 오나라를 공격해 남은 군대를 섬멸하고 태자도 죽였으나, 도성은 아직 함락되지 않았다는 소식이었다. 구조를 요청하는 사자가 연달아 도착하자 소식이 새어나가 군심을 어지럽힐까 봐 걱정한 부차는 이들을 비밀리에 처형하라는 명령을 내렸다. 하룻밤 사이에 천막 밖에서 죽은 사자는 7명이나 되었다.

결국 오나라와 진나라는 맹세의 의식을 거행했다. 어느 쪽이 먼저 '집우이'를 했는지에 대해서는 역사서마다 각각 달리 기록되어 있는데, 혹자는 부차가 먼저 삽혈을 했다고 기록했으며 혹자는 진정공이 먼저 했다고 기록했다. 실제로는 아마도 진정공이 먼저 삽혈을 했을 듯하다. 진나라 쪽은 계속 시간을 끌 수 있었지만, 오나라 쪽은 시간을 지체할 수 없었기 때문이다.

철수를 준비할 때부터 이미 부차는 정신 상태가 정상이 아니

었다. 자복경백이 노나라가 속국 신분으로 의식에 참석하지 않
게 회피한 일을 떠올린 부차는 자기 체면이 깎였다고 생각해 그
를 붙잡아 오나라로 데려가려 했다. 자복경백은 "저는 출발하기
전에 가문의 후계자를 정해 두고 왔으므로 걱정거리가 없습니다.
오나라 왕께서 저를 압송하시려 한다면 저는 마차 두 대에 여섯
사람만 타고 따라가겠습니다. 언제든 출발할 수 있으니 말씀만
하소서"라고 말했다. 오나라 사람들은 자복경백을 데리고 한동
안 길을 가다가 이러는 일이 실질적으로 아무런 의미도 없다고
생각해 그를 풀어 주었다.

　송나라 사람들도 자신에게 공손히 대하지 않았다고 생각한 부
차는 가는 길에 송나라를 멸망시켜 남자는 모두 죽이고 여자와
아이는 포로로 붙잡아 오나라로 끌고 가려 했다. 신하들은 그의
정신이 정상이 아니라고 생각해 어떻게든 그를 말렸다.[12]

　부차가 이렇게 남방으로 돌아간 후, 오나라는 월나라의 공세
아래 세력이 점점 약해져 더는 중원에 신경 쓰지 못했다. 부차는
십여 년 동안 북방으로 올라와 패자의 지위를 추구한 끝에 헛된
이름만 얻었을 뿐, 결국 새롭게 일으킨 오나라를 잃고 말았다.

　이는 춘추 역사 속에서 줄곧 반복되어 온 일이다. '오랑캐' 국
가는 귀족 과두제 정치의 전통이 없고 집권 정도가 강해 신속하
게 발전할 수 있다. 그러나 '문명적'인 중원 세계를 접하고 나면
그 다양한 문화와 규율에 매료되어 자신들도 그곳의 패주가 되
어 중원의 전통적인 질서를 유지하고 싶어 하게 된다. 그러면서
그들이 본래 가지고 있던 전투력과 확장성은 곧바로 약해진다.
초나라와 오나라가 차례로 이 과정을 거쳤으며, 오나라가 멸망한
후 그 자리를 대신한 월나라 역시 같은 길을 걷는다.

　12 이상의 역사적 사실에 관해서는 모두 《좌전·애공 13년》을 볼 것.

20 애제자의 죽음에 눈물을 흘리다(70~73세)

아들과의 거리감

공자의 일생 중 마지막 몇 년은 그리 행복하지 못했다. 그가 노나라로 돌아온 지 3년째 되는 해에 아들 공리가 죽었다. 공자가 70세, 공리가 50세 되던 때의 일이었다.

공자는 아버지의 얼굴을 본 적이 없었다. 그는 평생 효도를 제창하며 부자 관계가 아주 아름다운 관계라고 여겼으나, 정작 자기 아들과는 어떻게 지내야 할지 잘 알지 못했고, 아들에 대한 감정도 표현하지 못했다.

《논어》에는 공자 부자의 사이가 어떠했는지에 대한 일화가 하나 기록되어 있다. 제자인 진항[자공과 사이가 매우 가까웠던 후배 자금을 말한다]이 공리에게 "춘부장께서 선생에게 특별히 가르쳐주신 것이 있습니까?"라고 물었다. 그러자 공리는 "없습니다"라고 말하더니, 잠시 생각에 잠겼다가 다시 "한번은 아버지께서 방 앞의 회랑에 서 계시고 저는 종종걸음[추]으로 정원을 지나가고 있었는데, 아버지께서 부르시더니 '너는 《시》를 배운 적이 있느냐?'라고 물으셨습니다. '아직 배운 적이 없습니다'라고 대답했더니 《시》를 배우지 않는다면 사교계에서 말을 할 수 없다'라고 하셨습니다. 이후로 저는 스스로 《시》를 공부하기 시작했습니다. 또 한번은 아버지께서 역시나 같은 곳에 혼자 서 계시고 저도 마찬가지로 종종걸음으로 정원을 지나가고 있었는데, 아버지께서 불러 '너는 《예》를 배운 적이 있느냐?'라고 물으셨습니다. 배운 적이 없다고 대답했더니 아버지께서는 《예》를 배우지 않으면 사람으로서 어떻게 처신해야 할지 알 수 없다'라고 하셨습니다. 그래서 저는 또《예》를 공부하기 시작했습니다. 아버지로부터 받은 가르침은 이 두 가지가 전부입니다"라고 말했다.

　이 이야기를 들은 진항은 의기양양해서 "나는 한 가지 질문으로 세 가지 도리를 알게 되었다.《시》와《예》의 쓰임을 알게 되었으며, 군자는 반드시 아들과 거리를 두어야 한다는 것도 알게 되었다!"라고 말했다.[1]

　공리가 묘사한 이 장면은 후세에 '이대鯉對', 즉 공자가 공리에게 남긴 훈화로 전해지고 있다.《등왕각서滕王閣序》(당나라 초기 대표적인 시인 왕발王勃의 작품이다)에 나오는 '훗날 뜰을 종종걸음으로 지날 때 나도 공리가 그러했듯이 아버지의 가르침을 받으리라他日趨庭, 叨陪鯉對'라는 구절이 바로 이 전고에서 왔다.

　공자는 제자들을 스스럼없이 대했다. 기분이 좋으면 칭찬하고 기분이 나쁘면 꾸짖었으며, 간혹 농담을 하기도 했다. 안회에게 "네가 언젠가 부유해지면 내가 너를 위해 일하리라"라고 한 말이 그 예이다. 안회는 공리보다 열한 살이나 어렸다.

　그러나 공리 앞에서 공자는 점잔 빼는 태도를 버리지 못했다.

1《논어·계씨》: "진항이 백어에게 '혹시 다른 말씀을 들은 것이 있습니까?'라 묻자 백어는 '없습니다. 한번은 아버지께서 홀로 서 계시고 저는 종종걸음으로 정원을 지나는데, '시를 배웠느냐?'라 물으시기에 '아직 배우지 않았습니다'라 했더니 '시를 배우지 않으면 말을 할 수가 없다'라 하셨습니다. 그래서 저는 물러나와 시를 배웠습니다. 또 한번은 아버지께서 혼자 서 계시고 저는 또 종종걸음으로 정원을 지나는데, '예를 배웠느냐?' 하시기에 '아직 배우지 않았습니다'라 답했더니 '예를 배우지 않으면 사람으로서 바로 설 수 없다'라 하셨습니다. 그래서 저는 물러나와 예를 배웠습니다. 제가 들은 바는 이 두 가지입니다'라 말했다. 자리에서 물러난 진항은 기뻐하며 '한 가지 질문을 해서 세 가지를 얻었다. 시에 관한 이야기와 예에 관한 이야기, 그리고 군자가 자기 아들과 거리를 두었다는 이야기를 들었다'라 말했다."(陳亢問於伯魚曰: '子亦有異聞乎?' 對曰: '未也. 嘗獨立, 鯉趨而過庭. 曰: "學詩乎?" 對曰: "未也." "不學詩, 無以言." 鯉退而學詩. 他日又獨立, 鯉趨而過庭. 曰: "學禮乎?" 對曰: "未也." "不學禮, 無以立." 鯉退而學禮. 聞斯二者.' 陳亢退而喜曰: '問一得三, 聞詩, 聞禮, 又聞君子之遠其子也.')

부자 관계에서 그는 '효', 즉 아들은 늘 아버지를 공경해야 한다
고 강조했는데, 그 반대는 '자慈', 즉 아버지는 아들에게 너무 잘
대해 주면 안 된다는 것이었다. 예절 면에서 그는 늘 '효에 박하
고 자에 두터워지는薄於孝而厚於慈'[2] 일을 방지하려 했다. 이 때문에
제자들이 공자에게 배울 수 있었던 부자 관계는 '군자는 아들과
거리를 두어야 한다'라는 것뿐이었다. 이는《홍루몽》에 나오는
가정賈政과 가보옥 부자의 관계와 매우 비슷하다. 고대 중국 사회
에서 올바른 아버지의 모습은 '엄부嚴父'로 자식이 아버지를 두려
워하게 해야 했으므로 공자나 가정과 같은 아버지가 많았다.

　공리를 매장할 때는 '관은 있으나 곽槨은 없었다有棺而無槨'. '곽'
은 관 바깥쪽을 둘러싸는 큰 목곽을 말하는데, 평범한 백성은 쓸
수 없었다. 공자는 큰 관직을 지녔으나 저축해 둔 재산이 없어
'곽'을 살 수 없었다. 그는 평생 남이 장례를 치르는 일을 도왔지
만 정작 자기 아들에게는 제대로 된 장례를 치러 줄 수 없었다.
슬프고 괴로운 심정조차 사람들 앞에서 완전히 내보일 수 없었
다. 아들이 태어났을 때부터 죽을 때까지 그는 아버지 노릇을 하
기가 너무나 어려웠다.

　공리는 50세에 가까운 나이가 되어서야 아들을 얻었으므로,
그가 죽었을 때 아들인 공급은 두세 살에 불과했다. 공급은 첩이
낳은 아들인데, 이 첩이 집에서 쫓겨나 위나라로 갔다는 사실은
앞에서 이미 이야기한 바 있다.

안회와의 이별과 '무위'의 즐거움

얼마 지나지 않아 안회도 세상을 떠났다. 그의 나이 마흔이었다.
공자는 이번에는 거리낌 없이 통곡했다. 눈물을 흘리며 "하늘이

2《예기·방기》

내 목숨을 앗아가는구나天喪予!"라고 소리쳤다.³ 제자들이 그를 말
리며 "애통해하시는 것이 좀 과한 듯합니다"라고 말했다. 그러자
공자는 "과하다고? 내가 또 누구를 위해 애통해하겠느냐!"라고
말했다.⁴

　아마도 공자는 아들을 잃은 슬픔까지 함께 느끼며 통곡했던
듯하다. 그는 한 번도 아들과 가깝게 지낸 적이 없었다. 아마도
그런 마음을 일부러 억눌렀는지도 모른다. 어쩌면 그는 어려서부
터 모계 가정 쪽에 익숙했고 부계 가정에 줄곧 적응하지 못했으
므로, 안씨 집안과 사이가 훨씬 가까워 더욱 진실한 감정을 표현
했는지도 모른다.

　안회의 집에서도 '곽'을 살 수 없었다. 그의 아버지인 안로는
공자가 마차를 팔아 그 돈으로 안회의 장례에 쓸 곽을 사 주기를
바랐다. 그러자 공자는 "내 아들인 공리의 장례를 치를 때도 곽
이 없었다. 안회는 자네 아들이니 나와 같은 상황 아닌가? 게다
가 내가 그래도 퇴직한 대부의 신분인데 외출할 때 걸어 다닐 수
는 없지 않겠는가?"라고 말했다.⁵ 보다 못한 제자들이 돈을 모아
안회를 위해 그럭저럭 체면이 설 만한 장례를 치러 주었다. 공자

3 《논어·선진》: "안연이 죽자 공자가 말했다. '아아! 하늘이 내 목숨을 가져가려 하시
는구나! 내 목숨을!'"(顏淵死. 子曰: '噫! 天喪予! 天喪予!')
4 《논어·선진》: "안연이 죽자 공자가 곡을 하며 애통해하였다. 수행하던 이가 '선생
님, 애통해하심이 지나치십니다'라 하자 공자는 '지나친가? 그를 위해 애통해하지 않
는다면 누구를 위해 애통해하겠는가?'라 말했다."(顏淵死, 子哭之慟. 從者曰: '子慟矣.'
曰: '有慟乎? 非夫人之爲慟而誰爲!')
5 《논어·선진》: "안연이 죽자 안로가 공자에게 마차를 처분해 그 돈으로 곽을 사 달라
고 청했다. 공자는 '잘났거나 못났거나 피차 자기 아들 일이 아닌가. 내 아들 리가 죽
었을 때도 관은 있었으나 곽은 없었네. 나는 마차를 팔고 걸어 다니게 되면서까지 그
를 위해 곽을 사 주지는 않았네. 그래도 내가 대부의 말석에라도 있었으니 나는 걸어
다닐 수는 없네'라 말했다."(顏淵死, 顏路請子之車以爲之槨. 子曰: '才不才, 亦各言其子
也. 鯉也死, 有棺而無槨. 吾不徒行以爲之槨. 以吾從大夫之後, 不可徒行也.')

는 "안회는 줄곧 나를 아버지처럼 여겼는데, 나는 그를 아들처럼 대하지 못했구나. 이는 모두 제자들이 그렇게 만든 것이다"라고 탄식했다.[6]

안회가 죽은 지 1년이 지나 그의 집에서 제사를 지낸 후 풍습에 따라 공자에게도 제사에 쓴 고기를 보냈다. 공자는 직접 문밖으로 나가 고기를 받고, 집 안으로 들어가 외로이 거문고를 탄 다음에 먹었다.[7] 감정을 도저히 표현할 길이 없을 때 그는 그저 거문고를 타는 수밖에 없었다.

《논어》에는 공자가 안회에게 가르침을 준 내용이 다수 기록되어 있는데, 가장 유명한 것이 바로 '극기복례克己復禮'이다. 안회가 공자에게 '인'을 어떻게 행해야 하느냐고 묻자 공자는 "자신의 욕망을 억제하고 주공의 예교禮教를 회복하는 것이 바로 인이다. 언젠가 이를 이루기만 한다면 천하가 모두 '인의'를 이룬 상태가 될 것이다"라고 말했다.[8] 사실 공자의 이 말 역시 집권자인 삼환 가문을 두고 한 말인 듯하다. 공자나 안회와 같은 서생들이 천하에 미칠 수 있는 영향은 그리 크지 않았다.

신봉자도 사람을 조종할 수 있다. 신봉자는 신봉을 받는 이의 자의식이 점점 과대해지게 해 자신을 객관적으로 인식하지 못하

6 《논어·선진》: "안연이 죽자 공문제자들이 그의 장례를 후하게 지내려 했다. 공자는 '안 된다'라 했으나 제자들은 장례를 후하게 치렀다. 공자는 '회는 나를 아버지처럼 대했으나 나는 그를 아들처럼 대하지 못했구나. 이는 내가 그런 것이 아니라 제자들이 그렇게 만든 것이다'라 말했다."(顏淵死, 門人欲厚葬之, 子曰: '不可.' 門人厚葬之. 子曰: '回也視予猶父也, 予不得視猶子也. 非我也, 夫二三子也.')

7 《예기·단궁상》: "안연의 제사를 지낸 후에 제사에 쓴 고기를 보내자, 공자가 나가서 받고 안으로 들어와서 거문고를 탄 후에 먹었다."(顏淵之喪, 饋祥肉, 孔子出受之, 入, 彈琴而後食之.)

8 《논어·안연》: "안회가 '인'에 관해 묻자 공자는 '자기 자신을 이기고 예를 회복하는 것이 인이다. 언젠가 극기복례를 이루게 된다면 천하가 인을 이룰 것이다'라 말했다."(顏淵問仁. 子曰: '克己復禮爲仁. 一日克己復禮, 天下歸仁焉.')

게 만든다. 안회는 평생 안빈낙도하는 삶을 살며 학업에 매진해 늘 공자에게 칭찬을 받았지만, 공자 역시 어느 정도는 안회의 행동에 얽매여 항상 수신에 애쓰고, '예'로써 사회를 정돈하려 하며, 천하를 모두 적으로 여기는 심리를 가지게 되었다.

공자가 줄곧 점잔 빼는 태도를 유지하도록 만들었던 두 사람이 바로 공리와 안회였다. 그중 하나는 집안에서, 하나는 밖에서 가장 긴 시간 동안 공자를 모셨다. 두 사람이 죽은 후로 공자는 전처럼 웅대하고 급진적인 마음을 먹지 않았고, 일상의 즐거움[가난한 생활을 일부러 찬양하는 그런 즐거움은 아니다]을 이해하기 시작했다. 그의 학술과 사상에도 변화가 일어났는데, 가령 '만년에 주역을 즐겨 읽었으며老而喜易'(원문에는 '노이희역'이라고 되어 있으나, '만이희역晚而喜易'이라고 하기도 한다), 현실을 바꾸려는 의지는 덜해졌다. 그가 대사구 직책을 맡아 시행했던 국내 정책은 모두 성공하지 못해 노나라 내부의 문제는 여전히 그대로였고, 국제적으로 그가 참여했던 동방 연맹도 진작에 와해했다. 역사의 큰 흐름 속에서 공자 개인의 노력이란 이처럼 보잘것없었다.

예전에 그는 사람 사이의 계급 차와 정치 질서는 자고이래로 존재했다고 여겼지만, 지금에 와서는 '대동大同'이라는 사상을 가지게 되었다. 공자는 "최초에 인류에게는 군주나 정부, 귀족, 사유재산 등의 개념이 없이 모든 이의 삶이 완전히 평등하고 온 세상이 백성의 것이었다天下爲公. 재산을 사사로이 소유하지 않았으므로 사람들은 자기 자손만 생각하지 않고 모든 이에게 똑같이 관심을 기울였다. 당시에는 공적인 일을 관리할 필요가 있으면 가장 총명하고 공정한 이를 선발해 맡겼으며, 그 사람은 이 기회를 틈타 사적인 이익을 도모하거나 권력을 자신의 후대에 물려주려 하지 않았다[감히 그러지도 못했고, 그럴 수도 없었다]"라고 말했다. 그는 이러한 시대를 '대동' 시대라 칭했다.

그러나 공자는 "그런 이상적인 시대는 이미 지나갔다. 지금
은 재산과 권력을 모두 사사로이 소유할 수 있고, 작은 범위의 가
문 내에서 전승하고 있다. 사적인 소유란 다툼을 부르므로, 평범
한 사람은 모두 자기 재산을 보호하려 한다. 큰 인물은 자기 가문
의 지위를 보호하기 위해 성을 쌓고 해자를 파며 군대를 소유하
고 각종 형벌을 제정하기도 한다. 우임금부터 주공에 이르기까
지 여러 성현이 모두 이러한 사유재산제도 시대의 사회 질서를
지키려 했고, 이를 위해 각종 예의와 의식과 질서를 수립해 군신,
부자, 부부, 형제 사이의 관계를 유지해 왔다. 그러나 이렇게 했
어도 분쟁 내지 전쟁을 막을 수는 없었다"라고도 말했다. 공자는
이를 '소강小康' 시대라 칭했는데, 본인 역시 이러한 시대를 살아
가고 있었다. 그가 제창한 정치 질서는 모두 이 '소강' 시대를 유
지하기 위한 것들이었다.

그렇다면 인류가 대동 시대에서 소강 시대로 나아간 이유는
무엇일까? 사람들의 마음이 나쁘게 변했기 때문일까, 아니면 사
람은 많아지고 자원은 적어져서 그렇게 되었을까? 공자는 이에
관해서는 설명한 적이 없다. '소강' 이후 어떤 시대로 변화하게
될지에 대해서도 말한 적이 없다.

공자는 노년에 "나는 젊었을 적에 꿈에서 자주 주공을 뵈었는
데, 그러지 못한 지가 아주 오래되었다. 내가 노쇠해서 이렇게 되
었구나!"라고 탄식했다.[9] 사실 이는 그가 '주도'를 회복하겠다는
희망이 너무나 막연하고 현실적이지 못하다고 생각해 한 말로,
시간이 흘러 상황이 변했으니 물러설 수밖에 없다는 의미이다.

9 《논어·술이》: "공자가 말했다. '나의 노쇠함이 심각하구나! 오래도록 꿈에서 주공을
뵙지 못했도다!'"(子曰: '甚矣吾衰也! 久矣吾不複夢見周公!')

이 시기에 그는 '무위無爲'를 매우 중시하게 되었다. 전해지는 바에 의하면 상고 시대 순임금은 일하기를 좋아하지 않아 온종일 한가로이 지내며 일은 모두 수하들에게 맡겼다고 한다. 공자는 이에 대해 "순임금은 '무위'로 다스렸다! 어찌 바삐 일할 필요가 있겠는가? 조용히 자리에 앉아 있기만 하면 될 일이다"라고 말했다.[10]

간혹 제자들이 그가 수업을 열어 도리를 가르쳐 주기를 바랐지만 그는 내키지 않아 하며 "나는 말을 하고 싶지 않다"라고 말했다. 자공이 "스승님께서 말씀하지 않으시면 저희 젊은이들이 어떻게 배우겠습니까?"라고 하자, 공자는 "하늘이 무슨 말을 하더냐? 사계절이 교차하며 만물이 생장함은 모두 하늘이 행하는 바이지만, 하늘이 그렇다고 무슨 말을 하더냐?"라고 말했다.[11] 이 사상이 계속 발전하면 도가의 '무위' 이론이 된다. 장자가 설파한 여러 사상은 사실 공자의 만년에 이미 그 싹이 자라고 있었다.

정치적으로 추구하는 바가 없어지자 그는 마음이 평온해져 한가로운 생활을 향유할 수 있었다. 한번은 공자가 몇 명의 제자와 함께 앉아 대화를 나눈 적이 있는데, 이 대화에 그의 이러한 태도가 잘 드러나 있다.

이때 대화에 참여한 제자는 자로, 증점曾點, 염유, 공서화公西華 네 사람이었다. 나이를 따져 보면 자로는 공자보다 아홉 살 아래

---

10 《논어·위령공》: "공자가 말했다. '아무것도 하지 않고도 천하를 잘 다스린 이는 순임금이리라. 그가 무엇을 했는가? 그저 몸가짐을 공손히 하고 남쪽을 향해 똑바로 앉아 있었을 따름이다.'"(子曰: '無爲而治者其舜也與? 夫何爲哉? 恭己正南面而已矣.')

11 《논어·양화》: "공자가 말했다. '나는 말을 하지 않겠다.' 자공이 '스승님께서 말씀을 하지 않으시면 저희들이 무엇을 전술하겠습니까?'라 하자 공자는 '하늘이 무슨 말을 한 적이 있더냐? 사계절이 운행하고 만물이 생장하지만, 하늘이 무슨 말을 하더냐?'라 말했다."(子曰: '予欲無言.' 子貢曰: '子如不言, 則小子何述焉?' 子曰: '天何言哉? 四時行焉, 百物生焉, 天何言哉?')

였고, 증점은 약 스무 살 아래였으며, 염유는 약 서른 살, 공서화
는 약 마흔 살 아래였다. 즉, 다섯 사람 사이에는 눈에 띌 정도의
나이 차가 있었다. 자로와 염유는 아주 중요한 직책을 맡고 있었
고, 증점과 공서화는 아마도 하급 관리였던 듯하다. 네 사람 모두
직책이 있었으므로 이렇게 모이기도 쉽지 않은 일이었다.

공자는 "내가 너희보다 나이가 좀 많기는 하다만, 괜히 너무
긴장해서 말을 아끼고 나중에 가서야 '스승님은 나를 이해하지
못한다'라느니 그러지 말아라. 너희가 스스로 각자의 이상을 이야
기해 주어야 내가 너희를 이해할 수 있지 않겠느냐"라고 말했다.

자로가 먼저 나서서 "노나라나 위나라와 같이 천 대의 전차를
보유한 나라가 대국 가운데 끼어 있다면, 수시로 전쟁이 일어나
고 가끔은 굶주림에 시달리게 될 것입니다. 만약 제가 정무를 주
관할 수 있다면 3년 안에 모든 대부와 사가 전쟁에 임할 용기를
갖추게 하고, 또한 규율에 따르도록 만들 것입니다"라고 말했다.
그는 위나라 귀족들의 수장인 공문자의 가문에서 집사를 맡고
있었으므로, 이는 공문자를 위해 어떻게 나라를 다스려야 할지를
염두에 두고 한 말이었다.

공자는 뭐라 의견을 덧붙이지 않고 웃으며 "염유의 이상은 무
엇이냐?"라고 물었다. 염유는 "만약 저에게 사방 60~70리, 혹은
조금 더 작은 50~60리 정도 되는 소국의 정무를 주관하게 한다
면 저는 3년 안에 백성들이 배불리 먹고 따뜻한 옷을 입게 할 수
있습니다. 그러나 예악과 교화는 다른 이를 청해 맡겨야 할 것입
니다"라고 말했다.

공자는 다시 "공서적의 이상은 무엇이냐?"라고 물었다. 공서
적은 "감히 제가 무엇을 할 수 있다고 말하지 못하겠습니다. 저
는 그저 더 많이 공부하고 싶습니다! 종묘에서 제사를 지내거나

외국 손님을 접견하는 일이 있다면 저는 예복을 입고 의식의 조수로서 참여하고 싶습니다"라고 말했다.

공자는 "증점아, 너의 이상은 무엇이냐?"라고 물었다. 증점은 거문고를 안고 있었는데, 그는 느릿한 음으로 거문고를 탄 후에 내려놓더니 "제 이상은 세 학우가 품은 큰 뜻과는 다릅니다"라고 말했다. 공자는 "걱정할 것이 뭐가 있느냐? 마음 편히 말해 보아라"라고 말했다. 그러자 증점은 "늦봄에서 초여름으로 바뀌어 홑옷을 입을 때가 되면, 오랜 벗 대여섯 명과 함께 각자의 아이들을 데리고 교외의 물가에 가서 물놀이하고, 기우제를 지내고 있으면 그것을 구경한 후에 노래를 부르며 집으로 돌아오고 싶습니다"라고 말했다.

공자는 길게 탄식하더니 "나는 증점의 생각이 마음에 드는구나!"라고 말했다.

자로와 염유와 공서적은 일이 바빠 잠깐 앉아 있다가 인사하고 돌아갔다. 혼자 남은 증점은 공자에게 "세 사람이 한 말이 어떻습니까?"라고 물었다. 공자는 "이것이 시험도 아닌데 좋고 나쁨이 있겠느냐. 다들 그냥 마음 편히 자기 생각을 이야기한 것뿐이다!"라고 말했다.

증점은 "그러면 자로가 말을 마친 후에 스승님은 어째서 웃으셨습니까?"라고 하며 궁금해했다. 공자는 "나라를 다스리는 데 있어 가장 중요한 것은 예를 갖추어 사양하는 것이다. 그의 말이 겸손하지 않았기에 웃은 것이다"라고 설명했다.

증점은 다시 "염유가 한 말은 나라를 다스리는 일에 관한 말이 아닌데, 그렇다면 그는 비교적 겸손하다 할 수 있습니까?"라고 물었다. 그러자 공자는 "사방 60~70리 혹은 50~60리 되는 땅도 소국이라 할 수 있지 않느냐[염유도 야심이 있다는 의미이다]!"

라고 답했다.

증점은 "그러면 공서적이 한 말도 나라를 다스리는 일에 관한 말이라 할 수 있습니까?"라며 한 번 더 물었다. 이에 공자는 "종묘에서 제사를 지내고 외빈을 접견하는 일도 당연히 나라의 정무이다. 공서적은 의식의 조수가 되고 싶다고 말했지만, 누가 의식을 주관해야만 그가 수긍하겠느냐?"라고 반문했다.[12]

이처럼 만년의 공자가 가지고 있던 심리는 40~50세 때의 마음과는 매우 달랐다. 그가 한 말도 예전에 채나라 병사들에게 포위되었을 당시에 제자들에게 한 말과는 완전히 다르다. 공자는 "일흔 살이 되니 마음속으로 하고 싶은 대로 행해도 법도를 벗어나지 않았다十而從心所欲, 不踰矩"[13]라고 말했다. 그는 일흔 살에 와서 드디어 생각이 완전히 트여 나라를 경영하고 다스리는 대업에는 관심을 덜 두고, 바꿀 수 없는 현실 세계 속에서 즐거움을 찾을 수 있게 되었다. 그러나 제자들은 한창 젊고 기력이 왕성할 시기라 다들 업적을 쌓고 싶어 했다. 이는 사람의 인생이 가진 자연스러운 주기로, 다들 나름의 도리가 있었다.

재여의 죽음

공자의 만년에 제나라에서는 진씨 가문의 세력이 점점 커졌다. 이 귀족 가문은 2백 년쯤 전에 진陳나라의 한 공자로부터 시작되었는데, 이 공자는 진나라의 내란을 피해 제나라로 망명했고 제환공이 그를 받아 주었다. 이 가문은 자신들의 옛 조국인 '진'을 씨로 삼아 제나라에서 번성했다. 상고 시대에는 진陳과 전田 두 글자의 음이 같아서 이 가문을 전씨라고 부르기도 했다.

12 《논어·선진》 편의 "자로, 증석, 염유, 공서화시좌子路, 曾晳, 冉有, 公西華侍坐" 부분.
13 《논어·위정》

제경공이 사망한 후 제나라 군주가 몇 번이나 바뀌며 정변과 내부 분쟁이 여러 차례 일어났다. 이 과정에서 진씨 가문은 서서히 여타 귀족 과두들을 몰아내고 홀로 세력을 키워, 마침내 성이 강姜[씨는 여름]인 군주 가문을 대신해 정식으로 제나라 군주 자리에 올랐으며, 전국 시대에는 제왕齊王 가문이 되었다. 공자는 인생의 마지막 2년 동안 진씨 가문이 제나라 최고의 자리에 오르게 된 가장 결정적인 전쟁을 목격하게 되었다.

앞에서 이야기한 바와 같이, 이 당시 군주의 자리에 올라 있던 제간공은 예전에 아버지인 제도공과 함께 노나라로 피난한 적이 있었으므로 노나라에 어느 정도 인맥을 쌓아 두었다. 제도공은 계강자의 누이를 아내로 맞았고, 제간공은 공자의 제자인 재여를 벗으로 사귀어 꽤 사이가 좋았다. 제나라로 돌아가 즉위한 제간공은 정무를 맡아 줄 능력 있는 사람, 특히 자신이 진씨 가문의 꼭두각시가 되지 않게 막아 줄 사람이 필요했다. 그래서 그는 재여에게 제나라로 와 달라고 청해 그에게 승상의 관직을 주고 국정을 맡겼다.

제나라에는 좌우 두 명의 승상이 있었다. 재여를 제외한 다른 승상은 진씨 가문의 진성자陳成子[진항陳恒]였다. 따라서 재여와 진성자는 자연히 사이가 좋을 수가 없었다.

재여가 제나라에서 승상을 맡고 있던 당시에도 노나라와 제나라는 여전히 대치 상태였다. 노나라는 오나라의 병력을 빌려서 제나라에 대항했다. 이 때문에 재여의 입장은 공자와 제자 집단을 아주 난감하게 만들었고, 공문제자들은 내부적으로 분열해 대립하기에 이르렀다.

얼마 지나지 않아 재여와 진성자 사이의 모순이 격화했다. 결국 진씨 가문은 재여가 제나라 궁전을 떠난 틈을 타 병력을 소집해 궁전 안으로 쳐들어가 제간공을 억류한 후, 재여를 공격해 죽였다. 진성자는 제간공도 한동안 구금한 끝에 죽였다.

《좌전》에 의하면 제간공의 사망 소식을 들은 공자는 매우 분노해 일단 사흘 동안 재계한 다음, 노애공을 찾아가 군사를 일으켜 진성자를 공격하자고 청했다고 한다. 공격의 이유는 당연히 진성자가 신하의 몸으로 군주를 살해하는 대역무도한 짓을 저질렀기 때문이었다. 사흘 동안 재계하는 일은 큰 제사를 지내기 전의 준비 작업으로, 공자가 이렇게 한 이유는 자신이 이 일을 매우 중시하고 있음을 보여주기 위해서였다.

노애공은 "제나라는 줄곧 노나라보다 강대한 나라였는데, 그를 토벌해 승리할 수 있겠는가?"라고 물었다. 공자는 "진항은 반역하여 군주를 살해했으므로 제나라 백성의 절반은 그를 반대하고 있습니다. 여기에 우리 노나라까지 합세하면 분명히 무찌를 수 있습니다!"라고 답했다. 그러자 다시 노애공이 말했다. "그러면 삼환을 찾아가 의논해 보라[과인은 결정할 수 없다는 의미이다]." 공자는 계강자, 맹무백, 숙손무숙을 차례로 찾아갔지만 제나라에 맞서려는 이가 아무도 없어 그냥 흐지부지되고 말았다.

재여의 신분은 여전히 비밀에 싸여 있다. 그의 자는 '자아子我'인데, 《좌전》에는 '재여'라는 이름이 등장하지 않고, 제간공을 도와 진씨 가문에 대항했던 인물은 '감지闞止'이며, 이 인물의 자도 역시 '자아'라고 기록되어 있다. 후세의 몇몇 학자는 이 감지라는 인물은 재여가 아니며, 우연히 두 사람의 자가 같았을 뿐이라고 여겼다. 그러나 전국 시대 후기의 《여씨춘추》에는 진성자에게 죽임을 당한 제나라의 승상은 재여라고 기록되어 있다.[14] 도대체 어떻게 된 일일까?

14 《여씨춘추·신세愼勢》를 볼 것.

사실《좌전》의 마지막 부분[공자의 만년과 그가 사망한 후 몇 년 동안의 내용]은 공자의 제자들이 덧붙여 썼고, 좌구명左丘明이 쓴 원본에는 이러한 내용이 없다. 공문제자들은 재여가 노나라와 적대 관계인 제나라로 간 일을 탐탁지 않게 여겼음이 분명하므로, 이 일을 숨기기 위해 '감지'라는 이름으로 기록한 듯하다. 당시 사람들은 여러 개의 씨를 가질 수 있었다. '재宰'와 '감闞' 모두 재여의 씨가 맞으며, '지止'와 '여予'는 글자의 모양이 비슷해 혼동하기 쉬웠다. 아마도 공문제자들이 꾀를 내어 이렇게 기록한 것으로 보인다.

《논어》에 재여가 등장한 구절을 보면 대부분 좋지 않은 이미지로 기록되어 있다. 한번은 그는 낮잠을 자다가 공자에게 "썩은 나무는 조각을 하는 데 쓸 수 없는 법이다朽木不可雕也"라고 꾸중을 들었다.[15] 또 한번은 그가 공자에게 '삼년상'은 기간이 너무 길어 많은 일에 방해가 된다고 말하자, 공자는 "상은 네가 치르고 싶은 기간만큼 치르거라. 네 마음만 편하다면 상관없다"라고 말했다.[16]《논어》는 공자가 사망한 후에 제자들이 엮은 책이다. 아마도 제나라를 가까이했던 재여의 정치적 입장 때문에 학우들이 그의 좋지 않은 인상만 기억하고 있었던 듯하다.

그러나 노애공이 진성자를 토벌해 주기를 간절히 바랐던 점을 보면, 그래도 공자는 재여의 복수를 하고 싶은 생각이 있지 않았을까?《사기》에는 그가 재여를 평한 말이 기록되어 있는데, "재여는 말주변이 뛰어났다. 나는 이러한 이는 겉만 번드르르하

---

15 《논어·공야장》: "재여가 낮잠을 자는 것을 보고 공자가 말했다. '썩은 나무로는 조각을 할 수 없고, 더러운 흙으로 쌓은 담장은 깨끗하게 다듬을 수 없는 법이다. 여를 무엇으로 나무라겠는가?'"(宰予晝寢. 子曰: '朽木不可雕也, 糞土之牆不可杇也, 於予與何誅.')

16 《논어·양화》편의 "재아문삼년지상宰我問三年之喪" 부분.

고 믿을 수 없는 인물이라 여겼지만, 나중에 보니 내 생각이 틀렸
다"라고 말했다.[17] 아마도 재여의 사망 소식을 들은 후에 한 말로
보인다. 재여는 적국을 위해 일하기는 했어도 권신을 반대한 끝
에 군주에게 충성을 다하고 죽었는데, 이는 공자가 가장 높이 평
가하는 덕행이었다.

마찬가지로 《사기·중니제자열전》을 보면 더 모순적인 내용도
발견할 수 있다. 재여는 확실히 제나라에서 관직을 맡고는 있었
으나 제간공이 아니라 진성자 일당에 가담했으며, 진성자를 도와
나쁜 짓을 일삼고 군주를 시해한 후 결국 내부 분쟁으로 목숨을
잃어 공자까지도 이 일을 수치스럽게 여겼다고 기록되어 있다.
그러나 이 기록에 관한 증거는 전혀 없다. 어쩌면 공문제자 중에
재여를 심하게 싫어했던 이가 몰래 이러한 말을 꾸며냈는데, 본
인도 이 말이 허황하다고 생각해 차마 책에는 기록하지 못했으
나, 이 소문이 한나라 때까지 남아서 사마천이 진위를 제대로 판
별하지 않고 그대로 《사기》에 기록했는지도 모른다.

제간공과 재여가 사망한 다음 해에 노나라가 먼저 나서서 진
성자가 장악한 제나라와 화친을 맺었다. 이때 노나라를 대표해
출사한 관원은 자복경백이었으며, 자공이 부사副使를 맡아 그를
수행했다. 이 두 사람은 제간공과 재여를 반대했던 인물들로 진
성자가 정권을 장악하자 재빨리 제나라와의 관계를 회복했다.

노나라가 제나라와 화친을 맺은 일은 공자의 가치관에는 부합
하지 않았다. 그러나 권력자들뿐만 아니라 반평생을 충성스럽게
따라 온 제자들조차 이미 공자를 완전히 신경 쓰지 않았다. 정치

---

17 《사기·중니제자열전》: "공자가 이를 듣더니 '내가 말로써 사람을 평했다가 재여에
게 실수를 범했고, 용모로써 사람을 평했다가 자우에게 실수를 범했다'라 말했다."(孔
子聞之曰: '吾以言取人, 失之宰予; 以貌取人, 失之子羽.')

측면에서 공자는 이미 시대에 뒤떨어지고 세상 물정에 어두운 늙은이가 되어 새로운 시대에 적응하기 힘들어졌으며, 제자들도 암암리에 그가 죽은 후의 일을 고려하고 있었다.

장례 예행연습

나이가 70세를 넘자 공자의 몸 상태는 점차 쇠약해져 생의 마지막을 향해 가려는 조짐이 보이기 시작했다. 한번은 그가 병을 심하게 앓아 가족과 제자들은 모두 그가 곧 세상을 떠나겠다고 생각했다. 위나라에 있던 자로도 노나라로 돌아와 여러 제자를 이끌고 스승이 죽은 후의 일을 준비하려 했다. 자로는 공자의 제자 중에서 나이도 많고 그를 따른 시간도 길었으며 지금은 위나라에서 상당한 실권을 가지고 있기도 했으므로, 공문제자 중 명실상부한 큰형님이었다.

공자와 그가 창시한 유가는 장례를 최고로 중시했으며, 그들의 오랜 본업도 사람들이 장례를 잘 치르도록 돕는 일이었다. 이제 공자의 장례를 준비하게 되었으니 제자들은 당연히 그들이 보유한 지식과 능력을 전부 동원할 터였다.

그러나 자로를 비롯한 제자들에게는 걱정거리가 하나 있었는데, 바로 공자의 귀족 등급에 관한 문제였다. 공자가 사인이라는 점은 사회에서도 인정하는 바였으니 아무 문제도 없었지만, 그가 사 계급보다 한 단계 높은 대부 계급인가 아닌가를 판단하는 데는 문제가 있었다. 주나라의 귀족 제도에 따르면 대부의 신분을 판단하는 데는 엄격한 기준이 존재했는데, 그의 수하에 '신臣'이 있는지 없는지를 따졌다. 장례를 지내는 일도 이와 관련이 있었는데, 의식에 참석해 도울 가신이 있어야 제대로 된 대부의 장례라 할 수 있었다. 공자는 이 부분이 부족했다.

'신'은 단순한 노비나 하인이 아니었다. 서주와 춘추 시대 전통에 따르면 대부는 군주로부터 봉읍을 분봉 받아 대대로 세습할 수 있는 토지와 농노를 소유하게 된 후에 자신도 하급 귀족인 '사'에게 토지를 분봉해야 했다. 이렇게 토지를 분봉 받은 사인들이야말로 자격을 갖춘 가신들로, 그들은 봉주를 위해 일하고, 전쟁이 일어나면 봉주를 따라 참전했으며, 평소에는 봉주 가문을 관리하는 일을 하기도 했다.

이러한 봉군封君과 봉신封臣의 관계는 '봉건' 귀족 사회의 가장 기본적인 정치적 특징이었다. 봉주는 함부로 가신의 재산을 박탈해 봉건 관계를 깨 버릴 수 없었으며, 가신 역시 빈번하게 주인을 바꿀 수 없었다. 봉주와 봉신으로 묶인 두 가문의 관계는 종종 몇 대에 걸쳐 이어지곤 했다.

몇몇 대부 가문은 간혹 임시로 사인을 고용해 일을 시키면서 토지를 분봉해 주지 않고 봉급으로 양식만을 지급하기도 했는데, 엄격히 말하면 이러한 사인들은 '신'이라 할 수 없었다. 공자는 젊었을 때 계손씨 가문의 관리로 일한 적이 있었으나 그들의 가신 신분은 아니었다. 제나라 고씨 가문에서 일했을 때도 마찬가지로 제대로 된 가신 신분은 아니었고, 그저 고용주와 직원의 관계였을 뿐이다.

공자는 다른 가문의 가신이 된 적도, 수하에 가신을 둔 적도 없었다. 분봉 받은 봉읍이 없으니 당연히 다른 이에게 줄 수도 없었다. 그가 대부의 신분을 얻을 수 있었던 이유는 예전에 몇 년 동안 대사구 직책을 맡았기 때문이다. 규칙대로라면 이 관직에 올랐을 때 반드시 군주로부터 봉읍을 하사받아야 했지만, 노나라의 집권자인 계손씨가 분봉을 허가하지 않았다. 공자의 대부 신분은 완전하지 못했고 아들에게 물려줄 수도 없었다.

공자의 상황은 춘추 시대 역사 속에서 매우 드물고 특수한 사례이다. 그러나 그가 사망한 시점은 춘추 시대가 거의 끝나 가던 때였고, 그 후로 이러한 상황은 점점 더 많아졌다. 제자 대부분은 공자와 마찬가지로 귀족 대부 가문에서 일하면서 봉읍 없이 봉급만을 받았으므로, 가신이 아닌 고용인 신분이었다.

이름이 알려진 공자의 제자 가운데 세습 가능한 봉읍을 소유했던 사실을 확실히 알 수 있는 귀족은 송나라의 사마우가 유일하다. 그는 예전에 공자를 괴롭혔던 대사마 환퇴의 사촌 동생으로 지위가 높은 가문의 독자였기에 세습이 가능한 봉읍을 소유할 수 있었다. 그러나 나중에 송나라에 내전이 일어나 사마우는 봉읍을 잃고 노나라로 망명해 봉읍이 없는 귀족이 되었다.

자로는 공자가 사망한 후를 준비하면서 대부의 신분으로 장례를 치르려 했다. 그러자면 특정한 업무를 담당할 가신이 있어야 했는데, 제자들이 임의로 그 역할을 맡는 방법으로 변통하는 수밖에 없었다. 공자가 출현하기 전까지는 사제 간의 관계가 보편적이지 않았고, 주례에도 스승과 제자 사이가 어떠해야 하는지를 정해져 있지 않아 스스로 정립해 나가는 수밖에 없었다.

공자의 장례 의식에서 제자들이 그의 가신 역할을 맡는 것은 자신들의 신분을 낮추는 일이 아니라 높이는 일이었다. 이로써 잠시나마 봉읍을 소유한 사인 역할을 하는 셈이었기 때문이다. 공자와 정식으로 사제 관계를 맺은 제자 중 대다수는 사회적 지위가 낮은 이들이어서 그의 사회적 인맥에 기대어 일자리를 찾거나, 심지어 공자의 집안일을 대신해 주기도 했다. 또한 다수 제자가 공자보다 30세 이상 어렸으므로, 그들의 사제 관계는 어떤 면에서는 고용주와 고용인의 관계, 또 어떤 면에서는 부자지간과도 비슷해 융통성이 있는 편이었다.

가신을 둔 대부의 신분으로 장례 의식을 준비하는 일 외에도
자로는 공자를 위해 신에게 기도를 올리는 의식도 거행하려 했
다. 이후의 대화로 미루어 보아 기도의 내용은 공자가 건강을 회
복하게 해 달라는 것이 아니라, 그가 죽은 후에 무사히 천당으로
올라가 상제와 역대 조상들에게 받아들여질 수 있도록 해 달라
는 것이었던 듯하다.

  그러나 이러한 의식을 치르기도 전에 공자는 위독한 병에서
회복해 장례를 치를 필요가 없어졌다. 자로가 계획했던 일들을
알고 나서 공자는 매우 불쾌해했다. 화를 내며 "알고 보니 자로
는 요 며칠간 사기를 칠 생각을 하고 있었구나! 나에게는 가신이
없는데, 굳이 가신이 있는 척하고 의식을 치르려 하다니. 내가 누
구를 속이겠느냐? 하늘을 속이겠느냐?"라고 말했다.

  당시 사람들의 관념에 따르면 사람은 죽은 후에 하늘로 올라
가 상제를 뵈어야 했는데, 장례를 치를 때의 신분과 복장 그대로
상제 앞에 서게 된다고 생각했다. 따라서 분수에 맞지 않는 장례
의식을 치르면 자연히 상제를 속이는 일이 되었다. 공자는 인간
세상의 신분 등급을 속여서는 안 된다고 줄곧 강조해 왔으니 자
기가 그 규칙을 깬다면 더더욱 안 될 말이었다. 그는 "제자들이
지켜보는 가운데 죽는 것이 가신들이 보는 가운데 죽는 것보다
낫지 않겠느냐? 너희가 있다면야 장례의 격식이 좀 낮다 한들 시
체가 길에 버려질 걱정은 없지 않겠느냐?"라고 말했다.[18]

18 《논어·자한》: "공자의 병이 위중해지자 자로는 제자들에게 가신의 역할을 하도록
했다. 병세가 나아지자 공자는 '유가 거짓을 행한 지가 오래됐구나! 가신이 없으면서
있는 척을 하다니, 내가 누구를 속인단 말이냐? 하늘을 속이겠느냐? 그리고 나는 가신
들 가운데서 죽느니 차라리 너희 가운데서 죽는 것이 낫겠구나! 또한 내가 성대한 장
례를 받지 못한다 할지라도 길에서 죽기야 하겠느냐?'라 말했다."(子疾病, 子路使門人
爲臣. 病間, 曰: '久矣哉, 由之行詐也! 無臣而爲臣. 吾誰欺? 欺天乎! 且予與其死於臣之手
也, 無寧死於二三子之手乎! 且予縱不得大葬, 予死於道路乎?')

　공자는 자로가 신에게 기도를 올리려 했던 일에도 불만이 있었다. 자로에게 "듣자 하니 너는 신에게 기도를 올릴 준비를 하고 있었다던데, 사실이냐?"라고 물었다. 자로는 "사실입니다. 추도문에도 항상 '[망자가 무사히 천당에 들어갈 수 있도록]하늘과 땅의 여러 신에게 기도합니다'라는 말이 들어가지 않습니까?"라고 말했다. 그러자 공자는 "그렇다면 내가 인간 세상에서 한 일도 전부 신에게 기도를 올렸던 것이구나"라고 말했다.[19]

　그는 귀신이 현실에 관여하는 것을 시종일관 반대해 왔다. 살아 있는 동안 행동을 바르게 해 마음에 부끄러운 바가 없다면 죽은 후에 분명히 천당에 들어갈 수 있다고 여겼으며, 저승에 자신을 괴롭힐 '사람'이 있을까 봐 걱정하지도 않았다.

　자로와 공자의 대화 중에 이 일과 관련된 듯 보이는 대화가 한 대목 더 있다. 자로가 공자에게 '귀신을 섬기는事鬼神' 방법, 즉 귀신의 환심을 사서 자기가 하는 일을 도와주게 하는 방법에 관해 질문했다. 그러자 공자는 "너는 산 사람도 제대로 챙기지 못하면서 무슨 귀신까지 신경 쓰려 하느냐?"라고 말했다. 자로가 다시 "사람은 죽은 후에 어떻게 됩니까?"라고 묻자 공자는 "삶이 뭔지도 제대로 모르면서 죽음에 관해 생각하는 것이 무슨 소용이 있겠느냐?"라고 말했다.[20]

19 《논어·술이》: "공자의 병세가 위중해지자 자로는 하늘에 기도를 올리려 했다. 공자가 '네가 정말로 그랬느냐?'라 묻자 자로는 '맞습니다. 추도문에도 〈그대를 위해 하늘과 땅의 신령들에게 기도하노라〉라는 말이 있습니다'리 말했다. 공자는 '내가 그런 기도를 드려 온 지가 이미 오래되었다'라 말했다."(子疾病, 子路請禱. 子曰: '有諸?' 子路對曰: '有之;《誄》曰: "禱爾於上下神祇".' 子曰: '丘之禱久矣.')

20 《논어·선진》: "계로가 귀신을 섬기는 일에 관해 질문하자 공자는 '사람을 섬길 줄도 모르는데 어찌 귀신을 섬길 수 있겠느냐?'라 말했다. 죽음에 관해 질문하자 공자는 '삶을 모르는데 어찌 죽음을 알겠느냐?'라 말했다."(季路問事鬼神. 子曰: '未能事人, 焉能事鬼?' 敢問死. 曰: '未知生, 焉知死?')

그래도 제자들이 장례를 미리 준비했던 일로 공자는 마음의 위안을 얻었다. 아들은 이미 세상을 떠났고, 손자는 아직 어려 그를 위해 아무것도 해 줄 수가 없지만 제자들이 장례를 치러 준다면 걱정할 필요가 없었다. 이번의 '예행연습'을 통해 제자들을 단속하고 주의할 점까지 일러 주었으니 다음에 진짜로 장례를 치를 때는 온전히 그의 뜻대로 할 수 있을 터였다.

그러나 자로는 결국 공자의 장례를 직접 치러 줄 수 없었다.

자로가 허무하게 전사하다

공자가 73세 되던 해, 16년 동안이나 망명 생활을 했던 위나라의 옛 태자 괴외가 마침내 돌아와 아들인 위출공을 축출했다.

괴외의 누이인 백희伯姬는 대귀족인 공문자에게 시집을 가서 후계자인 공회孔悝를 낳았다. 이때 공문자는 이미 사망한 후였고, 공회가 가주가 되어 위나라의 조정을 장악하고 있었는데, 그는 주견이 없는 인물이었다. 척성을 점거하고 있던 괴외는 지금이 바로 기회라고 여기고 사람을 보내 비밀리에 백희와 연락을 취해서 그녀가 아들인 공회를 협박해 정변을 일으켜 위출공을 쫓아내고 자신을 군주로 옹립하게 시켰다.

이 가족 사이의 분쟁은 너무나 복잡했다. 괴외와 위출공은 부자지간인데도 군주의 자리를 놓고 다투었고, 공회는 어머니와 외숙부의 협박으로 사촌 형제를 군주의 자리에서 몰아내고 외삼촌을 군주로 세웠다.

사실은 이보다 더 복잡했다. 과부인 백희에게는 정부情夫가 있었는데, 영준한 노복인 혼량부渾良夫라는 이였다. 백희는 그를 척성으로 보내 동생인 괴외의 세력을 살펴보게 했는데, 괴외는 이를 기회로 삼아 혼량부를 매수해 위나라로 돌아가 군주의 자리를 빼앗는 일을 도와달라고 했다. 괴외는 자신이 군주가 된다면 그를 대부로 봉하고, 죽을죄를 지어도 세 번까지 용서해 주겠다는 조건을 걸었다.

노복인 혼량부는 귀족이 될 기회를 얻자 자연히 매우 흥분했다. 위나라 도성으로 돌아간 그는 백희를 위해 일했는데, 백희는 정부인 그에게 홀려 동생인 괴외와 결탁해서 아들을 협박해 조카를 공격하기로 했다.

혼량부는 비밀리에 괴외를 맞이하러 갔고, 이 두 사람은 위나라 도성에 잠입해 한밤중을 틈타 여장한 채로 마차를 타고 공씨 저택으로 갔다. 이렇게 만나게 된 남매는 우선 어떻게 공회를 붙잡을지 궁리했다.

백희는 평소에 정부와 지내느라 아들과는 멀리 떨어져 살았다. 이날은 그녀가 창을 한 자루 메고 앞장서서 길 안내를 하고, 괴외와 다섯 명의 종자는 모두 갑옷을 입고 꽁꽁 묶은 돼지를 둘러멘 채 따라갔다. 변소에서 볼일을 보던 공회는 얼떨결에 못 본 지 10년이 넘은 외삼촌과 어머니에게 붙잡혔다. 메고 온 돼지는 곧바로 맹세의 의식에 바칠 제물로 썼다.

공회는 어머니와 외삼촌에게 협박당해 그들과 함께 정변을 일으켜 위출공을 몰아내겠다고 맹세했다. 그런 다음, 괴외와 백희는 공씨 가문의 무력을 집합하게 하여 군주의 궁전을 공격했다. 이들은 공씨 저택의 높은 누각에 정변의 총사령부를 설치하고, 공회도 이곳에 가둬 두었다.

공씨 저택 안채의 집사는 상황이 심상치 않자 급히 사람을 보내 자로에게 이 일을 알렸다. 자로는 황급히 공씨 저택으로 향했다. 저택에 거의 도착했을 때 맞은편에서 후배인 고시가 달려오는 모습을 발견했다. 고시는 자로에게 "공씨 가문에 큰 난리가 났으니, 우리는 빨리 도망쳐서 목숨을 보전합시다. 괜히 거기 가서 위험을 무릅쓸 필요가 어디 있습니까!"라고 말했다.

자로는 저택에 가겠다고 고집했다. 그는 공회의 대집사였으므로 주인에게 봉급을 받는 이상 주인의 안위를 신경 써야 했다. 그는 곧장 공씨 저택으로 달려 들어가 누각 아래 서서 위쪽을 바라보며 "태자께서는 공회를 가둬 두고 무엇을 하시려 합니까? 만약 그를 죽인다고 하더라도 당신과 대립하는 이는 계속 나타날 것입니다!"라고 소리쳤다. 자로는 공씨 가문에서 여러 해 동안 집사로 일했으므로 가문에는 그에게 충성하는 이가 제법 있었다. 자로는 그들을 지휘해 누각에 불을 질러서 태자가 공회를 풀어 주게 만들려 했다.

긴장한 괴외는 급히 충성스러운 수하 두 사람을 내려보냈고, 그들은 창으로 자로를 공격해 관모의 끈을 끊었다. 자로는 '군자는 죽을 때까지 관모를 벗어서는 안 된다'라는 유가의 예절을 지키기 위해 끈을 다시 묶으려다 결국 적의 창에 찔려 목숨을 잃었다. 고대에 남자들은 다들 머리를 길게 길렀는데, 이 머리를 틀어 올린 다음 관모를 쓰고 비녀로 고정했다. 그래서 관모가 벗겨지면 머리카락이 흐트러져 보기 좋지 않았다.

혼란한 와중에 위출공은 노나라로 도망쳐 정변이 일어났다는 소식을 전했다. 공자는 "고시는 겁이 많으니 도망쳤을 터이지만, 자로는 아마도 목숨을 잃었을 것이다"라고 추측했다.

자로는 너무나 가치 없는 일을 위해 목숨을 잃었다. 공회는 다른 이도 아닌 어머니와 외삼촌에게 붙잡혀 있었던 데다 성격도 유약해서 죽임을 당할 위험이 없었기 때문이다. 외부인인 자로는 주인 집안 내부의 분쟁에 개입할 필요도 없었다. 게다가 그는 이때 나이가 예순을 넘어 잘 싸울 수도 없었다.

괴외는 타지에서 오랫동안 망명하면서 위령공과 위출공, 즉 자신의 아버지와 아들을 도왔던 이들에게 뼈에 사무친 원한을 품고 있었다. 따라서 그는 자로의 시신을 칼로 다져 장으로 담가서 일벌백계하라는 명을 내렸다. 사람을 죽여 장으로 담그는 일은 춘추 시대에는 거의 사라졌지만 상나라 시대에는 인제를 지낼 때 종종 그렇게 했고, 이 일을 의미하는 갑골문 문자도 존재했다.

얼마 지나지 않아 자로가 죽었다는 소식이 노나라에 전해졌다. 공자는 특히 그의 시신을 장으로 담갔다는 소식을 듣고 매우 두려워해, 하인에게 집에 있는 고기로 담은 장을 모두 버리라고 시켰으며 그 후로 고기 장을 절대로 먹지 않았다.

큰 인물이 눈을 감다

이 당시 공자는 이미 병이 깊어져 침상에 누워 지냈다. 이해의 주력 4월, 봄기운이 완연한 어느 날 이른 아침에 공자는 웬일로 자리에서 일어났다. 한 손은 뒷짐을 지고 한 손으로는 지팡이를 짚고서 정원 안을 이리저리 오가며 중얼중얼 혼잣말을 했다. 죽기 직전에 잠시 기력이 돌아온 듯했는데, 《예기》에 의하면 그는 "태산이 무너지려는가? 대들보가 부러지려는가? 큰 인물이 병들려는가泰山其頹乎 梁木其壞乎 哲人其萎乎?"라고 말했다고 한다. 태산은 크고 웅장한 산일 뿐만 아니라, 고대인들은 상제가 사는 곳으로 통하는 가장 가까운 길이라 여겨 태산에서 제사를 지내야 상제가 임하기에 가장 편하다고 생각했다. 그런 태산이 무너지려 한다고 말했으니, 공자의 상태는 확실히 정상이 아니었다.

역시나 자공이 제나라로 출장을 갔다가 막 돌아와 공자를 만나러 왔다. 공자는 문을 바라보고 앉아 있다가 "자공아, 네가 마침내 왔구나! 어젯밤 꿈에 내가 본채의 두 기둥 사이에 앉아 있는데, 하나라 사람이 장례 행렬을 멈추고 동쪽 행랑채 앞에 서고, 상나라 사람이 행렬을 멈추더니 본채의 두 기둥 가운데 서고, 주나라 사람이 행렬을 멈추고 서쪽 행랑채 앞에 서더구나. 그러니 아무래도 나는 상나라 사람인가 보다"라고 말했다[이것이 바로 공자가 주장했던 하·상·주 삼단논법이다].

7일 후 공자는 세상을 떠났다. 그는 평생 주도를 추구했으나, 죽음을 앞두고서야 자신은 역시나 상나라 사람임을 알게 되었다. 아마도 자공 역시 상나라의 후손이기 때문에 공자가 그런 이야기를 털어놓았던 듯하다.

공자의 장례와 매장 의식은 예정대로 모두 제자들이 치렀는데, 하, 상, 주 세 나라의 각기 다른 예식을 결합해 진행했다고 한다. 의식은 공자가 생전에 당부한 대로 '신'을 소유하지 않은 사인 등급에 맞춰 치렀다. 공자는 15세 때 사인의 신분을 얻었고, 만년에는 유명무실한 대부 신분으로 20여 년을 지내다가 죽은 후에는 다시 사인의 신분으로 돌아갔다.

공자가 만년에 부모의 무덤에 봉분을 쌓았듯이 제자들도 공자의 무덤에 봉분을 쌓았다. 이 봉분은 높이가 4척으로 지금 단위로 계산하면 1m에 가까운 높이였다.[21]

공자는 죽은 후에 곡부성 북쪽의 교외 지역인 사수의 북쪽 기슭[당시 곡부성은 지금과는 달리 사수의 남쪽 기슭에 있었다]에 매장되었다. 이곳은 아마도 곡부에 거주하는 사대부들의 묘역이었던 듯한데, 공리도 이미 이곳에 묻혀 있었다. 공자의 묘는 공리의 묘 바로 옆에 동서 방향으로 마주하고 있었다. 공자 부모의 묘는 이곳에 있지 않았다.

사생 관계는 공자가 창시한 것이나 마찬가지였기 때문에 어

21 《예기·단궁상》을 볼 것.

떠한 예절을 따라야 하는지 판단하기 힘들었다. 따라서 제자들은
다 같이 상의한 끝에 공자가 정한 '부친이 죽으면 삼년상을 치른
다'라는 예절에 따라 삼년상을 치르기로 했다. 그들은 공자의 묘
소 바깥에 간이로 초가집을 지어 함께 공자에게 제사를 올리면
서 그의 유저遺著를 정리하고, 계속해서 젊은 제자들을 가르치며
점차 초보적인 학원의 형태를 이루어 갔다.

구체적으로 무슨 예절에 따라 복상해야 하는가에 관해서는 제
자들 사이에서 논쟁이 있었다. 자공은 구체적인 규칙은 부친상
을 치르는 경우를 따르되, 상복은 입을 필요가 없다고 여겼다. 공
자가 일찍 세상을 떠난 자로와 안회 등의 제자를 위해 상을 치를
때도 상복을 입지 않았기 때문이다. 그러나 몇몇 제자는 상복을
입어야 한다고 생각했다. 결국 두 주장을 절충해 관직에 오른 이
들은 일을 소홀히 할 수 없으니 평소에는 예복을 입고 출근하고,
퇴근해서 '학원'으로 돌아오면 상복으로 갈아입고 학우들과 함께
제사를 지내고 수업하기로 했다.

공묘孔墓 바깥에는 백여 채의 집이 들어선 교외 마을이 형성되
었고, 이곳을 '공리孔里'라고 부르게 되었다. 근대에 와서 이곳은
유명한 공부孔府, 공묘孔廟, 공림孔林으로 변해 '삼공三孔'이라는 관
광지가 되었다. 혹자는 '궐리闕里'라 부르며, 이곳이 바로 공자가
살았던 곡부성 안의 저택이자 공자가 사숙을 열었던 곳이라고
말하기도 한다. 그러나 사실 공자의 시대에 그의 묘는 곡부성 바
깥에 있었으며, 지금의 '삼공' 지역은 생전의 공자와는 아무 상관
이 없는 곳이다. 그저 당시에 곡부성 안에 살던 귀족들의 교외 묘
역이었을 뿐이다.[22]

공자의 묘 옆에는 제자들과 친척들이 그를 위해 지은 사당이

22 《사기·공자세가》,《사기·중니제자열전》,《예기·단궁상》을 볼 것.

있는데, 이 사당은 천 년 가까이 흐른 뒤인 남북조 시대까지도 처음 지었을 때의 양식 그대로 남아 있었다. 사당의 본당에는 방이 세 개 있는데, 가운데 방에는 공자의 어머니인 안씨를 모셨으며 서쪽 방에는 공자를, 동쪽 방에는 공자 부인을 모셨다.[23]

이 사당 안에는 공자의 아버지 쪽 친척은 아무도 모시지 않고 오히려 그와 이혼한 부인을 모셨는데, 이는 매우 이상한 일이다. 아마도 안씨 집안사람들이 이렇게 배치한 듯하다. 공자가 사망했을 당시 아들 공리는 이미 죽은 후였고 손자는 아직 어렸으므로, 이 사당을 지어 위패를 모신 이들은 아마도 공자의 어머니 집안인 안씨 집안 친척들이었을 것이기 때문이다. 공자의 부인이 안씨 가문 여인이었다는 사실도 이에 대한 방증이 될 수 있다. 이 때문에 공자가 사망하기 전에 이혼한 부인도 사당에 함께 모셨는지도 모른다.

공자의 상을 치른 제자 가운데 핵심적인 인물은 자공이었다. 그는 관직도 비교적 높고 인맥도 여러 방면에 뻗어 있어, 공자가 사망한 후의 여러 행사는 대부분 그가 조직했다. 제자 집단의 결속력을 유지하기 위해 독창적인 방법을 쓰기도 했는데, 공자를 닮은 제자인 유약을 교단에 앉혀 놓고 여러 제자가 뵙도록 했다.

이는 앞에서 설명한 주나라 제사 의식의 '시'라는 역할과 어느 정도 관련이 있다. '시'는 반드시 제사의 대상인 조상의 손자 세대 사람이 맡아야 했는데, 유약은 공자보다 마흔세 살 어렸으니 이 조건에 부합한다. 그러나 그는 출신이 비천했으며 공문에도 아주 늦게 들어온 제자였다. 유약은 공자가 위나라에서 돌아온 후에야 제자가 되었고 공자를 따른 시간이 4년밖에 되지 않아서 학문의 깊이도 모자랐고 경력도 부족했다. 자공 등의 대선배들이 뒷받침

23 《수경주水經注》 권25 《사수泗水》를 볼 것.

해 주지 않았다면 이 역할을 해내지 못했을 것이다.

　삼년상을 치른 후 공문제자들은 대부분 집으로 돌아가 정상적인 생활을 했다. 그러나 자공은 그 후로도 3년 동안 공리에서 생활하며, 공문제자들 사이에 연락을 취하는 중심지로서 이곳을 유지했다.

수준 높은 학술인 '육경'

공자는 남방에서 위나라로 돌아온 후 정계의 일에는 거의 참여하지 않고, 각종 고대 문헌을 수집하고 정리하기 시작했다. 노나라로 돌아온 후에도 작업을 계속해 마침내 그 결과물을 '육경'이라는 문헌으로 엮어냈는데, 이는 후세에 유가의 가장 중요한 경전이 되었다. '육경'의 저술은 공자가 인생의 마지막 10년 동안 가장 큰 힘을 기울인 일이라 할 수 있다.

'경經'은 곧 경전이 되는 문헌을 말한다. 육경은 《시경詩經》, 《상서尚書》, 《의례儀禮》, 《악경樂經》, 《춘추春秋》, 《주역周易》, 이 여섯 경전을 가리킨다. 이 책의 앞부분에서 공자가 가르친 기본 과목이 소위 '육례', 즉 예, 악, 사, 어, 서, 수, 귀족의 여섯 가지 기본 소양이었다고 소개한 바 있는데, 육경은 이보다 더욱 수준이 높고 깊이가 있는 학문이었다.

육경의 본질을 한마디로 정리하면 '공자의 시대까지 생산된 사회 지식을 모두 아우르는 총집總集'이라 할 수 있다. 첫째로 시간적인 면에서 육경의 범위는 공자의 시대까지 얻은 지식으로 일단락 짓고 있다. 이 문헌은 그 이전까지의 매우 긴 시기를 포함하고 있는데, 서주와 춘추 시대도 포함했으며, 전설 속 요, 순, 우 임금 시대 및 하나라와 상나라 시대의 문헌도 모두 포함했다.

둘째로 내용 면에서 육경은 사회적인 지식을 정리했는데, 현대에 사용하는 학과 관련 용어로 말하면 문학, 역사, 철학에 속하는 내용이며, 자연과학에 관한 지식은 매우 적다. 그렇다고 고대 사람들에게 자연과학 지식이 없었다는 뜻은 아니다. 공자가 초기에 가르쳤던 '육례'를 보면 '수', 즉 수학 지식이 포함되어 있다. 그러나 이러한 분야는 육경에 포함하지 않았다.

육경은 공자의 시대까지의 사회적 지식을 종합한 총집인 동시에 화하 문화 초기 사회 역사에 관한 백과사전이기도 하다. 후세 사람들이 춘추 시대 및 그 이전 시대 사람들이 어떻게 생활했으며 사람과 사회에 대해 어떤 관점을 가지고 있었는지 이해하고자 한다면, 이에 관한 거의 모든 내용을 육경에서 찾을 수 있다.

많은 이가 육경을 공자 한 사람이 집필한 문헌이라고 오해하는데, 사실은 그렇지 않다. 육경에 수록된 단편적인 문장들은 공자 이전부터 이미 산재해 있었다. 공자는 이러한 문장들을 수집하고 정리해 방대한 서적으로 편집해 엮었을 뿐, 새롭게 창작하지 않았다. 이는 공자가 한 일을 낮게 평가하려는 의도가 아니다. 공자 본인도 자신은 '술이부작', 즉 옛 문헌들을 정리하기만 했을 뿐 스스로 창조한 것은 없다고 말한 바 있다.

그러면 이제부터 '육경'의 내용 및 공자와의 관계를 살펴보자.

1. 《의례》는 각종 귀족 생활과 조정의 의식에 관한 설명서로, 앞에서 '육례'에 관해 설명한 부분에서 이미 소개한 바 있다. 이는 공자의 본업에 속한다. 공자가 사망한 후에 다른 이가 편찬한 《예기》와 《주례》라는 문헌이 등장했는데, 후세 유학자들은 이 문헌들도 경전으로 삼았다. 이렇게 해서 '육경'은 그 범위가 점점 넓어져 결국 '십삼경'으로 늘어났다.

2. 《악경》은 현재 전해지지 않는다. 혹자는 이 '악'은 모두 악곡이므로 애초에 문자로 기록된 적이 없었다고 주장하기도 한다. 고대에는 아직 악보를 문서로 기록할 방법이 없어 맹인 악사들

사이에서만 대대로 전해져 왔으나, 그 악곡들은 모두 실전되었다
는 주장이다.

공자는 만년에 노나라에 돌아온 뒤로 궁정악사들을 도와 악기
의 음계를 조정하는 일부터 했다. 당시 노나라 조정은 이미 체면
을 유지하기 힘든 상태였다. 맹인 악사들은 하나둘씩 사망하고 그
뒤를 이을 사람이 없어 조정 악단의 연주는 엉망이 되었으며, 아
무도 악단을 중시하지 않게 되었다. 이때는 현재와 같은 음악 이
론이 없어 음계를 확정하기가 매우 번거로웠다[이후 한나라와 위,
진나라 때에 이르러서도 악기들의 음계가 정확하지 못한 문제가 종종 발
생했는데, 이를 어떻게 조정해야 할지 아무도 알지 못했다]. 공자는 위
나라에서 돌아온 후에 이러한 문제가 있음을 알아차렸고, 그의 손
을 거친 후에야 음계가 정확하게 조정되었다.[1]

공자가 예전에 맹인 악사들과 가까이 지냈던 시간은 짧지 않
았지만, 그 당시에는 음악이 아니라 다른 데 마음을 두고 있었다.
그는 나이가 든 후에야 본질로 돌아와 음악 그 자체에 관심을 두
었다.

3. 《시경》은 서주 시대부터 춘추 시대까지 주나라 왕조와 각
제후국에서 불렀던 노래로 전부 305편이며, 긴 것도 있고 짧은
것도 있다. 이 노래들은 〈풍〉, 〈아〉, 〈송〉 세 종류로 나뉜다.

〈송〉은 현대의 정치적인 찬가와 유사한데, 장엄하고 웅장하며
듣기 좋은 내용으로 되어 있다. 여기에는 주나라 혹은 상나라 민
족의 부락 시대 때 서사시가 다수 포함되어 있는데, 조상에게 제
사를 지내거나 국가적인 축하 의식 등을 거행할 때 연주하며 합

---

1 《논어·자한》: "공자가 말했다. '내가 위나라에서 노나라로 돌아온 후에 음악이 바
로잡혔으며 〈아〉와 〈송〉이 각기 제자리를 잡게 되었다.'"(子曰: '吾自衛反魯, 然後樂正,
〈雅〉,〈頌〉各得其所.')

창했다.

〈아〉는 주로 귀족들이 창작한 노래로 대체로 귀족 사대부의 가정생활 및 정치적인 업무에 관한 내용을 담고 있다. 〈아〉는 〈송〉보다 다소 덜 정식적인 노래로 주로 귀족들이 연회 석상에서 불렀다. 〈아〉는 '대아'와 '소아'로 나뉜다.

〈풍〉은 매우 통속적인 민간의 소곡으로 사랑 노래가 다수 포함되어 있다. 〈풍〉은 국가나 지역에 따라 '정풍', '진풍秦風', '왕풍王風[왕실 직할 구역]' 등으로 나뉜다. 〈풍〉의 내용이 통속적이라고는 하지만, 이 노래를 모두 하층 백성이 창작하지는 않았다. 〈풍〉에 속한 노래들의 저자는 매우 다양해 귀족도 있고 농민도 있으므로, 계급으로 저자를 구분 지어 놓을 수 없다.

공자가 평소에 《시경》을 가르쳤다고는 하나 문학을 감상하고 분석하는 방법을 가르쳐 제자들을 시인으로 만들려 하지는 않았다. 춘추 시대 후기에는 외교 석상 및 사대부의 연회 석상에서 모두 '부시'를 중시해 《시경》에 나오는 구절을 인용해서 자기 생각을 표현해야 했다고 앞에서 설명한 바 있다. 따라서 공자는 제자들에게 "너희가 《시경》에 실린 시 삼백 편을 전부 외웠는데도 지방의 관리 일을 잘해내지 못하고 외교관이 되어서도 제대로 말하지 못한다면 무슨 소용이 있겠느냐?"라고 말했다.[2]

또한 공자는 《시경》의 효용을 여섯 가지로 정리했다.

첫째로 화제를 끌어낼 수 있는데, 이를 '흥興'이라 한다. 즉, 일단 시를 두어 구절 먼저 읊은 다음에 본 화제로 들어가는 것이다. 현대의 민가인 〈신천유信天遊〉 등에도 이러한 '기흥起興' 수법이 사

---

2 《논어·자로》: "공자가 말했다. '《시경》에 실린 시 삼백 편을 모두 외우고도 맡은 정무를 해내지 못하고, 사신이 되어 사방으로 파견을 나가 상대를 단독으로 응대하지 못한다면 시를 많이 외웠다 한들 무슨 소용이 있겠느냐?'"(子曰: '誦《詩》三百, 授之以政, 不達; 使於四方, 不能專對. 雖多, 亦奚以爲?')

용되고 있다.

둘째로 각국 풍습과 백성들의 사정을 알 수 있는데, 이를 '관觀'이라 한다. 시경에 수록된 시들은 국가별로 분류되어 있어, 이들을 읽으면 각 나라의 역사와 풍속을 알 수 있다.

셋째로 사교하는 데 쓸 수 있는데, 이를 '군群'이라 한다. 《시경》에는 연회에서 부르는 사교에 관한 시가 다수 수록되어[특히 '소아' 부분에 많다], 이를 통해 사교 예절과 규칙을 배울 수 있다.

넷째로 사회의 병폐를 풍자하고 다른 일에 빗대어 비난할 수 있는데, 이를 '원怨'이라 한다.

다섯째로 아버지나 군주를 섬기는 방법이나 정계에서 일하는 방법을 배울 수 있다. 《시경》 중에서도 특히 '소아'에는 정치에 관한 시가 매우 많은데, 주나라 천자에게 충성을 맹세하는 내용도 있으며, 정치에서 실각해 원망을 품고 호소하는 내용도 있다.

마지막으로 각종 초목과 짐승의 이름을 알 수 있다. 이는 어린 아이가 그림을 보고 글을 익히는 방법, 혹은 초등학교나 중학교의 자연 상식 수업과 비슷하다.[3]

공자는 《시경》의 실용성이 매우 크다고 여겼으나, 사실 이는 《시경》의 본질이 아니다. 그래도 시는 확실히 통속적이라 이해하기 쉬웠으므로 공자는 제자들을 가르칠 때 맨 먼저 《시경》을 가르쳐 그들이 학문에 입문하기 쉽도록 흥미를 유발했다. 그가 처음으로 아들에게 공부하라고 했던 문헌도 마찬가지로 《시경》이다. 《시경》을 다 배우고 나면 유생의 기본 소양인 《의례》를 가르

---

3 《논어·양화》: "공자가 말했다. '너희는 어째서 《시경》을 배우지 않느냐? 《시경》을 배우면 화제를 이끌어낼 수 있고, 각국 풍습을 알 수 있으며, 사람을 사귈 수 있고, 풍자로써 사회를 비판할 수도 있다. 가깝게는 아버지를 섬길 수 있으며 멀게는 군주를 섬길 수 있고, 또한 많은 짐승과 초목의 이름을 알 수도 있다.'"(子曰: '小子何莫學夫詩? 詩, 可以興, 可以觀, 可以群, 可以怨. 邇之事父, 遠之事君; 多識於鳥獸草木之名.')

치고, 마지막으로 《악》을 가르쳤다. 공자는 자신이 가장 좋아하는 부분을 가장 높은 경지로 마지막에 남겨두었다.[4]

4. 《상서尙書》는 고대의 정치 문헌이다. 전설 속 요, 순, 우임금부터 시작해 하, 상, 주나라의 정치 문헌들이 《하서夏書》, 《상서商書》, 《주서周書》로 엮여 있다. 이 문헌들에 수록된 내용은 대부분 제왕들이 대회의에서 발언한 원고이다. 주로 후계자를 지정하는 일 혹은 전쟁 전에 군사를 동원하는 일 등에 관한 것이었다. 어떤 인물이나 사건에 관해 연설한 내용도 있었는데, 가령 어느 대신을 제후에 봉하는 일이나, 당시 귀족들이 난폭하게 주사를 부리는 불량한 풍속에 관해 특별히 입장을 표명하는 내용 등이 있었다. 이러한 연설 원고를 모아 엮은 문헌이 바로 《상서》로, 공자의 제자들이 《상서》를 배웠다는 것은 고대사를 공부했다는 의미이다.

물론 상고 시대 제왕들의 이러한 연설 원고는 그 출처가 복잡한 편이었다. 그중에서 특히 아주 오래된 것들, 가령 요, 순, 우임금 시대의 원고들은 진위가 확실하지 않으며, 주나라 사람들[서주 혹은 춘추 시대]이 만들어냈을 가능성도 크다. 그러나 상나라 때의 원고 내용부터는 신빙성이 있다.

나중에는 더 번거로운 상황도 발생했다. 한나라 이후부터 몇몇 이가 개인적인 이익을 꾀하기 위해 자신이 중대한 고고학적 발견을 했다고 주장하며 《상서》의 몇 문단을 위조했다. 하지만 당시 사람들은 이렇게 위조한 문장을 판별해 낼 능력이 없었기에 이 내용에 '고문상서古文尙書'라는 이름을 붙여 《상서》의 범위에 포함했고, 이전까지 존재했던 진실된 내용이 오히려 '금문상서今文尙書'라 불리게 되었다. 이 명칭들에도 나름의 유래가 있지

---

4 《논어·태백》: "공자가 말했다. '《시경》으로 흥미를 일으키고 예로써 바로 서며 음악으로 완성한다.'"(子曰: '興於《詩》, 立於禮, 成於樂.')

만, 여기서는 자세히 소개하지 않는다.

청나라 때 '건가학파乾嘉學派'에서 고증 작업을 한 후에야 《상서》의 내용 중 후대에 위조한 부분을 모두 가려낼 수 있었다. 지금에 와서 《상서》의 진짜 내용과 가짜 내용을 살펴보면 매우 흥미롭다. 가령 상나라 부분을 보면 진짜 《상서》[금문 부분]에 수록된 상나라 왕의 연설은 전부 이치를 따지지 않고 흉악하게 위협하는 내용이지만, 가짜 《상서》[고문 부분]에 수록된 연설은 말끝마다 인의도덕을 주워섬기고 있다.

공자는 《상서》를 편찬할 때 아마도 자신이 별로 좋아하지 않거나 혹은 필요 없다고 생각한 부분을 고의로 빼 버렸던 듯하다. 예를 들어 앞에서 언급한 바 있는 《일주서》의 제목 의미는 '엮이지 않고 산재한 《주서》'이다. 이 문헌에는 보기에 썩 좋지 않고 다소 참혹하기까지 한 역사가 기록되어 있는데, 주무왕이 상나라를 멸망시킨 후에 한 차례 사람을 마구 죽여 인제를 지낸 일도 들어가 있다. 공자는 아마도 후세 사람들에게 상나라에서 주나라로 바뀌던 당시의 잔혹한 실제 역사를 알리고 싶지 않아 《일주서》에는 포함된 이러한 기록들을 전부 넣지 않은 듯하다. 이 탓에 후세 사람들은 오랫동안 이러한 내용을 전혀 알 수 없었다.

그러나 바꾸어 생각해 보면, 누군지 모를 어느 뜻 있는 이가 이 기록들을 《일주서》로 엮어 2천여 년이 지난 현재까지 전해지게 한 일 자체가 하나의 기적이라 할 수도 있다. 어쩌면 이 문헌을 편찬한 이 역시 공자였고, 그저 이 문헌을 꼭꼭 숨겨 두었기에 큰 영향을 미치지 못하게 되었을 뿐인지도 모른다.

5. 《주역》은 점을 치는 데 사용하는 문헌이다. 당시 사람들은 큰일을 하기 전에 반드시 점을 쳐서 신명에게 뜻을 물었으며, 의식이나 제사, 연회를 거행하기 전에도 점을 쳤다. 점을 치는 방법

에는 두 가지가 있었는데, 하나는 거북이 등딱지나 소의 견갑골을 불에 달구어 이것이 터져 갈라지면서 나타나는 모양을 보고 그 방향에 따라 길흉을 점치는 방법이었다. 이를 '복卜'이라 했는데, 이 글자의 모양이 갑골이 갈라진 모양과 비슷했다.

다른 하나는 풀의 줄기로 계산하는 방법이었는데, 고대 사람들은 풀줄기를 후세의 주판처럼 이용해 셈을 했으므로 점치는 데 사용하기에도 편리했다. 이 방법을 '서筮'라 한다. '복'에 사용하는 거북이 등딱지와 '서'에 사용하는 풀은 매우 엄격하게 골랐다. 고대인들은 드물고 귀한 거북이 등딱지나 풀을 사용할수록 더 정확한 점괘가 나온다고 믿었다.

공자의 시대에 점치는 일과 관련해 흥미로운 사건이 일어났다. 예전에 노소공을 따라 내전에 가담했던 장소백의 가문에는 조상 대대로 내려온 커다란 거북이 등딱지가 있었는데, 아주 진귀한 물건이다 보니 다들 아끼느라 차마 쓰지 못하고 등딱지를 보관할 호화로운 집까지 한 채 지어 대대로 물려준 끝에 장소백의 대까지 내려왔다.

그런데 장소백의 사촌 동생인 장회가 이것을 훔쳐 "나는 군자가 되는 것이 좋겠는가, 아니면 소인이 되는 것이 좋겠는가?"라는 질문으로 점을 쳤는데, 소인이 되어야 좋다는 점괘가 나왔다. 이후로 그는 장소백의 가문을 어지럽힐 방법만 열심히 궁리했는데, 나중에 그가 계손씨 가문에 의탁하고, 장소백이 노소공을 따라 망명하자 계평자는 장회를 장씨 가문의 가주로 올렸다. 그러자 장회는 "점괘를 따르지 않았다가는 큰일 날 뻔했다. 그 거북이 등딱지가 정말로 영험하구나"라며 길게 감탄했다고 한다.

공자는 젊었을 때는 《주역》에 그다지 흥미가 없었던 듯하다. 《역경易經》(주역)을 비롯한 여타 점치는 기법의 본질은 모두 부호로, 이는 각기 다른 사람 혹은 사건을 대표한다. 즉, 점은 부호를 계산한 결과를 통해 인간사를 예측하는 방법이다. 공자는 학문을 연구하고 제자들을 가르칠 때 늘 '옛것을 익히고 이로써 새것을 미루어 아는溫故而知新' 방법을 운용해 비유를 즐겨 하며 한 가지에서 여러 가지를 깨우치게 했다. 그는 구체적인 일을 이해할 수 있으면 충분하다고 여겨 '이론'을 정립하려 하지 않았으며, 점의 도움을 받을 생각은 더더욱 하지 않았다. 신빙성이 있는 경, 사 분야 문헌의 기록에 의하면, 공자는 점치는 일에 관해서는 아무런 견해도 제시한 바가 없으며 직접 점을 쳤던 적도 없다.

당시에는 점을 치는 일이 매우 전문적인 기술이었는데, 이 일에 종사하는 이를 '사史' 혹은 '축祝'이라 불렀다. 이러한 기술은 주로 가문 내부에서 전승되어, 일반인은 연구할 필요가 없었다.

《사기》에 의하면, 공자는 만년에 《주역》을 놓지 않고 거듭해서 읽은 나머지 죽간을 엮은 가죽끈이 몇 번이나 끊어졌다고 한다. 그는 "만약 내가 쉰 살 때 《주역》을 배웠다면 큰 잘못을 저지르지 않았을 것이다!"라고 말했다.[5] 50세라면 정계에서 활동하기 시작한 지천명의 해인데, 만년에 와서 그때를 후회하고 있었다.

공자가 만년에 《주역》에 주목한 이유는 양호와도 약간 관련이 있는지도 모른다. 《좌전》에 의하면 공자가 66세 되던 해[노애공 9년]에 조간자의 진영에서 큰일을 앞두고 의논하다가 견해차가 크게 생겨서, 결국 양호가 《주역》을 보고 점을 쳐서 그의 의견이 조간자에게 받아들여졌다고 한다. 양호의 영향인지 아닌지는 모르지만, 어쨌든 공자는 만년에 와서야 《주역》이라는 부호 이론에

---

5 《논어·술이》: "공자가 말했다. '만약 내게 시간이 몇 년 더 있어 쉰 살에 《역》을 배웠다면 큰 과오는 저지르지 않았을 것이다.'"(子曰: '加我數年, 五十以學《易》, 可以無大過矣.')

큰 관심을 가지게 되었다.

공자는 《주역》을 이용해 무엇을 하려 했을까? 부호 이론이 가진 정교한 매력을 발견해 새로운 학설이라도 창시하려 했을까? 이러한 의문들의 답을 알기는 어렵다. 아무튼 《주역》이 관심을 끌었고, 그는 이 분야의 각종 문헌을 수집해 교재에 포함했다. 이렇게 해서 《주역》은 '육경'에 이름을 올려 후세까지 전해졌다.

6. 《춘추》는 편년체의 근대사이다. 《춘추》와 공자의 관계는 매우 복잡해서 상세히 살펴보아야 한다. 《춘추》는 본래 노나라의 공식 문서로 국내외에서 큰 사건이 일어나면 그때마다 이를 기록해놓았다. 그러나 분량이 길지는 않고 그저 몇 문장에 불과했다.

사관이 이러한 일을 기록한 목적은 무엇일까? 후세 사람들은 오랫동안 그 목적을 밝혀낼 수 없었다. 한 가지 관련 있을지도 모르는 것은 당시 제후국들 사이에 존재했던 소위 '부고' 제도이다. 이는 본국에 무슨 큰 사건이 일어나면 '외교 관계를 맺은' 국가에 서둘러 통지하는 규칙으로, 군주가 사망하고 후계자가 즉위한 일이나 외국과 전쟁을 벌이는 일, 혹은 외국의 군주와 회견하거나 맹세하는 일 등을 알렸다. 이렇게 본국의 조정에서 보낸 소식과 외국에서 전해진 소식이 책으로 엮일 만큼 오랜 시간 모인 끝에 역사서가 되었을 가능성이 있다. 이는 기밀문서이므로 일반인은 볼 수 없었고, 전문적으로 관리하는 사관이 보관했다.

공자는 관직에 오르기 전에는 이 문서들을 볼 수 없었지만 대사구가 된 후에는 볼 수 있었다. 그러나 당시에는 정책을 시행하고 나라를 다스리느라 바빠서 학문에 신경을 쓸 시간이 없었다. 68세에 노나라로 돌아와 조정의 사관 직책을 겸임하게 된 후에야 그는 《춘추》를 전부 필사할 기회를 얻어, 이것을 책으로 엮고 역사를 가르치는 데 쓸 수 있었다. 제자들이 관직에 오르려면 고대

사만 알아서는 안 되고, 2백여 년 전부터 현재까지 국내외에서 일어난 큰 사건들을 알고 있어야 했기 때문이다.

귀족 가문에는 독자적으로 전해 내려오는 족보와 학문이 있었지만, 가난한 집안 출신의 제자들은 공자가 필사한 《춘추》만으로 역사를 공부할 수밖에 없었다. 공자는 역사 교육을 매우 중시했다. 그는 "큰 도리만 내세우는 것은 사실을 상세하고 명료하게 설명하는 것만 못하다"라고 말했다.[6] 그는 역사와 현실의 흥망성쇠를 후세 사람들이 본보기로 삼도록 했다.

공식 문헌에는 문제가 있었는데, 금기 사항이 너무 많았다. 보기 좋고 광명정대한 내용만 적혀 있고, 사실상 많은 일을 감히 정확하게 기록하지 못했다. 예를 들면, 초나라와 오나라의 군주는 모두 자신을 '왕'이라 칭했으나, 《춘추》에는 그저 '초자楚子', '오자吳子'라고만 기록되어 있다. 이는 공식 문서 특유의 어조인데, 주나라 제후들은 주나라 천자 외에 다른 왕의 존재를 인정하지 않아서 뻔히 보이는 사실을 무시할 수밖에 없었기 때문이다.

혹자는 이러한 겉만 번드르르한 기록을 두고 공자가 짧은 말로 큰 뜻을 표현해 간략한 문장 속에 많은 의미와 평가를 숨겨 둔 것이라고 말하기도 한다. 이는 너무 깊게 생각한 것이다. 조정이 있는 곳이라면 모두 이처럼 허울 좋은 기록이 존재했는데, 이는 모두 공자와 아무 상관이 없다.

또 다른 예로, 공자가 태어나기 120여 년 전에 주나라 왕실에서는 소위 왕자 퇴頹의 난이라 하여 형제가 천자의 자리를 두고 다툰 적이 있었다. 이 동란은 3년 동안이나 이어져 결국 정나라

6 《사기·태사공자서太史公自序》: "공자가 말했다. '나는 추상적인 도리를 적으려 했으나, 구체적인 사실을 보여주는 것이 훨씬 분명하고 적절하다.'"(子曰: '我欲載之空言, 不如見之於行事之深切著明也.')

와 곽나라의 연합군이 움직인 후에야 간신히 평정되었다. 그런데 이렇게 큰 사건이 《춘추》에는 단 한 글자도 기록되어 있지 않다. 어째서일까? 노나라는 처음에 왕자 퇴를 지지했는데, 나중에 왕자 퇴 일파가 실패해서 반역자 일당으로 몰리자 역사서에 기록하기 애매해졌기 때문이다. 이 일 역시 공자와는 아무 상관이 없다. 만약 공자가 《춘추》를 처음부터 썼더라면 오히려 이 사건이 누락되지 않았을 것이다.

왕안석王安石은 《춘추》에 대해 '단란조보斷爛朝報'라고 평한 바 있다. '조보'는 정부의 공식 기관지라는 의미이며, '단란'은 손상되어 완전하지 않다는 뜻이다. 현존하는 《춘추》에는 실제로 빠진 부분이 있으니, 왕안석이 정확히 판단한 셈이다.

이렇게 거드름만 피우는 공식 문서라 해도 없는 것보다는 있는 것이 낫다. 《춘추》가 필사되어 책으로 엮일 수 있었다는 점만으로도 큰 진보라 할 수 있다. 다른 제후국들의 문서는 이렇게 수집, 정리하는 과정을 거치지 못해 대다수가 실전되고 말았다.

공자가 인생의 마지막 몇 년 동안 노나라의 사관 직책을 겸임하면서 했던 주된 작업이 바로 《춘추》를 집필하는 일이었다. 이 문서는 연감과 비슷해서 분기마다 한 번씩 기록했는데, 내용은 보통 한두 줄 정도밖에 되지 않았다. 연말에는 그해의 내용을 종합해서 해당 연도의 끝부분에 덧붙였다. 공자가 이 일을 이어받기 전까지의 내용은 역대 사관들이 이미 기록해 두었으므로 공자가 처음부터 쓸 필요가 없었다. 물론 그가 문장을 약간 다듬었을 수는 있지만, 기본적인 내용은 바뀌지 않았다. 조정에서도 그가 마음대로 내용을 고치도록 허락하지 않았을 것이다.

따라서 《춘추》는 노나라 역대 사관들의 소위 '집단 창작물'이라 할 수 있다. 2백여 년 동안의 기록 가운데 실제로 공자가 쓴 부분은 마지막 몇 년에 불과하다. '공자가 《춘추》를 저술했다'라는 말의 이면에는 사실상 《춘추》에 관한 '저작권 분쟁'이 숨어 있는데, 아마도 공자와 그의 바로 전임 사관인 좌구명 사이의 분쟁일 것이다. 이 문제는 또 다른 역사서인 《좌전》과도 관련이 있다.

좌구명과의 서면 논쟁

《춘추》는 노나라 조정의 공식 문서로, 그 결점은 몇몇 사건에 관해 사실대로 기록하지 못하고 모호하게 적었다는 점과 기록이 너무 간략해 1년 동안의 내용이 고작 몇 줄, 백여 자에 불과하다는 점이다. 그래서 《춘추》만으로는 춘추 시대 역사를 제대로 이해할 수 없고, 《좌전》을 읽어야 한다. 《좌전》의 내용은 《춘추》의 몇십 배나 되므로 훨씬 더 상세하다. 이를테면 《춘추》가 시작되는 첫해의 내용 중에 정나라에서 일어난 사건에 관한 기록이 들어 있는데, '정백극단어언鄭伯克段於鄢'이라는 단 여섯 글자에 불과해 이 말이 무슨 뜻인지 아무도 정확히 알 수 없었다. 《좌전》에서는 이 일을 몇백 자로 설명하고 있는데, 정장공鄭莊公과 그의 동생인 공숙단共叔段 사이의 갈등에 관한 내용이다.

《좌전》은 누가 쓴 책일까? 전해지는 바에 의하면 노나라 조정의 사관인 좌구명이 《춘추》의 내용이 너무 간략한 나머지 아무도 이해할 수 없을 지경임을 보고 《춘추》를 해독하는 책을 썼다고 한다. 이 책의 정식 명칭은 《춘추좌씨전春秋左氏傳》이다. '전'은 해석이라는 뜻으로 《춘추좌씨전》은 '좌씨가 《춘추》를 해석한 책'이라는 의미이며, 약칭으로 《좌전》이라 부른다.

《좌전》은 대단한 문헌이다. 춘추 시대 열국 귀족들의 행적이 매우 자세하고도 흥미롭고 생동감 있게 기록되어 있다. 《좌전》에는 부부가 잠자리에 누워 한 대화 등과 같이 외부인은 알 수 없

는 내용도 기록되어 있는데, 이 때문에 작가 첸중수錢鍾書는 《좌
전》에 문학적인 묘사가 다수 포함되어 있으며 저자가 허구로 지
어낸 내용도 들어 있다고 말한 바 있다.

사실 이는 다소 단편적인 관점이다. 춘추 시대에는 열국의 귀
족들이 상당히 일체화되어 있어 매우 밀접하게 왕래했으므로, 귀
족 사회 내에서 역대 군주와 귀족 들의 일화가 일찍부터 역사적
사실 혹은 소문으로 전해지고 있었다. 좌구명은 이를 기록하고
엮었을 뿐이며, 그가 새로운 내용을 더해 넣을 필요가 없었다.

이러한 일들을 자세히 알고 있었던 점을 보면 그는 분명히 귀
족 사회에 속한 인물로, 가문의 일이나 조정의 업무를 수행하면
서 늘 보고 들은 바를 조금씩 모아서 기록했을 것이다. 좌구명과
같은 사관들의 공식적인 업무는 조정의 공식 문서인 《춘추》를
매년 집필하는 일이었다. 《좌전》은 그가 여가 시간에 쓴 작품으
로, 이 책의 필사본이 조금씩 퍼지기 시작했다.

공자는 노년에 노나라에 돌아와 좌구명이 맡았던 사관 직책을
이어받았다. 그렇다면 그와 공자의 관계는 어떠했을까? 공자는
《논어》에서 "교언영색하는 행위와 마음속으로 원한을 품고 있으
면서도 겉으로는 친근하게 구는 태도에 대해서는 좌구명뿐만 아
니라 나 역시 수치스럽게 여긴다"[7]라고 말한 바 있다. 즉, 좌구명
은 매우 솔직하며 인정에 구애받지 않았던 인물이 분명하다.

좌구명에 관한 신빙성 있는 정보는 《논어》의 이 구절이 유일
하다. 원래대로라면 공자는 좌구명의 일을 이어받았으며 제자들
역시 《좌전》을 통해 춘추 시대의 역사를 이해할 필요가 있었으

7 《논어·공야장》: "공자가 말했다. '듣기 좋은 말만 하고 얼굴빛을 꾸미며 과하게 공
손하게 구는 태도는 좌구명도 수치스럽게 여겼으며 나 또한 마찬가지이다. 원한을 감
추고 친근하게 구는 태도는 좌구명도 수치스럽게 여겼으며, 나 또한 그러하다.'"(子曰:
'巧言, 令色, 足恭, 左丘明恥之, 丘亦恥之. 匿怨而友其人, 左丘明恥之, 丘亦恥之.')

므로, 그들은 분명히 좌구명이라는 인물에 관해 잘 알았을 것이다. 그러나 공자의 제자들이 엮은 문헌에는 그에 관해 언급한 부분이 앞에서 소개한 구절 하나밖에 없다.

도대체 이유가 무엇일까? 지금에 와서는 밝혀낼 수 없다. 생각해 볼 수 있는 가능성 중 하나는 공문제자들과 좌구명의 관계가 좋지 못했다는 것이다. 어쩌면 공자와 제자들이 노나라로 돌아온 후에 좌구명 일파의 관직을 빼앗게 되어 양쪽 집단의 관계가 나빠졌는지도 모른다. 공자가 그에 대해 평한 말을 자세히 살펴보면, 싸움이 끝난 후에 적의를 토해내는 말처럼 보이기도 한다. 이 말의 이면에는 분명히 사연이 있을 터이다.

《논어》에는 의미가 불분명한 공자의 말이 기록되어 있는데, 공자는 "내가 손에 넣은 역사서에는 여전히 빠진 내용이 아주 많다. 예전에는 남을 즐겨 돕는 이가 있어 준마를 남에게 빌려주기도 했는데, 이제는 그런 이가 사라졌구나!"[8]라고 말했다. 어쩌면 사관의 직책에 올라 손에 넣은 《춘추》와 《좌전》에 빠진 내용이 있어서, 공자는 좌구명이 온전한 문헌을 숨겨 두고 자신에게 넘겨주지 않았다고 여겨 이렇게 불평했는지도 모른다. 현재까지 전해져 오는 《춘추》를 보면 확실히 온전치 못한 문장이 다소 있다.

후세 유학자들은 자신이 '술이부작'했다는 공자의 말을 무시하고 '공자가 《춘추》를 저술했다'라고 주장했다. 심지어 그들은 공자가 《춘추》를 쓸 때 정확한 어휘로 간결하고 완벽하게 집필했으나 이를 인정하지 않은 몇몇 제자가 글을 고쳐 보려 했고, 결국 고친 문장이 공자가 원래 쓴 문장만큼 뛰어나지 못함만을 깨

---

8 《논어·위령공》: "공자가 말했다. '나는 그래도 사관이 의심스러운 역사적 사실을 기록하지 않고 비워 두는 것과 말을 가진 이가 남에게 빌려주어 타게 하는 인정을 보았으나, 지금은 이미 이러한 일들이 사라지고 말았구나!'"(子曰: '吾猶及史之闕文也. 有馬者借人乘之, 今亡矣夫!')

달았다는 등의 이야기를 지어내기도 했다. 이러한 이야기들은
《춘추》의 공식 문서라는 성격을 왜곡할 뿐만 아니라 좌구명을
비롯한 역대 사관들의 업적을 무시하는 처사로, 분명히 공자 집
단과 좌구명 사이의 불화와 관련이 있는 듯하다.

　공자가 71세 되던 해에 노애공이 사냥을 나갔다가 '기린(기린
麒麟은 중국에서 신수로 여기는 상상 속 동물로, '기'는 수컷, '린'은 암컷
을 가리킨다)'을 한 마리 잡았고, 공자는 이 일을 《춘추》에 기록했
다. 이 '기린'이 어떤 동물인가에 대해 후세 사람들은 여러 추측
을 했는데, 혹자는 이 동물이 사불상이라고 주장했다. 오늘날에
사불상은 매우 드문 동물이기는 하지만 공자가 생활하던 당시에
는 그렇지 않았으니 사불상을 '기린'으로 오인하는 사람은 없었
을 것이다. 당시 산둥 지방에는 아직 소수 아열대 동물이 서식했
기에, 아마도 보기 드문 종류의 짐승을 잡았던 듯하다. 이후 명나
라 때 정화鄭和가 서쪽 바다로 가서 아프리카로부터 목이 긴 기린
을 데려오자 사람들은 이 동물을 '기린麒麟'이라고 불렀다.

　아마도 공자는 노애공이 '기린'을 잡은 일 이후로 몸이 약해져
《춘추》를 집필하는 일을 그만두었던 듯하다. 후세 사람들은 공자
가 '기린을 잡은 후 절필絶筆於獲麟'(이백李白의 시 〈고풍古風〉에 나오는
구절이다)한 데도 큰 뜻이 숨어 있다고 여겼지만, 반드시 그렇다
고 볼 수는 없다. 그는 이 당시 몸 상태가 매우 나빠져 자주 병석
에 누워 있었기 때문이다. 노나라 조정에서는 새로이 사관을 임
명했을 터인데, 아마도 공자의 제자가 새 사관이 되어 매년 《춘
추》를 집필하는 일을 계속했을 것이다. 현존하는 《춘추》의 내용
은 노애공 16년, 바로 공자가 사망한 해에서 끝나며, 마지막 기록
은 공자가 세상을 떠난 일이다.

　공자의 제자들은 《춘추》를 전수하는 과정에서 《좌전》을 무시

할 수 없었을 터이니 그들도 분명히 《좌전》의 필사본을 가지고 있었을 것이다. 그러나 이 일 역시도 금기가 되었다. '도증주인盜憎主人'이라는 성어가 있는데, 도둑이 남의 물건을 훔쳐 놓고도 물건의 주인이 자신을 찾아와 따질까 봐 도리어 그 주인을 미워한다는 뜻이다. 공문제자들도 이와 비슷한 심리였을지도 모른다.

좌구명이 《좌전》에 쓴 내용은 그와 공자가 모두 살아 있는 시점에서 끝났다. 그러나 현존하는 《좌전》을 보면 공자가 사망한 후로도 십여 년 동안의 내용이 기록되어 있는데, 이는 분명히 공문제자들이 추가했을 것이다. 이 부분은 앞부분과 매우 다르다. 앞부분에는 열국에서 일어난 큰 사건들이 비교적 완전히 적혀 있지만, 마지막 20~30년가량의 기록은 균형적이지 않다. 주요 제후국에서 발생한 여러 사건에 관한 기록은 전혀 없고, 기본적으로 공자와 관련 있는 몇몇 제후국에 관한 내용과 공문제자들에 관한 기록만으로 이루어져 있다. 가령 앞에서 묘사한 노나라와 제나라의 전쟁 장면에도 거의 공문제자들이 활약한 내용만 나온다. 문장력도 앞부분보다 수준이 현저히 떨어진다.

전국 시대에 이르러 공양고公羊高와 곡량적穀梁赤이라는 두 유학자가 《춘추》를 주해한 책을 썼다. 그들이 쓴 책은 각각 《공양전公羊傳》과 《곡량전穀梁傳》이라고 하며, 후세에 '십삼경'에 포함되었다. 이 두 문헌에 기록된 역사적 정보는 매우 적으며, 대체로 《춘추》가 짧은 말로 큰 뜻을 기록했다는 내용으로 되어 있어서 이 문헌들의 역사학적인 가치는 그리 크지 않다. 그러나 유학자들은 이 두 문헌을 매우 높이 평가하며 진정으로 가치 있는 문헌인 《좌전》의 가치를 폄하했는데, 아마도 공문제자들이 좌구명의 업적을 지워 버린 일과 관련이 있어 보인다.

《춘추》와 《좌전》의 내용이 모두 끝난 후, 즉 공자가 사망하고 반세기 정도 지난 후부터는 신빙성 있는 역사 기록이 거의 없다. 따라서 공문제자들의 행적은 공자 본인의 행적만큼 분명히 밝혀져 있지 않다. 전국 시대 전반부에 열국이 '변법'을 시행한 시기는 역사에 거의 공백으로 남아 있으며, 춘추 시대의 오랜 제후국들이 어떻게 쇠락했고 전국 시대의 신흥 '칠웅'이 어떠한 방식으로 변법을 통해 세력을 일으켰는지에 관한 정보는 매우 적다. 전국 시대 후반부에 관한 사료는 많은 편이지만, 신빙성이 높지는 않다. 이는 대부분 《전국책》에 기록된 세객들의 이야기로 역사라기보다는 소설이라고 하는 편이 낫다.

전국 시대 전체의 역사는 춘추 시대 역사만큼 상세하고 믿을 만하지 못하다. 귀족 사회가 쇠퇴한 이후에 열국의 정계에서 활약한 이들은 모두 새로운 인물이라 가문의 기반이 없어 서로의 내력을 알 수 없었다. 그래서 춘추 시대 때처럼 믿을 만한 역사적 사실이 형성되어 전해지지 않아 《좌전》과 같은 권위 있는 저작이 출현할 수 없었는지도 모른다.

공자가 직접 밝힌 육경의 결점

지금까지 공자가 저술한 '육경'에 관해 간단히 소개해 보았다. 설명만 보면 육경에 포함한 문헌은 모두 장점만 있는 듯하지만, 공자 본인은 육경에 포함한 각각의 문헌이 지닌 결점, 혹은 이들이 끼칠 수 있는 나쁜 영향에 대해 밝힌 바 있다.

《시경》은 사람을 '우愚', 즉 어리석게 만들 수 있다. 시인 중에는 제정신이 아닌 이가 많았고, 심지어 자살까지 한 이도 적지 않았다. 시 속에서는 누군가를 죽도록 사랑할 수 있고 뼈에 사무치게 증오할 수도 있지만, 현실 생활 속에서는 이렇게 극단적으로 행동해서는 안 된다.

《상서》에는 거짓되어 믿을 수 없는 내용, 즉 '무誣'한 내용이
많다.《상서》는 너무나 오래된 문헌이라 후세 사람들이 꾸며내어
더해 넣은 내용이 있을 수 있기 때문이다.

《악경》은 본질적으로 사치스럽고 낭비하는 성격을 띠고 있다.
악단을 둘 수 있었던 이는 모두 악단에 큰돈을 들일 수 있을 만
큼 부유하고 신분이 높은 이들이었기 때문이다. 음악을 지나치게
좋아하는 이는 가산을 탕진하기 쉽다.

《역경》은 '적賊', 즉 사람을 속이거나 해하려는 경향이 생길 수
있다. 점치는 일을 업으로 삼은 사람은 이러한 길로 빠지기 쉬우
며, 여기서 더 깊이 빠지면 사교邪敎를 일으키는 경우도 있다.

《의례》의 결점은 지나치게 '번煩'하다는 점, 즉 지켜야 할 규칙
이 너무 많다는 점이다. 만약 모두가《의례》속 규칙을 그대로 따
라서 일을 처리하려 한다면 제대로 된 생활이 불가능할 듯하다.

《춘추》의 결점은 '난亂', 즉 어지럽다는 점이다. 춘추 시대 역
사는 열국이 모두 규칙을 잃어 내부에서는 각종 정변과 내란이
일어났으며 외부에서는 혼전을 일삼았다는 특징을 갖고 있기 때
문이다.[9]

9《예기·경해》: "공자가 말했다. '……《시》의 폐단은 어리석음이요,《서》의 폐단은 속
임이며,《악》의 폐단은 사치요,《역》의 폐단은 해함이며,《예》의 폐단은 번거로움이요,
《춘추》의 폐단은 어지러움이다. 사람됨이 온화하고 성실하면서도 어리석지 않다면
《시》에 통달한 이일 것이요, 사리에 정통하고 먼 앞일을 알면서도 남을 속이지 않는
다면《서》에 통달한 것이며, 널리 행하고 어질면서도 사치하지 않는다면《악》에 통달
한 것이요, 심성이 깨끗하고 학문이 정밀하면서도 남을 해하지 않는다면《역》에 통달
한 것이며, 공손하고 검소하며 씩씩하고 공경하면서도 번거롭지 않다면《예》에 통달
한 것이요, 비유를 통해 설명하면서도 어지럽지 않다면《춘추》에 통달한 사람일 것이
다.'"(孔子曰: '……故《詩》之失愚,《書》之失誣,《樂》之失奢,《易》之失賊,《禮》之失煩,《春
秋》之失亂. 其爲人也, 溫柔敦厚而不愚, 則深於《詩》者也; 疏通知遠而不誣, 則深於《書》者也;
廣博易良而不奢, 則深於《樂》者也; 潔靜精微而不賊, 則深於《易》者也; 恭儉莊敬而不煩, 則
深於《禮》者也; 屬辭比事而不亂, 則深於《春秋》者也.')

이러한 관점은 다소 파격적이다. 고대 유학자들로부터 현대 연구자들에 이르기까지 감히 '육경'을 나쁘게 말한 이는 없었으며, '육경'에 대한 공자의 이러한 비판에 주의를 기울인 이도 거의 없었다. 그런데 '육경'의 아버지라 할 수 있는 공자는 오히려 가장 명확하게 판단하고 있었다.

그렇다면 어떻게 해야 이러한 나쁜 영향을 피할 수 있을까? 현대 용어를 빌려 말하자면 '교조주의에 반대'해야 하며, 책에 적힌 글귀를 현실에 그대로 적용하려고만 해서는 안 된다. 공자는 '권'을 강조하며 통권달변하라고 주장했는데, 일할 때는 서로 다른 여러 환경과 배경을 고려해야 한다는 의미이다.

공자는 '육경'의 각 문헌이 지닌 결점에 대응할 구체적인 기준도 제시했다. 《시경》의 결점인 '우'에 대해서는 '온유돈후溫柔敦厚'함을 지켜 너무 감정적이 되지 않도록 해야 하며, 《상서》의 결점인 '무'를 대할 때는 '소통지원疏通知遠', 즉 고대 문헌을 너무 곧이곧대로 믿지 말고 생활 속 상식으로 고대사 속의 기이한 내용을 재량할 줄 알아야 한다고 했다. 《악경》의 결점인 사치스러움에는 '광박이량廣博易良', 즉 관심 분야를 넓히고 여러 문제를 고려해서 대처하며, 《역경》의 결점인 '적'을 피하고자 하면 '결정정미潔靜精微', 즉 점을 쳐서 공리적인 목표를 추구할 생각만 해서는 안 된다. 《의례》의 '번'한 결점에서 벗어나려면 '공검장경恭儉莊敬, 즉 솔직하고 성실하며 근검절약하는 태도로 일관해야 하며, 《춘추》의 '난'한 결점을 극복하려면 '속사비사屬辭比事', 즉 역사적 사건의 구체적인 배경과 당시 사회 환경을 이해하고 옛사람들이 그처럼 처신한 데는 그럴 수밖에 없었던 환경 요인을 인식해야 한다.

그러나 공자의 시대 이후에 유가는 사회에 여러 부정적인 영향을 미쳤다. '육경'을 제어할 수 있는 이는 너무 적었고, 교조주의자는 너무 많았기 때문이다.

필사본 속의 문맥

사회와 정치에 관한 공자의 주장 대부분은 독창적인 생각이 아니며, 그의 시대에는 모든 이가 알고 있던 일반 상식이었다는 점을 앞에서 밝힌 바 있다. 그러나 공자가 '육경'을 정리한 업적에는 전혀 다른 의미가 있다.

인쇄술 시대에 사는 이들은 필사본 시대의 어려움을 상상하기 힘들다. 당시에는 서적의 수량 자체도 적었고, 공식적으로 운영하는 장서 기구도 매우 적었으므로 서적은 대부분 각지에 있는 장서가들의 손에 흩어져 있었다. 책을 읽고 싶어도 가지지 못한 이들은 남에게 빌려 필사하는 수밖에 없었다. 보기 드문 책을 찾으려면 도처에 수소문해야 했고, 몇백 리 밖의 어느 도시에 사는 어떤 이가 그 책을 가지고 있다는 사실을 알게 되면 선물을 준비해 책 주인을 만나러 가서 허락을 받아야만 필사할 수 있었다.

게다가 완전한 한 권의 '책'이 존재하는 경우도 거의 없었다. 달리 말하면, '책'이라는 개념 자체가 없어 대체로 한 장절章節씩만 필사되어 유전되곤 했다. 고대에는 이것을 한 '권卷'이라 불렀는데, 죽간 혹은 백서 한 묶음을 말한다. 만약 특정한 주제와 관련된 '권'을 비교적 온전하게 수집한 이가 있다면 그 사람은 위대한 장서가이자 편집자라 할 수 있었다. 이러한 수집 작업을 완성했다는 것은 여러 '권'을 그러모아 지금껏 없었던 '책'을 만들어냈다는 의미이다.[10]

공자가 '육경'을 정리했다는 것은 그가 시, 서, 예 등 여섯 가

---

10 상고 시대 서적의 형태 및 서적의 유전 상황에 관해서는 여가석余嘉錫 선생의 저서인《고서통례古書通例》를 참고.

지 주제에 따라 내용을 수집해 비교적 완전한 문헌으로 엮어, 각
각 정식으로 한 권의 '책'이라 부를 수 있게 만들었다는 의미이
다. 이 작업은 동식물의 표본 수집과 다소 유사하다. 긴 시간을
들여야 하며, 사회적 지위도 어느 정도 갖추고 있어야 하고, 또한
많은 돈과 필사하는 데 드는 노력도 필요하다. 그 외에 교정 작업
등의 여러 보조 작업도 해야 한다. 당시의 서적은 한 사람씩 서로
필사해서 만들었는데, 필사하는 이들의 지식 수준도 각기 다르고
책임감도 달랐으므로 글자를 틀리거나 빼먹는 일이 많았다. 문헌
을 정리하는 이는 교정 작업을 통해 책의 내용을 최대한 완전하
고 정확하게 다듬어야 했다.

　가장 확실한 교정 방법은 같은 책의 두 개 혹은 그 이상의 필
사본을 구해 한 글자씩 비교하며 어느 부분이 서로 다른지 알아
보는 것이었다. 이렇게 하면 어느 쪽이 정확하고 어느 쪽이 틀렸
는지 쉽게 알 수 있으며 빠진 부분도 찾아낼 수 있다. 이는 사실
대단히 노동 집약적인 작업이다. 고대인들은 종종 나이 든 서생
에 대해 '호수궁경皓首窮經', 즉 책더미 속에 파묻혀 평생 필사하
고 교정하다가 머리가 다 세어 버렸다고 우스갯소리를 하곤 했
다. 하지만 이는 어쩔 수 없었다. 필사본 시대에는 기본적으로 누
군가 이 일을 쉬지 않고 계속해야만 한 사회의 문화가 전승될 수
있었다. 이 작업은 아직 창작의 단계까지는 이르지 못했다.

　또한 고대, 특히 인쇄술이 출현하기 이전 시대에는 사회의 인
구 대부분이 글을 모르는 문맹이라 책을 읽을 수 없었다. 이처럼
지식이 결핍된 사회 속에서 서생들이 '호수궁경'해 가며 유지해
온 작업은 아주 귀중하고도 연약한 문화의 등불이었다. 2천 년
전에 존재했던 인류의 고대 문명 중 다수는 현재까지 전해지지
않는다. 이 문명들이 남긴 비석과 서적은 이제 아무도 이해할 수

없어 그들의 문자는 '죽은 문자'가 되어 버렸다. 대대로 전해져 내려와 지금까지 보존된 고대 문명은 극소수에 불과한데, 중국의 한문화漢文化가 바로 그중 하나이다.

고대에 '지식인'들이 가지고 있던 존엄성과 우월감, 그리고 공동체 의식은 현대사회를 살아가는 이들이 상상할 수 없을 정도였다. 현대인들은 루쉰의 소설《공을기孔乙己》를 읽고 풍자적인 성격을 느끼는데, 그것은 주인공 공을기가 이미 문화가 보급된 시대의 초입에서 여전히 고대 지식인 특유의 우월감을 드러내고 있기 때문이다.

공자는 중국 역사상 편집 및 교정 작업의 창시자라 할 수 있다. 그 이전에도 이러한 작업을 했던 사람은 존재했으나, 그가 해낸 일에 비하면 그 양이 턱없이 부족하다. 그가 '육경'을 정리해 이 문헌들을 온전하고 정확하게 후세까지 전해준 공에는 끝이 없을 정도이다. '육경'에 수록된 문헌은 모두 춘추 시대 및 그 이전의 것들로, 그 속에 기록된 문화와 사건들은 후세의 중국 사회[전국 시대 이후]와는 매우 다르다. 만약 '육경'이 없었다면 현대인들은 상고 시대의 중국을 거의 이해할 수 없었을 것이다.

공자가 '육경'을 체계적으로 정리하지 않았다고 가정해 보자. 그렇다면 이 문헌들은 각기 다른 주인들의 손에 흩어져 있다가 곧바로 전국 시대의 대변법과 대전쟁의 시기를 맞게 된다. 전국 시대 사람들은 상고 시대와 귀족 사회의 역사에 관심이 없어 이러한 정리 작업을 하려는 사람이 있었을 리가 없으므로, 이렇게 곳곳에 산재한 문헌들은 대부분 흩어져 실전되고 말았을 것이다. 그 후에 진시황의 분서갱유까지 겪고 나면, 전국 시대 이전의 역사는 진정한 공백으로 남았을지도 모르는 일이다.

천만다행으로 공자가 '육경'을 정리하고, 그가 창시한 유가가 전승해 이 귀중한 사료들을 오늘날까지 보존했다. 좌구명과 공자 사이의 소소한 저작권 분쟁은 오히려 그리 강조할 가치가 없는 일이다. 아무튼 공자 본인조차 자신은 '술이부작'했다고 말했을 뿐, 저작권을 주장하지는 않았다.

후세 사람들에게 '육경'이란?

전국 시대 이후로 점차 전제 황권이 수립되면서 국가 이념으로 삼을 학설이 필요하게 되었다. 당시에는 '제자백가'가 존재하고 있었는데, 황제들은 여러 학설들을 비교해 본 끝에 그래도 유가가 가장 적합하다고 판단했다. 그 이유는 첫째로 유가 관련 서적이 가장 많았기 때문이다. 전통문화는 유가의 손에서 전부 정리되어 '육경'에 편입되었는데, 나중에 새롭게 일어난 학파들은 이 점에서 좀 불리했다. 둘째로 공자가 창시한 유가는 천자의 권위를 숭상했고, 이는 황제의 요구에도 부합했기 때문이다. 특히 서한 시대에는 제후들의 세력이 강대해져 황제는 늘 불안감을 느꼈으므로, 공자의 학설을 이용해 제후는 반드시 천자에게 복종해야 한다고 강조하는 방식이 가장 적절했다. 따라서 한무제는 제자백가를 배척하고 유학만을 통치 이념으로 삼는 '파출백가, 독존유술罷黜百家, 獨尊儒術' 정책을 시행했다.

'육경'은 공자 시대 지식의 집대성이기는 하지만, 전국 시대 이후의 사람들은 '육경'을 충분히 이해할 수 없었다. 사회 구조가 완전히 변화하면서 귀족 사대부 계층이 사라져 그들의 각종 문화와 예의 풍습도 모두 소실되고 '육경'이라는 책더미 속에만 남아 있었기 때문이다. 전제 황권 시대의 지식인들은 그저 공자는 고대 성인이고 그가 저술한 '육경'은 모두 성현이 가르친 크고 높은 도리라고 여겼을 뿐, 그 의미를 제대로 이해한 사람은 사실상 거의 없었다. 중국의 지식인들은 '육경'에 대해 2천 년 동안 이처럼 애매한 오독誤讀 상태를 유지해 왔다.

특히 수, 당나라 이후로 과거 제도가 보급되고 국가를 관리하는 계층이 모두 과거를 통해 발탁된 문관으로 바뀌면서 춘추 시대의 사회, 정치 구조와는 완전히 달라졌다. 여기서 흥미로운 [혹은 황당한] 점은 이 과거의 시험문제가 출제되는 교과서가 바로 '육경'이었다는 사실이다. 이처럼 지식과 시대가 부조화를 이루었던 점에 대해서는 공자를 탓할 일이 아니라 후세의 제도에 문제가 있다고 탓할 일이다.

과거제 시대의 사람들에게 '육경'만을 읽으라고 했다면 너무 고통스러운 일이었을 듯하다. 그래서인지 송나라 때 주희는 소위 '사서四書'라는 문헌을 선정했는데, 여기에는 《논어》와 《맹자》 외에 《예기》에서 고른 두 편의 짧은 문장인 《대학大學》과 《중용中庸》이 포함되었다.

'사서'의 범위는 '육경'과 전혀 겹치지 않는다. '사서'의 특징은 '육경'보다 분량이 적고 내용이 간단해 이해하기 쉽다는 점이다. 이 때문에 송나라 이후의 유생들은 '사서'를 더욱 중시했다. 명, 청나라 때의 과거에서 '사서'는 필수과목이었지만, '육경'은 그 내용을 전부 파악할 필요가 없이 그중 한 부분만을 선택할 수 있었다. 이렇게 변통적인 방법을 쓴 이유는 후세 사람들이 이미 '육경'을 사실상 이해할 수 없게 되었으며, 필요하지도 않았기 때문이다. 유가의 사상은 이처럼 여러 차례의 변통, 혹은 개량과 왜곡, 오독, 발전 등을 거쳐 이어져 내려왔다.

사회적인 필요성이라는 면에서 '육경'은 전국 시대 이후로 시대에 뒤떨어진 쓸모없는 문헌이 되었지만, 문화 및 역사적인 관점에서 보면 '육경'은 매우 큰 의미가 있으며, 이 의미는 시대의 흐름에도 영향을 받지 않는다. 현대에 보기 드문 것일수록 연구할 가치가 더욱 크기 때문이다.

청나라의 건가학파에서 고증 작업을 한 후에야 '육경'에 기록된 상고 사회와 역사에 관해 자세히 알 수 있게 되었다. 따라서 청나라 학자인 장학성章學誠은 "육경은 모두 역사와 관련이 있다六經皆史"라고 주장하며, 사료라는 관점에서 '육경'을 독해해야만 진정한 뜻을 이해할 수 있다고 말했다. 서양에서 현대 학문의 방법론이 유입된 후로 '육경'은 현대인이 전국 시대 이전의 고대사를 해석하는 기본적인 문헌이 되었으나, 여전히 많은 작업을 완성하지 못한 상태이다.

공문에 닥친 큰 위기

공자의 사망 전후로 공문제자들은 가장 침체한 시기를 보냈다. 그들이 정계에서 제일 큰 세력을 형성했던 시절은 이미 지나가 버렸다. 위출공이 실각하고 자로가 사망하면서 위나라에서 관직을 얻을 기회는 사라졌고, 제간공과 재여가 살해당하면서 제나라에서 권력을 잡은 공문제자도 없어졌다. 결국 노나라에서 일하고 있는 몇몇 제자밖에 남지 않았는데, 그중 가장 중요한 인물은 염유와 자공이었다.

공자가 노나라로 돌아온 후로 삼환 가문의 새로운 가주 세대는 그에게 조금씩 실망했다. 예전에 그가 바깥에서 명성을 떨치던 때는 고향 사람들이 다들 그를 매우 대단한 인물이라고 생각했으나, 그가 노나라로 돌아온 후 교류가 늘어나면서 계강자 등은 점차 그의 실력이 명성만 못하다고 여기게 되었다. 공자가 사망하기 직전 2년 동안 노나라 상층부에 이러한 생각이 점차 퍼져나갔으며, 그가 죽은 후에는 더욱 널리 퍼졌다.

새 세대의 삼환 가주 중에서는 숙손무숙이 가장 솔직하고 말하는 데 거리낌이 없었다. 그는 삼환 가주 중 가장 나이가 많고 경력이 긴 인물이었다. 한번은 그가 노나라의 조회에 참석해 공자가 주장했던 진부하고 쓸모없는 일들에 관해 언급하면서, 공자는 유명무실한 인물이고 실제로 관직에 올라 정치하는 능력은 자공만 못하다고 말한 일이 있었다.

자공은 이 당시 그 자리에 있지 않았다. 나중에 자복경백에게 이야기를 전해 들은 자공은 그 말을 단호히 부정하며 "만약 사람을 저택에 비유한다면, 저라는 저택은 담장이 어깨높이밖에 되지 않아 지나가는 사람이 보고 다들 담장 안에 지은 집이 제법 괜찮다고 말할 수 있습니다. 그러나 스승님이라는 저택은 담장이 석장丈이나 되어, 대문으로 들어가 보지 않으면 담장 안 건물이 얼마나 웅장하고, 가구와 진열품이 얼마나 화려하고 아름다운지 결코 알 수가 없습니다. 스승님이라는 저택 안으로 들어갈 수 있는 이가 너무나 적으니, 그분을 폄훼하는 말이 나도는 것도 당연한 일이 아니겠습니까?"라고 말했다.[1]

체면을 따지지 않는 숙손무숙은 아예 자공 앞에서 공자가 제시했던 실현 가능성이 없는 의견과 그가 제대로 하지 못한 일에 관해 말한 적도 있었다. 자공은 스승을 변호하며 "스승님은 평범한 사람들과 비교할 수 없습니다. 평범한 이들은 낮은 구릉과 같아 학문을 쌓아 그들을 넘어서는 일이 어렵지 않으나, 스승님은 해나 달과 같은 분이라 뛰어넘기가 불가능합니다.[2] 스승님께서도

1 《논어·자장》: "숙손무숙이 조정에서 대부들에게 '자공이 중니보다 낫습니다'라 말했다. 자복경백이 이 말을 자공에게 전하자, 자공은 '사람을 저택의 담장에 비유하면 저의 담장은 어깨까지밖에 오지 않아 담 안의 집이 좋다는 것을 엿볼 수 있습니다. 그러나 스승님의 담장은 몇 길이나 되어, 대문으로 들어가지 않으면 종묘가 아름다우며 백관이 모두 부유하다는 것을 알 수가 없습니다. 그 문으로 들어간 이가 적으니, 선생이 그런 말씀을 하시는 것도 당연한 일이 아니겠습니까?'라 말했다."(叔孫武叔語大夫於朝曰: '子貢賢於仲尼.' 子服景伯以告子貢. 子貢曰: '譬之宮牆, 賜之牆也及肩, 窺見室家之好. 夫子之牆數仞, 不得其門而入, 不見宗廟之美, 百官之富. 得其門者或寡矣. 夫子之雲, 不亦宜乎!')

2 《논이·자장》: "숙손무숙이 공사를 폄훼하자 자공이 말했다. '그러지 마십시오. 스승님을 폄훼해서는 안 됩니다. 다른 이들의 현명함은 구릉과 같아 넘어갈 수 있으나, 스승님의 현명함은 해나 달과 같아 넘어갈 수 없습니다. 사람들이 해나 달과 관계를 끊으려 한다 한들 그것이 어찌 해나 달에 해를 끼치겠습니까? 다만 그가 자기 자신을 모른다는 것이 잘 드러날 뿐입니다.'"(叔孫武叔毁仲尼. 子貢曰: '無以爲也! 仲尼不可毁也. 他人之賢者, 丘陵也, 猶可逾也; 仲尼, 日月也, 無得而逾焉. 人雖欲自絶, 其何傷於日月乎? 多見其不知量也.')

잘못을 저지르실 수 있습니다. 그 잘못은 해와 달에 일식과 월식이 일어날 때와 같아 누구나 알아볼 수 있으나, 그 잘못을 바로잡고 나면 사람들은 그분을 더욱 추앙하게 됩니다"³라고 말했다.

공자는 이름난 스승이었으나, 그를 전문적으로 지도해 준 스승은 없었다. 공자 이전에는 전업 교사라는 직업 자체가 존재하지 않았다. 그래서 일부 사람들은 초년에 출신이 비천했던 공자가 어떻게 아무 바탕도 없다가 갑자기 나타나 대학자가 될 수 있었는지 의심했다. 위나라의 어느 대부는 아예 자공에게 대놓고 질문하기도 했다. 자공은 "주문왕과 무왕이 창시한 도리는 이미 사대부 생활의 모든 면에 깊이 스며들어, 지혜로운 이는 그 도리를 많이 깨우치고 어리석은 이는 적게 깨우칠 따름입니다. 스승님은 언제 어느 때에든 도리를 배워 깨우치시니, 정해진 스승이 있어야 할 필요가 없습니다!"라고 답했다.⁴

공자가 상나라[송나라]의 혈통이라는 점 역시 한때 노나라 상층부 인사들 사이에서 논쟁의 대상이 되었다. 당시 사람들은 이미 상나라 문명의 잔혹한 면을 거의 잊어버린 후였지만, 상나라의 마지막 왕인 주왕이 주색에 빠져 폭정을 일삼았던 일은 널리 알려졌으므로, 혹자는 이러한 전설을 들어 공자를 헐뜯기도 했다. 자공은 이 의견에 대해서도 "상나라의 주왕은 전설로 전해지

3 《논어·자장》: "자공이 말했다. '군자의 과오란 일식이나 월식과 같아 과오를 범하면 사람들이 모두 알아볼 수 있으나, 그것을 고치고 나면 사람들이 모두 우러러보게 된다.'"(子貢曰: '君子之過也, 如日月之食焉: 過也, 人皆見之; 更也, 人皆仰之.')
4 《논어·자장》: "위나라의 공손조가 자공에게 '중니는 어디에서 배웠습니까?'라 묻자, 자공은 '문왕과 무왕의 도가 아직 땅에 떨어지지 않고 사람들 사이에 남아 있으니, 지혜로운 이는 이 도를 크게 깨우치고 지혜롭지 못한 이는 작게 깨우칠 따름입니다. 문왕과 무왕의 도가 존재하지 않는 곳이 없으니, 스승님이 어디선들 배우지 못하시겠습니까? 또한 정해진 스승이 있어야 할 필요가 있겠습니까?'라 말했다."(衛公孫朝問於子貢曰: '仲尼焉學?' 子貢曰: '文武之道, 未墜於地, 在人. 賢者識其大者, 不賢者識其小者. 莫不有文武之道焉. 夫子焉不學? 而亦何常師之有?')

는 것처럼 그렇게 무서운 인물이 아닙니다. 그가 실각하자 너도 나도 달려들어 비난하다 보니 온갖 나쁜 일은 모두 그가 했다고 전해지게 된 것뿐입니다"라고 변호했다.[5]

공문제자 중에도 자공이 공자보다 뛰어나다고 생각하는 이가 있었다. 진항은 공개적으로 자공에게 "사형께서는 지나치게 겸손한 것이 아닙니까? 스승님이 정말로 사형보다도 더 뛰어나단 말입니까?"라고 물었다. 자공은 "말은 신중하게 해야 한다! 평범한 이들이 어찌 스승님의 위대함을 이해할 수 있겠느냐? 이는 네가 사다리를 계속 올라간다 해도 하늘 위까지 닿을 수 없는 것과 마찬가지이다!"라고 말했다.[6]

사회가 공자에 대해 품는 의심과 부정에 맞서 자공은 앞장서서 공문제자들이 분발하여 일어나게 만들어 공자의 위상을 높였다. 그가 공자의 위상을 높인 방법은 공자를 신성화해 반쯤은 신과 다름없는 전지전능한 인물이라고 포장하는 것이었다.

숙손무숙을 비롯한 노나라 상층부 인사들은 이미 자공을 매우 높이 평가하고 있었는데, 자공은 어째서 이렇게 공자를 신성화하려고 노력했을까? 그 의도는 첫째로 숙손무숙 등이 자공을 높이 평가한 이유는 그의 현실적인 행정 능력이 뛰어났기 때문이지, 그가 신기한 힘을 가졌기 때문이 아니었다. 자공이 공자를

5 《논어·자장》: "자공이 말했다. '주왕이 선량하지 않음이 이 정도로 심하지는 않았다. 이래서 군자는 하류에 처하기를 싫어하니, 그렇게 되면 천하의 악이 모두 그에게 모이기 때문이다.'"(子貢曰: '紂之不善, 不如是之甚也. 是以君子惡居下流, 天下之惡皆歸焉.')

6 《논어·자장》: "진자금이 자공에게 '사형께서 겸손하신 것이지, 중니가 어찌 사형보다 낫겠습니까?'라 묻자 자공이 말했다. '군자는 한마디 말로 지혜롭게 보이기도 하고, 또 한마디 말로 지혜롭지 못하게 보이기도 하니, 말을 함에 있어 신중하지 않으면 안 된다. 스승님에게 미칠 수 없는 것은 사다리를 계속 올라도 하늘에 올라갈 수 없는 것과 같다…….'"(陳子禽謂子貢曰: '子爲恭也, 仲尼豈賢於子乎?' 子貢曰: "君子一言以爲知, 一言以爲不知, 言不可不慎也. 夫子之不可及也, 猶天之不可階而升也…….')

신성화해 공자에게 초자연적인 능력이 있었다고 믿게 한다면, 그 수제자인 자공 본인도 자연히 그런 초능력 일부를 물려받았다고 주장할 수 있었다. 게다가 공자는 이미 죽었으니 그에 관한 온갖 신비로운 이야기를 마음대로 지어낼 수 있었다. 즉, 공자는 이러한 초능력의 대체 불가능한 '매개체'로, 후세의 신상이나 불상과 비슷한 역할을 하게 되었다.

둘째로 자공은 노나라 상층부에 탄탄한 인맥이 없었다. 그가 정계에서 자리를 잡고 발전해 나가기 위해 의지할 곳은 결국 공문제자들뿐이었다. 공자를 신성화해 공문제자들의 위상까지 높인다면 다들 관직에 오를 기회를 얻게 되고, 그러면 집단의 결속력도 강해질 터였다. 지금껏 동고동락해 온 이 집단을 계속 유지해야만 더 크게 발전해 나갈 수 있다는 점은 분명했다.

공자와 자공의 의견 차이

자공의 이러한 생각은 공자가 사망하기 10년 전, 즉 채나라 병사들에게 포위된 상황에서 공자가 자공을 불러 대화했던 그때에 이미 드러난 적이 있다. 공자가 자신의 도를 행할 수 없어 고민하자 자공은 "스승님의 도는 너무나 높고 깊어 세간의 평범한 이들은 받아들이지 못합니다. 도의 기준을 좀 통속적으로 낮추면 평범한 이들도 받아들일 것입니다"라고 건의했다. 공자는 당연히 이 의견을 받아들일 수 없었다.

자공이 공자의 위상을 높여 신성화한 근거 중 하나는 공자가 마치 태어날 때부터 그렇게 타고난 듯이 아는 것이 매우 많았다는 점이다. 자공은 오나라의 태재인 백비에게도 공자가 여러 비범한 능력을 보유하고 있다고 말했다. 그러자 백비는 "그렇다면 공자는 성인聖人이 분명합니다. 그렇지 않으면 이렇게 다재다능할 리가 있겠습니까!"라며 감탄했다. 자공은 "스승님께서 이처럼 비범한 능력을 얻게 되신 것은 분명히 하늘의 뜻일 것입니다"라고 말했다.

이 이야기를 들은 공자는 자공의 말을 바로잡기 위해 "백비 태재가 나를 잘 이해한 것이다. 나는 비천한 출신이므로 하층민의 여러 기술을 알고 있다. 진정한 군자[귀족]는 이러한 재주가 필요 없다!"라고 말했다.[7]

백비는 공자를 '성聖'하다고 추켜세웠는데, 이 글자는 도대체 어떤 의미일까? 일반인들이 보기에 '성인'이란 초자연적인 능력, 예를 들어 미래를 예언하고 바람과 비를 부르고 신령과 소통하고 귀신을 붙잡는 등의 능력을 가진 인물을 뜻한다. 그러나 공자는 '성인'이라는 개념을 천하의 백성을 널리 행복하게 할 수 있는 성공한 정치가로 이해했다. 그가 보기에 요임금과 순임금조차 반드시 '성인'이라고 할 수는 없었으니, 그 외의 인물은 더더욱 성인이라 할 수 없었다.[8] '성인' 개념에 대한 이러한 해석에는 신성

---

7 《논어·자한》: "태재가 자공에게 '공자 선생은 성인입니까? 어찌 그리 다재다능할 수 있습니까?'라 묻자 자공이 '하늘이 그분으로 하여금 성인이 되도록 했으며 다재다능하게 만든 것입니다'라 말했다. 이 말을 들은 공자는 '태재가 나를 잘 아는구나! 나는 어려서 신분이 비천했기 때문에 비천한 일을 잘할 수 있다. 군자가 잘할 수 있는 일이 많은가? 많지 않다'라 말했다."(大宰問於子貢曰: '夫子聖者與? 何其多能也?' 子貢曰: '固天縱之將聖, 又多能也.' 子聞之, 曰: '大宰知我乎! 吾少也賤, 故多能鄙事. 君子多乎哉? 不多也.')

8 《논어·옹야》: "자공이 '만약 백성들에게 널리 베풀고 어려움에서 구제하는 이가 있다면 어떻습니까? 그를 어질다고 할 수 있습니까?'라 묻자 공자가 '어찌 어진 것에 그치겠느냐? 반드시 성스럽다 해야 할 것이다! 요임금과 순임금도 그렇게 하기 힘들었을 것이다. 어진 이는 자신이 나아가 서고 싶은 자리가 있으면 다른 이를 그곳에 세우며, 자신이 도달하고 싶은 곳이 있으면 다른 이가 도달하게 한다. 입장을 바꾸어 다른 이를 위해 생각하는 것이 바로 인을 실천하는 방법이라 할 수 있다'라 하였다."(子貢曰: '如有博施於民而能濟眾, 何如? 可謂仁乎?' 子曰: '何事於仁, 必也聖乎! 堯舜其猶病諸! 夫仁者, 己欲立而立人, 己欲達而達人. 能近取譬, 可謂仁之方也已.')

하거나 괴이한 의미가 전혀 포함되지 않았다.

공자는 만년에 자신을 '성인'이라 추앙한다는 소문을 이따금 듣자, "나는 '성聖'과 '인仁'이라는 두 가지 기준에 모두 도달할 수 없다. 내가 그나마 할 수 있는 것은 내가 하는 일을 결코 포기하지 않고, 제자들을 가르치기를 결코 게을리하지 않는 두 가지일 따름이다"⁹라고 해명했다. 공자는 인간일 뿐이며, 자신을 범속을 초월한 성인이나 신선이라고 생각한 적은 전혀 없었다. 그는 "나는 태어났을 때부터 모든 것을 알고 있지 않았다. 그저 고대 문화를 좋아해 줄곧 열심히 배웠을 뿐이다"라고 말했다.¹⁰

공자가 자공에게 "너는 내가 아는 것이 무척 많다고 생각하지 않느냐?"라고 물은 적이 있다. 자공은 "맞습니다. 그렇지 않습니까?"라고 되물었다. 그러자 공자가 말했다. "그렇지 않다. 내가 아는 것들은 모두 '일이관지一以貫之'한 것일 뿐이다."¹¹

공자가 자신은 '일이관지'했다고 말한 의미가 무엇인지는 정확히 추측하기 힘들다. 후세 주석가들은 대체로 이 말을 '충서忠恕'와 같은 도덕적 기준이라고 해석했다. 그러나 사실 공자는 자신의 개인적인 경험을 말했을 가능성이 크다. 초년에 회계나 공사 감독 같은 일을 하다가 신분이 크게 변하는 바람에 가진 기술

---

9 《논어·술이》: "공자가 말했다. '내가 어찌 감히 성인이나 인자가 될 수 있겠느냐? 그러나 스스로 배우기를 싫증 내지 않고 남을 가르치기를 게을리하지 않는 것 정도라면 그러하다 할 수 있을 것이다.'"(子曰: '若聖與仁, 則吾豈敢? 抑爲之不厭, 誨人不倦, 則可謂云爾已矣.')

10 《논어·술이》: "공자가 말했다. '나는 날 때부터 알고 있었던 사람이 아니라, 옛것을 좋아하여 재빨리 그에 대해 탐구한 사람이다.'"(子曰: '我非生而知之者, 好古, 敏以求之者也.')

11 《논어·위령공》: "공자가 자공에게 '사야, 너는 내가 많은 것을 배워 지식이 많은 사람이라 생각하느냐?'라 묻자 자공이 '그렇습니다. 아닙니까?'라 물었다. 공자는 '그렇지 않다. 나는 한 가지 이치로 처음부터 끝까지 관통한 것이다'라 말했다."(子曰: '賜也, 女以予爲多學而識之者與?' 對曰: '然, 非與?' 曰: '非也, 予一以貫之.')

이 좀 더 많아졌을 뿐이라는 의미이다.

공자는 "자불어괴력난신子不語怪力亂神", 즉 '초자연'에 속하는 신성하거나 괴이한 현상 혹은 능력에 관해 이야기한 적이 전혀 없었다. 당시 과학 수준으로 이러한 현상들을 철저하게 부정하기는 쉽지 않았겠지만, 이성적인 경험주의자였던 공자는 자신이 보고 경험한 사실에만 충실했으며, 남에게서 전해 들어 검증할 수 없는 일에 대해서는 어떠한 의견도 표명하지 않았다. 이는 '헛소문은 듣지도 믿지도 퍼뜨리지도 않는' 태도와 비슷하다. 이러한 자세의 본질은 바로 '진실 추구'로, 부화뇌동하며 주견을 잃지 않고, 학문을 요술로 변질시키지도 않는 태도이다.

공자는 전문적인 기술을 '기器'라 칭했다. 그는 "군자불기君子不器"라고 말한 바 있는데, 이 말은 지위가 높은 이는 전문적인 지식을 익힐 필요가 없고, 그보다는 전면적인 발전을 추구해야 한다는 뜻이다. 그러나 다른 한편으로 공자는 지도자는 부하의 '기지器之', 즉 그들이 가진 전문 기술을 발굴해야 하며, 부하들에게 전면적으로 발전하는 인재가 되도록 무리하게 요구해서는 안 된다고 보았다.[12] 현대에 사용하는 '중시하다器重' 혹은 '재능에 따라 쓰다量才器使'라는 어휘는 모두 이 말에서 유래했다. 공자도 초년에는 하급 관리로 고용되어 부하의 신분으로 일했기 때문에 몇 가지 전문 기술을 익힐 수 있었다.

---

12 《논어·자로》: "공자가 말했다. '군자는 섬기기 쉬우나 그를 기쁘게 하기는 어렵다. 바른 도리로써 기쁘게 하지 않으면 그는 기뻐하지 않으며, 그가 다른 이에게 일을 시킬 때는 가진 재주에 맞게 일을 시키기 때문이다. 소인은 섬기기는 어려우나 기쁘게 하기는 쉽다. 그는 바른 도리로써 기쁘게 하지 않아도 기뻐하지만, 다른 이에게 일을 시킬 때는 온갖 재주를 갖추고 있기를 바라기 때문이다.'"(子曰: '君子易事而難說也: 說之不以道, 不說也; 及其使人也, 器之. 小人難事而易說也: 說之雖不以道, 說也; 及其使人也, 求備焉.') 《논어·위정》: "공자가 말했다. '군자는 (형태가 고정된) 기물이 아니다.'"(子曰: '君子不器.')

자공은 공자가 자신을 어떻게 평하는지 알고 싶어 질문한 적
도 있었다. 공자는 "너는 기물이다. 무슨 기물인가 하면, 호련瑚璉
이다"라고 대답했다.[13] 호련은 주식을 담는 그릇이며 주로 제사
때 사용한다. 자공을 호련에 비유한 이유는 그가 비록 체면과 실
용적인 가치를 모두 갖추고 있기는 하지만, '군자불기'의 단계에
는 아직 도달하지 못했다는 뜻이다.

공자는 어떤 사람이 '기'인지 아닌지 판단할 때 두 가지 기준
을 두었다. 하나는 직업 구분에 따른 기준으로, 부하 혹은 고용인
의 위치에 있는 이라면 모두 '기'로서의 의무를 이행해야 한다고
보았다. 그들은 커다란 기계를 구성하는 나사와 같은 존재이므로
선택의 여지가 없었다. 다른 하나는 그 사람이 정신적으로 어떤
것을 추구하는가가 기준으로, 현실적인 이익 외의 초월적인 것을
추구하거나 혹은 사회 상황에 관심을 기울이는 이라면 '불기'라
고 보았다. 이와 반대로, 개인적인 이익과 성공만을 추구하는 사
람이라면 '기'일 뿐이었다. 그래서 공자는 자공이 매우 아름답고
쓸모 있는 '기'라고 보았다.

자공이 공자에게 물었다. "만약 도시 안의 모든 이가 좋아하
는 사람이 있다면, 스승님께서는 이 사람을 좋은 사람이라고 보
십니까?" 공자가 말했다. "그것은 구분해서 판단해야 한다. 도시
안의 좋은 사람들은 모두 그가 좋은 이라고 평하고, 나쁜 사람들
은 모두 그를 나쁜 이라고 평해야만 그 사람은 진정으로 좋은 사
람이라고 할 수 있다."

공자가 어떤 문제에 관해 사고하는 목적은 진실을 추구하기

---

13 《논어·공야장》: "자공이 공자에게 '저는 어떤 사람입니까?'라 묻자 공자는 '너는
그릇이다'라 답했다. '어떤 그릇입니까?'라 묻자 공자는 '호련이다'라 말했다."(子貢問
曰: '賜也何如?' 子曰: '女器也.' 曰: '何器也?' 曰: '瑚璉也.')

위해서였다. 그는 사고의 대상이 도대체 무엇인가, 혹은 무엇이 어야 하는가를 탐구하려 했을 뿐, 부화뇌동하며 대중의 여론에 휩쓸리지 않았다. 반면에 자공은 사물의 '본질'보다 대중의 태도에 더욱 관심을 두었다. 성공한 상인이나 정치가는 모두 이처럼 대중의 요구에 순응하고 영합했기에 그 성공을 이루었다. 그들이 보기에 대중의 관념을 바꾸려는 시도는 헛된 고생일 뿐이었다. 자공이 추구한 분야는 결국 '성공학'이었으며, 그 일관된 목표는 바로 높은 관직에 올라 부자가 되는 것이었다.

자공은 공자보다 인간 본성의 현실적인 면에 더 주목했다. 대다수의 사람, 즉 열국의 군주들 내지는 삼환 가문의 가주들과 같은 집권자 귀족들이 처리하는 일은 현실 속 정치 문제들이며, 그들의 관심은 자신들의 현실적인 이익에 있었다. 그들에겐 진정한 역사와 현실이 무엇인지 설명해 줄 사람이 필요 없었다. 욕망을 극복하고 이성적인 정치를 이루어야 한다는 설교는 더더욱 원하지 않았다. 이러한 설교는 그들의 생활 속 즐거움을 망칠 뿐이었다. 그들에게 필요한 바는 바로 '초자연'적이며 신성한 색채를 띤 뭔가였고, 특수한 능력을 가진 대가 혹은 신과 소통하는 도사나 무당이야말로 그들의 요구에 더 부합했다. 바라는 것을 결국은 이룰 수 없더라도, 그것을 추구하는 과정은 잠깐이나마 평범하고 무료한 삶을 잊게 해 주는 즐거움이 되기 때문이다.

물론 자공은 관직에 눈이 멀어 수단과 방법을 가리지 않고 신분 상승만을 꾀하는 인물이 아니었다. 그는 가족과 친척, 친구, 선후배, 동료를 챙길 줄 아는 이였다. 공자의 생전에 공자를 따라 열국을 주유했고, 공자가 사망한 후에는 열심히 학우들을 이끌고 도와주며 대선배로서 책임을 다했다.

자공은 처신 면에서는 최소한의 한계를 지키며 더 나은 것을 추구했지만, 일하는 면에서는 한계가 없었다고 할 수 있다. 그는 필요한 직책을 맡아 수행할 뿐, 공자처럼 생각이 많지 않았다. 그래서 여러 권력자를 모시며 그들을 위해 온갖 일을 하면서 더욱 높은 관직에 오를 수 있었다.

흥미로운 점은 관직에 오른 제자 중 공자가 만년에 가장 자주 꾸짖었던 이는 자공이 아니라 염유였다는 사실이다. 자공은 역시나 머리가 좋아 스승에게 질책당할 만한 일을 거의 만들지 않았던 듯하다.

공자 신격화 운동의 실상

공자는 살아 있던 당시에 자공의 의견을 받아들이지 않았지만, 그가 이미 죽은 이상 자공은 공자를 마음대로 포장해 숭배의 대상으로 삼을 수 있었다. 그래서 자공은 공자의 이념에 완전히 반대되도록 그를 신격화해 성인으로 만들었다.

비교적 사실에 충실한 유가의 문헌인 《논어》와 《예기》를 보면, 공자는 '초자연'적인 현상에 관해 어떠한 의견도 제시한 적이 없다. 그는 줄곧 아주 현실적인 세계 속에서만 살아왔다. 그러나 더 나중의 역사서를 보면 몇몇 초자연적인 이야기가 기록되어 있는데, 이는 자공의 공자 신격화 작업의 산물일 가능성이 크다.

그 예를 하나 살펴보자. 공자가 42세 되던 해에 남방의 오나라가 월나라를 토벌하려 했다. 오늘날의 지도에서 보면 오나라 군대는 쑤저우에서 사오싱紹興으로 진군했지만, 당시 중원 열국에게 이는 머나먼 남방에서 일어나는 일일 뿐이었다. 오나라 군대가 회계산會稽山에 이르렀을 때 산사태가 일어나 산속에서 거대한 뼈 여러 개가 발견되었는데, 뼈 하나가 마차 한 대에 가득 찰 정도로 컸다. 지금 생각하면 아마도 공룡 화석인 듯하지만, 당시 사람들은 무엇인지 알 수 없어 몹시 놀라며 기이하게 여겼다.

노나라에 파견된 오나라 사자는 이 소식을 전하며 공자에게 이 뼈가 무슨 뼈인지 물었다. 공자는 이 질문에 "그것은 고대의 산신인 방풍씨防風氏의 뼈입니다. 일찍이 우임금이 회계산에서 여러 신을 소집했는데, 방풍씨는 늦게 도착하는 바람에 우임금에게 죽임을 당해 그곳에 묻혔습니다. 방풍씨 부족의 사람들은 키가 석 장 정도로 매우 컸으니, 이 뼈는 분명히 방풍씨의 뼈일 것입니다"라고 대답했다. 공자는 여기에 덧붙여 "키가 가장 작은 민족은 삼 척[현재 단위로 계산하면 70cm가 채 되지 않는다]이고, 키가 가장 큰 민족은 그들의 열 배로 키가 석 장인 방풍씨의 민족입니다"라는 말도 했다.[14]

오왕 부차가 중원에 진출하기 전에는 오나라와 중원 열국 사이에 사실상 교류가 거의 없었다. 게다가 공자가 42세 때라면 아직 관직에 오르기 전이라 오나라의 사자를 접대할 기회가 없었다. 오히려 자공은 공자의 만년에 외교를 담당하는 관원이 되어 오나라 사람들과 자주 교류했으므로 그때서야 이러한 이야기를 들었을 가능성이 있는데, 아마도 이 일에 관한 해석을 공자가 한 설명처럼 만든 듯하다.

이외에도 공자가 진陳나라에서 지내던 동안에 일어났다는 기이한 사건이 두 가지 있다. 이 역시 자공이 지어낸 이야기로 보인다. 당시에 자공은 공자의 곁에 있었으므로 자기가 직접 보고 들은 일이라고 주장할 수 있었다.

첫 번째 사건은 공자가 열국을 주유하다가 진나라에 처음으로 갔던 때의 일이다. 진나라의 조당에 웬 매 한 마리가 떨어졌는데, 매의 몸체에는 한 척쯤 되는 짧은 화살이 꽂혀 있었으며 화살촉

14 《국어·노어魯語》를 볼 것.

은 돌로 만들어져 있었다. 진나라 군신들이 공자에게 이 매의 내력에 관해 묻자, 공자는 "이 화살은 먼 곳에 사는 숙신肅慎족의 부락에서 사용하는 것이니, 이 매는 분명히 그곳에서 날아왔을 것입니다. 주무왕이 상나라를 멸망시킨 후에 먼 곳의 부족 사람들이 모두 공물을 바치러 왔는데, 숙신 부족은 바로 이렇게 생긴 '고시楛矢(거친 화살)'를 공물로 바쳤습니다. 주무왕이 장녀를 진나라에 시집보낼 때 이 고시를 예물로 보냈으니, 궁전의 창고를 찾아보면 발견할 수 있을 것입니다"라고 말했다. 이 말을 들은 진나라 사람들이 골동품을 보존하는 창고에 가서 찾아보니 정말로 매의 몸에 꽂힌 것과 똑같은 화살을 찾을 수 있었다.[15]

두 번째 사건은 공자가 두 번째로 진나라를 방문한 지 2년째 되던 해[노애공 3년] 여름의 일이다. 노나라의 도성에 큰불이 났다는 소식이 전해져 왔다. 이 소식을 들은 공자는 "불탄 곳은 분명히 환공과 희공의 사당일 것이다"라고 말했는데, 이 추측은 나중에 사실로 밝혀졌다.[16] 그가 이렇게 말한 이유는 주례에 의하면 군주는 본인 위로 3대까지 군주만 종묘에 모실 수 있으며 그전 군주들의 위패는 폐기해야 했기 때문이다[그 외에도 먼 조상들을 모시는 사당이 두 개 더 있었는데, 그곳에 모신 위패는 절대로 폐기하지 않았다]. 노애공 대에 와서 환공과 희공은 이미 위로 3대 이전의 군주가 되었는데도 폐기하지 않고 있었으므로, 하늘의 뜻에 따라 이 두 군주의 사당이 불타 버렸다는 뜻이다.

《논어》와 《예기》에는 이 두 신비한 이야기가 기록되어 있지 않다. 이 이야기들을 보면 공자는 이미 신과 요괴의 세계에 관한 지식을 가지고 있으며 '괴력난신'에 관해서도 흥미를 느끼고 탐

---

15 《국어·노어》를 볼 것.
16 《좌전·애공 3년》을 볼 것.

구한 듯 보인다. 이러한 모습은 무당이라는 직업의 특징을 나타 내며, 이대로 계속 발전하면 비바람을 부르고 점을 치지 않고서 도 미래를 예견하는 모습이 된다.

　자공이 공자의 신격화를 시도한 일은 어느 정도의 성공만을 거둘 수 있었는데, 다른 제자들이 그에게 동조하지 않았기 때문 이다. 《사기·중니제자열전》에 의하면 공자가 사망한 후에 유약 이 공자의 화신 역할을 담당해 여러 제자로부터 질문을 받으며 공자가 예언 능력이 있는 것처럼 연기하기로 했다고 한다. 이를 위해 새로운 이야기도 지어냈다. 공자가 날씨를 예측하는 능력이 있어 아직 비가 오지 않는데도 제자들에게 외출할 때 우산을 챙 기라고 말했는데, 나중에 정말로 비가 왔다는 이야기다. 또한 상 구商瞿라는 제자가 있었는데, 그에게는 줄곧 아들이 없어 그의 어 머니가 첩을 얻어 주려 했다. 그러나 공자는 그럴 필요가 없다며 상구는 40세가 넘으면 다섯 명의 아들을 낳는다고 말했고, 정말 로 그렇게 되었다는 이야기다.

　이 연극을 순서대로 하자면 다른 제자들이 먼저 이 두 이야기 를 꺼낸 다음에 [공자의 역할을 맡은] 유약에게 질문하고, 그러면 유약은 제자들에게 자신이 어째서 예언할 수 있는지 말해 준 뒤 에 새로운 예언을 해야 했다. 그런데 유약은 자신이 말할 차례가 오자 도대체 어떻게 해야 할지 알지 못했다. 제자들은 유약이 너 무나 믿음직스럽지 못한 모습을 보이자 이 연극을 포기했다.

　공문제자 대부분은 자공이 주도했던 이 변화에 적응하지 못하 고 여전히 공자가 가르친 정통적인 방법으로 학문에 임했다. 이 는 학자와 무당 내지 점쟁이 사이의 차이였다.

　공자가 사망한 후에 자공은 마침내 공문 최악의 침체기를 극 복하고 공자의 사상을 더욱 널리 전파했으며, 이와 동시에 공자

는 범속을 초월한 인물이라는 이미지를 만들어내 공자를 대중이
생각하는 전형적인 성인의 모습이 되게 했다. 이 과정에서 자공
은 점점 더 높은 관직에 올랐는데, 만년에 이르러서는 '상상노위
常相魯衛', 즉 노나라와 위나라에서 모두 재상을 지냈다.

　만약 자공의 이러한 노력이 없었다면 공문제자들은 애초에 뿔
뿔이 흩어져 역사에 아무런 흔적도 남기지 못하고, 공자에 관한
여러 저작도 탄생하지 못했을지도 모른다. 그랬다면 2천여 년 동
안이나 중국 전체에 영향을 미쳐 온 유가 학파도 형성되지 않았
을 것이며, 오늘날 우리는 공자에 관해 주공이나 노자에 대해서
와 마찬가지로 아주 적은 내용만을 이해할 수 있었을 것이다.

　자공이 후배들을 챙기며 그들이 발탁될 기회를 찾아 주려 애
쓰는 모습을 좋지 않게 본 이도 있었다. 가령 공자가 대사구의 자
리에 올랐던 당시에 공자 저택의 집사를 지냈던 원헌이라는 제
자는 공자가 사망한 후에 자공이 후배들과 패거리를 만드는 데
불만을 품었고, 공자의 상을 치르고 싶어 하지도 않았다. 원헌은
시골에 은거하며 농민으로 살아갔다. 아마도 안회와 비슷한 생각
을 해서 책을 읽고 학문에 매진하며 세속에 물들지 않고 자기 한
몸 깨끗하게 지키는 일을 가장 중시하고, 관직에 오르면 권력자
에게 빌붙어 그가 하는 나쁜 짓에 가담해야 한다고 생각했던 듯
하다.

　한번은 자공이 문득 원헌이 생각나 만나러 가기로 했다. 아마
도 무슨 관직이 비어서 그에게 자리를 주려 했던 듯하다. 그는 수
많은 제자와 하인을 이끌고 위풍당당하게 마차를 몰아 원헌이
사는 빈민가에 들어섰다. 그곳은 평소에 마차가 지나가는 일이
거의 없어, 길 양옆으로 가시덤불과 잡초가 잔뜩 자라 있었다. 자
공이 탄 마차는 덤불과 풀숲을 헤치다시피 하며 마침내 원헌이

사는 초라한 집 앞에 도착했다.

원헌이 손님을 맞으러 나왔는데, 곳곳에 누더기를 기운 낡은 옷을 입고 있었다. 자공은 어색해져서 "자네는 어찌 이렇게 살고 있는가? 너무 비참하지 않은가?"라고 물었다. 그러자 원헌은 "내가 듣기로 돈이 없으면 빈곤하다고 하고, 도를 배웠으나 그 도를 실행할 수 없으면 그야말로 비참하다고 하더군. 나는 빈곤하지, 비참하지는 않네"라고 말했다. 체면이 깎인 자공은 서둘러 작별을 고하고 떠났다. 그 후로 자공은 이 일에 관해 말하기를 꺼렸고, 다른 이들도 그의 앞에서 감히 원헌에 관해 이야기를 꺼내지 못했다. 이 일은 '원헌거빈原憲居貧'이라는 전고가 되었다.

삼진의 새로운 천하

자공의 곁에서 그를 따랐던 제자들은 주로 공자가 말년에 노나라에 돌아와 지내던 동안에 새로 제자가 된 이들이었다. 다들 나이가 자공보다 열 살 이상 어려 배운 것도 많지 않고 경력도 짧아 이끌어 줄 만한 누군가가 필요했다. 이들 무리에는 유약 외에도 증삼과 복상 등의 제자들이 있었다.

자공은 노, 위, 제나라 등 역사가 오래된 중원 제후국에는 관직에 오를 기회가 이미 그리 많지 않다고 판단했다. 그러나 더 먼 곳, 특히 공자가 주유한 적이 없는 남방의 오나라와 월나라[이 당시 오나라는 월나라의 공격을 받고 있었다] 및 서방의 진晉나라와 진秦나라 등에는 기회가 아직 남아 있다고 보았다. 그는 외교를 담당하는 관원이라 이들 나라에 자주 출사를 나가 인맥을 어느 정도 쌓아 두었으므로 학우들을 추천하기 좋았다. 이들 나라는 지금까지 공자의 학설을 접해 본 일이 없어, 외국 것이라면 무조건 좋게 보는 풍조에 따라 유가의 학설을 신기하게 여길 터였으니 발전을 꾀하기에 더 좋았다.

외국으로 진출한 제자 중 가장 큰 성공을 거둔 이는 복상[자는 자하子夏]이었는데, 그는 진晉나라로 갔다. 복상은 나이가 공자보다 마흔네 살 아래로, 《논어》에는 그와 공자 사이의 대화가 적지 않게 기록되어 있다. 복상은 학업이나 업무에 그리 엄격하지 않고 모든 일을 대수롭지 않게 여기는 편으로 성격이 좀 건성이었는데, 공자가 그에 대해 '불급不及'이라 평한 이유도 이러한 태도 때문이었다. 가령 그는 "만약 규칙을 잘 지키며 성실하게 살아가기만 한다면, 글을 모르고 학문을 배우지 않았다 하더라도 교양 있는 사람이라 할 수 있다"라고 말했다. 또한 그는 사마우라는 학우를 위로하며 "생사는 운명에 달렸고, 부귀는 천명에 달렸다生死在命, 富貴在天"라고 말했는데, 이 말은 후세에 성어가 되었다.

공자는 평생 예법을 가장 중시했고 그중에서도 의식과 절차를 특히 중요시했다. 반면에 복상은 형식보다는 내용이 더 중요하다고 여겼다. 그가 공자와 대화하다가 회화에 관한 화제가 나온 적이 있었는데, 그는 미녀를 구해 모델로 삼아서 꼭 닮게 그리는 것이 가장 중요하고, 그림을 그리는 데 쓰는 천이나 안료의 질은 부차적인 문제라고 보았다. 그러면서 그는 공자가 주장하는 '예'도 이와 같다고 말했다. 이 말을 듣고 깜짝 놀란 공자는 복상이 탁월한 견해를 가지고 있다고 여겨, 앞으로 자신과 동등한 위치에서 토론해도 좋다고 말했다.[17] 공자가 이렇게 반응했던 이유는 그가 노년이 된 후로 여러 분야에 관한 생각이 젊은 시절과는 달라졌기 때문이다.

복상이 거보성의 재가 되자 공자는 그에게 정치에 관해 충고

---

17 복상의 이러한 발언들에 관해서는 《논어》의 〈팔일〉, 〈자장〉, 〈안연〉, 〈자로〉 등의 편을 볼 것.

했는데, 단시간 내에 많은 정치적 업적을 쌓으려 하지 말고, 작은 이익을 꾀하지 말라는 두 가지였다. 공자는 "서두르면 목적을 달성하지 못한다欲速則不達"라고 말했다.[18] 공자는 또 복상이 원칙을 지키지 않고 규칙을 전부 버릴까 봐 걱정해서 그에게 "너는 소인다운 선비小人儒가 아니라 군자다운 선비君子儒가 되어야 한다!"라고 경고하기도 했다.[19] 공자는 소인을 명예와 이익을 위해 무엇이든 마음대로 할 수 있는 사람이라고 보았다.

공자가 죽은 후에 복상은 진晉나라로 가서 과두인 위魏씨 귀족을 위해 일하며 제자를 가르쳤다. 그 지역은 '서하西河'라고 불렸는데, 황하의 물줄기가 크게 꺾이는 곳의 북동쪽 귀퉁이인 산시山西성 남부에 있었다. 복상은 계속 서하에서 살다 사망했다.

당시 진나라에는 위, 조, 한 3대 과두 가문만이 남아 있었다. 그들은 진나라의 영토를 셋으로 나누어 사실상 독립된 세 개의 국가를 형성했는데, 이를 '삼진三晉'이라 불렀다. 그리고 이 사건이 바로 중국 역사가 춘추 시대에서 전국 시대로 진입하는 전환점이라 할 수 있다. 춘추 시대 후기의 역사적 특징이라면 귀족 정치 및 과두 정치가 나날이 쇠퇴해 갔으나 이를 대체할 새로운 제도는 아직 나타나지 않고 있었다는 점을 들 수 있다. 진정한 변혁은 진나라 과두들이 세운 이 세 나라, 그중에서도 특히 위나라에서 시작되었다.

그 이유는 첫째로 진나라의 고위 귀족은 기본적으로 삼환이나 칠목 가문처럼 군주 가문의 구성원을 시조로 둔 소위 '공족' 가문

---

18 《논어·자로》: "자하가 거보의 재가 되어 정치에 관해 묻자 공자는 '서두르지 말고, 작은 이익을 꾀하지 마라. 서두르면 목적을 달성하지 못하게 되며, 작은 이익을 꾀하면 큰일을 이루지 못하게 된다'라 말했다."(子夏爲莒父宰, 問政. 子曰: '無欲速, 無見小利. 欲速, 則不達; 見小利, 則大事不成.')

19 《논어·공야장》

이 아니었기 때문이다. 그래서 진나라의 귀족 과두들에게는 '공화제'의 전통이 없었고, 내란이 일어났다 하면 서로 죽기 살기로 싸우며 결코 상대의 활로를 남겨 두지 않았다. 전통적으로 진나라의 내부 분쟁이 이렇게 치열했던 이유에 관해서는 춘추 시대 초기의 진헌공, 즉 진문공의 아버지 대까지 거슬러 올라가야 하는데, 여기서는 자세히 설명하지 않는다.

둘째로 진나라에는 본래 십여 개의 고위 경대부 가문이 존재했는데, 여러 차례의 정변과 내전을 겪은 끝에 춘추 시대 말기에는 위, 조, 한 세 가문밖에 남지 않게 되었기 때문이다. 내전도 결국은 우승열패優勝劣敗의 과정이므로, 각 가문은 경쟁에 임하기 위해 점차 귀족들에게 봉읍을 분봉하는 관리 방식을 포기하고 통일된 지휘 체계를 가진 군대를 조직했으며, 세습직인 봉신 대신 문관을 고용해 영토를 관리하게 했다. 따라서 전국 시대 초기에 위, 조, 한 세 나라는 최초로 군주 집권제를 수립한 국가들이었다. 이들 가운데 위나라가 가장 강대했으며, 가장 먼저 체계적인 '변법'을 시행해 여타 전국 국가들이 시행한 변법의 원조가 되었다.

예전에 양호는 노나라에서 실각하고 제나라에서도 머물 수 없게 되자 진나라로 가서 조간자에게 몸을 의탁했는데, 이러한 결정은 그가 어느 정도 안목이 있었기에 내릴 수 있었다. 진나라에서는 가문보다 능력을 중시했으므로 그를 썩혀 두지 않을 터였다. 전국 시대에 전해지던 이야기에 따르면, 조간자는 양호가 진나라로 왔다는 소식을 듣고 매우 기뻐하며 그를 영접할 준비를 했다고 한다. 주위 사람들은 "양호는 나라의 정권을 찬탈하는 데 능한 자입니다. 그런 사람을 받아들여 높은 관직까지 내리다니, 그가 나중에 문제를 일으킬까 걱정되지 않습니까?"라고 하며 만류했다. 그러자 조간자는 "양호는 찬탈에 능하지만, 나는 권력을 지키는 데 능하다오"라고 말했다고 한다. 조간자에게는 양호를 제어할 방법이 있었기 때문에 양호로 하여금 다시는 헛된 생각을 하지 않고 성실하게 조씨 가문을 위해 일하게 했고, 이로써 훗날 조나라를 세울 기초를 다질 수 있었다.[20]

이 이야기가 전부 사실은 아닐지도 모르나 확실히 조, 위, 한 세 가문의 통치 전략을 반영하고 있기는 하다. 그들은 과두 출신이기는 했어도 이미 과두 공화제와 귀족 세습제의 차원을 뛰어넘어 전국 시대의 집권 군주로 변화하고 있었다.

공자는 한때 진나라로 갈까 생각하다가 결국 결단을 내리지 못했다. 이로써 그는 몇 가지 기회를 잃어버렸을지도 모르지만 제자인 복상이 나중에야 이러한 아쉬움을 달래 주었다.

복상이 진나라로 갔던 당시에 위씨 가문은 명목상으로는 여전히 진나라의 귀족 경대부 가문이었지만, 사실상 그들은 이미 자신들의 나라를 세우기 시작한 상태였다. 당시 위씨 가문의 가주는 위환자魏桓子[위구魏駒]였는데, 복상은 그의 후계자인 위사魏斯의 스승이 되었다. 나중에 가문을 물려받은 위사[위문후魏文侯]는 위씨 가문을 진정한 제후국으로 변모하게 했으며, 또한 열국 가운데 가장 강대한 나라로 발전시켰다. 위문후는 이회를 승상에 임명하고, 전국 시대 최초로 전면적인 변법 운동을 시행해서 귀족 제도를 폐지했으며, 위나라를 군주가 집권하는 관료제 국가로 변화하게 하는 데 성공했다. 이회는 법가法家에 속한 학자로 가장 대표적인 업적은 법제를 정비한 것이었다. 이후에 전국 시대의 열국은 변법을 시행하고 새로운 형태의 국가를 건설하는 데 모두 법가 사상을 길잡이로 삼았다.

위문후의 수하에는 오기라는 유명한 장군이 있었다. 나중에

20 《한비자·외저설좌하外儲說左下》를 볼 것.

그림 10

조간자가 사용하던 '자작농조 子作
弄鳥' 잔. 잔에 새긴 명문銘文을 보면
주인이 곁에 두고 감상하던 물건임
을 알 수 있다. 새 모양의 이 잔은
어쩌면 조간자와 양호가 비밀리에
모의하는 것을 몇 번이나 목격했는
지도 모른다.

그림 11

조간자의 묘에 부장副葬된 마차. 춘
추 시대 마차의 몸체는 매우 작았음
을 알 수 있다.

오기는 초나라로 가게 되는데, 위나라에서 변법을 시행했던 경험을 초나라에 전해 주었다. 이는 한참 뒤에 일어난 일이라 이 책의 내용과는 관련이 없지만, 이회와 오기 모두 젊은 시절에 복상에게 가르침을 받았으므로 그들 역시 공자 학파의 계보에 속한다고 볼 수 있다. 서부의 진나라 일대에는 본래 학자라 할 만한 사람이 없었다. 따라서 복상이 이곳에 가서 제자를 모집해 가르친 것은 백지 위에 처음으로 점을 찍는 일이나 마찬가지라 금세 큰 영향력을 가질 수 있었다.

복상은 저서를 남기지 않았기 때문에 그가 위나라[진나라]의 서하에서 어떤 학문을 가르쳤는지는 정확히 알 수 없다. 그는 규칙에 구애받지 않는 호방한 성격이었으므로, 아마도 공자의 학설 속에서 위나라의 실제 상황에 맞는 내용을 취사선택해 가르쳤을 듯하다. 즉, 귀족 사회의 예의와 풍속을 강조하는 내용은 생략하고, 그보다는 군주를 위해 일하는 내용에 치중해 위나라의 관료제에 적응할 수 있도록 했을 것이다. 그가 오랫동안 위나라에 자리를 잡고 지내면서 뛰어난 제자를 여럿 배출했다는 점을 고려하면, 사실상 법가의 수단을 통해 나라를 다스리려고 시도했던 선구자였는지도 모른다. 복상과 그의 제자들이 전국 시대 내지 후세의 중국에 끼친 영향은 매우 크다.

그러나 복상은 서하에 머무른 후로 옛 학우들과 거의 연락하지 않았다. 아마도 위나라의 환경이 노나라와는 매우 달라 학우들과 공통 화제를 찾기 힘들다고 생각했는지도 모른다.

노년에 아들이 먼저 세상을 떠나자 복상은 크게 상심해 너무나 슬피 울었던 나머지 눈까지 멀어 버렸다. 이 소식을 들은 증삼이 일부러 그를 만나러 서하까지 왔다. 여전히 아들을 잃은 슬픔에 빠져 있는 복상을 본 증삼은 화를 내며 "자네는 정말 못난

사람이군! 서하에서 이렇게 오랫동안 머무르면서 스승님의 가르
침을 제대로 전파하지 못했으니, 이런 꼴이 되어도 싸네!"라고
말했다. 그가 서하에서 연구한 학문은 공자의 가르침과는 매우
달랐으므로, 복상은 이 말에 수긍하는 수밖에 없었다. 그는 오랜
학우 앞에서 고개를 들기가 힘들었다.

증씨 부자의 차이점

복상을 비롯한 제자들의 성공은 사실상 그들의 대선배인 자공의
성공이기도 했다. 그러나 공자를 신격화하려던 자공의 계획은 완
전히 성공하지 못했다. 그는 정치를 하느라 저서를 쓸 시간이 없
어서 공자에 관한 신비한 이야기를 지어내 입에서 입으로 전파
할 수밖에 없었기 때문이다.

공자의 진실한 언행을 기록해《논어》와《예기》로 엮은 사람은
자공의 후배인 증삼이었다. 증삼은 자공이 공자를 신격화하려 한
시도를 거의 망쳐 버렸다고까지 말할 수 있다.

증삼曾參의 이름에 들어간 삼參 자는 석 삼三 자의 갖은자이다.
그의 자는 자여子輿인데, 여輿는 마차를 뜻한다. 당시에는 마차 한
대를 세 사람이 끌었으므로, 그의 이름과 자의 의미는 모두 이와
연관이 있다. 그의 나이는 공자보다 마흔여섯 살, 자공보다는 열
다섯 살 아래였고, 노나라 사람이었으며 농민 출신으로 보인다.

증삼의 부친인 증점曾點 역시 공자의 제자였다. 점點은 얼굴에
난 곰보 자국을 뜻한다. 당시에는 간혹 천연두가 유행했는데, 천
연두를 앓은 사람은 얼굴에 곰보 자국이 남았다. 증점의 자는 자
석子晳이었는데, 이는 피부가 희다는 뜻으로, 곰보 자국과 대비를
이루었다.

고문헌에는 증점에 관한 기록이 많지 않으며 여기저기 흩어져

있다. 《논어》에도 그가 봄놀이를 가고자 하는 소망을 이야기해 공자의 칭찬을 들었다는 기록만 있을 뿐이다. 맹자는 공자가 증점에 대해 '광狂', 즉 예절에 구애받지 않는 소탈한 성격이라 평했다고 말한 바 있다.

전해지는 바에 의하면 증점은 계무자가 죽었다는 소식을 듣고 자기 집 담장에 기대어 노래를 불렀다고 한다. 그가 노나라의 권력자인 계무자를 존중하지 않았음을 알 수 있다.[21] 그러나 계무자가 죽었을 당시에 증점은 아주 어렸거나 혹은 아직 태어나지도 않았으므로, 그가 들었던 소식은 아마도 계무자가 아니라 계평자가 죽었다는 소식이었을 것이다.

증점은 '양조羊棗'를 즐겨 먹었다고 하는데, 이 '양조'는 아마도 양의 고환이었던 듯하다. 아들인 증삼은 이를 견디기 힘들어했다.[22] 또한 증점은 아들을 곧잘 때렸다고 한다. 한번은 몽둥이로 호되게 때리는 바람에 증삼이 꽤 오랫동안 의식을 잃어 죽을 뻔한 적도 있었다.[23]

증점은 높은 관직에 오르거나 눈에 띄는 사회 활동을 하지 못했지만, 아들인 증삼은 그렇지 않았다. 공자가 사망한 후에 자공은 증삼을 신흥 강대국인 월나라에 추천했다.

증삼 이전에도 남방으로 간 공문제자가 있었다. 담대멸명澹臺滅明[자는 자우子羽였는데, 깃털로 만든 부채를 부쳐 촛불을 끌 수 있었으므로 이름을 '멸명滅明'이라 했다]이라는 이 제자는 학문에 매우 힘썼는데, 외모가 추하게 생겨 공자는 그를 별로 좋아하지 않았다. 공자가 자신을 달가워하지 않음을 안 자우는 강남 지역으로 내려갔

21 《예기·단궁하》를 볼 것.
22 《맹자·진심하盡心下》를 볼 것.
23 《한시외전》 권8, 《설원·건본建本》을 볼 것.

고, 오나라에서 제자를 3백 명이나 두면서 이름이 널리 알려졌다.
그러나 얼마 지나지 않아 오나라는 월나라에 침략당했고, 아마도
전쟁통에 사망한 듯한 자우는 쑤저우에 묻혔다. 공자는 만년에
"내가 말재주만 보고 사람을 평했다가 재여에게 실수를 범했고,
용모만 보고 사람을 평했다가 자우에게 실수를 범했다吾以言取人, 失
之宰予; 以貌取人, 失之子羽"라고 말했다.[24]

자공은 오나라와 월나라의 상층부 인사들과 교류가 잦았으므
로 그들의 실력을 얕볼 수 없음을 알았다. 월나라가 오나라를 멸
망시키고 중원에 영향력을 행사하려 하는 상황은 공문제자들에
게는 남방으로 진출할 좋은 기회였으며, 자우가 사망하면서 생긴
해당 지역의 공백을 메울 필요도 있었다. 자공의 소개로 월나라
에 간 증삼은 월왕 구천에 의해 매우 높은 관직에 봉해졌고, 웅장
하고 화려한 저택에 살며 외출할 때는 백 대나 되는 마차를 끌고
다녔다고 한다.[25] 이 기록에는 과장이 섞여 있는 듯 보이지만, 그
가 부유하게 생활했음은 확실하다.

그러나 증삼은 월나라에 오래 머무르지 않고 곧 노나라로 돌
아왔다. 이때 공자의 손자인 공급은 십여 세가 되어 스승을 구해
야 했다. 부친과 조부는 이미 모두 세상을 떠났으므로 증삼이 공
급의 스승 겸 후견인이 되어 주었다. 그는 월나라에서 큰돈을 벌
었기에 공급을 보살펴 주고 그가 가정을 이루어 독립하도록 도
울 수 있었다.

만년에 증삼은 후세에 큰 영향을 미친 일을 했는데, 바로《논
어》와《예기》를 편찬한 일이었다. 공자가 생전에 편찬한 '육경'
은 모두 고대의 경, 사 분야의 문집으로, 그는 '술이부작' 원칙에

24《사기·중니제자열전》
25《사기·중니제자열전》정의正義 중에서《한시외전》을 인용한 부분을 볼 것.

따랐을 뿐 자기 생각과 경험을 더해 넣지는 않았다. 공자가 죽은 후에도 제자들은 공자의 가르침을 잊지 않았는데, 제자마다 기억하고 있는 가르침이 달랐다. 그들은 서로 이야기를 나누며 전체적인 내용을 정리해서 다음 세대의 제자들에게 가르쳐야 했다. 하지만 아직은 그 가르침을 문자로 기록하지는 않았다.

시간이 흘러 자공이 세상을 떠나고 나자 나이가 든 증삼이 완전한 자주권을 얻게 되었다. 그는 그제야 다른 제자들의 도움을 받아 공자가 평생 남긴 말들과 이룬 업적들을 정식으로 기록해 《논어》와 《예기》라는 두 권의 책으로 펴냈다. 증삼이 사망한 후에는 그의 제자들이 《예기》의 내용을 보충했다.

'논論'은 집대성이라는 뜻으로, 《논어》는 공자의 어록을 집대성한 책이라는 의미이다. 《예기》의 내용은 더욱 복잡해 관혼상제에 관한 의식과 일상생활 속에서 지켜야 할 규범뿐만 아니라 공자와 제자들의 언행과 행적에 관한 내용도 포함했으며, 엮은이[증삼과 그의 제자들]의 의견도 상당 부분 들어가 있다. 그 외에도 《예기》에는 나중에 추가된 내용이 더 있는데, 아마도 한나라 때 보충한 듯하다. 이러한 현상은 선진 시대 제자백가의 문헌에서도 곧잘 볼 수 있다. 가령 사람들은 《장자》라는 책을 장자가 전부 썼다고 생각하지만, 사실 책 속에는 후세 사람들이 더해 넣은 부분도 있다.

역사서에는 누가 《논어》와 《예기》를 편찬했는지에 관해 기록되어 있지 않다. 그렇다면 후세 학자들은 어째서 증삼과 그 제자들이 이 문헌들을 편찬했다고 추측했을까? 그것은 공문제자들에게 각각 다른 호칭을 사용했기 때문이다. 책에서는 공문제자들을 일반적으로 이름 혹은 자로 부르고 있는데, 이는 비교적 평등한 호칭이다. 그러나 증삼을 칭할 때는 항상 '증자曾子'라고 적었다. 이는 제자가 스승을 부를 때의 존칭이다. 또한 책 속에는 '증

자'의 언행이 가장 자주 등장하므로, 분명히 증삼의 제자들이 썼
다고 할 수 있다.

공자의 일생과 언행의 가장 확실하고 상세한 출처는 바로 이
두 문헌이다. 여기에 기록되어 있지 않고 나중에야 전해진 이야기
들은 후세 사람들이 지어낸 이야기일 가능성이 크다.

증삼의 성격은 아버지인 증점과는 정반대였다. 증점은 총명
하고 소탈했으나, 증삼은 어리석고 성실했다. 어쩌면 그는 어려
서부터 아버지에게 맞아 어리석어졌을 수도 있고, 아니면 어리
석었기 때문에 아버지에게 맞았을 수도 있다. 공자도 생전에 증
삼을 '노魯', 즉 어리석다고 평한 바 있다.[26] 공자의 언행이 비교적
진실하게 기록될 수 있었던 이유는 증삼이 성실했던 덕분으로,
《논어》를 통해 이를 확인할 수 있다. 그러나 다른 한편으로 유가
의 학설이 후세에 인정이라고는 없는 '사람을 잡아먹는 예교' 취
급을 받게 된 원인 역시 증삼이 어리석었던 탓으로, 이러한 면은
《예기》를 통해 드러나 있다. 아무튼 유가를 쌓아 올린 공로는 그
시조인 공자뿐만 아니라 공자의 학설을 기록하고 전파한 증삼에
게도 있다.

공자의 모습을 복원한 동시에 곡해한 증삼

증삼이 《논어》를 편찬해서 공자를 자공이 만들어낸 초능력자의
이미지가 아니라 공자의 진실한 모습으로 남기는 가장 가치 있
는 일을 해낼 수 있었던 이유는 그가 성실했기 때문이다. 공자의
제자들은 모두 생전의 공자가 학문과 도덕을 겸비한 한 인간이
었을 뿐, 성인이나 신선이 아니었음을 알고 있었다. 그들이 남긴

---

26 《논어·선진》: "시는 우둔하고, 삼은 어리석고, 사는 극단적이며, 유는 거칠다."(柴
也愚, 參也魯, 師也辟, 由也喭.)

공자의 언행 중에는 신비롭고 기이한 내용이 전혀 없었으며, 증삼이 받은 가르침 또한 그러했다. 게다가 증삼은 아버지가 그보다 훨씬 일찍부터 공자의 제자가 되어서 그들 부자가 기억하고 있는 공자의 언행은 다른 제자들보다 훨씬 많았다.

증삼은 만년에 제자들과 함께 공자의 언행을 정리해《논어》를 엮을 때 공자에게 신비한 능력이 있었다는 등의 기이한 이야기를 전혀 수록하지 않았다. 《논어》에는 공자가 '괴력난신'에 관해 언급한 적이 없다는 대목이 있는데, 이 기록은 매우 중요하다. 증삼은 아마도 예전에 자공이 공자를 신격화했던 일이 공자가 생전에 남긴 가르침과는 완전히 반대된다고 여겨, 이에 대해 큰 불만을 품고 특별히 이 부분을 적은 듯하다.

《예기》에는 심지어 공자가 소년 시절에 어머니가 사망해 장례를 지내다가 중단한 채 공흘의 묘가 어디 있는지 여기저기 수소문했다는 일화까지도 기록되어 있는데, 이는 공자가 사생아의 신분이었다는 사실의 직접적인 증거가 된다. 만약《논어》와《예기》를 편찬한 이가 자공이었다면 이처럼 진실한 공자의 모습을 기록하지 않았을 테니, 이 점은 역사의 행운이라 할 것이다.

그러나《논어》와는 달리《예기》가 끼친 부정적인 영향은 비교적 큰 편이다. 《예기》에는 증삼의 어리석은 면이 상당히 잘 반영되어 있다. 증삼이 공자를 어떤 식으로 곡해했는지 알 수 있는 예를 하나 살펴보자. 이 일화는《예기》에 증삼이 직접 기록했다. 공자가 사망한 후 제자들은 공자가 남긴 학설과 언행을 수집하고 정리하기 위해 자주 함께 모여 토론했다. 한번은 유약과 증삼이 대화를 나누었는데, 증삼은 "스승님께서는 관직을 그만두고 상을 치르는 이는 반드시 가난해져야 하며, 죽어서 땅에 묻힌 이는 반드시 빨리 썩어 버려야 한다고 하셨다네"라고 말했다. 이 말을

들은 유약은 매우 놀라 "그것은 군자가 할 법한 말이 아닌데!"라
고 말했다. 그는 이 말이 너무나 냉혹하고 박정하다고 생각했다.
하지만 증삼은 "정말일세. 내가 스승님께 직접 들은 말이야"라고
말했다. 유약은 여전히 믿기 힘들었지만, 공자에게 직접 가르침
을 받은 적이 없었던 그는 사실이라고 주장하는 증삼의 말을 인
정하는 수밖에 없었다.

　나중에 증삼은 선배인 언언과 대화를 나누다가 유약과 했던
논쟁에 관해 이야기했다. 이 이야기를 들은 언언은 "유약의 생각
이 스승님과 이렇게나 비슷하다니!"라며 매우 놀랐다. 언언은 증
삼보다 나이가 좀 더 많아 공자를 모신 시간이 길었으며 보고 들
은 것도 많았다. 그는 증삼에게 공자가 그렇게 말했던 상황에 관
해 자세히 설명해 주었다.

　"예전에 스승님께서 송나라를 지나가시다가 환퇴에 관한 이
야기를 들으셨는데, 그가 나중에 자신이 죽으면 쓸 관을 호화로
운 옥석으로 만들고자 했지만 3년이 걸려도 완성되지 않았다고
한다. 이 이야기를 들으신 스승님은 '이렇게 사치를 부리느니 죽
어서 그냥 빨리 썩어 버리는 것이 낫겠구나!'라고 하셨는데, 이는
환퇴에 대해서만 말씀하신 것이다. 관직에서 물러나 상을 치를
때 어떻게 지내야 하는지에 관한 부분은 남궁경숙에 대한 이야
기로, 그때 그는 관직이 없는데도 곧잘 마차에 돈과 보물을 싣고
조정에 와서 높은 관직에 있는 이들에게 선물하며 자신에게 빨
리 관직을 내려 주기를 바랐다. 이를 보신 스승님은 '이렇게 공공
연히 뇌물을 쓰느니 차라리 가난뱅이가 되는 것이 낫겠구나'라
고 하셨고, 이는 남궁경숙에 대해서만 말씀하신 것이다."27

27 《예기·단궁상》을 볼 것. 아마도 공자가 35세 때 14세의 남궁경숙을 수행해 낙양으
로 갔던 당시에 목격한 일인 듯하지만, 이를 증명할 만한 다른 기록은 존재하지 않는다.

이 사건을 통해 증삼의 어리석음을 잘 알 수 있다. 그는 상황과 관계없이 공자가 한 말만을 제멋대로 해석했으며, 이처럼 인정에 위배되는 말에 의문을 품거나 증명하려 할 정도의 상식도 부족했다. 또한 그는 남에게 들은 일을 자신이 직접 보고 들은 양 기록하기도 한 듯한데, 이 역시 매우 어리석은 일이다.

다른 한편으로 그는 매우 성실해서 자신의 의견을 고집하거나 변호하기 위해 궤변을 늘어놓지는 않았다. 언언의 설명을 듣고 상황을 제대로 이해한 증삼은 자기가 잘못 이해하고 있었다고 인정했으며, 이를 부끄럽게 여기지도 않았다. 증삼은 만년에 그의 제자들에게 이 일화를 사실대로 이야기해 주었으며《예기》에도 기록했다. 성실함과 어리석음을 모두 갖춘 사람만이 이러한 일을 해낼 수 있다. 둘 중 하나라도 모자라서는 할 수 없다.

《예기》에는 수많은 규칙이 기록되어 있는데, 사실 이 규칙을 완전히 따를 수 있는 사람은 없다. 공자 본인조차 그렇게 할 수 없었다. 가령《예기》에는 귀족 남성은 '서른 살이 되면 아내를 맞이해 남자로서 일을 처리하기 시작한다三十而有室, 始理男事'라고 기록되어 있지만, 공자는 20세에 혼인해서 아들을 낳았다. 춘추 시대에는 군주와 귀족 모두 조혼하는 풍습이 있어, 30세쯤 되면 보통 이미 자녀가 아주 많았다. 이외에도 군신 관계나 부모와 자식 관계, 부부 관계와 어른과 아이의 관계에 관한 규칙은 셀 수도 없이 많다. 이러한 규칙과 금기를 민속학이나 인류학의 관점에서 보면 좋은 연구 자료가 되겠지만, 실제로 일상생활에 적용하려 한다면 문제가 매우 크다.

이번에는 부부 사이의 규칙에 관해 살펴보자. 남편과 아내의 의복은 한데 같이 걸어 두어서는 안 된다. 여인의 물건을 남편의 옷장에 넣어서는 안 되며, 같이 세탁해서도 안 된다. 부부가 함께 잠을 잘 수는 있다. 나이가 50세가 되지 않은 첩이 있다면 남편은 닷새에 한 번 첩과 동침할 수 있는데, 첩은 미리 세수하고 재계하고 옷차림과 머리카락을 정돈해서 준비해야 했다. 머리카락을 정리하는 순서만 해도 '즐櫛, 종縱, 계笄, 총각總角, 불모拂髦, 금영衿纓' 등이 있었는데 현대인들은 이미 뭐가 뭔지 알 수가 없다. 더 이상한 규칙도 있는데, 만약 정실부인이 집에 없으면 남편은 첩과 동침할 수 없었다.

시부모와 아들 부부 사이에 관한 규칙도 있었다. 며느리는 낮에는 줄곧 시부모의 곁을 지키고 모셔야 하며, 시부모의 허락 없이는 자기 처소로 돌아갈 수 없었다. 며느리는 무슨 일이 생기면 큰일이든 작은 일이든 반드시 시부모에게 알려야 했다. 자기 소유의 물건이나 재산을 가져서도 안 되고, 남의 물건을 빌리거나 자기 집의 물건을 남에게 빌려주어서도 안 되었다. 만약 남이 뭔가를 주면 며느리는 일단 받아서 시부모에게 드려야 했다. 시부모가 그것을 받으면 며느리는 기쁜 마음을 표해야 했으며, 만약 받지 않고 며느리에게 내리면[돌려주면] 사양해야 했고, 사양할 수 없으면 받아서 시부모가 필요로 할 때를 대비해 보관해 두어야 했다. 만약 그 물건을 친정집 형제에게 주고 싶다면 반드시 시부모에게 다시 보고하고 허락을 받아야만 했다.

《예기》에 기록된 규칙 중 가장 인성에 반하는 부분은 장례에 관한 규정이었다. 가족 구성원이 죽으면 남은 가족은 사흘 밤낮 동안 '수장불입구水漿不入口', 즉 아무것도 먹거나 마셔서는 안 되며, '신장이 상하고傷腎, 간을 말리고乾肝, 폐를 속태워焦肺' 죽을 만큼 괴로워하면서 큰소리로 곡하며 조문객을 맞이해야 했다. 부모를 매장한 후에 자녀들은 가장 거친 죽만을 먹고 임시로 지은 움막에 살면서 거적을 깔고 흙덩이를 베고 잠을 자야 했다. 이는 가

축을 기르는 방법이나 다름없는데, '몸이 병들고 여위어新病體羸'
지팡이를 짚고서야 일어날 정도가 되어야 했다.

심지어 증삼은 아버지가 죽었을 때 자신은 이레 동안이나 식
음을 전폐했다고 말하기도 했는데,[28] 현대 의학 지식에 따르면 사
람은 7일 동안 물을 마시지 않으면 반드시 죽을 터이니 이 말에
는 분명히 과장이 섞여 있다. 증삼은 확실히 기억력이 좋지 않아
간혹 거짓을 진실처럼 기록하거나 남에게 들은 것을 본인이 직
접 목격한 것처럼 기록했지만, 아마도 고의로 나쁜 짓을 하려던
의도는 아닐 듯하다.

이러한 예들은《예기》에 기록된 각종 규칙 중 일부분일 뿐이
며, 이외에도 억압적인 규칙은 아주 많다. 송나라 때 서생들이 이
규칙들을 다시 끄집어내 일상생활 속에서 전부 철저히 지키려
한 적이 있었는데, 이것이 이른바 '이학理學' 혹은 '도학道學'이다.
따라서 유가가 전통문화에 끼친 부정적인 영향에 대해서는《예
기》가 대부분 책임을 져야 한다고 할 수 있다[물론《예기》에는 규
칙에 관한 내용만 있지 않으며, 일상적인 내용도 적지 않다].

증삼은 자신이 영원히 변치 않을 확고한 것이라 여긴 인륜 규
칙들을 기록하기만 하지 않고, 직접 이 규칙을 전부 그대로 지키
려고 노력했다. 그는 죽을 때마저 규칙에 맞추어 죽었다.

《예기》에 의하면 계손씨가 증삼에게 돗자리를 하나 선물한 적
이 있다고 한다. 증삼은 이 돗자리가 너무 고급이라서 자신이 쓸
만한 물건이 아니라 대부의 신분을 가진 이만 사용할 수 있겠다
고 여겨 줄곧 보관만 했다[어째서 남에게 선물하지는 않았을까? 어
쩌면 자신이 대부의 지위에 오르기를 기대했는지도 모른다]. 증삼이
나이가 들어 병세가 위중해지자 간호하던 아들과 제자들은 그가

28《예기·단궁상》,《예기·문상問喪》을 볼 것.

마지막 순간에라도 좀 편안했으면 해서 몰래 이 돗자리를 꺼내 그가 누운 자리에 깔아 주었다.

그러나 아쉽게도 증삼이 이 일을 눈치채고 말았다. 그는 "나는 이미 움직일 수 없으니, 너희가 내 몸을 옮기고 돗자리를 바꾸어 다오. 나는 이 돗자리에 걸맞은 사람이 아니니, 너희는 내게 해로운 일을 하지 마라"라고 말했다. 아들과 제자들은 그를 옮기고 돗자리를 다시 바꾸는 수밖에 없었다.

그런데 이렇게 뒤척거리는 와중에 증삼은 숨이 끊어지고 말았다. 이것이 바로 중국 최초의 도학자의 마지막 순간이었다. 증삼과 비교하면 공자는 도저히 도학자라 할 수 없었다.

21세기 초에 서양의 현대 문화가 유입되면서 중국인들은 유가 사상의 우매하고 시대에 뒤떨어진 면을 돌아보고 비판하기 시작했고, 신문화운동(5·4운동 시기 전후에 걸쳐 유교적이고 봉건적인 제도와 문화에 반대하여 일어난 계몽 운동을 말한다)을 일으켜 유가 사상을 '사람을 잡아먹는 예교'라 칭하게 되었다. 이는 확실히 필요한 일이었다. 유가 사상 속에는 분명히 오점이 존재한다. 그러나 이 점은 공자와는 그리 큰 관계가 없다. 공자는 비록 각종 규칙을 정리해 기록하기는 했으나, 어쨌든 '권', 즉 규칙을 무턱대고 고집하지 않고 때와 장소에 따라 변통할 줄 아는 사람이었다. 그는 나이가 들수록 규칙을 크게 중시하지 않게 되었고, 만년에 이르러서는 복상이나 증점과 같이 소탈한 성격을 지닌 제자들을 더욱 아꼈다.

그러나 유가의 이러한 규칙을 정리해 《예기》라는 책으로 엮은 사람이 다른 누구도 아니라 어리석고 융통성이 부족하며 임기응변이라고는 전혀 모르는 증삼이라는 인물이기 때문에 어쩔 수가 없다. 게다가 주희를 비롯해 후세의 원칙주의적 유학자들은 《예기》의 내용에만 치중해 유가를 인성에 반하는 학파로 만들어 버렸는데, 이 부분에서는 공자가 증삼과 주희 등을 대신해 억울한 누명을 썼다고 할 수 있다.

증삼이 행한 일 중에는 《논어》와 《예기》의 편찬 외에도 큰 영향을 끼친 다른 것도 있다. 바로 공자의 손자인 공급의 스승이 되어 가르친 일이다. 공급은 나중에 《중용》이라는 글을 써서 《예기》에 수록했는데, 《중용》은 후세에 주희가 '사서'에 포함했다. 아마도 증삼이 만년에 제자들과 함께 《논어》와 《예기》를 편찬하는 과정에 공급 역시 참여했을 것이다. 공급이 죽은 후에도 같은 계보에 속하는 맹가孟軻라는 제자가 남아 있었는데, 이 사람이 바로 그 유명한 맹자이다. 공급과 맹자 등의 제자들은 증삼의 영향을 받았기 때문에 수신을 대단히 강조했으며, 지켜야 할 규칙도 아주 많았다.

유가 사상은 신문화운동을 통해 일부 청산되기는 했으나 청산 작업이 완전히 끝나지는 않았다. 지금껏 증삼이 유가 사상에 미친 영향에 주의를 기울인 이가 없었으므로, 유가 사상 속에서 공자의 본래 학설에 속하지 않는 어리석은 부분을 완전히 분리하지 못했다.

공자를 바라보는 색다른 시선

《논어》와 《예기》라는 문헌이 편찬되었다고는 하나 자공이 시작한 '공자 신격화 작업'은 완전히 사라지지 않았다. 어떤 사회에든 신비롭고 괴이한 일을 믿는 사람은 항상 존재하기 때문에, 후세에도 공자를 신격화하려는 이들은 늘 있었다. 공자에 관한 기이한 전설은 전국 시대에도 적지 않았으며, 한나라 때 가장 많았다.

이러한 전설 속에서 공자는 항상 검은 용이나 신과 관련이 있

다. 아마도 공자 본인의 용모가 다소 괴이했기 때문인 듯하다. 순
자는 공자가 '면여몽기面如蒙供'[29], 즉 얼굴에 귀신 가면을 쓴 사람
처럼 보인다고 했는데, 이 역시 공자의 용모가 추하다는 의미이
다. 고대인들은 귀신을 쫓고 액막이를 하는 의식을 할 때 귀신 가
면을 쓰고 춤을 추곤 했는데, 이는 악귀가 사람들을 해치려다가
결국 쫓겨나는 모습을 상징했다.

그 외에도 더욱 신기한 이야기가 아주 많다. 공자의 어머니인
안씨와 공흘이 니산에 올라 신명에게 기도를 드리자, 흑룡의 신
이 감동해 안씨를 회임하게 해 주었다고 한다.[30] 공자가 태어나던
날 밤에는 하늘에서 흑룡 두 마리가 내려와 안씨의 집을 둘러싸
고 날아다니면서 춤을 추었으며, 신녀와 다섯 신선五老도 함께 내
려와 흥을 돋우었다고 한다.

어느 날 안씨가 들판에 있는 호숫가에서 놀다가 잠깐 잠이 들
었는데 꿈속에서 흑제黑帝와 교합해 회임했다는 이야기도 있다.
흑제는 공자가 태어날 곳도 예언했다고 한다.[31] 공자를 낳고 보니
그의 머리에는 니산과 같은 모양의 혹이 나 있었으며, 가슴에는
'제작정세부製作定世符(예악을 제정해 세상을 안정시키는 부호)'라는
다섯 글자가 적혀 있었다고 한다.[32]

어떤 이는 이 흑룡 혹은 흑제가 '수정水精', 즉 물의 신이라고
말하기도 했다. 전국 시대 음양오행가의 사상에 의하면 오행 중
물을 상징하는 색이 검은색인데, 공자는 항상 검은색과 관련이
있으니 그가 물의 신에게서 나온 사생아라고 주장했다.

공자에게 신비한 능력이 있었다는 전설도 있다. 가령 공자가

29 《순자·비상》
30 《예기·단궁》편의 공영달 정의에서 《논어찬고참論語撰考讖》을 인용한 부분을 볼 것.
31 《예문유취藝文類聚》 권88에서 《춘추연공도春秋演孔圖》를 인용한 부분을 볼 것.
32 《태평어람太平御覽》 권371에서 《춘추연공도》를 인용한 부분을 볼 것.

광성에서 양호로 오인되어 포위당해 공격을 받았을 때, 그가 거문고를 연주하자 갑자기 폭풍이 불어와 폭도들을 전부 날려 버렸다는 이야기이다.

공자뿐만 아니라 자로도 신격화되었는데, 그는 '번개의 신'의 아들이라는 설이 있었다. 자로의 시신을 장으로 담갔다는 소식을 들은 공자가 크게 상심해 자기 집 주방에 있던 고기로 담근 장을 전부 쏟아 버리라고 하자, 이때 마치 번개의 신이 자기 아들을 애도하기라도 하는 듯 사방에서 천둥 번개가 쳤다고 한다.[33]

한나라 때 유학자들은 더욱 황당무계한 이야기를 지어냈다. 그들은 공자가 천명을 타고난 인물이라 상나라의 탕왕과 주나라의 문왕처럼 자신에게 속한 왕조를 세울 운명이었으나, 너무나 어질고 의로운 나머지 전쟁을 일으키기를 원치 않아 그저 자신이 새로운 왕조를 수립했다면 시행했을 정책과 강령을 전부 '육경'으로 정리하는 데 그쳤다고 했다. 따라서 그를 실상은 있으나 이름은 없는 왕이라는 뜻으로 '소왕素王'이라고 불렀다.[34] 이는 사실상 공자가 주나라 왕조와 대립해 반역했다는 말이나 마찬가지이다.

이상의 예는 한나라의 유학자들이 지어낸 극단적이고 야만적인 전설로, 주로 문화 수준이 낮고 분별력을 제대로 갖추지 못한 이들 사이에 유행했다.

그러나 전국 시대부터 한나라 시대 사이에 공자를 '성인'이라 여기는 또 다른 관점도 점차 쌓이며 성장해 왔는데, 이러한 주장은 그리 비현실적인 것도 아니었다. 이 주장의 문화적인 배경은 바로 상고 시대를 숭상하던 고대 중국의 관념이다. 전설 속 최

33 《태평어람》 권865에서 《풍속통風俗通》을 인용한 부분을 볼 것.
34 《습유기拾遺記》를 볼 것.

초 통치자들인 삼황오제는 모두 반인반신半人半神으로, 그들이 통치하던 시대는 인류의 황금시대로 여겨졌다. 삼황오제보다 한 단계 아래의 시대는 주나라가 수립한 '봉건' 정치 체제 시대를 비롯해 서주와 춘추 시대의 귀족 사대부 정치 시대로, 후세 사람들이 보기에는 이 시대도 고대에 속하니 황금시대를 이은 백은시대라 할 수 있었다.

전국 시대 및 진나라 이후의 군주제 시대에 사는 사람들은 자신들이 철의 시대에 살고 있다고 생각했다. 또한 자신들이 살아가는 시대는 분봉 제후 및 사대부의 세습 정치와 귀족 사회에 존재했던 온정이 부족하고 냉혹하며 실용성만을 강조하는 시대라고 느꼈다. 또한 전국 시대의 변법과 진나라의 천하통일을 거치면서 옛 귀족 계급이 남긴 유산은 거의 사라졌다. 2백~3백 년에 걸친 전쟁과 사회 혁명이 지나고 난 후의 한나라 사람들은 주나라의 봉건 사회와 귀족 시대의 여러 규칙을 거의 이해할 수 없었다. 사마천의 《사기》만 보아도 주나라 때의 성과 씨의 차이점을 이해하지 못했음을 알 수 있다. 사마천뿐만 아니라 여타 한나라 사람들도 다들 이 차이를 이해하지 못했다.

후세 사람들이 이 문화를 이해하지 못하게 될수록 공자의 위상은 더욱 높아졌다. 그가 편찬한 '육경'에 기록된 내용은 주나라의 전장 제도와 문화 풍속이었지만, 이 내용을 제대로 이해할 수 없는 한나라 사람들의 눈에는 더 오래되고 권위 있는 것처럼 보였다. 그들은 '육경'에 기록된 규칙을 현실 속에서 철저히 시행할 수 없었지만, 이를 시대가 타락하고 인심이 흐트러졌기 때문이라고 여겼을 뿐 오래된 제도와 문화가 잘못되었기 때문이라고는 생각하지 않았다. 고대 문화를 잘못 이해하고 미화하는 태도는 후세에 공자가 '성인'이라는 이미지로 남게 된 더욱 중요한 이

유가 되었다.

이러한 생각은 흑룡이나 물의 신을 들먹이는 주장보다는 훨씬 현실적이지만, 잘못된 이해를 통해 주나라의 제도와 공자를 크게 미화한 결과이다. 이 사상이 표현된 대표적인 문헌이 바로 《사기》이다. 사마천이 《사기》를 저술하던 당시에는 공자가 신비한 능력을 가지고 있었다는 이야기가 이미 대단히 유행했다. 사마천은 《공자세가》를 쓸 때 신중한 태도를 견지하며 《논어》와 《예기》를 근거로 삼고, '괴력난신'에 관련한 이야기는 전부 배제했다. 그러나 그에게도 주나라 시대를 삼황오제 시대의 마지막 부분이라 여기는 생각이 남아 있었고, 그 시대의 여운이나 마찬가지인 공자에 대해서도 낭만적으로 추종하는 태도를 취했다. 이러한 사조 속 공자의 이미지를 '회고파의 성인' 정도로 정리할 수 있을 듯하다.

한나라 시대부터 유가 사상은 국가의 공식적인 이데올로기가 되었다. 한나라 이후의 공식적인 입장 및 지식인 사회의 주류 사상은 전부 사마천이 형성한 기조, 즉 공자를 온화하면서도 현실적인 성인으로 여기는 태도의 연장선상에 있었다. 공자를 회고파 사조의 정신적인 상징으로 여기는 이러한 사상은 현대의 신문화 운동 때까지 지속되었다[이러한 역사 가운데에는 특수한 시기도 존재하는데, 바로 왕망이 세운 신新 왕조이다. 이 당시에 공자는 다시 '괴력난신'과 관련된 존재로 묘사되었으나, 얼마 지나지 않아 왕망이 실각하면서 이러한 풍조도 금방 사라졌다].

그러나 문화 수준이 비교적 낮은 집단 내에서는 공자에 관한 신비롭고 기이한 이야기들이 여전히 환영받았다. 송나라 이후로 소설과 희곡 장르가 발전하기 시작했고 공자는 본래 기이한 이야기를 지어내기에 좋은 소재였지만, 역대 조정 모두 공자의 모습을 소재로 한 통속소설이나 연극 창작을 금지했다. 이는 공자가 더 비이성적이며 신화 같은 존재가 되는 일을 방지하기 위함이었다. 전제 왕조들은 아무리 공자를 내세웠다 할지라도 종교 자체를 매우 경계했다. 유가 사상은 국가에서 공식적으로 제창하기만 해도 대단히 큰 영향력을 미치는데, 만약 공자를 내세운 '교주'라도 출현했다가는 분명히 황권을 침탈당하고 관료 기구의 기능과 이익의 일부를 나누어 가져야 할 터였기 때문이다. 이러한 배경 속에서 공자는 대체로 진실한 이미지를 유지할 수 있었다. 반면에 공자보다 좀 더 나중에 출현한 노자와 장자는 후세의 도교 학파에 의해 신선으로 묘사되었다.

우리는 증삼이 편찬한 《논어》가 공자의 진실한 모습을 후세에 전해서 공자가 종교의 교주와 같은 터무니없는 모습으로 남지 않도록 한 데 대해 감사해야 한다. 물론 《논어》에도 아쉬운 점은 있다. 《논어》의 내용은 공자가 수신하고 제자들을 가르치며 남긴 말에 치중되어 있으며 그 외의 부분은 매우 적다. 예를 들면, 공자는 높은 관직에 올랐던 당시에 아주 많은 정무를 처리했을 터인데도 이에 관한 내용은 거의 없으며, 정쟁을 통해 관직을 잃은 과정은 더 모호하게 기록되어 있다. 아마도 공자의 초기 제자들이 그런 마음 아픈 일에 관해 이야기하기를 원치 않았기 때문에 후기 제자들은 자세한 내막을 알 수 없었던 듯 보인다.

그뿐만 아니라, 공자의 사생활과 관련해서는 덕성과 명망이 높은 어른이자 대학자인 모습을 기록하는 데만 치중하고 있을 뿐, 그 외의 여러 부분은 공백으로 남아 있다. 가령 공자와 아내 사이의 관계 내지 그와 다른 여성 사이의 관계라든가, 그가 시와 음악을 좋아해 이 분야에 소양이 있었다든가 하는 내용은 거의 없다. 아무리 공자라 하더라도 젊은 시절의 낭만적인 경험 하나

없이 평생 딱딱하고 무뚝뚝한 도덕 선생으로 살지는 않았을 것이다.

또한 공자는 자신이 '불위주곤不爲酒困'하지 못했다고 했는데, 종종 술에 취해 실수하곤 했다는 의미이다. 즉, 그는 술을 즐기는 편이었다는 뜻인데, 《논어》에 기록된 내용 중 어조가 다소 격한 말들은 어쩌면 그가 술에 취해 제자들에게 허풍을 떨며 한 말이었을지도 모른다.[35] 그러나 이러한 면에 대한 기록은 모두 공백이어서, 지금에 와서는 완전히 복원할 수 없다.

공자가 세상을 떠난 후의 일들

공자가 사망한 후에 그의 학설과 모습이 어떻게 전해졌는지는 사실 공자 본인과는 별 상관이 없다. 다른 이들이 그를 어떻게 생각하고 서술했는지, 그를 성인으로 추앙했는지, 부정적인 인물로 폄훼했는지 등은 모두 그들의 사정이다. 마지막으로 공자와 관련이 있는 인물과 사건에 관해 살펴보도록 하자.

공자의 묘지가 있는 곳은 '공리'로 변해 공문제자들과 그의 후손들이 모여 사는 곳이 되었다. 그가 생전에 사용했던 물건들, 가령 안회의 아버지가 공자에게 팔아서 돈을 마련해 달라고 부탁했던 그 마차라든가, 아마도 공자가 회수 기슭의 진흙과 황하 기슭의 모래밭을 밟았을 때 신었을 커다란 신발 같은 물건은 모두 공묘에 보관했다. 3백 년 후에 곡부에 온 사마천은 이 물건들을 보고 세상을 떠난 공자를 생각하며 "공경하는 마음이 일어 그곳

---

35 《논어·향당》 편에는 공자가 '유주무량, 불급난惟酒無量, 不及亂'했다고 기록되어 있다. 어조가 명확하지는 않으나, 아마도 공자는 술을 마실 때 양을 제한하지 않고 마셨으나 술주정을 하는[난亂] 정도까지는 이르지 않았다는 의미로 보인다. 이것은 공문제자들이 스승을 존경하는 마음에서 기록한 내용으로, 공자 본인이 한 말만큼 사실을 반영하고 있다고 보기는 힘들다.

을 배회하며 떠날 수가 없었다低回留之不能去"(《사기·태사공자서》에
는 이 부분이 '祗迴留之不能去'라고 되어 있다)라고 말했다.

이 유물들은 나중에 한나라 조정이 동도 낙양으로 옮겨 경비
가 가장 삼엄한 곳인 '무고武庫[중앙 병기고]'에 보관했다. 무고에
는 공자의 유품 외에도 한고조 유방의 참사검斬蛇劍과 왕망의 두
개골 등 진귀한 역사적 유물들이 보관되어 있었다. 그러나 불행
히도 진혜제晉惠帝 원강元康 5년[기원후 295년]에 큰 화재가 일어나
무고가 불타는 바람에 공자의 유물은 2백만 병사들의 장비와 함
께 잿더미가 되어 버렸다.

양호가 마지막으로 역사서의 기록에 등장한 것은 공자가 사
망하기 7년 전으로, 그 후로는 아무런 기록도 남아 있지 않다. 그
는 아마도 진나라의 조씨 가문에서 생애를 마감한 듯하다. 전국
시대의 조나라에서 만약 나라를 세운 선조들을 기념하는 의식을
거행했다면 그 선조 중에 분명히 양호도 있었을 것이다.

공자를 괴롭혔던 환퇴는 송나라에서 계속 권력을 차지하고 있
었다. 그는 군대를 이끌고 정나라를 공격한 적도 있었는데, 막상
전투가 시작되자 겁을 먹어 군사들을 버리고 도망쳤다. 송나라
내부에서 환퇴의 권력이 지나치게 커지자 그를 총애하던 송경공
도 점차 불만을 품게 되어, 공자가 71세 되던 해에 환퇴와 송경
공이 대립해 내전이 일어났다. 내전에서 패배한 환퇴는 제나라로
망명해 그곳에서도 높은 관직에 올랐다가 제나라에서 생을 마감
했다. 공자가 사망한 지 6년 후에 송경공도 세상을 떠났는데, 염
유가 노나라의 대표로 조문하러 갔다.

오랫동안 타지에서 망명하던 위나라의 괴외 태자는 다시 돌아
와 자기 아들인 위출공을 쫓아내고 군주의 자리에 올랐는데, 조
간자에게 잘못을 저지르는 바람에 즉위한 지 3년 만에 또 나라를

떠나 망명하는 신세가 되었다. 그러자 오나라 말을 즐겨 하는 위출공이 다시 군주로 즉위했는데, 몇 년 후에 귀족들에게 쫓겨났다. 위출공은 자공에게 자신이 위나라로 돌아갈 수 있게 도와 달라고 부탁했으나 자공은 이를 받아들이지 않았다. 나중에 위출공은 다시 한 번 위나라로 돌아가 [세 번째로] 군주의 자리에 올랐던 듯하다. 그의 아버지인 괴외가 최후에 어떻게 되었는지는 알 수 없다.

공자가 사망한 지 4년 후에 월왕 구천이 오나라를 멸망시켰고, 오왕 부차는 스스로 목숨을 끊었다. 월나라는 한때 중원 전체에 세력을 뻗쳤다. 삼환 가문의 권력 독점을 견디다 못한 노애공은 월나라로 망명해, 월나라의 세력을 빌려 다시 노나라로 돌아와 권력을 되찾으려 했으나 결국 성공하지 못했다. 그의 행동은 숙부인 노소공의 예전 경험과 상당히 비슷하다.

위나라로 이민을 간 안탁추[공자의 친척이자 제자인 동시에 미자하와 자로의 손위 처남]는 나중에 또 제나라로 이주했는데, 자세한 이유는 알 수 없다. 공자가 사망한 지 6년 후에 제나라가 진晉나라를 공격했고, 안탁추는 이 전쟁에서 전사했다. 그의 나이와 출신을 고려하면 전투에 참여하지는 않은 듯하고, 의술에 능했으니 아마도 의사로서 참전하지 않았을까 싶다. 그의 아들인 안진顏晉은 이 공로로 마을 다섯 개를 봉지로 하사받았다. 그는 공자의 친척 가운데 유일하게 세습 가능한 봉지를 받은 인물인데, 상당히 아이러니한 일이다.

공자가 만난 적이 있는 남자 부인은 위령공이 사망한 후에 어떻게 되었는지 알 수 없다. 후세 사람들 중에는 남자 부인이 연인인 공자 조와 함께 진晉나라로 도망쳐 그곳에서 백년해로했다는 사람도 있는데, 이는 동명이인을 오해한 것이다. 남자 부인의 연인은 송나라의 공자 조이고, 진나라로 간 공자는 위나라의 공자 조로 두 사람은 동일인물이 아니다. 위나라의 공자 조가 진나라로 망명한 때는 공자가 남자 부인을 만나기 27년 전의 일이니 두 사람은 같은 세대 사람이 아니다. 당시 사람들은 이 두 공자를 구별하기 위해 송나라의 공자 조를 '송조'라고 불렀다.

이러한 사실을 고증한다 해도 남자 부인과 송나라의 공자 조가 결국 맺어지지 못했음은 부정할 수 없어 그다지 의미가 없다. 이처럼 혼란스럽고 변화무쌍한 세계 속에서 후세 사람들이 축복할 수 있는 유일한 일은 결국 연인이 부부가 되어 사랑의 결실을 보는 일밖에는 없기 때문이다.

춘추 시대 말기 및 공자 일생의 대사건 연보
(기원전 572년~기원전 467년)

일러두기: 본 연보는 노나라의 공식 문헌인 《춘추》 및 《좌전》에 근거해 정리했으며, 이와 동시에 《사기·공자세가》를 참고했다. 노나라에서 발생한 사건 위주로 기록했으며, 시간상으로는 노양공, 노소공, 노정공, 노애공 네 명의 군주가 통치한 시기를 포함하고 있다.

노양공 원년, 기원전 572년(공자가 출생하기 21년 전)
- 진나라의 경인 난염欒魘이 노, 송, 위, 조, 거莒, 주, 등滕, 설薛나라 등 제후국의 경대부들과 군대를 소집해 송나라의 내란을 평정함. 노나라의 경인 맹헌자[중손멸仲孫蔑]가 노나라 대표로 참전함.
- 제나라가 제후국들의 연합군에 참여하지 않아 진나라가 이를 질책하자, 제영공齊靈公은 태자 광光을 진나라에 볼모로 보냄.
- 진나라의 경인 한궐韓厥이 난염의 자리를 빼앗아 제후국 연합군을 이끌고 초나라에 신복한 정나라를 토벌함. 연합군은 그대로 초나라의 변경 지역까지 침입함.
- 초나라는 원군을 보내 정나라를 돕고, 송나라를 공격함.
- 주간왕周簡王이 사망하고 영왕靈王이 뒤를 이어 즉위함.

노양공 2년, 기원전 571년(공자가 출생하기 20년 전)
- 초공왕楚共王은 진나라 연합군에 복수하기 위해 정나라에 송나라를 치라고 명령함.
- 정성공鄭成公이 사망하고 희공僖公이 즉위함. 이 당시 정나라의 권력은 대부분 정목공의 아들 세대가 장악하고 있었는데, 이들은 성공에게는 숙부이며 희공에게는 종조부에 해당함.
- 진나라의 경인 순앵荀罃이 노, 제, 송, 위, 조, 주, 등, 설나라 및 소국 주나

라 등 제후국의 경대부들과 군대를 소집해 정나라에 위협을 가함.

노양공 3년, 기원전 570년(공자가 출생하기 19년 전)
- 초나라 군대가 오나라를 공격했으나 패함.
- 노양공이 즉위 후 처음으로 진나라 군주를 배알하러 가서 진도공晉悼公
  과 맹세의 의식을 거행함.
- 진도공은 노, 송, 위, 정, 거, 주나라 등 제후국의 군주들과 제나라의 태자
  및 주나라 왕의 경사卿士 단공單公과 회견을 하고 맹세의 의식을 거행함.
- 진도공은 사전에 오왕에게 사자를 보내 회견에 참여하라고 요청하며,
  오나라가 진나라의 권위에 복종해 함께 초나라에 대항하기를 희망함.
  그러나 오왕 수몽壽夢은 반응을 보이지 않음.
- 진성공陳成公은 연로하고 병들어 참여하지 못하고, 경대부인 원교袁僑를
  대신 보냄.

노양공 4년, 기원전 569년(공자가 출생하기 18년 전)
- 진성공이 사망하고 애공哀公이 즉위함.
- 맹헌자는 노양공을 수행해 진도공을 배알하고, 그에게 노나라에 이웃한
  소국인 증나라를 속국으로 삼게 해 달라고 요청함. 진도공은 처음에는
  허락하지 않았으나, 맹헌자가 "노나라는 진나라에 공물을 바치고 병역
  과 노역 등을 제공해야 할 의무가 있으나, 증나라는 노나라나 진나라에
  아무런 의무가 없다. 만약 증나라가 노나라의 속국이 된다면 노나라가
  진나라에 제공할 수 있는 자원이 늘어날지도 모른다"라고 설득하자 결
  국 허락함.
- 진나라의 경인 위장자魏莊子[위강魏絳]가 융인戎人 부락을 토벌할 책임을
  맡음[융족은 지금의 산시山西성 및 위시豫西 산악지대에서 생활하던 야만
  족임]. 위장자는 그들 가운데에서 통치 대리인을 선정하고 규범을 정해,
  융인 부락은 대부분 진나라의 권위에 신복함.

노양공 5년, 기원전 568년(공자가 출생하기 17년 전)
- 초나라가 진陳나라를 토벌함.

– 진도공이 제후국 군주와 경대부들을 소집해서 연합군을 조직해 진陳나라를 지원함. 오나라에서도 사신을 파견해 연합군에 참여함. 연합군의 일부는 진나라에 주둔하며 방비함.
– 노나라의 경인 계문자季文子[계손행보季孫行父]가 사망하고 계무자[계손숙]가 뒤를 이어 가주의 자리에 오름.

노양공 6년, 기원전 567년(공자가 출생하기 16년 전)
– 거나라가 증나라를 멸망시킴. 진나라는 노나라가 어째서 종주의 의무를 다하지 않고 증나라의 멸망을 좌시했는지 문책함. 계무자가 진나라로 가서 해명함.
– 제나라가 래萊나라를 병탄함.

노양공 7년, 기원전 566년(공자가 출생하기 15년 전)
– 담郯나라와 소국 주나라의 군주가 속국으로서 종주국에 복종하는 예에 따라 노양공을 배알하러 옴.
– 계무자는 자신의 봉읍인 비성에 성벽을 세움. 이는 그가 권신으로서 권력을 멋대로 휘두른 행동임.
– 정희공은 태자였던 당시부터 권력을 독점하고 있던 종조부들, 즉 '칠목' 가문에 큰 불만을 품었음. 결국 칠목 가문은 정희공을 암살하고 열국에는 군주가 학질에 걸려 사망했다고 알림. 다섯 살짜리 정간공鄭簡公이 즉위함.
– 초나라가 진陳나라를 공격하자, 진도공이 제후국 군주들을 소집해 진나라를 지원함. 진晉나라가 의지할 만하지 못하다고 생각한 진애공은 회맹 도중에 도망쳐 돌아감. 진陳나라에 대한 초나라의 영향력이 점점 더 커짐.

노양공 8년, 기원전 565년(공자가 출생하기 14년 전)
– 정간공의 백부와 숙부뻘 되는 이들이 칠목 가문을 제거하려고 시도했으나 실패해, 많은 이가 죽임을 당함.
– 노양공은 진나라로 가서 진도공을 배알하고, 진나라에 공물을 바쳐야

한다는 새로운 임무를 받음. 정, 제, 송, 위, 주나라의 군주 혹은 사신 역시 진나라로 가서 이와 같은 임무를 받음.

노양공 9년, 기원전 564년(공자가 출생하기 13년 전)
- 진秦나라와 초나라는 진晉나라가 중원의 주도권을 쥐는 데 대해 불만을 품고, 서로 연합해 진나라를 토벌하려 함.
- 정나라는 진晉나라와 초나라 양쪽에서 압박을 받아, 두 강대국 사이에서 갈피를 잡지 못함.

노양공 10년, 기원전 563년(공자가 출생하기 12년 전)
- 진도공이 노, 송, 위, 조, 거, 주, 등, 설, 기나라와 소국 주나라의 군주 및 제나라의 태자와 오왕 수몽을 소집해 맹약을 맺음. 오나라가 중원의 맹약에 참여한 일은 이번이 처음임.
- 오왕 수몽은 진나라가 주도하는 국제 질서에 복종하겠다는 뜻을 밝힘. 진나라는 초나라에 대항하려는 목적으로 일부러 오나라를 끌어들임.
- 진나라와 열국의 군대는 동방의 토착 소국인 핍양을 공격해 멸망시킴. 맹헌자가 노나라 군대를 이끌고 참전해 그 가신들과 하인들도 다수 참전했는데, 추읍 사람인 숙양흘[공자의 아버지]이 핍양의 성문을 뚫고 들어가 성안에 갇혀 있던 연합군을 구함.
- 정나라의 도성에서 내전이 일어남. 신구 귀족들이 연합해 칠목 가문을 제거하려 했으나 오히려 진압당함. 자산[공손교公孫僑]이 이 내전에서 큰 공을 세움.

노양공 11년, 기원전 562년(공자가 출생하기 11년 전)
- 노나라가 군대를 세 부대로 확대 편성해, 삼환 가문[계무자, 숙손목자叔孫穆子, 맹헌자]이 각자 한 부대씩 장악함. 본래 군주에게 속해 있던 봉읍과 백성도 세 가문이 나누어 가짐.
- 진도공은 중원 제후들을 소집해 진나라와 초나라 사이에서 흔들리고 있는 정나라에 압력을 가함.

노양공 12년, 기원전 561년(공자가 출생하기 10년 전)

- 오왕 수몽이 사망하고 제번諸樊이 즉위함.
- 노양공이 진나라로 가서 진도공을 배알함.

노양공 13년, 기원전 560년(공자가 출생하기 9년 전)

- 초공왕이 사망하고 강왕康王이 즉위함.
- 오나라 군대가 초나라를 공격했으나 패함.

노양공 14년, 기원전 559년(공자가 출생하기 8년 전)

- 진나라가 제후국의 경대부들을 소집해 오나라의 사신과 회견을 함. 이 회견에 제후국의 군주들은 참가하지 않았음.
- 진도공은 제후국 연합군을 이끌고 진秦나라를 토벌하려 했으나, 진晉나라의 여러 경대부들은 전쟁을 시작할 결심을 하지 못해 아무런 성과 없이 후퇴함.

노양공 15년, 기원전 558년(공자가 출생하기 7년 전)

- 위헌공衛獻公은 권력을 장악하고 있는 경대부들을 존중하지 않아, 결국 국내에서 자리를 잡을 수 없게 되어 제나라로 망명함. 권신들은 종실의 일원인 공손표公孫剽를 위상공衛殤公으로 옹립함.
- 진나라가 동맹 제후국의 대부들을 소집해 위나라의 내란을 조정하려 함.
- 진도공이 사망하고 평공平公이 즉위함.
- 5년 전의 정나라 내란 때 실패한 몇몇 귀족이 송나라로 망명해 있어, 정나라의 칠목 가문은 송나라의 상층부에 뇌물을 보내고, 또한 가문의 대표를 송나라에 볼모로 보냄. 송나라는 그 대가로 망명해 온 반대파 세 사람을 정나라에 보냄. 칠목 가문은 그들을 사형에 처함.

노양공 16년, 기원전 557년(공자가 출생하기 6년 전)

- 진평공이 동맹 제후국의 군주들을 소집해, 초나라와 교류를 유지하고 있던 거나라와 주나라의 군주를 회견 자리에서 구금함.
- 진나라를 위시한 연합군이 초나라를 공격해 작은 규모의 승리를 거두

고 돌아옴. 초강왕은 진나라와 결전을 치를 결단을 내리지 못함.
- 제영공이 군사를 일으켜 노나라의 북쪽 국경을 침략함. 제나라의 이러한 행동은 중원의 지도자인 진나라에 대한 도전이었음. 노나라는 진나라에 도움을 요청했지만, 진나라는 마침 군주가 바뀔 시기라 도울 수 없다고 답함.

노양공 17년, 기원전 556년(공자가 출생하기 5년 전)
- 제영공이 군사를 이끌고 노나라의 북쪽 국경 지역을 약탈하고, 장손씨의 봉읍인 방성防城을 포위함. 노나라 군사 3백 명이 제나라의 군영을 야습했는데, 공자의 부친인 숙양흘도 참전함. 제나라 군대는 퇴각함.
- 송나라의 권신인 화씨 가문이 내란을 일으킴.

노양공 18년, 기원전 555년(공자가 출생하기 4년 전)
- 제영공이 노나라를 공격함. 진나라는 동맹 제후국들을 소집해 제나라를 토벌함. 연합군이 제나라 경내로 깊이 침입해 제나라 군대를 격파하자 제영공은 저항을 포기하고 도성인 임치로 도망쳐 수성함. 연합군은 임치 교외 지역을 파괴함.

노양공 19년, 기원전 554년(공자가 출생하기 3년 전)
- 봄, 진나라를 필두로 한 연합군이 제나라에서 철수해 노나라를 거쳐 귀국함. 노양공은 진나라 군대의 사령관을 위해 성대한 축하 의식을 거행함. 소국 주나라가 제나라를 따랐던 일에 대한 징벌로 영토 일부를 노나라에 할양함.
- 제영공이 사망하고 장공莊公이 즉위함. 제장공의 모친은 노나라의 귀족인 안顔씨 가문의 여성임.
- 진나라는 다시 한 번 제나라를 토벌할 준비를 하고 있었으나 제영공이 사망했다는 소식을 듣고 중지함.
- 제나라는 진나라에 강화를 청함.

노양공 20년, 기원전 553년(공자가 출생하기 2년 전)

– 진평공, 제장공 및 노, 송, 위, 정, 조, 거, 주나라 등 열국의 군주들이 회견을 함.

노양공 21년, 기원전 552년(공자가 출생하기 1년 전)

– 진나라의 경인 난영欒盈(난염의 아들)의 세력이 지나치게 커져, 범씨를 비롯한 여타 경들의 반발을 삼. 난영은 초나라로 망명함. 범선자范宣子가 정권을 잡음.

– 난영은 망명길에 주나라 왕의 영지인 낙양을 지나다가 그곳 사람들에게 약탈을 당함. 난영은 주나라 왕실을 찾아가 자신의 선조들이 진나라의 신하로서 주나라 왕실에 공헌해 온 일을 하나하나 열거하며 하소연함. 주영왕은 명을 내려 그가 약탈당한 재물을 돌려주게 하고, 그를 보호해 왕실 영지 밖으로 나갈 수 있게 해 줌.

– 진평공이 제, 노, 송, 위, 정, 조, 거, 주나라의 군주를 소집해 회견을 하고, 열국에 난씨 가문 사람들을 받아들여 주지 말라고 요구함.

노양공 22년, 기원전 551년(공자 출생, 1세)

– 난영이 제나라로 감.

– 진평공이 제, 노, 송, 위, 정, 조, 거, 주, 설, 기나라와 소국 주나라의 군주를 소집해 다시 한 번 난씨 가문을 받아들여 주지 말라고 요구함.

– 정나라의 사신인 자산은 대국인 진나라가 몇 번이나 회견을 소집하는 처사가 소국들에 너무 많은 의무를 요구해 부담을 지운다고 생각해 진나라의 사신에게 불만을 표함. 그래도 칠목 가문은 정간공이 이 회견에 참석하게 함.

노양공 23년, 기원전 550년(공자 2세)

– 진평공은 자신의 딸 중 한 명을 오왕에게 시집보낼 준비를 함. 제장공은 이 일을 축하하기 위해 사신을 보냈는데, 그러면서 몰래 난영을 진나라의 도성으로 데려감.

– 난영은 자기편 세력을 소집해 반란을 일으킴. 범씨, 조씨, 한씨 가문은

난영을 극구 반대함. 위씨[위헌자魏献子]는 본래 난영을 지지했으나 범씨 가문에게 협박당해 난영에게 가담하지 못함. 난영은 결국 패함.

− 제장공은 군사를 이끌고 위나라의 영토를 거쳐 진나라를 공격해 조가 성을 점령했으나, 난영이 이미 패배했다는 소식을 듣고 후퇴함. 진나라 는 난영의 세력을 철저히 처단함.

− 노나라는 진나라에 지원군을 보냈으나 감히 전쟁에 개입하지는 못함.

− 맹장자孟莊子[맹손속孟孫速]가 사망하고 맹효백孟孝伯[맹손갈孟孫羯]이 가주 의 자리에 오름.

− 맹손씨 가주의 교체는 노나라 상층부의 분쟁을 야기함. 계무자는 이 일 로 장손씨 가문의 가주인 장손흘臧孫紇을 몰아내고 장위臧為를 가주로 세 움. 장손흘은 주나라로 망명함.

노양공 24년, 기원전 549년(공자 3세)

− 숙양흘은 아마도 이해에 사망한 것으로 보임.

− 진평공이 동맹 제후국의 군주들을 소집해서 연합군을 조직해 제나라를 공격하려 했으나, 진나라에 홍수가 발생해 연기함.

− 제장공은 진나라의 보복을 두려워해 초나라에 사신을 보냄.

− 초강왕은 제나라에 대한 진나라의 위협을 분담하기 위해 채, 진陳, 허나 라의 군주들과 연합군을 조직해 정나라를 공격함.

− 진나라 연합군이 정나라를 지원하러 감. 진나라와 초나라 군대는 소규 모로 충돌했다가 모두 퇴각함.

노양공 25년, 기원전 548년(공자 4세)

− 제장공이 귀족인 최저崔杼의 처와 사통해 최저에게 살해당함. 최저는 제 경공을 군주로 옹립하고, 최씨와 경慶씨 가문이 권력을 장악함.

− 진평공은 제후들을 소집해 제나라를 공격했으나, 마침 제나라의 군주가 바뀌는 시기와 맞물림. 제경공은 진평공에게 사자를 보내 비위를 맞추 고, 진나라 군대에 뇌물을 두둑이 보냄. 진나라를 비롯한 제후국들은 제 나라의 새 군주를 인정함.

− 진나라의 범선자가 사망하고 조문자趙文子[조무趙武]가 집정관이 됨. 그는

동맹 제후국이 진나라에 바쳐야 하는 공물의 기준을 크게 낮춰 좋은 평가를 받음.
- 정나라는 초나라의 속국이 된 진陳나라를 토벌해 승리한 후, 진晉나라에 승전 소식을 알림. 자산이 사자로서 진나라에 갔으나 진나라에서 불만을 표해, 정간공이 직접 진나라에 가서 경의를 표함.
- 진陳나라와 정나라는 화해함.

노양공 26년, 기원전 547년(공자 5세)
- 위나라의 권신인 영甯씨가 위상공을 살해하고, 외국에서 망명 생활을 하던 위헌공을 맞아들여 옹립함. 제나라와 정나라의 주선하에 진晉나라도 위나라의 군주가 바뀐 일을 인정함.
- 초강왕이 정나라를 공격해 곳곳을 파괴하며 징벌함.

노양공 27년, 기원전 546년(공자 6세)
- 송나라의 경인 상술向戌이 '미병弭兵', 즉 진나라와 초나라 두 강대국이 평화 협정을 맺어야 한다고 제창함.
- 진나라의 집정관인 조무와 초나라의 영윤인 굴건屈建 및 노, 채, 위, 진陳, 정, 허, 조나라의 경대부들이 송나라에서 회견을 함. 진나라와 초나라는 각자의 동맹 속국들이 반드시 진나라와 초나라 양쪽의 군주를 모두 알현하고 공물을 바칠 의무를 이행해야 한다는 데 의견을 모음. 진秦나라와 제나라는 비교적 강대했으므로 이 규정의 제약을 받지 않음.
- 이 회견 당시 열국의 경대부들은 여러 차례 회담을 하며 그때마다 '부시賦詩'를 통해 의견을 발표함. 그들은 앞다투어 아름다운 문장을 읊고 우아한 거동을 보임. 이때가 바로 춘추 시대 경대부들의 귀족 문화의 풍격이 정점에 달한 시기임.
- 위헌공은 다른 경대부들의 도움을 받아 권신인 영씨 가문을 제거함.
- 제나라의 최씨 가문에 내분이 일어나 몰락하고, 경씨 가문이 권력을 장악함.

노양공 28년, 기원전 545년(공자 7세)

- 제나라의 권력을 독점한 경씨 가문이 다른 가문들의 불만을 산 나머지 공격당해 외국으로 망명함.
- 초나라의 영윤인 굴건이 사망함. 진나라는 초나라와 함께 맹세한 사이라 조무는 진나라에서 굴건을 추모하는 의식을 거행함.
- 주영왕이 사망하고 주경왕周景王이 즉위함.
- 초강왕이 사망함.
- 제, 진陳, 채, 북연北燕, 기나라 등의 군주가 진나라 군주를 알현하고, 노, 송, 진陳, 정, 허나라의 군주들이 초나라 왕을 알현함. 이는 지난해에 회견을 통해 결정된 규정을 이행한 것임.

노양공 29년, 기원전 544년(공자 8세)

- 초왕 겹오郟敖가 즉위함.
- 계찰이 처음으로 오나라를 대표해 중원 열국을 방문함. 노나라에서는 숙손목자[숙손표叔孫豹]가 그를 접대하는 일을 맡음.
- 위헌공이 사망하고 위양공衛襄公이 즉위함.

노양공 30년, 기원전 543년(공자 9세)

- 정나라의 자산이 자피子皮를 대신해 국정을 장악함.

노양공 31년, 기원전 542년(공자 10세)

- 노양공이 사망함. 작은 우여곡절 끝에 소공이 19세의 나이로 즉위함.
- 맹효백[중손갈仲孫羯]이 사망하고 맹희자孟僖子[중손확仲孫貜]가 가주의 자리에 오름.
- 초나라의 영윤 자위子圍가 권력을 독점하려는 경향을 보임.

노소공 원년, 기원전 541년(공자 11세)

- 진나라의 집정관인 조무와 초나라 영윤인 자위가 노, 제, 송, 위, 진陳, 채, 정, 허, 조나라의 경대부들을 소집해 괵虢 지역에서 회견을 함. 이는 진나라와 초나라가 '미병'을 결정한 후에 두 강대국이 화해를 통해 이

룬 질서를 유지하기 위함임. 노나라에서는 숙손표가 참석함.

노소공 2년, 기원전 540년(공자 12세)

- 진晉나라의 경인 한선자韓宣子[한기韓起]가 노, 제, 위나라 등을 방문함.
- 정나라 칠목 가문 중 사駟씨 가문의 공손흑公孫黑이 야심을 품고 유游씨 가문을 제거하려 했으나, 나머지 가문들에 제압당함. 공손흑은 자결함.
- 자위가 초왕 겹오를 시해하고 초영왕楚靈王으로 즉위함.

노소공 3년, 기원전 539년(공자 13세)

- 제나라의 경인 안영이 진나라를 방문해 대부인 숙향叔向과 교류하며, 제나라 내에서 진陳씨[즉 전田씨] 가문의 세력이 나날이 커져 "제나라가 진씨의 천하가 될 지경이다齊其爲陳氏矣"라고 말함. 숙향 역시 진나라의 여러 경이 군주를 무시하는 경향을 보인다고 언급하며 "공실이 쇠퇴하려 한다公室將卑"라고 말함.
- 자산이 정간공을 수행하고 진나라로 가서 진평공을 배알함.
- 숙손표가 사망하고 숙손소자[숙손야叔孫婼]가 가주의 자리에 오름.

노소공 4년, 기원전 538년(공자 14세)

- 초영왕이 채, 진陳, 정, 허, 서, 등, 돈頓, 호胡, 침沉나라와 소국 주나라의 군주 및 송나라의 세자와 회이淮夷족을 소집해 신지申地에서 회견을 함. 이 나라들은 초나라가 남방에서 세력을 미치는 범위 내의 국가들임. 노, 위, 조, 주나라는 이 범위에 속하지 않음.
- 초나라가 속국의 제후들을 이끌고 오나라를 토벌해, 오나라에 망명 중이던 제나라의 귀족 경봉慶封을 붙잡아 살해함.
- 정나라의 자산이 '작구부作丘賦' 정책을 시행했는데, 아마도 각 귀족 가문이 봉토와 재산 상황에 따라 병역 및 군비를 부담하도록 한 정책인 듯함.

노소공 5년, 기원전 537년(공자 15세)

- 노나라가 본래 세 부대였던 군대를 두 부대로 개편함. 삼환 가문은 세력

범위와 영토를 다시 나눔. 계무자가 가장 경력이 길고 세력이 강해 계손
씨 가문이 군대 한 부대와 영토의 절반을 소유함. 숙손씨와 맹손씨 가문
이 나머지 영토를 반씩 나누어 가지고, 나머지 한 부대를 연합 편성함
[춘추 시대의 한 부대—卒는 수천 명 내지 만 명이다].
- 초영왕이 진평공의 딸과 혼인해, 진나라의 경인 한선자가 혼례 행렬을
  호위해 초나라까지 수행함.
- 초영왕이 속국 제후들을 이끌고 오나라를 토벌했으나 성과 없이 돌아옴.
- 아마도 이해에 공자의 모친이 사망하고, 공자는 아버지 가문 사람들의
  허락을 받아 부모를 합장한 듯함. 공자는 이로써 사인 신분을 얻어 귀족
  계층에 진입함. 공자는 만년에 "열다섯 살 때부터 학문에 뜻을 두었다十
  有五而志于學"라고 자평함.

노소공 6년, 기원전 536년(공자 16세)
- 정나라의 자산이 '주형서鑄刑書' 정책을 시행했는데, 내용은 대략 칠목
  가문 및 여타 귀족 가문을 규제해 어느 한 가문이 지나치게 강대해져
  정나라의 과두 공화제 국면을 깨뜨리는 일을 방지하는 것이었던 듯함.
- 오나라와 초나라 사이에 전쟁이 일어나 초나라가 패함.
- 공자는 곡부의 귀족 사회에 진입해 여러 지식을 익힘. 아마도 이해에 계
  손씨 가문의 연회에 참석하려 했다가 양호에게 모욕을 당하고 돌아간
  듯함.

노소공 7년, 기원전 535년(공자 17세)
- 맹희자가 노소공을 수행해 초나라 군주를 배알하러 감.
- 위양공이 사망하고 위령공이 즉위함.
- 계무자[계손숙]가 사망하고 계평자[계손의여]가 가주의 자리에 오름.

노소공 8년, 기원전 534년(공자 18세)
- 진陳나라의 귀족들이 내란을 일으킴. 초나라가 진나라를 멸망시킴.
- 공자는 아마도 이해에 계손씨 가문에서 하급 관리 일을 시작한 듯함.

노소공 9년, 기원전 533년(공자 19세)

- 초영왕이 노, 송, 정, 위나라의 경대부들을 소집해 진陳나라 지역에서 회견을 함. 이는 중원 열국이 초나라가 진나라를 병탄한 일을 인정하게 하려는 행동임.
- 공자는 아마도 이해에 혼례를 올린 듯함. 슬하에는 1남[공리] 1녀를 둠.

노소공 10년, 기원전 532년(공자 20세)

- 계평자가 노나라 군대를 이끌고 거나라를 토벌해, 상나라의 신에게 제사를 지내는 '박사亳社'에서 포로들을 죽여 제사를 지냄. 아마도 상나라 때 인제를 지내던 풍습이 암암리에 남아 있었던 듯함.
- 진평공이 사망하고 소공昭公이 즉위함.
- 송성공이 사망하고 원공元公이 즉위함.

노소공 11년, 기원전 531년(공자 21세)

- 초영왕이 채영후蔡靈侯를 유인해 살해하고 채나라를 병탄함.
- 맹희자가 주장공邾莊公과 회견을 했는데, 도중에 천구泉丘라는 곳의 한 여인과 인연이 닿음. 이 여인은 나중에 맹희자에게 의탁해서 맹의자[중손하기]와 남궁경숙을 낳음.
- 진나라의 경인 한선자가 노, 제, 송, 위, 정, 조, 기나라의 경대부들과 회견을 하고 채나라를 돕는 일을 의논함. 진나라는 초나라에 사자를 보내 채나라를 용서하라고 요구했으나 초영왕은 받아들이지 않음.

노소공 12년, 기원전 530년(공자 22세)

- 정간공이 사망하고 정공定公이 즉위함.
- 계평자와 집사인 남괴의 사이가 틀어져, 남괴는 비성에서 반란을 일으켰다가 다시 제나라로 망명해 제경공의 비호를 받음.
- 초영왕의 야심이 점점 커져 열국 가운데 유일한 패주가 되려고 생각함.

노소공 13년, 기원전 529년(공자 23세)

- 초나라의 상층부에 내란이 일어나 초영왕이 시해당하고, 기질棄疾이 초

평왕楚平王으로 즉위함.
- 초평왕은 영왕 시절의 여러 어지러운 정치를 바로잡고, 진나라와 채나라의 영토와 군주의 지위를 회복해 줌.
- 3년 전에 노나라가 거나라를 토벌했을 때 진나라는 군주가 교체되는 시기인 탓에 개입하지 못함. 이해에 진나라는 열국을 소집해 회견을 여는 자리에서 계평자를 구금했다가 나중에 풀어 줌.

노소공 14년, 기원전 528년(공자 24세)
- 초평왕은 내정을 정돈하고, 지나치게 횡포를 부리는 귀족들의 기세를 꺾음.

노소공 15년, 기원전 527년(공자 25세)
- 노소공이 진나라 군주를 배알함.
- 주경왕의 왕후[목후穆后]가 사망함. 진나라의 경인 순역荀躒이 장례식에 참석하기 위해 주나라 도성[낙양]에 가서 주경왕의 환대를 받음.
- 진나라의 경인 순오荀吳가 선우鮮虞 등의 적인 소국들을 토벌해 진나라의 세력을 태항산 동쪽까지 확장함.

노소공 16년, 기원전 526년(공자 26세)
- 진소공이 사망하고 경공頃公이 즉위함.

노소공 17년, 기원전 525년(공자 27세)
- 진나라의 경인 순오가 군사를 이끌고 가서 초나라와 교류를 유지하고 있던 육혼陸渾 지역[지금의 뤄양洛陽 이서以西의 산악지대]의 융족을 토벌함.
- 소국 주나라와 담나라의 군주가 노나라 군주를 배알함.
- 오나라와 초나라의 국경 지역에서 전쟁이 일어남. 초나라 군대가 패함.

노소공 18년, 기원전 524년(공자 28세)
- 하, 송, 위, 진陳, 정나라의 도성에서 같은 날 큰 화재가 일어남. 자산이 정

나라 백성들을 감독해 진화 작업을 했는데, 매우 뛰어난 모습을 보임.

노소공 19년, 기원전 523년(공자 29세)

‐ 초평왕이 아들[태자 건^建]과 진^秦나라의 공주 영^嬴씨를 혼인시키려 했는데, 공주의 미모가 뛰어남을 보고 자신의 왕후로 삼음.

노소공 20년, 기원전 522년(공자 30세)

‐ 혼례 사건으로 인해 초평왕과 태자 건 사이에 갈등이 생김. 태자의 스승인 오사^{伍奢}가 살해당하고, 그 아들인 오원^{伍員}은 오나라로 도망침. 태자 건은 송나라로 망명함.
‐ 송나라와 위나라 상층부 귀족들 사이에 내란이 일어남.
‐ 정나라의 자산이 사망함.
‐ 공자는 아마도 이 시기에 사숙을 열어 제자들을 가르치기 시작한 듯함. 그는 만년에 "서른 살에 자립했다^{三十而立}"라고 자평함.

노소공 21년, 기원전 521년(공자 31세)

‐ 송나라의 화씨 가문이 일으킨 내란이 점점 크게 번져, 화씨 가문은 오나라의 군대를 송나라 경내로 끌어들여 개입하게 함. 제나라에서 송나라 군주에게 원군을 보냄.

노소공 22년, 기원전 520년(공자 32세)

‐ 송나라의 내란이 수습됨. 화씨 가문이 실패해 쫓겨남.
‐ 주경왕^{周景王}이 사망하고, 계승자들 사이에 분쟁이 생겨 내전이 일어남.

노소공 23년, 기원전 519년(공자 33세)

‐ 주경왕^{周敬王}[왕자 개^匄]이 망명해 진나라의 비호를 받음. 왕자 조^朝가 스스로 왕위에 올랐으나 진나라의 지지를 얻지 못함.
‐ 오나라와 초나라 사이에 전쟁이 일어나 초나라가 패함.

노소공 24년, 기원전 518년(공자 34세)
- 3월, 맹희자가 사망함. 사망 전에 아들인 맹의자와 남궁경숙에게 공자를 초청해 스승으로 모시라고 당부함.
- 왕자 조가 낙양을 장악하고 진나라와 대치함.
- 5월, 공자가 맹의자와 남궁경숙을 수행해 주나라 왕성인 낙양을 방문하는 길에 일식을 목격함. 이 여행의 목적은 분명치 않은데, 아마도 맹의자가 왕자 조와 교류하려고 시도했던 듯함.

노소공 25년, 기원전 517년(공자 35세)
- 진나라의 경인 조간자[조앙]가 노, 송, 위, 정, 조, 주, 등, 설나라와 소국 주나라의 경대부들을 소집해 왕실의 내란을 평정하는 일을 의논함. 회견에 참여한 열국은 망명 중인 주경왕에게 식량과 노동력을 제공함.
- 노나라 귀족들 사이에 내분이 발생해, 노소공이 제나라로 망명해서 제경공의 보호를 받음.
- 공자는 기회를 노리고 노소공을 뒤좇아 제나라로 갔으나, 제나라의 귀족인 고씨 가문에서 일함.

노소공 26년, 기원전 516년(공자 36세)
- 제경공은 노소공을 호송해 노나라로 돌려보내려 했으나 뜻을 이루지 못하고, 노나라 변경 지역의 운성을 점령해 노소공을 그곳에 머무르게 함.
- 진나라가 군사를 보내 왕자 조를 토벌하고 주경왕을 낙양으로 호송함. 왕자 조는 주나라 왕실의 귀중한 서적을 가지고 초나라로 도망침.
- 초평왕이 사망하고 소왕昭王이 즉위함. 태자 건은 여전히 외국에서 망명 중임.

노소공 27년, 기원전 515년(공자 37세)
- 오나라의 공자 계찰이 오왕 료僚의 명령을 받고 중원 열국을 방문함.
- 오나라의 공자 광光이 오왕 료를 암살하고, 오왕 합려로서 스스로 왕위에 오름.
- 계찰은 중원 열국을 방문한 후에 제나라를 거쳐 귀국했는데, 그의 장자

가 제나라에서 사망해 계찰은 그곳에서 바로 장례를 지냄. 당시에 제나
라에 있던 공자도 이 장례를 지켜봄.
- 송나라와 위나라가 진나라에 노소공이 노나라로 돌아갈 수 있도록 도
  와달라고 호소함. 진나라의 경인 범헌자가 계평자로부터 뇌물을 받고
  고의로 이 일을 지연함.

노소공 28년, 기원전 514년(공자 38세)

- 진나라 귀족들 사이에 내란이 일어나 기祁씨와 양설羊舌씨가 실패해 축
  출당하고, 범[사士], 지, 중행, 한, 조, 위씨의 여섯 가문이 남아 진나라의
  정권을 독점함. 이들을 진나라의 '육경六卿'이라 칭함.
- 노소공은 여전히 외국에서 망명 중임.

노소공 29년, 기원전 513년(공자 39세)

- 진나라의 조앙과 순인이 형정刑鼎을 주조함. 공자는 이것이 정치적 질서
  를 잃어버린 결과로 나타난 현상이라고 봄.
- 노소공은 여전히 외국에서 망명 중임.

노소공 30년, 기원전 512년(공자 40세)

- 진경공이 사망하고 정공定公이 즉위함.
- 오나라가 세력을 확장해 서나라를 멸망시킴. 오왕 합려가 오원伍員을 등
  용해 초나라에 대한 공세를 강화함.
- 공자는 아마도 이해에 제나라에서 노나라로 돌아와 정착한 듯함. 공자
  는 만년에 "마흔에 이르러 미혹되지 않았다四十而不惑"라고 자평함.
- 노소공은 여전히 외국에서 망명 중임.

노소공 31년, 기원전 511년(공자 41세)

- 진나라의 경인 범앙[범헌자]이 군사를 이끌고 노나라로 가서 노소공의
  귀국을 도우려 함. 그러나 범앙은 계평자에게 뇌물을 받고 계손씨 가문
  이 군주 대리를 맡는 상황을 승인함.
- 노소공은 여전히 외국에서 망명 중임.

노소공 32년, 기원전 510년(공자 42세)
- 오나라가 처음으로 월나라를 공격함.
- 진나라의 경인 한간자韓簡子가 노, 제, 송, 위, 정, 조, 거, 설, 기나라와 소
  국 주나라의 경대부들을 소집해서 주경왕을 위해 성주成周[낙양성]를 건
  설해 망명 중인 왕자 조의 세력이 반격하는 일을 방지함.
- 맹의자가 노나라 대표로 이 회견과 공정에 참여함. 이는 노소공이 외국
  에 망명 중인 상황에서 국제사회가 노나라에 대한 삼환 가문의 관리권
  을 정식으로 승인했음을 의미함.
- 노소공이 망명지에서 사망함.

노정공 원년, 기원전 509년(공자 43세)
- 삼환 가문은 노소공의 동생인 공자 송宋을 노정공으로 옹립함.
- 노소공의 시신을 노나라로 옮겨 옴. 계평자는 고의로 노소공을 군주들
  의 묘역 바깥에 매장함. 노소공을 따라 망명했던 귀족들도 뒤이어 노나
  라로 돌아옴.

노정공 2년, 기원전 508년(공자 44세)
- 오나라 군대가 국경 지역에서 초나라 군대를 격파함.

노정공 3년, 기원전 507년(공자 45세)
- 채소후가 초소왕을 알현함. 초나라의 영윤인 자상子常이 채소후에게 뇌
  물을 강요함. 채소후는 진晉나라로 가서 초나라를 토벌해 달라고 요청함.

노정공 4년, 기원전 506년(공자 46세)
- 진정공이 노, 송, 채, 위, 진陳, 정, 허, 조, 거, 주, 돈, 호, 등, 설, 기나라
  와 소국 주나라의 군주를 소집해 소릉召陵에서 회견을 하고 초나라를 토
  벌할 준비를 함. 이 회견은 주나라 왕실의 경인 유문공劉文公의 이름으로
  소집함. 제경공은 참석하지 않고 경인 국하國夏를 대신 파견함. 이 회견
  은 춘추 열국이 대규모로 모인 마지막 회견이자 진나라가 마지막으로
  주도한 회견이기도 함.

- 진나라의 경인 순인이 채소후에게 뇌물을 요구했으나 받지 못해, 연합 군은 초나라 공격을 포기함.
- 오왕 합려가 초나라를 대대적으로 공격해 초나라 군대를 연달아 격파 하고 초나라의 도성인 영성을 점령함. 소년 초소왕은 외국으로 망명함. 신포서申包胥가 진秦나라로 가서 원군을 요청함.

노정공 5년, 기원전 505년(공자 47세)
- 주경왕은 초나라가 전란에 휘말린 기회를 틈타 사람을 보내 초나라에 있던 왕자 조를 암살함.
- 진秦나라와 초나라 연합군이 오나라 군대를 격파함. 월나라가 후방에서 오나라를 습격해, 오나라 군대는 별수 없이 초나라에서 물러남. 초소왕 은 영성으로 돌아옴.
- 여름, 계평자와 숙손성자[숙손불감]가 연달아 사망함. 계환자와 숙손무 숙이 각각 가주의 자리에 오름. 양호가 계손씨 가문 및 노나라의 정권을 장악하기 시작함.
- 아마도 이해에 양호가 공자에게 관직에 오르라고 권한 듯하지만, 성과 를 얻지 못함.

노정공 6년, 기원전 504년(공자 48세)
- 정나라가 허나라를 멸망시킴.
- 정나라가 왕자 조의 잔당을 지지해, 진나라는 노나라에 정나라를 토벌 하라고 명령함. 노정공이 군사를 이끌고 정나라를 토벌했으나, 실제 통 수권자는 양호였음. 노나라 군대는 정나라의 광성을 파괴하고 돌아오는 길에 위나라 도성을 지나면서 무례한 행동을 해 위령공의 분노를 삼.

노정공 7년, 기원전 503년(공자 49세)
- 제경공과 정헌공鄭獻公이 회견을 하고, 더는 진나라의 권위에 복종하지 않기로 결정함. 양국은 위나라도 이 동맹에 참여하라고 요청함. 위령공 은 마음이 움직였으나, 경대부들이 지지하지 않을까 우려함.
- 노나라는 여전히 진나라에 충성을 다하고 있어, 제나라 군대가 노나라

를 공격함. 양호가 실질적으로 제나라와의 전쟁을 전부 맡아 임함.

노정공 8년, 기원전 502년(공자 50세)
- 제나라의 경인 국하와 고장高張이 군대를 이끌고 노나라를 공격함.
- 진나라의 경인 사앙士鞅과 조앙, 순인이 군사를 이끌고 노나라를 지원함. 노정공은 진나라 군영으로 가서 술과 음식으로 위로함.
- 진나라의 경들과 위령공이 회견을 했는데, 맹세의 의식을 하는 자리에서 위령공에게 무례한 행동을 함. 위령공은 진나라와 반목하고 제나라와 정나라의 동맹에 참여하기로 함.
- 양호는 노나라에서 삼환 세력을 몰아내려고 시도했으나 실패하고, 양관과 비성 등지에서 수성함.
- 위기에 처한 삼환 가문은 공자를 발탁해 양호에게 대항하려 함. 공자가 중도재의 관직에 오름. 그는 만년에 "쉰살에 천명이 무엇인지 알게 되었다五十而知天命"라고 자평함.

노정공 9년, 기원전 501년(공자 51세)
- 연달아 패배한 양호는 처음에는 제나라로 도망쳤다가 다시 진나라로 망명해 조앙[조간자]에게 의탁함.
- 공자는 노나라의 대사구로 승진해 노나라 상층부의 정치에 참여함.
- 제경공과 위령공이 연합해 진나라를 공격함.

노정공 10년, 기원전 500년(공자 52세)
- 노정공과 제경공이 협곡에서 회견을 함. 공자가 의식을 주관함. 이는 노나라가 진나라의 진영에서 벗어나 제나라와 동맹을 맺어 진나라에 대항하기로 했음을 의미함. 제나라는 점령하고 있던 노나라의 영토를 반환함.
- 진나라의 경인 조앙이 위나라를 공격함.
- 송나라의 공자 지地가 권신 환퇴[향퇴向魋]의 노여움을 사 망명함.

노정공 11년, 기원전 499년(공자 53세)

- 노나라는 정나라와 화친을 맺어 함께 진나라에 대항하기로 함. 제, 위, 정, 노나라가 참가한 동방 4개국 '반진 연맹'을 형성함.
- 송나라의 여러 귀족이 환퇴와 대립했으나 모두 실패함.
- 공자의 여러 제자가 노나라 조정에서 관직을 얻거나 계손씨 가문의 가신이 됨.

노정공 12년, 기원전 498년(공자 54세)

- 공자가 '타삼도' 정책을 제창함. 숙손씨 가문이 후성의 성벽을 허묾. 전투 끝에 비성을 점령하고 있던 양호의 잔당을 몰아낸 후 비성의 성벽도 허묾.
- 뒤이어 맹손씨 가문의 봉지인 성성의 성벽도 허물려 했으나 맹손씨 가문의 가신이 성을 점령하고 저항함. 노정공이 군사를 이끌고 공격했으나 실패해, 성성의 성벽은 그대로 남음. 삼환 가문은 점차 공자에 대한 신임을 잃음.
- 노정공과 제경공이 회견을 함.

노정공 13년, 기원전 497년(공자 55세)

- 공자가 잠시 노나라의 승상 대리를 맡음.
- 제경공과 위령공이 회견을 하고, 연합해서 진나라를 공격할 준비를 함.
- 노나라의 삼환 가문이 공자를 해고하기로 함. 공자는 어쩔 수 없이 사직함.
- 진나라의 육경 가문 사이에 내분이 일어남. 순, 한, 위, 조 네 가문이 연합해 진정공을 통제하고 범씨와 중행씨 가문을 공격함. 범씨와 중행씨 가문은 조가성을 중심으로 삼고 있는 황하 북쪽 지대로 후퇴함. 진나라 전체가 내전에 휘말림.
- 공자가 제나라로 갔으나 제경공에게 중용되지 못해, 다시 노나라로 돌아왔다가 위나라로 향함.

노정공 14년, 기원전 496년(공자 56세)

- 공자가 위나라의 도성인 제구로 가서 위령공에게 환대를 받음.

– 구천이 이끄는 월나라 군대가 오나라 군대를 격파함. 오왕 합려가 부상을 당해 사망하고 부차가 즉위함.
– 제경공, 노정공, 위령공이 회견을 하고, 연합군을 조직해 진나라의 반란 세력인 범씨와 중행씨 가문을 돕기로 함. 황하 북쪽 기슭의 전쟁 규모가 커짐.
– 위나라의 태자 괴외가 위령공의 부인인 남자를 살해하려 시도했으나 실패하고, 송나라로 망명했다가 다시 진나라로 가서 조앙에게 의탁함.

노정공 15년, 기원전 495년(공자 57세)
– 괴외가 일으킨 난에 휘말린 공자는 위나라 도성을 떠나 남쪽으로 향함. 광성 사람들이 공자를 양호로 오인하고 포위함. 공자는 나중에 다시 위나라 도성으로 돌아감.
– 노정공이 사망하고 애공이 즉위함.
– 공자는 위나라를 떠나 남하해 송나라로 감. 송나라의 권신 환퇴가 공자를 위협함.
– 공자는 송나라를 떠나 정나라로 갔으나, 정나라 고위층에서는 공자를 접대하지 않음.
– 공자는 남하해 진陳나라로 가서 귀족들에게 접대를 받음.

노애공 원년, 기원전 494년(공자 58세)
– 초소왕이 진陳, 수隨, 허나라의 군주를 이끌고 오나라를 도와 초나라를 공격했던 채나라를 토벌함.
– 도성이 포위당하자 채나라 사람들은 초나라에 투항함. 초나라에서는 채나라의 영토를 초나라에 가까운 서남쪽 지역으로 옮기려 함. 채나라 내부의 친오親吳 세력은 오나라와 가까운 동남쪽 지역으로 이주하려 함.
– 제경공과 위령공의 연합군이 한단으로 진군해 범씨와 중행씨를 지원함.
– 오나라 군대가 진陳나라를 공격함.
– 진나라의 경인 조앙이 군대를 이끌고 조가를 공격함.
– 공자는 진나라를 떠나 북쪽으로 돌아와 위나라 도성인 제구로 감. 그는 황하 북쪽으로 건너가려 했으나 제자가 만류해 포기함. 공자는 고향인

노나라 추읍으로 돌아가 〈추조颵操〉라는 곡을 작곡함.

노애공 2년, 기원전 493년(공자 59세)

- 공자는 노나라를 떠나 위나라로 갔으나, 위령공에게 충성을 다하기를 원치 않아 그대로 진陳나라를 향함.
- 위령공이 사망하고 출공[위나라의 공손 첩]이 즉위함.
- 조앙과 양호가 진나라의 군사를 이끌고 위나라의 척성을 점령함. 괴외 태자가 이곳에 주둔함.
- 제나라가 조가성에 있는 범씨 가문에 군량을 지원하고, 정나라 군대가 이를 호송함. 조앙, 양호, 괴외가 진나라 군대를 이끌고 행렬을 공격해 정나라 군대를 격파하고, 군량을 실은 전차 천 대를 획득함.
- 공자는 진나라에 머무름.

노애공 3년, 기원전 492년(공자 60세)

- 제나라와 위나라의 연합군이 척성을 포위하고 공격함.
- 노나라 도성인 곡부에 있는 환공과 희공의 묘에 화재가 일어나 불탐.
- 계환자가 사망하고 계강자가 가주의 자리에 올라 염유를 집사로 임명함.
- 진나라의 경인 조앙과 순인이 조가를 공격함. 범씨와 중행씨 가문의 잔당은 한단으로 후퇴함.
- 공자는 진나라에 머무름. 만년에 "육십에 이르러 소식을 들으면 그 이치를 알게 되었다六十而耳順"라고 자평함.

노애공 4년, 기원전 491년(공자 61세)

- 채소공(채소후)이 사망하고 성공成公이 즉위함.
- 제나라와 위나라의 연합군이 범씨와 중행씨를 지원함. 조앙이 진나라 군대를 이끌고 한단을 공격함.
- 공자가 채나라로 가서 초나라 귀족인 섭공 제량과 교류함.

노애공 5년, 기원전 490년(공자 62세)

- 진나라의 범씨와 중행씨 가문이 완전히 패배함.

- 제경공이 사망하고, 귀족 상층부에 내전이 일어남. 진씨와 포씨 가문이
  국씨와 고씨 가문을 몰아내고 제도공을 옹립함.
- 공자는 채나라에 머무름.

               노애공 6년, 기원전 489년(공자 63세)
- 오나라 군대가 진陳나라를 공격해, 초소왕이 군사를 이끌고 진나라를
  도움.
- 공자는 진나라로 가서 초소왕을 알현하려 했으나, 채나라 병사들에게
  며칠 동안이나 포위당함. 나중에 초소왕이 병사를 보내 포위를 뚫어 주
  고 공자를 만남.
- 초소왕이 사망하고 혜왕이 즉위함.
- 공자는 북쪽으로 다시 올라와 위나라에 머무름. 위출공이 공자와 그 제
  자들을 신임함.

               노애공 7년, 기원전 488년(공자 64세)
- 오왕 부차가 군대를 이끌고 북상해 노애공과 회견을 하고, 노나라에 소
  백 마리를 잡아 연회를 열라고 요구함.
- 계강자가 노나라 군대를 이끌고 주나라를 토벌함.
- 공자는 위나라에 머무름.

               노애공 8년, 기원전 487년(공자 65세)
- 노나라가 주나라를 토벌한 일에 불만을 품은 오왕 부차가 군대를 이끌
  고 노나라를 공격함. 노나라는 오나라에 신복하기로 하고 함께 맹세의
  의식을 거행함. 오나라 군대가 철수함.
- 공자는 위나라에 머무름.

               노애공 9년, 기원전 486년(공자 66세)
- 오나라는 장강과 회수를 연결하는 운하를 건설해 제나라를 토벌할 준
  비를 함.
- 송나라 군대가 정나라 군대를 격파함.

- 공자는 위나라에 머무름.

노애공 10년, 기원전 485년(공자 67세)
- 오왕 부차가 속국인 노, 주, 담나라를 이끌고 제나라를 공격함.
- 제나라 귀족들이 제도공을 살해하고 간공을 옹립함. 오나라 군대가 철수함.
- 공자는 위나라에 머무름.

노애공 11년, 기원전 484년(공자 68세)
- 제나라 군대가 노나라를 공격함. 염유가 응전을 주장함. 노나라 군대는 곡부 교외에서 제나라 군대를 격퇴함. 공자의 여러 제자가 이 전쟁에 참여함.
- 오왕 부차가 노나라를 돕기 위해 군사를 이끌고 와서 노나라 군대와 함께 애릉에서 제나라 군대를 격파함.
- 계강자가 사람을 보내 공자를 노나라로 모셔옴.

노애공 12년, 기원전 483년(공자 69세)
- 제나라의 위협에 대항하기 위해, 노나라는 각 귀족이 소유한 재산에 따라 군비를 징수하는 '용전부用田賦' 정책을 시행함.
- 노소공 부인이 사망해 공자가 조문하러 감.
- 노애공과 오왕 부차가 회견을 함.
- 위나라가 오나라의 패권에 굴복함.
- 공자는 노나라에 머무름.

노애공 13년, 기원전 482년(공자 70세)
- 오왕 부차와 진정공, 노애공이 황치에서 회견을 함. 단평공이 주나라 왕실 대표로 참가함. 진나라와 오나라는 이전의 진나라와 초나라의 관계와 마찬가지로 패권을 나누어 가지기로 함.
- 월왕 구천이 이 기회를 틈타 오나라를 공격해서 부차는 급히 철수해 오나라로 돌아감.

- 공자는 노나라에 머무름. 아들 공리와 제자 안회가 사망함.
- 공자는 만년에 "일흔 살에는 마음이 원하는 대로 해도 법도에 어긋나지 않았다七十而從心所欲, 不踰矩"라고 자평함. 아마도 욕망이 엷어져 초탈한 듯함.

노애공 14년, 기원전 481년(공자 71세)

- 노애공이 사냥을 나갔는데, 누군가가 신기한 동물을 잡아 옴. 공자는 이 동물을 '린麟'이라고 여김.
- 공자가 《춘추》를 편찬하는 일을 그만둠. 아마도 제자가 이 일을 이어받은 듯함.
- 진성자[전상田常]가 제간공을 살해하고 제평공을 옹립함. 공자의 제자인 재여가 아마도 이 내란 중에 사망한 듯함.
- 공자는 삼환 가문에 진성자를 토벌해 달라고 요청했으나 실패함.
- 송나라의 환퇴가 군주의 불만을 사 쫓겨남.
- 맹의자가 사망하고 맹무백[중손체]이 가주의 자리에 오름.
- 공자는 노나라에 머무름.

노애공 15년, 기원전 480년(공자 72세)

- 노나라와 제나라가 화친을 맺음. 자복경백이 정사正使, 자공이 부사副使를 맡아 출사함. 이는 진성자가 제나라를 장악한 현실을 인정했음을 의미함.
- 공자는 노나라에 머무름.

노애공 16년, 기원전 479년(공자 73세)

- 위나라의 태자 괴외가 위나라 도성에 잠입해 아들인 위출공을 몰아내고 위장공으로 즉위함. 공자의 제자인 자로가 이 내전 중에 사망함.
- 위출공은 노나라로 도망쳤다가 다시 제나라로 감.
- 4월, 공자가 사망함. 노애공이 공문을 보내 애도의 뜻을 표함. 자공이 여러 제자를 이끌고 상을 치름.
- 초평왕의 태자 건이 망명 중에 사망함. 그의 아들인 승勝이 초나라로 돌아가 백공白公에 봉해진 후 난을 일으킬 기회를 노렸으나, 결국 실패해 자결함.

노애공 17년, 기원전 478년(공자 사망 후 1년)

- 위나라에 내란이 일어나 위장공[괴외]이 살해당함. 진나라의 경인 조앙
  의 주도하에 공자 기輒를 군주로 옹립함.
- 노애공과 제평공이 회견을 함. 두 군주 모두 실권을 가지지 못한 꼭두각
  시 군주였음.

노애공 18년, 기원전 477년(공자 사망 후 2년)

- 위나라의 군주 기가 귀족 석포石圃에게 축출당함. 위출공이 다시 즉위함.

노애공 19년, 기원전 476년(공자 사망 후 3년)

- 주경왕이 사망하고 원왕元王이 즉위함.

노애공 20년, 기원전 475년(공자 사망 후 4년)

- 진정공이 사망하고 출공出公이 즉위함.
- 오나라는 월나라의 공격을 받아 나날이 쇠약해짐.

노애공 21년, 기원전 474년(공자 사망 후 5년)

- 노애공과 제평공이 회견을 함.
- 월나라가 처음으로 노나라에 사신을 파견함.

노애공 22년, 기원전 473년(공자 사망 후 6년)

- 월왕 구천이 오나라 도성을 공격해, 오왕 부차가 자결하고 오나라가 멸
  망함.

노애공 23년, 기원전 472년(공자 사망 후 7년)

- 노나라가 처음으로 월나라에 사신을 파견함.

노애공 24년, 기원전 471년(공자 사망 후 8년)

- 노애공이 월나라로 가서 월왕 구천을 알현함. 월왕 구천은 혼인을 통해
  노애공과 인척 관계를 맺기를 고려했으나, 이 혼사로 군주의 권위가 커

질까 우려한 계강자가 월나라의 태재인 백비에게 뇌물을 써서 이 일을
중단하게 함.

노애공 25년, 기원전 470년(공자 사망 후 9년)
- 위나라의 귀족들 사이에 내란이 일어나 위출공이 다시 망명함.

노애공 26년, 기원전 469년(공자 사망 후 10년)
- 주원왕이 사망하고 정정왕貞定王이 즉위함.
- 송경공이 사망하고 소공昭公이 즉위함. 황皇씨, 영靈씨, 악樂씨 세 귀족 가
  문이 연합해 정권을 잡음.

노애공 27년, 기원전 468년(공자 사망 후 11년)
- 월나라의 사신이 노나라를 방문해 노애공과 회견을 하고 맹세의 의식
  을 거행함. 삼환 가문의 가주도 모두 참석함. 월왕이 노나라 군주의 권
  위를 존중하는 모습을 보고 계강자가 크게 걱정함.
- 계강자가 사망하고 계소자季昭子가 가주의 자리에 오름.
- 노애공이 월나라의 병력을 빌려 삼환 가문을 제거하려고 시도했다가
  실패해 월나라로 망명함.

노애공 28년, 기원전 467년(공자 사망 후 12년)
- 노애공이 월나라에서 사망함. 삼환 가문은 노도공魯悼公을 군주로 옹립함.

후기

이 책은 2009년에 출판된 《귀족의 황혼: 공자와 그가 살아갔던 시대貴族的黃昏: 孔子和他生活的時代》라는 공자 전기의 증보판으로, 2009년 판보다 내용이 두 배 넘게 늘어났다. 이 책을 처음 쓰기 시작했을 때부터 이번에 증보판을 출간하기까지 시간이 10년 넘게 흘렀고, 사회 환경뿐만 아니라 개인적인 삶에도 큰 변화가 있었다. 그러나 이 책 속의 몇 가지 명제, 가령 과두 공화제의 향방 같은 것들은 줄곧 내가 중점적으로 탐구해 온 문제들이다.

이 책은 일반 교양서 형식으로 썼지만, 학술적인 관점이 부족하지는 않다. 심지어 정규 학술서적보다 더 많은 내용을 담고 있다. 학술서적은 반드시 이전 여러 학자의 주장을 나열해야 하며, 그중에는 전혀 가치가 없거나 본 내용과 사실상 상관없는 내용도 포함하기 마련인데, 이 책은 엄격한 학술적 체계를 따르지 않았다. 상고사에 관한 자료는 유한하므로 이 분야를 연구하는 학자라면 어떤 사료를 근거로 이전 학자들과 어떻게 다른 관점을 제시했는가에 관해 일일이 설명을 들을 필요도 없이 한눈에 알아볼 것이다. 그런데 상고사 연구자가 아닌 외부인에게는 이러한 논증 과정의 설명이 그리 큰 의미가 없을 것이다.

이 책은 공자가 사생아였으며 양호와 이복형제 관계였을 가능성이 있다는 내용을 포함하고 있는데, 몇몇 독자는 이 관점을 비교적 신선하다고 느낄지도 모른다. 부디 너무 놀라지는 않기 바란다. 2009년에 출간한 책에도 이 내용이 들어가 있었지만, 경악할 만한 이단 사설로 취급받지는 않았다. 사실 공자를 비롯한 역사상의 큰 인물들에 관해 후세에 연구하고 평가하는 과정에서는 종종 '의외의 결과'가 나타나곤 한다. 이러한 학설들은 증명하기 힘들고 그 진위를 판단하기도 어려우므로, 그 인물에 관한 사료를 더 많이 살펴보고 인물의 전체적인 모습을 재현해 '그럴듯하게 끼워 맞출' 수 있는지 알아보아야 한다.

공자의 신원에 관한 판단 외에도 이 책에서는 선진 시대의 제사 의식에서 '시[산 사람이 제사의 대상인 귀신을 연기하는 것]'를 사용한 풍습이나 공자와 《춘추》, 《좌전》 등과 같은 문헌과의 관계, 좌구명과의 저작권 분쟁 등 학술계에서 그리 주의를 기울이지 않았던 몇 가지 문제에서도 언급한다. 역사서에는 이에 관한 내용이 너무나 드문드문 산재해 있어 전체적으로 재현하기는 힘들었다. 어쩌면 앞으로 고고학 분야에서 발견될 새로운 사실이나 인류학 등과 같은 여타 학문 분야의 연구 방법을 통해 우리는 이러한 문제들을 더 깊이 이해할 수 있게 될지도 모른다.

이 책에서 인용한 자료들은 대부분 현재까지 전해지고 있는 사료들이며, 고고학 문헌에 관한 언급은 매우 적다. 지금까지 전국 시대의 죽간 문서들이 일부 출토되기는 했으나, 공자에 관한 유효한 정보를 담고 있는 문서는 많지 않았기 때문이다. 전국 시대부터 한나라 때까지의 죽간 문서 중 가장 큰 가치를 지닌 것은 법률에 관한 문서인 수호지 진간睡虎地秦簡과 장가산 한간張家山漢簡 및 한나라 때의 거연居延, 돈황敦煌의 군대 주둔 문서 등 대체로 군사 행정에 관한 문서들이다. 경, 사 분야의 문서와 제자백가의 저서는 출토된 문헌 가운데 소수에 속한다.

공자는 춘추 시대 사람이므로 그를 이해하려면 우선 춘추 시대를 이해해야 한다. 그러나 후세 사람들이 춘추 시대를 이해하기란 정말로 쉽지 않다. 나라가 많고 정세도 어지러웠을 뿐만 아니라, 당시 귀족 사회와 세습 정치 제도가 후세의 중국과 너무나 다르기 때문이다[춘추 시대 이전의 상나라와 서주 시대에 관한 역사적 기록은 극히 드물어 더 말할 수도 없다].

전국 시대 이후로 사람들은 춘추 시대의 정치와 문화를 전부 잊어버렸다. 사마천의《사기》에도 춘추 시대의 예의와 풍속에 관한 잘못된 내용이 적지 않다. 청나라 때 건가학파가 성실하게 고증 작업을 해서 사마천을 비롯한 이전 학자들이 저지른 몇몇 오류를 수정했다. 근현대에 진입한 이후로 우리는 또 다른 길을 하나 얻게 되어, 여타 인류 고대 문명의 역사를 참고해 봉건제와 귀족 제도 아래 춘추 시대의 정치와 문화를 이해할 수 있게 되었다.

인류 역사 속에서 중국[한漢 문명]은 비교적 특수한 예에 속한다. 중국에는 관료 정치가 대단히 일찍 등장했다. 유럽이나 일본 내지 아시아 내륙의 여러 민족 등 여타 고대 문명을 보면 세습 봉건제와 귀족 제도가 매우 긴 시간 동안 이어져 왔으며, 심지어 근대까지 남아 있었던 곳도 있다. 이러한 역사를 통해 우리는 주나라의 봉건제와 춘추 시대의 귀족 제도가 사실은 그렇게까지 드문 사례가 아니며, 주나라 때의 여러 사회 현상이 유럽과 일본 및 한漢 문명의 주변 소수민족의 역사에서도 유사하게 나타났음을 알 수 있다. 물론 이 책에서 예를 들었듯이, 유럽 귀족 문화는 일부일처제였지만 춘추 시대 귀족 문화는 일부다처제라 아내와 자식이 매우 많았다는 등의 차이점도 존재한다. 이러한 유사점과 차이점은 모두 우리가 서주와 춘추 시대의 역사와 문화를 진정으로 이해하는 데 도움이 된다. 이러한 이해가 기초가 되어야만 우리는 공자의 인생과 사상을 제대로 이해할 수 있다. 이 책은 이러한 방향의 시도이기도 하다.

고대 중국에는 춘추 시대 외에도 귀족 세습제와 과두 정치제가 비교적 뚜렷하게 나타난 시기가 있는데, 바로 위·진·남북조 시대이다. 당시에는 '구품중정제九品中正制'를 통해 가문의 지위를 고정해서 사족士族과 문벌門閥 등 일종의 세습 정치 신분을 구성했다. 그러나 위·진·남북조 시대 역사는 비교적 길었으며 여러 개의 소규모 정권이 할거해 신분 세습 정치의 양상은 각기 다른 정도로 나타났고, 간혹 군주 집권제가 부흥하기도 했다. 일반적으로 보면 동진 시기에는 정치 신분이 세습되는 경향이 매우 강해 과두 가문들이 황권을 좌지우지할 정도였으며, 그 이후에는 북위北魏의 효문제孝文帝가 개혁을 통해 가문들 간의 차이를 다시 한 번 강조했으나 황권이 흔들릴 정도는 아니었다. 톈위칭田余慶 선생의 저서 《동진 문벌 정치東晉門閥政治》는 동진 시대 정치 과두들의 정쟁 역사가 자세히 서술되어 있으므로 이 시대를 이해하는 데 매우 중요한 문헌이라 할 수 있다. 동진 시대와 비교하면 춘추 시대 역사에 관해서는 아직 이처럼 창의적이며 전면적인 저서가 출판되지 않았다.

이 책은 공자에 중점을 두고 있고, 춘추 말기의 정치는 그저 아울러 다루었을 뿐이다. 이 시기는 이미 귀족 사회가 과두 정치의 단계까지 변화한 시기로 매우 혼란하고 어지러웠지만, 어떤 부분에서 변화가 시작될지는 아직 알 수 없는 상태였다. 그 이후로 한 세기 반 정도의 상황은 역사서에 기록된 바가 극히 적어 매우 희미하게 알아볼 수 있으므로, 중국 역사의 '블랙홀'이라 할 수 있다. 진나라 과두들 사이의 정쟁에서 승리한 한, 조, 위 세 가문은 각자 나라를 세웠는데, 이들은 군주 집권제와 변법을 시행한 선구자가 되었다. 그러나 과두 공화제가 지나치게 강대해져 변법을 시행하기 어려웠던 노나라와 정나라 등의 중원 국가들이 신흥 변법 국가들에 병탄된 과정 역시도 관련된 기록이 매우 적어, 마찬가지로 역사의 블랙홀 속 일부분이라 할 수 있다.

　이 책을 처음으로 쓰기 시작한 2009년에 나는 남조를 건국한 황제인 유유劉裕의 전쟁사에 관한 《누선과 철마와 북부병樓船鐵馬北府兵》이라는 책도 썼으나, 출판 일정이 계속 밀린 탓에 출간하지 못했다. 유유에 관한 이 책도 사실상 동진 시대의 문벌 정치가 종결되는 단계에 관한 내용으로, 공자의 전기와 내용은 달라도 구성은 비슷한 면이 있다. 공자와 유유는 한쪽은 지식인으로, 한쪽은 무장으로 과두제 말기를 살아갔다. 공자는 마음을 모아 난관을 극복하려는 정신과 옛것을 회복하려는 이상을 통해 춘추 시대 과두들을 제약하려 했지만 성공하지 못했다. 반면에 유유는 전쟁과 살육을 통해 사실상 동진 시대의 과두 정치를 종결했으나, 본인을 포함해 그의 통치 멤버는 모두 군인이라 정치 및 문화적 측면에서 건설 방안을 제시하지 못해, 이후의 남조는 거의 항상 정치적인 동요가 끊이지 않았다.

　춘추와 동진 시대 역사를 통해 판단하건대, 귀족 과두 정치는 일단 형성된 후에는 건강하고 지속 가능한 발전 형태를 이루지 못하고, 최후에는 변법에 의한 혁명을 겪거나, 혹은 나날이 쇠락해져 다른 나라에 흡수되거나, 혹은 유유와 같은 군인 세력으로 대체되어 결국은 모두 쇠망의 길을 걷게 되어 있다. 혹자는 고대 중국의 '귀족 공동체'를 찬양하며 이 제도가 더 뛰어난 역사적 추세라고 여기지만, 이는 중국 고대사를 제대로 이해하지 못한 채 수박 겉핥기 식의 독해에 자기 생각을 덧붙여 형성한 주장일 뿐이다.

　생각해 보면 꽤 재미있는 일이었다. 처음 공자에 관해 글을 쓰려고 생각했을 때 내가 의도했던 작품은 역사적 전기가 아니라 영화 시나리오였다. 당시 나는 박사 과정을 밟던 중이라 비교적 한가했기에 춘추 시대를 소재로 해서 진문공 중이와 난세의 가인인 하희夏姬, 그리고 공자에 관한 세 편의 시나리오를 쓸 계획을 했다. 이 세 인물 사이에는 각각 50년가량의 시간적 거리가 있어 춘추 시대 중엽부터 말기까지 역사를 모두 담을 수 있었다.

진문공 중이에 관해서는 2009년 초에 《중원中原》이라는 극본을 썼는데, 이 극본은 국가라디오방송총국國家廣播電視總局에서 아마추어 작품상을 받기는 했지만 실제로 영화화되지는 않았다. 나는 진문공 중이에 관한 극본을 쓴 다음에 공자에 관한 극본을 쓰려 했다. 극본의 제목은 《형제》로, 공자와 어머니는 같으나 아버지가 다른 무능한 형은 명확하게 표현하고, 그와 이복형제 관계라는 의혹이 있는 양호는 암시적으로 표현할 생각이었다. 그러나 집필을 시작하기도 전에 누군가 이미 공자에 관한 영화를 찍고 있다는 소식을 듣게 되어, 내가 또 극본을 써 봐야 소용이 없겠다는 생각에 역사적 전기로 방향을 바꾸어 쓰게 되었다.

하희에 관한 소재는 그 후로도 손을 대지 않았다. 나는 이 극본의 제목을 '란의 딸蘭之女'이라고 정했는데, 《좌전》에 하희의 부친인 정목공의 이름이 자란子蘭이라고 되어 있기 때문이다. 그의 아들들로부터 시작된 가문들은 정나라의 '칠목' 과두 가문으로 발전했다. 이 극본은 마돈나가 주연한 〈에비타〉와 약간 비슷한 뮤지컬 영화의 극본으로 계획했다. 하희는 난초꽃에 푹 빠져 있고 정신 상태가 약간 비정상적인 귀부인으로, 초나라 군대의 포로가 되어 정나라 도성의 성벽 아래까지 끌려와 친정 나라의 도성이 바야흐로 패배를 앞둔 모습을 보면서 〈Don't cry for me Argentina〉와 비슷한 느낌의 노래를 군영 앞에서 소리 높여 부른다. 그러면 중원 열국의 역할을 맡은 배우들은 각자 베이징과 쿤밍 지역의 창법으로 아리아를 부르고, 초왕은 안후이 지방의 노래를 부른다…….

우리는 과연 어느 정도로 역사를 독해하고 재현할 수 있을까? 뭐라 말하기 힘든 문제이다. 첫째로 사료가 워낙 제한적이고, 특히 몇몇 부분에 관한 기록은 극히 드물어 우리가 재현해 내기 힘들기 때문이다. 둘째로 어떤 특정한 역사적 시기는 너무나 특수하고 변동이 커서 후세 사람들이 진정으로 이해하기 힘들기 때문이다. 공자 후손들의 인생을 통해 우리가 역사에 대해 얼마만큼 모를 수 있는지를 한번 살펴보도록 하자.

250년간의 전국 시대 동안 공자의 후손들은 대대로 학식이 깊은 편이었다. 진시황이 여섯 나라를 통일한 후에도 공자의 후손들은 분명히 제법 괜찮은 대우를 받았을 것이다. 최소한 박해를 받지는 않았다. 진승과 오광이 난을 일으켜 장초張楚 왕조를 세우자, 공자의 후손인 공부孔鮒와 공양孔襄 형제는 그들에게 의탁해 진승의 조정에서 박사의 관직을 얻었다. 두 형제 중 동생은 아들인 공총孔叢까지 데리고 갔다. 머지않아 형은 병으로 죽었다. 얼마 후에 장한章邯이 이끄는 진나라 군대가 반격해 와서 진승과 오광은 패배와 동시에 실각했고, 동생인 공양도 이 전쟁에서 사망해 젊은 공총 혼자만 남게 되었다.

전쟁이 끊이지 않는 난세 속에서 젊은 서생인 공총은 어떻게 살아갔을까? 그는 유방에게 몸을 의탁했다. 이 당시 유방은 진나라에 반대해 막 병사를 일으킨 참이었는데, 세력이 크지 않아 번번이 패배하며 도처로 도망을 다니고 있었다. 거친 성격의 무뢰배인 유방은 늘 유생을 욕하고 놀리곤 했으므로 아마도 공총은 학문적인 지식을 내세워 유방의 눈에 들지는 못했을 것이다. 그는 병사가 되어 일선에서 전사로 싸우는 수밖에 없었다. 처음에는 방패를 든 병사로 시작했는데, 전투를 몇 번 치른 후에도 그는 살아남았다. 유방이 진나라를 멸망시키고 함양에 진입해 항우가 유방을 한왕으로 봉했을 때 공총은 좌사마左司馬를 맡고 있었다.

이후에 유방이 항우와 반목해 싸우기 시작했을 때, 공총은 현대 군대의 사단장에 해당하는 도위都尉의 자리에 올라 항우와 몇 번이나 치열한 전투를 벌였다. 초나라와 한나라는 해하에서 최후의 결전을 벌이게 되었다. 사람들은 다들 이 전투의 총지휘관이 명장 한신이었다고 알고 있지만, 당시 군대의 실제 서열을 보면 한신은 중군을, 공총은 좌군을 지휘하고, 비장군費將軍이라는 다른 장수가 우군을 지휘했으며, 유방은 예비 부대를 이끌고 후미를 맡고 있었다.

전투가 시작되어 한신이 이끄는 중군이 먼저 항우의 주력 부대와 맞붙었으나 패배해 후퇴했다. 공총의 좌군과 비장군의 우군이 재빨리 양쪽에서 초나라 군대를 포위해 공세를 버티는 사이에 한신이 부대를 정비해 다시 전투에 임해 마침내 초군을 대파했다. 이러한 과정 끝에 항우는 사면초가의 상황에 처해 우희와 이별하고 마침내 오강에서 스스로 목을 베어 자결했다.

《사기·고조본기高祖本紀》: 5년, 고조가 제후의 군대와 함께 초군을 공격해 해하에서 항우와 결전을 벌였다. 회음후는 30만 군대로 직접 맞섰고, 공장군이 좌군을, 비장군이 우군을 이끌었다. 황제는 뒤쪽에, 강후絳侯와 시장군柴將軍은 황제의 뒤에 포진했다. 항우의 병사는 10만에 달했다. 회음후가 먼저 맞붙었으나 불리하여 물러났다. 공장군과 비장군이 협공하자 초나라 군대가 불리해졌다. 회음후가 이를 틈타 다시 공격하여 해하에서 대파했다…….

五年, 高祖與諸侯兵共擊楚軍, 與項羽決勝垓下. 淮陰侯將三十萬自當之, 孔將軍居左, 費將軍居右, 皇帝在後, 絳侯, 柴將軍在皇帝後. 項羽之卒可十萬. 淮陰先合, 不利, 卻. 孔將軍, 費將軍縱, 楚兵不利, 淮陰侯復乘之, 大敗垓下…….

　유방은 황제의 자리에 오른 후에 전공에 따라 장수들에게 관직을 내렸는데, 공총은 요후蓼侯에 봉해졌다. 그의 아들인 공장孔臧은 경학經學에 뛰어나 조정의 제사와 문화 교육을 담당하는 태상太常의 자리에 올랐다. 공총은 후세에 《공총자孔叢子》라는 저서를 남겼다고 전해지는데, 나는 이 제목이 '공총자孔叢子'를 잘못 쓴 것이 아닌가 의심하고 있다. '총叢' 자와 '총蕞' 자는 모양이 너무 비슷하기 때문이다.

　공총은 불과 5년 사이에 공자의 후손인 일개 서생에서 군대의 사령관이 되어 진나라가 와해하고 패왕이 몰락하는 모습을 목격했을 뿐만 아니라 이 과정에 직접 참여하기도 했으며, 모든 일이 끝난 후에는 다시 글을 쓰는 삶으로 돌아갔다. 공총의 신분이 이렇게 큰 변화를 겪는 동안 그 과정에서 여러 이야기가 쌓였을 것이라고 상상해 보면, 미하일 숄로호프Mikhail Sholokh의 대하소설 《고요한 돈강Quiet Flows the Don》의 주인공인 그레고리보다도 훨씬 많은 사연을 가지고 있을 것이다. 현대의 우리가 과연 그의 이야기를 제대로 쓸 수 있을까?

　가슴에 손을 얹고 생각해 보아도 나는 도저히 쓰지 못할 것 같다. 나는 그저 오늘날의 사람들에게 예전에 공총이라는 사람이 있었으며, 우리 현대인들이 도무지 같은 선상에 놓고 상상하지 못할 일들을 했다고 알려주는 것밖에는 할 수 없다. 나는 그의 인생 전부를 재현할 수가 없다.

　《공총자》를 보면 공자가 "아버지가 벤 장작을 아들이 옮기지 못한다면 이를 곧 그만 못하다 할 것이다其父析薪, 其子弗克負荷, 是謂不

肖"라고 말했다고 기록되어 있다. 후세에 말하는 '불초자不肖子'라는 표현은 바로 아버지만 못한 아들이라는 뜻이다. 역사를 창조한 선인들 앞에서 소위 연구자이며 서술자라는 우리는 모두 불초한 후손에 불과하다.

덧붙임: 이 책의 초고는 2009년 여름에 썼으며, 2016년 봄에 추가 및 수정 작업을 시작해 2019년 초에 탈고했다. 오랫동안 고서적 교감 작업에 종사해 온 리샤오샤李曉霞 선생이 이 책의 인용문 교정 작업을 자원해서 맡아 주신 데 특별히 감사드린다. 책 속 모든 오류에 대한 책임은 저자 본인에게 있다.

추천의 글

리쉬 형이 대작을 출판하면서 내게 앞머리에 글을 몇 마디 써 달라고 부탁했다. 나는 원래 이런 글을 잘 쓰지 못하지만, 어쨌거나 우리 사이에는 20년이 넘는 우정이 있으니 부족하나마 열심히 써 보려 한다.

내가 리쉬를 알게 된 것은 23년 전 베이징대학에서였다. 나는 역사학과였고 리쉬는 중문과였는데, 나중에 우리는 학과 간 경계를 허물어 신세대의 '대가'를 양성하고자 하는 취지로 설립한 '문과실험반'에 선발되어 들어갔다. 우리는 기숙사 방을 같이 썼다.

대학에 다닐 당시 우리는 둘 다 외지에서 베이징으로 진학한 청년이었다. 미래는 막막하고 길은 어디 있는지 알 수 없어, 공부하며 생각하며 감정에 풀리지 않는 응어리가 잔뜩 져 있었다. 요새식으로 말하자면 '중2병'을 곧잘 앓곤 했다는 의미이다.

무릇 병에 걸리면 술로 달랠 수밖에 없는데 리쉬는 바로 나의 가장 좋은 술친구이자 하소연을 들어주는 사람이었다. 대학교 2학년인가 3학년 때, 큰 눈이 내린 어느 겨울날 한밤중에 우리는 라오후둥老虎洞 골목에서 술을 마셨다. 다 마신 후에도 여전히 흥이 깨지지 않은 우리는 손에 이과두주 한 병을 들고서 15cm나 쌓인 눈을 헤치고 원명원圓明園에 갔다. 인적 드문 깊은 밤에 온 하늘 가득 함박눈만 날리는데, 우리는 원명원 안에 가득 쌓인 눈을 밟으며 한참 동안 이리저리 비틀대고 헤맨 끝에 간신히 정자를 하나 찾아 앉았다. 꽁꽁 언 몸을 차가운 이과두주에만 의지해 녹이고 있자니 꼭 《수호전水滸傳》에서 임충林沖 교두가 바람과 눈을 맞으며 산신묘에 가는 대목 같은 분위기가 났다. 그 후 10년이 넘도록 베이징에는 그렇게 큰 눈이 내린 적이 없었고, 이 밤의 일만큼 내 기억에 깊게 남아 있는 일도 없다.

우리는 둘 다 문과였고, 역사에 관심이 있었기 때문에 처음부터 큰 공감대를 형성했다. 리쉬는 본 전공에만 만족하지 않고 늘 별의별 책을 다 읽으며 허튼 생각을 하곤 했다. 그는 고향이 허베이河北성 리현蠡縣인데, 향토 문화의 영향을 받아서 그런지 고향의 선현인 안원顏元과 이공李塨처럼 "참된 지식은 실천에서 나온다"라는 말을 강조했다. 그는 각종 직업에 모두 깊은 관심을 가지고 각양각색의 사람들과 교류하기를 즐겼다.

반면에 나는 본래 조용한 성격이라 '상아탑'을 피난처로 삼아 사회의 온갖 어지러운 일을 피하려 했다. 대학교 1학년 때 나는 창핑위안昌平園에서 할 일이 없어《사기》를 통독하고 나서 선진사先秦史를 좋아하게 되었다. 역사학과로 다시 돌아간 후에 나는 딩이촨丁一川 교수님과 함께《좌전》을 읽은 다음, 혼자서 갑골문과 금문金文으로 된 책을 읽고 중문과와 고고학과 수업도 청강하면서 점점 고대사 쪽을 연구하기 시작했다.

평소에 리쉬와 학문에 관해 토론할 때면 그는 곧잘 내가 책 속으로 파고들 줄이나 알 뿐 사회 경험은 없는 '책벌레'라고 놀렸고, 나는 나대로 그가 '전공 정신'이 없는 '비정통파'라고 비판했다. 하지만 구체적인 문제를 대할 때면 그는 늘 독창적인 관점을 드러내곤 했다.

대학교 3~4학년 때 그도 내 영향을 받아《좌전》을 읽기 시작했는데, 마침 내 학년 논문과 졸업 논문의 주제가 모두《좌전》에 관한 것이라서 나는 자주 그와 함께 서로의 생각을 나누곤 했다. 내 학부 졸업 논문의 제목은 '춘추 시대의 가신春秋時代的家臣'으로

총 6만 자를 썼는데, 논문을 쓰면서 새로운 발견을 해내어 흡족해질 때마다 나는 신이 나서 그에게 달려가 알려주었다. 리쉬가 공자에 관한 책을 출판한 것은 아마도 이때의 일들이 계기가 되었기 때문일 듯하다.

대학을 졸업한 후로도 나는 여전히 상아탑에 남아 석사와 박사 과정을 밟으며 '공부로 먹고사는' 길을 걸었다. 리쉬는 자기 생각대로 넓은 세상으로 나아가 경험을 쌓았다. 처음에는 광둥廣東으로, 나중에는 스자좡石家莊으로 갔다가 마지막에는 다시 베이징으로 돌아왔는데, 그러는 동안 그는 여행사와 신문사, 출판사 등에서 일했다. 외지에서 일하던 당시에 리쉬는 헤어진 후로 몇 년 동안이나 연락이 없다가 갑자기 전화해서 지금 아파트 현관 앞에 와 있다고 말하곤 했다. 그러면 나는 예전처럼 그와 함께 술을 마시러 갔다.

몇 년간 방랑한 끝에 그는 아마도 싫증이 난 모양인지 다시 '학문의 울타리' 안으로 돌아와 칭화대학 역사학과에서 위·진·남북조 역사 전공으로 박사 과정을 밟았다. 졸업한 후에는 자진해서 변방으로 가 황량한 우루무치에서 타지 생활을 했다. 여가 시간에도 그는 쉴 새 없이 서북부의 유목 지대를 여행하며 이따금 여행기를 써서 내게 보내 주었다. 바로 이러한 경험이 그에게 순수하게 학문만 하는 사람은 얻을 수 없는 사회 연구자적인 시각을 가질 수 있게 해 주었다. 한편으로 그는 오랫동안 쌓아 온 독특한 생각들을 모아 책으로 엮었는데, 몇 년 사이에 어느새 책을 서너 권이나 출판해서 착실하게 글 쓰는 일을 업으로 삼고 있는 나를 부끄럽게 했다.

근 백 년 동안 공자를 연구한 저작은 무수히 많다. 그의 전기만 해도 몇십 권이나 된다. 리쉬의 책이 일반적인 공자 전기와 다른 점은, 리쉬 본인의 말을 빌리면 공자를 시대의 거울로 삼아

"공자를 통해 춘추 시대를 본다"라는 점이다. 주나라 시대는 중
국 역사상 유일한 '귀족 시대'로, 공자는 그 시대의 끝자락을 붙
들었던 셈이다. '최후의 귀족'으로서 그는 '예악이 무너진禮壞樂崩'
난세를 원망하며 '주례周禮'를 회복하고자 하는 꿈을 품었다. 정
치 방면에서는 평생 뜻을 이루지 못했지만, 그는 의도치 않게 '모
든 시대의 모범'이 되었다.

공자를 이해하려면 우선 그가 살았던 시대를 이해해야 한다.
이 책은 수수하고 평이한 문장으로 주나라 시대의 성씨, 호칭, 예
절과 의식, 일상생활 등 각 방면을 소개하고 있다. 저자는 비록
선진사 연구자는 아니지만, 이러한 복잡한 문제들을 상당히 명확
하게 이해하고 있다. 일반 독자들도 이 책을 다 읽고 나면 주나라
시대의 사회를 전체적으로 파악할 수 있을 것이다.

사실상 이 책에서 주목하는 핵심은 춘추 시대의 정치사이다.
춘추 시대 정치의 특징에 관해 리쉬는 '과두 공화제寡頭共和'라는
독창적인 용어를 만들어냈다. 반면에 나는 전통적인 개념인 '세
족 정치世族政治'라고 지칭하는 편이다. 나는 '춘추 시대의 가신'이
라는 주제로 학부 논문을 썼던 때부터 '서주 금문 세족 연구西周金
文世族研究'라는 제목으로 박사 학위 논문을 쓸 때까지 20여 년 동
안 줄곧 이 문제에 주목하면서 나 자신의 생각을 정립해 왔다. 리
쉬는 춘추 시대에 관해서만 다루었지만, 서주와 춘추 시대는 큰
역사적 시기에 속하는 전후 단계라고 보아야 한다.

주나라 시대가 '귀족 사회'라는 점에 대해 학자들 대부분 이견
이 없지만, 예전의 학자들이 종종 주나라 정치를 '귀족 정치'라고
개략적으로 지칭한 이유는 그 요점을 파악하지 못했기 때문이
다. 텐위칭 선생이 그의 저서《동진 문벌 정치》에서 위·진·남북
조 사회는 종종 '문벌 사회'라고 불리지만, 엄밀한 의미에서 '문

벌 정치'는 동진 시대에만 존재했으며, 그 이전의 서진과 이후의
남조는 그렇지 않았다고 말했던 것과 같은 이치이다.

나는 서주 시대부터 춘추 시대 사이에 차례로 두 번의 '세족
정치'가 출현했다고 본다. 첫 번째 시기는 서주 중후반의 공왕恭
王 때부터 역왕歷王때까지로, '국인의 민란國人暴動'으로 끝이 날 때
까지 백 년 정도의 기간이다. 두 번째 시기는 춘추 시대 중후반에
노나라의 '삼환三桓', 진晉나라의 '육경六卿', 정나라의 '칠목七穆' 등
거대 세족 무리가 각국 정치를 독차지했던 시기로 대략 2백 년
동안의 기간이다.

서주 무왕武王 때부터 목왕穆王 때까지, 그리고 '선왕 중흥宣王中
興' 시기에는 왕권이 국가 정치를 주도했으며, 귀족들은 왕권에
복종해야 했다. 마찬가지로 춘추 초기에 제환공과 진문공이 제
패했던 시대에는 이후에 군주가 유명무실해진 시대와는 달리 각
나라의 군주들이 대체로 실권을 장악하고 있었다. 군권君權이 쇠
약해져 힘을 잃고 대가문들도 기본적으로 서로 세력의 균형을
유지할 수 있는 시기에만 안정적인 '세족 정치' 국면을 형성할 수
있다. 만약 대가문들의 세력이 팽창하고 주나라 역왕이나 진나라
의 역공歷公처럼 악랄한 이가 군주의 자리에 있다면, 양측은 결국
충돌을 피할 수 없어 대가문의 대표가 숙청당하거나, 혹은 군주
가 밀려나게 된다.

리쉬는 책 속에서 여러 흥미로운 문제들을 제기하고 있다. 그
중 하나는 중국의 '귀족 시대'는 서구나 일본과 비교했을 때 어째
서 이렇게 일찍 끝났는가 하는 것이다. 나 역시 오랫동안 이 문제
에 관해 고민했지만, 아직도 완전히 답을 알아내지 못했다. 이 자
리에서 시험 삼아 그 원인을 두 가지로 정리해 보고자 한다.

첫째, 중국의 군주 집권제 전통은 처음 시작되었을 때부터 매

우 강력했다. 이 점은 신석기 시대 말기, 문명이 싹트기 시작하던 시기에 이미 첫 실마리를 드러내어 상주商周 시기에 와서는 아주 뚜렷해졌다. 서구 및 일본과 비교해 주나라 시대 군주들이 장악하고 있던 권력과 자원은 대단히 풍부했기 때문에, 서주 시대에는 이미 '서육사西六師', '은팔사殷八師' 등 군주가 직접 통솔하는 상비군이 존재했다.

공자는 《논어·계씨》에서 "천하에 도가 있으면 예악과 정벌이 천자에 의해 결정되고, 천하에 도가 없으면 예악과 정벌이 제후에 의해 결정된다天下有道, 則禮樂征伐自天子出; 天下無道, 則禮樂征伐自諸侯出"라고 했다. 당시 사람들은 국가의 대권이 주나라 천자의 수중에 있어야만 '왕도王道'라 할 수 있어 정치와 생활이 오래도록 안정될 수 있고, 만약 대권이 천자 아래의 제후와 경대부의 손에 떨어지면 머지않아 반드시 소동이 일어나며, 권력을 장악한 이의 수준이 떨어질수록 소동이 더 빨리 일어난다고 보았다. 전국 시대에 이르러서도 제자백가는 모두 열국이 병립해 있는 당시의 상황을 불합리하다고 여겨, '수레는 궤의 폭이 같고 글은 문자가 같은車同軌, 書同文' 통일국가를 동경하며 《주례》나 《왕제王制》와 같은 '일류 설계'를 하는 데 열중했다.

비록 서주와 춘추 시대에는 견고한 군주 집권제를 수립할 역사적 조건이 아직 갖추어지지 않아 정권이 어느 정도 발전한 후에 결국 귀족의 수중에 떨어지는 결과를 면치 못했지만, '세족 정치' 국면은 그보다 더 유지하기 어려워서 길어야 1, 2백 년을 넘기지 못하고 다시 군주 집권제로 회귀했다.

둘째, 귀족 내부는 시종일관 연합이 공고하지 못해 각 귀족 가문 혹은 각 계층 사이에 줄곧 갈등이 존재했다. 이러한 상황은 꼭두각시 노릇을 하고 싶지 않은 군주에게 빈틈을 파고들 좋은 기회가 되었다. 군주는 각 가문과 계층 간의 갈등을 이용해서 한 파벌을 끌어들여 다른 파벌을 공격하고, 하층 계급을 발탁해서 상류 계급을 제약했다. 춘추 시기에 각국의 내란은 대개 이러한 이유로 일어나곤 했다.

특히 '세족 정치'가 형성된 후로 소수 대귀족이 권력과 자원을 독차지하는 바람에, 권익 손실을 보고 신분 상승의 길을 잃은 중하층 귀족들은 쉽게 전향해서 군주의 권력에 의지해 출로를 찾으려 했고, 이 두 세력은 단번에 같은 편이 되었다. 공자와 그 제자들도 대다수가 귀족 중에서 지위가 가장 낮은 '사士' 계층 출신으로, 군권을 다시 진작해 '주례'를 부흥하고자 하는 기치를 들었던 이들이다. 공자가 노나라에서 정권을 잡았던 당시에 시행한 정치 개혁은 '공실을 강화하고 사문을 억제强公室, 抑私門'하는 방식으로, 이후에 오기吳起와 상앙商鞅이 시행했던 정책과 본질적으로 같다.

나중에 공자의 제자들은 아마도 각국 군주들이 대부분 나약하고 무능한 인물임을 깨달았기에, 역사의 흐름에 순응해 대귀족의 '가신'이 되어 정치적 성공을 거두었을 것이다. 각국 대귀족들 혹은 제후들 역시 이러한 신흥 지식인들의 도움을 받아 종법 및 혈연관계의 속박에서 점차 벗어났고, 나라를 집권 관료제를 기초로 하는 신형 국가로 변모하게 했다.

공자가 창시한 유가는 탄생한 날부터 군주 집권제를 보조하는 사상이 되었다. 이 점을 명확히 알아야만 유가의 본질, 즉 중국의 전통적인 '사대부'의 본질을 이해할 수 있다. 사대부에게 최고의 이상은 '군주의 신임을 얻어 도를 행得君行道'하여 '제왕의 스승帝王師'이 되는 것이다. 공자가 제자들을 이끌고 열국을 주유했던 이유도 바로 '나라의 스승國師'이 되고자 했기 때문이다. 나중의 그의 제자 복상은 실제로 위문후魏文侯의 '국사'가 되었다. 천핑위안陳平原 선생이 초기에 쓴 글 중에 〈천고문인협객몽千古文人俠客夢〉이라는 글이 있는데, 사실 중국의 문인들에게는 더욱 큰 꿈, 즉 '국사의 꿈'이 있었고, 이 꿈은 몇천 년 동안 일관되게 존재해 왔다.

그러나 공자의 인생 신조는 '안 될 것을 알면서도 시도하다知其不可而爲之'였다. 일을 하고자 한다면 권력에서 멀어질 수 없다. 제자백가 중에서도 양주楊朱나 장주莊周와 같은 극단적인 개인주의자를 제외한 대부분은 권력에 의지하는 처지를 벗어나지 못했다. 하지만 유가는 어쨌든 법가와는 달랐기 때문에 현대인의 눈으로 보아도 공자와 그 제자들에게서는 늘 빛나는 인간적 품성을 발견할 수 있다.

첫째로 유가는 최초로 '사람'을 정치의 목적으로 삼은 사상이다. 공자는 "어진 사람은 남을 사랑한다仁者愛人"라고 했다. '인'은 바로 사람을 사람으로 대한다는 뜻으로, 이야말로 주나라 문화의 귀중한 유산이다. 공자의 조상인 상나라 사람들은 이렇지 않았다. 그들은 '나와 같은 족속이 아닌非我族類' 이들은 모두 사람이 아니라고 생각해 소나 양처럼 마음대로 죽일 수 있다고 보았다. 서주 왕조가 세워진 후로 사람을 순장하던 상나라 때 관습은 곧바로 폐지되었다[서주 초기에도 사람을 순장한 묘지가 소수 존재했으나, 묘의 주인은 대부분이 상나라 유민이었다]. 공자는 부장품으로 사람 모습을 한 인형을 묻는 것조차 반대했다.

주나라 사람들은 화하 문명을 받아들이려 하는 이라면 모두 자신들의 동류로 보았다. 유가의 '인' 역시 종족과 지역을 나누지 않는 사상인데, 이는 2천여 년 전 사람들이 공통으로 가지고 있던 가치관이었다. 중국이 거대한 자연적, 지리적 차이를 극복해 광대한 '대통일' 국가를 이룰 수 있었던 데는 이러한 공통적인 가치관이 대단히 중요한 역할을 했다.

둘째로 공자와 그 제자들은 귀족 정치를 반대하면서도 귀족들의 문화적 전통을 높이 여기며 계승했는데, 명예를 생명보다도 중시하는 그 케케묵은 생각까지도 좋게 평가했다. 주나라 때 귀족은 '사직지신社稷之臣'으로 군주 개인의 노예가 아니었다. 그래서 유가는 군권을 위해 일하면서도 그 도구로 전락하기를 원하지 않았다. 주나라 사람들 식으로 말하자면, 그들은 '고굉股肱(중요한 신하)'이지 '조아爪牙(앞잡이)'가 아니었다. 그들은 언제나 군권을 길들여서 군주가 성실하게 사직과 백성을 위해 일하게 만들고자 했다. 비록 대부분의 시기에는 그 뜻을 이루기 힘들었으나, 오래도록 지속하면서 '도리를 권세보다 높이 두는道尊於勢' 전통을 양성해 냈다.

지식인과 황제 사이의 투쟁은 '이십사사二十四史'에 가장 자주 등장하는 주제이다. 천인커陳寅恪가 청나라의 유신인 왕궈웨이王國維를 높이 평가하면서 가장 강조했던 점이 바로 '독립적인 정신과 자유로운 사상'이었다. 이러한 정신적 유산 역시 공자와 유가가 우리에게 남겨준 것이다.

나도 모르는 사이에 이야기가 너무 멀리 온 것 같다. 객이 너무 나서는 모양이 되기 전에 여기서 빨리 끊도록 해야겠다. 자세한 내용은 다들 책을 읽어 주시기 바란다.

한웨이韓巍
2019년 2월 23일, 베이징대학 중관위안中關園에서

인간 공자, 난세를 살다
실패했지만 위대한 정치가

리쉬 지음
박희선 옮김

초판 1쇄 2020년 12월 16일 발행

ISBN 979-11-5706-220-1 (03990)

만든사람들

편집	유온누리
편집도움	이형진
디자인	조주희
마케팅	김성현 김규리
인쇄	한영문화사

펴낸이	김현종
펴낸곳	(주)메디치미디어
경영지원	전선정 김유라
등록일	2008년 8월 20일
	제300-2008-76호
주소	서울시 종로구 사직로 9길 22 2층
전화	02-735-3308
팩스	02-735-3309
이메일	medici@medicimedia.co.kr
페이스북	facebook.com/medicimedia
인스타그램	@medicimedia
홈페이지	www.medicimedia.co.kr

이 도서의 국립중앙도서관 출판예정도서목록(CIP)은
서지정보유통지원시스템 홈페이지(http://seoji.nl.go.kr)와
국가자료종합목록시스템(http://www.nl.go.kr/kolisnet)에서
이용하실 수 있습니다.(CIP제어번호: CIP2020051277)